Direito Económico

Direito Económico

António Carlos dos Santos
Professor do Departamento de Direito da Universidade Autónoma de Lisboa

Maria Eduarda Gonçalves
Professora Catedrática do ISCTE - Instituto Universitário de Lisboa

Maria Manuel Leitão Marques
Professora Catedrática da Faculdade de Economia da Universidade de Coimbra

6.ª Edição
Revista e Actualizada

2011

ALMEDINA

DIREITO ECONÓMICO

AUTORES
António Carlos dos Santos
Maria Eduarda Gonçalves
Maria Manuel Leitão Marques

EDITOR
EDIÇÕES ALMEDINA, S.A.
Av. Fernão de Magalhães, nº 584. 5º Andar
3000-174 Coimbra
Tel.: 239 851 904 · Fax: 239 851 901
www.almedina.net · editora@almedina.net

DESIGN DE CAPA
FBA.

PRÉ-IMPRESSÃO
EDIÇÕES ALMEDINA, S.A.

IMPRESSÃO E ACABAMENTO
PENTAEDRO, LDA.

DEPÓSITO LEGAL
334428/11

ALMEDINA | GRUPOALMEDINA

BIBLIOTECA NACIONAL DE PORTUGAL – CATALOGAÇÃO NA PUBLICAÇÃO

SANTOS, António Carlos, 1945-

Direito económico / António Carlos dos Santos, Maria Eduarda Gonçalves, Maria Manuel Leitão Marques. - 6ª ed., rev. e actualiz. - (Manuais universitários)
ISBN 978-972-40-4641-9

I - GONÇALVES, Maria Eduarda, 1952-
II - MARQUES, Maria Manuel Leitão, 1952-

CDU 346
378

NOTA DE ABERTURA À 6.ª EDIÇÃO

Estas lições procuram corresponder a exigências actuais da disciplina de Direito Económico, tanto quanto ao seu conteúdo, como quanto às suas linhas orientadoras. Daí o relevo dado à dimensão europeia da ordem jurídica da economia em Portugal, bem como a domínios que hoje assumem papel decisivo na sua regulação e configuração (como, por exemplo, a ordem monetária e financeira, as relações de concorrência e de cooperação entre as empresas, a regulação da qualidade e da informação e as implicações do direito do ambiente na actividade económica).

Na estruturação e no discurso adoptados, reflectem-se as preocupações fundamentalmente académicas e pedagógicas destas lições, buscando um equilíbrio entre densidade teórica, rigor informativo e espírito de síntese.

No entanto, houve também o intuito de construir um instrumento útil a todos quantos, nos meios jurídicos, políticos, económicos, empresariais ou da comunicação social sintam necessidade de uma abordagem simultaneamente teórica e prática da matéria.

A 6ª edição surge vinte anos depois da primeira. Foram entretanto publicadas quatro edições, em 1995, 1998, 2001 e 2004, respectivamente, todas elas objecto de várias reimpressões. Com a presente edição pretende-se, fundamentalmente, actualizar a generalidade dos títulos deste manual, tendo em consideração a importante evolução político-legislativa, institucional, jurisprudencial e doutrinária ocorrida até meados de 2011.

Cumpre-nos mencionar e agradecer ao Mestre Paulo Nogueira da Costa pela preciosa colaboração prestada no processo de actualização legislativa e doutrinal, bem como à Doutora Catarina Frade, ao Doutor Armindo Saraiva Matias e à Dra. Maria Elisabete Ramos pela sua cuidada ajuda na revisão do texto ou de partes do texto para edição.

Coimbra/ Lisboa, Setembro de 2011

Os Autores

INTRODUÇÃO

1. As relações entre a Economia e o Direito

1.1. Direito e economia

Falar de Direito Económico como disciplina jurídica e como ramo de direito pressupõe, pelo menos, a enunciação de dois problemas. O primeiro, externo ao Direito, é o das relações entre economia e direito, enquanto fenómenos da vida social e disciplinas do quadro das ciências sociais e humanas que estudam esses fenómenos. O segundo, interno ao direito, é o de saber que razões justificam a emergência de um novo ramo e disciplina jurídica – o Direito Económico – e que implicações o seu aparecimento traz ao quadro dos ramos de direito e das disciplinas jurídicas clássicas.

O primeiro problema, pese embora a sua inequívoca importância, não será por nós especificamente considerado por razões de economia deste trabalho. Aqui partiremos do pressuposto que todos os fenómenos (e relações) sociais são totais, sendo os económicos e jurídicos apenas duas das facetas, sem dúvida muito relevantes, que os fenómenos (e relações) sociais comportam. Facetas conexas e interdependentes, mas dotadas de relativa autonomia entre si, o que legitima o seu estudo segundo ópticas e metodologias distintas.

Deste modo, mesmo questões que, aos olhos do senso comum, são mais marcadamente económicas como, por exemplo, as ligadas ao circuito económico (produção, circulação, distribuição, consumo) são providas de importantes dimensões jurídicas (disciplina jurídica da força de trabalho, estatuto da empresa, regulação jurídica do mercado, das trocas e da moeda, regime jurídico de tributação, direitos dos consumidores, etc.).

Por outro lado, a produção de normas de direito, a sua aplicação, as instituições jurídicas, bem como a resolução de litígios por meio de processos e decisões judiciais, aspectos predominantemente tidos por jurídicos, contêm, eles também, inequívocas dimensões económicas. Não raro, as diversas teorias económicas (clássicas e neoclássicas, marxistas e neomarxistas, institucionalistas e keynesianas e pós-keynesianas) têm procurado, a partir das suas diferentes premissas, contribuir para o aprofundamento do problema[1].

Algumas das tentativas hoje mais em voga provêm de quadrantes anglo saxónicos, em sistemas jurídicos dominados pela *common law* e pela regra do precedente judiciário e tendo por base o individualismo metodológico e a filosofia utilitarista. Uma é a chamada *análise económica do direito* (Becker, Posner, Coase, etc.) que procura, a partir de uma óptica neoclássica, explicar e modificar os sistemas jurídicos actuais e, em particular, a regulação jurídica da economia, com fundamento em critérios e objectivos de eficiência económica[2]. Outra é a da *escola da escolha pública* (Buchanan, Tullock, Seldon, Brady, etc.) que, partindo do pressuposto – inspirado no realismo de Maquievel e de Hobbes – de que os indivíduos mantêm comportamentos em que buscam a realização de seus próprios interesses quando passam a actuar no processo político (como eleitores, eleitos, burocratas, etc.), critica a ideia de um Estado benevolente que agiria em nome de um pretenso interesse público, denuncia a existência de falhas de governo (por contraposição às falhas de mercado) e, consequentemente, procura deslegitimar a intervenção económica dos poderes públicos ou circunscrevê-la ao mínimo possível[3]. Afastadas destes quadrantes teóricos, mas porventura mais consentâneas com a forma como a generalidade dos juristas encara as relações entre economia e direito, existem outras abordagens económicas teoricamente mais eclé-

[1] Uma interessante perspectiva destas relações, não cingida às ópticas económica e jurídica, embora muito influenciada pelo ar do tempo, é a de Vital MOREIRA, «Economia e Direito. Para uma visão estrutural das suas relações», *Revista Direito e Estudos Sociais*, n.º XIX, 1974, p. 35 e ss. Sobre o tema, é útil a consulta de duas importantes colectâneas de textos: Natalino IRTI (org.), *Diritto ed Economia, problemi e orientamenti teorici*, Pádua: 1999 e por Nicholas MERCURO, *Derecho y Economia*, Madrid: Instituto de Estudios Fiscales, 1991.

[2] Cf. R. A. POSNER, *Economic Analysis of Law*, Boston: Litle Brown, 1973; R. COASE, *The Firm, the Market and Law*, Chicago: University of Chicago Press, 1988; E. MACKAAY/ S. ROUSSEAU, *Analyse* économique *du droit*, Paris: Dalloz, 2008; Thierry KIRAT, Économie *du Droit*, Paris, La Découverte, 1999; A. SOUSA FRANCO, «Análise Económica do Direito: Exercício Intelectual ou Fonte de Ensinamentos?», *Revista Sub Judice*, n.º 2, 1992; F. ARAÚJO, *Análise Económica do Direito. Programa e Guia de Estudos*, Coimbra: Almedina, 2008.

[3] V. James BUCHANAN/Gordon TULLOCK, *The Calculus of Consent: Logical Foundations of Constitutional Democracy*, Indianapolis: Liberty Fund, 1999; Gordon TULLOCK /Arthur SELDON/Gordon BRADY, *Government Failure: A Primer in Public Choice*, Washington D.C: Cato Institute, 2002. Uma explanação sintética e clara das teses da *public choice* foi efectuada por André A. ALVES/José M. MOREIRA, *O que é a Escolha Pública? Para uma Análise Económica da Política*, Cascais: Principia, 2004. No campo do pensamento económico baseado no individualismo metodológico, importa ainda referir as correntes marginalistas que reservavam um papel importante à lei e à intervenção do Estado (em particular no domínio fiscal), tendo em vista a maximização da riqueza social e mais justiça na sua redistribuição.

ticas, mas dotadas de uma grande sensibilidade para a importância das instituições políticas e jurídicas (cfr. Commons, Hodgson, Schmid, Louçã e Caldas, Reis)[4].

Em qualquer caso, independentemente da relevância científica ou prática desses ou de outros contributos, estamos no campo das disciplinas económicas e não no do direito, único que nos compete aqui aprofundar.

1.2. Direitos da economia ou Direito Económico?

Mais importante é, pois, analisar, ainda que de forma abreviada, a questão amplamente discutida do objecto e natureza do Direito Económico e do seu lugar no concerto das disciplinas jurídicas e dos ramos de direito existentes.

O problema põe-se sobretudo porque, do ponto de vista jurídico, são vários os ramos e disciplinas tradicionais com relevo para a economia, desde logo o direito civil patrimonial e o direito civil dos contratos e obrigações, o direito comercial, o direito administrativo da economia, o direito financeiro, o direito fiscal, o direito penal, o direito do trabalho, o direito internacional, etc. Havendo pois vários direitos da economia, qual o sentido de um Direito Económico autónomo? Não bastará contentarmo-nos com uma *análise jurídica da economia*, tendo em conta os contributos das diversas disciplinas jurídicas para essa análise, tornando-se a análise jurídica, a exemplo da análise económica do direito, uma espécie de metodologia jurídica do campo económico? Neste caso, não haveria qualquer *especificidade* que justificasse a existência do Direito Económico como ramo de direito autónomo, podendo, porém, justificar-se a sua existência como disciplina, não por razões científicas, mas por razões pragmáticas e formativas (v.g., o ensino de não juristas).

Sendo este um exercício possível e útil para a formação de economistas, gestores e outros cultores de ciências sociais e humanas (incluindo os próprios juristas), a verdade é que a questão da existência de um Direito Económico como ramo de direito (ou disciplina jurídica), distinto dos demais, põe questões específicas de fronteiras, constituindo um desafio ao pensamento jurídico tradicional.

Recorde-se que a definição do objecto de uma dada disciplina jurídica está tradicionalmente ligada à questão de saber se a ela corresponde ou não a existência de um ramo de direito autónomo, isto é, se estamos ou não perante um conjunto de nor-

[4] Cf. John R. Commons, *Legal Foundations of Capitalism*, New York: Macmillan Company, 1924; G. M. Hodgson, *Economia e Instituições*, Oeiras: Celta, 1994;Warren Samuel/A. Allan Schmid, «Derecho y Economia: Una Perspectiva Institucional», *in* Nicholas Mercuro, *Derecho y Economia*, Madrid: Instituto de Estudios Fiscales, 1991; B. Chavance, *L'Économie Institutionnelle*, Paris: La Découverte, 2007; e, entre nós, J. Reis, *Ensaios de Economia Impura*, Coimbra: Almedina, 2007; P. Trigo Pereira, *O Prisioneiro, o Amante e as Sereias, Instituições Económicas, Políticas e Democracia*, Coimbra: Almedina, 2008; Francisco Louçã e José Castro Caldas, *Economia(s)*, Porto: Edições Afrontamento, 2009, em especial, p. 124 ss. Uma análise inovadora destas relações, com recurso à semiótica, é a de R. Malloy, *Law and Market Economy*, Cambridge: Cambridge University, 2000.

mas referentes a uma matéria ou área institucionalizada da vida social susceptível de constituir um subconjunto normativo organizado em torno de princípios comuns e técnicas regulamentadoras[5].

Na constituição ou no reconhecimento de ramos de direito jogam factores histórico-culturais e sociais, mas também um certo convencionalismo e mesmo uma certa rivalidade entre escolas jurídicas de ensino e de pensamento. Por isso, esta questão não é exclusivamente do foro científico.

De qualquer modo, a relação entre ramos de direito e disciplinas jurídicas não é biunívoca. Pode haver disciplinas que não correspondam a ramos de direito. De facto, não se põe em causa ser possível, por razões pragmáticas ou pedagógicas, constituírem-se certas disciplinas jurídicas às quais não corresponda um ramo de direito. Contudo, nesses casos, nega-se, em regra, à disciplina em questão a existência de uma verdadeira autonomia científica.

2. Fundamentos da autonomia do Direito Económico

Sendo o Direito Económico um ramo de direito de formação relativamente recente, discutindo-se ainda hoje a sua natureza, não espanta que prossiga também certa querela sobre o objecto, o sentido e os limites da disciplina. Importa pois precisar quais os seus fundamentos e quais as condições sociais e teóricas que presidem à possibilidade ou à necessidade da sua emergência.

Em termos sumários, são essencialmente cinco os pressupostos em que se fundamenta o Direito Económico, como ramo de direito e disciplina jurídica:

a) O primeiro é que *mesmo as economias de mercado sustentadas por orientações políticas liberais não são mero produto do funcionamento automático de leis económicas*, em particular, das leis do mercado asseguradas essencialmente por um direito privado (o das codificações oitocentistas, civis e comerciais) que se limitava a garantir a propriedade privada e a possibilitar o funcionamento da ordem económica na base da autonomia privada e da liberdade negocial (liberdade contratual), do princípio da responsabilidade civil e do direito sucessório. Em suma, o mercado é, em larga medida, uma construção (não um facto natural), uma instituição promovida pelos poderes públicos, que não existe desligada das esferas do político, do jurídico e do social[6]. No plano europeu, a construção do mercado interno, é, aliás, um bom exemplo desta afirmação.

[5] J. Baptista Machado, *Introdução ao Direito e ao Discurso Legitimador*, Coimbra: Almedina, 1983, p. 64.

[6] A própria ordem jurídica do liberalismo não dispensava, porém, um direito da economia (moeda, proteccionismo, regulação laboral, impostos). Sobre a emergência do conceito de mercado, cf. Pierre Rosanvallon, *Le Capitalisme Utopique. Critique de l'Idéologie Économique*, Paris: Seuil, 1979; K. Polanyi(1944), *The Great Transformation: The Political and Economic Origins of Our Time*, Boston: Beacon Press, 2001; sobre a impossibilidade de isolar mercado, política e direito, cf. Natalino Irti, *L'Ordine Giuridico del Mercato*,

Com as transformações da ordem liberal clássica, surgiram, com efeito, formas específicas de regulamentação e de regulação pública da economia, dando origem a um conjunto de normas, princípios e instituições que regem a organização e direcção da actividade económica nas suas diversas manifestações (produção, circulação, distribuição e consumo), impondo limites, condicionando ou incentivando os agentes económicos ou mesmo alterando, de um ponto de vista estrutural, algumas tendências que resultariam do livre funcionamento do mercado. Este conjunto de normas, princípios e instituições de origem pública visou colmatar as insuficiências ou disfunções do direito privado clássico e constitui o núcleo originário e ainda hoje mais relevante do Direito Económico. No entanto, os fins da regulação pública da economia e, em especial, o peso das técnicas privatísticas por ela usadas implicam especificidades relativamente às clássicas formas administrativas de regulação.

b) O segundo é que, *com a multiplicação e complexificação dos agentes económicos* (grupos económicos, formas associativas de empresas, empresas transnacionais, etc.), *as próprias entidades privadas passaram a produzir normas* por delegação pública ou no âmbito da sua esfera de autonomia ou ainda resultantes da negociação ou concertação com os poderes públicos, normas essas cuja natureza se discute mas cujo conhecimento se torna imprescindível para se compreender a organização e funcionamento de múltiplos sectores de actividade, se não mesmo da globalidade dos modernos sistemas económicos. Acordos de concertação social, pactos sociais, regulamentos associativos, códigos de conduta e de boas práticas, instituições mistas, são fenómenos de direcção ou organização, global ou sectorial, da economia que traduzem uma complexa imbricação das esferas pública e privada clássicas, possibilitando um especial desenvolvimento do Direito Económico.

c) O terceiro diz mais directamente respeito à crescente *complexidade das relações entre o sistema económico e os sistemas jurídico e político*. Descobre-se que o sistema económico é também uma questão de poder em relação à qual os sistemas político e jurídico não podem ficar indiferentes, mormente quando o Estado se configura como Estado de direito e como Estado democrático. Surgem então questões como as do controlo ou subordinação do poder económico ao poder político ou do estabelecimento de uma democracia económica. Em última instância, radica aí a problemática da constituição económica (em particular, os direitos dos trabalhadores e dos consumidores e a protecção

Roma-Bari: Editori Laterza, 3ª. Ed., 2004, p. 38 e ss. A concepção naturalística do mercado traduz uma recusa global do político (Cf. Jean-Paul Fitoussi, *La Démocracie et le Marché*, Paris: Grasset, 2004). Sobre a dimensão da intervenção estatal nos mercados, vide ainda os clássicos A. Shonfield, *Capitalismo Moderno* (1985), Rio de Janeiro: Zahar, 1968; L. Musolf, *O Estado e a Economia*, Rio de Janeiro: Atlas, 1968. e J. K. Galbraith, *O Novo Estado Industrial*, Lisboa: Europa-América, 1998.

do ambiente) e parte substancial dos fundamentos da disciplina da concorrência e das concentrações.

d) Acresce que a especial relação entre economia e direito leva à necessidade de juridificação de muitos conceitos provenientes das disciplinas económicas, para os quais os ramos tradicionais do direito não dão resposta suficiente. Ao Direito Económico interessa, assim, por exemplo, não o instituto da propriedade em geral, mas a propriedade de meios de produção, não os contratos na sua globalidade, mas aqueles em que se manifestam, sob o manto da igualdade das partes, situações de desigual poder económico, não a empresa como objecto de negócios ou como sujeito de direito, mas a empresa como instituição (centro de poder ou entidade interveniente em relações de concorrência ou de cooperação), não a Constituição na sua integralidade, mas a Constituição Económica. Acresce que ao Direito Económico interessam ainda múltiplas técnicas retiradas das disciplinas económicas como o balanço económico ou o plano de recuperação de empresas e conceitos de origem económica como o de consumidor.

e) Por fim, há que salientar a profunda internacionalização e/ou regionalização dos fenómenos económicos, transcendendo os espaços delimitados por fronteiras político-jurídicas, que inviabiliza o estudo da regulação jurídica da economia sem fazer apelo para o direito internacional, incluindo o das organizações internacionais. Sendo o direito económico nacional cada vez mais um produto com origem na União Europeia, torna-se impossível analisá-lo no estreito quadro das fronteiras nacionais[7].

3. O Direito Económico como ramo de direito

3.1. Enunciado da questão

Levanta-se o problema de saber se o campo ou espaço normativo que hoje se designa por Direito Económico configura um verdadeiro ramo de direito e, em caso afirmativo, como se posiciona ele perante os ramos de direito já existentes. É questão que, dados os objectivos deste manual, se abordará sucintamente, enunciando os seus grandes traços, com a inerente redução da complexidade que estas questões realmente apresentam[8].

[7] Sobre o tema, é útil a consulta do número especial da *Revue Internationale de Droit Économique* sobre *Mondialisation et Droit Économique*, n.º 2-3, 2002. Sobre a influência da globalização no Direito Económico, cf. F. Herren Aguillar, *Direito Econômico. Do direito nacional ao direito supranacional*, São Paulo, Atlas, 2009, p. 58 e ss.

[8] Cf., a propósito, as diferentes posições de Menezes Cordeiro, *Direito da Economia*, vol. I, Lisboa: AAFDL, 1986, p. 5 e ss., de A. Sousa Franco, *Noções de Direito da Economia*, I vol., Lisboa: AAFDL, p, 33 e ss e de Carlos Ferreira de Almeida, *Direito Económico*, 2.º vol., 1979, p. 668. V. ainda, Orlando

Muito embora no Direito Económico não se encontrem algumas das clássicas manifestações externas dos ramos de direito (codificação, autonomia processual, magistratura específica), isso não impede que se possa falar dele como um novo ramo de direito em desenvolvimento.

Como ramo de direito, o Direito Económico tem vindo a construir-se a partir da especificidade de certas realidades e áreas normativas não susceptíveis de absorção, de forma coerente e adequada, pelo Direito Público ou Administrativo da Economia, pelo Direito Comercial ou pelo Direito Financeiro (*empresa* como instituição, *concorrência* inter-empresarial e institucional, *regulação* geral e sectorial, *concertação* social, etc.), ou da reavaliação, com um olhar centrado não na perspectiva das relações inter-individuais (óptica micro), mas na visão jurídica geral da economia (óptica macro), certos núcleos temáticos por vezes oriundos de outros ramos de direito (direito do consumo, intervenção do Estado como empresário, etc.), da imbricação das ordens jurídicas da economia (direito europeu, direito internacional e direitos nacionais), da deslocação ou esbatimento de fronteiras da contraposição, de raiz individualista, entre direito público e privado.

Não espanta, pois, que sobre o Direito Económico possam ser apresentadas teses distintas. Referiremos três: uma, radical, que nega a sua autonomia, por não apresentar as características dos ramos de direito consolidados e não acrescentar nada de novo em relação aos ramos de direito existentes; outra, que exige, para se poder falar de direito económico com autonomia, que este estabeleça uma nova ordenação sistemática da matéria jurídica operada em torno de pontos de vista unitários como a organização e a direcção económicas; outra, essencialmente tópica, que, a partir de alguns núcleos duros (constituição económica interna e europeia, direitos económicos, nacionalizações e privatizações, concorrência e regulação), procura agregar temas transversais a outros ramos de direito, analisados agora numa óptica essencialmente macro e institucional.

Dir-se-ia que a cada vez maior economização do direito (o Direito Fiscal e o Direito do Trabalho, por exemplo, assumem hoje preocupações e manifestações típicas de Direito Económico), a emergência de direitos de origem não estatal (o direito europeu derivado, a *lex mercatoria*, etc.) e a privatização da regulação da justiça (formas de resolução de conflitos extra-judiciais, arbitragem, mediação, etc.) – isto é, típicas características do Direito Económico – funcionam, ao lado de razões ideológicas (como o não reconhecimento de espaços híbridos entre o público e o privado), como a principal causa do desencanto de alguns sectores para com o Direito Económico.

de Carvalho, *Critério e Estrutura do Estabelecimento Comercial*, vol. I. 1962, p. 120, nota 64; J. Simões Patrício, *Introdução ao Direito Económico*, Cadernos de Ciência e Técnica Final, n.º 125, 1982 e F. H. Aguillar, *ob. cit.*, p. 25 e ss.

Daí a proposta de alguns autores, como Saldanha SANCHES, de elaboração de um projecto de reconstrução do Direito Económico, a partir da intersecção entre as linguagens económicas (recolhidas essencialmente na análise económica do direito e na teoria da escolha pública) e jurídicas, centrando a sua atenção no direito da regulação na esfera laboral, no campo do urbanismo e no mercado de capitais[9]. Como o próprio autor não deixa de reconhecer, esta tentativa reflecte um certo imperialismo da economia, mas tal facto é por ele visto como uma *provocatio ad agendum*. Interessante nos seus propósitos e constituindo aquelas teorias económicas, a par de outras, instrumentos de análise úteis no campo do direito, o seu uso exclusivo e primordial suscita, porém, uma reserva: pôr o acento tónico na teoria económica dominante traduz, de algum modo, a afirmação do primado da economia sobre o direito, já não na óptica da ortodoxia marxista da relação entre infra-estrutura económica e supra-estrutura (o direito como ideologia), mas na óptica do primado da eficiência económica (construída com base no individualismo metodológico) sobre a justiça, sobre a busca do bem comum pelo direito, arriscando-se este, em última instância, a ser reduzido a um mero epifenómeno da eficiência económica ou a ser mera forma das políticas públicas.

3.2. Evolução histórica

Pode-se afirmar que, embora a ordenação jurídica da economia seja bem antiga, o Direito Económico, como ramo específico de direito é, tal como a disciplina de Direito Económico, uma criação do século XX, posterior à primeira guerra mundial.

Com efeito, o papel muito mais activo que o Estado veio a assumir na regulação das «economias de mercado», superando o clássico enquadramento legislativo da actividade económica e a criação de condições normativas para que esta se tornasse possível, para disciplinar e orientar, directa ou indirectamente, o exercício dessa mesma actividade, é correntemente apontado entre os principais factores explicativos do desenvolvimento deste novo ramo de direito.

Grande parte desta regulação pública, operada por formas mais intervencionistas de Estado (*Welfare State*/Estado Providência) e com repercussões também noutros ramos de direito como o Direito do Trabalho, teve a sua origem na transformação do sistema capitalista e, mais propriamente, na passagem do «capitalismo de concorrência perfeita» ao «capitalismo oligopolista» ou, na linguagem de Hilferding, ao «capitalismo organizado».

Os fenómenos de concentração de empresas, da emergência de verdadeiros poderes económicos privados e da inerente limitação da concorrência são uma das principais expressões desta evolução. O Estado procurou seguir este processo, proibindo certas formas de concentração, tolerando ou incentivando outras, contrabalançando

[9] J. L. SALDANHA SANCHES, *Direito Económico: um Projecto de Reconstrução*, Coimbra: Coimbra Editora, 2008.

aqui e além os seus efeitos perversos. Para tal adaptou técnicas e instrumentos jurídicos antigos e criou novos.

Outros fenómenos, porém, como as crises e a eclosão das guerras mundiais, foram importantes no apurar das técnicas públicas de regulação da economia. As pressões dos agentes económicos, das organizações sociais ou políticas ou de todos aqueles que, por uma razão ou por outra, se sentiam negativamente afectados pelo funcionamento do mercado (empresários face à concorrência vinda do exterior, pequenos e médios empresários face ao poder económico das grandes empresas, trabalhadores face aos empresários, consumidores perante os comerciantes, etc.) contribuíram também para que o Estado fosse compelido a intervir, com relativa autonomia, na orientação da actividade económica. As teorias keynesianas e neomarxistas, as doutrinas socialistas e sociais-cristãs funcionaram frequentemente como impulso e legitimação deste processo de intervenção caracterizado, numa primeira fase, pela existência de um Estado produtor e/ou empresário (nacionalizações, participações em empresas privadas, etc.), por um planeamento indicativo e por uma economia concertada.

A partir dos anos setenta, e com maior intensidade na década de oitenta, a intervenção estadual na economia e particularmente a participação directa do Estado na actividade económica, mediante a produção pública directa de bens ou serviços, veio a ser objecto de diversas críticas, provindas especialmente dos sectores neoliberais, que em geral discutem as ineficiências a que ela conduz e apontam a possibilidade de os mesmos objectivos poderem ser atingidos mais eficazmente pelo livre jogo das forças de mercado. Estas críticas legitimaram, em primeiro lugar, algumas alterações na intervenção pública na economia, marginalizando certas formas de intervenção (nacionalizações, planeamento) e alterando agentes, meios e campos de actuação (refiram-se principalmente os movimentos das privatizações e da desregulação em geral).

Contudo, como é hoje claro, essas alterações não se têm traduzido numa pura desregulação da economia, mas antes em formas diferentes de regulação (substituição de formas de regulação directa por regulação proveniente de entidades semi-públicas ou mesmo privadas encarregadas dessas funções; substituição da produção pública directa de bens ou serviços pela sua contratação a entidades privadas, mantendo-se o financiamento público; novas formas de gestão para os serviços públicos que passam a ser orientados por critérios empresariais; intervenção casuística em vez de regulação geral e abstracta, etc.).

Por fim, há ainda que considerar o fenómeno da internacionalização das economias e os processos regionais de integração económica. A internacionalização económica tem dado origem a uma internacionalização do Direito Económico que, no que se refere a Portugal e aos restantes Estados-Membros, manifesta-se sobretudo nas regras formuladas pela União Europeia. Tendo começado por ser uma organização quase exclusivamente económica (a Comunidade Económica Europeia - CEE, o «mercado comum»), mas a cujos órgãos de direcção se atribuíram poderes para emitirem uma regulamentação directamente vinculativa para os Estados-Membros e para os agentes económicos que neles actuam, ela deu origem, directa ou indirectamente, a uma complexa e diversificada ordem jurídica da economia que se impõe ao, ou condiciona o direito económico desses Estados. No plano europeu, importa ainda não esquecer as regras provenientes do Acordo sobre o Espaço Económico Europeu e, no plano internacional, as da Organização Mundial do Comércio (OMC/*WTO*) (que sucedeu, em 1995, ao GATT – *General Agreement on Tariffs and Trade*, assinado a seguir à Segunda Guerra Mundial). Ainda que dependentes de acordos prévios dos Estados e, portanto, não directamente vinculativas dos agentes económicos, as decisões da OMC (nomeadamente do *DSB – Dispute Settlement Body*/órgão de apelo) são hoje determinantes da regulação das relações comerciais internacionais e inclusivamente das intervenções dos governos susceptíveis de afectarem a livre troca (subvenções, encomendas públicas, serviços em regime de monopólio, etc.). A acção de outras instituições e organizações económicas internacionais (Banco Mundial, Fundo Monetário Internacional, etc.) traduz-se também, em certas circunstâncias, na aplicação de medidas que limitam a autonomia das autoridades nacionais para a definição e aplicação das suas políticas macroeconómicas.

No quadro da primeira crise financeira e económica global do século XXI e da crise das dívidas soberanas que a ela se seguiu, volta a discutir-se intensamente a problemática da relação entre Estado e economia. A eventual necessidade de reconfiguração dos modelos regulatórios nacionais, de modo a torná-los mais aptos a responder a problemas e desafios de dimensão transnacional, constitui uma das temáticas incontornáveis neste contexto. Também o papel das instituições e organizações económicas internacionais tem vindo a ser questionado, sendo apontadas por muitos autores as insuficiências da actual arquitectura institucional internacional no domínio económico-financeiro e comercial, bem como a sua incapacidade para responder às exigências de transparência, confiança e solidariedade à escala global. A ausência de regulação do poder oligopolista das agências de notação de risco está aí para o demonstrar.

3.3. Natureza

Problemática é ainda a classificação do Direito Económico como direito público ou privado. De acordo com a distinção tradicional (que vê o direito privado como emanação de um princípio de igualdade dos sujeitos de direito e o direito público como uma manifestação do *ius imperii*), o Direito Económico será ainda predominantemente direito público, de origem constitucional, administrativa ou penal. No entanto, um conjunto considerável das suas normas e institutos – hoje em claro crescimento dada a privatização da gestão de serviços públicos – não assume aquela natureza, antes possui natureza privatística, apresentando, em certos casos, a natureza de um direito privado colectivo.

Fruto de um movimento de privatização da esfera pública e de publicização da esfera privada, no Direito Económico, como aliás noutros ramos de direito (assim, também no Direito do Trabalho, mas aqui com predomínio da regulação privatística), confluem regras de direito público e privado. Dizer que de tal facto resulta uma superação da clássica distinção entre direito público e privado será, porventura, excessivo. Afirmar que se trata de um ramo de direito híbrido, sem ser inexacto, é porém, pouco profícuo. Mais correcto parece ser afirmar que, no campo do Direito Económico, há um relativo apagamento da importância dessa distinção o que, longe de ser um obstáculo à sua afirmação como disciplina autónoma, constitui mesmo uma das problemáticas mais aliciantes que contribuem para a sua diferenciação.

3.4. O Direito Económico perante os outros ramos de direito

A definição das fronteiras do Direito Económico relativamente a outros ramos do direito levanta naturalmente algumas dificuldades.

Em primeiro lugar, porque se trata de um novo ramo do direito que, ao surgir, ocupa, ao menos parcialmente, espaços de ramos já existentes, como o Direito Comercial, o Direito Administrativo ou mesmo o Direito Constitucional.

Em segundo lugar, porque o Direito Económico retoma, por vezes, matérias já tratadas no âmbito daqueles, embora o faça normalmente numa perspectiva diferente (por exemplo, considerando mais os seus efeitos macroeconómicos e o seu enquadramento institucional do que disciplinando a organização das relações intersubjectivas, ou articulando os institutos, públicos e privados, numa visão de conjunto de regulação da economia). Depois, porque alguns dos domínios jurídicos tendencial ou parcialmente abrangidos pelo Direito Económico foram-se eles próprios especializando e autonomizando a partir do momento em que se tornou mais densa e complexa a regulação que lhes diz respeito. É o caso do Direito Agrário, do Direito das Empresas, do Direito do Consumo, do Direito Bancário, do Direito da Informação ou do Direito do Ambiente.

Finalmente, em virtude das naturais proximidades que existem entre os objectos regulados, mesmo quando distintos, pelos diversos ramos de direito que se ocupam das questões económicas, como acontece, por exemplo, entre o Direito Económico e o Direito do Trabalho, o Direito Comercial e o Direito das Obrigações.

Menção especial merece a relação entre o Direito Económico e o Direito da União Europeia. Na verdade, o Direito Económico nos países que integram a UE é, cada vez mais, Direito Europeu ou por ele influenciado, embora nem todo o Direito Europeu seja Direito Económico, uma vez que a União, para além de possuir um quadro jurídico institucional próprio, tende a alargar as suas atribuições e competências a outros domínios que não o económico.

Recorde-se, contudo, que qualquer destes problemas de qualificação e de delimitação de fronteiras, comuns aliás a outros ramos de direito, não são, nem no plano teórico nem no plano pedagógico, impeditivos da afirmação disciplinar do Direito Económico. Mesmo quem nega a existência do Direito Económico como ramo de direito autónomo, não deixa, como Aguillar, de afirmar a sua condição de disciplina jurídica.

4. O Direito Económico como disciplina jurídica autónoma

4.1. Origem e desenvolvimento

A sistematização doutrinal e científica do Direito Económico como disciplina jurídica autónoma tomou corpo primeiramente na Alemanha, sob a Constituição de Weimar. Não por acaso, uma vez que foi esta Constituição a primeira a inserir a vida económica de forma específica e desenvolvida como objecto da lei fundamental. São desse período, entre outras, as clássicas obras de Hedemann (1922), referenciada frequentemente como texto seminal da disciplina, e de Huber (1932). Desde então, e particularmente após o fim do nazismo, o interesse pelo Direito Económico neste país não cessou de crescer, ainda que com orientações diferenciadas, salientando-se, entre outras, a obra de Fikentscher (1983).

Outro pólo de desenvolvimento do Direito Económico foi a França, sobretudo depois da Segunda Guerra Mundial. Considerada aí durante largos anos sob o ponto de vista do direito público, isto é, como direito da intervenção económica do Estado e da organização administrativa da economia (Chénot, Laubadère, e Savy, entre outros cultores do *Droit public économique*), a disciplina sofreu mais tarde a influência do direito privado (Farjat), apresentando-se hoje frequentemente sob as designações de *Droit des Affaires* (Champaud, Alfandari) e de *Droit du marché* (Leyssac, Parléani), ao lado da já clássica expressão *Droit économique*.

Da Alemanha e da França o interesse pelo Direito Económico não tardou a irradiar para outros países de cultura jurídica próxima, na Europa e fora dela. Como contribuições para o aprofundamento dos estudos de Direito Económico, destacam-se os trabalhos desenvolvidos no âmbito da *Association Internationale de Droit Économique* (Bruxelas) *e da Commission Droit et Vie des Affaires* (Liège).

Diversamente, nos países anglo-saxónicos, com sistemas jurídicos baseados na *common law*, onde a clássica distinção entre direito privado e público não tem fortes tradições e onde o ensino e investigação do direito tem um cariz mais pragmático, não ocorreu semelhante desenvolvimento de uma disciplina jurídica autónoma de direito económico, continuando esta área a ser enquadrada em distintas disciplinas, mais ou menos tradicionais: *public corporations, regulatory agencies, mercantile law, anti-trust law*. Em contrapartida, floresceu sobretudo nos Estados Unidos da América a já referida análise económica do direito. Note-se, porém, que o panorama no Reino Unido tende a alterar-se, fruto da influência do Direito Económico Europeu e mesmo do Direito Económico Internacional.

Quanto a Portugal, foram relativamente tardias as primeiras abordagens doutrinais do direito económico. Antes do 25 de Abril de 1974, a ideologia e a dogmática do direito corporativo consumiam em parte o objecto daquele, impedindo a sua afirmação autónoma. Até essa altura, pouco mais há a registar do que os trabalhos pioneiros de A. Ataíde e V. Moreira, aliás bastante díspares, quer quanto aos temas tratados, quer quanto à perspectiva adoptada. Depois de 1974, verificou-se um movimento generalizado de interesse pela disciplina, que se traduziu principalmente na sua introdução nos planos curriculares das licenciaturas em Direito e em Economia. Isso proporcionou um vasto desenvolvimento doutrinário, que se exprimiu já, para além de numerosas monografias e estudos parcelares, num importante número de manuais e cursos universitários, como decorre da bibliografia genérica referida em anexo, ainda que, neste último caso, muito poucos manuais tenham vindo a ser actualizados, sobretudo após a década de oitenta. Este facto parece demonstrar um certo desinvestimento na disciplina. Mas este fenómeno é mais aparente que real, uma vez que ele é contrabalançado pela autonomização de típicos direitos económicos especiais como o direito da concorrência ou a emergência de novas áreas do Direito Económico em domínios de importância ou desenvolvimento recentes (v.g. comércio electrónico, ambiente, mercado de capitais, etc.).

Resta acrescentar que a disciplina de Direito Económico tem vindo igualmente a afirmar-se no Brasil (Gomes, Grau, Fonseca, Figueiredo, entre vários) e noutros países da América Latina, bem como, sob influência da doutrina portuguesa, nos países africanos de língua oficial portuguesa.

4.2. Natureza e objecto

Se para a generalidade dos seus cultores o Direito Económico é uma nova disciplina com identidade própria e autonomia científica (embora não haja acordo quanto à sua *differentia specifica*), para outros está-se perante uma simples adaptação, justaposição ou reconfiguração de sectores de diversas disciplinas tradicionais, conglobadas por razões de afinidade e autonomizadas por razões de conveniência prática ou pedagógica. Há ainda quem adiante tratar-se de um novo paradigma de juridicidade e de metodologia que obrigaria a uma «análise substancial» das fontes de direito, tendo presente a realidade do poder económico.

Seja como for, o actual desenvolvimento dos estudos e do ensino de Direito Económico mostra-se suficiente para justificar a sua existência nos planos de curso das faculdades de Direito e de Economia. Ainda que continue a discutir-se o seu conteúdo e mesmo a sua designação, hoje praticamente ninguém contesta a sua utilidade prática e didáctica, em particular na formação universitária de juristas e economistas, bem como a importância que adquiriu como foro privilegiado de debate de novas tendências científicas e metodológicas ligadas à consideração das relações entre direito e economia.

No presente estádio do conhecimento, e de forma aproximativa, define-se o *objecto da disciplina do Direito Económico* como o estudo da ordenação (ou regulação) jurídica específica da organização e direcção da actividade económica pelos poderes públicos e (ou) pelos poderes privados, quando dotados de capacidade de editar ou contribuir para a edição de regras com carácter geral, vinculativas dos agentes económicos, mesmo que não sejam objecto de específica sanção jurídica. O núcleo duro do Direito Económico é hoje constituído pelas questões jurídicas relativas à concorrência e à regulação. Mas a sua esfera de atracção é mais ampla, abrangendo as questões da empresa (de cariz mais privatista) ou do enquadramento jurídico das políticas económicas públicas (de cariz mais publicista).

5. A interdisciplinaridade no estudo do Direito Económico

A autonomia aqui considerada não é posta em causa pelo facto de no Direito Económico se verificar uma interpenetração ou recepção de conceitos e técnicas provenientes de outras áreas jurídicas, podendo falar-se, a tal propósito, de uma interdisciplinaridade interna ao direito.

Por vezes, porém, fala-se ainda, no caso do Direito Económico, de uma interdisciplinaridade que ultrapassa o campo jurídico, querendo com isto sublinhar-se o especial peso que os temas e problemas económicos assumem no objecto desta disciplina ou, por outras palavras, as íntimas *relações entre a Economia e o Direito Económico*. Este, por vezes, chega mesmo a ser visto, numa óptica funcionalista, como um mero instrumento da economia, um direito ao serviço dos ditames económicos ou da política económica, que apenas vê justificada a sua existência na medida em que cumpra esses objectivos.

Com efeito, do ponto de vista microeconómico, o direito é frequentemente encarado como um obstáculo ou como um elemento, entre outros, do contexto ou da estratégia de decisão dos agentes económicos. As consequências da sua eventual violação por parte destes são mesmo objecto de um complexo cálculo de probabilidades e de um cálculo de risco económico. Por outro lado, os poderes públicos privilegiam, não raro, a faceta organizativa da técnica jurídica posta ao serviço das políticas macroeconómicas do Estado, sejam elas de regulação ou de desregulação.

Tais perspectivas instrumentais, presentes em muitos estudos económicos, são porventura importantes do ponto de vista da política do direito (ou da política *tout court*), mas são redutoras e deformadoras da natureza e função do Direito Económico, se não mesmo do Direito no seu conjunto. O jurista sempre sublinhará que a evolução da economia tornou patente a existência de uma certa tensão entre valores quantitativos e qualitativos, entre valores económicos (eficácia, eficiência, relação custo-benefício, concorrência) e valores jurídicos ou valores extra-económicos juridicamente protegidos (segurança, justiça social, direitos dos trabalhadores e dos consumidores, interesse geral, solidariedade, qualidade ambiental, etc.). O Direito, produto cultural por excelência, surge assim como uma instância reguladora, dotada de uma racionalidade irredutível à pura racionalidade económica. No entanto, a sua autonomia é relativa. A evolução económica e a evolução tecnológica influenciam profundamente o Direito (e em particular o Direito Económico), obrigando-o a um processo de contínua adaptação e, sendo assim, é impensável uma compreensão jurídica dos fenómenos económicos depurados daquelas influências.

A interpretação e aplicação das normas de Direito Económico e mesmo a sua criação apelam para o conteúdo das relações económicas. Metodologicamente, a ponderação dos efeitos económicos das decisões jurídicas é algo a que os juseconomistas não podem ficar alheios. Por vezes é mesmo necessário ter em conta a importação de conceitos nascidos no campo da economia e atender à acepção que aí lhes é dada (por exemplo, sector básico da economia, pequena e média empresa, concorrência, balanço económico, etc.).

Mas, como se disse, isto não implica sair do campo do direito. Os critérios utilizados na criação, interpretação e aplicação do Direito Económico continuam a ser critérios exclusivamente jurídicos. Através de técnicas mais adaptadas à consideração da realidade e objectivos económicos e mais atentas ao contexto económico das relações jurídicas bem como à complexidade dos múltiplos interesses em presença, o direito procura simultaneamente conformar-se à realidade económica e conformar essa mesma realidade. Daí, por exemplo, o recurso a conceitos indeterminados e a cláusulas gerais (v.g., «progresso técnico e económico»), daí um menor peso do formalismo e conceptualismo jurídicos, daí ainda a maior importância, neste campo, da interpretação sistemática e da interpretação teleológica ou por objectivos.

É, assim, por não abdicar de uma valoração não estritamente económica da realidade económica e da consideração de interesses não especificamente económicos que é possível falar do Direito Económico como disciplina jurídica (e, em nosso entender, como ramo de direito) e não como disciplina económica. Nesta óptica, a Economia, nas suas diversas componentes, surge aqui como a ciência auxiliar por excelência do Direito Económico[10].

6. As fontes de Direito Económico

6.1. Complexidade e diversificação

A questão das fontes de Direito Económico, i.e., das formas de revelação das normas juseconómicas, é uma questão melindrosa, uma vez que nela questiona-se, de modo mais intenso, o tradicional monopólio dos poderes públicos na produção de normas jurídicas.

[10] Cf. Menezes Cordeiro, *ob. cit.*, p. 117 e ss.

Com efeito, se é certo que grande parte do Direito Económico, ao referir-se a formas de organização ou ordenação pública da economia, nacional ou internacional, assenta em normas com origem nas autoridades públicas, também é verdade que este não se esgota nelas. Ao lado deste direito, desenvolve-se cada vez mais uma ordem negociada entre poderes públicos e privados (um direito de concertação económica) ou mesmo proveniente de entidades ou instituições privadas, desprovidas do clássico poder de império, e que tem por objectivo a regulação de práticas económicas, negociais e profissionais, com particular relevância para os códigos de conduta. Esta ordem, influenciada por considerações pragmáticas (tornar efectiva uma dada política económica) ou por estratégias empresariais (v.g. planear a acção de um grupo privado num certo sector), frequentemente aplicada através de mecanismos privados de arbitragem e sustentada por sanções informais, extra-jurídicas, não se reduz a meras normas morais ou a uma «ética dos negócios», revestindo-se de características de juridicidade, mesmo que imperfeita.

A ordem juseconómica é assim eminentemente plural, sendo diversificado o elenco das suas fontes. Ao lado das tradicionais fontes formais de direito, é necessário considerar outras («por vezes designadas fontes materiais»), quer de natureza mista, quer de natureza privada. O que não significa que, em última instância, a validade das condutas dos agentes económicos, mesmo das que se traduzem na emissão de normas, não deva ser aferida pela conformidade com as normas e princípios com origem nas autoridades públicas, em particular, europeias e nacionais.

6.2. Tipos de fontes

6.2.1. Fontes internas

A primeira fonte de direito é por definição a Constituição da República Portuguesa (CRP). Ela contém um conjunto extenso de preceitos basilares que se referem directamente à economia e que constitui a essência da Constituição económica.

Seguem-se a lei (da Assembleia da República) e o decreto-lei (do Governo) que, directa ou indirectamente, regem aspectos cruciais da ordem económica. Embora a lei e o decreto-lei tenham o mesmo valor formal nos domínios em que a Assembleia da República e o Governo dispõem de competências concorrentes, é de salientar que são vários os campos em que a Assembleia tem, em matéria económica, competência reservada, absoluta ou relativa (arts. 164.º e 165.º da CRP), sendo esta última susceptível de delegação. Em matéria de legislação, a especificidade do Direito Económico está no papel peculiar da *lei-directriz* (como a lei do plano) e da *lei-medida* (aplicáveis a um círculo restrito de pessoas ou a um número limitado de casos). É ainda de referir o *decreto legislativo regional* (da competência das Assembleias Legislativas Regionais) circunscrito às matérias de interesse específico para a Região (arts. 112.º/4, 227.º e 232.º da CRP).

Particular importância, no Direito Económico, pela sua frequência, assumem os regulamentos que o Governo (sob a forma de *decreto regulamentar*; *resolução* do Conselho de Ministros; *portaria*; *despacho normativo*, etc.), as Regiões Autónomas, os municípios e outras instituições públicas (por exemplo, os *avisos* do Banco de Portugal obrigatórios para a restante banca) elaboram no exercício das suas funções administrativas.

Uma outra questão relevante, agora em sede de interpretação e aplicação das normas, é o maior peso que, no Direito Económico, é dado à consideração dos elementos sistemáticos e teleológicos, nomeadamente a consideração, em cada caso concreto, da ordem juseconómica na sua globalidade, à ponderação das consequências económicas da decisão jurídica, à necessidade de conhecer as políticas económicas que presidiram à elaboração das normas, bem como à interpretação conforme com a Constituição.

Note-se, por fim, que as normas e os princípios de direito internacional geral ou comum fazem parte integrante do direito português (art. 8.º/1 da CRP).

6.2.2. Fontes internacionais

Tem-se aqui em vista as *convenções* de direito internacional a que Portugal esteja vinculado, cada vez mais numerosas no domínio económico, sejam de natureza multilateral (GATT/OMC), bilateral ou institutivas de organizações internacionais (art. 8.º da CRP), de que são exemplo a OCDE (*OECD*), o FMI (*IMF*) e a OIT (*ILO*)[11].

Particular relevância assumem neste contexto os Tratados que instituíram ou modificaram as Comunidades Europeias e a União Europeia, hoje na versão do Tratado de Lisboa que procedeu à revisão do Tratado da União Europeia (TUE) e consagrou o Tratado de Funcionamento da União Europeia (TFUE). Estes tratados, comummente designados como *direito originário*, são o fundamento de todo um *direito derivado*, produzido pelas instituições europeias no âmbito das suas competências. Este direito derivado assume a forma de *regulamentos* que contêm normas de carácter geral, obrigatórias, imediata e directamente aplicáveis em todos os Estados-Membros, ou de *directivas*, que contêm normas de carácter geral que vinculam os Estados-Membros quanto ao resultado a alcançar, deixando-lhes a liberdade de escolha quanto aos meios e à forma, ou ainda de *recomendações* (art. 288.º TFUE), sem esquecer os actos atípicos.

O direito europeu, originário ou derivado, é aplicável na ordem interna, nos termos definidos pelo direito da União, com respeito pelos princípios fundamentais do Estado de direito democrático (art. 8.º/4 da CRP). Recorde-se ainda que os direitos fundamentais, incluindo os económicos, sociais e culturais, não excluem quaisquer outros constantes das regras aplicáveis de direito internacional (art. 16.º da CRP).

[11] Cf. o número especial da *Revue Internationale de Droit Économique*, 2003, n.ºs 3 e 4 «La mondialisation du économique: vers un nouvel ordre public économique», *cit.* nota 7.

6.3. Fontes de origem mista ou privada

Para além da *regulação de índole pública*, é de realçar, como se escreveu, a existência de uma *regulação de natureza mista ou privada*, em regra com carácter supletivo ou complementar em relação àquela.

Quanto à primeira, ressaltam as decisões, acordos ou pareceres emanados dos organismos de concertação económica e social (como o CES – Conselho Económico e Social). Refira-se ainda a importância dos contratos – programa e de outras formas de contratação económica entre entes públicos e privados.

Quanto à segunda, entre outras, avultam: a regulamentação das actividades económicas pelas associações profissionais, nomeadamente por meio de decisões internas ou de códigos de conduta, particularmente difundidos entre nós na esfera financeira; os usos da actividade económica internos ou internacionais e, designadamente, as práticas negociais, que se traduzem em contratos-tipo ou contratos de adesão (formados por cláusulas contratuais gerais, i.e. padronizadas e não negociáveis) sucessivamente reutilizados em determinados ramos da actividade económica (como na banca, nos seguros ou nos sectores da energia e das telecomunicações); as decisões vinculativas dos grupos de sociedades, etc...

6.4. A importância das decisões jurisprudenciais e administrativas

Embora as *decisões emanadas dos tribunais* (judiciais comuns, administrativos, fiscais, etc.) para a resolução de casos concretos não constituam, em bom rigor, fonte de direito, no sentido clássico do termo (não vigora entre nós a regra do precedente judiciário), é cada vez mais importante o papel que revestem quer como sinais para a orientação dos agentes económicos, quer quando assumem um carácter inovador ou precursor (a aplicação da lei é uma tarefa criativa), quer ainda quando se cristalizam em correntes jurisprudenciais. Deste modo, a jurisprudência (juntamente com a doutrina) dá um contributo fundamental para a construção dos princípios gerais de direito económico nacional e europeu.

Neste plano, é justo salientar a importância decisiva da jurisprudência do Tribunal de Justiça da União Europeia (TJUE). Mas também, entre nós, revelam-se particularmente importantes tanto a jurisprudência do Tribunal Constitucional, no quadro do controlo da constitucionalidade das leis, quanto a do Supremo Tribunal de Justiça e do Supremo Tribunal Administrativo, aos quais, na ausência de uma magistratura económica específica, cabe, em última instância, nos respectivos domínios de competência, interpretar normas que contêm o enquadramento geral da regulação da actividade económica.[12] Isto sem esquecer a crescente importância, para a actividade

[12] Sobre a importância da economia na formação dos juristas no nosso século, vide o testemunho de José Santos Cabral, «Da economia do direito ao direito da economia», in A.A.V.V., *Interrogações à Justiça* (coord. A. Leandro/ F. P. Monteiro/ J. G. Costa), Coimbra: Tenacitas, 3.ª ed., 2003, p. 313. O mesmo

económica interna e internacional, dos mecanismos de resolução alternativa de litígios como a mediação, a conciliação e a arbitragem, institucionalizada ou não, e a importância das jurisdições dos tribunais especiais, como os de comércio, foro por excelência das questões de concorrência julgadas no plano nacional.

Finalmente, deve salientar-se o especial significado que assumem também as *decisões de certos órgãos da Administração económica* aos quais cabe resolver, em primeira instância, litígios decorrentes da violação de regras de Direito Económico, como sucede, em matéria de defesa da concorrência, em Portugal, com Autoridade da Concorrência e, na UE, com a Comissão.

6.5. Hierarquia das fontes formais

Do ponto de vista da sua hierarquização, a partir do direito português, as fontes normativas podem ser assim ordenadas: regras e princípios contidos na Constituição da República ou recebidos por meio das cláusulas de abertura existentes no texto constitucional; convenções internacionais (tratados e acordos); leis internas (leis, decretos-lei e decretos legislativos regionais); regulamentos do poder executivo e do poder local.

A questão complica-se, como veremos adiante, quando se toma em consideração o direito originário ou o direito derivado da União Europeia (tratados que instituíram ou alteraram as Comunidades e a UE; regulamentos, directivas e decisões).

7. Principais características do Direito Económico

Em síntese, é possível enunciar resumidamente as principais características do Direito Económico. São elas:

- A *dispersão e heterogeneidade das suas fontes*, que se manifestam na diversidade das suas proveniências, como se mostrou no ponto anterior;
- A *sua mobilidade*, que se manifesta na transitoriedade da vigência e na plasticidade na adaptação aos casos concretos de uma parte das suas normas, em parte justificada pela sua natural sensibilidade às mudanças sociais e políticas e pela sua ligação às políticas económicas estruturais ou conjunturais;
- A *ampliação do âmbito das fontes tradicionais* (com a inclusão de leis-medida, leis-plano, actos-incentivo, etc.) e o relativo declínio da sua importância, derivado do peso que assumem as novas fontes (acordos de concertação, códigos de conduta, contratos-tipo);
- Uma *certa privatização das suas fontes*, que se manifesta não só na importância da auto-regulação pelas próprias entidades privadas, mas também na nego-

autor sublinha a necessidade de ponderação dos efeitos económicos das decisões que resulta da profunda interligação entre direito e economia.

ciação das fontes públicas, tanto no processo da sua elaboração, como no momento da sua aplicação;

– O *declínio da coercibilidade*, que se reflecte em diversos aspectos como sejam: o predomínio das normas de conteúdo positivo sobre as de conteúdo negativo; a subalternização dos efeitos jurídicos relativamente aos económicos e sociais; a relevância das normas programáticas; a utilização crescente da via contratual e da via concertada, ao lado da imposição legal, para atingir os fins da política económica; a diminuição dos efeitos de nulidade dos negócios, procurando maximizar os seus efeitos jurídico-económicos.

Em conclusão, é possível afirmar que o Direito Económico, embora não integrando todo o direito da economia – visto que há outros ramos de direito que dele se ocupam, como, por exemplo, o direito comercial – é todavia o direito *específico* da ordenação da economia; não se apresenta como um ramo de direito público ou de direito privado, na medida em que se ocupa de formas de regulação de relações entre entidades privadas, entre entidades públicas e entre umas e outras, quer de natureza pública, quer privada; pese embora a importância da regulação proveniente das autoridades públicas (Estado e instituições internacionais) na construção do objecto do direito económico, este não se limita a ser um mero direito dessa intervenção pública em sentido clássico, ocupando-se também de relações entre particulares e de formas concertadas ou negociadas entre o Estado e os particulares. Isto exige que o seu estudo tenha em conta, para além das fontes tradicionais do direito, um conjunto de outras fontes que se mostram indispensáveis para a compreensão da organização jurídica da actividade económica.

BIBLIOGRAFIA GERAL

PORTUGAL

Almeida, Carlos Ferreira de, *Direito Económico*, Lisboa: AAFDL, 1979 (2 vols.).

Ataíde, Augusto de, *Elementos para um Curso de Direito Administrativo da Economia*, Cadernos de Ciência e Técnica Fiscal, n.° 100, Lisboa: DGCI, 1970

Ataíde, Augusto de, *Lições de Direito Económico*, Lisboa: Universidade Lusíada, 1987 (pol.)

Cordeiro, António Menezes, *Direito da Economia*, Lisboa: AAFDL, 1986 (2ª ed., 1988)

Cunha, J. M. Silva, *Direito Económico*, Porto: Universidade Livre, s/d.

Ferreira, Eduardo Paz, *Lições de Direito da Economia*, Lisboa: AAFDL, 2001.

Franco, António L. Sousa, *Noções de Direito da Economia*, Vol I, Lisboa: AAFDL, 1982-3

Martins, J. Teixeira, *Direito Público da Economia*, Lições, (pol.), Coimbra: F.D.C., 1976

Miranda, Jorge, *Direito da Economia* (pol.), Lisboa, 1982/3

Moncada, Luís Cabral de, *Direito Económico*, Coimbra: Coimbra Editora, 5.ª ed., 2007

Moreira, Vital, *Economia e Constituição*, Coimbra: FDUC, 1974

Moreira, Vital, *A Ordem Jurídica do Capitalismo*, Coimbra: Centelha, 1973

Patrício, J. Simões, *Curso de Direito Económico*, Lisboa: AAFDL, 1980

Pinto, C. Mota, *Direito Público da Economia Lições* (pol.), Coimbra: FDUC, 1979/1980

Roque, Ana, *Tópicos de Direito Económico*, Lisboa: EDIUAL, 2ª ed., 2003

Sanches, J. L. Saldanha, *Direito Económico: um projecto de reconstrução*, Coimbra: Coimbra Editora, 2008

Sendin, Paulo M., *Direito da Economia* (pol.), Lisboa: UCP, 1984

Vaz, Manuel Afonso, *Direito Económico. A Ordem Económica Portuguesa*, Coimbra: Coimbra Editora, 4ª ed., 1998

BRASIL E OUTROS PAÍSES DE LÍNGUA OFICIAL PORTUGEUSA

Aguillar, Fernando Herren, *Direito Econômico, Do Direito Nacional ao Direito Supranacional*, São Paulo;: Atlas, 2ª ed., 2009

Bastos, Celso Ribeiro, *Curso de Direito Econômico*, São Paulo: Celso Ribeiro Editor, 2003

Carvalhosa, Modesto, *Direito Econômico*, São Paulo: Ed. RT, 1973

Feijó, Carlos Maria, *O Novo Direito da Economia de Angola, Legislação Básica*, Coimbra: Almedina, 2005

Figueiredo, Leonardo Vizeu, *Lições de Direito Econômico*, Rio de Janeiro: Editora Forense, 2ª ed. , 2009

Fonseca, J. Bosco Leopoldino da, *Direito Econômico*, Rio de Janeiro: Forense, 2004

Gomes, Orlando e Varela, Antunes, *Direito Económico*, Rio de Janeiro: Ed. Saraiva, 1977

GRAU, Eros Roberto, *Elementos de Direito Económico*, São Paulo: Editora RT, 1981

GUERRA, José A. Morais, *Direito da Economia Angolana*, Lisboa: Escher, 1994

PEREIRA, Affonso Insuela, *O Direito Econômico na Ordem Jurídica*, São Paulo: José Bushatsky Editor, 1980

SANTOS, António Carlos, «O direito económico angolano (1975-1989): evolução e perspectivas», *Estudos de Economia*, vol. X, n.° 3, 1990

SHAPIRO, Mário Gomes (coord), *Direito Econômico Regulatório*, São Paulo: Editora Saraiva, 2010

SUNDFELD, Carlos Ari, *Direito Econômico Brasileiro*, São Paulo: Malheiros Editores, 2002

ALEMANHA E ÁUSTRIA

BINDER, Bruno, *Wirtschaftsrecht*, Viena: Springer Verlag, 1990

FIKENTSHER, Wolfgang, *Wirtschaftsrecht*, 2 vol., Munique: Beck, 1983, (2 vols.)

FROTSCHER, Werner, *Wirschaftsverfassungs und Wirtschaftsverwaltungsrecht*, Munique: C. H. Beck, 1994

HEDEMANN, J. W., *Grundzüge des Wirtschaftsrechts*, Mannheim, 1922

HEDEMANN, J. W., *Deutsches Wirtschaftsrecht*, Berlim, 1943

HUBER, E. R., *Wirtschaftsverwaltungsrecht*, Tübingen: J. C. B. Mohr, 2.ª ed., 1953 (2 vols.)

IPSEN, Hans P., *Öffentliches Wirtschaftsrecht*, Tübingen: J. C. B. Mohr, 1985

JARASS, Hans D., *Wirtschaftsverwaltungsrecht*, Frankfurt: A. Metzener, 1980

JASCHINSKI, Christian, HEY, Andreas, KAESLER, Clemens, *Wirtschaftsrecht*, 4.ª ed., Rinteln: Merkur Verlag, 2008

MERTENS, H.J., C.H.. KIRSCHNER e E. SCHANZE, *Wirtschaftsrecht*, Eine *Problemorientierung*, Hamburgo: Rowohlt, 1978

REICH, Norbert, *Mercado y Derecho* (*Markt und Recht*), Barcelona: Ariel, 1985

RINCK, Gert, *Wirtschaftsrecht*, 5.ª ed. Colónia, Berlim, Bona e Munique, 1977

SCHMIDT, Reiner, *Öffentliches Wirtscha-ftsrecht*, Berlim: Springer-Verlag, 1992

STOBER, Rolf, *Direito Administrativo Económico Geral, Fundamentos do direito constitucional económico e do direito administrativo económico geral, do direito económico mundial e do direito do mercado interno* (tradução por António Francisco de Sousa, do manual *Allgemeines Wirtschaftsverwaltungsrecht: Grundlagen des Wirtschaftsverfassungs- und Wirtschaftsverwaltungsrechts, der Weltwirtschafts- und Binnenmarketrechts*), Lisboa: Universidade Lusíada Editora, 2008

ESPANHA

MARTIN-MATEO, Ramon, *Derecho Público de la Economia*, Madrid: Ed. Ceura, 1985

MARTIN-MATEO, R. e WAGNER, F., *Derecho Administrativo Económico*, Madrid: Pirámide, 1977

RETORTILLO BAQUER, S., *Derecho Administrativo Económico*, Madrid: La Ley, 1988-1991 (2 vols.)

RIVERO ORTEGA Ricardo, *Derecho Administrativo Económico*, Madrid: Marcial Pons, 2007

ROZAS, J. C. F. , *Sistema de Derecho Económico Internacional*, Cizur Menor: Ed. Aranzadi, Civitas (Thompson Reuters), 2010

SUAREZ-LLANOS, Luis, *Derecho, Economia, Empresa*, Madrid: Civitas, 1989

FRANÇA E BÉLGICA

ALFANDARI, E., *Droit des Affaires*, Paris: Litec, 1993

CHAMPAUD, C., *Le Droit des Affaires*, Paris: PUF, 1ª ed. 1981, 4ª ed., 1991

CHENOT, B., *L'Organisation Économique de l'Etat*, Paris: Dalloz, 1965

COLIN, Frédéric, *Droit public économique*, 2.ª ed., Paris : Gualino, 2008

COLSON, J.-P., *Droit Public Économique*, Paris, 3.ª ed., 2001.

COLSON, Jean Philippe e IDOUX, Pascale, *Droit public économique*, 4.ª ed., Paris : L.G.D.J., 2008

DELVOLVÉ, P., *Droit Public de l'Économie*, Paris: Dalloz, 1998

FARJAT, Gérard, *Droit Économique*, Paris: PUF, 1ª ed. 1972, 2ª ed. 1982

FARJAT, Gérard, «L'importance d'une analyse substantielle en droit économique», *Revue Internationale de Droit Économique*, n.° 0, 1986

JACQUEMIN, A. e SCHRANS, G., *Direito Económico* (1970), Lisboa: Vega, s/d.

KERNINON, Jean, *Les Cadres Juridiques de l'Economie Mixte*, Paris: LGDJ, 1994

LAUBADÈRE, André, *Direito Público Económico*, Coimbra: Almedina, 1985

LINOTTE, D. e ROMI, R., *Services Publics et Droit Public Économique*, Paris: Litec, 4.ª ed., 2001.

MESCHERIAKOFF, Alain-Serge, *Droit Public Économique*, Paris: PUF, 1994

NICINSKI, Sophie, *Droit public des affaires*, Paris : Montchrestien, 2009

OLSONI, G., *L' Administration de l'Économie*, Paris: L.G.D.J., 1995

RIPERT, Georges, *Les Aspects Juridiques du Capitalisme Moderne*, Paris: LGDJ, 1951

SAVY, Robert, *Direito Público Económico* (1977), Lisboa: Editorial Notícias, 1984

SAYAG, A. e HILAIRE, J. (dir.), *Quel Droit des Affaires pour Demain? Essai de Prospective Juridique*, Paris: Librairies Techniques, 1984

VALETTE, Jean-Paul, *Droit Public Économique*, Paris: Hachette, 2009

ITÁLIA

BENTIVENGA, Calogero, *Diritto Pubblico dell'Economia*, Milão: Giuffré, 1977.

CAVALLO, Bruno e PLINIO, Giampiero di, *Manuale di Diritto Pubblico dell'Economia*, Milão: Giuffré, 1983

GALGANO, Francesco et al., *Trattato de Diritto Commerciale e di Diritto Pubblico dell'Economia*, Pádua: Cedam, 1977-2003 (32 vols.)

GALGANO, Francesco, *Le Istituzioni dell'Economia Capitalistica*, Bolonha: Zanichelli, 2.° ed., 1980

GIANNINI, M. S., *Diritto Pubblico dell'Economia*, Bolonha: Il Mulino, 1978

JARICCI, P., *Diritto Pubblico dell' Economia*, Roma: Kappa, 1989 (2 vols.)

QUADRI, G., *Diritto Publicco dell'Economia*, Nápoles: Società Editrice Napoletana, 2.ª ed., 1980

COLECTÂNEAS DE LEGISLAÇÃO/ DOCUMENTAÇÃO MAIS RECENTES

FERREIRA, E. PAZ/ MORAIS, Luís D.S./ FERREIRA, VELOSA, Mónica, *Legislação de Direito Económico e de Direito das Empresas*, Coimbra: Almedina, 2008

MORAIS, Luís S./ ATANÁSIO, J., *Colectânea de Textos de Direito da Economia*, I vol., Lisboa: AAFDL, 2006

ROQUE, Ana, *Legislação de Concorrência e Regulação*, Lisboa: Quorum, 2008

PARTE I

ENQUADRAMENTO GERAL

TÍTULO I
A CONSTITUIÇÃO ECONÓMICA

CAPÍTULO I
A CONSTITUIÇÃO ECONÓMICA PORTUGUESA

1. Noção de constituição económica

A *constituição económica* consiste no conjunto de normas e princípios constitucionais relativos à economia, ou, sinteticamente, na ordem constitucional da economia[1]. Formalmente, é a parte económica da Constituição do Estado, onde se encontra contido o «ordenamento essencial da actividade económica» desenvolvida pelos indivíduos, pelas pessoas colectivas ou pelo Estado. Esse ordenamento é basicamente constituído pelas liberdades, direitos, deveres e responsabilidades destas entidades no exercício daquela actividade, pelas normas e princípios relativos à organização económica e às competências económicas dos poderes públicos. Neste sentido a Constituição económica é conformadora das restantes normas da ordem jurídica da economia[2]. Essa conformação é feita através de *normas estatutárias ou de garantia* das características básicas de um sistema que se pretende proteger (como as que garantem a existência de um sector privado ou cooperativo) e de *normas directivas ou programáticas* onde se apontam as suas principais linhas de evolução (como as que incumbem o Estado de promover o aumento do bem-estar social e económico).

Trata-se, designadamente, de normas que conferem o direito ao exercício de actividades económicas e enunciam as restrições gerais a esse mesmo direito, além

[1] J. Canotilho e V. Moreira, *Constituição da República Portuguesa Anotada*, Vol. I, Coimbra: Coimbra Editora, 2007, p. 940 e ss. Sobre os sentidos de constituição económica, cf. Sabino Cassesse, *La Nuova Costituzione Economica*, Roma-Bari: Laterza, 3ª ed., 2004, p. 3 e ss.

[2] A. L. Sousa Franco e G. D' Oliveira Martins, *A Constituição Económica Portuguesa*, Coimbra: Almedina, 1993, p. 16.

de colocarem à disposição do Estado e das suas instituições um conjunto de instrumentos que lhe permitem regular o processo económico e definir os objectivos a que essa regulação deve obedecer.

2. Constituição económica e ordem jurídica da economia

A constituição económica é pois necessariamente menos ampla do que a *ordem jurídica da economia* visto que não inclui todas as suas normas e princípios mas apenas as normas e princípios fundamentais[3]. Assim, por exemplo, a Constituição da República Portuguesa (CRP) incumbe o Estado de assegurar uma equilibrada concorrência entre as empresas, mas é a lei que define as práticas restritivas de concorrência que não são permitidas ou de concentrações que devem ser controladas. A CRP atribui direitos aos consumidores, mas é ao legislador ordinário que compete estabelecer as garantias desses direitos. Uma constituição *dirigente* diminui o papel autónomo do legislador, vinculando-o a soluções constitucionais pré-definidas. Uma constituição económica de *enquadramento* potencia o papel do legislador, deixando um importante espaço para a conformação da ordem económica em função dos resultados da luta política democrática.

A prevalência das normas da CRP relativamente às da restante ordem jurídica da economia não significa, pois, que esta possa ser deduzida mecanicamente da constituição económica. Há uma margem de liberdade que qualquer constituição deixa ao legislador ordinário – isto é, à maioria parlamentar ou ao executivo em funções –, no uso da qual este poderá fazer evoluir e variar a ordem jurídica da economia. Essa liberdade tem os seus limites, mais ou menos apertados, os quais dependem do *tipo de constituição económica*. Algumas Constituições portuguesas, como era o caso das constituições liberais, incluindo a de 1911, deixavam uma larga margem de liberdade ao legislador quase não contendo referências à economia, enquanto outras, baseadas em pressupostos político-ideológicos distintos, apontaram-lhe limites precisos e enunciaram os objectivos a prosseguir (1933, 1976)[4].

[3] A ordem jurídica da economia abrange ainda muitas outras normas e princípios de Direito Civil (ex: propriedade, contratos), de Direito Comercial e das Empresas, de Direito Administrativo Económico, de Direito Penal, etc.

[4] Numerosos exemplos poderão ser encontrados na Constituição económica portuguesa. Por vezes, ela não deixa alternativas ao legislador. Assim acontecia quando se consagrava a irreversibilidade das nacionalizações. O máximo possível era a privatização de 49% das empresas públicas. Para ir além disso foi necessário alterar a CRP. Outras vezes, a margem de liberdade do legislador é maior. Assim acontece, por exemplo, em matéria de actividades reservadas ao sector público. A CRP apenas diz que haverá sectores básicos vedados à iniciativa privada (art. 86.º, n.º 3). É ao legislador ordinário que cabe fixar quantos e quais.

3. A Constituição Económica na história das constituições

O problema da constituição económica, como problema jurídico específico, acompanha o desenvolvimento da regulação pública das economias de mercado, na passagem do «capitalismo concorrencial» ao «capitalismo organizado» (ou «capitalismo oligopolista»)[5].

Contudo, uma relativa ausência de normas económicas nas *constituições liberais* do século XIX não significou a inexistência de uma constituição económica. Primeiro, porque mesmo nessas Constituições encontramos normas com incidência, directa ou indirecta, na ordem económica (por exemplo, a consagração do direito de propriedade e da liberdade de comércio e indústria); segundo, porque a relativa ignorância de outros aspectos da vida económica tem um significado jurídico e económico, reflectindo um modelo onde o Estado se demite, em geral, de uma acção correctiva na economia, aceitando e garantindo, como princípios da regulação económica quase exclusivos, a propriedade privada, a livre concorrência e a liberdade contratual[6]. Foi a *Constituição de Weimar* (1919) a primeira a introduzir uma secção especialmente dedicada ao enquadramento da vida económica[7], embora constituições anteriores – como a Lei Fundamental soviética de 1918 e a Constituição mexicana de 1917 – contivessem já uma ordem económica explícita. Weimar inspirou constituições posteriores, como a espanhola de 1931, a portuguesa de 1933 (mais na forma que na substância) e a brasileira de 1934. No período que se seguiu à II Guerra Mundial, coincidindo não por acaso com a construção do Estado-Providência, várias leis fundamentais dedicaram alguns preceitos à conformação da respectiva ordem económica: foi o caso da Constituição francesa de 1946, da helvética de 1947, da italiana do mesmo ano e da Constituição da República Federal Alemã de 1949[8].

A ordem constitucional da economia passa assim não só a garantir o livre funcionamento do mercado (o princípio de auto-regulação, típico das constituições liberais), mas também a prever formas de hetero-regulação necessárias ao seu equilíbrio. Consagra ainda outros direitos (por exemplo, dos trabalhadores, dos consumidores, ao ambiente) e impõe obrigações ao Estado relativas à sua efectivação.

Garantindo os direitos fundamentais dos agentes económicos contra o Estado (ou quem contra eles atente) e as restantes condições necessárias ao funcionamento

[5] Cf. *supra, Introdução,* 3.2. A esta passagem corresponde a mudança de forma de Estado, de Estado liberal para Estado Social (Heller), podendo esta desenvolver-se em contexto democrático (Estado de Direito Social e Democrático), representando um compromisso entre forças sociais contrapostas ou em contexto autoritário ou mesmo ditatorial (nazi-fascismo, corporativismos vários).

[6] Cf. J. Miranda, *Direito da Economia*, Lisboa, 1983 (policop.).

[7] A Constituição de Weimar (1919) contempla, entre outras, as figuras da nacionalização, da programação económica, da função social da propriedade, da intervenção do Estado na vida económica, da participação dos trabalhadores na gestão das empresas, permitindo a construção de um verdadeiro direito público da economia.

[8] Cf. V. Moreira, *Economia e Constituição*, Coimbra: Coimbra Ed., 1974.

do mercado, a Constituição económica enuncia igualmente os poderes e faculdades que o Estado pode usar para modelar o sistema económico.

4. A Constituição económica na história das Constituições portuguesas

Entre nós, foi a *Constituição de 1933* que pela primeira vez consagrou um princípio explícito de hetero-regulação do mercado, visto que todos os textos constitucionais anteriores (Constituição de 1822, Carta Constitucional de 1826, Constituição de 1838 e Constituição de 1911) obedeciam, genericamente, às características das constituições liberais em matéria económica[9]. O modelo corporativo contido na Constituição de 1933 caracterizava-se pelo reconhecimento da necessidade de intervenção dos poderes públicos com carácter subsidiário e correctivo, pela afirmação de um princípio proteccionista da economia nacional, pela consagração de um modelo de representação orgânica dos interesses (entre os quais se incluíam os interesses económicos) e pela acentuada limitação dos direitos dos trabalhadores. O anti-liberalismo e o carácter autoritário e antidemocrático da Constituição de 1933 prolongavam-se, nomeadamente, em matéria de direitos dos trabalhadores, nas disposições do *Estatuto do Trabalho Nacional* (1933), e em matéria de liberdade de empresa – no regime do *condicionamento industrial* (1931). A tentativa de modernização dos quadros jurídicos da economia, ensaiada a partir de 1968 e timidamente acolhida na revisão constitucional de 1971, não se mostrou suficiente para implantar um modelo diferente de ordem económica, modelo esse que, além do mais, como veio a verificar-se, dependia de condições políticas que não estavam então minimamente conseguidas.

Por estas razões, só a *Constituição de 1976*, uma constituição claramente compromissória, veio a consagrar, pela primeira vez, uma economia orientada para o desenvolvimento e aberta ao exterior, corrigida pela intervenção do Estado democrático de direito, garantindo os direitos dos trabalhadores e dos demais agentes económicos e conciliando o planeamento e a concorrência como instrumentos de coordenação da economia, tal como o haviam feito, muitos anos antes, vários países europeus. É certo que, no plano programático, a Constituição de 1976 apresentava outras características que lhe conferiam singularidade relativamente às constituições típicas do Estado-Providência do pós-guerra, nomeadamente a sua natureza de constituição dirigente e a afirmação, por via democrática, de um projecto socialista (abolição da exploração do homem pelo homem e criação de uma sociedade sem classes). No entanto, as revisões constitucionais (expressão de alterações ao compromisso inicial) e a elasticidade com que foi aplicada permitiram a sua adaptação a novas conjunturas políticas e económicas.

[9] Cf. J. Miranda, *As Constituições Portuguesas: de 1822 ao texto actual da Constituição*, 5.ª ed., Lisboa: Livraria Petrony, 2004.

É o que se analisará de seguida, tendo em conta o sentido e as características da Constituição económica portuguesa actual[10].

5. A actividade e organização económicas na Constituição da República Portuguesa de 1976

5.1. O modelo económico no texto originário da CRP

Aprovado na sequência da revolução de 25 de Abril de 1974, o texto originário da CRP caracterizava-se, em matéria de organização económica, principalmente pelo facto de garantir as transformações revolucionárias de 1974-76, as quais haviam tido como objectivos fundamentais o desmantelamento da organização corporativa da economia, típica do regime derrubado, a eliminação dos monopólios privados e dos latifúndios e o reconhecimento dos direitos económicos e sociais dos trabalhadores. Além das garantias das transformações já operadas ou pelo menos iniciadas, o texto constitucional primitivo continha também um projecto original de «transição para o socialismo» (art. 2.°), «mediante a apropriação colectiva dos principais meios de produção, solos e recursos naturais, e o exercício do poder democrático das classes trabalhadoras» (art. 80.°). Garantiam-se as nacionalizações efectuadas, proibindo-se as reprivatizações, prescrevia-se a realização da reforma agrária, com expropriação dos latifúndios, previa-se que a «propriedade social» viesse a ser predominante, conferia-se grande relevo à «planificação democrática da economia», no quadro de uma regulação económica complexa que apelava para a conjugação de dois instrumentos, o mercado e o plano.

O sector privado, embora constitucionalmente protegido, deixava de desempenhar o papel predominante na ordem económica constitucional, atribuindo-se particular importância ao sector público e ao sector cooperativo. Na verdade, desde a sua versão inicial, a Constituição de 1976 garantia um sistema económico complexo, assente na coexistência de três sectores de actividade económica e de três tipos de iniciativa (pública, privada e cooperativa).

A especificidade da Constituição económica era acentuada pelo reconhecimento do princípio do controlo democrático da economia e da intervenção dos trabalhadores, tanto na vida da empresa, por meio dos seus órgãos próprios (comissões de trabalhadores, secções sindicais de empresas), como na orientação geral da economia mediante a participação das organizações sindicais na elaboração do plano (Conse-

[10] Parte-se da noção de constituição económica em sentido formal, opção que se justifica pelo facto da CRP conter um extenso e pormenorizado conjunto de normas referentes à esfera económia que torna dispensável o recurso à noção de constituição material. Torna-se, contudo, inevitável a referência a algumas disposições legislativas ou mesmo decisões jurisprudenciais que desenvolveram ou interpretaram certos preceitos constitucionais e se tornaram, por isso, indispensáveis à sua compreensão em vários momentos da história recente da CRP.

lho Nacional do Plano). A natureza política da CRP como constituição de compromisso tinha especial foco na constituição económica.

5.2. Principais características das revisões constitucionais

A parte económica da Constituição sofreu, entretanto, consideráveis modificações, sobretudo nas revisões constitucionais realizadas em 1982, 1989, 1992 e 1997. Por um lado, desde o início, ela suscitara a oposição de uma parte considerável das forças empresariais e patronais e dos partidos com elas mais identificados; por outro lado, a situação política pós-revolucionária não evoluiu em termos favoráveis às perspectivas constitucionais nessa área. A integração de Portugal na CEE (1986) serviu, aliás, de argumento para a «aproximação» aos sistemas económicos dos demais países da Comunidade. A ordem económica constitucional tornou-se, por isso, um tema central da reforma constitucional.

A *primeira revisão constitucional* (1982) procedeu a várias alterações importantes: uma certa neutralização ideológica de vários preceitos constitucionais, com esbatimento das normas programáticas de índole socialista, uma relativa flexibilização do sistema, mediante a atenuação da intervenção pública na economia (por exemplo, diminuição do papel do plano) e maior consideração conferida à iniciativa privada. Mas a revisão manteve as garantias das primitivas transformações operadas no sistema económico, nomeadamente em matéria de nacionalizações e de reforma agrária e acentuou a sua natureza complexa, consolidando com carácter definitivo (e não apenas transitório, como inicialmente) um sistema de economia mista.

A *segunda revisão* (1989) foi mais profunda do que a primeira: não deixou incólumes as garantias contidas no texto anterior e veio permitir alterações em algumas das grandes transformações da ordem económica posteriores a 1974. Completou a descarga ideológica socializante, eliminou a garantia das nacionalizações, atenuou o regime da reforma agrária, diminuiu ainda mais o papel do planeamento, suprimiu o objectivo do desenvolvimento da «propriedade social». Foram retirados dos princípios fundamentais as referências à construção de uma «sociedade socialista» e à «sociedade sem classes», mantendo-se a referência à democracia económica e ao aprofundamento da democracia participativa como objectivos da organização política democrática.

A *terceira revisão* (1992) teve carácter extraordinário. Destinou-se a permitir a ratificação do Tratado da União Europeia, assinado em Maastricht. Em matéria de Constituição económica, a única alteração diz respeito aos poderes do Banco de Portugal o qual, como banco central nacional, deixou de ter o exclusivo de emissão de moeda na perspectiva da criação de um futuro banco central europeu e de uma moeda única.

A *quarta revisão constitucional* (1997) não alterou, significativamente, a Constituição económica, salvo a flexibilização das reservas a favor do sector público (art. 86.º, n.º 3).

A *quinta revisão constitucional* (2001) não alterou de forma directa a Constituição económica. A alteração do n.º 6 do art. 7.º, no sentido de incluir o espaço de liberdade, segurança e justiça no âmbito da «construção da união europeia», poderá no entanto significar, ou reflectir de forma prospectiva, algumas restrições às liberdades de circulação de pessoas e capitais.

Apesar das propostas apresentadas nesse sentido, a revisão de 2004 não introduziu qualquer alteração no texto da Constituição económica. A *sexta revisão constitucional* teve como principal matéria a adaptação da Constituição ao art. 10.º do «Projecto de Tratado que estabelece uma Constituição para a Europa», entregue ao Conselho em 18.6.2003. Com efeito, nesta disposição, o Projecto fixava o princípio do primado do direito comunitário sobre o direito nacional. A questão revestiu-se de controvérsia interna, na medida em que o Projecto não distinguia normas ordinárias (nacionais) de normas constitucionais (nacionais). Nesta perspectiva, a alteração constitucional levada a cabo em Portugal iria mais longe que o necessário para cumprir o art. 10.º do Projecto, uma vez que abrangia mesmo o primado do direito europeu sobre as normas constitucionais e não apenas sobre o direito ordinário. De certa forma, reemergiram – agora de forma concreta e não geograficamente delimitada – as polémicas questões levantadas pelo tribunal constitucional federal alemão aquando da assinatura do Tratado de Maastricht[11].

Na *sétima revisão constitucional* (2005) o legislador constitucional limitou-se a aditar ao texto da lei fundamental o actual art. 295.º, que passou a permitir a convocação e a realização de referendo sobre a aprovação de «tratado que vise a construção e aprofundamento da união europeia». Em causa estava a intenção de convocar-se um referendo para aprovação do referido Tratado Constitucional Europeu, o que não chegou a acontecer devido à sua rejeição noutros países europeus (França e Países-Baixos).

Em resumo, por via das revisões constitucionais, a Constituição económica sofreu modificações tão profundas – especialmente até ao início da década de 90 – que pode falar-se numa verdadeira «metamorfose» ou «numa autêntica transfiguração» do sentido do primitivo texto constitucional[12]. Não só foi conferida à Constituição económica muito maior flexibilidade, ao alargar as possibilidades de combinação de formas de apropriação e de regulação, mas também, e sobretudo, foram reforçados o sector privado e a iniciativa privada, ao alargar o seu espaço de actuação por meio das reprivatizações, e o mercado, ao reduzir o papel do plano. A referência à aber-

[11] Sentença de 12.10.1992 (BverfGE 89). Mais recentemente, ver também a sentença de 30.6.2009 (BverfG, BvE 2/08) relativa ao Tratado de Lisboa. Sobre o tema, cf. Eleanora Mesquita Ceia, «A decisão do Tribunal Constitucional Federal Alemão sobre a constitucionalidade do Tratado de Lisboa», in *Revista da Faculdade de Direito – UFPR Curitiba*, n.º 49, 2009, pp. 89-107.

[12] J. Canotilho e V. Moreira, *Constituição da República Portuguesa Anotada*, Coimbra: Coimbra Editora, 2007, p. 951.

tura de um caminho para uma sociedade socialista, no respeito da vontade do povo português, permanece apenas simbolicamente no preâmbulo da CRP.

6. A Constituição económica actual

6.1. O modelo de economia subjacente

Genericamente, pode-se dizer que a CRP, na sua versão actual, embora aberta a diversas formas de concretização, é compatível com a auto-representação do sistema económico como *economia social de mercado, economia mista* e *economia concertada*[13]. Esse modelo procura estabelecer um equilíbrio entre economia de mercado e interesse público e social que se projecta em vários preceitos da CRP.

Por um lado, defende-se a propriedade privada, estabelece-se a liberdade de empresa, favorece-se a concorrência, define-se a posição central do sector privado no processo económico, permitem-se as reprivatizações.

Por outro, para garantir a «democracia económica e social» – que é uma das componentes do Estado de direito democrático (art. 2.°) – a CRP faz assentar a organização económica e social na «subordinação do poder económico ao poder político», na pluralidade de sectores de actividade económica e de formas de iniciativa (privada, pública e cooperativa e social), na propriedade pública de meios de produção e de recursos naturais de acordo com o interesse colectivo, no planeamento democrático da economia e na intervenção democrática dos trabalhadores na economia (art. 80.º). Atribuem-se ao Estado incumbências em matéria de orientação e controlo da actividade económica (impondo-se ou permitindo-se, em importantes sectores, a *regulação pública de alguns aspectos do seu funcionamento*), de redistribuição de rendimentos e de salvaguarda dos direitos fundamentais dos cidadãos na esfera económica enquanto limites ao poder económico privado ou público. Acresce que em parte alguma da CRP se consagra um princípio de subsidiariedade da acção do Estado.

Estamos, pois, perante uma *Constituição económica explícita* na definição de restrições objectivas ao livre funcionamento do mercado, restrições essas que derivam não só da capacidade do Estado para enquadrar e limitar a actividade económica privada ou para concorrer com ela na produção de bens ou serviços, mas também do facto de a Constituição reconhecer e garantir direitos eventualmente conflituantes com o livre funcionamento do mercado como podem sê-lo os direitos dos consumidores ou os dos trabalhadores.

Sendo o modelo constitucional relativamente aberto, a sua concretização depende do livre jogo da luta política, sendo compatível com orientações de política económica mais ou menos liberalizantes ou mais ou menos socializantes. A exemplo do

[13] Sobre o modelo de economia na Constituição cf. Acórdão n.° 25/85 de 6.2.1985 (*Acórdãos do Tribunal Constitucional*, 5.° vol., Lisboa: INCM, p. 95).

que acontece com a Constituição alemã, no limite seriam, porém, contrários à Lei Fundamental uma economia totalmente planificada pelo Estado e um total liberalismo económico[14].

6.2. A Constituição económica no texto na CRP

As normas, princípios e instituições que integram a Constituição económica distribuem-se por diferentes partes do texto constitucional.

Assim, acompanhando a sistematização da CRP, pode-se dizer que fazem parte da Constituição económica alguns *princípios fundamentais* (por exemplo, no art. 2.º, a inclusão da democracia económica nos objectivos da República Portuguesa e no art. 9.º diversas das tarefas fundamentais do Estado); na Parte I (Direitos e Deveres Fundamentais), os *direitos, liberdades e garantias dos trabalhadores* (Tít. II, Cap. III)[15] e os *direitos e deveres económicos e sociais* (Tít. III, Caps. I e II); a Parte II da CRP (*Organização Económica*); e ainda, na Parte III, referente à organização do poder político, as normas que permitem aferir a *distribuição de competências para a definição da política económica* pelos órgãos de soberania e, nos *limites materiais de revisão* (art. 288.º), as alíneas que dizem respeito à organização económica.

Particular importância assumem os *direitos e liberdades fundamentais e as normas que definem a organização económica*. Os primeiros delimitam a esfera de liberdades e a protecção de que dispõem os diferentes intervenientes ou destinatários do processo económico, ou seja, os seus direitos e respectivos limites (por exemplo, a liberdade de iniciativa económica privada e as restrições admitidas, o direito à greve e os seus condicionamentos). As normas da organização económica dão-nos o enquadramento jurídico básico do processo económico nos seus diferentes momentos (da produção à comercialização e consumo) e dimensões (público, privado, cooperativo ou social; nacional ou internacional).

6.3. Os direitos e deveres fundamentais com incidência na ordem económica

6.3.1. Direitos, liberdades e garantias e direitos e deveres económicos

Salientou-se já que os direitos fundamentais delimitam a esfera de liberdade e a protecção de que dispõem os diferentes intervenientes ou destinatários do processo económico[16].

[14] Cf. Rolf Stobber, *Direito Administrativo Económico Geral*, Lisboa: Universidade Lusíada, 2008, p. 54.
[15] Cf. o art. 18.º da CRP que consagra a aplicação directa dos preceitos constitucionais relativos aos direitos, liberdades e garantias, bem como a vinculação a estes direitos, liberdades e garantias de entidades públicas e privadas, definindo, além disso, em que condições a lei os pode restringir. Este normativo obriga a «levar a sério» (Dworkin) estes direitos, liberdades e garantias. Existe, no entanto, controvérsia sobre a interpretação do preceituado neste artigo.
[16] Cf. supra, neste capítulo , 3 e 4.

Na CRP eles são reconhecidos, ora como *direitos, liberdades e garantias*, ora como *direitos e deveres económicos, sociais e culturais*[17]. Embora não seja sempre nítida a distinção entre uma categoria e a outra, pode-se afirmar que na primeira se inclui a maioria dos direitos que definem a posição jurídica do indivíduo (pessoa, cidadão ou trabalhador) ou de organizações económicas e sociais perante o Estado, delimitando negativamente a esfera de interferência deste, enquanto no segundo grupo se encontram sobretudo (ainda que não exclusivamente) os direitos de indivíduos ou de organizações a prestações positivas por parte do Estado[18].

Em termos de inserção sistemática, incluem-se entre os direitos, liberdades e garantias alguns dos direitos dos trabalhadores (como a segurança no emprego) e, entre os direitos e deveres económicos e sociais, para além dos restantes direitos dos trabalhadores, os direitos de propriedade e de iniciativa privada, os direitos dos consumidores e o direito ao ambiente na medida em que este seja relevante para o desempenho da actividade económica.

Apresentada a sua localização sistemática, serão agora estudados em conjunto, tendo em consideração os seus titulares e os valores básicos que pretendem garantir.

6.3.2. Os pressupostos básicos da economia de mercado: configuração constitucional da propriedade e da iniciativa económica

6.3.2.1. Introdução

Nos sistemas de economia de mercado, a actividade económica depende essencialmente da capacidade dos indivíduos para organizarem a produção e a distribuição de bens ou serviços, com o objectivo de assim obterem rendimentos de que esperam ser os principais beneficiários. Propriedade, iniciativa privada e livre concorrência são, por isso, três princípios básicos do funcionamento da economia de mercado. A propriedade garante a fruição e a disposição dos bens e a iniciativa privada a possi-

[17] Estes direitos«têm a ver com o estatuto económico das pessoas, seja na qualidade genérica de titulares de um direito a trabalhar, seja no papel de trabalhadores, de consumidores, de empresários ou de proprietários». Cf. J. Canotilho e V. Moreira, *Os Fundamentos da Constituição*, Coimbra: Coimbra Editora, 1991, p. 114 ss..

[18] Para mais desenvolvimentos sobre a natureza e tipologia da pluralidade de direitos e deveres fundamentais cf., designadamente, J. Reis Novais, *Direitos Fundamentais, Trunfos Contra a Maioria*, Coimbra: Coimbra Editora, 2006 e *Direitos Sociais, Teoria Jurídica dos Direitos Sociais enquanto Direitos Fundamentais*, Coimbra: Kluwer/Coimbra Editora, 2010; J. Gomes Canotilho, *Direito Constitucional e Teoria da Constituição*, 7ª ed., Coimbra: Almedina, 2003, p. 391 e ss.; Cristina Queiroz, *Direitos Fundamentais Sociais – âmbito, conteúdo, questões interpretativas e problemas de justiciabilidade*, Coimbra: Coimbra Editora, 200. J. Miranda, *Manual de Direito Constitucional*, Tomo IV, 4.ª ed., Coimbra: Coimbra Editora, 2008, e J. Vieira de Andrade, *Os Direitos Fundamentais na Constituição Portuguesa de 1976*, 4.ª ed., Coimbra: Almedina, 2009.

bilidade da sua livre composição e utilização produtiva[19]. O exercício da iniciativa económica faz-se no mercado e através do mercado e pressupõe condições de concorrência potencial e efectiva.

Por essa razão todas as Constituições próprias de modernos sistemas de economia de mercado garantem e explicitam estes direitos ou liberdades, variando a amplitude dessa garantia com o tipo de regime económico[20].

6.3.2.2. A propriedade privada

a) *Noção e conteúdo*

Em sede de direitos e deveres económicos, a CRP reconhece o *direito de propriedade privada* (art. 62.°), um direito que a doutrina considera análogo aos *direitos, liberdades e garantias* (art.17.º).

Como direito económico, o direito de propriedade abrange essencialmente os meios de produção, estabelecendo a CRP quanto a estes algumas especificidades relativamente à propriedade dos bens em geral. De facto, o direito de propriedade privada não é reconhecido como um direito absoluto, podendo ser objecto de *limitações ou restrições*, as quais se relacionam com princípios gerais de direito (função social da propriedade, abuso de direito), com razões de utilidade pública ou com a necessidade de conferir eficácia a outros princípios ou regras constitucionais, incluindo outros direitos económicos ou sociais e as disposições da organização económica, tal qual ela é conformada na Parte II da CRP.

O *direito de propriedade privada* inclui quatro componentes: o direito de a *adquirir*, ou seja, o direito de acesso à propriedade; o direito de *usar e fruir* dos bens de que se

[19] O direito de iniciativa privada é um direito independente do direito de propriedade visto que pode haver iniciativa económica não fundada na propriedade e vice-versa. Exemplo da primeira situação é o caso da exploração económica de bens públicos por entidades privadas e, da segunda, a exploração de bens privados por cooperativas. Contudo, na maioria das situações a liberdade de iniciativa privada tem como suporte a propriedade privada. É, portanto, natural que exista uma conexão funcional entre os dois direitos.

[20] A. Sousa Franco (*Noções de Direito da Economia*, vol. I, 1982-83, p. 96 e 142, distingue entre *sistemas económicos* («formas típicas de organização e funcionamento da economia, baseadas em certo número de princípios fundamentais que regem economias com estruturas diversas») e *regimes económicos* («formas diversas como - no âmbito de cada sistema – o poder (maxime, o poder político) se articula com a realidade económica»). Podemos assim afirmar que os sistemas económicos capitalistas são economias de mercado, assentes na propriedade privada de meios de produção, no trabalho assalariado (extensão dos mecanismos mercantis à força de trabalho), na liberdade económica e tendo como móbil fundamental a busca do lucro. Mas estes sistemas podem configurar diversos regimes em concreto, em função da relação da economia concreta com a acção dos poderes públicos e o enquadramento institucional existente. Podemos ainda afirmar que a noção de economia de mercado é mais vasta do que a de economia capitalista, existindo historicamente mercado em sistemas não capitalistas.

é proprietário; a liberdade de transmissão, isto é, o direito de não ser impedido de *transmitir* a propriedade, por vida ou por morte; e o direito de *não ser privado dela*[21].

b) *Restrições*

As restrições admissíveis ao *direito de propriedade privada* podem reflectir-se sobre uma das suas componentes em especial ou sobre todas elas.

Em primeiro lugar, é necessário ter em conta os *bens insusceptíveis de apropriação privada*. Trata-se de bens que não podem ser adquiridos por particulares, como é o caso dos *bens do domínio público*. O art. 84.° da CRP enumera de forma não taxativa alguns dos bens que pertencem ao domínio público (por exemplo, águas territoriais, estradas, linhas férreas, jazigos minerais, águas mineromedicinais, etc.), permitindo que a lei classifique outros bens do mesmo modo. Alguns dos bens enumerados e outros que como tal venham a ser classificados podem ser economicamente explorados, desde logo por entidades públicas, mas não apenas por estas. A sua exploração pode ser entregue em regime de *concessão* a entidades privadas, cooperativas ou de outra natureza. Trata-se, pois, de uma *reserva de propriedade pública*, mas não de uma reserva de actividade económica pública.

Existem igualmente variadas *restrições*, negativas ou positivas, que atingem *o direito ao uso e à fruição*, algumas decorrentes da própria CRP e outras constantes da lei. Para além de um dever geral de uso relativo aos meios de produção (art. 88.° CRP), podem considerar-se, por exemplo, os diversos condicionamentos por razões ambientais ou de ordenamento do território (delimitação de áreas protegidas, reserva agrícola e ecológica, planeamento urbano, etc.).

A *liberdade de transmissão, inter vivos* ou *mortis causa*, está também limitada, designadamente por direitos a favor de terceiros, como o direito de preferência atribuído, em certos casos, aos proprietários confinantes ou os direitos dos herdeiros legitimários.

Finalmente, são estabelecidos *limites constitucionais ao direito do titular de não ser privado da sua propriedade* como acontece, desde logo, no art. 62.°, n.° 2, ao admitir-se, embora sujeita ao pagamento de justa indemnização, a possibilidade de *requisição e de expropriação por utilidade pública*.

A *requisição de bens* abrange móveis ou imóveis, é temporária e justifica-se por um interesse público urgente e excepcional (situação de guerra, calamidades naturais, etc.). A *expropriação* refere-se, normalmente, a bens imóveis , tem carácter definitivo e é de uso frequente dada a sua estreita conexão com o desempenho de algumas das mais tradicionais e comuns actividades administrativas (construção de estradas e de outras edificações, etc.). O facto de se exigir o interesse público da medida não significa que não possa existir expropriação a favor de entidades privadas: associa-

[21] Cf. J. Canotilho e V. Moreira, *Constituição da República Portuguesa Anotada*, Vol. I, 4.ª ed., 2007, Coimbra: Coimbra Editora, p. 802.

ções desportivas, empresas concessionárias de serviços públicos (auto-estradas, distribuição de gás, etc.).

Tanto a requisição como a expropriação implicam o pagamento de «*justa indemnização*» que deverá ser fixada pelo valor real do bem expropriado (art. 62.°, n.° 2) o qual tem a sua expressão mais próxima (ainda que não exclusiva) no seu valor de mercado[22].

Além da expropriação e da requisição, o art. 83.° permite que a lei determine formas de apropriação colectiva de meios de produção e solos, entre as quais se destaca a *nacionalização* de empresas, sempre mediante indemnização que pode obedecer a critérios específicos não necessariamente coincidentes com os de «justa indemnização» por expropriação[23].

c) *Propriedade privada e sector privado*

Como se mostrará adiante, não existe homologia entre propriedade privada e sector privado da economia, tal como este é caracterizado em sede de organização económica (art. 82.°). Por um lado, o sector privado não abrange todos os bens cujo titular seja uma entidade privada, visto que estes poderão, por exemplo, pertencer ao sector cooperativo quando integrados em cooperativas. Por outro lado, o sector privado pode abranger bens cujo titular seja uma entidade pública.

6.3.2.3. Outras formas de propriedade

Na CRP, no que respeita aos meios de produção, a propriedade privada coexiste com a *propriedade cooperativa*, a *propriedade comunitária* (de comunidades locais), a *propriedade social* (de pessoas colectivas sem fins lucrativos, que tenham como principal objectivo a solidariedade social) e a *propriedade pública* (de entidades públicas), que a Constituição autonomiza (art. 82.º CRP). De resto, a protecção constitucional da propriedade privada (art. 62.°) vale também para as restantes formas de propriedade.

6.3.2.4. A iniciativa privada

a) *Noção e conteúdo*

O *direito de iniciativa privada* (art. 61º) é explicitamente considerado como um direito económico e não apenas como um princípio de organização económica. Trata-se de um direito independente do direito de propriedade, pesem embora

[22] Cf. sobre esta matéria, o Código das Expropriações (Lei n.º 168/99, de 18 de Setembro, com as alterações introduzidas pelas Leis n.os 13/2002, de 19 de Fevereiro, 4-A/2003, de 19 de Fevereiro, 67-A/2007, de 31 de Dezembro, 30/2008, de 10 de Julho, e 56/2008, de 4 de Setembro) e o Acórdão do Tribunal Constitucional n.º417/2006.

[23] Cf. Acórdãos do Tribunal Constitucional, n.os 431/86, 442/87, 131/88, 39/88 e 52/90.

as naturais conexões entre ambos, mas que goza de idêntica protecção (art. 17.° e art. 18.° CRP)[24].

Ele traduz a possibilidade de exercer uma actividade económica privada, nomeadamente através da *liberdade de criação de empresas e da sua gestão*. Compreende *a liberdade de investimento ou de acesso*, a qual se traduz no direito de escolha da actividade económica a desenvolver, *a liberdade de organização*, ou seja, a liberdade de determinação do modo como a actividade vai ser desenvolvida (incluindo a forma, qualidade e preço dos produtos ou serviços produzidos) *e a liberdade de contratação ou liberdade negocial*, que abrange a liberdade de estabelecer relações jurídicas e de fixar, por acordo, o seu conteúdo.

A liberdade de iniciativa privada ou liberdade de empresa constitui uma condição básica da existência de concorrência entre as empresas, entendida como modelo de organização da actividade produtiva ou como critério de qualificação das estruturas de mercado e dos tipos de comportamento dos agentes económicos[25]. A particularidade da Constituição portuguesa reside no facto de colocar em situação de igualdade e garantir a coexistência de três tipos de liberdade de iniciativa: a pública, a privada e a cooperativa e autogestionária.

b) *Restrições*

A liberdade de iniciativa privada não é, contudo, reconhecida pela CRP em termos absolutos[26]. Admitem-se *restrições e condicionamentos*, os quais poderão resultar da própria CRP (vg., proibição do *lock out*, art. 57.º, n. 4) ou da lei ordinária, atingindo o direito em geral ou qualquer das suas componentes em especial, mas nunca tocando no conteúdo essencial do direito, isto é, aquela parte que se mostra indispensável para a satisfação básica dos interesses do seu titular.

[24] Sobre a autonomia privada na CRP, cf. A. Prata, *A Tutela Constitucional da Autonomia Privada*, Coimbra: Almedina, 1982.

[25] Comportamentos concorrenciais são contudo possíveis de conceber em situações em que não exista liberdade de iniciativa. Será, por exemplo, o caso de um mercado onde actuem apenas empresas públicas concorrendo entre si por quotas de mercado. A situação contrária é igualmente possível, ou seja, liberdade de iniciativa sem concorrência. Seria o caso em que esta se limitasse à liberdade de criação de empresa sendo os restantes aspectos (organização e autonomia negocial) objecto de regulamentação uniformizadora por parte do Estado ou de outras entidades com poderes para o fazer. No entanto, em economias de mercado, qualquer destas duas situações tem sido excepcional. A primeira aconteceu, por exemplo, entre nós, em sectores vedados à iniciativa privada nos períodos em que o Estado permitiu alguma autonomia negocial e de gestão às suas empresas. A segunda, ainda que de forma não absolutamente radical, foi, como se disse atrás, típica dos regimes corporativos que sendo, ideologicamente, favoráveis à iniciativa privada, eram avessos à concorrência.

[26] Sobre restrições ao direito de iniciativa privada cf. Acordão n.° 76/85, de 6.5.1985 (*Acórdãos do Tribunal Constitucional*, 5.° vol., Lisboa: INCM, p. 207); e Acordão n.° 431/91, de 14.11.1991 (*Diário da República*, n.° 96, de 24.4.1992).

As restrições ou condicionamentos à iniciativa privada são justificadas ora pela necessidade de protecção do interesse público em geral, ora pela necessidade de protecção dos interesses de terceiros, nomeadamente de grupos com uma relação específica com a actividade da empresa (trabalhadores, credores, etc.). A liberdade de iniciativa está, assim, funcionalizada à satisfação de exigências socioeconómicas[27].

As *restrições constitucionais* resultam, desde logo, da possibilidade de se estabelecerem reservas a favor do sector público (art. 86.º, n.º 3, CRP), as quais afectam em especial a *liberdade de investimento ou de acesso*. Poderiam resultar também de eventuais discriminações em função da nacionalidade quanto ao direito ao investimento. De acordo com o art. 87.º, a lei deverá disciplinar o *investimento estrangeiro* com o objectivo de o adequar ao desenvolvimento do país e defender a independência nacional e os interesses dos trabalhadores. Esta possibilidade legal deverá, contudo, ter em conta que Portugal está integrado na União Europeia e que o direito europeu, que consagra a liberdade de estabelecimento e de circulação de capitais, é directamente aplicável na ordem interna[28].

Por sua vez, a *liberdade de organização* não impede que a lei configure os tipos que as empresas podem assumir, quando sob a forma de sociedades comerciais[29]. Existem também regras obrigatórias sobre o modo como devem ser internamente organizadas as empresas, relativas aos órgãos sociais, aos direitos das comissões de trabalhadores ou às condições técnicas de funcionamento do estabelecimento (por exemplo, medidas de segurança e para a protecção da saúde ou condições de higiene). O mesmo acontece quanto à sua relação com o meio exterior, por exemplo as normas que regulam a sua localização (integração urbana, protecção do ambiente, etc.). Neste domínio, são cada vez mais importantes as restrições que visam a protecção de valores ambientais ou ecológicos, acolhidos nos regimes de licenciamento industrial. A proibição de monopólios privados, prevista na CRP, e o controlo das concentrações, estabelecido em lei, representam igualmente restrições à liberdade de organização. A CRP permite ainda que o Estado possa intervir a título transitório na gestão das empresas privadas, embora só o possa fazer nos termos da lei e, em regra, mediante prévia decisão judicial (art. 86.º, n.º 2). A intervenção na gestão podia também ser efectuada pelos credores no âmbito do Código dos Processos Especiais de Recuperação de Empresas[30]. Com a revogação deste diploma pelo DL n.º 53/2004, de 18 de

[27] Cf. J. I. Font Galán, *Constitucion Economica y Derecho de la Competencia*, Madrid: Tecnos, 1987, p. 148.

[28] Cf. *infra*, Título VI.

[29] Cada um dos tipos de sociedades (sociedades anónimas, sociedades por quotas, sociedades em comandita, sociedades em nome colectivo) tem a sua configuração na lei (entre nós, no Código das Sociedades Comerciais), nela se incluindo normas obrigatórias e normas supletivas e acessórias.

[30] Cf. L. Fernandes et J. Labareda, *Código dos Processos Especiais de Recuperação de Empresas e de Falência Anotado*, Lisboa: Quid Juris, 1994, p. 230; M. M. Leitão Marques, J. Pedroso e A. C. Santos, «Redres

Março, que aprovou o *Código da Insolvência e Recuperação de Empresas* (CIRE), nos termos do art. 32.º deste diploma, a escolha do administrador judicial provisório cabe ao juiz, tendo em conta a lista de entidades inscritas em lista oficial de administradores de insolvência. Este administrador deverá assegurar os interesses dos credores, até porque, caso se verifique que a suspensão da actividade é-lhes mais favorável, esta deverá ter lugar (cf. art. 33.º).

São também numerosas as restrições de ordem pública no domínio da *liberdade negocial*, ou seja, relativas às relações contratuais da empresa com terceiros, sejam eles trabalhadores (em matéria de contratos de trabalho e segurança no emprego), consumidores (nulidade de certo tipo de cláusulas contratuais) ou outras empresas (proibição de comportamentos e acordos restritivos da concorrência)[31].

6.3.2.5. Articulação entre o direito de propriedade e de iniciativa privadas e os seus limites: princípio geral e jurisprudência constitucional

Definimos o conteúdo e os limites ou restrições aos direitos de propriedade e de iniciativa económica privadas. Note-se, no entanto, que todas as restrições enunciadas assumem a natureza de excepções ou de meros condicionamentos ao modo como o direito pode ser exercido. O problema que desde logo se levanta é o de saber até que ponto essas restrições são constitucionalmente admissíveis.

Assim, em matéria de liberdade de acesso ou de investimento não pareceria constitucionalmente admissível uma lei que viesse condicionar, generalizadamente, a criação de empresas à necessidade de uma autorização administrativa concedida no âmbito de um poder discricionário como acontecia, por exemplo, no anterior regime corporativo do condicionamento industrial.

Como doutrina geral, o Tribunal Constitucional (TC) tem afirmado que as restrições à liberdade de iniciativa privada devem ser apenas as *necessárias e adequadas* à protecção de outros valores constitucionais, respeitando o *princípio da proporcionalidade*; devem ter *carácter geral e abstracto; não podem ser retroactivas*; e devem *respeitar o conteúdo essencial do preceito constitucional consagrador do direito*. Mas a afirmação consensual destes princípios – que aliás estão expressos na própria CRP como requisitos das restrições aos *direitos, liberdades e garantias* (art. 18.°) e portanto são igualmente válidos para as restrições à propriedade – não resolve por si os problemas práticos que lhe têm sido colocados[32].

sement des Entreprises en Difficulté et Concurrence dans le Droit Espagnol, Italien et Portugais», *Revue Internationale de Droit* Économique, 1, 1995.

[31] É pois no domínio da liberdade negocial que mais se fazem sentir as restrições destinadas a proteger a concorrência, como acontece, por exemplo, com a proibição de cláusulas contratuais abusivas.

[32] Sobre o direito de iniciativa privada e seus limites, cf. Acórdão do TC n.° 431/91, de 14.11.1991 (Diário da República, n.° 96, de 24.4.1992).

Em primeiro lugar, têm sido objecto de discussão pelo TC as *restrições que derivam dos privilégios constitucionais atribuídos ao sector público*: desde logo, as que se relacionavam com a protecção do sector público em si e com a proibição da privatização das empresas públicas nacionalizadas depois de 25 de Abril de 1974, mantida no texto constitucional até à revisão de 1989[33]; depois, as que resultavam da imposição constitucional dos sectores básicos serem vedados à iniciativa privada. A importância desta restrição dependia obviamente do número e tipo de sectores que o legislador – a Assembleia da República ou o Governo mediante prévia autorização – consideravam em cada momento dever reservar ao sector público. Mas dependia também da forma como o TC interpretasse o preceito constitucional em questão, designadamente a noção de sector básico e o número mínimo de sectores que deveriam ser vedados, sob pena de inconstitucionalidade da norma que os abrisse à iniciativa privada[34]. Deve dizer-se que o TC mostrou-se muito liberal a este respeito, considerando como conformes à Constituição as sucessivas leis que o Governo publicou, sempre restringindo o número de sectores reservados ou liberalizando o tipo de reserva[35].

Noutros casos, como os relativos aos condicionamentos ou restrições ao exercício de determinadas profissões (v.g., farmacêuticos, trabalhadores de seguros), o TC mostrou-se bem menos liberal[36]. No entanto, ainda em matéria de *liberdade profissional,*

[33] Cf. Acórdão. n.º 26/85, de 15.2.1985, *Acórdãos do Tribunal Constitucional,* Lisboa: INCM, 5.º Vol., p. 7 ss.; 108/88, de 31.5.1988, *Acórdãos do Tribunal Constitucional,* Lisboa: INCM, 11.º Vol., p. 83 ss.; e 157/88, de 7.7.1988, *Acórdãos do Tribunal Constitucional,* Lisboa: INCM, 12.º Vol., p. 107 ss.

[34] Com a revisão constitucional de 1997 a obrigatoriedade de a lei definir os sectores básicos vedados à iniciativa privada transformou-se em mera possibilidade (cf. art. 86.º, n.º 3).

[35] Por exemplo, passando de uma reserva absoluta para uma reserva de controlo onde é possível a existência de capital privado até ao limite de 49% ou abrindo parcialmente determinados serviços, como aconteceu nas telecomunicações. Cf., v.g. Ac. n.º 186/88, de 11.8.1988, *Acórdãos do Tribunal Constitucional,* Lisboa: INCM, 12.º Vol., p. 107 ss.

[36] A este respeito o TC pronunciou-se, por exemplo, a favor da constitucionalidade da norma que possibilitava apenas aos farmacêuticos o direito de propriedade e de gestão de farmácias, considerando que o princípio de indivisibilidade da propriedade e da direcção técnica das farmácias era indispensável para a defesa da saúde pública. Cf. Ac. n.º 76/85, de 6.5.1985, *Acórdãos do Tribunal Constitucional,* Lisboa: INCM, 5.º Vol., p. 207 ss.. O tema foi retomado no extenso acórdão n.º 187/01. O Provedor de Justiça, que já tinha apresentado recurso no TC quanto à mesma matéria, efectuou novo pedido, desta vez solicitando a declaração de inconstitucionalidade das normas constantes das bases II/2; III; IV/1-4 da Lei 2125 referida supra, mas também dos arts. 71.º e 75.º/1 do DL 48547, de 27 de Agosto de 1968. Este diploma, na sua parte controvertida, restringia a cessão de exploração de farmácia por via de remissão para a Lei 2125 (art. 71.º) e estatuía nulo o legado de farmácia que não cumprisse os requisitos aí estipulados (i.e. ser a farmacêuticos ou estudantes de farmácia que concluam o seu curso, no caso de farmácia obtida em virtude de divórcio ou herdada). Em 2001, mesmo à luz do princípio da proporcionalidade, o TC afirmava que «a reserva da propriedade das farmácias para os farmacêuticos, com a exclusão do acesso àquelas dos cidadãos que não detêm tal título profissional, constitui um meio adequado para prosseguir os objectivos de protecção da saúde pública intentados pelo legislador». Esta posição viria a ser contrariada pela liberalização do

o TC tem-se oposto vigorosamente a qualquer norma que faça depender o acesso a uma profissão do controlo de qualquer associação privada do respectivo sector, que por esse meio passe a poder *restringir a iniciativa e limitar a concorrência* no exercício da actividade. Foi assim considerada inconstitucional a norma que atribuía aos sindicatos do sector o poder exclusivo de emitir carteiras profissionais de ajudantes de farmácia[37] e, mais recentemente, a norma que concedia ao sindicato dos jornalistas poderes para atribuir ou retirar carteiras profissionais[38].

Por último, o TC tem apreciado as *restrições derivadas da protecção constitucional dos direitos dos trabalhadores*, designadamente da *segurança do emprego* (art. 53.°, CRP), admitindo com esse fim restrições à liberdade de empresa, como seja a que resulta da obrigação de transmissão dos contratos de trabalho juntamente com o estabelecimento comercial ou mesmo com a mera cessão de posição contratual[39].

6.3.2.6. Outras formas de iniciativa

Sendo a iniciativa privada a forma normal de iniciativa económica em economias de mercado, ela não tem, no entanto, de ser exclusiva. Desde logo, pode haver motivos para que o Estado intervenha na produção de bens e serviços, em exclusivo (monopólios naturais ou legais) ou em concorrência com entidades privadas. Depois, são também possíveis outras formas de iniciativa em que a solidariedade entre os seus membros ou entre estes e a sociedade prevaleça sobre o interesse lucrativo da organização. Trata-se de formas de «economia social», de que são exemplo as organizações cooperativas e as instituições privadas de solidariedade social.

regime de acesso. No outro caso, relativo à questão da constitucionalidade do exercício da actividade de mediador de seguros por trabalhadores em situação de pré-reforma ou reformados, o TC entendeu que, ao proibir aos trabalhadores reformados ou em situação de pré-reforma o exercício da actividade de agente de seguros, limitando, assim, a iniciativa privada e a liberdade profissional, a lei estava a prevenir a concorrência dos ex-trabalhadores para com a empresa a que haviam estado ligados. Interessante foi o facto de o TC, neste acórdão, haver considerado a importância de uma certa «disciplina de mercado» e «moralização da actividade» de modo a assegurar uma equilibrada concorrência entre as empresas. Cf. Ac. n.º 474/89, de 12.7.1989, *Acórdãos do Tribunal Constitucional*, 14.º vol., p. 77 ss.

[37] Ac. n.° 46/84, de 23.5.1984, *Acórdãos do Tribunal Constitucional*, Lisboa: INCM, 3.° Vol., p. 275 ss.

[38] Ac. n.° 445/93, de 14.7.1993, do Tribunal Constitucional, *Diário da República*, I Série, n.° 189, de 13.8.1993, p. 4330 ss.

[39] Assim aconteceu no Ac. n.° 249/90, de 12.7.1990 (in *Acórdãos do Tribunal Constitucional*, 16.° Vol., p. 761 ss.) relativo aos trabalhadores das empresas de serviços de limpeza. O Tribunal considerou constitucional uma portaria que consagrava a transmissão obrigatória dos contratos de trabalho da empresa perdedora de um contrato de prestação de serviços para a nova concessionária. Note-se que em outro recurso sobre a mesma matéria – Ac. n.° 392/89 (*Acórdãos do Tribunal Constitucional*, 13.° Vol.) – o Tribunal tinha decidido em sentido contrário.

A CRP acolheu e garantiu, assim, outros tipos de iniciativa económica como os *direitos de iniciativa cooperativa, autogestionária e pública.*

a) *A iniciativa cooperativa*

Tal como a iniciativa privada, o *direito de iniciativa cooperativa* abrange a possibilidade de criar cooperativas, a liberdade de as gerir e a liberdade de contratação ou liberdade negocial inerente a essa mesma gestão. Para o reconhecimento do direito à iniciativa cooperativa, a CRP exige que sejam observados os princípios cooperativos, internacionalmente reconhecidos. As cooperativas que, na sua constituição ou no desenvolvimento da sua actividade, não observem os princípios cooperativos não estão proibidas de existir, mas não podem servir-se da sua condição de cooperativa para reivindicar a protecção especial que a CRP incumbe o Estado de conferir a este tipo de empresas (art. 85.º), nem mesmo devem usar uma designação que as confunda com as verdadeiras cooperativas[40].

Quase todas as restrições que se aplicam ao direito à iniciativa privada são extensíveis à iniciativa cooperativa nos seus vários aspectos. Contudo, existem outras restrições que se relacionam com a estrutura particular de organização, gestão e funcionamento das cooperativas e que encontram paralelo nas regras, também específicas, das sociedades comerciais. É duvidoso, embora assim tenha vindo a ser entendido, que se estenda necessariamente à iniciativa cooperativa a impossibilidade de acesso a determinados sectores de actividade económica. De facto, a referência constitucional aos sectores básicos vedados à iniciativa privada e a outras entidades da mesma natureza (art. 86.º, n.º 3) tem sido interpretada como uma definição de reserva a favor do sector público.

b) *A iniciativa autogestionária*

A CRP reconhece ainda o *direito de iniciativa autogestionária* embora, dada a ausência de efectiva regulamentação deste direito, ele esteja em grande parte desprovido de interesse prático. A iniciativa autogestionária pode ser entendida como um direito dos trabalhadores de reivindicarem, relativamente a bens ou empresas do sector público, a possibilidade de serem eles próprios a responsabilizarem-se pela sua gestão. Este direito compreende igualmente a defesa e manutenção das formas autogestionárias ainda existentes.

c) *A iniciativa pública*

Qualquer destes tipos de iniciativa – privada, cooperativa e autogestionária – coexiste com a *iniciativa pública* (do Estado, das Regiões Autónomas e do poder local), igualmente reconhecida na Constituição e que, aliás, não conhece restrições em maté-

[40] Neste sentido cf. Ac. n.º 321/89, de 29.3.1989 (*Acórdãos do Tribunal Constitucional,* 13.º vol., p. 337 ss.).

ria de acesso a qualquer sector ou ramo de actividade económica, nem está sujeita a um princípio constitucional de subsidiariedade. Ela pode traduzir-se na criação de empresas públicas em sentido amplo (entidades públicas empresariais ou sociedades de capitais públicos, incluindo as municipais) ou na participação no capital de empresas privadas[41].

6.3.3. Os direitos sociais, económicos e culturais como limites da actividade económica

6.3.3.1. *Introdução*

Os modernos sistemas de economia de mercado têm procurado conciliar o reconhecimento do direito de propriedade e das liberdades de empresa e de concorrência, como bases jurídicas da actividade económica e do próprio mercado, com a protecção e a garantia de um conjunto de *direitos*, em que se incluem os *direitos sociais propriamente ditos* (ex. direitos dos trabalhadores e à segurança social, direito à saúde), os direitos económicos (ex. direito ao trabalho) e os direitos culturais (à educação e à cultura). Em termos gerais, estas categorias de direitos visam assegurar aos indivíduos as condições materiais tidas como imprescindíveis para o pleno gozo das suas liberdades e direitos e a satisfação das suas necessidades como pessoas, tendendo a exigir do Estado intervenções na ordem social segundo critérios de justiça distributiva. Em contraste com a generalidade das liberdades e direitos civis e políticos, passíveis de serem exercidos directa e imediatamente pelos indivíduos/cidadãos, os direitos sociais dependem, normalmente, da acção pública, para a sua realização. Todos estes direitos encontram consagração na CRP.

Com o desenvolvimento económico e tecnológico da sociedade, têm vindo a ser constitucionalizados novos direitos individuais e colectivos, como os direitos dos consumidores, o direito ao ambiente ou o direito à protecção de dados pessoais informatizados.

6.3.3.2. Os direitos dos trabalhadores

A iniciativa económica, privada, pública ou cooperativa pressupõe a disponibilidade, por parte dos empresários, de recursos materiais e financeiros e, na maioria dos casos, exige também a contratação de outras pessoas, as quais, mediante o pagamento de uma remuneração (salário ou ordenado), se tornam agentes de produção ou distribuição de bens ou serviços por conta de outrem.

Na verdade, a CRP não define trabalhador, mas tendo em conta a natureza dos direitos que lhe concede, deve entender-se que são os *trabalhadores por conta de outrem* os seus principais destinatários. Este entendimento não pode, porém, ser conside-

[41] Cf., sobre esta questão, *infra*, Parte II, 1.2.

rado de forma estreita. No conceito devem também ser incluídas, pelo menos para alguns efeitos, as situações materialmente equiparáveis às resultantes do contrato de trabalho, como é caso de grande parte dos trabalhadores ao domicílio.

Os *direitos dos trabalhadores* são reconhecidos em sede de direitos e liberdades fundamentais (arts. 53.º a 56.º) e de direitos e deveres económicos (arts. 58.º e 59.º CRP). Alguns desses direitos são atribuídos directamente ao trabalhador individual, enquanto outros o são às suas organizações.

a) *A segurança no emprego*

Entre os direitos, liberdades e garantias encontramos o *direito à segurança no emprego e a proibição do despedimento sem justa causa* (art. 53.°) que visam limitar a plena disponibilidade sobre as relações de trabalho por parte da entidade patronal[42]. Por esse motivo a garantia destes direitos dos trabalhadores implica restrições ao direito de livre iniciativa privada, pública ou cooperativa.

A CRP acolhe, assim, o modelo da *estabilidade do emprego* em lugar do da mobilidade, que hoje se reconhece em diversas ordens jurídicas europeias, especialmente na britânica. Isso não tem impedido, embora com limites e condicionamentos variados, a consagração legislativa das chamadas formas flexíveis e precárias de prestação do trabalho, como os contratos de trabalho com duração determinada e o estatuto de trabalhador temporário ou de trabalhador ao domicílio[43].

b) *Os direitos das organizações dos trabalhadores*

Ainda entre os direitos, liberdades e garantias, encontram-se: a liberdade sindical (art. 55.°), o direito à greve e a proibição do *lock-out* (art. 57.°), e os *direitos atribuídos às organizações representativas dos trabalhadores*, a saber: direitos das comissões de trabalhadores (art. 54.°) e direito de contratação colectiva. Subjacente a esta configuração constitucional parece estar a ideia de que é indispensável à efectividade dos direitos básicos dos trabalhadores a garantia dos direitos e liberdades das suas organizações e, desde logo, a possibilidade de se organizarem livremente.

Reconhecendo alguns direitos às *comissões de trabalhadores*, a CRP não prevê a sua *participação na gestão* a não ser nas empresas pertencentes ao Estado ou noutras entidades da mesma natureza. O *controlo de gestão* compreende apenas o direito à informação necessária para exercerem a sua actividade. O exercício dos direitos de consulta e participação dos trabalhadores pode ser prejudicado pela transnaciona-

[42] Constitui este um dos aspectos em que a Constituição se mantém fiel ao modelo originário. É também em matéria de segurança no emprego que a jurisprudência constitucional se tem mostrado mais rigorosa na admissão de restrições à iniciativa privada ou, *a contrario*, menos liberal no alargamento dos direitos inerentes àquela forma de iniciativa.

[43] Sobre o direito à segurança no emprego, cf. Acórdão n.° 107/88, de 21.6.1988 (*Diário da República*, I Série, n.° 141, 20.6.1989).

lização das empresas, pela sua relativa fragmentação e pela diversificação dos seus modelos, num contexto de procura de maior flexibilidade, de globalização das economias e segmentação dos processos produtivos.

Assume, neste quadro, especial relevância o regime respeitante ao envolvimento dos trabalhadores contemplado na Directiva 2001/86/CE, do Conselho, de 8 de Outubro de 2001, que completa o Estatuto da Sociedade Europeia (SE). Nesta directiva prevê-se que, quando da constituição de uma «societas europeae» nos termos do Regulamento (CE) n.º 2157/2001, de 8 de Outubro de 2001, seja iniciado imediatamente um procedimento de negociação com os representantes dos trabalhadores a respeito do regime de envolvimento dos trabalhadores na SE. Entende-se por «envolvimento dos trabalhadores» qualquer mecanismo, incluindo a informação, a consulta e a participação, através do qual os representantes dos trabalhadores possam influir nas decisões a tomar no âmbito da sociedade[44].

c) *O direito ao trabalho*

Por último, no campo dos *direitos económicos*, a CRP garante o *direito ao trabalho* (art. 58.º).

Este deve ser entendido como um direito a uma prestação positiva por parte do Estado, consistindo no desenvolvimento de políticas que assegurem o máximo de emprego possível e a igualdade de oportunidades e de formação específica e genérica, e não como um direito subjectivo a «um concreto posto de trabalho»[45].

No momento em que existe um forte crescimento do desemprego, incluindo o estrutural, o reconhecimento do direito ao trabalho poderia justificar a adopção de políticas que propiciem, de forma concertada, uma justa redistribuição do emprego disponível, por exemplo, através da redução do horário de trabalho, de modo a permitir que um maior número de cidadãos activos garantam pelos seus próprios meios a sua sobrevivência. A questão ganhou, porém, novos contornos com a adopção do Código do Trabalho (Lei n.º 7/2009, de 12 de Fevereiro) e com a figura da «*flexisegurança*»[46].

[44] Cf. J. Canotilho/V. Moreira, *Constituição da República Portuguesa Anotada*, Vol. I, 4.ª ed., 2007, Coimbra: Coimbra Editora, p. 763.

[45] Idem.

[46] O neologismo *flexigurança* procura conciliar a ideia de um mercado de trabalho mais «líquido» (disposições contratuais mais flexíveis) com a ideia de um reforço das políticas activas de formação e de emprego e de protecção social. O tema, objecto de forte controvérsia, vem proposto na Comunicação da Comissão Europeia, *Para a definição de princípios comuns de flexigurança: Mais e melhores empregos mediante flexibilidade e segurança*, COM (2007) 359 final, de 27.6.2007. Para uma análise das transformações estruturais nos «mercados do trabalho», da emergência de uma nova forma de relação salarial (neoconcorrencial), caracterizada pelo liberalização de despedimentos e pela expansão do emprego precário e do papel do Estado na regulação destes mercados, cf. Luísa Oliveira/ Helena Carvalho, *Regulação e Mercado de Trabalho, Portugal e a Europa*, Lisboa: Ed. Sílabo, 2010.

A CRP consagra ainda um conjunto de direitos aos trabalhadores relativos à retribuição e às formas de prestação do trabalho, assim como à assistência no desemprego e, finalmente, impõe ao Estado a *regulação do mercado de trabalho* através da fixação de um *salário mínimo* que se repercute em todos os sectores da actividade económica (art. 59.º).

6.3.3.3. Os direitos dos consumidores

a) *Os direitos dos consumidores na Constituição*

Os bens e serviços produzidos ou prestados, quer por empresas privadas, quer por empresas públicas ou cooperativas, destinam-se a ser consumidos. Uma parte dos consumidores são outras empresas («b2b»: *business-to-business*), tratando-se nestes casos de um consumo intermédio, visto que se integra no valor de outros bens e serviços. O objectivo último de toda a produção é, porém, a satisfação das necessidades do consumidor final («b2c»: *business-to-consumer*), que por isso é o principal destinatário das normas constitucionais de protecção do consumidor.

A crescente importância da protecção jurídica do consumidor está ligada a diferentes factores de ordem económica e social. Por um lado, verifica-se a cada vez maior sofisticação dos modos de captação de clientela, com recurso à publicidade ou a outras formas de promoção de vendas, por vezes agressivas ou enganosas, o que justifica a sua regulação pública. Acresce a estes factores a concentração dos espaços de distribuição em grandes superfícies e consequente aumento da distância entre consumidor e vendedor. Por último, são hoje mais complexas e frequentemente globalizadas as formas de organizar a produção, o que contribui para aumentar o risco do consumidor, justificando todos estes factores o alargamento dos seus direitos e garantias e o reforço e simplificação dos meios de as efectivar.

Na CRP, os *direitos dos consumidores e das suas associações* são considerados como direitos fundamentais e estão reconhecidos no capítulo dos direitos e deveres económicos (art. 60.º).

Para além dos *direitos positivos a prestações ou acções do Estado* (direito à formação ou à protecção da saúde), a Constituição reconhece também direitos a *prestações ou acções* dos próprios *agentes económicos, produtores ou distribuidores* (direito à informação). São, além disso – no caso do direito à *reparação dos danos* –, verdadeiros direitos subjectivos, *equivalentes aos «direitos, liberdades e garantias»*.

A CRP reconhece ainda às associações de consumidores o *direito de participação*, cabendo ao Estado *o dever de as apoiar*[47].

[47] A consagração legal destes e doutros direitos dos consumidores consta da Lei n.º 24/96, de 31 de Junho. Sobre o tema, C. Ferreira de Almeida, *Direito do Consumo*, Coimbra: Almedina, 2005 e *Direitos dos Consumidores*, Coimbra: Almedina, 1982.

Finalmente, para a protecção do consumidor, a CRP define o modo como deve ser disciplinada a publicidade, *proibindo a publicidade enganosa*, o que resulta, além do mais, do direito dos consumidores a uma correcta informação sobre os diversos bens ou serviços potenciais objectos de consumo[48].

b) *Principais eixos da protecção dos consumidores*

De acordo com Calvão da Silva, a protecção do consumidor pode ser perspectivada segundo quatro eixos principais[49]. Todos eles encontram de algum modo acolhimento no texto constitucional, embora o seu desenvolvimento seja hoje também fortemente influenciado pela política comunitária de protecção do consumidor.

O primeiro eixo é o da «*protecção do consumidor contra práticas comerciais desleais e abusivas*». São múltiplas as normas constantes da ordem jurídica económica portuguesa que na sequência do texto constitucional apontam nesta direcção: por exemplo, a regulação da *publicidade*, das *vendas ao domicílio* e por *correspondência* e de outras formas de venda «atípicas». Para além destas, destaca-se a disciplina sobre as *cláusulas ou condições contratuais gerais*, isto é, prescrições de natureza geral e abstracta, previamente elaboradas por um agente económico e que qualquer dos futuros contraentes se limitará a subscrever. Genericamente, proíbe-se a inclusão nos contratos de cláusulas abusivas que se traduzam na desprotecção do adquirente de bens ou serviços em virtude da sua relativa dependência perante o vendedor ou prestador, como é o caso das que limitam a responsabilidade por danos causados na esfera da contraparte ou de terceiro, ou que admitem exclusividade da interpretação de qualquer cláusula do contrato a favor de uma das partes[50]. A regulação do *crédito ao consumo* assume também cada vez maior importância em Portugal, dado o seu peso no volume de crédito concedido e o crescimento do endividamento dos consumidores, nomeadamente pela via da utilização dos cartões de crédito[51].

[48] Cf. Código da Publicidade, aprovado pelo DL n.º 330/90, de 23 de Outubro, que tem sido, até hoje, objecto de numerosas alterações.

[49] J. Calvão da Silva, *Responsabilidade Civil do Produtor*, Coimbra: Almedina, 1990, p. 75 ss.

[50] Cf. DL n.º 446/85, de 28 de Julho, alterado pelo DL n.º 220/95, de 31 de Agosto, pelo DL n.º 249/99, de 7 de Julho, e pelo DL 323/2001, de 17 de Dezembro, que, para além dos consumidores, protege outros adquirentes em situação de dependência económica. Sobre esta matéria, cf. especialmente, J. Sousa Ribeiro, *O Problema do Contrato – As Cláusulas Contratuais Gerais e o Princípio da Liberdade Contratual*, Coimbra: Almedina, 1999.

[51] O tema não é de hoje. O endividamento dos consumidores passou de 183,4 milhões de contos em 1991 para 386 milhões de contos em Março de 1994. A dívida privada externa, das famílias e dos bancos, ascendia em 2010 a quase 170 mil milhões de euros, contra cerca de 93 mil milhões da dívida pública. A questão não é pois de hoje, nem especificamente nacional, tendo a União Europeia em 2008 aprovado a Directiva n.º 2008/48/CE, do Parlamento Europeu e do Conselho, de 23 de Abril, relativa a contratos de crédito aos consumidores, transposta para a ordem jurídica interna pelo DL n.º 133/2009, de 2 de Junho. Cf., sobre o tema do endividamento, M. M. Leitão Marques *et al.*, *O Endividamento dos Portugueses*, Coimbra: Almedina, 2000 e, mais recentemente, Catarina Frade, *A Regulação do Sobreendividamento* (Dissertação de doutoramento), Coimbra: FEUC, 2007.

O segundo eixo é o da «*informação, formação e educação do consumidor*». A CRP acolhe-o de dois modos: atribuindo a obrigação ao Estado de apoiar as organizações dos consumidores e o dever de contribuir para a sua educação e informação; e reconhecendo os direitos dos consumidores à informação com as decorrentes obrigações para os comerciantes[52].

O terceiro aspecto da protecção do consumidor agrupa-se em torno da sua «representação, organização e consulta». Ele reflecte-se nos direitos reconhecidos às organizações de consumidores nomeadamente o de participação em órgãos consultivos de administração económica. Para além do Conselho Económico e Social (CES), elas estão também presentes, por exemplo, no Conselho Superior de Estatística[53].

Por último, também articulados com o texto constitucional, estão os direitos que têm como objectivo «*proteger o consumidor contra produtos defeituosos e perigosos*», os quais podem ser de carácter preventivo, reparador dos danos sofridos ou repressivo de comportamentos que afectem a qualidade dos produtos. Entre os primeiros destaca-se um conjunto de regras que se pode designar por *direito da qualidade* e que basicamente inclui o sistema de normas técnicas referentes às características dos produtos[54]. Entre os segundos assume particular relevo o sistema da responsabilidade civil objectiva (isto é, independente de culpa) do produtor pelos defeitos do produto[55]. Finalmente, a ordem jurídica contém também um sistema de repressão das infracções anti-económicas e contra a saúde pública[56].

6.3.3.4. O direito ao ambiente

Entre os direitos e deveres fundamentais, no capítulo dos direitos sociais, a CRP reconhece o *direito ao ambiente* (art. 66.°, n.ºs 1 e 2).

A protecção do ambiente abrange tanto o elemento natural como o elemento construído, ou seja, não apenas a conservação dos ecossistemas mas também a inte-

[52] Cf., por exemplo, o DL n.° 560/99, de 18 de Dezembro, com as sucessivas alterações que lhe foram introduzidas, respeitantes à rotulagem, apresentação e publicidade dos géneros alimentícios destinados ao consumidor final.

[53] Cf. art. 3.° al. *h*) da Lei n.° 108/91, de 17 de Agosto (CES) e o art. 10.º, n.º 2, al. l), Lei n.º 22/2008, de 13 de Maio.

[54] Cf. *infra*, Parte III, Título VII. Note-se que os objectivos da normalização dos produtos ultrapassam largamente os da protecção do consumidor. No âmbito da UE, por exemplo, eles estão intimamente relacionados com a necessidade de evitar barreiras técnicas à livre circulação de mercadorias. No comércio internacional em geral, tem sido discutido até que ponto a normalização não constitui uma forma de os países tecnologicamente mais desenvolvidos dificultarem a circulação de produtos provenientes de países industrializados menos desenvolvidos.

[55] Cf. DL n.° 383/89, de 6 de Novembro, na sequência da Directiva comunitária 85/374, de 25.4.1985, sobre a mesma questão.

[56] Cf. DL n.° 28/84, de 20 de Janeiro, sobre as infracções à saúde pública.

gração dos elementos económicos e sociais[57]. O combate às diversas formas de poluição faz parte do seu objecto.

Possuindo múltiplas facetas, a protecção do ambiente e a disposição constitucional que a acolhe só relevam em parte em sede de Constituição económica. De facto, entre outros aspectos, este direito constitui também um dos limites constitucionais ao livre exercício da actividade económica (pública, privada ou cooperativa) e pode ter reflexos em vários dos seus momentos. O acesso e a organização de uma actividade económica, a sua instalação (localização, utilização de recursos naturais), as suas condições de funcionamento e as suas relações com terceiros, ou mesmo a sua extinção, podem ser condicionadas ou determinadas por razões ambientais; os custos da degradação do ambiente, assim como os custos da sua prevenção, podem ser integrados nos custos de produção, pelo reconhecimento legal do princípio do poluidor-pagador[58].

Tal como é concebido pela CRP, o direito ao ambiente compreende o direito a uma *acção positiva do Estado* no «sentido de o defender e controlar as acções poluidoras». Entre as obrigações do Estado e para além da preservação dos espaços naturais e da «intervenção nos espaços degradados», inclui-se também o ordenamento da implantação urbana e industrial e da exploração agrícola e florestal.

Este direito engloba ainda uma *proibição* de acções atentatórias do ambiente por parte do Estado ou de terceiros, conferindo aos cidadãos – individual ou colectivamente – o direito de cessação dessas acções e de indemnização dos prejuízos causados pela violação. Trata-se, nesta vertente, de um direito de natureza análoga aos direitos, liberdades e garantias (art. 17.º CRP)[59].

Para além do direito ao ambiente, a CRP destaca o *dever de o defender,* o qual vincula os particulares, sejam eles pessoas singulares ou colectivas, «podendo traduzir-se legalmente em deveres de abstenção (obrigação de não atentar contra o ambiente) ou de acção (dever de impedir os atentados de outrem), eventualmente tutelados pela via penal»[60]. O direito de defesa do ambiente, assim como o direito de indem-

[57] Cf. A. C. Martins, *A Política de Ambiente da Comunidade Económica Europeia*, Coimbra: Coimbra Editora, 1990, p. 45. Cf., ainda, M. T. Sousa, *A Protecção Jurisdicional dos Interesses Difusos: Alguns Aspectos Processuais*, Lisboa: CEJ, 1996.

[58] Sobre este princípio, cf., por todos, M. A. S. Aragão, *O Princípio do Poluidor Pagador: Pedra Angular da Política Comunitária do Ambiente*, Coimbra: Coimbra Ed., 1997. Embora não sendo relevante para a compreensão do direito ao ambiente, pode ainda acrescentar-se, numa perspectiva mais geral de direito económico, que a protecção do ambiente se está a tornar, em si mesma, num sector de actividade económica.

[59] Cf. J. Canotilho/ V. Moreira, *ob. cit.*, pp. 845 e ss. Cf. ainda, J. Miranda, «A Constituição e o Direito do Ambiente», in AA. VV. *Direito do Ambiente*, Lisboa: INA, 1994; M. Raposo, *O Direito ao Ambiente como Direito Fundamental*, Lisboa: CEJ, 1994; J. .J. G. Canotilho, «Estado constitucional ecológico e democracia sustentada», *CEDOUA*, ano 4, n.º 2, 2001; *id.* (coord.) *Introdução ao Direito do Ambiente*, Lisboa: Universidade Aberta, 1998; Fernando Condesso, *Direito do Ambiente*, Coimbra: Almedina, 2001.

[60] J. Canotilho/ V. Moreira, *ob. cit.*, p. 847.

nização em caso de lesão directa, é reconhecido a todos, devendo a lei determinar o modo como pode ser exercido[61].

6.3.3.5 O direito à protecção de dados pessoais informatizados

O uso crescente dos computadores e de redes de comunicação como a Internet ao serviço da actividade e das transações económicas, quer no sector privado, quer no sector público, comporta riscos hoje generalizadamente reconhecidos, seja para a defesa da segurança da informação e da comunicação, seja para a salvaguarda de direitos e liberdades dos indivíduos.

A percepção destes riscos e da necessidade de os regular conduziu, designadamente, à adopção, a partir dos anos 70, inicialmente sob influência do Conselho da Europa, de legislações nacionais específicas em matéria de *protecção dos dados pessoais informatizados*, das quais decorrem condições a cumprir e limites a respeitar pelos agentes económicos quando registam, processam ou comunicam informação relativa a pessoas individuais identificáveis.

Em Portugal, a protecção de dados pessoais assumiu dignidade constitucional desde a versão original da CRP. Com a introdução do art. 35.° (Utilização da informática), uma disposição inovadora na época, reconheceu-se o direito à protecção de dados como *direito fundamental* dos cidadãos. Este envolve os direitos a aceder aos dados informatizados que lhes digam respeito, bem como a exigir a sua rectificação e actualização pelas entidades responsáveis pelas bases de dados em questão, e a conhecer a finalidade a que se destinam.

O art. 35.º proíbe ainda o uso da informática para o tratamento de dados considerados especialmente sensíveis, isto é, referentes a convicções filosóficas ou políticas, filiação partidária ou sindical, fé religiosa, vida privada e origem étnica, salvo mediante consentimento expresso do titular, autorização prevista por lei com garantias de não discriminação ou para processamento de dados estatísticos não individualmente identificáveis.

É remetida para a lei a definição das condições a respeitar pelas entidades responsáveis quando do tratamento automatizado, conexão, transmissão e utilização de dados pessoais, assim como o regime aplicável aos fluxos transfronteiriços desses dados[62].

[61] Cf art. 52.°, n.° 2, da CRP sobre o direito de petição e o direito de acção popular. Sobre esta matéria, cf. *infra*, Parte III, Título VI.

[62] Cf. *infra*, Parte III, Título VIII. A Carta dos Direitos Fundamentais da União Europeia consagra hoje este direito no seu art. 8.º.

6.4. A organização económica

6.4.1. Propriedade e gestão na definição dos sectores de titularidade dos meios de produção (bens produtivos)

A garantia da existência de três sectores de titularidade dos meios de produção – público, privado e cooperativo e social – tem sido uma constante no texto constitucional, independentemente das variações no peso e importância relativa de cada um deles. A coexistência e compatibilidades de formas de apropriação e gestão de bens e unidades produtivas constitui, aliás, uma das características da complexidade do texto constitucional[63]. A sua importância é reforçada pelo facto de este princípio estar incluído no conjunto de matérias que constituem os limites materiais de revisão constitucional (art. 288.°, al. *f*)).

A palavra *sector* tem vários sentidos na Constituição. Umas vezes é referido com um sentido equivalente a especialização produtiva. Assim acontece quando se fala no «crescimento equilibrado de todos os sectores» (art. 81.° al. *d*)), no seu «desenvolvimento harmonioso» (art. 90.°) ou em «sectores básicos da economia» (art. 86.°, n.° 3). Outras vezes, remete-se para a repartição clássica da teoria económica entre sector primário, secundário e terciário (sectores de actividade), sentido que a CRP pressupõe, no Título III da Parte II, ao enumerar os objectivos da política agrícola, comercial e industrial.

Para efeitos do art. 82.°, a repartição da actividade económica em sectores assenta na natureza dos sujeitos titulares da propriedade e/ou no poder de direcção dessa mesma actividade. Na verdade, o texto do art. 82.° não enumera os critérios de distinção dos diferentes sectores, limitando-se a afirmar o princípio da coexistência (n.° 1) e definindo de seguida cada um dos sectores *de per si* (n.os 2, 3, e 4). Apesar disso, a CRP pressupõe, no modo como define cada sector, a dupla propriedade/gestão, ora em conjunto – «propriedade e gestão» – no sector público, ora em alternativa – «propriedade ou gestão» – no sector privado, ora apenas a gestão, no sector cooperativo e social.

Assim, a actividade económica distribui-se por qualquer destes sectores, tendo como base objectivos diferenciados.

[63] Sobre o princípio da coexistência dos sectores, cf. Acórdão n.° 25/85, de 6.2.1985 (*Acórdãos do Tribunal Constitucional*, 5.° vol., Lisboa: INCM, p. 95). Para maiores desenvolvimentos sobre o tema dos sectores de propriedade em termos nem sempre coincidentes, cf. J. Canotilho/ V. Moreira, *ob. cit.*; Rui Medeiros, "Artigo 82.º", in Jorge Miranda/ Rui Medeiros, *Constituição Portuguesa Anotada*, tomo II, Coimbra: Coimbra Editora, 2006, p. 22 e ss; Rui Guerra da Fonseca, *Organização Económica*, in Paulo Otero (coord.), *Comentário à Constituição Portuguesa*, II vol., Coimbra: Almedina, 2008, p. 215 e ss.

O *sector público* tem que ser entendido no âmbito das incumbências gerais do Estado em matéria económica e social e articulado com as outras formas de regulação constitucionalmente previstas.

Embora o modelo constitucional tenha como base uma economia mista, na prática é no *sector privado* que se concentra a actividade económica. Essa actividade organiza-se e desenvolve-se livremente de acordo com os objectivos lucrativos que lhe são inerentes, sujeitando-se aos condicionamentos e às restrições constitucional ou legalmente previstas, já referidas a propósito da liberdade de iniciativa privada.

Quanto ao terceiro sector – *o cooperativo e social* – ele possui também a sua filosofia própria em matéria de objectivos, combinando os económicos e os sociais, que se reflectem na sua organização, a qual tende a ser de cariz mais participativo.

6.4.2. O sector privado

A CRP garantiu, desde a sua versão inicial, a existência de um sector privado, hoje constituído pelos *bens e unidades de produção cuja propriedade ou gestão pertençam a pessoas singulares ou colectivas privadas* (art. 82.º, n.º 2).

Estão, assim, naturalmente abrangidos todos os meios de produção que sejam propriedade de entidades privadas, excepto se forem geridos por cooperativas em obediência aos princípios cooperativos. Pertencem igualmente ao sector privado todos os meios de produção que sejam propriedade pública, mas cuja gestão tenha sido – por via contratual ou não – entregue a entidades privadas. Podem ser bens do domínio público ou de empresas públicas cuja gestão tenha sido concedida a entidades privadas, ou simplesmente empresas de capital misto em que o Estado não tenha nomeado a maioria dos gestores (tendo a isso direito) além de todas as restantes onde o Estado seja minoritário.

O reforço do lugar e do papel do sector privado – tanto pelo aumento das garantias positivas, como pela atenuação ou supressão de limites e restrições – constitui um dos traços mais destacados do desenvolvimento constitucional operado pelas duas primeiras revisões constitucionais[64].

6.4.3. O sector cooperativo e social

O *sector cooperativo e social* abrange os *meios de produção geridos por cooperativas de acordo com os princípios cooperativos* (independentemente da forma de propriedade, que tanto pode ser pública, privada, ou cooperativa); *os meios de produção comunitários, possuídos e geridos por comunidades locais*[65]; *os meios de produção objecto de exploração colectiva por*

[64] Sobre o reforço do sector privado, cf. Acórdão n.º 25/85, de 6.2.1985 (*Acórdãos do Tribunal Constitucional*, 5.º vol., Lisboa: INCM, p. 95).

[65] Constituído fundamentalmente pelos *baldios*, terrenos comunitariamente usados ou fruídos por moradores de uma ou várias freguesias e administrados pelos elementos da comunidade (cf. Lei n.º 68/93, de 4 de Setembro).

trabalhadores[66]; e *os meios de produção geridos por pessoas colectivas sem carácter lucrativo e com objectivos de solidariedade social*.

As cooperativas são, indubitavelmente, a sua componente mais importante, pela sua tradição e peso qualitativo e quantitativo e pela sua distribuição por um variado leque de actividades. Recorde-se que o direito à iniciativa cooperativa e autogestionária é reconhecido como direito fundamental, a par da iniciativa privada[67].

A CRP não define o que são cooperativas, mas fixa um importante limite a respeitar pelas pessoas colectivas que pretendam fazer parte do subsector cooperativo: a obediência aos princípios cooperativos. Isto implica uma remissão para um conjunto normativo extra-jurídico constituído pelos princípios reconhecidos pela Aliança Cooperativa Internacional, enquanto expressão institucionalizada do movimento cooperativo internacional. Na esteira dos postulados defendidos pelos «pioneiros de Rochdale», esta organização aprovou, em 1937, os seguintes princípios, sendo os quatro primeiros considerados fundamentais para distinguir as cooperativas autênticas das falsas: *adesão livre*; *controlo democrático* (um homem, um voto); *distribuição do excedente pelos associados na proporção do volume das aquisições ou dos contributos dos cooperantes*; princípio da *limitação das taxas de juros*, no caso de haver pagamento de juros de capital social; neutralidade política, religiosa e racial; vendas a pronto; e fomento da educação cooperativa.

Estes princípios foram depois aperfeiçoados e reformulados pelo Congresso da Aliança, ocorrido em Viena (1966) onde se reafirmou, no essencial, a definição dos quatro princípios básicos acima enunciados (filiação voluntária; organização democrática; limitação do juro pago ao capital social; repartição equitativa de excedentes ou economias eventuais).

Entre nós, o Código Cooperativo procurou definir o que são cooperativas e concretizar, ainda que de forma deficiente, os princípios cooperativos adoptados pelo referido Congresso de Viena[68].

[66] Cf. a Lei n.º 68/78, de 16 de Outubro, relativa à autogestão de empresas. Cf. igualmente o relatório *Autogestão em Portugal*, CCTF, n.º 117, Ministério das Finanças/ DGCI, 1980.

[67] O peso do sector cooperativo e social era reforçado no texto originário da CRP pelo facto de se admitir como princípio programático o «desenvolvimento da propriedade social», entendida como forma de gestão descentralizada e participada dos bens sob apropriação colectiva. Sobre as implicações das revisões constitucionais de 1982 e de 1989 no sector cooperativo cf., respectivamente, M. M. Leitão Marques, «As cooperativas na Constituição da República Portuguesa», *Revista Crítica de Ciências Sociais*, 12, 1983, pp. 105 ss., e R. Namorado, «O sector cooperativo e a revisão constitucional», *Informação Cooperativa*, 2. Sobre o cooperativismo, é, ainda hoje, útil a leitura de António Sérgio, *Sobre o Espírito do Cooperativismo*, Lisboa: Ateneu, 1958.

[68] O actual *Código Cooperativo* foi aprovado pela Lei n.º 51/96, de 7 de Setembro, e posteriormente alterado pelos DL n.º 343/98, de 6 de Novembro, n.º 131/99, de 21 de Abril, n.º 108/2001, de 6 de Abril, n.º 204/2004, de 19 de Agosto, e n.º 76-A/2006, de 29 de Março. Diversos diplomas complementares regulam os diversos ramos do sector. As cooperativas de interesse público (*régies* cooperativas) estão previstas no

Por *cooperativas*, o Código entende «as pessoas colectivas autónomas, de livre constituição, de capital e composição variáveis, que, através da cooperação e entreajuda dos seus membros, com obediência aos princípios cooperativos, visam, sem fins lucrativos, a satisfação das necessidades e aspirações económicas, sociais ou culturais daqueles» (art. 2.º). Evitou-se deste modo qualificar unilateralmente as cooperativas como associações ou sociedades comerciais (embora a doutrina propenda para a primeira qualificação).

Estas considerações são importantes, uma vez que vigora entre nós um modelo constitucional de cooperativismo *estimulado* (arts. 85.º, n.º 1; 80.º, al. *f*); 65.º, n.º 2, al. *d*); 95.º e 97.º CRP), por contraposição aos modelos de cooperativismo espontâneo ou obrigatório. Como isso implica a atribuição, por lei, de benefícios fiscais e financeiros, de condições mais favoráveis à obtenção de crédito e auxílio técnico (art. 85.º, n.º 2), há que procurar estabelecer linhas de demarcação entre as autênticas cooperativas e as empresas privadas sob a forma cooperativa que, por não respeitarem os princípios cooperativos ou não funcionarem em termos de legislação cooperativa, não passam de sociedades irregulares *sui generis*[69]. Sem este esforço de clarificação, o sector cooperativo dificilmente se afirmará como terceira força económica, autónoma, integrada por pessoas colectivas que, caracterizadas pela confluência em si mesmas de elementos associativos empresariais, constituam verdadeiros instrumentos de valorização do trabalho e de democracia económica, razões últimas do favor constitucional.

6.4.4. O sector público

De acordo com o art. 82.º, n.º 2, o sector público é constituído pelos meios de produção cujas propriedade e gestão pertencem ao Estado ou a outras entidades públicas. A acumulação da propriedade e gestão é condição necessária, dado que pode haver bens públicos geridos por empresas privadas ou cooperativas e pode haver intervenção pública na gestão das empresas privadas, embora a título excepcional e com carácter transitório (art. 86.º n.º 2), sem que por isso, em qualquer dos casos, devam esses bens ou empresas considerar-se integrados no sector público.

Assim sendo, fazem parte do sector público *os meios de produção públicos geridos directamente pela Administração Pública* (por exemplo, sob a forma de serviços públi-

DL n.º 31/84, de 21 de Janeiro. O Instituto António Sérgio do Sector Cooperativo (INSCOOP) foi criado pela Lei n.º 35/77, de 8 de Julho, tendo por finalidades fomentar a expansão qualitativa e quantitativa do sector, zelar pela observância dos princípios cooperativos e contribuir para a coordenação das actividades da administração pública com incidência no sector cooperativo. Sobre os princípios cooperativos, cf. Rui Namorado, *Os Princípios Cooperativos*, Coimbra: Fora de Texto, 1995; *id.*, *Introdução ao direito cooperativo/ para uma expressão jurídica da cooperatividade*, Coimbra: Almedina, 2000. Cf., ainda, R. Namorado, *A Sociedade Cooperativa Europeia – problemas e perspectivas*, Coimbra: CES, 2003.

[69] Cf. a este propósito o Ac. n.º 321/89, de 20.4.1989, do Tribunal Constitucional, já atrás referido.

cos económicos), *ou por outras entidades públicas, que poderão assumir a forma de institutos públicos, entidades públicas empresariais, sociedades de capitais públicos ou sociedades de capitais mistos, quando maioritariamente controladas pelo Estado e desde que este tenha também a maioria nos órgãos de gestão*[70].

Através do sector público o Estado produz bens ou presta serviços, ora em concorrência com empresas privadas ou cooperativas, ora em monopólio natural ou legalmente protegido.

7. Do Estado produtor ao Estado regulador

7.1. As diferentes funções do Estado

A Constituição atribui ao Estado diferentes funções na organização do processo económico. É possível agrupá-las, de modo aproximado, em dois grandes tipos:

- Aquelas em que o Estado aparece como empresário – o Estado *como produtor, prestador ou distribuidor de bens ou de serviços;*
- Aquelas em que lhe cabe regular (condicionar, fiscalizar ou planear e promover) as actividades de terceiros – o *Estado regulador* –, os quais, sendo na sua maior parte agentes económicos privados, podem também ser cooperativos ou mesmo públicos[71].

Os objectivos que presidem a estas funções do Estado podem coincidir: a redistribuição do rendimento, por exemplo, tanto pode ser obtida através da produção directa pelo Estado de bens ou serviços a preços mais baixos que os do mercado, como por meio de subsídios a outros produtores ou aos consumidores ou pela fixação de preços máximos ou ainda por via fiscal. Mas a natureza e o tipo de instrumentos utilizados, assim como a posição do Estado perante a actividade económica em geral serão distintos em cada uma das opções.

[70] Embora seja possível admitir que o controlo de uma sociedade comercial não exige necessariamente a detenção da maioria do seu capital, tem-se entendido que a posse pelo Estado de 51% da capital constitui o limite mínimo aquém do qual a sociedade deixa de poder ser integrada no sector público. Sobre as empresas de economia mista e o sector público, cf. Acórdão n.º 108/88, de 25.6.1988, *Diário da República*, I Série, n.º 145, 25.6.1988.

[71] Sobre os fundamentos gerais da regulação pública da economia, bem como as razões específicas da opção pelos diferentes métodos de regulação, cf. J. Francis, *The Politics of Regulation*, Oxford: Blackwell, 1993, p. 1 ss., B. Théret, *Régimes Économiques de l'Ordre Politique*, Paris: PUF, 1992; G. Majone, *Regulating Europe*, London: Routledge, 1996; R. Balwin e M. Cave, *Understanding Regulation: Theory, Strategy, and Practice*, Oxford: Oxford University Press, 1999, e, entre nós, A. Sousa Franco e G. d'Oliveira Martins, *A Constituição Económica Portuguesa, ob. cit.*, p. 217 e ss. Ana Roque, *Regulação do Mercado: Novas Tendências*, Lisboa: Quid Juris, 2004.

Quando o Estado produz ou distribui bens ou serviços retira do mercado certas actividades, reservando para si o seu exercício, ou concorre com agentes económicos privados ou cooperativos na mesma actividade. Intervém, assim, por uma via directamente económica, ao passo que o Estado regulador possibilita e condiciona positiva (incentivando) ou negativamente (proibindo) a actividade de terceiros, na qualidade de agente exterior ao mercado. Nesta função, o Estado usa meios de natureza político-legal ou, em certas circunstâncias, meios contratuais.

A CRP contempla expressamente as duas situações, sem prejuízo de a escolha entre o peso relativo de uma ou de outra ser deixada às políticas económicas dos governos ou das maiorias parlamentares. Pode, contudo, adiantar-se que, se o Estado empresário tem perdido importância no texto constitucional a partir da revisão de 1982, o mesmo não se passa com o Estado regulador. Acresce que, hoje, a regulação económica tem uma importante dimensão internacional, sobretudo a partir da adesão de Portugal à Comunidade.

7.2. O recuo do Estado empresário: das nacionalizações às reprivatizações

A importância do Estado como produtor de bens ou serviços variou muito desde a publicação da primeira versão da CRP até ao momento actual. Essa variação explica-se por factores políticos, económicos e jurídicos específicos da realidade portuguesa, sem deixar de reflectir também a evolução de concepções globais sobre o papel do sector público empresarial.

No período que se seguiu ao 25 de Abril de 1974 e até 1988, o sector empresarial do Estado ou sector público produtivo teve um importante peso económico, político e social; era constituído fundamentalmente pelas empresas directa e indirectamente nacionalizadas após aquela data e estas distribuíam-se por um conjunto vasto de sectores[72]. A maior parte das empresas nacionalizadas foram então transformadas em empresas públicas, com um regime próprio, enquanto outras permaneceram como sociedades de direito privado.

A importância do sector público produtivo ou sector empresarial do Estado era, no texto originário da CRP, claramente marcada por dois preceitos constitucionais: o princípio de irreversibilidade das nacionalizações e a proibição do acesso do capital privado aos sectores básicos da economia. O primeiro impedia a privatização das empresas nacionalizadas. O segundo reconhecia a obrigação de o legislador definir sectores vedados à iniciativa privada o que, na prática, se entendia como uma defi-

[72] Note-se, aliás, que embora o sector público ocupasse um lugar privilegiado no anterior texto constitucional e, em termos económicos, se estendesse a um variado grupo de sectores, incluindo sectores fundamentais para o funcionamento da economia, ele representava, mesmo em 1976, apenas 29.6% do valor acrescentado bruto, 47.2% da formação bruta de capital fixo e 23.7% do emprego, o que levava alguns autores a concluir que o sector público não era, do ponto de vista económico, essencialmente diferenciado dos sectores públicos de outros países da CE, nem comprometia o predomínio do sector privado.

nição de reservas em favor do sector público (redacção inicial do art. 86.°, n.° 3). Na sequência desta disposição constitucional sucessivas leis vieram delimitar fronteiras entre o sector público e o privado.

A revisão constitucional de 1989 revogou o princípio da irreversibilidade das nacionalizações, suprimindo deste modo os principais limites à reprivatização total de empresas anteriormente nacionalizadas e permitindo uma rápida compressão do sector público produtivo. A própria CRP incluiu uma norma transitória (art. 296.°) contendo os princípios básicos de uma futura lei-quadro das privatizações[73]. Na sequência dela o Governo levou a cabo um vasto plano de reprivatizações a que se juntou a privatização da gestão de alguns serviços públicos[74]. Acresce que, apesar de a CRP continuar a admitir a possibilidade de existirem sectores básicos vedados à iniciativa privada (art. 86.°, n.° 3), o que em si poderia constituir um limite às reprivatizações, as reservas a favor do sector público restringem-se hoje tão-só a muito poucas empresas que desempenham serviços públicos (como, por exemplo, as comunicações por via postal)[75]. Esses serviços passaram, na sua maior parte, a poder ser concessionados a entidades privadas, mantendo-se por ora e apenas a reserva pública da propriedade.

Como resultado deste processo, o sector público empresarial inicial ficou bastante reduzido. Subsistem algumas sociedades de capitais públicos ou de capitais mistos, actuando na maior parte dos casos em concorrência com empresas privadas. Mas outras empresas públicas foram entretanto criadas, *ab initio* ou por meio de nacionalizações.

Importa observar ainda que o recuo do Estado empresário por via da privatização do capital de empresas públicas resultou sobretudo de opções internas de ordem político-ideológica conjugadas com razões de ordem económica e financeira (estagnação económica, necessidade de receitas, etc.). A adesão de Portugal à CEE, em 1986, não afectou, pelo menos directamente, a autonomia do Estado português para definir o regime da propriedade, inclusive o âmbito da propriedade pública de meios de produção (art.222 TCEE, hoje 345.º do TFUE).

Em contrapartida, o direito europeu enquadra e condiciona de forma determinante o papel do Estado enquanto regulador do exercício das liberdades económicas e da concorrência nos mercados de bens e de serviços.

[73] Cf. Lei n.° 11/90, de 5 de Abril (Lei Quadro das Privatizações) e, *infra*, Parte II, Título I.

[74] Por exemplo, a captação, tratamento e distribuição de água para consumo público – concretizada para os sistemas multimunicipais; a administração dos hospitais, etc...

[75] Inicialmente com a redacção dada pelo DL n.° 372/93, de 29 de Outubro, à Lei n.º 46/77 e hoje com a Lei n.° 88-A/97, de 25 de Julho.

7.3. O reforço do Estado regulador

Por paradoxal que possa parecer numa primeira análise, a redução do peso do Estado-empresário e a liberalização de diversos sectores de actividade económica, a que se tem assistido ao longo das últimas décadas em diversos países, não têm sido acompanhadas por um esvaziamento do papel do Estado, mas antes pela reconfiguração deste papel como, essencialmente, *regulador*[76]. Este fenómeno, a que alguns autores têm chamado «re-regulação», uma vez que prolonga em certa medida a acção de controlo do *Estado polícia* tradicional, tem incidido em especial nos mercados emergentes como resultado dos processos de privatização e de liberalização.

Assim, tanto a privatização de empresas públicas – que não haviam sido anteriormente objecto em muitos casos de uma regulação pública sistemática –, como a abertura à concorrência de sectores previamente vedados ou de acesso controlado (como, por exemplo, as telecomunicações da rede fixa) têm dado origem ao estabelecimento de *novos regimes e instâncias de regulação*[77]. Os objectivos essenciais destes regimes são garantir o respeito das regras da concorrência nos mercados, quando existam vários operadores, incluindo, naturalmente, as empresas privatizadas, e, em todos os casos, assegurar o cumprimento de objectivos socialmente desejáveis, designadamente, a qualidade e a quantidade dos bens ou serviços produzidos, em particular quando se trate de bens ou serviços de interesse geral[78].

O *Estado regulador* apresenta ainda uma outra faceta importante, que tem coincidido historicamente com os desenvolvimentos já referidos, ainda que deles se distinga quanto às suas causas e características. Trata-se, nomeadamente, da regulação pública das actividades económicas tendo em atenção os riscos que delas decorrem para a saúde, a segurança ou o meio ambiente (é hoje correntemente utilizada a expressão "regulação do risco") e da regulação dos mercados financeiros[79].

Poder-se-á dizer que enquanto a *regulação dos mercados*, incluindo a regulação dos mercados financeiros, obedece antes de mais a uma lógica económica, de protecção das actividades económicas e da concorrência, a *regulação do risco* tenderá a privilegiar a defesa de valores sociais susceptíveis de entrar em conflito com a protecção do mercado. Quer uma, quer outra área de regulação têm sido profundamente influenciadas pelas políticas e pelo direito da CE/UE[80].

[76] G. Majone, «The Rise of Statutory Regulation in Europe», in *Regulating Europe*, London: Routledge, 1996, p. 54; Dehousse, R. et al (1992), *Europe after 1992: New Regulatory Strategies*, European University Institute, Florence, EUI Working Paper Law N.° 92/31.

[77] Cf. *infra*, Parte III, em particular, Título IV.

[78] J. Francis, *The Politics of Regulation*, London: Blackwell, 1993, p. 33; Rodrigo Gouveia, *Os Serviços de Interesse Geral em Portugal*, Coimbra: Coimbra Editora, 2001; J. Nuno Calvão da Silva, *Mercado e Estado: Serviços de Interesse Económico Geral*, Coimbra: Almedina, 2008.

[79] Cf. *infra*, Parte III, Título V.

[80] G. Majone, *ibidem*.

Note-se que, a par da diminuição do peso do Estado produtor em favor da liberalização dos mercados, a expansão do Estado regulador tem sido acompanhada por um recurso crescente a formas jurídico-privadas de organização e actuação administrativa.

Na opinião de alguns autores, o *Estado regulador* configura um *novo paradigma* de acção do Estado na economia, influenciado por correntes neoliberais, que terá vindo substituir o paradigma do Estado intervencionista ou dirigista que marcou as décadas que se seguiram à Segunda Guerra Mundial.

Também no quadro da Constituição económica portuguesa à redução de importância do sector empresarial do Estado correspondeu o reforço do papel do Estado regulador. Isto não significa que no desenvolvimento e aplicação do texto constitucional não tenham variado ou não possam variar as actividades regulamentadas ou os instrumentos utilizados para esse efeito. Tal acontece, por exemplo, quando o Estado concede maior importância à protecção da concorrência e menor à regulamentação dos preços, ou prefere a negociação à imposição como meio de vincular os agentes económicos a determinados comportamentos. Também neste aspecto, como se verá ao longo deste manual, a ordem jurídica portuguesa vem reflectindo tendências globais para a desregulação de certas actividades e para a regulação de outras[81].

7.4. Regulação de natureza geral

A CRP contempla um vasto conjunto de tarefas de regulação económica por parte do Estado, de que se destacam as que se referem à efectivação dos direitos fundamentais na esfera económica e social, à regulação das liberdades e concorrência no mercado, ao planeamento da actividade do próprio Estado-administração, incluindo na esfera monetária, financeira e creditícia. Novas responsabilidades regulatórias têm sido também incumbidas ao Estado tendo em vista prevenir ou controlar os riscos de efeitos adversos do exercício de certas actividades económicas sobre valores sociais fundamentais, de que se destaca o ambiente.

Dada a sua transversalidade a diversos sectores de actividade, consideramo-las no âmbito da regulação de natureza geral.

7.4.1. Competências genéricas

Em primeiro lugar, ao Estado são atribuídas, pelo art. 81.º CRP, as tarefas necessárias à *efectivação de direitos fundamentais*, em especial daqueles que constituem direitos a acções positivas por parte do Estado: por exemplo, promover o aumento do bem-estar social e económico e da qualidade de vida das pessoas; assegurar a igualdade de oportunidades; garantir a defesa dos interesses e os direitos dos consumidores;

[81] Sobre os diferentes modelos de regulação pública da actividade económica, cf. GASPAR ARIÑO, *Economia e Estado – Crisis y Reforma del Sector Público*, Madrid: Marcial Pons, 1993, p. 259 ss.

(art. 81.°, als. *a)*, *b)* e *i)*. A estas haverá que acrescentar as que derivam de outros direitos fundamentais a prestações positivas por parte do Estado, como por exemplo o direito ao trabalho.

Em segundo lugar, estão-lhe reservadas algumas tarefas em matéria de *orientação e controlo da actividade económica*, nomeadamente: assegurar a plena utilização das forças produtivas e zelar pela eficiência do sector público; orientar o desenvolvimento; desenvolver as relações económicas com todos os povos, salvaguardando a independência nacional e os interesses dos portugueses e da economia do país; garantir o planeamento democrático do desenvolvimento económico e social (art. 81.° als. *c)*, *d)*, *g)*, *j)*).

Cabe-lhe, por último, em matéria de competências gerais, proceder à *promoção da solidariedade*, principalmente através da *redistribuição de rendimentos:* proporcionar o aumento do bem-estar social e económico e a melhoria da qualidade de vida, *em especial das classes mais desfavorecidas*; operar correcções das desigualdades na distribuição da riqueza e do rendimento; eliminar progressivamente as diferenças económicas e sociais entre a cidade e o campo (art. 81.° als. *a)*, *b)* e *d)*).

7.4.2. A defesa da concorrência

O mercado constitui o principal instrumento de coordenação da economia. A CRP reconhece expressamente esse papel essencial do mercado ao encarregar o Estado de assegurar «o funcionamento eficiente dos mercados, de modo a garantir a equilibrada concorrência entre as empresas, a contrariar as formas de organização monopolistas e a reprimir os abusos de posição dominante e outras práticas lesivas do interesse geral» (art. 81.°, al. *f)*)[82]. Acresce que, no quadro da CRP, o planeamento cumpre tão-só uma função de enquadramento geral, em particular, da actividade do Estado-administração orientada para a promoção do desenvolvimento económico.

Desde a sua versão originária que a CRP se encontra, porém, imbuída de uma concepção anti-monopolista. Inicialmente, os princípios e preceitos em que esta se traduzia não se norteavam apenas ou mesmo principalmente pela ideia de proteger um mercado concorrencial. Assentavam também na ideia de que a construção de uma sociedade socialista não se compadecia com a manutenção de grupos económicos e de grandes empresas privadas, as quais por isso haviam sido nacionalizadas nos principais sectores de actividade económica e deveriam constituir a base da propriedade social. Em matéria de empresas privadas, a CRP era sobretudo favorável

[82] Sobre o conceito de monopólio, cf. Acórdão n.° 76/85, de 6.5.1985 (*Acórdãos do Tribunal Constitucional*, Lisboa: 5.° vol., INCM, p. 207), onde pode ler-se que «a reserva para os farmacêuticos do acesso à propriedade de farmácias não configura nenhum monopólio, nem em sentido técnico, nem em qualquer sentido eventualmente julgado relevante sob o ponto de vista constitucional, pois que a *noção de monopólio* exige, pelo menos, uma posição de domínio do mercado por uma empresa ou grupo fechado de empresas».

às pequenas e médias empresas (PME), que beneficiaram, desde logo, de especial protecção constitucional e legal (art. 86.°, n.° 1 CRP).

A alteração daquele sentido ideológico da CRP pelas duas revisões constitucionais reflecte-se na interpretação a dar hoje aos seus preceitos anti-monopolistas. Permanece, é certo, o princípio da subordinação do poder económico ao poder político, o que obviamente, por si só, justifica a oposição ou pelo menos um controlo especial dos monopólios privados e a obrigação de protecção das pequenas e médias empresas, associada à política de manutenção de um mercado diversificado, do ponto de vista dos sujeitos que nele actuam. Mas deixa de existir particular oposição à constituição de grupos económicos privados e grandes empresas, o que parece traduzir a adopção de um modelo de concorrência praticável, eficaz ou efectiva[83].

Assim, os preceitos constitucionais anti-monopolistas representam agora principalmente um dos meios de *proteger a concorrência*. Acrescente-se que essa protecção, constituindo uma intervenção do Estado no sentido de garantir um dos princípios básicos da economia de mercado, traduz-se também numa importante restrição à liberdade negocial de alguns agentes privados, públicos ou cooperativos para proteger a de outros que actuem ou possam vir a actuar no mesmo ramo ou sector.

Para além desta protecção genérica da concorrência, a CRP impõe ao Estado algumas obrigações especiais em alguns sectores como é o caso da *comunicação social*. Para assegurar a liberdade de imprensa e dos meios do comunicação social, considera-se a necessidade de impedir a concentração, «designadamente através de participações múltiplas ou cruzadas», das empresas que actuem neste domínio (art. 38.°, n.° 4). Não é apenas a pluralidade de agentes económicos que se quer salvaguardar, mas também a efectiva concorrência entre eles.

A este respeito importa ainda referir a *abertura à concorrência* de sectores antes explorados em regime de *monopólio público*, constitucional ou legalmente protegido. No primeiro caso encontra-se a *televisão*. Até à revisão de 1989, a CRP consagrava o princípio do monopólio público da televisão. Depois, estabeleceu um regime de abertura às estações privadas, mediante licença a conferir após concurso público[84].

[83] O modelo de *concorrência praticável, ou efectiva*, é, como melhor se verá adiante, um modelo que admite a existência de uma concorrência suficientemente eficaz desde que as empresas não limitem, de forma excessiva ou artificial, a produção, desde que respondam de forma satisfatória à procura e desde que façam participar equitativamente os utilizadores dos seus produtos nos benefícios que resultam do progresso técnico e económico.

[84] Diferente foi a história de outros monopólios públicos tradicionais como é o caso das telecomunicações. A sua protecção não era directamente constitucional, mas sim legal. Como se referiu, a CRP limita-se a remeter para a lei a definição dos sectores básicos vedados à iniciativa privada. Tem sido por isso o legislador que progressivamente tem introduzido a concorrência nesses sectores, começando por liberalizar a criação de empresas privadas de telecomunicações, concorrentes das públicas, nos serviços complementares e de valor acrescentado e liberalizando depois a prestação do serviço telefónico da rede fixa. Cf. *infra*, Parte III, Título IV.

Problema interessante que tem sido levantado a este respeito é o de saber como pode o Estado assegurar a concorrência ou os interesses que esta é suposto proteger em sectores que, por razões técnicas (em particular, a dimensão e custo do investimento em infra-estruturas), terão de ser explorados em monopólio (monopólios naturais). Alguns destes sectores estão a ser abertos à iniciativa privada, ainda que em regime de concessão. É o que se passa, por exemplo, com a distribuição de água, gás ou electricidade. De facto, falta nestes casos um dos pressupostos básicos da concorrência: a pluralidade de ofertantes e a liberdade dos consumidores ou utilizadores para contratar com qualquer um deles[85].

O reconhecimento do mercado como principal forma de regulação económica não impede que a CRP permita simultaneamente a intervenção pública em matéria de circuitos de distribuição, protecção do ambiente (arts. 11.º, e) e 66.º), protecção do consumidor (art. 99.º) ou na fixação de um salário mínimo (art. 59.º, n.º 2, al. *a*)). Trata-se de instrumentos há muito reconhecidos e integrados nas economias de mercado, sem que por isso fique prejudicada a sua caracterização essencial.

7.4.3. O planeamento

Uma das formas de orientação do mercado é o *planeamento*.

A CRP prevê a elaboração pelo Governo de planos de desenvolvimento económico e social como meio de assegurar alguma orientação das actividades económicas pelo poder político e permitir a democratização do sistema económico, mediante a participação dos vários agentes económicos organizados (arts. 90.º a 92.º).

Os planos não possuem, no entanto, carácter imperativo para qualquer dos sectores de actividade económica, valendo mais como sistemas técnicos de informação e previsão da actividade económica. Deste modo, os planos perderam uma parte da importância que tinham no texto constitucional originário, não só no seu âmbito temporal (anteriormente estavam previstos planos a curto, médio e longo prazo), mas também, sobretudo, na sua força jurídica, visto que antes se determinava a sua imperatividade para o sector público[86].

O carácter democrático do planeamento decorre, por um lado, do facto de as grandes opções serem aprovadas pela Assembleia da República (art. 161.º, al. *g*)) e, por outro, de na sua elaboração se prever a participação do Conselho Económico e

[85] No caso inglês procurou-se a concorrência através da regionalização das concessões, achando-se que por esse modo viria ser pelo menos possível comparar os respectivos desempenhos. Foram criados órgãos públicos de controlo («*agencies*») para cada um dos sectores, por exemplo, o OFWAT, para a distribuição de água, o OFCOM, para as telecomunicações e o OFGAZ, para o gás. Cf., também, sobre esta questão a declaração de voto de vencido do Conselheiro Luís Nunes de Almeida no Ac. do Tribunal Constitucional n.º 186/88, de 11.8.1988.

[86] Sobre os meios de execução do plano, cf. Acórdão n.º 25/85, de 6.2.1985 (*Acórdãos do Tribunal Constitucional*, 5.º vol., Lisboa: INCM, p. 95).

Social (CES), um órgão de consulta integrado por representantes de todos os agentes económicos e das autarquias e cujas competências transcendem os assuntos do plano (art. 92.º). Cabem-lhe, também, funções de concertação social em sentido estrito (envolvendo exclusivamente trabalhadores e entidades patronais) e em sentido amplo (outras formas de cooperação entre os diversos agentes económicos).

7.4.4. As políticas de regulação monetária e financeira

A Constituição económica em sentido lato inclui o conjunto de normas e princípios fundamentais que se referem às políticas monetária, financeira e creditícia. Trata-se de um domínio tradicionalmente sujeito a importante regulação pelos poderes públicos (incluindo os supranacionais), que constitui uma condição necessária para o desenvolvimento de qualquer actividade económica moderna[87].

«O *sistema financeiro* é estruturado por lei, de modo a garantir a formação, a captação e a segurança das poupanças, bem como a aplicação dos meios financeiros necessários ao desenvolvimento económico e social» (art. 101.º CRP).

Esta norma refere-se genericamente, quer ao conjunto das instituições monetárias e financeiras, englobando o sistema bancário e demais instituições de crédito e sociedades financeiras, independentemente da sua forma jurídica, quer ao modo como é regida a actividade financeira em geral.

A relevância pública deste sistema e dos fins que visa, mesmo quando organizado sob forma privada, permite justificar «a sua sujeição a um regime específico de controlo estadual e de regulação pública, o que se manifesta desde logo no regime de acesso à actividade financeira»[88].

Pressuposto do funcionamento do sistema financeiro é a definição do *sistema monetário*, matéria que, entre nós, pertence à reserva relativa de competência da Assembleia da República (art. 165.º, n.º 1, al. *o*)).

O exclusivo da emissão de moeda deixou, porém, de pertencer ao Banco de Portugal, depois da revisão constitucional de 1992, tendo em vista a atribuição, pelo Tratado de Maastricht da emissão da moeda única ao Banco Central Europeu (BCE).

A CRP tem dispensado menor atenção à *vertente creditícia* da constituição financeira. Limita-se a consagrar explicitamente a necessidade de autorização parlamentar sob forma de lei (arts. 161.º, al. *h*), e 166.º, n.º 3), para que o Governo realize operações passivas ou activas de crédito (que não sejam de dívida flutuante), e concede igualmente competência à Assembleia da República para estabelecer, no Orçamento, o limite máximo dos avales a conceder em cada ano pelo Governo, sem que tal prejudique a definição pela Assembleia das condições de tal concessão.

[87] Cf. J. Canotilho e V. Moreira, *ob. cit.*, pp. 940 e ss.

[88] *Ibidem*, p. 1080.

Implicitamente, a CRP admite ainda um controlo *a posteriori* da Assembleia relativamente ao crédito público.

7.4.5. A protecção do ambiente

Pode hoje falar-se, porventura, numa «Constituição ambiental» atendendo ao leque de disposições constantes da CRP neste domínio e à sua transversalidade a um vasto conjunto de actividades económicas.

A CRP consagra, como se indicou já, um direito ao ambiente, mostrando a preocupação de que sejam criadas as condições materiais e processuais da sua realização efectiva. A consagração do direito dos cidadãos a um ambiente de vida humano, sadio e ecologicamente equilibrado e o dever de o defender é acompanhada de um enunciado extenso e detalhado das medidas de política pública a adoptar para que aquele direito seja efectivamente realizado, que se estendem da prevenção e controlo da poluição e das formas prejudiciais de erosão ao ordenamento do território e à criação de parques e reservas naturais, da preservação de paisagens e sítios ao aproveitamento racional dos recursos naturais, entre outras (art. 66.º da CRP)

A CRP desenvolve também com algum pormenor novos direitos em matéria procedimental, nomeadamente, os *direitos de petição e direito de acção popular* (art. 52.º). O primeiro exprime-se no poder de qualquer cidadão, individualmente ou por intermédio de organizações de defesa do ambiente, apresentar aos órgãos de soberania, aos órgãos de governo próprio das Regiões Autónomas ou a quaisquer outras autoridades petições, representações, reclamações ou queixas para defesa dos seus direitos, da Constituição, das leis ou do interesse geral e, bem assim, o direito de serem informados, em prazo razoável, sobre o resultado da respectiva apreciação. O segundo consiste no direito de interpor acções em tribunal, nos casos e termos previstos na lei, incluindo o direito de requerer para o lesado ou lesados a correspondente indemnização, tendo em vista promover a prevenção, a cessação ou a perseguição das infracções contra a saúde pública, os direitos dos consumidores, a qualidade de vida, a preservação do ambiente e do património cultural.

A defesa da natureza e do ambiente, a preservação dos recursos naturais e o ordenamento do território figuram, na CRP, como uma tarefa fundamental do Estado (art. 9.º, e)). Ao enumerar as incumbências prioritárias do Estado na parte respeitante à organização económica (art. 81º), a CRP começa, exactamente, pela de «promover o aumento do bem-estar social e económico e da qualidade de vida das pessoas, em especial das mais desfavorecidas, no quadro de uma *estratégia de desenvolvimento sustentável*», um conceito introduzido na Conferência das Nações Unidas sobre Ambiente e Desenvolvimento (Rio de Janeiro, 1992) assinalando o imperativo de conciliar o desenvolvimento económico com a preservação e defesa do ambiente numa perspectiva de longo prazo.

Um aspecto característico deste campo de regulação pública reside no seu *carácter transversal*, que se manifesta no princípio da integração de objectivos ambientais nas várias políticas de âmbito sectorial, designadamente, na política fiscal (art. 66.º, h) e na política agrícola art. 93.º,1,d) e n.º 2), bem como na afirmação da preservação do equilíbrio ecológico, da defesa do ambiente e da qualidade de vida do povo português como objectivos dos planos de desenvolvimento económico e social (art. 90.º).

8. As políticas públicas gerais e sectoriais

A CRP enuncia ainda uma série de responsabilidades em matéria de políticas públicas quer de natureza geral (a política orçamental, a política fiscal, a política laboral), políticas que, no quadro da UE, permanecem, no essencial, na esfera dos EM, quer em domínios específicos relativos a determinados sectores de actividade económica, como a política agrícola, a política comercial e a política industrial.

8.1. A política orçamental

Na vertente orçamental, consagra-se, desde 1982, a competência da Assembleia da República para aprovar a Lei de enquadramento e o Orçamento do Estado (arts. 106.°, n.° 1 e 164.°, al. *r*)) e fiscalizar politicamente a sua execução, bem como para aprovar e fiscalizar as contas do Estado (arts. 107.° e 162.°, al. *d*))[89]. A CRP refere ainda uma fiscalização jurisdicional da Conta Geral do Estado, a exercer pelo Tribunal de Contas (arts. 107.° e 214.°, n.° 1, al. *a*)). É a Lei de Enquadramento Orçamental (LEO) que define o processo de elaboração, organização, votação e execução da Lei de Orçamento (art. 106.°, n.° 1)[90]. Daí resulta também uma possibilidade acrescida de recurso ao Tribunal Constitucional para apreciação de eventual desconformidade da Lei do Orçamento com a LEO.

Significativa foi a constitucionalização da inclusão das receitas e despesas de fundos e serviços autónomos e do Orçamento da Segurança Social no Orçamento do Estado (art. 105.°, n.° 1, als. *a*) e *b*)). Procurou-se deste modo evitar que determinadas receitas e despesas fugissem à autorização parlamentar e à fiscalização política e jurisdicional.

Outras inovações foram introduzidas pela Lei de Revisão de 1989, nomeadamente: a possibilidade de o Orçamento de Estado ser estruturado por programas (art. 105.°, n.° 3); a clarificação da possibilidade de o Governo alterar o Orçamento apenas nas rubricas de classificação orgânica (e não funcional), no âmbito de cada programa aprovado pela Assembleia da República (e não entre programas distintos), com vista

[89] Cf. Lei n.° 6/91, de 20 de Fevereiro, com as alterações da Lei n.° 53/93, de 30 de Junho; e Resolução do Conselho de Ministros n.° 119/97, de 14 de Junho. Sobre esta matéria, cf. Ministério das Finanças, *Reforma da Administração Financeira*, Lisboa, 1999.

[90] Cf. J. Magalhães, *Dicionário da Revisão Constitucional*, Lisboa: Europa América, 1989, p. 79-80.

à sua plena realização; e a necessidade de uma informação mais ampla do Governo à Assembleia (art. 106.°, n.° 3)[91]. No essencial, estas modificações foram introduzidas no sentido de reforçar o papel do Parlamento em matéria orçamental.

Refira-se, por fim, que a CRP acolhe, ao lado destas, as principais regras orçamentais de inspiração clássica: assim, a plenitude orçamental e a especificação constam do art. 105.°, n.os 1 e 3; a anualidade deduz-se do art. 105.°, n.° 2; o equilíbrio orçamental, entendido em termos contabilísticos, do art. 105.°, n.° 4; e o princípio da harmonização entre o Orçamento e as grandes opções do plano anual do art. 105.°, n.° 2.

8.2. A política tributária

No que respeita à vertente tributária, a CRP procura estabelecer um equilíbrio entre os valores da certeza e segurança, por um lado, e da justiça, por outro.

Tendo em vista a defesa da *certeza e segurança*, estabelece-se o princípio da autotributação e, consequentemente, o princípio da legalidade tributária na sua dupla faceta de preeminência e reserva de lei (arts. 103.°, n.° 2 e 165.°, n.° 1, al. *i*)), além de se exigir também uma autorização anual para a cobrança dos impostos (art. 105.°, n.° 1). Estes obedecem a um princípio de tipicidade (aberta), devendo a lei fixar, em relação a todos eles, a incidência, a taxa, os benefícios fiscais e as garantias dos contribuintes (art. 103.°, n.° 2). Como corolário do princípio da legalidade, a CRP consagra ainda o direito de resistência dos cidadãos/contribuintes perante a aplicação de impostos que não tenham sido criados nos termos da CRP e cuja liquidação e cobrança não respeitem as formas previstas na lei (art. 103.°, n.° 3, e art. 21.°) e, desde 1997, o princípio da não retroactividade dos impostos (103.º, n.º 3)[92].

Por outro lado, em nome do princípio da *justiça social*, figura implicitamente na CRP o princípio da igualdade tributária, formal e material (art. 12.°, n.° 1, e 13.°, n.° 2): todos os cidadãos devem pagar impostos de acordo com a sua capacidade contributiva. A CRP (art. 104.º, n.º 1) obriga a uma personalização tendencial do imposto sobre o rendimento pessoal (IRS), e à progressividade dos escalões e taxas deste imposto.

Note-se que as Regiões Autónomas gozam de poder tributário, não apenas de criação de impostos de âmbito regional (sem que tal se traduza em derrogação das leis fiscais nacionais), mas também, desde 1989, de adaptação do sistema fiscal nacional às especificidades da respectiva região, em termos a definir por lei-quadro da Assembleia da República (arts. 227.°, n.° 1, al. *i*) e 232.°, n.° 1).

[91] Cf. G. d' Oliveira Martins, *Lições sobre a Constituição Económica Portuguesa*, Lisboa: AAFDL, 1984, p. 426.

[92] Cf., por todos, G. d' Oliveira Martins, *ob. cit.*, p. 406 e ss. e J. Canotilho e V. Moreira, *ob. cit.*, pp. 1092-1093. Ver também, J. L. Saldanha Sanches, «A Segurança Jurídica no Estado Social de Direito. Conceitos indeterminados, analogia e retroactividade no direito tributário», *Cadernos Ciência e Técnica Fiscal*, n.° 140, 1985.

Note-se ainda que as contribuições financeiras a favor de entidades públicas que não o Estado passaram também, a partir de 1989, a integrar o sistema fiscal, exigindo a CRP que sejam criadas, tal como as taxas, com base num regime geral cuja competência pertence à Assembleia (art. 165.°, al. *i*)).

Para além destes princípios, a CRP formulou um conjunto de directrizes para uma reforma fiscal (art. 104.º). Esta começou a ser empreendida com a entrada em vigor, em 1986, de um imposto geral sobre o consumo, o imposto sobre o valor acrescentado[93], para culminar na criação dos impostos sobre os rendimentos das pessoas singulares (IRS) e das pessoas colectivas (IRC), um e outro, ao tempo, objecto de controvérsias, nomeadamente quanto à sua constitucionalidade[94].

8.3. A política agrícola

No campo da política agrícola, o actual texto constitucional deixou, por um lado, de se referir à «reforma agrária» e, por outro, de sublinhar uma preferência tão clara pelos pequenos agricultores como anteriormente.

Mesmo sem a referência à «reforma agrária», o texto da CRP continua a admitir, como possibilidades, a *eliminação do latifúndio e o redimensionamento do minifúndio*. Na verdade, debaixo de um objectivo genérico de «modernização» da agricultura mantém-se, quer a possibilidade de *expropriação dos latifúndios* e entrega das terras expropriadas (em regime de arrendamento ou mesmo por transferência do direito de propriedade) a pequenos agricultores, cooperativas ou outras formas de exploração por trabalhadores, quer a de *redimensionamento do minifúndio* e o estímulo ao associativismo dos trabalhadores rurais e dos agricultores e a formas de integração a jusante e a montante.

O texto constitucional parece, assim, pressupor que a modernização exige uma intervenção na dimensão da propriedade, não excluindo a expropriação. É à Assembleia da República que compete fixar os limites mínimos e máximos das explorações agrícolas privadas (art. 165.°, al. *n*)).

[93] A adesão de Portugal à CE obrigou, a partir de 1989, a compatibilizar o seu regime com a 6.ª Directiva IVA do Conselho (77/388). Cf. J. Xavier de Basto, «A Tributação do Consumo e a sua Coordenação Internacional», *Cadernos Ciência e Técnica Fiscal*, n.° 362, 1991, em especial, a parte III sobre a harmonização fiscal na CE.

[94] Cf. J. Teixeira Ribeiro, *A Reforma Fiscal*, Coimbra, Coimbra Editora, 1989; A. Sousa Franco, «A reforma fiscal: mito e realidade», prefácio a G. Duarte et al., *O Sistema Fiscal Português*, Lisboa: Instituto de Estudos para o Desenvolvimento, 1985. Sobre a reforma fiscal, cf. Ministério das Finanças, *Estruturar o Sistema Fiscal do Portugal Desenvolvido*, estudo coordenado por A. Sousa Franco e António Carlos dos Santos, Coimbra: Almedina, 1998; J. Pina Moura e R. Sá Fernandes, *A Reforma Fiscal Inadiável*, Oeiras: Celta, 2000 e o relatório do Grupo de Política Fiscal, coordenado por A. Carlos dos Santos e António Martins, apresentado em Outubro de 2009 e publicado em 2010 nos Cadernos Ciência e Técnica Fiscal, Ministério das Finanças, Nº 209 com o título «Competitividade, Eficiência e Justiça do Sistema Fiscal».

Embora os Tratados não refiram a política agrícola como sendo uma política comum, a verdade é que ela é largamente condicionada pela política da União Europeia.

8.4. A política comercial e a política industrial

Com a revisão de 1989, a CRP passou a incluir preceitos explicitamente dedicados à política comercial e industrial (arts. 99.° e 100.°), numa clara preocupação de equilíbrio sistémico, atenuando assim o peso que o texto primitivo conferia à agricultura. Para além de uma sistematização dos princípios já referidos, por exemplo a propósito das incumbências do Estado ou dos direitos dos consumidores, destaca-se a preocupação pelo enquadramento e apoio às relações económicas externas, quer comerciais, quer industriais, num quadro de integração internacional da economia portuguesa.

9. Os órgãos de definição da política económica

9.1. O Governo

Ao longo da exposição dos princípios e regras fundamentais da Constituição Económica referiu-se, por diversas vezes, a distribuição de competências para a definição da política económica nos seus múltiplos aspectos. Convém, agora, apresentar sistematicamente o modo como a CRP reparte essas competências pelos diversos órgãos de soberania ou por outros órgãos por ela criados.

É ao *Governo* que compete, em grande medida, a definição da política económica, como órgão de condução da política geral do país (art. 182.°). As políticas económicas são definidas em Conselho de Ministros ou em Conselhos de Ministros especializados (art. 184.°).

O número e a designação dos ministérios económicos tem variado com os governos. Compete aos Ministros propor e executar as políticas das respectivas áreas.

9.2. A Assembleia da República

Não obstante caberem ao Governo as principais competências em matéria económica, estas encontram-se limitadas pelas competências reservadas da Assembleia da República. Designadamente, os dois instrumentos fundamentais para a definição de políticas, que são o orçamento e as grandes opções do plano (GOP), dependem de aprovação da Assembleia.

Os arts. 161.° e seguintes definem as matérias da competência da Assembleia da República. Destacam-se a apreciação do programa do Governo (art. 163.°, al. *d*)); a aprovação das GOP e do orçamento (art. 161.°, al. *g*)); a concessão de autorização ao Governo para contrair e conceder empréstimos e realizar outras operações de crédito que não sejam de dívida flutuante, definindo as respectivas condições gerais e estabelecendo o limite máximo dos avales a conceder em cada ano pelo Governo (art. 161.º, al. *h*)).

No domínio da *competência legislativa propriamente dita* há que distinguir a *reserva absoluta* e a *reserva relativa* de competência.

No primeiro caso – *reserva absoluta* –, trata-se de matérias em que a competência é exclusiva da Assembleia e insusceptível de delegação em qualquer outro órgão. Compete-lhe, neste domínio, a definição da zona económica exclusiva (ZEE) adjacente ao mar territorial e dos direitos de Portugal aos fundos marinhos contíguos (art. 164.º, al. *g*)).

A *reserva relativa* abrange os domínios em que a competência é da Assembleia, salvo autorização por esta concedida ao Governo (art. 165.º). Por exemplo, cabe-lhe legislar sobre o regime dos meios de produção integrados no sector cooperativo e social (al. *x*)); o regime geral da requisição e expropriação por utilidade pública (al. *e*)); as bases do sistema de protecção da natureza e do equilíbrio ecológico (al. *g*)); o regime geral do arrendamento rural e urbano (al. *h*)); a criação de impostos e sistema fiscal (al. *i*)); a definição dos sectores vedados à iniciativa privada (al. *j*)); os meios e formas de intervenção, expropriação, nacionalização e privatização dos meios de produção e solos por motivo de interesse público, bem como os critérios de fixação das indemnizações (al. *l*)); o sistema de planeamento e composição do CES (al. *m*)); as bases da política agrícola e os limites máximos e mínimos das unidades de exploração agrícolas privadas (al. *n*)); o sistema monetário e padrão de pesos e medidas (al. *o*)); o regime das finanças locais (al. *q*)); as bases gerais do estatuto das empresas públicas (al. *x*)); e a definição e regime dos bens do domínio público (al. *v*)).

9.3. Os Governos e as Assembleias Legislativas Regionais

A definição da política económica específica para as *Regiões Autónomas* é da competência dos órgãos regionais – o *Governo Regional* e a *Assembleia Legislativa Regional* –, que aprovam, designadamente, o plano económico, o orçamento regional e as contas da região (art. 227.º al. *p*)).

A sua competência legislativa, expressa na elaboração de decretos legislativos regionais, é delimitada pelos seguintes parâmetros: só podem legislar em matérias de interesse específico para a respectiva região; não podem legislar em matérias reservadas à competência própria dos órgãos de soberania, nomeadamente à Assembleia da República; não podem derrogar leis gerais da República salvo mediante autorização prévia da Assembleia da República; podem desenvolver, tendo em conta os limites anteriores, as leis de bases, incluindo as referidas no art. 165.º, als. *g*), *n*), *u*) e *z*) (art. 227.º, als. *a*), *b*), *c*)); e podem adaptar o sistema fiscal nacional às especificidades regionais, nos termos da lei-quadro da Assembleia da República.

Os órgãos regionais participam igualmente: na elaboração dos planos nacionais (fazendo-se representar no CES); na definição das políticas monetária, financeira e cambial, para assegurar o controlo regional dos meios de pagamento em circulação e o financiamento dos investimentos necessários ao seu desenvolvimento (art. 227.°, al. *r*)), hoje erodida pela participação de Portugal na UEM; nas políticas respeitantes à definição da zona económica exclusiva do mar territorial e dos fundos marinhos (art. 227.°, al. *s*)). Finalmente, podem pronunciar-se, por sua iniciativa ou sob consulta dos órgãos de soberania, sobre as questões da competência destes que lhes digam respeito (art. 227.°, al. *v*)).

CAPÍTULO II
A CONSTITUIÇÃO ECONÓMICA EUROPEIA

1. A constituição económica da União Europeia

Em 12 de Junho de 1985, o Estado Português assinou o Tratado de Adesão às Comunidades Europeias – Comunidade Económica Europeia (CEE), Comunidade Europeia do Carvão e do Aço (CECA) e Comunidade Europeia de Energia Atómica (CEEA ou EURATOM), tendo ocorrido a sua adesão formal a estas organizações em 1 de Janeiro de 1986[1].

A partir de então, Portugal passou a ficar vinculado ao chamado *acquis communautaire,* constituído não apenas pelo *direito comunitário originário,* isto é, pelos três tratados institutivos das Comunidades e suas subsequentes revisões, como ainda, com certas ressalvas transitórias previstas no acto de adesão, a todo o *direito derivado* (nomeadamente, regulamentos e directivas, mas, muitas vezes também os dispositivos de *soft law*) existente naquela data e, ainda, naturalmente, a todo o direito comunitário (europeu) que viesse a ser criado após a adesão (art. 288.º TFUE).

Posteriormente, as Comunidades viram aprofundados os seus objectivos e acrescidos os seus instrumentos de acção. Assim ocorreu por força de significativas modificações provindas da adopção de alguns importantes tratados de revisão: *o Acto Único Europeu* , *o Tratado de Maastricht que instituiu a União Europeia,* o *Tratado de Amesterdão, o Tratado de Nice* e, mais recentemente, *o Tratado de Lisboa,* assinado em 13 de Dezembro de 2007 e que entrou em vigor em 1 de Janeiro de 2010[2]. Com a revisão

[1] Tratado de Paris relativo à CECA, de 18 de Abril de 1951 (com vigência por 50 anos), e Tratados de Roma, de 25 de Março de 1957, relativos à CEE ou EURATOM. A totalidade do passivo e do activo da CECA foi transferida para a CE em 24 de Julho de 2002.

[2] O AUE foi assinado na Haia e no Luxemburgo, respectivamente, em 17 e 28 de Fevereiro de 1986, para entrar em vigor em 1 de Julho de 1987. O TUE foi assinado em Maastricht em 7 de Fevereiro de 1992 para entrar em vigor em 1 de Novembro de 1993. O Tratado de Amesterdão foi assinado em 2 de Outubro de 1997 e entrou em vigor em 1 de Maio de 1999. Em 26 de Fevereiro de 2001, foi assinado o Tratado

operada por este último tratado, a União Europeia (UE) assenta hoje em dois tratados, o Tratado da União Europeia (TUE) e o Tratado sobre o Funcionamento da União Europeia (TFUE).

Desde os primórdios, as Comunidades (hoje, UE) sofreram vários alargamentos, sendo os mais recentes os que, em 1995, decorreram da adesão da Áustria, Finlândia e Suécia, em 2004, de Chipre, Eslovénia, Eslováquia, Estónia, Hungria, Letónia, Lituânia, Malta, Polónia e República Checa e, em 2007, da Bulgária e Roménia.[3]

Dadas as implicações do direito europeu (comunitário) no direito económico português, cumpre aqui analisar, embora de modo sintético, os princípios e preceitos jurídicos fundamentais relativos à organização económica da União Europeia. Segundo o Tribunal de Justiça da União Europeia (TJUE) - nova designação do Tribunal de Justiça das Comunidades Europeias (TJCE)-, o direito europeu vincula não só as instituições da UE mas também os Estados-Membros (EM), de acordo com o princípio do primado do direito comunitário. Este princípio está hoje expressamente acolhido na Declaração n.º 17, anexa à Acta Final do Tratado de Lisboa.

Alguns autores, como Constantinesco, por analogia com as constituições económicas dos EM, falam, a propósito da ordem jurídica da economia comunitária, de *constituição económica comunitária*, explicitando que o núcleo estruturante desta (os objectivos, os instrumentos, os valores e princípios fundamentais) se encontrava no Capítulo I do TCE, intitulado «Princípios»[4]. Segundo este autor, a quase totalidade da versão originária do Tratado de Roma mais não seria que «a exposição pormenorizada dos elementos fundamentais da constituição económica da CEE inscritos nos primeiros artigos»[5].

de Nice, que introduziu no TUE modificações de ordem, sobretudo, institucional na perspectiva da adesão de Estados do Centro e Leste europeus (JO C 80, de 10.3.2001) e entrou em vigor em 1.5.2004. Posteriormente à aprovação do Tratado de Nice foi promovido um amplo debate na generalidade dos países europeus a respeito do futuro da União Europeia. Cf., no que a Portugal se refere, os pareceres e relatórios preparados no quadro da AR (in <http://www.parlamento.pt/vii/comiss/ae/futuroUE/index.html>); M. E. Gonçalves, J. Salis Gomes e P. Quartin Graça, *O Tratado de Nice e o Futuro da Europa*, Lisboa: Áreas Editora, 2001; A. Figueira, A. Costa Pinto e P. Almeida Sande, *A União Europeia Revisitada*, Lisboa: Instituto de Ciências Sociais, 2003.

[3] Vide o Tratado de Adesão da Áustria, Finlândia e Suécia (94/C 241/07 in JO, n.º 241, p. 9 e ss.), que se tornaram membros da UE a partir de 1.1.1995, e o Tratado de Atenas, de 16.4.2003, que permitiu a entrada de 10 novos EM em 1.5.2004 (JO L 236, de 23.9.2003).

[4] Cf. L. S. Constantinesco, «La constitution économique de la CEE», *Revue Trimestrielle de Droit Européen*, 1977, p. 252 e ss. Trata-se de uma noção material de constituição, uma vez que na base das CE e hoje da UE estão tratados de direito internacional. Cf. L. S. Constantinesco, «La constitution économique de la CEE», *Revue Trimestrielle de Droit Européen*, 1977, p. 252 e ss. Sobre o tema, cf. ainda T. Georgopoulos, «Sur le Concept de «Constitution Économique de l'Union Européenne»» e G. Farjat, « La Constitution Économique de l'Europe et le Couplage Droit – Économie», in AAVV (Le GIEPI), *La Constitution Économique de l'Union Européenne*, Bruylant, 2008, respectivamente, pp. 3-57 e 59-99.

[5] Cf. Constantinesco, *ob. cit.*, p. 253.

A então CEE aparecia, no essencial, como uma organização internacional de integração económica regional, muito embora, no limite, dela não estivessem arredados objectivos de integração política.

Embora as modificações introduzidas pelos Tratados de Maastricht, de Amesterdão, de Nice e agora de Lisboa tenham implicado um claro aprofundamento do processo de integração política, económica e social, a natureza da UE não se alterou substancialmente.

Com a entrada em vigor do Tratado de Lisboa reforça-se, no entanto, uma tendência no sentido de a UE, cuja missão é organizar de forma coerente e solidária as relações entre os EM e entre os respectivos povos, poder transformar-se numa forma mais avançada e original de integração política, de modelo algo indefinido, mas provavelmente mais próximo de uma Confederação do que de uma Federação de Estados[6].

Discute-se muito o grau de flexibilidade da constituição económica europeia. As premissas ideológicas dos Tratados deveriam afastar a existência de uma constituição dirigente. Apesar de sustentar a construção de um mercado interno baseado nas liberdades económicas fundamentais e num princípio de concorrência no plano europeu, uma parte importante da doutrina defende estarmos perante uma constituição económica relativamente aberta e maleável[7]. A questão é, porém, discutível, sobretudo após o Tratado de Maastricht.

2. Objectivos, instrumentos e princípios da UE

2.1. Objectivos

Os objectivos gerais da UE estão fixados no art. 3.º do TUE e no respectivo preâmbulo, devendo ser concretizados através das competências e meios que lhe são atribuídos pelo TFUE[8].

[6] Sobre a noção de confederação aplicada à UE, cf. Maria Lúcia Amaral, *A Forma da República. Uma Introdução ao Estudo do Direito Constitucional*, Coimbra: Coimbra Editora, 2005.

[7] Cf. entre outros, R. Stobber, *Direito Administrativo Económico Geral*, Lisboa: Lusíada, 2008, p. 56.

[8] No contexto do Tratado de Roma até ao Tratado de Lisboa, mais importante do que a proclamação destes objectivos gerais era a sua concretização em objectivos sectoriais (ou áreas de intervenção), enunciados no art. 3.º e substancialmente aprofundados e alargados sobretudo pelos Tratados de Maastricht e de Amesterdão, bem como a definição de instrumentos que permitiam levar a cabo uns e outros. Sobre o TUE decorrente de Maastricht, ver, na literatura nacional, entre outros, F. Loureiro Bastos, A *União Europeia. Fins, Objectivos e Estrutura Orgânica*, Lisboa: Luso Livro, 1993; A. M. Guerra Martins, *O Tratado da União Europeia, Contributo para a sua compreensão*, Lisboa: Lex, 1993; A. Carlos dos Santos, «De Roma a Maastricht, algumas interrogações sobre o sentido e limites da União Europeia», *Seara Nova*, n.º 38, 1992. V. ainda Marie-Françoise Labouz, *Les Accords de Maastricht et la Constitution de l'Union Européenne*, Paris: Montchrestien, 1992; P. Manin, *Les Communautés Européennes. L'Union Européenne*, Paris: Pedone, 1993.

Com a UE, verifica-se, em relação ao projecto inicial do Tratado de Roma, uma diversificação e complexificação dos objectivos globais. Ao lado de objectivos ou fins económicos predominantemente dinâmicos, como o desenvolvimento harmonioso, equilibrado e sustentável das actividades económicas, um crescimento sustentável e não inflacionista, um alto grau de competitividade e de convergência dos comportamentos das economias, outros surgem com um conteúdo aberto às dimensões social e política (pleno emprego e um elevado nível de protecção social, a igualdade entre homens e mulheres, um elevado nível de protecção e de melhoria da qualidade do ambiente, o aumento do nível e da qualidade de vida, a coesão económica e social e a solidariedade entre os Estados-Membros).

A compatibilização entre estes objectivos não é fácil, obrigando, a exemplo do que sucede com os fins das políticas económicas públicas, a definir prioridades em cada momento, em caso de conflito. Daqui pode resultar uma relativa desvalorização prática dos objectivos globais, se bem que, em sede de interpretação jurídica eles assumam um certo relevo.

2.2. Princípios jurídico-económicos do Direito da União

A ordem europeia (comunitária) da economia baseia-se, desde o início, em certos princípios, uns de índole jurídico-económica (unidade de mercado, liberdades de circulação, concorrência efectiva), outros de índole predominantemente jurídico-política (princípio das competências de atribuição, solidariedade, não discriminação, proporcionalidade, equilíbrio institucional, etc.).

A estes princípios o Tratado de Maastricht acrescentou outros. Por um lado, introduziu, expressamente o princípio de uma *economia de mercado aberta e de livre concorrência* como princípio director do mercado comum e da União Económica e Monetária (UEM) (n.os 1 e 2 do art. 4.°, 98.° e 105.°, do TCE, hoje, de algum modo, desvalorizado, ao ser remetido pelo Tratado de Lisboa para os arts. 119.º e 127.ºdo TFUE). Por outro lado, no quadro da construção da UEM, estabeleceu que a acção dos EM e da UE implica a observância de princípios orientadores como os da estabilidade dos preços, da solidez das finanças públicas e das condições monetárias e da sustentabilidade da balança de pagamentos (n.° 3 do art. 4.°do TCE, hoje art. 119.º, n.º 3 do TFUE).

Enfim, a delimitação de competências entre a UE e os EM é, a partir do Tratado de Lisboa, efectuada em termos bem distintos dos que ocorriam com a CE. Nos domínios que não sejam de atribuição exclusiva da UE, continua a afirmar-se o *princípio da subsidiariedade* (art. 5.° n.º 3 TUE), segundo o qual a UE apenas intervém se e na medida em que os objectivos da acção encarada não possam ser suficientemente realizados pelos EM, e possam, pois, devido à dimensão ou aos efeitos da acção prevista, ser melhor alcançados ao nível da União.

Muito importantes são ainda o *princípio da não discriminação* (art. 2.º TUE e art.º 18.º TFUE) e o *princípio de liberdade económica* subjacente à afirmação das liberdades económicas fundamentais (arts. 28.º e 29.º e 45.º e ss.).

2.3. Áreas e Instrumentos de Acção

Quanto às áreas de intervenção e aos instrumentos de acção da UE, as alterações introduzidas pelos tratados de revisão mantiveram a referência à instituição de um mercado interno (expressão que substituiu a de mercado comum), a que o Tratado de Maastricht acrescentou o estabelecimento de uma União Económica e Monetária (UEM), cuja moeda é o euro (art. 3.º, n.ºs 3 e 4 do TUE).

A criação do *mercado interno,* hoje, em larga medida, já alcançada quanto aos antigos EM, é a expressão de um método de *integração económica negativa*[9]. Ela implica um espaço sem fronteiras internas no qual é juridicamente assegurada a livre circulação das mercadorias, das pessoas, dos serviços e dos capitais (art. 26, n.º 2 do TFUE), através da eliminação de discriminações, de restrições e de obstáculos ao livre movimento de mercadorias e factores de produção. Esta eliminação pode ser directamente exigida pelos próprios tratados, pode ser sustentada normativamente pelo recurso a instrumentos jurídicos dotados de imperatividade ou decorrer de decisões da jurisprudência europeia. Tais medidas, limitadoras da autonomia dos EM, exigem a intervenção de centros de decisão da União.

Por outro lado, a construção da UEM é uma expressão típica de um método de *integração económica positiva,* constituindo, em rigor, a fase mais avançada do actual processo de integração, com regulamentação jurídica muito circunstanciada no próprio TUE e protocolos anexos, e ainda em diversos actos complementares. Enquanto a política monetária (o governo monetário) é levada a cabo por uma instituição autónoma (o Banco Central Europeu), a política económica (a «governação económica») da UE é conduzida pelo Conselho, pela Comissão e pelo Parlamento Europeu e diz essencialmente respeito às áreas de competência exclusiva e de competência partilhada com os EM, anteriormente consideradas como políticas comuns e políticas comunitárias, bem como às acções de apoio a políticas dos EM que integrem uma finalidade europeia.

O objectivo destas políticas é contribuir para a consolidação do mercado interno. A definição das políticas exclusivas da UE é uma expressão de métodos de integração, com recurso privilegiado a *regulamentos* e, em certos casos, a *directivas* muito circunstanciadas. As políticas de integração levadas a cabo no quadro de competên-

[9] Deve-se a J. Tinbergen (*International Economic Integration*, 2ª ed., 1954, p. 76) a distinção entre integração negativa (mais liberal) e positiva (mais dirigista), aquela designando os aspectos da integração que envolvem a remoção das discriminações e das restrições às liberdades de circulação e ao comércio, estas prendendo-se às modificações ou à criação de instrumentos e instituições, para, no mínimo, assegurar um funcionamento mais eficaz do mercado.

cias partilhadas são sobretudo realizadas por meio de políticas de harmonização ou aproximação de legislações, concretizadas por directivas ou mediante a técnica do reconhecimento, por parte de um EM, do direito do EM de origem. Esta integração pode, desde que satisfeitas certas condições, respeitar apenas a alguns EM, como ocorre nos casos de cooperação reforçada (arts. 329 do TFUE).

Ao lado dos métodos de integração, a UE recorre frequentemente a métodos de *cooperação interestadual*, cuja prossecução implica a anuência de todos os EM. Estamos, em regra, perante domínios de competência exclusiva dos EM e em domínios em que existe o princípio da unanimidade nas decisões do Conselho (como a fiscalidade, a livre circulação de pessoas e os direitos e interesses dos trabalhadores assalariados, de acordo com o art. 114.º, n.º 2 TFUE). Os instrumentos jurídicos privilegiados para este efeito são sobretudo as recomendações, os acordos políticos e certas formas atípicas de *soft law*. Mas, em certos casos de cooperação administrativa, em que não está em jogo uma política de harmonização de legislações, estes instrumentos podem assumir também a natureza de *hard law*, nomeadamente através de regulamentos aprovados por unanimidade. É o caso dos instrumentos de cooperação das autoridades fiscais que não implicam alteração das legislações dos EM.

Próximos dos métodos de cooperação são os métodos de *coordenação* de políticas dos EM que são normalmente accionados por meio de *recomendações* e outros instrumentos de *soft law* (orientações, linhas de acção ou de enquadramento, etc.). Certas formas de participação dos EM em órgãos consultivos (como, v.g., o Comité de Política Económica) aqui se incluem. Também o recurso ao chamado método aberto de coordenação (com o seu processo de *peer review*), cada vez mais em voga, é um exemplo desta forma flexível de regulação europeia de políticas dos Estados-Membros[10].

Estes métodos, ao contrário do método da integração, são típicos de organizações internacionais clássicas, como a OCDE, reflectindo normalmente as dificuldades de um avanço da integração em certas áreas ou a aplicação do princípio da subsidiariedade. No entanto, na medida em que eles se concretizem em instrumentos jurídicos vinculativos ou sejam dotados de real eficácia prática, podem abrir caminho, de forma experimental, para planos superiores de integração (v.g. a criação de uma União Económica ou de uma União Social).

A aplicação dos instrumentos políticos e jurídicos que concretizam os domínios de competência das políticas europeias depende, contudo, de outros instrumen-

[10] O método aberto de coordenação implica a definição de objectivos comuns dos EM por meio de instrumentos de *soft law*, a avaliação dos desempenhos destes no alcance desses objectivos (*benchmarking*) e a pressão dos pares para que os objectivos sejam atingidos, a análise das boas práticas. O método tem sido aplicado em áreas em que a UE não tem competência exclusiva, como as políticas de protecção social, de inclusão social, empresarial (o procedimento BEST), de educação, juventude, formação e mesmo na área fiscal. Sobre o método aberto de coordenação, cf. Maria João Rodrigues, *A Agenda Económica e Social da União Europeia – A Estratégia de Lisboa*, Lisboa, Dom Quixote, 2004.

tos, quer de natureza financeira, como o Orçamento anual da União (art. 313.º e ss. TFUE), o quadro financeiro pluranual (art. 312.º TFUE) e os fundos estruturais (art. 175.º TFUE), quer de natureza administrativa, nomeadamente a organização administrativa das instituições europeias e o funcionalismo europeu.

2.4. Delimitação de competências

A UE não dispõe de atribuições genéricas ou de competências tendencialmente ilimitadas. A delimitação da esfera de intervenção da UE perante os EM é, de acordo com o n.º 1 do art. 5.° do TUE, regida pelo *princípio das competências de atribuição*. Assim, a existência da UE não implica uma genérica e ilimitada transferência de soberania dos EM, mesmo que restrita ao campo da economia. Até ao Tratado de Lisboa, não existia uma lista de competências que lhe fossem formalmente atribuídas. A UE só podia agir, tendo em conta os objectivos definidos pelos tratados, quando, numa determinada área, estes atribuissem competência específica às instituições de direcção (Conselho, Comissão), mistas (Parlamento Europeu) ou de controlo (Tribunal de Justiça, Tribunal de Contas) nele previstas. Estas deveriam actuar nos limites das atribuições e competências que lhes eram conferidas pelos respectivos actos constitutivos[11].

A situação é hoje diferente. O TFUE, nos seus artigos 3.º e seguintes, distingue três tipos de competências da União: as *competências exclusivas* (união aduaneira, regras de concorrência, política monetária para os EM da área do euro, conservação dos recursos biológicos do mar e política comercial comum); as *competências complementares* das dos EM, em que a UE pode desenvolver acções destinadas a apoiar, coordenar ou completar as acções dos EM, no que toca à sua finalidade europeia (ocorrendo tal facto em domínios como a protecção e melhoria da saúde humana, a indústria, a cultura, o turismo, a educação, formação profissional, juventude e desporto, a protecção civil e a cooperação administrativa) e as *competências partilhadas* com os EM, em todos os outros domínios, referindo-se expressamente o TFUE neste campo (de forma não exaustiva) às políticas relativas ao mercado interno, a certos aspectos da política social, à política de coesão, à agricultura e pescas, ao ambiente, à defesa dos consumidores, aos transportes e redes transeuropeias, à energia, a que acrescem, noutros domínios, as competências relativas ao espaço de liberdade, segurança e justiça e a certos problemas comuns de segurança em matéria de saúde pública.

[11] Não havia uma norma específica de repartição de competências entre a UE e os EM antes do Tratado de Lisboa, mas aquela decorria do conjunto de normas em vigor nos Tratados. Nos artigos 3.° e 4.° do então vigente TCE falava-se de «aproximação das políticas económicas dos Estados membros» e de «aplicação das políticas ou acções comuns». As *políticas comuns* (reservadas , em princípio, à Comunidade) estavam previstas para as áreas da agricultura e pescas, dos transportes e da política comercial, e as acções comuns eram as relativas às políticas económica, de construção do mercado interno, de concorrência e de coesão económica e social.

Esta nova forma de delimitação de competências continua, porém, a ser atenuada pela prática jurisprudencial (em particular, pelo princípio das «competências implícitas») e pelo uso da chamada «cláusula de flexibilidade» prevista no art. 352.º TFUE (com redacção mais aberta que o anterior 308.º TCE), segundo a qual, se uma acção da UE for considerada necessária para atingir, no quadro das políticas definidas nos tratados, um dos seus objectivos, sem que aqueles tenham previsto os poderes de acção necessários para o efeito, o Conselho, deliberando por unanimidade, sob proposta da Comissão, e após aprovação do Parlamento Europeu, adoptará as disposições adequadas.

3. O direito do mercado interno: as liberdades económicas fundamentais

3.1. A liberdade de circulação de mercadorias. A união aduaneira

O mercado interno pressupõe como primeiro fundamento a construção de uma *união aduaneira*, isto é, a fusão de diversos territórios aduaneiros num só, com a correspondente abolição de direitos aduaneiros e de encargos de efeito equivalente, e a proibição de restrições quantitativas (contingentes, quotas impostas à importação e exportação) e medidas de efeito equivalente. Daí resulta a efectivação da primeira das liberdades económicas fundamentais da UE, a liberdade de circulação de mercadorias no território da União, aplicável tanto aos produtos originários dos EM, como aos produtos provenientes de países terceiros que, por tendo cumprido as formalidades aduaneiras e pago os direitos exigíveis, se encontrem em livre prática (arts. 28.º a 32.º TFUE).

Num balanço efectuado antes do Acto Único Europeu (AUE), verificava-se que, embora a união aduaneira estivesse conseguida quanto à abolição de direitos e de contingentes e tivesse havido por parte do Tribunal de Justiça um esforço no sentido de esclarecer os conceitos de «encargos» e «medidas de efeito equivalente», permaneciam ainda múltiplos obstáculos não pautais e divergências importantes nas práticas aduaneiras. Nos obstáculos não pautais destacavam-se as barreiras físicas (resultantes de políticas comerciais, de exigências sanitárias, de dificuldades de transporte), as barreiras técnicas (resultantes de diferenças nas regras de normalização, do encerramento dos mercados públicos, de auxílios de Estado, etc.), ou fiscais (resultantes da diversidade dos sistemas fiscais e de controlos fiscais nas fronteiras). Em períodos de recessão, os Estados tendiam mesmo a multiplicar tais obstáculos, procurando proteger as suas indústrias e os mercados nacionais[12].

[12] Cf. CCE, *A realização do mercado interno (Livro Branco)*, Bruxelas: COM (85) 310 final, 9.9.86, p. 7. Em 1985, tornava-se patente que a consolidação da União Aduaneira exigia, para além do estabelecimento de uma Pauta Aduaneira Comum para as relações comerciais com os países terceiros e da adopção de uma política comercial externa comum, uma harmonização/uniformização das legislações aduaneiras e, sobretudo, a eliminação dos obstáculos não pautais.

Nos anos 90, três passos mais foram dados no sentido de facilitar a livre circulação de mercadorias: a aprovação de um Código Aduaneiro Comunitário, visando o aprofundamento da união aduaneira[13]; o estabelecimento de um regime transitório de imposto sobre o valor acrescentado, tendo em vista a abolição dos controlos aduaneiros por razões fiscais, enquanto não se verificasse a passagem da tributação do país de destino para o país de origem[14]; e uma redução significativa das barreiras ou entraves de natureza técnica ao comércio intracomunitário[15].

Hoje, quase todos estes problemas estão superados nas relações entre os antigos EM, mas alguns persistem em relação aos novos.

3.2. A liberdade de circulação dos agentes económicos

3.2.1. A liberdade de circulação de trabalhadores assalariados

A liberdade de circulação de trabalhadores assalariados dos EM, *tout court*, visa a constituição de um mercado unificado do trabalho assalariado e funda-se na abolição de quaisquer discriminações em razão da nacionalidade (e de sexo) entre os trabalhadores dos EM no que respeita ao emprego, à remuneração e demais condições de trabalho (arts. 45.° a 48.° do TFUE).

A noção de *trabalhador assalariado* é, para efeitos de livre circulação, uma noção europeia: abrange todo aquele que, mediante um contrato de trabalho ou um contrato de qualquer outro tipo, se encontra na dependência de um empregador (*que não seja a administração pública*), exercendo uma actividade remunerada por conta alheia, sendo indiferente que a exerça a tempo parcial ou que aufira eventualmente outros rendimentos de trabalho[16]. A livre circulação de trabalhadores não se limita ao direito de responder a ofertas de emprego ou ao direito de livre deslocação, para esse efeito, no território da UE, mas inclui também o *direito de residência* no Estado de acolhimento, mesmo depois de ter cessado o exercício da actividade laboral. Note-se ainda que são também beneficiários desta liberdade os membros da família do trabalhador.

Hoje, porém, a liberdade de circulação ultrapassa a esfera económica (a visão meramente económica dos agentes ou operadores) e prende-se com o conceito

[13] O Código Aduaneiro Comunitário foi instituído pelo Regulamento (CEE) n.° 2913/92, do Conselho, de 12.10.92 (in JOCE L 302, de 19.10.1992), tendo sido objecto de várias alterações.

[14] Sobre o tema, cf. A. Carlos dos Santos, *Integração Europeia e Abolição das Fronteiras Fiscais: do princípio do destino ao princípio da origem?*, Sep. de Ciência e Técnica Fiscal, n.° 372, Lisboa: DGCI, 1993.

[15] Sobre a nova abordagem em matéria de harmonização técnica e normalização cf. *infra*, Parte III, Título X.

[16] Cf. Ac. Levin, do TJCE, de 23.3.83 e Regulamento do Conselho n.º 1612/68, de 15.10. Sobre o tema, cf. A. Goucha Soares, *A Livre Circulação de Pessoas na Europa Comunitária*, Lisboa: Fragmentos, 1990, M. L. Duarte, *A Liberdade de Circulação de Pessoas e a Ordem Pública no Direito Comunitário*, Coimbra: Coimbra Editora, 1992 e, mais recentemente, Marianne Dony, *Droit de l'Union Européenne*, Bruxelas: ULB, 2008, p. 314 e ss.

de *cidadania da União* (arts. 20.º a 25.º do TFUE), introduzido pelo Tratado de Maastricht. Tende-se assim a reforçar, ainda que com algumas limitações, a protecção jurídica da liberdade de circulação das *pessoas*, consolidando uma jurisprudência que, ao garantir a qualquer cidadão da UE o direito de circular e permanecer livremente no território dos EM dentro dos condicionalismos dos tratados e demais disposições aplicáveis, vinha estendendo tal liberdade a outras categorias de pessoas situadas fora do processo produtivo (estudantes, reformados, turistas). Esta metaforfose da liberdade de circulação dos trabalhadores em liberdade de circulação das pessoas é regida pela Directiva 2004/38, do Parlamento e do Conselho, de 29 de Abril de 2004[17].

3.2.2. A liberdade de estabelecimento

O direito ou liberdade de estabelecimento de cidadãos e empresas de um EM noutro EM diz respeito quer ao acesso às actividades não assalariadas e seu exercício (trabalhadores independentes, profissões liberais, comerciantes, artesãos, etc.), quer à constituição e gestão de empresas e sociedades (liberdade de empresa) nas condições definidas pela legislação do país de estabelecimento para os seus próprios nacionais (arts. 49.º a 55.º doTFUE e Convenção de 29 de Fevereiro de 1968 no que respeita às pessoas colectivas).

A noção de «sociedade» é, para este efeito, muito ampla, englobando todas as pessoas colectivas com fins lucrativos, incluindo sociedades de direito civil ou comercial, cooperativas e outras pessoas colectivas de direito público ou privado (art. 54.º). Este direito não se circunscreve ao direito de abrir um *estabelecimento principal*, mas abrange igualmente os *estabelecimentos secundários* (filiais, agências, sucursais), desde que estes possuam um vínculo efectivo (sede social, administração central ou estabelecimento principal) com a economia de um dos Estados-Membros (arts. 49.º e 54.º do TFUE).

Na base desta liberdade está ainda uma exigência de igualdade de tratamento que é, no fundo, um corolário do princípio geral da proibição da discriminação fundada na nacionalidade (arts. 18.º e 49.º, n.º 1 do TFUE). Assim, qualquer Estado pode estabelecer limitações à liberdade de estabelecimento (incluindo monopólios profissionais), desde que esse regime não discrimine entre nacionais e membros de outros países da União.

[17] JOCE L 58, de 30 de Abril de 2004. Note-se contudo que o acesso ao território da UE por parte de trabalhadores/cidadãos estrangeiros é condicionada para os Estados aderentes, como Portugal, pelo acordo de Schengen, de 14.6.85. Para uma análise crítica da cidadania europeia numa óptica mais ampla, cf. M. E. Gonçalves, «Europeização e direitos dos cidadãos», in B. Sousa Santos, *Globalização: Fatalidade ou Utopia*, Porto: Afrontamento, 2001.

3.2.3. A liberdade de prestação de serviços

O TFUE proíbe igualmente as restrições à livre prestação de serviços na UE a efectuar por nacionais de um EM estabelecidos em outro Estado-Membro (arts. 56.º e ss.). O conceito de «prestação de serviços» tem natureza residual, abrangendo as prestações normalmente realizadas mediante remuneração, desde que não sejam reguladas pelas disposições relativas à livre circulação de mercadorias, de capitais ou de pessoas. A liberdade de prestação de serviços é um corolário da liberdade de circulação de pessoas, permitindo «às pessoas físicas e às sociedades nacionais dum Estado membro, estabelecidas sobre o seu território, oferecer, sem se instalar, a título ocasional, serviços a clientes situados num outro Estado membro»[18].

A noção de prestação de serviços compreende actividades muito diversas, de natureza industrial ou comercial, actividades artesanais e de profissões liberais. Foi previsto um regime especial para os transportes (art. 90.º e ss. TFUE).

A liberalização dos serviços financeiros é indissociável da liberalização da circulação de capitais (art. 58.º, n. 2 TFUE). No quadro da construção do espaço financeiro europeu assistiu-se nos últimos anos a um incremento da liberalização dos serviços da banca e dos seguros, a que o Tratado de Maastricht, com a plena liberalização da circulação de capitais, veio dar novo impulso.

3.3. A liberdade de circulação de capitais e de pagamentos

Na lógica do TFUE (arts. 63.º a 66.º), «a realização do direito de livre circulação das pessoas e dos serviços e do direito de estabelecimento implica as mais amplas liberdades em matéria de circulação de capitais e dos pagamentos a ele respeitantes»[19].

A liberdade de circulação de pagamentos, que consiste na supressão das restrições impeditivas de um operador de um EM poder efectuar a contrapartida de uma prestação fornecida por um operador de outro EM, foi, no essencial, alcançada há muito tempo. Ela estende-se hoje a operadores situados em países terceiros.

Já em matéria de liberdade de circulação dos movimentos de capitais a evolução foi bem mais lenta. Ainda que o TFUE não especifique o que é um movimento de capital, este foi definido pelo Tribunal de Justiça nos anos oitenta como sendo uma operação financeira que constitui uma transacção de carácter autónomo (isto é, que não seja um corolário de uma outra, realizada com outros fins)[20]. A existência de

[18] C. Gavalda e G Parléani, *Droit Communautaire des Affaires*, Paris: Litec, 1988, p. 136.

[19] G. Ress, «A livre circulação de pessoas, de serviços e de capitais», in A.V., *Trinta Anos de Direito Comunitário*, Luxemburgo: Publicações Oficiais, 1984, p. 304.

[20] Cf. C. Blumann (coord.) et al., *Libre circulation des personnes et des capitaux. Rapprochement des législations*, Commentaire J. Mégret, 3ème éd., Bruxelles, 2006, p. 150 e Acórdão de 31 de Janeiro de 1984, *Luisi e Carbone*, proc. conj, 286/82 e 226/83, *Col.*1984, pontos 21 e 22. Uma enumeração exemplificativa destes movimentos consta da Primeira Directiva de concretização do art. 67.º do TCEE, de 11 de Maio de 1960, in JOCE n.º 43. de 12.7.1960, p. 921 e ss. Ver também, C. Botelho Moniz, «Direito Económico da CEE,

moedas nacionais com taxas de câmbio diversificadas e distintos desempenhos em termos de estabilidade cambial, a permanência de regimes de tributação de capitais distintos de Estado para Estado, a diversidade de regulamentações em sede de instituições e actividades financeiras, entre outros factores, representavam (e alguns representam ainda) obstáculos a uma liberalização do movimento de capitais no conjunto dos Estados-Membros.

Dado que os movimentos de capitais prendem-se com a política económica e monetária dos Estados, o Tratado de Roma, na sua versão inicial, foi muito prudente na formulação desta liberdade, não surpreendendo que, até há década e meia, fosse limitado o grau da sua realização. No entanto, uma directiva de 1988 veio estabelecer o princípio da liberalização completa e incondicional da circulação de capitais na então CEE a atingir até 1 de Julho de 1990[21]. Em seguida, a revisão do Tratado de Roma operada pelo Tratado de Maastricht reforçou a plena liberalização, proibindo, em princípio, todas as restrições aos movimentos de capitais e aos pagamentos entre EM e mesmo entre estes e países terceiros a partir de 1 de Janeiro de 1994.

Assim, com o TUE, pode afirmar-se que a União contribuiu, de forma inquestionável, para a globalização financeira.

3.4. A liberdade de concorrência

A concorrência é uma consequência das liberdades económicas acima referidas, em particular da liberdade de empresa. Ela é uma forma de coordenação económica reconhecida como o verdadeiro motor do sistema de economia de mercado e, nesta óptica, uma garantia da efectivação das outras liberdades económicas. A concorrência é, porém, um mecanismo frágil, que dificilmente subsistiria se deixado entregue a si próprio.

Por isso, o TCE (art. 3.º, al. *g*)) exigia o estabelecimento de um regime que garantisse que a concorrência não fosse falseada no mercado interno e hoje, de forma porventura menos incisiva, o TFUE atribui à UE competência exclusiva para estabelecer «as regras de concorrência necessárias ao funcionamento do mercado interno» (art. 3, n.º 1, al. b) do TFUE).

Sem a efectivação deste princípio poderia verificar-se a permanência ou criação de mercados restritos, fechados, e de barreiras artificiais ao comércio no mercado interno (intracomunitário) através de acordos entre empresas, a exploração abusiva de posições dominantes no mercado, com efeitos restritivos sobre a competição empresarial, bem como a realização de operações de concentração danosas da concorrên-

Reflexão sobre os objectivos, instrumentos e princípios da acção comunitária: segunda parte», *Assuntos Europeus*, 1983, pp. 198-199.

[21] Cf. os antigos arts. 67.º a 73.º e 73.º-A, 73.º-E e 73.º-H CE, revogados pelo Tratado de Amesterdão e a Directiva do Conselho 88/361/CEE, de 24 de Junho.

cia. Do mesmo modo, também certos auxílios concedidos pelos Estados a empresas ou sectores de produção mostram-se incompatíveis com o mercado interno porque deformadores da concorrência e do comércio no interior da União.

De acordo com Gavalda e Parléani, pode dizer-se que o princípio da livre concorrência participa «de um modo essencial no estabelecimento de um verdadeiro mercado comum» (mercado interno)[22]. A liberdade de concorrência integra a ordem pública económica da União. Ela é ainda, segundo Shapira, não só «um imperativo do sistema de mercado», como um meio de «concorrer para a gestão de um mercado novo, o mercado comum» (mercado interno)[23]. Ou seja, para além de um princípio que atravessa todo o articulado do TFUE e de uma liberdade económica, síntese e garantia das demais, é também uma política da UE, facto que explica a sua localização na sistemática do TFUE (arts. 101.° e ss.).

4. Do Mercado Comum à União Económica e Monetária

4.1. O modelo originário de integração económica comunitária

A CEE, mesmo se nos cingirmos ao plano económico, pretendeu, desde as origens, ser algo mais do que uma união aduaneira e um mercado comum[24]. Com efeito, a existência de uma vertente positiva de integração apontava já para um embrião de união económica. Neste sentido, a CEE substituía-se, no essencial, em certas áreas, às políticas económicas dos EM, reservando para si as políticas comuns, como a política aduaneira, a política agrícola, a dos transportes, a política comercial externa, enquanto noutras áreas a sua intervenção era quase inexistente ou muito menos ambiciosa, permanecendo complementar ou subsidiária (isto é, não substitutiva) das políticas dos Estados-Membros.

De qualquer modo, quer pela via jurisprudencial, quer pelo recurso à "cláusula de flexibilidade" (art. 308.° do TCE, actual art. 352.º do TFUE), a atribuição de competências à CE, hoje UE, não parou de crescer. Do mesmo modo o recurso à aproximação ou harmonização de legislações ou à técnica de reconhecimento mútuo, implicou um forte controlo da CE/UE sobre diversas políticas dos EM, como ocorreu, por exemplo, com as políticas de tributação indirecta e de coordenação bancária.

Mas é a partir do Acto Único Europeu (1985) e, sobretudo, de Maastricht (1992), que se pode falar da emergência de uma nova fase da construção europeia, caracterizada pela consolidação do mercado interno e pela emergência de políticas de

[22] C. Gavalda e G. Parléani, *ob. cit.*, p. 271.

[23] J. Schapira, *Le Droit Européen des Affaires,* Paris: PUF, 1986, p. 31-32.

[24] Cf. J. Mota de Campos, *Direito Comunitário,* Lisboa: F. C. Gulbenkian, Vol. I, *O Direito Institucional,* 1983, p. 401 ss. e Vol. III, *O Ordenamento Económico,* 1991, p. 21 ss..

integração financeira e da coordenação de políticas orçamentais económicas dos Estados-Membros.

4.2. O Acto Único Europeu: sentido e limites

Em meados da década de oitenta assistiu-se a um relançamento do projecto de integração europeia. Marcos significativos deste movimento foram a declaração solene do Conselho Europeu de Estugarda, de 19.6.83, sobre a União Europeia, o projecto de Tratado de União adoptado em 1984 pelo Parlamento Europeu, o Livro Branco da Comissão sobre a realização do mercado interior e, sobretudo, a aprovação do Acto Único Europeu (AUE).

Com o AUE foi introduzido no Tratado um artigo (art. 8.º-A) segundo o qual a Comunidade deveria adoptar «as medidas destinadas a estabelecer progressivamente o mercado interno durante um período que termina em 31 de Dezembro de 1992», prazo que, no entanto, tinha efeitos meramente indicativos. Para tal, o AUE procedeu a diversas alterações de natureza institucional, a mais relevante das quais se traduziu no aumento do número de casos em que o Conselho, órgão composto por representantes dos executivos dos Estados membros, passou a deliberar por maioria qualificada.

No plano substancial, e no que respeita às questões da constituição económica, o AUE consagrou expressamente, numa secção dedicada aos fundamentos e à política da CEE, diversas disposições que modificaram o Tratado de Roma. Aí foram previstas intervenções comunitárias em novos domínios ou se aprofundaram políticas comunitárias que, de um modo ou outro, já vinham a ser levadas a cabo. Era o caso da *cooperação no domínio económico e monetário*, tendo em vista garantir a convergência das respectivas políticas dos EM; da política de *coesão económica e social*, a fim de promover o desenvolvimento harmonioso do conjunto da Comunidade e reduzir as diferenças entre as diversas regiões e o atraso das menos favorecidas; da *política social*, com o fim de promover a melhoria e a harmonização das condições de trabalho e o diálogo social; da política de *investigação e desenvolvimento* tecnológico, tendo por objectivo o reforço das bases científicas e tecnológicas da indústria europeia e o desenvolvimento da sua competitividade internacional; e da política de *ambiente* que, para além da preservação deste e da protecção da saúde das pessoas, visava ainda assegurar uma utilização prudente e racional dos recursos naturais, fundando-se nos princípios da acção preventiva, da reparação dos danos e na equação poluidor-pagador.

Apesar dos seus limites (eram muitos e importantes os domínios por ele não abrangidos; timidez de certas políticas como a ambiental e a social; quadro institucional relativamente intocado; ausência de carácter vinculativo da data proposta para o programa de construção do mercado interno; insuficiências orçamentais e financeiras), o AUE contribuiu para o processo de integração de modo mais relevante do que o previsto por muitos[25].

O Tratado de Maastricht inseriu-se na continuidade do AUE, mas comportou em relação a este desenvolvimentos qualitativos muito importantes.

4.3. O Tratado de União Europeia: a UEM e o alargamento e aprofundamento das competências comunitárias

4.3.1. A construção da União Económica e Monetária

Com o Tratado de Maastricht (1992) foi instituída a UE, organização de cúpula, desprovida de personalidade jurídica, composta por três pilares fundamentais: a CE (e dentro da CE, nova designação da CEE, após Maastricht, a UEM), a política externa e de segurança comum (PESC) e a cooperação no domínio da justiça e dos assuntos internos (CJAI).

A principal inovação do TUE foi a construção em três fases de uma UEM, aberta aos EM que a ela pretendessem aderir e satisfizessem certas condições («critérios de Maastricht»)[26].

A primeira fase iniciou-se, por decisão do Conselho Europeu de Madrid, em 1 de Julho de 1990. No plano monetário, visou estender a todas as moedas o mecanismo de câmbios do SME e fomentar o papel do ECU (*European Currency Unit*) na esfera privada. No plano económico, o acabamento do mercado interno, o reforço da coesão económica e social e o desenvolvimento da coordenação das políticas económicas foram os principais objectivos prosseguidos.

A segunda fase, iniciada em 1 de Janeiro de 1994, caracterizou-se pela instituição do Instituto Monetário Europeu, com funções de reforço da cooperação dos bancos centrais nacionais e de incremento da coordenação das políticas monetárias dos Estados-Membros, tendo, sobretudo, como objectivo a preparação da passagem à terceira fase da UEM. Foi nesta fase que se consolidou a liberdade de circulação de capitais e se prosseguiu um esforço de convergência sustentada entre os Estados, com base em critérios (na época objecto de grande controvérsia) de convergência nominal, influenciados, no essencial, pela ortodoxia monetarista.

[25] Cf., neste sentido, P. Pitta e Cunha, *Integração Europeia, Estudos de Economia, Política e Direito Comunitário*, Lisboa: Imprensa Nacional-Casa da Moeda, 1993, p. 389 e ss.

[26] Sobre a UEM, ver, na literatura nacional, entre outros, C. Laranjeiro, *Lições de Integração Monetária Europeia*, Coimbra: Almedina, 2000; E. Paz Ferreira, União Económica e Monetária – Guia de Estudo, Lisboa: Quid Juris, 1999; P. de Pitta e Cunha, «A União Monetária e suas Implicações», M. Porto, «A dimensão espacial da União Monetária», todos in *A União Europeia*, Coimbra: Faculdade de Direito, 1994; e A. Carlos dos Santos, «O modelo de União Monetária no Tratado de Maastricht», *Documentos de trabalho CEDIN*, n.º 2/94, Lisboa: ISEG, 1994.

Na sua terceira e última fase (iniciada em 1 de Janeiro de 1999), a União Monetária consistia na *adopção de uma moeda única* de pleno direito (o «euro») e na *criação do Banco Central Europeu* que surgiu como um órgão de legitimidade e composição tecnocráticas, dotado de importantes atribuições políticas no domínio monetário.

A definição da política cambial, também ela uma política única, era contudo essencialmente da competência do Conselho.

4.3.2. A governação económica: instrumentos

No desenho do Tratado de Maastricht, a União Económica (ou, mais rigorosamente, o seu pilar comunitário) não dispunha, como, aliás, continua a não dispor, como a crise actual tem evidenciado, de instrumentos específicos tão precisos como os da União Monetária. Com efeito, a política económica comunitária, em sentido estrito, baseava-se (e continua a basear-se) essencialmente na *coordenação no seio do Conselho das políticas económicas dos Estados-Membros*, pela via de um mecanismo de supervisão multilateral (arts. 98.° e ss., TCE, hoje 120.º e ss. do TFUE). As políticas económicas dos EM, embora autónomas, eram (e são) consideradas como uma questão de interesse comum e deveriam ser conduzidas de forma a contribuírem para a realização dos objectivos da CE (hoje UE).

Para além do controlo da não violação pelos EM das proibições estabelecidas pelo TCE no domínio financeiro, como a proibição da concessão de crédito pelo BCE e pelos bancos centrais nacionais em benefício de autoridades e organismos públicos, a supervisão multilateral assentava (e ainda assenta) essencialmente em dois mecanismos.

Um é a recomendação que estabelece as *Orientações gerais de política económica* (OGPE) a prosseguir pelos EM, aprovada pelo Conselho por maioria qualificada (art. 121.º do TFUE, ex-99.º do TCE). Neste contexto, foi instituído um processo de acompanhamento e de avaliação das políticas económicas estaduais pelo Conselho e pela Comissão para verificar a sua compatibilidade com as OGPE e as suas repercussões no bom funcionamento da UEM.

O outro é o mecanismo de *controlo das políticas orçamentais nacionais*, destinado sobretudo a evitar ou eliminar situações de défices excessivos (superiores a 3% do PIB) ou de dívidas públicas superiores a 60% do PIB (estas teriam que diminuir a um ritmo satisfatório, de forma a atingir um nível próximo deste valor de referência). Inicialmente este controlo tinha apenas por objectivo o cumprimento dos critérios de convergência nominal que os Estados deviam e devem ainda satisfazer para participarem na última fase da UEM. Hoje, ele prende-se sobretudo com a manutenção, a médio prazo, de posições orçamentais em equilíbrio ou *superavit* ou próximas do equilíbrio de forma a permitir que os EM afrontem as normais flutuações cíclicas dentro do valor de referência de 3% do PIB (art. 126.º do TFUE, ex-104.º do TCE).

Foi criado um *mecanismo de acompanhamento* das situações orçamentais, devendo os EM apresentar regularmente programas de estabilidade e crescimento (os da área do euro) e de estabilidade e convergência (os que não integram a área do euro) de acordo com o chamado *Pacto de Estabilidade e de Crescimento* (PEC)[27]. Este mecanismo integra dois importantes instrumentos, um de prevenção, outro de dissuasão. De acordo com o primeiro, denominado de *alerta rápido* (*early warning*), o Conselho, quando identificar um desvio significativo da situação orçamental em relação ao objectivo orçamental de médio prazo ou em relação à respectiva trajectória de ajustamento, deve apresentar uma recomendação ao EM em causa para que este tome as medidas de ajustamento necessárias. O segundo é o lançamento do *procedimento de défices excessivos* em caso de ultrapassagem dos 3% do défice, o qual pode dar origem à imposição de sanções previstas inicialmente no art. 104.° TCE e hoje no art. 126.º do TFUE .

Tem-se registado, porém, desde 1999, um agravamento da situação orçamental de vários Estados-Membros. Até 2004 tinham sido lançados quatro alertas rápidos (Irlanda em 2001, Alemanha em 2002, França em 2003, Itália em 2004). Foram igualmente desencadeados procedimentos de défices excessivos, acompanhados de relatórios ou das respectivas recomendações a Portugal (2002, findo em 2004), Alemanha e França (2003), Grécia, Holanda, Chipre, Eslováquia, Hungria, Malta, Polónia e República Checa (2004). No entanto, não houve, até agora, qualquer aplicação de sanções. No seguimento da decisão do Conselho de 25.11.2003 de suspender a aplicação de sanções à Alemanha e França, a Comissão interpôs uma acção junto do TJCE cuja decisão, tornada pública em 13 de Julho de 2004, reconheceu a existência de poderes do Conselho para alterar as propostas da Comissão deste domínio, desde que tal alteração seja efectuada de acordo com os mecanismos jurídicos hoje previstos no TFUE e não por instrumentos jurídicos atípicos[28]. Em Setembro de 2004, a Comissão apresentou propostas de reforma do PEC no sentido da sua flexibiliza-

[27] A base jurídica do PEC repousa nos arts. 99.° e 104.° CE e no Protocolo sobre o procedimento dos défices excessivos. O PEC é composto por uma Resolução do Conselho Europeu de 17.6.97 (JO C 236 de 2.8.97) e por dois Regulamentos do Conselho, o n.º 1466/97, de 7.7.97, relativo ao reforço da supervisão das situações orçamentais e à supervisão e coordenação das políticas económicas, e o n.º 1467/97, da mesma data, relativo à aceleração e clarificação do procedimento relativo aos défices excessivos (JO L 209, de 2.8.97). No plano administrativo, há ainda que ter em conta o Código de Conduta sobre o conteúdo e a apresentação dos programas de estabilidade e de convergência (2001). Sobre o PEC antes da revisão, cf. J. Bourrinet, *Le Pacte de Stabilité et de Croissance*, Paris: PUF, 2004.

[28] Cf. Acórdão de 13 de Julho de 2004, Comissão vs. Conselho, proc. C-27/04 e o comentário de Jacques Perteck, *Droit Matériel de l'Union Européenne*, Paris: PUF, 2005, p. 297 e ss.

ção e maior credibilidade, que vieram a culminar na aprovação dos Regulamentos (CE) nº 1055/2005 e (CE) nº 1056/2005 do Conselho, dando origem ao *PEC revisto*[29].

Para além destes mecanismos de «governação económica» a União Económica realizava-se através das clássicas políticas de construção do mercado interno e das políticas económicas e sociais sectoriais da UE. Estas integravam, não só as chamadas políticas sectoriais comuns (nos domínios da agricultura, pescas, transportes e da política comercial externa), tendencialmente exclusivas, como ainda outras políticas comunitárias que se apresentam, na esfera económica e social, como complementares ou subsidiárias das políticas dos Estados-Membros. Estas políticas foram objecto, sobretudo por parte do Tratado de Maastricht, de um claro alargamento e aprofundamento: *alargamento*, no caso das políticas de educação, cultura, saúde pública, defesa do consumidor, política industrial e de redes transeuropeias; e *aprofundamento*, no caso das intervenções ligadas à construção do mercado interno, das acções no âmbito da coesão económica e social e das políticas social, de investigação e de desenvolvimento, de ambiente e de relações externas, sem que, contudo, estas alterações fossem acompanhadas por um reforço financeiro do Orçamento europeu.

Hoje, como vimos, o TFUE clarificou a delimitação de competências entre a UE e os EM, distinguindo entre competências exclusivas, competências partilhadas e competências complementares.

A crise financeira mundial iniciada em 2007 e a recessão que se lhe seguiu, bem como a actual crise das chamadas dívidas soberanas, puseram em evidência a fragilidade dos mecanismos de coordenação das políticas económicas nacionais e a dificuldade de a UE elaborar planos ou medidas de combate eficazes[30]. A crise das dívidas soberanas (Grécia, Irlanda, Portugal, numa primeira linha) obrigou mesmo à criação do Fundo Europeu de Estabilização Financeira (2010) que, no entanto, se tem mostrado insuficiente para a resolver, dada a sua natureza sistémica, ameaçando mesmo pôr em causa os fundamentos do próprio euro.

Dez anos após a adopção da estratégia de Lisboa (2000), verifica-se que os objectivos fixados em matéria de emprego, ganhos de produtividade e despesas de investigação e desenvolvimento e de inovação ficaram muito aquém do pretendido em

[29] Sobre a filosofia do PEC revisto, cf. *Communication from the Commission to the Council and the European Parliament, Strengthening economic governance and clarifying the implementation of the Stability and Growth Pact*, de 3 de Setembro de 2004; M. Buti / S. Eijffinger / D. Franco, «Revisiting the Stability and Growth Pact: grand design or internal adjustment?», *European Economy, Economic Papers*, n. 180, January 2003.

[30] Verificou-se, em particular, em 2009, uma certa tolerância na forma como os défices (que atingem quase todos os EM) foram avaliados. Mas, em 2010, mesmo sem a superação da crise, assistiu-se a um renovado rigor das instituições europeias na imposição de programas de austeridade para que os défices dos EM regressem, a curto prazo, aos valores previstos no PEC revisto.

parte devido às sucessivas crises[31]. Perante esta realidade têm surgido novos apelos para um aprofundamento da governação económica europeia, em particular o reforço dos poderes de intervenção do Conselho Europeu, agora presidido por um dos seus membros, a intensificação da supervisão financeira, o desenvolvimento da capacidade de investimento da UE em educação e inovação, sem esquecer as políticas sociais e de coesão.

4.4. Principais desenvolvimentos institucionais

4.4.1. O Tratado de Amesterdão

Com o Tratado de Amesterdão (1996), a ordem económica comunitária permaneceu, no essencial, intocada. As alterações verificaram-se fundamentalmente nos planos jurídico e político: alargou-se a intervenção da UE nos domínios da política externa e de segurança comum (PESC), reforçou-se a cooperação policial e judiciária em matéria penal, parcialmente comunitarizada, incluiu-se um procedimento de verificação de violações graves e persistentes de direitos fundamentais por um EM e de eventual sanção posterior, consagraram-se os princípios de igualdade e não discriminação entre homem e mulher e introduziu-se a possibilidade de os EM, no quadro da UE, instituírem entre si formas de cooperação reforçada, dentro de certas condições.

4.4.2. O Tratado de Nice e o Projecto de «Tratado Constitucional»

O objectivo central do Tratado de Nice (2001) consistiu em alcançar um acordo sobre as questões institucionais que haviam ficado por resolver em Amesterdão e que reclamam uma solução antes do «grande alargamento» da UE a Leste. Entre estas questões institucionais estavam o número de membros e a nova distribuição de lugares no Parlamento Europeu, a nova composição da Comissão e a redefinição da maioria qualificada no Conselho. O Tratado de Nice definiu regras quanto a estas matérias para a UE constituída por 15 Estados-Membros, fixando ainda os princípios e métodos de evolução do sistema institucional à medida que a UE se fosse alargando. Estes princípios e métodos constam do Protocolo relativo ao Alargamento e declarações anexas, contendo a posição comum dos quinze EM para as negociações de adesão.

Importante foi igualmente a extensão do voto por maioria qualificada a novos domínios, designadamente, às medidas destinadas a facilitar a livre circulação dos cidadãos da UE (art. 18.° TCE, hoje 21.º TFUE), à conclusão de acordos internacionais no domínio do comércio dos serviços e dos aspectos comerciais da propriedade intelectual (art. 133.° TCE, hoje 207.º TFUE), à política industrial (art. 157.° TCE, hoje

[31] Cf. Comissão Europeia, *Documento de avaliação da Estratégia de Lisboa*, Documento de Trabalho dos Serviços da Comissão, SEC (2010) 114 final, Bruxelas, 2.2.2010.

173.ºTFUE) e à cooperação económica, financeira e técnica com países terceiros (art. 181.º TCE, hoje 211.º TFUE).

Para muitos, as transformações operadas por Nice ficaram, contudo, aquém do necessário para um bom funcionamento da UE após o alargamento de 2004. Essa foi uma das razões que presidiu à convocação de uma Convenção destinada a produzir um *Projecto de Tratado* que estabelecesse uma Constituição para a Europa, apresentado à Conferência Intergovernamental de 2003-2004 e adoptado na reunião dos vinte e cinco Chefes de Estado ou de Governo reunidos em Bruxelas em 17 e 18 de Junho de 2004, para assinatura em Roma, em 29 de Outubro de 2004[32]. Contudo, a não ratificação do impropriamente chamado Tratado Constitucional Europeu (em virtude da sua rejeição nos referendos realizados em França e nos Países-Baixos) acabou por conduzir à assinatura do *Tratado de Lisboa*, em 13 de Dezembro de 2007, cuja entrada em vigor se deu, como se disse, em 1 de Janeiro de 2010, após ratificação por todos os Estados-Membros.

4.4.3. O Tratado de Lisboa (Tratado Reformador)

As inovações do Tratado de Lisboa, muito próximas, no essencial, do «Tratado Constitucional», são, em larga medida, de índole política, incidindo, nomeadamente, no reforço da cidadania europeia, na clarificação das competências da UE e do papel das suas instituições (agora abrangendo também o Conselho Europeu e o Banco Central Europeu), na instituição dos cargos de Presidente do Conselho Europeu e de Alto Representante da União para os Negócios Estrangeiros e a Política de Segurança, na extensão do voto por maioria qualificada no seio do Conselho e na introdução de um novo sistema de maioria qualificada, segundo o qual a aprovação de um acto passará a requerer uma *dupla maioria* no Conselho, de 55% dos EM e, de, pelo menos, 65% da população da UE. No plano jurídico reveste-se de especial importância a adopção, paralelamente ao Tratado, da Carta dos Direitos Fundamentais da UE, com força vinculativa.

Ao contrário das revisões efectuadas pelo AUE e pelo Tratado de Maastricht, o Tratado de Lisboa, em si mesmo, não interfere, de forma significativa, na ordem jurídica da economia da União, mas cria condições institucionais para uma mais fácil adopção ou modificação do direito derivado.

Finalmente, o TUE (art. 45.º) atribuiu à UE personalidade jurídica.

[32] Convenção Europeia, *Projecto de Tratado que Estabelece uma Constituição para a Europa*, Luxemburgo: SPOCE, 2003.

5. Instituições comunitárias e suas atribuições na esfera económica

5.1. As entidades de direcção

5.1.1. O Conselho Europeu

Trata-se de um órgão de direcção política, sem poderes legislativos, no plano da UE erigido em instituição europeia pelo Tratado de Lisboa (art. 15.º do TUE). Criado informalmente em 1974, por decisão de uma cimeira dos chefes de Estado e de Governo, a sua composição foi mais tarde regulada pelo AUE e posteriormente pelo Tratado de Maastricht. Ao integrar os responsáveis máximos pela direcção política dos EM, o Presidente da Comissão e o Presidente do próprio Conselho Europeu, esta instituição «torna-se naturalmente o órgão de cúpula das CE, aquele onde a concertação das posições e a definição das orientações acaba por ter lugar ao mais alto nível»[33]. O Conselho Europeu pronuncia-se, em regra, por consenso. Este facto sublinha o peso da vertente interestadual e cooperativa na execução do Tratado, simbolicamente atenuada pela figura do Presidente do Conselho Europeu.

5.1.2. O Conselho

O Conselho, composto por representantes dos governos dos EM, a nível ministerial, assegura a coordenação das políticas económicas gerais destes, consideradas como questões de interesse comum, e dispõe do poder de decisão (art. 16.º TUE). Após o Tratado de Maastricht, enquanto os poderes de coordenação se traduzem essencialmente num poder de supervisão multilateral, o poder de decisão consubstancia-se num poder de edição de normas nos casos previstos pelos tratados ou no poder de concluir actos internacionais. As decisões do Conselho são, em princípio, tomadas por maioria simples. No entanto, em diversos casos, os tratados exigem maioria qualificada ou mesmo unanimidade.

A acção legislativa do Conselho é, depois do Tratado de Lisboa, em regra efectuada em *co-decisão* com o Parlamento Europeu, através do agora denominado processo legislativo ordinário (artigo 294.º do TFUE). Outras vezes, porém, nos casos especificamente previstos pelos Tratados, aquela acção é levada a cabo em *cooperação* com esta instituição, no quadro de um processo legislativo especial (artigo 289.º, n.º 2 do TFUE).

O Conselho surge, assim, como detendo uma espécie de poder legislativo vinculado à execução dos Tratados. Age normalmente sob impulso político do Conselho Europeu e obrigatoriamente sob iniciativa legislativa da Comissão (artigo 289.º, n.º 1, TFUE). Algumas formações do Conselho são particularmente importantes em

[33] R. Moura Ramos, «As Comunidades Europeias. Enquadramento normativo-institucional», *Documentação e Direito Comparado*, n.º 25-26, Lisboa, 1986, p. 27.

matéria económica. É o caso do *Conselho Economia e Finanças* (ECOFIN) e do *Conselho Competitividade.*

5.1.3. A Comissão

A Comissão (art. 17.º TUE e 244.º e ss. TFUE) é um órgão *sui generis* no quadro das organizações internacionais, sendo, por excelência, a instituição que deve velar prioritariamente pelos interesses próprios da União[34]. Ela personifica e representa estes interesses nos planos interno e externo, na medida que o Alto Representante da União é um dos vice-presidentes da Comissão (art. 18.º do TUE) . Transitoriamente é composta por vinte e sete membros nomeados de comum acordo pelos governos dos Estados membros, segundo critérios de competência e isenção, sendo alterada essa composição a partir de 2014.

Órgão independente dos EM, a ela compete, de forma quase exclusiva, o direito (e o dever) de iniciativa legislativa através da emissão de propostas que dirige ao Conselho. Deve ainda garantir o desenvolvimento e funcionamento do mercado interno, sendo considerada a guardiã da legalidade europeia com poderes para reprimir infracções em importantes áreas como a livre circulação de produtos, a concorrência ou a incorrecta transposição de directivas. Para além disso, administra o orçamento europeu, gere os fundos europeus e as cláusulas de salvaguarda do TFUE, exercendo ainda os poderes de decisão próprios e as competências que o Conselho lhe atribua. Mathijsen resume as suas funções ao dizer que ela «pode considerar-se como o ramo executivo da Comunidade», hoje UE, e o «motor» da sua actividade[35].

5.1.4. O Parlamento Europeu

A intervenção mais importante do Parlamento Europeu em matéria económico-financeira situa-se, desde há muito, no âmbito do processo orçamental.

Embora nos últimos anos e, mais recentemente, com o Tratado de Lisboa, se tenha verificado um importante reforço dos poderes desta instituição no processo legislativo, o Parlamento não é a principal sede do legislativo, contrariamente ao que a sua designação e a sua actual legitimidade democrático-representativa poderia fazer crer.

O Acto Único Europeu (1985) instituiu neste campo o *procedimento de cooperação* (artigo 252.º do TCE). O Tratado de Maastricht foi um pouco mais longe, e em alguns domínios, introduziu um *procedimento de codecisão* (art. 251.º do TCE) que, em rigor, era mais um meio de controlo através do exercício de um veto parlamentar do que um verdadeiro processo de codecisão. O Tratado de Lisboa não só suprimiu o procedimento de cooperação introduzido pelo AUE, como generalizou o procedimento de codecisão, transformando-o no processo legislativo ordinário, nova desig-

[34] A. Tizzano, «As competências da Comunidade» in A.V. *Trinta Anos de Direito Comunitário, ob. cit.*, p. 25.
[35] P. Mathijsen, *Guia del Derecho de la Comunidad Europea*, Madrid: Banco Exterior de Espanha, 1984, p. 94.

nação prevista no TFUE do procedimento para adopção de um regulamento, de uma directiva ou de uma decisão (arts. 289.º e 294.º do TFUE). Deste modo a intervenção do Parlamento como legislador sai reforçada, já não se reduzindo a um meio de controlo através do exercício de um veto.

Apesar destes progressos, continua, porém, a verificar-se a inexistência de poderes legislativos autónomos. Alguns falam, a este propósito, de *défice democrático* no processo de decisão da União. Outros procuram encontrar outras formas de legitimação democrática no plano europeu. Esta é porventura uma querela inultrapassável no quadro de uma entidade supranacional, a União Europeia, que substancialmente conserva muitas das características de uma organização internacional regional.

5.1.5. O Banco Central Europeu e o SEBC

Instituído pelo Tratado de Maastricht, o BCE é dotado de personalidade jurídica e integra, juntamente com os bancos nacionais dos EM, o Sistema Europeu de Bancos Centrais (SEBC), cujo principal objectivo é a manutenção da estabilidade dos preços. A partir do Tratado de Lisboa, o BCE foi erigido em instituição da UE (artigo 13.º, n.º 1 do TUE), facto mais que justificado pelos enormes poderes de que dispõe.

Ao BCE cabe, no quadro do SEBC, definir e executar a política monetária (uma política unificada para os EM aderentes ao euro), autorizar, em exclusividade, a emissão de notas de banco na UE, realizar as operações cambiais correntes, deter e gerir as reservas cambiais dos EM e promover o bom funcionamento do sistema de pagamentos. Dispõe, para a realização das suas atribuições, de um verdadeiro poder normativo e decisório exclusivo e os seus membros gozam de uma independência semelhante à da Comissão[36].

Para além disso, o SEBC deve apoiar as políticas económicas gerais na UE, tendo em conta os objectivos desta e actuar de acordo com o princípio de uma economia de mercado aberta e de livre concorrência. Actua nos limites das atribuições conferidas pelo TFUE e pelos Estatutos do SEBC e do BCE.

5.2. As instituições de controlo

5.2.1 Controlo político: o Parlamento Europeu

A instituição europeia de controlo político por excelência é o PE, onde estão representadas as principais correntes político-ideológicas existentes, sob a forma de grupos

[36] Cf. Jean-Pierre Patat, «Quelques remarques sur la question de l'indépendance de la Banque Centrale», *Revue d'Economie Financière*, Le Monde ed., n.º 22, 1992, p. 5 e ss.; J-V. Louis (dir.), *Vers un Système Européen de Banques Centrales*, Bruxelas: Université de Bruxelles, 1990; A. Carlos dos Santos, «O Sistema Europeu de Bancos Centrais. Caracterização, Estrutura, Atribuições», *Documentos de Trabalho CEDIN*, n.º 5/93, Lisboa: ISEG, 1993 e «Princípios Rectores da estruturação do futuro Sistema Europeu de Bancos Centrais» in AAVV, *Ensaios de Homenagem a Francisco Pereira de Moura*, ISEG/UTL, 1995, pp. 913-934.

parlamentares (arts. 223.º e ss. TFUE). Ao PE compete o desempenho de importantes de controlo do executivo, podendo desembocar numa moção de censura à Comissão, e de representação da opinião pública europeia. O PE tem ainda a possibilidade de constituir comissões de inquérito temporárias para análise de alegações de infracções ou de má administração na aplicação do direito da União. Para além disto, o PE mantém importantes funções de natureza consultiva.

Acresce, por fim, a existência de um órgão auxiliar do PE, por este eleito, o Provedor de Justiça Europeu, com competência para receber queixas de cidadãos europeus ou residentes na União, respeitantes a casos de má administração na actuação das instituições europeias, com excepção das que respeitem a funções jurisdicionais (art. 228.º TFUE).

5.2.2. Controlo judicial: o Tribunal de Justiça da União Europeia

A função jurisdicional é atribuída ao Tribunal de Justiça da União Europeia, o qual inclui o Tribunal de Justiça, composto por um juiz de cada EM e assistido por oito advogados-gerais, o Tribunal Geral e tribunais especializados (art. 19.º TUE e 251.º e ss. TFUE). Ao TJUE compete a função de interpretar e aplicar de modo uniforme o direito europeu. Em concreto decide essencialmente sobre os recursos interpostos por um EM, por uma instituição ou por pessoas singulares ou colectivas e, a título prejudicial, a pedido dos órgãos jurisdicionais nacionais, sobre a interpretação do direito da União ou sobre a validade dos actos adoptados pelas instituições.

Os acórdãos do TJUE têm, porém, contribuído para um alargamento sensível, mas indolor, do espaço de intervenção da UE. São de criação jurisprudencial, entre outros, princípios como o da aplicabilidade directa e do efeito directo de certas normas de direito da União, mesmo de direito derivado, o do primado do direito europeu / comunitário e o do paralelismo entre as competências interna e externa da União[37].

5.2.3. Controlo orçamental: o Tribunal de Contas

Criado em 1975, o Tribunal de Contas, composto por um nacional de cada EM, tendo os respectivos membros características e estatuto de independência, alcandorou-se a instituição comunitária com o Tratado de Maastricht e viu os seus poderes e formas de intervenção clarificados pelo Tratado de Nice. É, de acordo com o art. 285.º do TFUE, uma instituição que tem por função assegurar a fiscalização das contas da União, ou seja, examinar as contas da totalidade das receitas e despesas da UE e de organismos por ela criados, com base nas autorizações, na verificação dos crédi-

[37] Cf. Ac. Van Gend en Loos, Proc. 26/62, de 5.2.63, *Recueil*, 1963, p. 1 (sobre os objectivos da CEE e a natureza da ordem jurídica comunitária); Acórdão S. F. Diamantarbeiders c. Indiamex, Proc. conj. 37 e 38/73, de 13.12.73 (sobre a União Aduaneira) e Ac. Thieffry, Proc. 71/76, de 28.4.77 (sobre a liberdade de estabelecimento).

tos e dos pagamentos, bem como a fiscalização da legalidade e regularidade dessas receitas e despesas.

5.4. Os órgãos auxiliares

Os principais órgãos auxiliares das instituições comunitárias são: o Comité dos Representantes Permanentes dos EM (COREPER, art. 16, n.º 7 do TUE) que prepara os trabalhos do Conselho, assegura o diálogo permanente com a Comissão e a ligação com as estruturas de coordenação das questões comunitárias nos EM[38]; o Comité Económico e Social, órgão representativo de organizações patronais, sindicais, e de diversos sectores da vida sócio-económica, com funções consultivas e técnicas (art. 301.º do TFUE); o Comité das Regiões, de natureza consultiva, composto por representantes das colectividades regionais e locais (art. 305.º do TFUE); o Provedor de Justiça (art. 228.º do TFUE); o Banco Europeu de Investimentos (308.º do TFUE); o Banco Europeu de Reconstrução e Desenvolvimento, criado, fora do quadro dos Tratados, para apoio financeiro ao Leste europeu, bem como os chamados fundos estruturais (Fundo Social Europeu, Fundo Europeu de Orientação e Garantia Agrícola, Fundo Europeu de Desenvolvimento Regional e, após o Tratado de Maastricht, no quadro da política regional, o Fundo de Coesão). A UE conhece ainda múltiplos comités técnicos sectoriais, nos domínios agrícola, monetário, fiscal, da política económica, etc...

6. A articulação entre a Constituição económica da União e a Constituição económica portuguesa

6.1. Compatibilidade global

A questão que agora se põe é a da articulação da constituição económica da UE com a Constituição económica portuguesa.

A constituição económica da UE começa por ser definida mais pela negativa do que pela positiva. Numa primeira aproximação, ela opõe-se a um sistema de economia de planificação autoritária ou mesmo excessivamente dirigista, centrado na propriedade pública dos meios de produção, como era o caso dos sistemas colectivistas do Leste europeu, mas afasta-se igualmente de um sistema liberal clássico ou puro. Isto ressalta, mesmo após Maastricht, de diversos pontos dos tratados. Com efeito, nada neles impede a existência de formas de planeamento indicativo e democrático, nem de programação económica, aliás, largamente utilizados pela UE. O TFUE continua a manter-se neutro a respeito do regime de propriedade

[38] Actualmente, a coordenação dos assuntos europeus é assegurada, no Governo português, pela Secretaria de Estado dos Assuntos Europeus, integrada no Ministério dos Negócios Estrangeiros.

nos Estados-Membros (art. 345.°), aceitando a existência da iniciativa pública e de empresas públicas (aliás, ainda hoje, com importante peso em muitos deles), embora sujeitando estas às mesmas obrigações e disciplina que as empresas privadas[39]. Contém, para além disso, regimes específicos relativos aos monopólios públicos (art. 37.° TFUE) e aos serviços públicos, designados como serviços de interesse económico geral (arts. 14.º TUE e 106.° TFUE). Enfim, a própria política de concorrência deve encontrar, segundo Moussis, «a justa medida entre um *laissez-faire* anacrónico e um dirigismo sufocante»[40].

É corrente afirmar-se que a integração económica europeia é inspirada por uma filosofia (neo)liberal[41]. Em rigor, esta posição, sendo no essencial correcta, exige algumas precisões. De facto, não se trata de adoptar os pressupostos clássicos do liberalismo, mas antes, pragmaticamente, de, através fórmulas compromissórias, constituir um mercado regulado (institucional), quase sempre caracterizado mais por um *laisser-passer* do que por um *laissez-faire.* E se as ideias de alargamento dos mercados, eliminando barreiras pautais e não pautais, combatendo formas de discriminação comercial, procurando uma certa neutralidade tributária, e de livre circulação de «factores de produção» são inerentes à visão liberal clássica, já o apelo para a instituição de uma governação económica, a realização de políticas comuns, a instituição de autoridades supraestaduais, a harmonização de legislações e a consideração de factores político-sociais na decisão económica (coesão económica e social, ambiente, etc.) afastam-se dessa óptica, adoptando, por vezes mesmo, mecanismos com forte pendor dirigista e proteccionista (v. g., a política agrícola) e revelando, na prática, uma concepção de integração económica organizada por poderes políticos e sociais (*lobbies* incluídos) e não deixada ao livre jogo das forças do mercado. O modelo económico oscila assim entre uma «economia aberta de livre concorrência» e uma «economia social de mercado».

Acresce que nada nos tratados impede a consagração nas Constituições dos EM de direitos sociais ou obriga ao nivelamento, por baixo, da sua protecção jurídica. Isto já resultava do preâmbulo do Tratado de Roma quando fixava como objectivo essencial dos esforços dos EM «a melhoria constante das condições de vida e de trabalho dos seus povos» e de uma Declaração sobre os direitos fundamentais, de 5 de Abril de 1977, subscrita pelos presidentes do Conselho, da Comissão e Parlamento Europeu,

[39] N. Moussis, *As Políticas da Comunidade Europeia*, Coimbra: Almedina, 1985, p. 453. J. Mota de Campos, *Direito Comunitário*, Vol. I, Lisboa: F. C. Gulbenkian, 1983, p. 513, exprime a mesma ideia do seguinte modo: «Cada Estado é pois livre não somente de manter, mas igualmente de alargar, em detrimento da propriedade privada, o sector público da economia».

[40] N. Moussis, *ibidem*, p. 397.

[41] Cf. A. J. Avelãs Nunes, *A Constituição Europeia – A Constitucionalização do Neoliberalismo*, Coimbra: Coimbra Editora, 2006.

mas foi reforçado pelos tratados de revisão[42]. Hoje o TUE estabelece, no seu art. 6.°, que a União reconhece, no quadro das suas competências, os direitos, as liberdades e os princípios enunciados na Carta dos Direitos Fundamentais da União Europeia, de 2000, com as adaptações introduzidas em 2007. Além disso, estipula que fazem parte do direito da UE, enquanto princípios gerais, «os direitos fundamentais tal como os garante a Convenção Europeia para a Protecção dos Direitos do Homem e das Liberdades Fundamentais e tal como resultam das tradições constitucionais comuns aos Estados-membros». Direitos e tradições que não se esgotam na protecção da propriedade privada, na livre contratação e na livre concorrência.

6.2. Superação dos pontos críticos

Para evitar a desconformidade de alguns aspectos da CRP com o Tratado de Maastricht, procedeu-se, na sequência da assinatura deste tratado, à terceira revisão constitucional. Aspecto relevante desta foi a introdução de uma norma segundo a qual «Portugal pode, em condições de reciprocidade, com respeito pelo princípio da subsidiariedade e tendo em vista a realização do princípio da coesão económica e social, convencionar o exercício em comum dos poderes necessários à construção da união europeia» (n.° 6 do art. 7.°).

Deste modo, reduziu-se substancialmente a possibilidade de existirem incompatibilidades ou contradições fundamentais entre a Constituição económica portuguesa e a da União. O que não significava que não pudessem surgir alguns conflitos ou que todas as questões importantes tivessem ficado automaticamente resolvidas.

Uma das questões mais discutidas prendia-se com o primado do direito europeu, visto pela jurisprudência da União como um corolário do princípio da lealdade ou cooperação entre os EM, uma vez que não existia, até à aprovação do Tratado de Lisboa, nenhuma norma que expressamente consagrasse este primado.

Hoje, uma Declaração anexa ao Tratado de Lisboa (Declaração n.º 17) veio lembrar que «em conformidade com a jurisprudência constante do Tribunal de Justiça da União Europeia, os Tratados e o direito adoptado pela União com base nos Tratados primam sobre o direito dos Estados-Membros, nas condições estabelecidas pela referida jurisprudência». Ora, de facto, o Tribunal de Justiça defendeu, em sucessivos arestos, a tese que os juizes nacionais não podiam recusar-se a aplicar uma norma comunitária, mesmo de direito derivado, que gozasse de aplicabilidade ou efeito directo, com fundamento na ideia de que essa norma violava uma norma interna, qualquer que esta fosse, constitucional ou não, anterior ou posterior à norma europeia. «Os conflitos entre as regras comunitárias e as regras nacionais» – afirma(va)

[42] Nesta declaração, era já sublinhada a importância primordial do respeito dos direitos fundamentais, tal como estes resultam, designadamente das Constituições dos Estados-membros e da Convenção Europeia de Salvaguarda dos Direitos do Homem e das Liberdades Fundamentais.

o Tribunal de Justiça - «devem ser resolvidos pela aplicação do primado da regra comunitária»[43].

Este ponto foi objecto de larga controvérsia teórica e jurisprudencial, em particular na Alemanha e na Itália. Entre nós, foi objecto de contestação por uma significativa parte da doutrina portuguesa, nomeadamente no que respeita à relação entre o direito comunitário (europeu) e as normas constitucionais[44].

Com efeito, é forçoso reconhecer que a Constituição portuguesa levantava obstáculos ao reconhecimento do primado do direito comunitário (europeu), uma vez que ela apontava no sentido da filtragem deste direito pelos mecanismos da fiscalização de inconstitucionalidade e que afirmava a sua primazia sobre toda e qualquer norma que aspirasse à vigência no território nacional[45]. Do mesmo modo, não era líquido, perante o disposto no antigo n.° 3 do art. 8.°, o reconhecimento de efeito directo às directivas.

No entanto, a revisão constitucional operada pela Lei n.° 1/2004, de 24 de Julho, que pretendia tornar compatível a CRP com o Tratado constitucional (que, recorde-se, não chegaria a ser ratificado), veio estipular, no n.° 4 do art. 8.°, que «as disposições dos tratados que regem a União Europeia e as normas emanadas das suas instituições, no exercício das respectivas competências, são aplicáveis na ordem interna, nos termos definidos pelo direito da União, com respeito pelos princípios fundamentais do Estado de direito democrático».

Hoje, a doutrina, partindo da tese dos ordenamentos separados (autónomos e distintos) da União e dos EM, admite a tese da *prioridade ou preferência aplicativa* dos normativos da União dotados de aplicabilidade directa. A primazia do direito da UE não se fundamenta assim numa hierarquia normativa, mas na aplicação preferente de umas normas sobre outras de distinta fonte, sendo todas, em princípio, válidas[46].

[43] Cf. Ac. 14/68 *Walt Wilhelm*. Os mais célebres arestos a este respeito são os acórdãos *Costa/Enel*, de 15.7.64 e *Simmenthal*, de 6.3.79.

[44] Cf. J. C. Moitinho de Almeida, *Direito Comunitário. A Ordem Jurídica Comunitária. As Liberdades Fundamentais na CEE*, Lisboa: Ministério da Justiça, 1985, pp. 102-103; J. Canotilho e V. Moreira, *ob. cit.*, pp. 94-96; J. Braz Teixeira, *Direito Comunitário (Sumários)*, Lisboa: AAFDL, 1989, pp. 90-91; J. Mota de Campos, *ob. cit.*, II vol., pp. 313 e ss.; A. Vitorino, *A Adesão de Portugal às Comunidades Europeias – a problemática da aplicabilidade directa e do primado do Direito Comunitário face ao nosso ordenamento jurídico*, Lisboa: Cognitio, 1984, pp. 56-57.

[45] J. Caupers, *Introdução ao Direito Comunitário*, Lisboa: AAFDL, 1988, p. 175. Cf. também, M. L. Duarte, *ob. cit.*, p. 96 ss.

[46] J. Gomes Canotilho, *Direito Constitucional e Teoria da Constituição*, Coimbra: Almedina, 2003, p. 826; Alessandra Silveira, *Princípios de Direito da União Europeia – Doutrina e Jurisprudência*, Lisboa: Quid Juris, 2009, p. 119.

TÍTULO II
A ADMINISTRAÇÃO ECONÓMICA

1. A administração económica portuguesa

1.1. Administração em sentido orgânico e em sentido material

À actividade do Estado dirigida à satisfação das necessidades colectivas dos cidadãos (a gestão pública) chama-se, em direito administrativo, administração pública em sentido material (ou objectivo). Quando esta acção se circunscreve à esfera da actividade económica fala-se, de forma mais restrita, em *Administração económica do Estado (em sentido material*).

Enquanto actividade, a administração económica tem-se caracterizado por um alargamento das áreas de regulação (em detrimento da intervenção directa) e, em simultâneo, por uma complexidade crescente das formas e técnicas usadas para o efeito.

A condução dessa actividade requer a existência de um aparelho institucional com capacidade para tomar decisões e gerir e aplicar os recursos necessários. Este aparelho é a *Administração económica do Estado em sentido orgânico (ou subjectivo).* Esta integra órgãos e instituições da Administração Pública que a vários níveis, territoriais ou funcionais, estudam, preparam, emitem ou executam as decisões do Estado em matéria económica.

1.2. Administração estadual, regional e local

Na estrutura da Administração económica do Estado, a exemplo da Administração Pública em geral, há que distinguir a administração estadual e as administrações descentralizadas intra-estaduais (administrações autónomas territoriais, como as regiões autónomas e as autarquias locais). As *administrações regional e local* possuem competências e serviços próprios, também de carácter económico, naturalmente circunscritos à sua área territorial, não estando sujeitas a qualquer tipo de controlo hierárquico por parte do Governo ou da administração central, mas a mera tutela administrativa, um poder que consiste na verificação do cumprimento das leis e regulamentos por parte dos órgãos e dos serviços das autarquias locais e entidades equiparadas (cf. arts. 199.° al. *d*) e 242.° da CRP). São, neste sentido, administração autónoma.

1.3. Administração directa e indirecta

Centrando a atenção na *Administração estadual*, esta pode ser *directa* ou *indirecta*. A base da administração directa é a Administração central, sistema integrado de departamentos (ministérios, secretarias de Estado e suas dependências) de que o Governo é o órgão superior. Cabe ao Governo dirigir os serviços e a actividade da administração directa do Estado, a qual deve executar as políticas por aquele definidas (art. 199.°, al. *d*) da CRP). A administração directa inclui ainda formas de *administração desconcentrada*. A desconcentração traduz-se no «descongestionamento da competência dos órgãos e serviços administrativos supremos do Estado em benefício de órgãos e serviços periféricos ou locais» ou simplesmente inferiores (por exemplo, as direcções regionais de diferentes ministérios, não personalizadas)[1].

A *administração indirecta (ou mediata)* é aquela que é confiada a estruturas dotadas de personalidade jurídica e grau variável de autonomia administrativa (v.g. institutos públicos).

Mas se este constitui o núcleo essencial da administração económica do Estado (aquele que possui natureza exclusivamente pública), a verdade é que, por força das novas formas de interpenetração e equilíbrio entre o público e o privado, se assiste à emergência de outros agentes de administração económica que, integrados no Estado ou parcialmente sob o seu controlo ou direcção, possuem natureza híbrida ou até privada quanto à composição, organização, métodos de direcção e forma jurídica. Assim sucede quando, por exemplo, entidades privadas são associadas a tarefas de administração pública, umas vezes sob simples forma de informação ou consulta (*administração consultiva e/ou concertada*), outras com funções executivas por delegação de poderes públicos (*administração delegada*).

2. A complexidade orgânica da administração económica

As razões da existência de uma administração económica complexa e multifacetada estão relacionadas com as transformações e alargamento da própria actividade económica do Estado. No Estado liberal, a administração limitava-se a manter os serviços indispensáveis à satisfação de missões públicas, como os da justiça, da segurança e defesa do país, da diplomacia, da polícia, e à obtenção de recursos necessários para

[1] A. Queiró, «Desconcentração», *in Dicionário Jurídico da Administração Pública*, Lisboa, 1990, Vol. III, p. 580. Numa perspectiva de Ciência da Administração, ver ainda J. Caupers, *A Administração Periférica do Estado*, Lisboa: Aequitas, 1994, pp. 417 e ss..

esse efeito (nomeadamente, os impostos), a que correspondiam os ministérios respectivos. Ministérios com funções económicas foram sendo instituídos tão-só em áreas como as obras públicas (infra-estruturas), compatíveis com a ideologia liberal[2]. Existia, é certo, o Ministério das Finanças, mas estas, dominadas pelo postulado da neutralidade, assentavam numa radical separação relativamente aos assuntos económicos, isto é, num princípio de «não perturbação da actividade económica pela actividade financeira»[3].

Este panorama alterou-se substancialmente com o alargamento do âmbito da intervenção do Estado. Num primeiro momento, a alteração reflecte-se na administração central mediante a extensão ou modificação funcional dos ministérios com competência na área económica, seja de natureza global, seja de natureza sectorial, que se tornaram progressivamente mais especializados. É a «diferenciação ministerial» de que fala Savy, a qual traz consigo uma necessidade de reforço da cooperação interministerial e interdepartamental[4]. Muitas vezes, aquela especialização é acompanhada por uma desconcentração administrativa da organização vertical dos serviços que normalmente opera mediante a delegação de poderes. Além disso, o Estado procura realizar tarefas públicas pela intermediação de entidades de direito públicas situadas, por razões de oportunidade (financeiras, orçamentais, técnicas, laborais ou outras), fora da estrutura da sua administração directa (institutos, fundações, estabelecimentos, etc.). Outras vezes recorre, para o efeito, a associações públicas ou a entidades privadas que prosseguem fins económicos próprios mas a que o Estado reconhece interesse público.

De facto, uma característica do processo de evolução da administração económica em sentido orgânico é, como se referiu, o recurso a diversas formas de participação de representantes de interesses sócio-profissionais ou económicos nas decisões, de que o Estado se serve, ora para obter competências de que não dispõe, ora como meio de legitimação da sua intervenção na esfera não especificamente política[5].

[2] Em Portugal, o Ministério das Obras Públicas, Comércio e Indústria foi criado em 1852, com a Regeneração. Sobre o tema, ver M. G. Garcia, *Da Justiça Administrativa em Portugal, Suas Origens e Evolução,* Lisboa: U.C.P., 1994.

[3] A. S. Franco, *Direito Financeiro e Finanças Públicas,* Vol. I, Lisboa: Vega, 1982, p. 84; M. Duverger, *Finances Publiques,* Paris: PUF, 1978, pp. 11 ss.

[4] Cf. R. Savy, *Direito Público da Economia,* Lisboa: Editorial de Notícias, 1994, p. 22.

[5] Essa orientação pode implicar uma influência crescente dos interesses organizados no processo decisional. A questão essencial será então a da delimitação entre formas de participação que se traduzem num aprofundamento da democracia económica e participativa, de acordo com o art. 2.º da CRP, e aquelas que se traduzem tão-só na afirmação de fenómenos neocorporativos. Não fazendo a distinção, cf. M. G. Garcia, *ob. cit.*,p. 600 e ss.

Refira-se, por fim, que existindo hoje uma tendência no sentido de reduzir o peso do Estado na economia, este facto repercute-se na adopção de formas de «desintervenção» da Administração económica[6].

3. Características gerais da Administração económica

A Administração económica partilha as características da Administração Pública em geral, mas também apresenta algumas especificidades.

O exercício das funções da Administração implica o poder de impor as suas decisões aos cidadãos. Por isso suscita um problema de legalidade, isto é, de conformidade (e controlo da conformidade) da respectiva actuação com a lei. O *princípio da legalidade da administração* é um princípio integrante de qualquer Estado de Direito fundado numa Constituição, na separação de poderes e no respeito dos direitos e garantias dos cidadãos. Este é o limite fundamental da actuação da administração.

Entre nós, a CRP estabelece, no n.º 1 do art. 266.º, que «a Administração Pública visa a prossecução do interesse público, no respeito pelos direitos e interesses legalmente protegidos dos cidadãos». E o n.º 2 acrescenta que «os órgãos e agentes administrativos estão subordinados à Constituição e à Lei e devem actuar, no exercício das suas funções, com respeito pelos princípios da igualdade, da justiça e da imparcialidade». O respeito destes princípios é, sobretudo, garantido pelos tribunais administrativos[7].

Acresce que, para actuar com eficiência, a administração requer um certo grau de *autonomia* e *discricionariedade* na decisão, seja quanto à oportunidade, seja quanto à forma, ou também quanto ao próprio sentido da decisão administrativa. Há uma margem de liberdade que deve ser-lhe autorizada, embora sempre dentro dos limites da lei, ou seja, «vinculada»[8]. A proporção em que a actividade administrativa é vinculada ou discricionária varia, porém, de domínio para domínio. Em geral, pode-se dizer que a *administração económica* é caracterizada por uma importante margem de discricionariedade.

[6] Cf. Relatório da Comissão para a Qualidade e Racionalização da Administração Pública, *Renovar a Administração,* Lisboa, 1994, em especial, pp. 79 e ss.

[7] Cf. também os arts. 267.º e 268.º CRP.

[8] A noção de discricionariedade pode ser interpretada em vários sentidos: de liberdade de escolha entre vários comportamentos possíveis (fim determinado e meios à escolha); de operação intelectual do agente quando interpreta a lei; de remissão do agente para normas extrajurídicas (técnicas, científicas, de boa administração).

4. A Administração económica portuguesa

4.1. O Governo

No vértice da Administração económica situa-se o *Governo*. Entre nós, compete-lhe, dirigir os serviços e a actividade da administração directa do Estado, superintender na administração indirecta e exercer tutela sobre esta e sobre a administração autónoma. O Governo engloba um núcleo variável de *ministérios com funções económicas*. Encontram-se, por um lado, ministérios aos quais são incumbidas funções de coordenação económica geral e/ou de planeamento; e, por outro, ministérios sectoriais cuja criação depende da orgânica de cada Governo, como sucede, por exemplo, nas áreas da agricultura, transportes e comunicações. A estrutura do XVIII Governo Constitucional (empossado em 2009) contemplava vários ministérios com funções económicas gerais ou sectoriais: Ministério das Finanças, Ministério da Economia, da Inovação e do Desenvolvimento, Ministério do Trabalho e Solidariedade Social, Ministério da Agricultura, Desenvolvimento Rural e Pescas, e Ministério das Obras Públicas, Transportes e Comunicações. Esta estrutura foi modificada pelo XIX Governo Constitucional (empossado em Junho de 2011)[9], o qual reduziu o número de ministérios, concentrando funções económicas e sociais em alguns megaministérios, designadamente, o Ministério da Economia e do Emprego e o Ministério da Agricultura, Mar, Ambiente e Ordenamento do Território.

O Ministério das Finanças ocupa-se normalmente da economia numa perspectiva global (macroeconómica), na medida em que lhe compete um papel determinante na preparação do orçamento, no controlo da sua execução e, actualmente, no cumprimento do Pacto de Estabilidade e Crescimento (PEC). Os departamentos responsáveis pelo Orçamento e pelo Tesouro exercem, de facto, um controlo significativo sobre as intervenções económicas e financeiras do Estado[10]. Este controlo é reforçado pelo facto de as Finanças, que tradicionalmente se limitavam a assegurar a cobrança das receitas do Estado e a execução das despesas públicas, terem alargado, após a Segunda Guerra Mundial, as suas funções à gestão do crédito, da poupança e do mercado financeiro e às participações financeiras do Estado em empresas.

É frequente a crítica da fusão, no quadro das Finanças, da disciplina financeira e macroeconómica. Umas vezes, contesta-se a falta de dinamismo dos que fazem

[9] Cf. Lei Orgânica do XIX Governo, aprovada pelo DL n.º 86-A/2011, de 12 de Julho.

[10] O Ministério das Finanças e da Administração Pública integra quatro secretarias de Estado: Orçamento, Tesouro e Finanças, Assuntos Fiscais e Administração Pública. Os secretários de Estado não têm competências próprias, mas delegadas. Refira-se, a propósito, da reforma da Administração Pública o importante Programa de Reestruturação da Administração Central do Estado (PRACE), aprovado pela Resolução do Conselho de Ministros n.º 124/2006, publicada a 4 de Agosto de 2005 e, no âmbito do PRACE, a Resolução do Conselho de Ministros n.º 39/2006, de 21 de Abril, que aprova as orientações gerais e especiais para a reestruturação dos ministérios.

«contas» (a perspectiva financeira) sem atender às necessidades reais que às contas subjazem. Outras, pretende-se estabelecer o primado da microeconomia sobre a macroeconomia. Do mesmo modo, critica-se muitas vezes a exagerada dispersão ministerial, daí resultando o agrupamento em ministérios horizontais de pastas previamente separadas.

Não há modelos perfeitos. Tudo depende dos objectivos e da conjuntura. Por isso, não espanta que tenha havido frequentes flutuações nas estruturas ministeriais de coordenação económica, em particular, nas relações entre Finanças, Economia e Planeamento (quando este seja autonomizado). Há, com efeito, vários *modelos de organização das estruturas de formulação e execução das políticas económicas e financeiras*. Há modelos em que, visando uma melhor articulação entre gestão financeira e objectivos económicos e sociais, as Finanças estão conjugadas institucionalmente com o Planeamento e com a Economia (com primado do Planeamento quando era dada grande importância à função de coordenação económica e de planeamento ou das Finanças, com a eventual subordinação dos planos e das políticas estruturais à visão tradicionalmente mais «conservadora e conjuntural» daquele Ministério)[11].

As dificuldades virão da gestão de um super-ministério deste tipo e do seu excessivo peso no seio do Governo. Outros modelos, como o vigente nos XVIII e XIX Governos Constitucionais, assentam na separação e estruturação autónoma dos ministérios responsáveis pela economia e pelas finanças, sem que todavia se evite uma certa tensão entre eles. Uma alternativa é a do modelo inicial do XIV Governo que fundiu num só Ministério, Economia e Finanças, separado do Planeamento. Noutro modelo, o Ministério das Finanças integra o planeamento, mas não a economia, partindo da ideia que a separação do Plano e das Finanças acabaria por reduzir a importância real do primeiro por falta de domínio sobre os meios financeiros.

A coordenação global do Governo e da administração económica cabe sempre ao Primeiro-ministro, o qual é por vezes assistido nessa função por Conselhos de Ministros especializados, de que tem sido exemplo, no caso português, o Conselho de Ministros para os Assuntos Económicos.

4.2. Administração directa: serviços centrais e serviços públicos desconcentrados

A administração económica é normalmente exercida por serviços e organismos que se integram na pessoa colectiva do Estado (administração directa). Os serviços centrais estão estruturados em Ministérios e estes organizados em Secretarias de Estado, mais especializadas, embora sem competências próprias. Cada uma delas dirige ou tutela diversos serviços concentrados (Direcções-gerais, direcções

[11] A. Sousa Franco, *Noções de Direito da Economia*, I.° Vol., Lisboa: AAFDL, 1982-83, pp. 303-306. Em alguns países, tem-se ligado a direcção orçamental ao Primeiro-ministro.

de serviços, organismos auxiliares) ou desconcentrados, com variados graus de autonomia.

A *desconcentração* orgânica permite atribuir a «funcionários ou agentes subalternos certos poderes decisórios», antes reservados ao seu superior[12]. A desconcentração territorial visa, designadamente, facilitar o exercício de competências, especialmente da administração central, mas também da regional ou local, mediante uma repartição de funções e uma maior aproximação aos administrados. O princípio da desconcentração administrativa está consagrado no art. 267.º da CRP. A desconcentração pode também ocorrer no âmbito dos serviços descentralizados.

Serviços desconcentrados territoriais são, por exemplo, as direcções regionais (da agricultura, da indústria, etc.) criadas nalguns ministérios para dar execução às suas políticas nas regiões por elas abrangidas.

Na administração económica portuguesa, entre os serviços públicos desconcentrados destacam-se ainda, pela sua importância funcional, as Comissões de Coordenação e Desenvolvimento Regional (CCDR Norte, Centro, Lisboa e Vale do Tejo, Alentejo e Algarve)[13]. Normalmente, as CCDR estão integradas no ministério que se ocupa do planeamento ou da administração do território, possuindo, elas próprias, os seus serviços desconcentrados.

As CCDR foram criadas para dar apoio às autarquias locais, funcionando como meio de ligação entre estas e o Governo, e para executar os planos regionais. Hoje, as CCDR têm por missão executar as políticas de ambiente, ordenamento do território e cidades e desenvolvimento regional ao nível das respectivas áreas geográficas de actuação, promover a actuação coordenada dos serviços desconcentrados de âmbito regional e apoiar tecnicamente as autarquias locais e as suas associações. As CCDR são, à face da lei, serviços desconcentrados do Ministério do Ambiente e do Ordenamento do Território (hoje Ministério do Agricultura, Mar, Ambiente e Ordenamento do Território), dotados de autonomia administrativa e financeira[14]. Particularmente importantes são, actualmente, as suas atribuições de gestão no quadro da política de coesão da UE para Portugal, em particular no âmbito do Quadro de Referência Estratégico Nacional (QREN) (2007-2013).

[12] D. Freitas do Amaral, *Curso de Direito Administrativo*, Vol. I, 3.ª ed., Coimbra: Almedina, 2009, p. 834.

[13] Cf. DL n.º 134/2007, de 27 de Abril que aprovou as CCDR, revogando o DL n.º 224/2001, de 9 de Agosto. Estas Comissões não constituem a forma de administração regional (descentralizada) a que se refere o art. 255.º da CRP.

[14] *Idem.*

4.3. Administração indirecta e descentralização: os institutos públicos

4.3.1. Noção

A *administração indirecta* é constituída por um conjunto de «entidades públicas que desenvolvem, com *personalidade jurídica própria e autonomia administrativa e financeira*, uma actividade administrativa destinada à realização de fins do Estado»[15].

Segundo a doutrina tradicional, os institutos subdividiam-se em *serviços públicos personalizados*, *estabelecimentos públicos* e *fundos* ou *fundações públicas*. Podiam exercer funções de prestação de bens ou serviços (e.g. hospitais, escolas) ou de regulação (os organismos de coordenação económica)[16].

Os *serviços personalizados* ou «serviços personalizados do Estado», expressão utilizada, tradicionalmente, pela doutrina e legislação portuguesas, correspondiam a «*serviços públicos de carácter administrativo a que a lei atribui personalidade jurídica e autonomia administrativa, ou administrativa e financeira*»[17]. Eram, assim, «departamentos administrativos a que a lei atribui personalidade jurídica e confere autonomia em termos tais que, permitindo aos respectivos órgãos praticar actos jurídicos como receber heranças e legados, celebrar contratos, possuir bens e estar em juízo, equivalem à outorga da qualidade de pessoa jurídica»[18]. Os *estabelecimentos públicos* correspondiam a «complexos organizados de elementos pessoais e patrimoniais, fornecedores de prestações individualizadas ao público». Por sua vez, as *fundações* ou os *fundos públicos* «constituem entes institucionais que têm por substrato um acervo patrimonial especificamente afectado a determinada actividade»[19].

Actualmente, o âmbito da administração indirecta coincide com o dos *institutos públicos* (incluindo as entidades administrativas independentes) e com o das entidades públicas empresariais. Os primeiros são pessoas colectivas públicas de tipo

[15] Cf. Ministério da Reforma do Estado e da Administração Pública. Grupo de Trabalho para os Institutos Públicos, *Relatório e proposta de lei-quadro sobre os Institutos Públicos, Ministério da Reforma do Estado e da Administração Pública.* Grupo de Trabalho para os Institutos Públicos, coord. Vital Moreira. - 1º ed. - Lisboa : MREAP, 2001.

[16] No período do Estado Novo os organismos de coordenação económica (comissões reguladoras, juntas nacionais, institutos nacionais) foram concebidos como um elemento de ligação entre o Estado corporativo e as actividades económicas enquadradas por este e a sua principal função era a regularização dos circuitos de distribuição e dos mercados, a qual poderia ser levada a cabo por diversos meios, tanto de natureza proibitiva como incentivadora: fixação e controlo dos preços; escoamento de excedentes, compra e armazenamento de produtos; concessão de subsídios e empréstimos; etc.. Depois do 25 de Abril, estes organismos ou foram extintos, transferindo-se as suas atribuições para departamentos ou organismos da Administração, ou transformaram-se em empresas públicas, ou mantiveram-se em funções (por exemplo, o Instituto do Vinho do Porto – IVP)

[17] Assim, D. Freitas do Amaral, *Curso de Direito Administrativo*, Vol. I, *cit.*, 1994, p. 366.

[18] A. Ataíde, *Direito Administrativo da Economia*, Cadernos de Ciência e Técnica Fiscal, n.º 100, Lisboa: DGCI, 1970, p. 141.

[19] Relatório *cit.* nota 15.

institucional (o seu substrato é uma organização material e não associativa ou de base territorial), criadas pelo Estado ou por outras pessoas colectivas públicas para a prossecução de atribuições administrativas específicas. Integram o Sector Público Administrativo. As segundas têm natureza empresarial, exercendo uma actividade de produção de bens e serviços e integram o Sector Público Empresarial.

Contudo, a Lei-quadro sobre os Institutos Públicos (LQIP) exclui do seu âmbito de aplicação as entidades públicas empresariais previstas no DL n.º 558/99, de 17 de Dezembro, bem como as sociedades e as associações ou fundações criadas como pessoas colectivas de direito privado pelo Estado, Regiões Autónomas ou autarquias locais, devendo essa criação ser sempre autorizada por diploma legal (art. 3.º, n.ºs 3 e 4, da Lei n.º 3/2004, de 15 de Janeiro, com a redacção introduzida pelo DL n.º 105/2007, de 3 de Abril). Para além disso, determina, no seu art. 48.º, que gozam de regime especial os seguintes institutos públicos: as universidades e escolas de ensino superior politécnico; as instituições públicas de solidariedade e segurança social; os estabelecimentos do Serviço Nacional de Saúde; as regiões de turismo; o Banco de Portugal e os fundos que funcionam junto dele; e as entidades administrativas independentes.

Salvo no que diz respeito à esfera própria da Administração Regional Autónoma, os institutos públicos estaduais têm âmbito nacional, com excepção dos casos previstos na lei ou nos estatutos. Os institutos públicos podem dispor de serviços territorialmente desconcentrados, nos termos previstos ou autorizados nos respectivos estatutos. A circunscrição territorial dos serviços desconcentrados deve, em princípio, corresponder à dos serviços periféricos do ministério respectivo (art. 15.º, LQIP).

4.3.2. Principais características

Actualmente, a Administração económica portuguesa integra vários *institutos públicos* propriamente ditos com funções e estatutos diversificados, o que permite falar na sua *atipicidade*. A LQIP veio, porém, estabelecer alguns pontos comuns a todos os institutos por ela abrangidos.

O que basicamente caracteriza os institutos públicos é:

a) Serem pessoas colectivas públicas de *substrato institucional*;
b) Disporem de *autonomia administrativa*, a qual consiste no poder de praticar actos administrativos definitivos, que serão executórios desde que obedeçam a todos os requisitos para tal efeito exigidos por lei;
c) Disporem de *autonomia financeira*, ou seja, possuírem receitas próprias, que aplicam livremente, segundo orçamento privativo, às despesas ordenadas por exclusiva autoridade dos seus órgãos;
d) Serem criados, modificados e extintos por *decreto-lei*;

e) Possuírem órgãos próprios, que são o Conselho Directivo ou o Presidente, coadjuvado por um ou mais vice-presidentes, cargos de direcção superior de 1.º e 2.º grau, respectivamente, e o fiscal único. Os estatutos podem prever a criação de outros orgãos, nomeadamente de natureza consultiva (art. 17.º LQIP);
f) Estarem sujeitos a tutela e a superintendência governamental (art. 41.º LQIP). A *tutela* faz depender da autorização prévia do ministro da tutela e/ou do Ministro das Finanças, sempre que haja implicações financeiras, a prática de determinados actos (por exemplo, a criação de delegações territorialmente desconcentradas ou a negociação de acordos e convenções colectivas de trabalho) e sujeita à aprovação de um ou dos dois ministros documentos como o plano de actividades, o orçamento, o relatório de actividades, os regulamentos internos ou os mapas de pessoal. A *superintendência* permite ao ministro da tutela dirigir orientações e emitir directivas aos órgãos dirigentes dos institutos e obriga-os ainda a respeitar as orientações governamentais estabelecidas pelo Ministro das Finanças;
g) O seu regime jurídico básico ser normalmente um *regime administrativo,* embora nos últimos anos tenham surgido institutos submetidos a regime de direito privado, aproximando o seu regime do de entidades empresariais[20].

O objecto da actividade dos institutos públicos tem-se estendido do apoio financeiro, técnico ou de gestão ao sector privado ou a uma parte dele (v.g. Instituto de Apoio às Pequenas e Médias Empresas e à Inovação – IAPMEI), ou ao sector cooperativo (Instituto António Sérgio do Sector Cooperativo - INSCOOP), à regularização dos mercados (v.g. Instituto Nacional do Transporte Ferroviário – INTF); da realização de estudos e funções de consulta e de informação (v.g. Instituto Nacional de Estatística – INE) e da realização de investigação científica e tecnológica (v.g. Instituto Nacional de Engenharia, Tecnologia e Inovação - INETI) ao controlo da qualidade dos produtos industriais em geral (Instituto Português da Qualidade – IPQ) ou de determinados produtos (Instituto dos Vinhos do Douro e do Porto – IVP).

Para além do que está estabelecido na LQIP, a estrutura organizativa destes serviços pode variar de caso para caso, por exemplo, quanto ao regime laboral. Alguns institutos aproximam-se ainda dos serviços públicos em sentido clássico, assumindo outros uma *estrutura para-empresarial*, a tendência porventura mais forte. Com efeito, o art. 5.º, al. b) da LQIP refere-se expressamente, entre os princípios de gestão, à garantia de eficiência económica nos custos suportados e nas soluções adoptadas para prestar o serviço de que estão incumbidos. Esta tendência manifesta-se ainda na possibilidade que lhes é conferida quer de se financiarem por meio da comercia-

[20] Cf. D. Freitas do Amaral, *ob. cit.*, p. 378. Nota-se, desde 1987, uma certa tendência para a «privatização» do regime dos IP.

lização de serviços, quer de participarem no capital de empresas privadas quando indispensável para a prossecução dos seus objectivos[21].

4.4. As entidades administrativas independentes

4.4.1. Noção e distinção de figuras próximas

As *entidades administrativas independentes (EAI)*, designadas também, correntemente, como autoridades reguladoras independentes, emergiram na Europa no contexto dos processos de liberalização e privatização, como forma organizacional típica do novo Estado regulador[22]. Em Portugal, as EAI encontram-se previstas na CRP desde a revisão constitucional de 1997 (n.º 3 do art. 267.º).

A LQIP qualifica-as, do ponto de vista administrativo, como uma subespécie dos institutos públicos (institutos de regime especial). O que as caracteriza é serem organismos com funções administrativas especializadas e com independência orgânica e funcional – ou seja, os seus órgãos são inamovíveis e não estão submetidos ao controlo hierárquico, nem à tutela ou superintendência de outro órgão administrativo ou governamental, nem de qualquer outra entidade pública ou privada[23].

As EAI são, sobretudo, de dois tipos: as que são incumbidas da protecção de direitos fundamentais e as que exercem funções de autoridade reguladora dos mercados e das actividades económicas. Tendo em conta a variedade de áreas em que intervêm, é diversa a sua composição e são de natureza distinta as suas competências e poderes. A natureza administrativa das suas funções, que as distingue dos órgãos judiciais, e a sua independência, que as demarca da Administração Pública em geral, não impedem que partilhem, com esta, competências de regulação nas mesmas áreas, sendo nesse sentido complementares[24]. A independência destas autoridades (alguns dirão,

[21] Cf., por exemplo, DL n.º 309/2001, de 7 de Dezembro (ICP-ANACOM). Vd. Parte III, Título IV.

[22] V. *infra*, Parte III, Título IV. É vasta, actualmente, a literatura sobre as EAI. Cf., no que respeita à doutrina portuguesa, Eduardo PAZ FERREIRA e Luís SILVA MORAIS, «A regulação sectorial da economia. Introdução e perspectiva geral», in *Regulação em Portugal: Novos Tempos, Novo Modelo*, Coimbra: Almedina, 2009; João Nuno CALVÃO DA SILVA, *Mercado e Estado. Serviços de Interesse Económico Geral*, Coimbra: Almedina, 2008, p. 157 ss.; Vital MOREIRA e Fernanda MAÇÃS, *Autoridades Reguladoras Independentes. Estudo e Projecto de Lei-Quadro*, CEDIPRE, Coimbra: Coimbra Editora, 2003; José Lucas CARDOSO, *Autoridades Administrativas Independentes e Constituição*, Coimbra: Coimbra Editora, 2002; e no que respeita à doutrina estrangeira, entre muitos outros, Patrice GÉLARD, *Les Autorités Administratives Indépendantes: Evaluation d'un Objet Juridique Non Identifié*, Paris: Office Parlementaire d'Evaluation de la Législation, 2006; e Marcello CLARICH, *Autorità Indipendenti. Bilancio e Prospettive di un Modello*, Bologna. Il Mulino, 2005.

[23] Trata-se de uma tendência que se vem manifestando na reforma dos Institutos desde 1987. Cf., por exemplo, o DL n.º 166/2007, de 3 de Maio (Instituto Nacional de Estatística) e o DL n.º 140/2007, de 27 de Abril (Instituto de Apoio às Pequenas e Médias Empresas).

[24] É pelo menos esta a opinião de uma parte importante da doutrina, de resto seguindo a tradição americana das *independent agencies* ou *independent regulatory commissions*. Outros há que incluem no conceito de autoridade administrativa independente os organismos interprofissionais de regulação (que são

a sua autonomia) tende a ser mais acentuada no caso das autoridades ligadas à protecção de direitos fundamentais ou àquelas que, como o Banco de Portugal, detêm também um estatuto europeu.

Em geral, podem ser atribuídos a estas entidades três tipos de poderes que se aproximam, aliás, dos três poderes típicos do Estado: o poder normativo (de emitir regulamentos); o poder executivo (de supervisão, investigação, inspecção, emissão de ordens dirigidas aos operadores económicos) e um poder para-judicial ou sancionatório[25].

4.4.2. Principais características

a) *Composição*

A composição das *entidades administrativas independentes* é muito variável. Dado o interesse em assegurar a sua independência perante influências políticas, por um lado, e perante os interesses regulados, por outro, as EAI não devem incluir representantes de organismos profissionais interessados. Pelo contrário, procura-se que sejam compostas por elementos escolhidos a título individual, com capacidade de decidir com autonomia e autoridade perante todos os interesses envolvidos, quer profissionais, quer governamentais.

O traço decisivo das EAI é, pois, a *independência* dos seus membros no exercício das respectivas funções[26]. A garantia efectiva desta independência depende da verificação de algumas condições:

- As primeiras dizem respeito aos membros que as compõem e prendem-se com: o modo da sua designação; a duração do seu mandato e a sua irrevogabilidade e não renovação; o pluralismo de pontos de vista representados; a incompatibilidade com outras funções.
- As segundas são as que asseguram a sua independência funcional: para além da ausência de dependência hierárquica, a autonomia financeira e de organização e funcionamento, incluindo o poder de definir o seu próprio regulamento.

compostos justamente por representantes dos interesses profissionais envolvidos) e mesmo comissões ou conselhos com funções meramente consultivas.

[25] E. Paz Ferreira e L. Silva Morais, *ob. cit.*, p. 31.

[26] Na opinião de Jorge Miranda/Rui Medeiros, as EAI «traduzem por regra a intenção de subtrair a intervenção administrativa em certos domínios a influências partidárias e às vicissitudes de maiorias políticas contingentes, surgindo como uma garantia acrescida da imparcialidade da Administração Pública» (*Constituição Portuguesa Anotada*, Coimbra: Coimbra Editora, 2007, tomo III, p. 586). A independência face ao executivo é, porém, sempre relativa. De facto, algumas dependem do executivo em matéria de recursos para desenvolver a sua actividade; noutras, os seus membros são por ele escolhidos e nomeados.

b) *Competências e poderes*

Normalmente, as EAI são instituídas em áreas «sensíveis» da Administração Pública. A especial sensibilidade prende-se com a complexidade técnica ou financeira da matéria regulada e/ou dos interesses envolvidos (as telecomunicações, as operações na bolsa, a concorrência, a gestão de resíduos) ou com a importância dos valores e interesses em causa (a liberdade de imprensa e de outros meios de comunicação social).

Em todos os casos, ao optar por este figurino institucional, em vez de assumir directamente a função reguladora ou remeter a decisão para o poder judicial, os objectivos da Administração Pública são, antes de mais, aumentar a eficácia da sua acção e reforçar a legitimidade da decisão[27].

c) *Exemplos*

No direito comparado, na origem da criação de EAI (por vezes designadas como agências reguladoras independentes) tem estado a *privatização* da exploração de serviços públicos, designadamente sob a forma de concessão (as telecomunicações, a distribuição de água, gás e energia eléctrica, o saneamento básico, a televisão, etc.). Não obstante a privatização, mantém-se o interesse público do serviço (com implicações no acesso, no preço, na qualidade, etc.), razão que leva o Estado a reservar para si o poder de regular o modo como o serviço é prestado. Acresce que o Estado muitas vezes conserva interesses próprios nos sectores privatizados (por exemplo, empresas públicas a concorrer com privadas). Por este motivo, as funções de regulação e fiscalização são atribuídas a entidades que reúnam capacidade técnica e independência perante os interesses envolvidos, incluindo os do próprio Estado.

Entre nós, exemplos de EAI são a Entidade Reguladora dos Serviços Energéticos (ERSE), a Autoridade Nacional de Comunicações (ANACOM), a Comissão do Mercado de Valores Mobiliários (CMVM), a Autoridade da Concorrência (AdC) ou a Entidade Reguladora da Saúde (ERS), qualquer delas correspondendo ao modelo enunciado[28].

Num domínio transversal a todos os mercados, como o da concorrência, tornou-se necessário conferir forte independência política à regulação pública ou mais propriamente à forma como é aplicada. É o que ocorre com a Autoridade da Concorrência, criada em 2003. O mesmo acontece num outro domínio com fortes implicações na actividade económica em geral como o dos mercados financeiros. Assim o Banco de

[27] De acordo com Marie-José Guédon fala-se precisamente de regulação (palavra importada, pelo menos na língua francesa e portuguesa, da teoria dos sistemas e da economia) com o sentido de atribuir a estes órgãos como função principal manter o equilíbrio num sistema complexo, respeitando a neutralidade e a equidade (*Les Autorités Administratives Indépendantes*, Paris: LGDJ, 1991, p. 21).

[28] Outros exemplos de autoridades administrativas independentes na Administração portuguesa são a Comissão Nacional de Eleições (CNE) e a Entidade Reguladora para a Comunicação Social (ERC).

Portugal, após Maastricht, goza de total independência perante o Estado e as entidades supervisionadas. Considerado por alguns como um instituto público anómalo, dada a independência orgânica e funcional de que disfruta e os poderes de que dispõe, o Banco de Portugal é actualmente qualificado, expressamente, como instituto público pela LQIP.

4.5. Os órgãos consultivos

Os órgãos consultivos da Administração Pública, designados, em regra, como *conselhos* ou *comissões*, variam em função das suas competências, poderes e composição.

Para além do Conselho Económico e Social - CES, já referido no capítulo sobre a Constituição económica portuguesa, funcionam junto da Administração económica conselhos e comissões com competências e funções mais limitadas de um ponto de vista funcional ou territorial. O que os caracteriza, basicamente, é a sua composição mista e a sua função de aconselhamento. Em regra, para além de representantes da Administração, integram especialistas ou peritos, escolhidos discricionariamente pela Administração, com base na sua «reconhecida competência» e «idoneidade», e/ou membros de organizações profissionais, económicas ou sociais designados ou propostos pelas mesmas. Neste último caso, podem operar como agentes de concertação.

Conforme os objectivos que presidem à sua criação, estes órgãos consultivos, ora funcionam durante um período limitado, para a conclusão de determinada tarefa (que pode ser a preparação de um estudo ou a aplicação de um programa), ora são criados com carácter permanente. Tanto podem actuar junto da Administração central (casos do Conselho Nacional de Ambiente e do Desenvolvimento Sustentável ou do Conselho Nacional do Consumo), quanto da Administração regional e local, dos serviços desconcentrados e dos institutos públicos (caso dos Conselhos Regionais das Comissões de Coordenação Regional)[29].

É variável o grau de importância e influência destes conselhos ou comissões. Alguns deles, pela sua específica natureza de conselhos ou comissões técnicas constituídos por especialistas, acabam por exercer influência significativa sobre a Administração. Outros, porém, devido à sua dimensão excessiva e/ou à heterogeneidade dos interesses neles representados acabam, por vezes, por ver prejudicado o seu regular funcionamento e, consequentemente, reduzida a sua capacidade de influência, podendo limitar-se a legitimar decisões para cuja preparação pouco contribuíram.

4.6. As associações públicas com funções económicas

As associações públicas com funções de regulação profissional e económica constituem um elemento do que é frequentemente designado como *administração corpo-*

[29] Cf. DL n.º 221/97, de 20 de Agosto (Conselho Nacional do Ambiente e Desenvolvimento Sustentável), art. 22.º da Lei n.º 24/96, de 31 de Julho (Conselho Nacional do Consumo).

rativa. Trata-se de associações de pessoas singulares ou colectivas, dotadas de um estatuto de direito público (quanto à sua constituição, à sua organização interna, ao controlo da legalidade dos seus actos, etc.), às quais o Estado atribui poderes de autoridade para exercerem funções de administração económica circunscritas à categoria profissional ou actividade que representam. Esses poderes incluem, por exemplo, o de editar regulamentos, de fixar taxas e o poder disciplinar[30].

Compete, no fundo, a estas associações a definição das condições para o exercício de uma determinada actividade (que tanto pode ser a produção de um bem como de um serviço) e fiscalização do seu cumprimento. Um dos traços comuns a esse tipo de associações é a *inscrição obrigatória*, como condição do exercício da profissão ou actividade económica envolvida.

Para além das ordens e das câmaras profissionais (Ordem dos Médicos, Ordem dos Advogados, Ordem dos Revisores Oficiais de Contas, Ordem dos Arquitectos, Ordem dos Técnicos Oficiais de Contas, Câmara dos Solicitadores, Câmara dos Despachantes Oficiais, etc.), mantêm-se na Administração económica portuguesa outras associações públicas, entre as quais se destacam as associações de beneficiários (encarregadas da gestão das obras de fomento hidroagrícola, agrupando os agricultores interessados) e a Casa do Douro (que agrupa os vitivinicultores da região demarcada do Douro e à qual tem cabido essencialmente estabelecer e distribuir as quotas anuais da produção do vinho do Porto e fiscalizar o seu cumprimento)[31].

4.7. A administração pública por entidades privadas

Distinta da situação anterior é o desempenho de funções de administração pública por entidades privadas. O estatuto privado destas entidades (associativo ou empresarial) não é alterado pelo facto de elas exercerem funções de administração económica, delegadas pela Administração Pública.

Casos destes encontram-se, por exemplo, nos poderes regulamentares conferidos às empresas privadas concessionárias de serviços públicos (por exemplo, a exploração das auto-estradas), na atribuição a associações privadas de competências para procederem à distribuição de subsídios e à fiscalização da sua utilização ou na delegação a entidades privadas do poder de certificar a qualidade ou a origem de certos produtos[32].

As entidades privadas que exerçam poderes públicos podem ser sujeitas, nos termos da lei, a fiscalização administrativa (n.º 6 do art. 267.º da CRP).

[30] Cf. a Lei n.º 6/2008, de 13 de Fevereiro, que regula as associações públicas profissionais.

[31] Cf. Decreto-Lei n.º 486/82, de 28 de Dezembro.

[32] Em especial sobre a «privatização» da distribuição de subsídios, cf. D. Von Stebut, «Subsidies as an instrument of economic policy», in T. Daintith (ed.), *Law as an Instrument of Economic Policy: Comparative and Critical Approach*, Berlin – New York: De Gruyter, 1987, p. 151.

5. A Administração económica da UE

5.1. Funções

O estudo das funções e dos agentes da Administração económica portuguesa não pode deixar de considerar as funções e os agentes da Administração da União Europeia. A intervenção desta condiciona em determinados domínios e articula-se, noutros, com a intervenção da Administração económica portuguesa.

Com efeito, nos limites das suas competências económicas, a UE exerce, por intermédio dos seus órgãos, funções idênticas em certa medida às exercidas pelos órgãos de Administração económica portuguesa: funções de regulação (designadamente, em matéria de concorrência), de vigilância e controlo dos preços (em especial, no mercado agrícola), de auxílio ao crescimento e ao desenvolvimento (por via dos fundos estruturais ou das ajudas concedidas no âmbito das políticas regional, social, de investigação e desenvolvimento). Nos domínios em que a Comunidade recebeu, parcial ou totalmente, competências transferidas pelos EM, como nos casos da política de concorrência e da política agrícola comum, os órgãos comunitários disfrutam, como se viu acima, do poder de adoptar e de executar normas e medidas aplicáveis directa e imediatamente nas ordens jurídicas nacionais.

5.2. Os órgãos da Administração económica da UE

A *Comissão* é o órgão por excelência da Administração económica da UE (art. 17.° TUE e 244.º TFUE). É dotada de vastos poderes que, ora concorrem, ora se substituem aos poderes das administrações internas. Cada um dos membros da Comissão (Comissários) tem a responsabilidade de um ou mais sectores da actividade comunitária. A estrutura interna da Comissão é constituída por Direcções-Gerais de âmbito sectorial e outros serviços[33].

Registe-se que o funcionamento da Comissão encontra-se imbuído dos princípios da administração consultiva e concertada, que se referiram como típicos da administração económica contemporânea[34]. Na preparação das suas decisões, a Comissão procede, em regra, a consultas alargadas, formais e informais, em especial no seio

[33] São as seguintes as principais Direcções-Gerais da Comissão Europeia, com funções de administração económica e social: Agricultura e Desenvolvimento Rural; Ambiente; Assuntos Económicos e Financeiros; Concorrência; Educação e Cultura; Emprego, Assuntos Sociais e Igualdade de Oportunidades; Empresas e Indústria; Energia; Fiscalidade e União Aduaneira; Investigação; Justiça, Mercado Interno e Serviços; Assuntos Marítimos e Pescas; Política Regional; Saúde e Consumidores; Sociedade da Informação e Meios de Comunicação.

[34] Sobre o debate relativo à reforma da administração da UE, é útil a consulta de O. de Schutter, N. Lebessis et J. Paterson, *La Gouvernance dans l'Union Européenne*, Luxembourg: Communautés Européennes, 2001; e *Livro Branco sobre a Governação, em* http://europa.eu.int/comm/_governance/white_paper/index_pt.htm».

de comissões («comités») e grupos de trabalho constituídos por representantes dos EM e/ou dos interesses económicos e sociais, ou por especialistas ou peritos. Por essa via ausculta a opinião dos sectores competentes e interessados nas matérias a que se referem essas decisões. A Comissão é ainda assistida (assim como o Conselho) por dois órgãos consultivos com âmbito de competência alargada, o *Comité Económico e Social* (arts 301.º a 304.º TFUE) e o *Comité das Regiões* (arts. 305.º a 307.º TFUE).

Na Administração económica da UE funcionam, além disso, estruturas autónomas de que as mais relevantes são os *Fundos Estruturais*[35]. Aos Fundos compete de uma maneira geral promover a *coesão económica, social e territorial* da UE, a qual implica a redução da disparidade entre os níveis de desenvolvimento das diversas regiões e do atraso das regiões menos favorecidas (arts. 174.º e 175.º TFUE). O *Fundo Europeu de Desenvolvimento Regional* (FEDER) tem por objectivo específico contribuir para a correcção dos principais desequilíbrios regionais através de uma participação no desenvolvimento e no ajustamento estrutural das regiões menos desenvolvidas e na reconversão das regiões industriais em declínio (art. 176.º TFUE). O *Fundo Social Europeu* (FSE) tem por fim promover as oportunidades de emprego e a mobilidade geográfica e profissional dos trabalhadores na UE, bem como facilitar a adaptação às mutações industriais e à evolução dos sistemas de produção, em particular por via de acções de formação e reconversão profissionais (art. 162.º TFUE). O *Fundo Europeu de Orientação e Garantia Agrícola* (FEOGA) intervém na regularização do mercado dos produtos agrícolas e promove reformas estruturais deste sector (arts. 175.º e 178.º, que remete ainda para os arts. 43.º e 164.º TFUE).

Dando cumprimento ao acordado quando da aprovação do TUE, foi instituído o *Fundo de Coesão* (art. 177.º TFUE) destinado essencialmente a financiar projectos no domínio do ambiente e das redes transeuropeias nos EM com um PNB inferior a 90% da média comunitária.

Ao *Banco Europeu de Investimento* (BEI) incumbe contribuir, recorrendo ao mercado de capitais e utilizando os seus próprios recursos, para o desenvolvimento equilibrado e harmonioso do mercado comum. Com esse fim, o BEI financia projectos de valorização das regiões menos desenvolvidas, projectos de modernização ou reconversão de empresas e projectos de interesse comum a vários EM de criação de novas actividades (arts. 175.º e 209.º, n.º 2 e 308.º e ss. TFUE).

[35] A atribuição destes fundos depende, porém, do respeito pelos Estados dos requisitos da convergência económica. Cf. Protocolo relativo à Coesão Económica e Social, anexo ao TUE.

PARTE II

O ESTADO EMPRESÁRIO

1. INTRODUÇÃO

1. 1. Breve nota histórica sobre a actividade empresarial do Estado

Na época liberal, as intervenções directas dos Estados na produção de bens e de serviços restringiam-se, na generalidade dos países europeus, aos investimentos em infra-estruturas de interesse geral, aos serviços de correios e comunicações, de transportes ferroviários, às imprensas nacionais, às manufacturas de material de guerra e aos monopólios dos tabacos e dos fósforos (fontes de receitas fiscais). Serviços de interesse público como a distribuição de água, gás e electricidade, lançados também durante esse período, foram sendo assumidos pelas administrações municipais.

A actividade económica do Estado – distinta, por natureza, da função própria do Estado como legislador e como administrador da coisa pública – era, então, entendida como excepcional. À luz da doutrina liberal, os poderes públicos deveriam abster-se de actuar como agentes económicos sob pena de falsearem as leis do mercado. Daí que as suas intervenções só fossem em princípio admitidas quando justificadas pela existência de falhas de mercado: incapacidade do mercado de produzir bens ou serviços de interesse geral em quantidades ou condições adequadas (de preço, universalidade, etc.), monopólios naturais (os caminhos de ferro, os telefones e telégrafos), actividades que constituíssem o prolongamento natural da acção de um serviço público administrativo (caso das imprensas nacionais e do fabrico de equipamentos para as forças armadas).

Nesta fase foram duas as formas de organização e gestão das actividades do Estado como produtor de bens e de serviços: *a administração directa por departamentos da Administração Pública* sem personalidade própria e a *concessão dessas actividades a sociedades de estatuto privado.* A figura do serviço público económico não personalizado foi cedendo progressivamente lugar à instituição de serviços dotados de personalidade jurídica. Embora esta tendência para a personalização dos serviços públicos, que se desenvolveu sobretudo a partir da Primeira Guerra Mundial, tenha abrangido tanto os serviços administrativos propriamente ditos como os serviços industriais e comerciais, ela marcou em especial estes últimos por razões que se prendem com a maior exigência de autonomia e flexibilidade que os caracteriza. Desenvolveram-se, na mesma época, as empresas de economia mista.

Ao conceder a empresas privadas a exploração de determinadas actividades de interesse público, o Estado pretendia que o funcionamento destas obedecesse aos princípios e regras de gestão característicos daquelas empresas (designadamente, a liberdade de organização e gestão, a liberdade e autonomia contratuais). Isso não o impedia, porém, de atribuir às empresas concessionárias prerrogativas de autoridade pública, quando julgadas necessárias. A criação de serviços públicos de carácter industrial e comercial dentro da esfera do próprio Estado veio também acompanhada da tendência para a submissão desses serviços a regras do direito privado, sem que todavia isso prejudicasse a sua vinculação institucional ao sector público e a sujeição ao direito público de aspectos do seu funcionamento como a tutela, o estatuto do pessoal, a possibilidade de recorrer ao contrato administrativo em determinadas circunstâncias. Verifica-se assim que, tanto no caso da concessão como do serviço público personalizado, se usaram técnicas de direito privado para a prossecução de finalidades públicas.

A crise de 1929-31 conduziu a uma forte intervenção estatal na economia. A Segunda Guerra Mundial reforçou tendências dirigistas. No final da guerra, particularmente nos países que haviam estado directamente envolvidos no esforço bélico, tiveram lugar processos de nacionalização de empresas privadas, que abrangeram em certos casos empresas concessionárias. As nacionalizações deram origem a uma nova figura institucional, a empresa pública, a par dos serviços públicos personalizados. Estas nacionalizações, que se explicam (como mais tarde as privatizações) por um contexto político e ideológico específico, coincidiram com o reforço de outros mecanismos de intervenção desses Estados na economia, como o planeamento e os auxílios às empresas privadas.

Em Portugal, as formas jurídico-institucionais da actividade empresarial do Estado só em parte mostram traços semelhantes às de outros países da Europa Ocidental. Recorreu-se inicialmente às figuras da *concessão de bens e serviços públicos* (por exemplo, dos caminhos de ferro e dos telefones e telégrafos) e da *administração directa* (imprensa nacional, fabrico de material de guerra). O reconhecimento da necessidade de tornar mais flexível o regime de determinados serviços públicos económicos conduziu igualmente o Estado português a atribuir personalidade jurídica e autonomias administrativa e financeira a muitos deles. Mas só no final dos anos 60 se assiste em Portugal à transformação de alguns desses serviços em empresas, bem como à criação *ex novo* de outras *empresas públicas*.

Ainda que em obediência a uma filosofia de organização distinta da maioria dos regimes ocidentais do pós-guerra, o Estado Novo favoreceu também uma experiência de colaboração próxima entre economia pública e economia privada, que se traduziu na participação pública, por vezes maioritária, no capital de empresas privadas, particularmente no lançamento de novos empreendimentos em sectores básicos como a siderurgia ou a produção de energia[1].

Foi, porém, com as nacionalizações de empresas realizadas entre 1974 e 1976, na sequência da Revolução de Abril de 1974, que se verificou a expansão do sector empresarial do Estado.

Finalmente, a política de *privatizações*, desencadeada em 1988 e prosseguida após a revisão da CRP em 1989, reduziu consideravelmente a dimensão e alterou as formas institucionais da actividade económica do Estado.

Passaremos seguidamente em revista os vários formatos institucionais que tem assumido a actividade empresarial do Estado em Portugal. Começaremos pelos serviços públicos económicos. Abordaremos depois o regime das nacionalizações e empresas públicas e a sua evolução[2]. Tendo a maior parte destas empresas resultado directamente das nacionalizações, dedicaremos também atenção a este processo. Referiremos a seguir o regime das privatizações e, a terminar, a concessão de bens e serviços públicos. Esta representa de certo modo uma forma de «privatização» de actividades económicas do Estado e readquire uma importância renovada no quadro da actual política de privatizações.

1. 2. Evolução das formas jurídicas do Estado empresário

1.2.1. Os serviços públicos económicos

Na origem das actuais formas de organização do Estado como produtor de bens e de serviços encontram-se, como se indicou, os *serviços públicos económicos*. Como serviços administrativos que eram originariamente, os serviços públicos económicos começaram por ser geridos directamente pela Administração Pública por meio de estruturas sem personalidade jurídica própria (*régies*)[3]. No serviço público gerido directamente a pessoa pública assume, não apenas a sua direcção e orientação estratégica, mas também a prestação operacional do serviço[4].

[1] J. F. Ribeiro, L. G. Fernandes, M. M. Carreira Ramos «Grande Indústria, Banca e Grupos Financeiros – 1953-73», *Análise Social*, vol. XXIII (99), 1987-5.°, pp. 945-1018.

[2] Os regimes jurídicos das nacionalizações e das empresas públicas (hoje, «entidades públicas empresariais») estiveram na génese e configuração da actual ordem jurídica da economia portuguesa, pelo que o conhecimento dos aspectos mais significativos destes regimes e da sua evolução ajudam a compreender a política de privatizações e das opções do Executivo neste domínio. Convém não esquecer ainda que o poder político mantém a faculdade constitucional de nacionalizar empresas e nada o impede, do ponto de vista constitucional ou legal, de criar novas empresas públicas, nomeadamente sob a forma de «entidades públicas empresariais». No entanto, alguns autores, como P. Otero (*Vinculação e Liberdade de Conformação Jurídica do Sector Empresarial do Estado*, Coimbra: Coimbra Ed., 1998) defendem que a CRP dá implicitamente preferência a um modelo privatístico de organização empresarial do Estado.

[3] Sobre o conceito de serviço público, cf. D. Freitas do Amaral, *ob. cit.*, pp. 791 ss..

[4] G. J. Guglielmi, *Introduction au Droit des Services Publics*, Paris: L.G.D.J., 1994, p. 78-79.

De um modo geral esses serviços foram sendo transformados em *serviços personalizados* (ou estabelecimentos de carácter industrial e comercial) dotados de autonomia administrativa e financeira[5]. O recurso ao serviço personalizado foi, com efeito, pensado como um meio de evitar os perigos da estatização (politização e burocratização) das actividades económicas do Estado o que se tornava especialmente premente no caso das actividades industriais e de prestação de serviços ao público. Beneficiando de orçamento e gestão autónomos, esses serviços poderiam escapar à rigidez das regras orçamentais e da contabilidade pública, adquirindo desse modo condições de uma maior eficiência.

Os serviços públicos económicos passaram em consequência a ser definidos, não só pelo seu objecto, que consiste numa actividade de carácter industrial ou comercial, como pelas condições do seu funcionamento, que se aproximam das que regem as empresas privadas. Uma das características desses serviços é precisamente a de o seu funcionamento ser subtraído em grande parte às regras do direito administrativo, o que vale designadamente para as suas relações com fornecedores e clientes.

Hoje subsistem entre nós poucos serviços públicos de carácter económico, quer sob administração directa do Estado, quer como estabelecimentos públicos personalizados: são exemplos, a nível da Administração local, os serviços municipalizados (dependentes das Câmaras Municipais e sem personalidade jurídica, ainda que disfrutando de autonomia funcional)[6] e, a nível da Administração central, alguns estabelecimentos fabris militares. A tendência actual tem sido, porém, para a aquisição por este tipo de estabelecimentos de um estatuto empresarial[7].

1.2.2. A empresarialização da actividade económica do Estado

A noção de *empresa pública* (em sentido amplo), surgida na Europa posteriormente à Segunda Guerra Mundial, em estreita ligação ao processo de nacionalizações ocorrido em países como a França e a Inglaterra, acabou aí por sobrepor-se ao conceito de serviço público económico ou estabelecimento industrial e comercial. Em França, por exemplo, o conceito de empresa pública – que não encontrou expressão na definição de um regime específico deste tipo de empresas – passou a englobar quer as

[5] Na definição de M. Caetano, o *serviço público personalizado* consiste num «departamento administrativo a que a lei atribui expressamente personalidade jurídica ou confere autonomia em termos tais que, permitindo aos respectivos órgãos praticar actos jurídicos, como receber heranças e legados, celebrar contratos, possuir bens e estar em juízo (...) equivalem à outorga da qualidade de pessoa jurídica» (M. Caetano, *Direito Administrativo*, Coimbra: Almedina, 1980, p. 373).

[6] Cf., sobre o regime dos serviços municipalizados, os arts. 164.º e ss. do Código Administrativo.

[7] É o caso das Oficinas Gerais de Material Aeronáutico (OGMA), transformadas de estabelecimento fabril (estatuto que mantinham desde 1942) em SA de capitais exclusivamente públicos pelo DL n.º 42/94, de 14 de Fevereiro. A orientação do poder político nesta matéria foi no sentido da manutenção nas Forças Armadas tão-só dos estabelecimentos com funções logísticas, julgadas estritamente necessárias (cf. mesmo DL).

sociedades de capitais públicos (e de economia mista controladas) que resultaram das nacionalizações, quer os estabelecimentos públicos industriais e comerciais, tendo as duas categorias passado a ser diferenciadas, de modo relativamente impreciso, em função do maior ou menor grau de «privatização» dos seus regimes[8].

Em Portugal, a empresa pública foi até meados dos anos 70 entendida pela doutrina como uma categoria do serviço público personalizado. A empresa representaria o substrato de determinados serviços económicos personalizados[9]. Nessa acepção, foram empresas públicas tanto a Fábrica de Vidros da Marinha Grande, legada ao Estado no século XIX, quanto os CTT ou a Imprensa Nacional.

Só em 1976, na sequência das nacionalizações realizadas em 1975 e 1976, foi instituído em Portugal um expressivo sector empresarial do Estado ao mesmo tempo que era definido um estatuto jurídico especial para as empresas públicas[10].

[8] Cf. A. Laubadère, *Direito Público Económico*, Coimbra: Almedina, 1985, p. 461 ss.

[9] A *empresa* consistia, na definição de M. Caetano, numa «organização em que se combinam o capital fornecido por pessoas colectivas de direito público com a técnica e o trabalho para produzir bens ou serviços destinados a serem oferecidos no mercado mediante um preço que cubra os custos e permita o funcionamento normal do empreendimento», sendo entendido como uma espécie do género instituto público (M. Caetano, *ob. cit.*, p. 372 e 378).

[10] No quadro das nacionalizações, foram também transformados em empresas públicas certos serviços personalizados de substrato empresarial como, por exemplo, a Administração-Geral do Açúcar e do Álcool.

TÍTULO I
NACIONALIZAÇÕES E PRIVATIZAÇÕES

1. As nacionalizações e o regime das empresas públicas de 1976

1.1. As nacionalizações

1.1.1. O conceito de nacionalização

A criação de *sectores públicos empresariais* com peso significativo nas economias nacionais encontra-se historicamente ligada a experiências de nacionalização. Também em Portugal, embora, como se viu, a figura da empresa pública tenha surgido mais cedo, ela ganhou relevância política e económica com as nacionalizações ocorridas no seguimento do 11 de Março de 1975[11].

Juridicamente, a nacionalização constitui uma espécie de expropriação, traduzindo-se na transferência forçada, por acto de autoridade, de uma unidade económica (exploração, estabelecimento, empresa) da propriedade privada para a propriedade pública (do Estado ou de outras pessoas colectivas públicas).

A *nacionalização* distingue-se da *expropriação* propriamente dita tanto pelo seu objecto, quanto pelo seu fim. A expropriação *stricto sensu* consiste na desapropriação de qualquer bem imóvel privado (terreno, edifício) em benefício de uma entidade pública ou mesmo privada, por uma variedade de motivos de utilidade pública (construção de estradas, urbanização, etc.). A nacionalização tem sempre por objecto *unidades económicas* (explorações ou empresas agrícolas comerciais, industriais, etc.), obedecendo a específicos motivos de intervenção na estrutura do poder económico

[11] Sobre as nacionalizações, ver o já clássico K. Katzarov, *Théorie de la Nationalisation,* Neuchatel, 1960. Entre nós, N. Sá Gomes, «Nacionalizações e Privatizações», *Cadernos de Ciência e Técnica Fiscal,* n.º 155, Lisboa: DGCI, 1988; A. Simões Patrício, «Nacionalizações e empresas nacionalizadas», *Revista de Direito e Economia,* VIII, n.º 2, pp. 299 e ss.; e A. António *et al., O Sector Empresarial do Estado em Portugal e nos Países da CEE,* Lisboa: Imprensa Nacional, 1983.

ou na condução da economia (v.g. recuperação extraordinária de empresas) ou mesmo de transformação do sistema económico. A expropriação afecta o direito de propriedade sobre bens independentemente da respectiva função; a nacionalização tem por objecto a propriedade dos *meios de produção*. Ela é um instrumento de apropriação colectiva dos meios de produção e solos.

A nacionalização é um acto político, normalmente sob forma legislativa, implicando a entrada das empresas na propriedade pública, em regra do Estado *stricto sensu*. A expropriação pode ser feita a favor de outras entidades públicas, territoriais ou não (regiões, municípios, universidades) ou até de entidades particulares (empresas concessionárias de serviços públicos).

As duas figuras possuem regimes jurídicos em parte não coincidentes. Enquanto a expropriação consiste numa restrição ao direito de propriedade em geral (cf. art. 62.º CRP), a nacionalização afecta simultaneamente o direito de propriedade e o direito de iniciativa privada. Contém, além disso, particularidades em relação ao regime geral da expropriação (quanto aos seus limites, quanto à sua forma, quanto ao regime de indemnizações, quanto ao instituto da reversão, etc.). Assim, por exemplo, enquanto a expropriação implica o pagamento de uma justa indemnização (art. 62.º CRP), a nacionalização, até à revisão de 1982, não obrigava a tal e, mesmo hoje, nada obriga a que a indemnização deva corresponder ao valor integral dos bens nacionalizados.

A CRP, ainda que distinguindo, como se viu, as figuras de expropriação e da nacionalização, nem sempre é fiel ao rigor terminológico, falando em «expropriação» a propósito dos «meios de produção em abandono» (art. 88.º) e da eliminação das explorações agrícolas latifundiárias (art. 94.º). Estamos, nestes casos, perante figuras híbridas, a primeira assumindo natureza sancionatória, a segunda surgindo como um corolário da política agrícola, que se situam mais perto da nacionalização que da tradicional expropriação.

1.1.2. Enquadramento histórico

Em Portugal, a Revolução de 25 de Abril de 1974 cedo incluiu as nacionalizações entre as medidas emblemáticas do processo de democratização da sociedade e do Estado e de modificação da estrutura económica que servira de base ao «Estado Novo». As primeiras nacionalizações incidiram sobre os três bancos emissores (Banco de Portugal, Banco Nacional Ultramarino e Banco de Angola), em Setembro de 1974. Mas a maioria das nacionalizações veio a ocorrer após o 11 de Março de 1975, na fase mais radical da revolução, tendo-se registado algumas ainda em 1976, já depois da aprovação da CRP.

Foi nacionalizada a quase totalidade das empresas dos sectores bancário e de seguros, os petróleos, a petroquímica, a siderurgia, a electricidade, a celulose, os adubos e os cimentos, os transportes aéreos, marítimos e fluviais, ferroviários e terrestres, as indústrias de base fiscal (como os tabacos), os meios de comunicação social mais importantes (televisão, principais estações de rádio, e alguns jornais diários) e ainda outras empresas dispersas por vários sectores de actividade, como as cervejeiras, as empresas do vidro e os estaleiros navais. Por motivos essencialmente político-diplomáticos, foram excluídas as empresas estrangeiras ou com participações estrangeiras[12].

Nos diplomas que determinaram as nacionalizações apontam-se as razões que estiveram, em cada caso, na sua base[13]. No seu conjunto, as nacionalizações obedeceram a uma estratégia de eliminação dos grupos económicos – que haviam constituído o suporte do antigo regime – e por vezes à pretensão de assegurar a sobrevivência de empresas abandonadas ou em risco de falência. A política de expropriações dos latifúndios na zona da reforma agrária completou, na agricultura, este processo.

As nacionalizações de empresas foram efectuadas por *via legislativa* (DL). Nuns casos, nacionalizou-se a empresa como tal – que adquiriu a forma legal de empresa pública – na totalidade do seu capital social; noutros casos, nacionalizaram-se apenas participações sociais, ou porque se quis ressalvar a participação estrangeira ou porque o Estado era já detentor do restante capital social. Reconheceu-se em todos os casos o direito à indemnização dos titulares do capital das empresas nacionalizadas, cujo regime todavia só veio a ser estabelecido pela Lei n.º 80/77, de 26 de Junho[14].

As empresas nacionalizadas foram, na maior parte dos casos, transformadas em empresas públicas (ao abrigo do DL n.º 260/76, de 8 de Abril); em muitos casos verificou-se a concentração e fusão de numerosas pequenas ou médias empresas privadas em grandes empresas públicas (casos da CIMPOR, da PORTUCEL, da Rodoviária Nacional, da QUIMIGAL, da Electricidade de Portugal). Algumas empresas nacionalizadas vieram, porém, a ser extintas por inviabilidade económica[15].

As nacionalizações não implicam, porém, necessariamente um processo de transformação do sistema económico, podendo operar também como um meio de salvaguardar um sistema económico existente. Recentemente, no contexto da grave crise económica internacional iniciada em 2007, foi nacionalizado o *Banco Português de Negócios*, visando-se, segundo o executivo, assegurar a estabilidade do sistema financeiro português, evitar riscos sistémicos e manter a confiança nas instituições financeiras. Esta nacionalização foi concretizada pela Lei n.º 62-A/2008, de 11 de Novembro, que aprovou, também, o regime jurídico da apropriação pública dos meios

[12] Ressalvado, noutro contexto, o caso excepcional da nacionalização, em 1980, das participações do capital angolano na DIALAP, decidida por razões de retaliação política (DL n.º 10-C/80, de 18 de Fevereiro).
[13] Cf. o diploma de nacionalização da Companhia União Fabril (CUF).
[14] A lei não usou, portanto, a faculdade constitucional (art. 82.°, n.º 2 da CRP, na sua redacção primitiva, eliminada na primeira revisão constitucional) de não indemnização dos latifundiários e grandes proprietários, empresários e accionistas. A doutrina configurava esta nacionalização sancionatória como um confisco.
[15] Foi o caso da Sociedade Nacional dos Armadores de Pesca do Arrasto, extinta pelo DL n.º 161/82, de 7 de Maio.

de produção por via de nacionalização (RJN)[16]. Até então não havia sido aprovada nenhuma lei-quadro ou lei geral sobre esta matéria (com excepção da legislação sobre a reforma agrária). Por isso, todo o acto de nacionalização teria de revestir individualmente a forma de lei (ou de DL autorizado). Não existia, no entanto, obstáculo constitucional a que a lei reguladora dos requisitos e do processo de «intervenção dos meios de produção» viesse a admitir que tais actos pudessem ter forma não legislativa, designadamente mediante decreto ou outro diploma do Governo.

1.1.3. O regime jurídico das nacionalizações

a) *Os limites constitucionais à nacionalização*

No direito português, a nacionalização é uma faculdade constitucional, sujeita todavia a alguns limites materiais: por um lado, a nacionalização não pode ser arbitrária, devendo ser justificada à luz do «interesse colectivo» (art. 80.º, al. *d*) CRP); por outro lado, as nacionalizações não podem atingir tal extensão que ponham em causa a subsistência dos sectores privado e social da economia, à luz do princípio constitucional da coexistência de sectores de propriedade dos meios de produção e dos direitos de iniciativa e propriedade privada (art. 80.º, al. *c*) e art. 82.º da CRP).

Há também limites constitucionais especiais, explícitos ou implícitos. Assim, de acordo com o art. 95.º, o redimensionamento das explorações agrícolas minifundiárias far-se-á «sem prejuízo do direito de propriedade», o que parece excluir o recurso a medidas de nacionalização. De igual modo, está vedada a nacionalização daquelas empresas que sejam o suporte e requisito essencial de liberdades fundamentais, como seja a liberdade de informação e de imprensa, o que excluirá a nacionalização extensiva de empresas de comunicação social.

b) *Forma e processo das nacionalizações*

Nos termos da CRP, «a lei determinará os meios e as formas de intervenção e de apropriação colectiva de meios de produção» (art. 83.º), acrescentando que pertence à reserva relativa de competência legislativa da Assembleia da República a matéria dos «meios e formas de intervenção, expropriação, nacionalização (...) dos meios de produção e solos (...)» (art. 165.º, n.º 1, al. *l*)).

Até 2008, não seria, como já se indicou, adoptada qualquer lei geral sobre estas matérias (com excepção da legislação relativa à reforma agrária). Só nesse ano, foi aprovado o já referido regime jurídico da apropriação pública dos meios de produção por via de nacionalização (RJN). Nos termos deste regime, as nacionalizações só são legítimas quando tenham por base «motivos excepcionais e especialmente fun-

[16] É, aliás, curioso o facto de o regime geral das nacionalizações constar de um anexo de uma lei que procede à nacionalização de uma empresa em concreto.

damentados», indispensáveis à salvaguarda do interesse público (art. 1.º). Os actos de nacionalização revestem a forma de decreto-lei, que deve evidenciar o reconhecimento do interesse público subjacente à nacionalização e obedecer aos princípios da proporcionalidade, da igualdade e da concorrência (art. 2.º).

Note-se que, contrariamente ao que sucede com as expropriações, só o Estado pode proceder a nacionalizações, estando por natureza excluída a competência de qualquer entidade pública (incluindo as Regiões Autónomas e os municípios).

c) *As indemnizações*

Constitucionalmente, a nacionalização de meios de produção confere direito a indemnização, cabendo à lei estabelecer os respectivos critérios (art. 83.° e 165.°, n.º 1, al. *l*)). É assim inequívoco que a lei fundamental admite implicitamente critérios específicos de indemnização em caso de nacionalização de meios de produção, não coincidentes com o clássico princípio da «justa indemnização» aplicável à expropriação (art. 62.° CRP).

Entre nós, a lei diferenciou as indemnizações de acordo com o montante a receber por cada titular, discriminando várias classes de títulos de indemnização, vencendo juros progressivamente menores os segmentos mais elevados dos montantes a indemnizar[17]. Tais critérios de indemnização foram, desde o início, contestados pelos interessados e pelas respectivas associações de interesses, mas não são susceptíveis de censura sob o ponto de vista jurídico-constitucional[18].

O RJN reconhece o direito à indemnização «tendo por referência o valor dos respectivos direitos, avaliados à luz da situação patrimonial e financeira da pessoa colectiva à data da entrada em vigor do acto de nacionalização», acrescentando como critério para o cálculo da indemnização que este deverá ter em conta o efectivo património líquido e definindo o correspondente procedimento de avaliação (arts. 4.º e 5.º da Lei n.º 62-A/2008).

d) *O destino das empresas nacionalizadas*

A nacionalização, no caso de sociedades, pode abranger todo o capital ou apenas uma parte dele, pelo que a situação da empresa, no que respeita ao seu lugar no contexto dos sectores de propriedade dos meios de produção, depende da extensão

[17] Cf. Lei n.º 80/77, de 26 de Junho, com as alterações introduzidas pelo DL n.º 343/80, de 2 de Setembro, alterado por ratificação pela Lei n.º 36/81, de 31 de Agosto, pela Lei n.º 5/84, de 7 de Abril, e pelo DL n.º 332/91, de 6 de Setembro. Algumas das suas disposições foram declaradas inconstitucionais, com força obrigatória geral, pelo Ac. do Tribunal Constitucional n.º 39/88, publicado no DR n.º 52, I Série, de 3.3.88, pp. 740-758. Cf., também, o art. 4.º da Lei n.º 68-A/2008, de 11 de Novembro.

[18] Assim se decidiu, aliás, no Ac. n.º 108/88, de 31.5.88 (*Acórdãos do Tribunal Constitucional*, Lisboa: INCM, 11.° Vol.).

do capital nacionalizado. Normalmente, porém, o objectivo da nacionalização é a transferência de propriedade para o sector público.

Segundo o novo RJN, quando do acto de nacionalização resultar a verificação de alguma das circunstâncias que, à luz do regime jurídico do sector empresarial do Estado, determine a qualificação da pessoa colectiva em causa como «empresa pública», a mesma será transformada em sociedade anónima de capitais públicos (art. 12.º do RJN). Em caso de nacionalização parcial, a gestão da pessoa colectiva cujas participações sociais tenham sido nacionalizadas pode ser atribuída a uma entidade terceira, de natureza pública, nos termos e condições definidos em despacho do membro do Governo responsável pela área das finanças (art. 11.º do RJN).

Em caso de nacionalização total, nada impede que, uma vez consumada a nacionalização, a pessoa colectiva nacionalizada seja transferida (quanto à sua propriedade e/ou gestão) para outras entidades públicas (Regiões Autónomas, etc.), ou seja integrada noutros sectores, nomeadamente no sector cooperativo ou social (entrega a cooperativas ou a colectivos de trabalhadores), ou até no sector privado (reprivatização da sua propriedade ou gestão)[19].

No caso das explorações agrícolas, é a própria CRP (art. 94.º, n.º 2) que impõe a sua transferência para o sector social e cooperativo ou para o sector privado, estando excluídas as explorações agrícolas estatais constituídas com base em terra nacionalizada.

2. O regime especial das empresas públicas de 1976

2.1. Conceito de empresa pública

Como se indicou já, a maior parte das empresas nacionalizadas entre 1974 e 1976 foram transformadas em empresas públicas (EP). O estatuto destas empresas foi inicialmente definido pelo DL n.º 260/76, de 8 de Abril, revisto e alterado pelo DL n.º 29/84, de 20 de Janeiro, e pela Lei n.º 16/90, de 20 de Julho.

Em Portugal, optou-se, assim, por codificar num único diploma o regime geral das EP, opção contrária à tomada quanto ao regime dos institutos públicos.

As EP cingiam-se na lei de 1976, de acordo com a óptica restritiva por ela adoptada, às «empresas criadas pelo Estado, com capitais próprios ou fornecidos por outras entidades públicas, para exploração de actividades de natureza económica e social (...)» (art. 1.º), dotadas de forma de organização e de gestão específicas (arts 3.º, 12.º e 13.º). Eram assim excluídas as sociedades de capitais públicos (sociedades comerciais em que o Estado ou outras entidades públicas detinham a totalidade das participações) e as sociedades de economia mista controladas pelo Estado ou outras

[19] Na verdade, pode suceder que o objectivo da nacionalização tenha sido apenas o de alterar a estrutura da propriedade da empresa ou de financiar o capital privado.

entidades públicas e, por maioria de razão, as sociedades não controladas e as empresas intervencionadas pelo Estado.

Ainda assim, a sua abordagem sumária é importante para se compreender o regime de 1999, actualmente em vigor.

2.2. Natureza e a orgânica

Apesar de o regime especial das EP de 1976 as definir como pessoas colectivas de direito público, ele combinou desde sempre aspectos de direito público e de direito privado. Por um lado, aquelas empresas encontravam-se sujeitas à tutela governamental, definida nos termos do direito administrativo, sendo os seus gestores nomeados pelo Governo[20]. Por outro lado, vários aspectos do seu regime de funcionamento eram remetidos pela lei para o direito privado. Recorde-se que, na origem, a ideia subjacente à instituição deste tipo de empresa foi, precisamente, a de as fazer reger pelos princípios e técnicas de gestão próprios da actividade empresarial privada[21].

Antes de mais, a EP constituía uma espécie de *empresa*, noção que a ciência económica define como uma organização de factores produtivos destinada a produzir bens ou serviços[22]. O *fim lucrativo* associado à noção de empresa também o era à de EP (embora a questão se mostrasse controversa). Isso mesmo revelariam os princípios de gestão contemplados no DL n.º 260/76, onde se dispunha que «a gestão das empresas públicas realizar-se-á por forma a assegurar a sua *viabilidade económica* e o seu *equilíbrio financeiro*». Esta disposição podia, com efeito, ser interpretada no sentido de que a gestão da EP se deveria subordinar a considerações de *rentabilidade económica*, salvo quando fossem acordadas com o Estado especiais obrigações de interesse público. Mas não é certo que lucro e rentabilidade sejam conceitos equivalentes[23].

As empresas públicas, no regime de 1976, tinham uma base institucional (não tinham sócios), o que as distinguia claramente das sociedades, que têm uma base pessoal (sócios). Uma outra especificidade das EP consistia na sua particular estrutura orgânica, também distinta da das sociedades comerciais.

[20] Daí alguns autores (como A. S. Franco, *Noções de Direito da Economia*, 1.º Vol., Lisboa: AAFDL, 1982-83, p. 38 e D. F. do Amaral, *Direito Administrativo*, Vol. I, Coimbra: Almedina, 1990) as integrem na Administração económica do Estado.

[21] N. Sá Gomes («Notas sobre a Função e Regime Jurídico das Pessoas Colectivas Públicas de Direito Privado», *Cadernos de Ciência e Técnica Fiscal*, n.º 153, Lisboa: DGCI, 1987, pp. 46 ss.) concluiu serem pessoas colectivas de direito privado.

[22] Sobre as várias noções económicas de empresa, cf. J. M. Coutinho de Abreu, *Definição de Empresa Pública*, Separata do *Boletim da Faculdade de Direito da Universidade de Coimbra*, 1990, pp. 24 ss.

[23] A remuneração do capital das EP era regulada pelo DL n.º 300/80, de 16 de Agosto. Defendendo o fim lucrativo das empresas públicas, N. Sá Gomes, *ob. cit.*, pp. 6 ss. e D. F. do Amaral, *ob. cit.*, p. 340. A tese contrária é defendida por J. M. Coutinho de Abreu (*ob. cit.*, p. 138 ss.). Para uma discussão da natureza da empresa pública e, em particular, da sua natureza e fins, cf. ainda Alonso Ureba, *La Empresa Publica. Aspectos Juridico-Constitucionales y de Derecho Económico*, Madrid: Editorial Montecorvo, 1985, pp. 275 ss.

Os órgãos de existência obrigatória eram o Conselho de Administração e a Comissão de Fiscalização (art. 7.º). Admitia-se a possibilidade de criação de conselhos regionais com funções consultivas, nas empresas de serviços públicos, e quando a sua dispersão geográfica o justificasse (art. 7.º, n.º 2). Era assim reduzida a expressão dos órgãos de representação de interesses na gestão empresas públicas portuguesas[24].

No que se refere à *intervenção dos trabalhadores*, o regime das EP remetia para os estatutos de cada empresa a definição das formas mais adequadas de a efectivar, «tendo em atenção o disposto na lei sobre o controle de gestão pelos trabalhadores» (art. 6.º). De acordo com a Lei n.º 46/79, de 12 de Setembro (Lei das Comissões de Trabalhadores), nas empresas do sector empresarial do Estado, os trabalhadores beneficiavam do direito de eleger, pelo menos, um representante para o respectivo órgão de gestão, cabendo, às comissões de trabalhadores a designação ou promoção da eleição dos representantes dos trabalhadores[25]. Além disso, a nomeação dos membros do Conselho de Administração carecia de parecer da comissão de trabalhadores, regra que valia de resto para os gestores públicos de todas as empresas do sector empresarial do Estado (art. 24.º, n.º 1, al. *j*) da Lei n.º 46/79).

2.3. A tutela e a intervenção do Governo

Como entidades integradas no sector público com personalidade independente da pessoa Estado, as EP eram sujeitas a intensa *tutela* do Governo, exercida, consoante o caso, pelo Conselho de Ministros, pelo ministro da pasta ou pelo ministro responsável pela área das Finanças[26].

Em geral, a *tutela* consiste no conjunto de poderes atribuídos a um órgão de uma pessoa colectiva de fiscalizar ou intervir na gestão de outra pessoa colectiva. Exprimia-se, desde logo, no poder conferido ao Governo de designar e exonerar os gestores da empresa. Abrangia, para além disso, o poder/dever do Governo de controlar o funcionamento da empresa para verificar o respeito da legalidade e dos objectivos das políticas a cumprir por essas empresas.

[24] Na sua versão primitiva, o DL n.º 260/76 previa a existência de um Conselho Geral, com funções consultivas nas empresas que explorassem serviços públicos. A principal função deste Conselho era de assegurar a representação dos interesses relacionados com a actividade da empresa. O Conselho Geral era constituído por representantes dos ministérios competentes, das autarquias locais e dos trabalhadores da própria empresa. Pretendia-se que proporcionasse à administração desta vários ângulos de apreciação dos problemas inerentes à sua actividade (Preâmbulo do DL n.º 260/76). As raízes deste regime remontavam às primeiras nacionalizações, ocorridas designadamente em França onde a representação dos interesses foi defendida como elemento essencial da «ideologia» da empresa pública. Cf. Laubadère, *ob. cit.*, pp. 462 e 471 e ss..

[25] O art. 54.º, n.º 5, alínea *f*) da CRP reconhece o direito das comissões de trabalhadores de promoverem a eleição de representantes dos trabalhadores para os órgãos sociais de empresas pertencentes ao Estado ou outras entidades públicas.

[26] A tutela das EP regionais competia aos órgãos do Governo das Regiões Autónomas.

O regime de 1976 distinguia as dimensões *técnica* e *económico-financeira* da tutela (art. 13.°). A tutela técnica era exercida pelo ministro em cujas atribuições cabia a actividade da empresa. A tutela económico-financeira era exercida pelo titular do Ministério das Finanças. Com esta última pretendia-se garantir que a gestão das empresas fosse feita de modo a não causar encargos injustificados ao erário público. Com efeito, os resultados da gestão das EP têm repercussões imediatas no orçamento de Estado. Estas podiam resultar quer da necessidade de cobrir despesas de exploração ou de reforçar o capital para a cobertura de investimentos (efeitos negativos), quer, inversamente, traduzir-se no ingresso de lucros sob a forma de remuneração dos capitais (efeitos positivos).

De acordo com o regime de 1976, a intervenção do Governo deveria limitar-se à definição do *enquadramento geral da actividade da empresa*, tendo em vista a sua compatibilização com as políticas económicas global e sectoriais do Governo, à fiscalização geral da actividade da empresa e à autorização ou aprovação dos actos de maior importância na vida da mesma ou cujas implicações pudessem transcendê-la, deixando aos gestores a liberdade necessária para resolverem os problemas de gestão corrente (arts. 12.° e 13.°). No entanto, a prática demonstrou que os governos ultrapassaram com frequência uma visão estrita dos poderes de tutela[27].

3. As privatizações e o novo regime do sector empresarial do Estado

3.1. As privatizações

3.1.1. O conceito de privatização

Como referimos inicialmente, o «Estado empresário» nas suas diferentes manifestações institucionais tem sido objecto de compressão por efeito dos processos de privatização. Em sentido lato, a privatização designa uma técnica pela qual o Estado reduz ou modifica a sua intervenção na economia em favor do sector privado[28]. As

[27] Para maiores desenvolvimentos, cf. E. PAZ FERREIRA, *Lições de Direito da Economia, ob. cit.*, p. 215 e ss.; Grupo de Trabalho Interministerial (presidido por Rui Vilar), *Livro Branco do Sector Empresarial do Estado*, Ministério das Finanças, 1998, instrumento de trabalho imprescindível para a compreensão do regime. O regime dos gestores públicos (estatuto do gestor público) actualmente em vigor foi aprovado pelo DL n.º 71/2007, de 27 de Março, alterado pela Lei n.º 64-A/2008, de 31 de Dezembro.

[28] Segundo B. VON HOFFMAN, a privatização não tem um sentido jurídico preciso. Numa acepção ampla, a privatização consistirá em qualquer decisão da Administração de abandonar uma actividade económica em proveito do sector privado (B. VON HOFFMAN, «Les Privatisations en Droit Comparé et en Droit International (Privé)», *Recueil des Cours de l'Académie de Droit International*, Dordrecht/Boston/London: Martinus Nijhoff Publishers, 1993, p. 231 ss.). Cf., ainda, A. ABATE «Droit Communautaire, privatisations, déréglementations», *Revue du Marché Unique Européen*, n.° 23, 1994, pp. 11-73; L. BOLOGNA, *Aspetti evolutivi e nuove forme di gestione delle imprese di servizi pubblici*, Milano: CEDAM, 1999; S. CARNOT, «As Privatizações em França», *Revista da Banca*, n.° 6, Abril-Junho, 1988, pp. 17-26; C. CHAPMAN, *Selling*

formas de alcançar esse objectivo variam em função das políticas públicas económicas: estendem-se da alienação da propriedade dos meios de produção públicos e da cedência da sua gestão até à abertura de sectores anteriormente vedados à iniciativa privada, passando pela liberalização dos regimes legais da actividade económica privada e ainda pela colaboração de entidades privadas na execução de tarefas públicas, já antes referida. Convém, assim, começar por esclarecer os vários sentidos com que termo privatização tem vindo a ser utilizado.

a) Por *privatização*, em sentido estrito, entende-se a *transferência total ou parcial da propriedade de empresas e/ou bens públicos para entidades privadas.* A natureza pública desses bens ou empresas tanto pode ser originária como resultar de nacionalizações anteriores. Fala-se, neste último caso, de reprivatização.

b) Igualmente se emprega aquele termo para designar a *concessão a entidades privadas, mediante contrato, da gestão de empresas públicas ou de serviços públicos* (por exemplo, a distribuição de gás canalizado, a exploração de petróleo ou a gestão dos estabelecimentos de saúde)[29]. No caso da concessão de serviços públicos, a privatização da gestão não implica necessariamente, como se verá mais adiante, o desaparecimento do financiamento público.

c) Num outro sentido, menos preciso, o termo privatização é utilizado para designar a *contratação de serviços por entidades públicas a entidades privadas* (*contracting out, out sourcing* ou subcontratação de serviços públicos a privados). Os serviços contratados podem ser serviços intensivos em mão-de-obra, como a limpeza, os refeitórios, etc., mas de natureza intermitente. Mas pode também tratar-se de serviços tecnologicamente mais sofisticados, tendo em vista o descongestionamento e a redução das actividades dos serviços públicos, aliviando-os da execução de certas tarefas susceptíveis de serem subcontratadas a entidades privadas e exploradas por estas numa lógica lucrativa.

the Family Silver: has privatisation worked?, Hutchinson Business Books, 1990; P. Curwen, *Public Enterprise, a modern approach*, Brighton: Wheatsheaf Books, 1986; J. García de Enterría, «Ordenación de los mercados de valores y operaciones de privatización», *Revista de Derecho Bancario y Bursátil*, 73, Año XVIII, 1999, pp. 11-29; Ferrari-Breeur «L'Après Privatisation en Italie: Réflexions sur le Rôle de l'État dans les sociétés privatisées», *Revue du Marché Commun*, n.º 426, Mars, 1999, pp. 166-17; D. Parker (ed.), *Privatisations in the European Union, Theory and Policy Perspectives*, London-New York: Routledge, 1998; G. Rossi «Privatizzazioni e diritto societario», *Rivista della Società*, Anno 39.º, Maggio-Giugno, Fasc. 3.º, Milano: A. Giuffrè, 1994, pp. 385-401; F. Freire de Sousa *et al.*, *O Processo de Privatizações em Portugal*, Porto: AIP, 1995; A. Verhoeven, «Privatization and EC Law: Is the European Commission 'neutral' with respect to public versus private ownership of companies?», *International and Comparative Law Quaterly*, vol. 45, part. 4, October, 1996.

[29] Em Portugal, foram adoptados projectos deste tipo, por exemplo, para a administração de portos, centros de saúde e hospitais, sendo pioneiros o Hospital Fernando Fonseca e o Hospital Amadora-Sintra-Sociedade Gestora, SA, sociedade detida a 100% pela *holding* José de Mello Saúde, SGPS.

d) Aparece, também, referida no âmbito das privatizações a *abertura à iniciativa privada de sectores anteriormente explorados pelo sector público em regime de monopólio* (como, por exemplo, as telecomunicações de uso público, a televisão e a distribuição de energia), ou em que o sector público detinha privilégios especiais. Trata-se verdadeiramente de uma abertura ao mercado ou da remoção de restrições à concorrência, sendo, em bom rigor, mais correcto falar de liberalização. Não havendo alienação da titularidade das empresas públicas existentes, há, no entanto, alterações no respectivo sector económico.

e) Privatização é ainda empregue com o significado de *desregulação* quando as autoridades públicas deixam de regular ou aligeiram a regulação do modo de produção ou de distribuição de um bem ou serviço (condições de acesso a actividades económicas, regime de preços, concorrência entre as empresas, entre outros aspectos), permitindo o livre funcionamento das regras do mercado.

f) Finalmente, o termo privatização aparece a qualificar o *processo de submissão dos serviços ou das empresas públicas a regras de gestão de natureza privada* (como por exemplo aconteceu, entre nós, com alguns institutos públicos). Fala-se a este propósito em *privatização formal*, que se traduz no mero recurso pelo Estado a formas organizacionais ou a regimes jurídicos de direito privado, para a distinguir da *privatização material*, que representa a transferência para o sector privado da propriedade ou da gestão de meios de produção públicos[30].

Justifica-se, assim, por diversos motivos, o interesse numa explicitação das várias formas de «privatização»[31]. Isto porque, em primeiro lugar, assim torna-se claro que a problemática das privatizações transcende o sector empresarial do Estado, atingindo também a Administração económica em sentido restrito, ou seja, os organismos públicos. Em segundo lugar, porque ela deixa perceber que nem todas as formas de privatização implicam que o Estado abandone o financiamento e mesmo o planeamento dos respectivos serviços. Finalmente, porque deste modo se clarifica que em alguns casos não é tanto de transferência da propriedade ou gestão públicas que se trata, mas tão-só de formas de ampliação do papel da actividade privada ao lado da pública, em concorrência ou conjugação com ela.

A análise que se segue incidirá sobretudo em alguns aspectos das privatizações entendidas em sentido estrito, ou seja, como transferência total ou parcial da pro-

[30] N. Sá Gomes, *Nacionalizações e Privatizações, ob. cit.*, pp. 349-350; B. Von Hoffman, *ob. cit.*, pp. 265-266.

[31] Referiram-se apenas os sentidos mais correntes. Com efeito, pode, ainda, entender-se como «privatização» o processo pelo qual o Estado deixa de prestar determinados serviços, designadamente de carácter social, incentivando indirectamente entidades privadas a prestá-los, assim como a redução do financiamento de determinados serviços estatais, como forma de os estimular a procurar financiamento junto de fontes privadas. Cf. K. Ascher, *The Politics of Privatization*, London: MacMillan, 1987, p. 6.

priedade de bens e/ou empresas públicas para entidades privadas, na medida em que o seu regime tem assumido maior importância nos últimos anos.

3.1.2. Fundamentos das privatizações

As privatizações são um fenómeno relativamente recente – que adquiriu impulso no final dos anos 70 e durante a década de 80 – inserido num movimento de redução do papel do Estado na vida económica e social. No plano político, surge com a crise do Estado empresário e do Estado fiscal e o abandono, no plano nacional, das políticas keynesianas. No plano ideológico, o movimento das privatizações foi acompanhado e estimulado pela afirmação das doutrinas neoliberais.

No período referido, assistiu-se a uma vaga de privatizações de empresas públicas em praticamente todos os países ocidentais onde elas existiam[32]. Razões de vária ordem têm sido aduzidas para explicar esse movimento.

Em primeiro lugar, a ineficiência de muitas empresas públicas, provocada, em parte, pelo facto de a sua gestão sacrificar os objectivos económico-financeiros e comerciais aos objectivos políticos e sociais, como contracção de empréstimos, redução de tarifas e preços e manutenção do emprego[33]; em segundo lugar, a necessidade de diminuir o desequilíbrio dos orçamentos públicos, aliviando-os dos défices de algumas empresas públicas e acrescendo-os das receitas provenientes da venda do respectivo capital e património; em terceiro lugar, a redução do peso político dos sindicatos (Reino Unido) ou das clientelas político-partidárias (Itália); enfim, a intenção de promover vantagens sociais sugeridas como mais adequadas à presente fase do capitalismo, como seja a distribuição popular do capital, incluindo a participação neste dos trabalhadores das empresas a privatizar[34]. Assim, se numa óptica microeco-

[32] Pioneiro no processo de privatizações foi o Reino Unido, onde, de acordo com Bishop e Kay, ele começou por ser pensado como um meio de intervenção no mercado de trabalho destinado a reduzir o poder dos sindicatos no sector público, só posteriormente assumindo outra extensão e coerência como política de governo. Cf. M. Bishop e J. Kay, *Does Privatization Work? Lessons from the UK*, London: London Business School, 1988.

[33] Para a ineficiência que, entre nós, se verificou em certas áreas do sector empresarial do Estado (e não de todo) convergiram factores diversos: uns relativos à inexistência de estratégias económicas de médio e longo prazo e à indefinição de uma política industrial para o país; outros ligados à evolução da crise do sistema económico internacional que, na década de 70, atingiu múltiplos sectores de actividade; outros ainda resultantes da utilização do sector empresarial do Estado como instrumento de política de financiamento da balança de pagamentos (por exemplo, obrigando-o a recorrer ao crédito externo em condições pouco favoráveis) ou de outras políticas conjunturais (por exemplo, atrasos nos compromissos do Estado às empresas públicas e na actualização dos preços); factores, por fim, ligados ao modelo de gestão (peso excessivo da tutela) e interferência do sistema político-partidário na nomeação dos gestores. Cf. A. Branco, «Sector público: enquadramento e perspectivas futuras», in Cisep, *O Comportamento dos Agentes Económicos e a Reorientação da Política Económica*, Vol. II, Lisboa: ISE, 1986, pp. 753 ss.

[34] Cf. J. J. Santini «Les dénationalisations au Royaume Uni», *in* J. J. Santini (org.), *Les Privatisations à l'Etranger*, Paris: La Documentation Française, 1986, pp. 34 ss. J. César das Neves, «Capitalismo popular

nómica, a política de privatizações visaria melhorar o funcionamento das empresas, numa óptica macroeconómica, teria em vista restaurar em pleno os mecanismos de mercado e de concorrência em determinados sectores e reduzir o peso do Estado na economia. Razões de ordem financeira, económica, política e ideológica misturam-se, pois, no leque de justificações do processo de privatizações[35].

O movimento privatizador da economia pública e dos serviços públicos económicos e sociais no âmbito dos países de economia capitalista, de mercado, veio a ser por último secundado pela dissolução das economias baseadas na propriedade colectiva dos meios de produção e na planificação, subsequente às alterações políticas ocorridas na Europa de Leste, implicando políticas de privatização massivas de empresas estatais[36].

3.1.3. As privatizações em Portugal

3.1.3.1. Antecedentes

Em Portugal, a privatização *total* das empresas públicas só foi permitida a partir de 1990 (Lei n.º 11/90, de 5 de Abril)[37].

O facto de, como atrás se disse, até à revisão de 1989, a CRP estabelecer um princípio de irreversibilidade das nacionalizações constituiu o principal obstáculo à pri-

e as privatizações», in A. S. Mello e D. Lucena, *Política Económica para as Privatizações em Portugal*, Lisboa: Verbo, 1990, pp. 85-99. Segundo este autor, o «capitalismo popular» corresponde a um modelo segundo o qual a generalidade dos agentes económicos de uma dada sociedade tem acesso à propriedade directa do capital das empresas. Cf. também R. M. Hammer, M. H. Hinterhuber and J. Lorentz, «Privatization – A Cure for all Ills?», *Long Range Planning*, Vol. 22, n.º 6, 1989, p. 19.

[35] Cf. V. Wright, «Introduction. Chacun privatise à sa manière» in V. Wright (dir.) *Les Privatisations en Europe. Programmes et Problèmes*, Poitiers: Actes Sud, 1993.

[36] O movimento das privatizações no Leste teve, porém, características distintas: tratou-se de uma mudança *de* sistema e não de uma mudança *no* sistema (sobre o tema, ver AIDE, *Revue Internationale de Droit* Économique, n.º 3, 1993, número especial sobre as privatizações).

[37] Sobre o processo de privatizações entre nós, para além do citado Livro Branco do Sector Empresarial do Estado, cf. F. Freire de Sousa e R. Cruz, *O Processo de Privatizações em Portugal*, Porto: AIP, 1995; GAFEEP, *Privatizações em Portugal – Uma Reforma Estrutural*, Ministério das Finanças, 1995; E. Paz Ferreira, «Do Mito do Sector Empresarial do Estado ao Mito das Privatizações», *Revista da Banca*, n.º 9, 1989; I. Carvalho, *Impacte das privatizações no mercado português*, Documentos de Trabalho do DGEP n.º 12, Lisboa: Ministério das Finanças, 1999; J. M. L. Viegas, *Nacionalizações e Privatizações: Elite e Cultura Política na história recente de Portugal*, Oeiras: Celta, 1996; Mª Rita V. Martins, *Privatizações: Objectivos e Modalidades. Uma abordagem centrada no caso português*, Faculdade de Direito da Universidade de Coimbra, 1997; J. Miranda, "As privatizações na revisão constitucional de 1989 e na Lei n.º 11/90 de 5 de Abril", *Direito e Justiça*, Lisboa: UCP, 1991, pp. 49-59; P. Otero, *Privatizações, Reprivatizações e Transferências de Participações Sociais no Interior do Sector Público*, Coimbra: Coimbra Ed., 1997; A. S. Franco, «As indemnizações e as privatizações como institutos jurídico-financeiros», *Direito e Justiça*, Lisboa: UCP, 1991; A. Menezes Cordeiro, «As privatizações e o direito privado: alguns aspectos com especial referência ao sector bancário», *Direito e Justiça*, vol. V, Lisboa: UCP, 1991, pp. 71-89.

vatização das empresas públicas. A revisão eliminou esse princípio, substituindo-o por um princípio de admissibilidade das *reprivatizações*, seja da titularidade, seja da gestão dos meios de produção nacionalizados. Uma disposição transitória, o art. 296.°, fixou os princípios que uma lei-quadro das privatizações, a adoptar, deveria respeitar.

No entanto, o processo de privatizações teve *antecedentes* que convém brevemente registar. Recorrendo a um conceito mais amplo de privatização é, assim, possível afirmar que a primeira expressão de «privatização» de empresas públicas no direito económico português consistiu na possibilidade de privatização da gestão admitida no art. 9.° da Lei n.° 46/77, de 8 de Julho (Lei de Delimitação de Sectores), onde se previa que a exploração e a gestão das empresas nacionalizadas podiam, em casos excepcionais, ser confiada a entidades privadas.

Depois disso, na revisão daquela lei, em 1983 (DL n.º 373/83, de 29 de Outubro), foram abertos à concorrência sectores que até aí haviam constituído um quase monopólio público. Ainda nesse mesmo período algumas empresas públicas foram transformadas em sociedades de capitais públicos. Permanecendo, é certo, integradas no sector empresarial do Estado (mas não no sector público de propriedade dos meios de produção), já que se mantinha a titularidade pública do seu capital, facultava-se-lhes, contudo, uma maior autonomia, visto que como sociedades comerciais deixavam de estar sujeitas à tutela governamental, adoptando formas de gestão mais próximas das empresas privadas[38].

Finalmente, a Lei n.º 84/88, de 20 de Julho, veio permitir de forma generalizada a transformação das empresas públicas em SA e a privatização do seu capital, sob certas condições e dentro de certos limites. Estas condições e limites tinham em vista assegurar a compatibilidade daquela Lei com a CRP e, em particular, com o princípio da irreversibilidade das nacionalizações[39]. Uma dessas condições era que a transformação não implicasse a reprivatização do capital que tivesse sido nacionalizado. Outra condição era que a maioria do capital social se mantivesse na titularidade da parte pública e que a representação desta nos órgãos sociais da empresa fosse sempre maioritária (art. 2.°). Salvaguardava-se, deste modo, o controlo do Estado sobre a empresa[40].

[38] Foi o caso da Companhia Portuguesa de Resseguros, E.P.. A razão invocada foi precisamente de «não haver (aquela empresa) alcançado uma actuação suficientemente dinâmica capaz de responder às necessidades das seguradoras» (cf. Parecer da Comissão Constitucional n.º 30/82, de 16.11).

[39] No caso da Socarmar (Sociedade de Cargas e Descargas Marítimas), EP, chegou mesmo a ser proposta a subscrição ulterior de acções por outras entidades, incluindo privadas, até um limite de 49% do capital da empresa (cf. Parecer da Comissão Constitucional n.º 31/82, de 16.11).

[40] Sobre esta questão, cf. Ac. n.° 108/88, do Tribunal Constitucional (*Diário da República*, 25.6.1988). O TC pronunciou-se pela constitucionalidade do diploma, com excepção da norma do art. 7.°, n.º 2, por entender que esta violava os princípios constitucionais da anualidade e da plenitude do orçamento.

3.1.3.2. Âmbito da lei das privatizações

Foi na sequência deste processo e da revisão constitucional de 1989 que a Lei n.º 11/90 veio permitir a reprivatização total da *titularidade* ou do *direito de exploração* dos meios de produção e outros bens nacionalizados depois do 25 de Abril (art. 1.º), reproduzindo disposições da lei anterior e reformulando outros. A lei incide, pois, especificamente, sobre a privatização de empresas (e de participações sociais) nacionalizadas, que assim retornam ao sector privado. A restrição do objecto da lei aos meios de produção, incluindo empresas, nacionalizados não exclui, é claro, a privatização de outros tipos de bens ou empresas detidos por entidades públicas, sem origem nas nacionalizações. A nenhuma destas se estendia o princípio da irreversibilidade das nacionalizações. A lei também não se ocupa da disciplina da reprivatização da propriedade das terras expropriadas no âmbito da reforma agrária, que a revisão constitucional de 1989 igualmente permitiu, a qual se rege por legislação específica (DL n.º 349/91, de 19 de Setembro).

Um limite às privatizações é o que decorre, em última análise, do princípio constitucional da coexistência dos sectores público, privado e cooperativo dos meios de produção. Este princípio constitui um obstáculo a ou, noutra perspectiva, uma garantia de não privatização total do sector público produtivo.

3.1.3.3. Objectivos

Em consonância com as orientações que inspiraram as políticas de privatizações noutros países, também entre nós foram definidos objectivos de diversa natureza: económicos, financeiros, sociais e políticos. Entre os primeiros encontram-se a modernização e a competitividade económica, o reforço da capacidade empresarial nacional e o desenvolvimento do mercado de capitais. Nos objectivos financeiros incluem-se tanto a diminuição dos encargos com o sector público, como a utilização das receitas das privatizações para a amortização da dívida pública, da dívida do sector empresarial do Estado e do serviço da dívida resultante das nacionalizações (aliás, só podem ser estes os destinos das receitas, de acordo com o art. 296.º, al. *b*), da CRP). Entre os terceiros, destaca-se a intenção de promover uma ampla participação dos cidadãos, em particular dos trabalhadores das próprias empresas e dos pequenos subscritores, na titularidade do capital das empresas. Mas prosseguem-se também objectivos políticos ou, se quisermos, de sistema: entre estes sobreleva a «redução do peso do Estado na economia» (arts. 3.º e 16.º da Lei n.º 11/90).

3.1.3.4. O processo de privatização

a) *A transformação das empresas públicas em sociedades anónimas*

No regime em vigor de 1976 a 1999, o sector empresarial do Estado era composto por *empresas públicas* (EP), sociedades de capitais públicos e sociedades de economia mista controladas. O Estado podia ainda deter participações minoritárias em sociedades comerciais privadas. Qualquer destes tipos de empresas ou participações podia ser e, na prática, foi objecto de privatização.

O regime jurídico específico das EP e designadamente a natureza institucional, não associativa, do seu capital, consagrada entre nós no regime de 1976, exigia que, antes da sua privatização, elas fossem transformadas em SA nos termos da lei comercial (art. 4.° da Lei n.º 11/90). A SA que viesse a resultar da transformação continuava a personalidade jurídica da empresa transformada, mantendo todos os direitos e obrigações legais desta (art. 4.°, n.º 3), garantindo-se expressamente a manutenção de todos os direitos e obrigações dos trabalhadores (art. 19.°).

A privatização, total ou parcial, *da titularidade* era depois efectuada por *alienação das acções representativas do capital social* e/ou por *aumento do capital social,* quando assim fosse julgado necessário.

b) *Os métodos de privatização*

A alienação de uma empresa pública (*lato sensu*) tanto pode operar-se integralmente, de uma só vez, como pode ter lugar por partes, em fases e momentos distintos e com diferentes regras de alienação. Geralmente, a venda das empresas tem sido efectuada por lotes e por fases, sobretudo tratando-se de sectores críticos da actividade económica como o financeiro. Esta opção prende-se com a vontade de o Estado ir mantendo a sua supervisão sobre o processo, aproveitando ganhos de experiência, e não prejudicar a imagem das empresas no mercado de capitais.

São quatro as modalidades principais a que, em geral, se pode recorrer para proceder à privatização do capital das empresas públicas: *a venda em bolsa* (OPV: oferta pública de venda, um dos tipos de oferta pública de distribuição, previsto hoje nos arts. 170.°-172.° do Código dos Valores Mobiliários (DL n.º 357-A/2007, de 31 de Outubro, alterado pelo DL n.º 211-A/2008, de 3 de Novembro, pela Lei n.º 28/2009, de 19 de Junho e pelo DL n.º 185/2009, de 12 de Agosto), *a venda de acções aos trabalhadores, a venda a investidores institucionais ou a venda a um único comprador*[41]. Estas modalidades são frequentemente combinadas no quadro de um mesmo processo de privatização, dividindo-se em *tranches* o capital a privatizar.

A selecção do método ou métodos de alienação do capital depende, em larga medida, de um critério político, ou seja, do grau de influência que o Estado pretende

[41] Exemplos do recurso a estas diferentes modalidades de alienação podem ser encontrados nos Decretos-Lei n.º 353/88, de 6 de Outubro, que alterou a natureza jurídica da UNICER – União Cervejeira, E.P., n.º 109/89, de 13 de Abril (Aliança Seguradora), n.º 313/89, de 21 de Setembro (Empresa de Desenvolvimento Mineiro), n.º 337/89, de 4 de Abril (Aliança Seguradora), n.º 313/89, de 21 de Setembro (Empresa de Desenvolvimento Mineiro) e n.º 337/89, de 4 de Outubro (Socarmar). Cf. G. Longueville e J. J. Santini, «Introduction», in J. J. Santini, *ob. cit.*, p. 10. Cf. também, sobre o caso português, Luis Morais, *Privatização das Empresas Públicas,* Lisboa: AAFDL, 1990.

salvaguardar sobre a empresa. As políticas dos diversos países têm variado em função de factores como o carácter estratégico das empresas, a sua dimensão, a sua situação económica e financeira, a relação tradicional entre sector público e sector privado, as expectativas de rendimento oferecidas por cada um dos métodos mencionados.

A necessidade de conciliar objectivos por vezes contraditórios pode dificultar a escolha do método mais adequado. É o caso, por exemplo, quando se pretende, por um lado, a obtenção de receitas e a redução da dívida pública e, por outro lado, a manutenção de uma certa margem de influência sobre as empresas. Os poderes públicos são também obrigados, naturalmente, a considerar as implicações das diversas modalidades de alienação do capital sobre a procura e o preço das acções. Para além disso, se um dos objectivos gerais das privatizações tem sido a disseminação do capital, esta deve, contudo, ser ponderada face ao inconveniente de não facilitar a constituição de um grupo com peso suficiente para assegurar a estabilidade e uma boa gestão da empresa. Daí que se defenda frequentemente que o Estado deva transmitir uma fracção significativa do capital a privatizar a um «núcleo duro» de «accionistas estáveis»[42].

De acordo com a lei portuguesa, a reprivatização da titularidade deve ser efectuada por alienação das acções representativas do capital social ou por aumento do capital da empresa, a realizar em regra e preferencialmente – assim o impõe a Constituição (art. 296.°, al *a*)) – por *concurso público, oferta na bolsa de valores ou subscrição pública* (art. 6.°, n.º 1 e n.º 2 da Lei n.º 11/90)[43].

Prevê-se, todavia, que nos casos em que o exijam «o interesse nacional ou a estratégia definida para o sector» ou «a situação económico-financeira da empresa» o recomende, o processo a utilizar deverá ser o *concurso limitado* ou a *venda directa* («adjudicação sem concurso») (art. 6.º, n.º 3, da Lei n.º 11/90).

O primeiro apresenta-se como *concurso aberto a candidatos especialmente qualificados,* referente a lote de acções indivisível, com garantia de estabilidade dos novos accionistas e em obediência a requisitos considerados relevantes para a própria empresa, requisitos esses que constarão de caderno de encargos a adoptar para o efeito (art. 7.°, n.º 1 da Lei n.º 11/90). A *venda directa* consiste na adjudicação sem concurso a um ou mais adquirentes do capital a alienar (art. 8.°, n.º 1)[44]. Um e outro destes métodos

[42] Cf. D. Carreau e R. Theubold, «La Nouvelle Loi de Privatisation ou l'Annonce Prématurée de la Mort de Colbert», *Recueil Dalloz-Sirey*, 32e Cahier-Chronique, 1993, p. 233.

[43] Por exemplo, a Resolução do Conselho de Ministros n.º 23/90, de 22 de Junho, que aprovou o regulamento de alienação de 51% do capital social do Totta & Açores, dispunha que a oferta das acções desta empresa seria feita por subscrição pública.

[44] A venda directa foi o método escolhido no caso das empresas participadas da QUIMIGAL (DL n.º 128/91, de 22 de Março) e da Companhia de Seguros GARANTIA (Resolução do Conselho de Ministros n.º 125/94, de 23 de Dezembro).

parecem especialmente vocacionados para a formação de núcleos duros, ao contrário da oferta na bolsa de valores que facilita uma maior dispersão do capital.

É precisamente para não frustrar a procurada estabilidade, que a Lei n.º 11/90 estipula que os títulos transaccionados por concurso público ou venda directa devem ser nominativos e eventualmente intransmissíveis (via cláusulas de inalienabilidade) durante determinado período, cuja fixação é remetida para o DL que cria a SA (art. 6.°, n.º 4).

Quando se tratar de privatizar apenas o *direito de exploração*, a alienação efectua-se em regra por concurso público e excepcionalmente por concurso limitado ou por ajuste directo, aplicando-se no mais as regras da privatização da titularidade, com as necessárias adaptações (art. 26.°).

A maioria das operações tem sido feita por OPV a preço fixo, baseado em avaliações de entidades independentes e finalmente fixado pelo Conselho de Ministros. O concurso público e o concurso limitado têm sido utilizados no caso de empresas consideradas estratégicas ou de sectores especialmente sensíveis como, por exemplo, o dos petróleos. A venda directa tem sido o método escolhido para as empresas, designadamente do sector industrial, em situação relativamente débil do ponto de vista económico e financeiro e, por isso, mais difíceis de vender no mercado bolsista[45].

c) *Regimes preferenciais e restrições na aquisição e subscrição do capital*

• *O «capitalismo popular»*

A filosofia do «capitalismo popular», também designado como «accionarato popular», e da participação dos trabalhadores no capital das respectivas empresas encontra claramente expressão no preceito que *reserva* uma parte do capital a reprivatizar para *a aquisição ou subscrição por pequenos subscritores, trabalhadores da empresa a reprivatizar e, eventualmente, emigrantes* (art. 10.°). Aliás, é a própria CRP que o impõe, no que se refere aos trabalhadores da empresa (art. 293.°, al. *d*)). Nesse sentido prevê-se ainda que a aquisição ou subscrição por pequenos subscritores ou por emigrantes beneficiem de condições especiais (art. 11.°, n.º 1)[46]. A preferência atribuída aos trabalhadores da empresa de participarem no capital da empresa a cujo serviço se encontrem ou com a qual tenham mantido vínculo laboral durante mais de três anos (incluindo com a empresa privada que esteve na base da empresa pública) é independente do método escolhido para a reprivatização e pode também beneficiar de condições especiais (art. 12.°, n.º 2).

[45] Foram exemplos a QUIMIGAL e a SOPONATA.

[46] Estas condições especiais foram contempladas em quase todos os processos de privatização, consistindo, por exemplo, em preços especiais e facilidades de pagamento.

A preocupação de «democratizar» a participação no capital explica que o legislador tenha procurado evitar que esse objectivo seja frustrado pela alienação imediata das acções adquiridas ao abrigo dos regimes preferenciais. Incluem-se assim as referidas cláusulas de inalienabilidade. Inibe-se também o direito de voto durante o mesmo período (arts. 11.º e 12.º, n.º 2 e n.º 3), o que consiste numa severa restrição aos direitos normais dos accionistas[47].

Pode-se hoje, ou pelo menos por enquanto, dizer que o princípio do «capitalismo popular» não vingou. Com efeito, mais de 20% dos accionistas na bolsa portuguesa são referidos como «patrão», na caracterização sociodemográfica levada a cabo pela CMVM em 2001, e entre 15 a 20% dos accionistas são referidos como profissionais liberais. A situação não se alterou substancialmente desde então.

• *Limites à concentração do capital*

Uma outra preocupação que caracteriza normalmente os processos de privatização é a de prevenir uma excessiva concentração e virtualmente a monopolização do capital. Com esse fim, a lei admite a introdução de *restrições às condições de venda no sentido de fixar limites máximos ao capital a adquirir por uma mesma entidade*. A lei das reprivatizações determina que a fixação dessa percentagem será feita caso a caso para cada processo de privatização (art. 13.º, n.º 2)[48]. É claro que essa restrição deixa de ter sentido quando o capital é alienado através de concurso aberto a candidatos especialmente qualificados ou de venda directa, valendo só para o concurso público, oferta na bolsa de valores ou subscrição pública.

Tal como se encontra redigido, o n.º 4 do art. 13.º é aplicável tão-só às empresas que estejam vinculadas entre si mediante participações no capital, deixando de fora, designadamente, as sociedades coligadas ou pertencentes a um mesmo grupo económico[49].

• *Participação de entidades estrangeiras no capital das empresas*

Um risco adicional, de natureza política, associado ao processo de privatizações e reconhecido na generalidade dos países é o da tomada de controlo das empresas privatizadas, especialmente em áreas estratégicas, por *investidores estrangeiros*. Para prevenir ou atenuar este risco, várias legislações (designadamente, a inglesa e a fran-

[47] O DL n.º 234/91, de 27 de Junho, permitiu a constituição de fundos de investimento mobiliários pelos trabalhadores das SA resultantes da privatização de empresas públicas (cf. também, a Portaria n.º 780/92, de 11 de Agosto). Sobre o «capitalismo popular», cf. J. C. das Neves, *ob. cit.*, pp. 85-99; M. R. Vieira Martins, *ob. cit.*.

[48] Por exemplo, no caso da reprivatização da CIMPOR, o limite à participação individual foi fixado em 5% (art. 4.º, n.º 1, do DL n.º 120/94, de 10 de Maio).

[49] Em França e na Itália, por exemplo, a privatização gerou, em determinados sectores, uma forte concentração do capital. Cf. V. Wright, *ob. cit.*, p. 42.

cesa) incluíram disposições impondo limites à aquisição do capital por essas entidades. Com idêntico objectivo, a lei portuguesa admitiu a possibilidade de fixação de um duplo limite: em primeiro lugar, ao montante das acções a adquirir por entidades estrangeiras no seu conjunto ou cujo capital fosse detido maioritariamente por entidades estrangeiras (quer dizer, empresas controladas por entidades estrangeiras); em segundo lugar, ao valor máximo da respectiva participação no capital social (art. 13.°, n.º 3). Diferentemente do que estabelecera a Lei n.º 84/88, a Lei n.º 11/90 não fixou uma restrição quantitativa geral e obrigatória para todas as privatizações[50]. O seu uso e termos exactos dependiam de uma série de factores relacionados com o interesse estratégico da empresa a privatizar, as expectativas sobre a procura nacional, as receitas que se pretendesse obter, etc..

Este tipo de restrições revela-se dificilmente compatível com o princípio da liberdade de estabelecimento e, em particular, com o art. 55.º do TFUE[51]. A Comissão não deixou de alertar os EM para esta incompatibilidade. Fê-lo, porém, inicialmente de um modo pouco vigoroso, por razões que terão tido a ver com o facto de os processos de privatizações serem de um modo geral favoráveis à filosofia do mercado interno[52]. A pressão exercida num segundo momento pela Comissão sobre os governos do Reino Unido e da França levou-os, não propriamente a suprimir, mas a elevar progressivamente os limites máximos da participação de nacionais de outros EM nas empresas a privatizar[53]. Houve casos em que os limites inicialmente impostos foram flexibilizados ao ponto de as empresas privatizadas terem passado a ser controladas por estrangeiros[54].

Em Portugal, o limite geral da participação de estrangeiros nos processos de privatização propriamente ditos manteve-se em aberto durante vários anos, tendo legislação adoptada em 1994 garantido às entidades estrangeiras interessadas a possibilidade de virem a deter até 25% do capital das sociedades cujo processo de reprivatização se encontrasse concluído (DL n.º 65/94, de 28 de Fevereiro).

De notar que o referido DL n.º 65/94 foi controvertido no âmbito do processo C-367/98 *Comissão/Portugal*, no quadro do qual o TJCE considerou aquela legis-

[50] De acordo com o art. 5.°, n.º 1, da Lei n.º 84/88, as entidades estrangeiras não poderiam adquirir no seu todo mais do que 10% das acções a alienar.

[51] Segundo esta disposição, os Estados-Membros são obrigados a permitir o acesso ao capital das sociedades comerciais do respectivo país aos nacionais dos outros Estados-membros em condições não discriminatórias. Note-se que as leis de privatização de países do Leste e Centro da Europa como a Hungria, a República Checa ou a Polónia, admitiram a participação maioritária de estrangeiros nas empresas privatizadas, sob condição de acordo dos governos (B. Von Hoffman, *ob. cit.*, p. 279).

[52] Cf. D. Carreau e P. Theubold, *ob. cit.*, p. 233. O que mitiga a ideia de que a Comissão seria neutral perante a regulação da propriedade, como estabeleceria o art. 295.° do TCE, segundo o qual «o presente Tratado em nada prejudica o regime da propriedade nos Estados-Membros» (hoje art.º 345.º do TFUE).

[53] Cf. C. Graham e T. Prosser, *Privatizing Public Enterprises*, Oxford: Clarendon Press, 1991, p. 141.

[54] Foi o caso da Rolls-Royce, controlada a partir de 1994 pela empresa alemã BMW.

lação restritiva da livre circulação de capitais (hoje, art. 63.° TFUE), da liberdade de estabelecimento (art. 49 e ss. TFUE) e do princípio do tratamento nacional na aquisição de capital (art. 55.° do TFUE). Deste processo resultou a obrigação para o Estado português de adequar aquela legislação a estes princípios, uma vez que não estavam preenchidos os requisitos que possibilitassem qualquer derrogação (e.g. art. 52.° do TFUE).

Por isso mesmo, invocando os compromissos do Estado português perante a UE, o Governo resolveu eliminar quaisquer restrições relativamente a investidores originários de países da União, quer no que respeita a processos de privatização já concluídos, quer a operações de reprivatização pendentes ou a iniciar, pondo de parte qualquer limite quantitativo à participação de entidades estrangeiras no quadro dos processos de reprivatização (cf. DL n.º 24/96, de 20 de Março)[55]. O art. 13.º, n.º 3, da Lei n.º 11/90 viria, assim, a ser revogado pela Lei n.º 102/2003, de 15 de Novembro.

• *As acções privilegiadas (golden shares)*

Por motivos de ordem política ou económica, os Estados tenderam a reservar para si uma parte do capital de determinadas empresas privatizadas. Nalguns casos, essa reserva de capital foi transitória, destinando-se a assegurar a alienação faseada do capital. Noutros casos, a reserva foi efectuada a título permanente, exercendo o Estado os poderes de gestão correspondente à parte do capital por ele detido[56]. Mas, o processo de privatizações gerou uma figura nova, concebida no Reino Unido em 1981 (durante o governo de Thatcher) e entretanto adoptada noutros Estados: a *acção privilegiada* (*golden share, action spécifique, acción de oro, kiwi share,* esta última a designação adoptada na Nova Zelândia).

A acção privilegiada consiste numa acção ou lote de acções assistidas de poderes especiais que permitem ao Estado nomear um ou mais administradores e exercer sobre determinadas categorias de decisões da empresa um poder reforçado ou mesmo de veto[57]. A *acção privilegiada* confere, assim, ao Estado poderes de gestão na empresa

[55] A procura de uma compatibilização entre o objectivo do fortalecimento dos centros de decisão privados nacionais e os desafios da integração e da globalização é manifesta no teor da Resolução do Conselho de Ministros n.º 71/2000, de 1 de Julho, que aprovou o programa de privatizações para o biénio de Junho de 2000 a Junho de 2002.

[56] Cf., por exemplo, o DL n.º 270/94, de 25 de Outubro, relativo à privatização parcial do Banco de Fomento e Exterior. Invocam-se aí, como razões justificativas da «forte presença» do Estado no capital da empresa a origem histórica da instituição e a importância da natureza especializada que a mesma assume no contexto das instituições bancárias portuguesas. A política do Estado português neste domínio revelava uma certa indefinição: no Banco Português do Atlântico, por exemplo, o Estado deteve inicialmente uma posição de quase 25% do capital, tendo depois decidido alienar em 1995 essa participação face a uma OPA de uma empresa privada, presumivelmente para obter assim receitas imediatas.

[57] Em Portugal, cf. N. C. Rodrigues, *Golden Shares*, Coimbra: Coimbra Editora, 2004; Pedro de Albuquerque e Maria de Lurdes Pereira, *As "Golden Shares" do Estado Português em Empresas Privatizadas:*

desproporcionados em relação aos direitos de propriedade que lhe cabem. Mesmo sendo titular de uma única acção – no valor mínimo exigido pela lei, por exemplo, € 1 –, o Estado poderá exercer uma faculdade reservada a accionistas com considerável valor de participação social[58]. O Estado pode mesmo reservar uma influência máxima, através do direito de veto, nas deliberações mais relevantes para a vida da sociedade. Exemplos clássicos são a alteração do capital, as fusões, as aquisições e as vendas.

A *golden share* tem sido utilizada, por vezes, como um meio de proteger empresas especialmente vulneráveis à tomada de controlo por entidades estrangeiras. A sua existência relaciona-se, nessa medida, com a questão dos centros de decisão nacional.

Em Portugal, a Lei n.º 11/90 admite, a título excepcional, a possibilidade de existência deste tipo de acções destinadas a permanecer na titularidade do Estado, que concedem direito de veto quanto às alterações do pacto social e outras deliberações respeitantes a matérias tipificadas nos estatutos (art. 15.°, n.º 3)[59].

A *golden share* é, em regra, instituída pelos estatutos da sociedade privatizada, devendo constar do diploma que opera a transformação da empresa pública em SA. Tal participação possibilita ao Estado opor-se a decisões importantes, nos termos amplos referidos, com remissão parcial para os diplomas transformadores. Outros poderes especiais do Estado incluem o de nomear um administrador habilitado a impedir quaisquer «deliberações respeitantes a determinadas matérias» (art. 15.°, n.º 1), «a título excepcional, e sempre que razões de interesse nacional o requeiram».

As *acções privilegiadas* (ou *golden shares*) não devem ser confundidas com as *acções preferenciais* contempladas no Código das Sociedades Comerciais (CSC). O CSC prevê a possibilidade de os contratos de sociedade contemplarem a emissão de acções preferenciais, que garantem ao accionista o direito a um dividendo prioritário, mas, em contrapartida, não conferem direito de voto (art. 341.º e ss. do CSC).

Limites à sua Admissibilidade e Exercício, Coimbra: Coimbra Editora, 2006; C. Pignatelli, «Golden Shares» in *Subsídios para Modernizar a Auditoria Pública em Portugal*, Lisboa: UAL, 2002, pp. 171 ss. Cf., também, J. Adell e J. A. Pérez, «The Use of Golden Shares in Spanish Privatisation: Telefónica de España, SA», *Journal of International Banking Law*, vol. 12, Maio, Nr 5, Oxford, 1997, pp. 206-207; T. Emmerson, «EC takeovers, golden shares and British control», *International Financial Law Review*, vol. VII, March, no.3, London, 1998, pp. 11-15; J. Sodi, «Poteri speciali, golden shares e false privatizzazioni», *Rivista della Società*, Marzo-Giugnio, Milano, 1996, pp. 368-404.

[58] Em Portugal, o valor nominal mínimo da acção é de um cêntimo (art. 276º, n.º 2, do CSC).

[59] «Poderá ainda o diploma referido no n.º 1 do artigo 4.°, e também a título excepcional, sempre que razões de interesse nacional o requeiram, prever a existência de acções privilegiadas, destinadas a permanecer na titularidade do Estado, as quais, independentemente do seu número, concederão direito de veto quanto às alterações do pacto social e outras deliberações respeitantes a determinadas matérias, devidamente tipificadas nos mesmos estatutos». Encontra-se uma expressão desta técnica no art. 12.° do DL n.º 120/94, de 10 de Maio.

• As *golden shares* no direito europeu

De acordo com o direito da União Europeia, em princípio, as *golden shares* só poderão ser justificadas à luz das excepções ao direito de estabelecimento e à liberdade de circulação de capitais por razões de protecção da ordem, segurança ou saúde públicas que figuram nos arts. 52.° e 65.º do TFUE.

Iniciativas sucessivas da Comissão, tendentes a condenar os direitos e poderes especiais dos Estados-Membros em empresas privadas, bem como decisões do Tribunal de Justiça ajudaram a clarificar a doutrina das instituições europeias nesta matéria.

Em Junho de 2002, o TJ pronunciou-se sobre três processos envolvendo, alegadamente, a questão das *golden shares*. Estas decisões eram aguardadas com expectativa na sequência da crítica às *acções privilegiadas* operada pela Comunicação da Comissão relativa a certos aspectos jurídicos dos investimentos intracomunitários (1997).

A decisão referente a Portugal (Acórdão do Tribunal de Justiça, de 4 de Junho de 2002, sobre o processo C-367/98 - «regime de autorização administrativa relativo a empresas privatizadas») não se referia, no entanto, a *golden shares*. Os diplomas e disposições legais em causa, nomeadamente o art. 13.°, n.º 3 da Lei n.º 11/90, o DL n.º 380/93 e o DL n.º 65/94, e ainda os decretos-leis de transformação de EP em SA, haviam sido contestados pela Comissão por limitarem o investimento externo, ao exigirem autorização prévia do Ministro das Finanças para certas aquisições de capital. A disposição da Lei n.º 11/90 que contempla as acções privilegiadas (art. 15.°, n.º 3) não foi sequer invocada pelo Tribunal.

Também no chamado «caso francês» (Acórdão do Tribunal de Justiça, de 4 de Junho de 2002, no processo C-483/99, relativo às acções especiais do Estado francês na *Elf-Aquitaine*), estava em causa um sistema de autorização administrativa e não uma *golden share* enquanto tal.

Já no «caso belga» (Acórdão do Tribunal de Justiça, de 4 de Junho de 2002, no processo C-503/99, relativo à acção específica do Reino da Bélgica na *Société Nationale de Transport par Canalisations SA* e na *Société de Distribution du Gaz SA*), as *golden shares* surgiram como um elemento explícito e a título principal. Tratava-se de acções privilegiadas impostas por dois decretos reais de 1994 relativos às referidas sociedades conferindo ao Ministro da Energia o poder de oposição à transferência de instalações e a determinadas decisões susceptíveis de colocar em risco o fornecimento de gás natural ao país. O Governo belga apresentara como justificação o carácter preventivo das controvertidas *golden shares*, necessárias para garantir os fornecimentos de gás natural na hipótese de uma eventual situação de grave instabilidade. Estas restrições foram, porém, consideradas, pelo TJ, como contrárias à livre circulação de capitais.

Posteriormente, foi possível acompanhar a orientação do TJ quanto ao tema com uma outra decisão, relativa à legislação espanhola (Acórdão do Tribunal de Justiça, de 13 de Maio de 2003, no processo C-463/00, relativo a regime de autorização administrativa relativo a empresas privatizadas). Embora a Espanha tenha sido condenada, decorre deste acórdão uma mitigação da proibição afirmada pela jurisprudência anterior, admitindo-se agora a derrogação do art. 63.º do TFUE (livre circulação de capitais) no caso das empresas fornecedoras de serviços de interesse económico geral (no caso espanhol, a Repsol – combustíveis –, a Endesa – energia – e a Telefónica – telecomunicações, ficando de fora a Argentaria – banca – e a Tabacalera). Ainda assim, essa derrogação deveria respeitar os limites da proporcionalidade. Entendeu-se que não será esse o caso quando os administradores do Estado disponham de poderes ilimitados ou possam intervir em decisões fundamentais à vida societária, sem que os tribunais possam apreciá-las no plano jus-administrativo.

O Estado português deteve até 2011 poderes especiais em três empresas consideradas estratégicas para o país: a PT, a EDP e a GALP Energia. A Comissão Europeia e o Tribunal de Justiça vinham contestando, porém, o exercício desses poderes, o que conduziu o Governo português a tomar a decisão de eliminar os direitos especiais detidos pelo accionista Estado naquelas três empresas (Julho de 2011).

Efectivamente, em 2008 (proc. C-171/08), a Comissão pedira ao TJ a condenação de Portugal alegando violação das obrigações que lhe incumbem por força dos arts. 56.º e 46.º do Tratado CE (hoje, arts. 63.º e 52.º TFUE) em razão de o Estado português manter na Portugal Telecom direitos especiais, atribuídos em conexão com acções privilegiadas. No entender da Comissão, a atribuição ao Estado de direitos especiais que implicam a possibilidade de este exercer o seu veto na aprovação de decisões que se enquadram na vida da empresa correspondia na realidade a um regime de autorização administrativa. Portugal seria condenado, em 2010, pelo TJ, depois de o Estado ter usado, pela primeira vez, a *golden share* numa Assembleia-geral da empresa para contrariar uma decisão (a venda da empresa Vivo, detida pela PT, à espanhola Telefónica) que havia sido aprovada pela maioria dos accionistas[60].

Também os direitos especiais do Estado na EDP foram questionados pelo TJ (proc. C-543/08), apoiando-se a Comissão, à semelhança do que aconteceria no caso da PT, no argumento de que aqueles direitos especiais são de molde a desencorajar o investimento de outros Estados-Membros, violando, assim, o princípio da livre circulação de capitais[61].

3.1.3.5. O destino das receitas das privatizações

De acordo com a CRP (art. 293.º) e a Lei das Reprivatizações (art. 16.º), as receitas obtidas pelo Estado como resultado do processo de privatizações são exclusivamente

[60] Acórdão do Tribunal de Justiça (Primeira Secção) de 8 de Julho de 2010, Comissão Europeia/República Portuguesa (Processo C-171/08).

[61] Acórdão do Tribunal de Justiça (Primeira Secção) de 11 de Novembro de 2008 (Proc. C-543/08). Em 2009, havia sido a vez de a Comissão pôr em causa os direitos especiais do Estado na GALP Energia, tidos como restrição injustificada à liberdade de circulação de capitais no mercado interno.

afectadas à realização de dois grandes objectivos: a amortização da dívida pública, e em especial da dívida do sector empresarial do Estado e da dívida resultante das nacionalizações, e a novas aplicações de capital no sector produtivo. Compete ao Governo definir as regras de repartição dessas receitas.

As receitas das privatizações que, de acordo com o DL n.º 453/88, de 13 de Dezembro, publicado na sequência da Lei n.º 84/88, de 20 de Junho, haviam sido destinadas, em 20%, ao reequilíbrio financeiro das empresas públicas com viabilidade económica comprovada e, em 80%, ao fundo de regularização da dívida pública, foram reafectadas posteriormente da seguinte forma: 60% para reequilíbrio financeiro de empresas incluindo novas aplicações no sector produtivo, ficando os restantes 40% para o fundo de regularização da dívida pública (DL n.º 236/93, de 3 de Julho, e Resolução do Conselho de Ministros n.º 55/93, de 14 de Agosto). A razão desta reafectação foi a evolução favorável da dívida pública, conjugada com as necessidades de financiamento das empresas de prestação de serviços públicos na posse do Estado. Num quadro, como o actual, de acentuado crescimento da dívida pública justificar-se-ia uma nova reafectação destas verbas.

3.1.3.6. O controlo do processo

Dada a importância dos interesses envolvidos, tanto públicos como privados, no processo de privatizações, é natural a preocupação constitucional e legal de assegurar meios de controlo da sua legalidade, a isenção na sua condução e a sua transparência (o que, quanto a esta, não significará necessariamente publicidade, pelo menos em todos as fases do processo, dada a natureza da operação).

Essa preocupação exprimiu-se, desde logo, na obrigação de realização de uma *avaliação prévia* dos meios de produção ou outros bens nacionalizados que se pretendesse privatizar, realizada por duas entidades independentes seleccionadas por concurso (art. 293.°, al. *e*) da CRP e art. 5.° da Lei n.º 11/90).

Além disso, todo o processo de privatizações é tecnicamente acompanhado e fiscalizado pela Comissão de Acompanhamento das Reprivatizações, criada especificamente para o efeito (art. 20.° da Lei n.º 11/90). Trata-se de um órgão de apoio técnico e de consulta do Governo, constituindo um exemplo de administração mista, apoiada em magistrados e em peritos exteriores à Administração Pública.

3.1.4. Os direitos especiais do Estado nas empresas privatizadas

Nos termos da lei comercial, a salvaguarda do interesse público pode conduzir à introdução de excepções às regras comuns aplicáveis ao *funcionamento interno das empresas privadas* e que se exprimem na reserva de direitos do Estado, que não têm por base um direito de propriedade. As já referidas acções privilegiadas distinguem-se destes direitos uma vez que assentam na detenção de acções da sociedade por parte do Estado. Embora esta possibilidade valha para a generalidade das empresas privadas, ela tem hoje especial incidência, como se viu, nas empresas que resultaram de privatização. É que estas correspondem em muitos casos a empresas de sectores económicos estratégicos ou de serviço público, razões que estiveram, aliás, na base da sua criação ou nacionalização.

No que se refere especificamente às empresas privatizadas, prevê a própria Lei n.º 11/90 que as deliberações respeitantes a determinadas matérias possam ficar condicionadas à confirmação por um administrador nomeado pelo Estado, *independentemente de este manter ou não uma participação no capital* (art. 15.º, n.º 1).

Os direitos especiais do Estado podem parecer incongruentes com a filosofia de desregulação subjacente à privatização da gestão e propriedade públicas. Note-se, porém, que eles encontram-se formulados em termos muito restritos: só serão aplicáveis a título excepcional e quando razões de interesse nacional o requeiram.

A necessidade de permitir ao Governo o acompanhamento da evolução da estrutura accionista das empresas privatizadas, tendo em vista o reforço da respectiva capacidade e a eficiência do aparelho produtivo nacional, justificou um outro limite à liberdade de empresa: a submissão a autorização prévia do Ministério das Finanças da aquisição por uma só entidade de acções representativas de mais de 10% do capital, subsequentemente à operação de privatização[62]. O DL n.º 380/93, de 15 de Novembro, que previa esta limitação foi revogado pelo DL n.º 49/2004, de 10 de Março.

[62] Cf. DL n.º 380/93, de 15 de Novembro. Esta legislação foi imediatamente aplicada, designadamente, no caso da OPA lançada pelo Banco Comercial Português sobre o capital do Banco Português do Atlântico.

TÍTULO II
O SECTOR EMPRESARIAL DO ESTADO

1. Composição e regime actual do Sector Empresarial do Estado

1.1. Introdução

O regime do sector empresarial do Estado (SEE) e das empresas públicas (em sentido amplo) consta hoje do DL n.º 558/99, de 17 de Dezembro, com as alterações introduzidas pelo DL n.º 300/2007, de 23 de Agosto (que revogou o DL n.º 260/76, de 8 de Abril) e pela Lei n.º 64-A/2008, de 31 de Dezembro[63]. Este regime foi antecedido pelo regime das empresas municipais, intermunicipais e regionais (Lei n.º 58/98, de 18 de Agosto), entretanto revogado pela Lei n.º 53-F/2006, de 29 de Dezembro.

Nos termos da referida legislação, a missão do SEE e das empresas públicas consiste na «obtenção de níveis adequados de satisfação das necessidades da colectividade», desenvolvendo-se «segundo parâmetros exigentes de qualidade, economia, eficiência e eficácia» e «contribuindo igualmente para o equilíbrio económico e financeiro do conjunto do sector público» (art. 4.º).

O SEE abrange, actualmente, as empresas públicas e as empresas participadas pelo Estado ou outras entidades públicas. *Empresas públicas* são agora, quer as *entidades públicas empresariais* (que correspondem às antigas empresas públicas *stricto sensu*), quer as sociedades constituídas nos termos da lei comercial nas quais o Estado

[63] Para maior desenvolvimento, é imprescindível a consulta da colectânea organizada por E. Paz Ferreira, *Estudos sobre o Novo Regime do Sector Empresarial do Estado*, Coimbra: Almedina, 2000, em especial, E. Paz Ferreira, «Aspectos Gerais do Novo Regime do Sector Empresarial do Estado»; A. Gervásio Lérias, «Evolução do Sector Empresarial do Estado»; R. Pinto Duarte, «Notas sobre o Conceito e o Regime Jurídico das Empresas Públicas Estaduais»; Luís D. S. Morais, «As Relações entre o Estado e as Empresas Públicas na Sequência da Aprovação do Decreto Lei n.º 558/99, de 17 de Dezembro» e Carlos Lobo, «A Função de Actuação Económica do Estado e o Novo Regime Jurídico do Sector Empresarial do Estado e das Empresas Públicas Municipais».

ou outras entidades públicas possam exercer, isolada ou conjuntamente, de forma directa ou indirecta, uma *influência dominante* em virtude da detenção da maioria do capital ou dos direitos de voto ou do direito de designar ou de destituir a maioria dos membros dos órgãos de administração e fiscalização (art. 3.º). *Empresas participadas* são as organizações empresariais que tenham uma participação permanente (isto é, sem objectivos exclusivamente financeiros) do Estado ou de quaisquer outras entidades públicas estaduais de carácter administrativo ou empresarial, por forma directa ou indirecta (art. 2.º).

Estas definições, constantes do DL n.º 558/99, de 17 de Dezembro, aproximaram o conceito de empresa pública do sentido em que o mesmo tem sido utilizado no direito da UE e no direito de outros países europeus, como, por exemplo, a França. A noção de empresa pública é, em consequência, expandida em relação à que decorria do regime de 1976: as empresas públicas são actualmente todas as sociedades «em mão estadual»[64].

Com efeito, como se observou mais acima, no regime anterior, em sentido legal (*formal*), eram qualificadas como empresas públicas tão-só as entidades de capital totalmente público, de tipo institucional (nas quais existia uma ligação orgânica-institucional ao Estado e não a um ou vários sócios) e de substrato empresarial, excluindo-se assim as sociedades constituídas segundo a lei comercial com capitais integral ou parcialmente públicos. No entanto, as sociedades de capitais integralmente públicos e as sociedades de capitais mistos controladas pelo Estado em virtude da detenção por este da maioria do capital foram normalmente entendidas como parte integrante do sector empresarial do Estado.

Mais amplo era o sentido corrente no direito europeu, para o qual o conceito de empresa pública abrangia todas as empresas criadas por qualquer forma de iniciativa pública (central, regional, municipal) e controladas pelas autoridades públicas independentemente da sua estrutura e forma institucional. A definição de empresa pública utilizada pela UE considera como tal qualquer empresa na qual os poderes públicos possam exercer uma influência dominante com base na propriedade, na participação financeira ou nas regras que a regem[65].

Esta noção (de empresa pública *em sentido material*) tornou-se progressivamente mais operativa em Portugal com o processo de privatizações, que implicou a transformação de muitas empresas públicas, ora em sociedades de capitais públicos, ora em sociedades de capitais mistos ou privados. A redefinição da empresa pública pelo DL n.º 558/99, traduzida numa maior flexibilidade da figura e num maior recurso a

[64] DL n.º 319/94, de 24 de Dezembro. Cf. E. Paz Ferreira, *ob. cit.*, 2000, p. 247 e ss. e J. Pacheco de Amorim, *As Empresas Públicas no Direito Português*, Coimbra: Almedina, 2000, p. 16.

[65] DL n.º 69/2007 de 26 de Março, que transpôs para o direito português a Directiva n.º 2005/81/CE, da Comissão, de 28 de Novembro, que alterou a Directiva n. º 80/723/CEE, relativa à transparência das relações financeiras entre os Estados-Membros e as empresas públicas.

regras de direito e a formas de gestão privadas, pode ser entendida como o desfecho previsível desta evolução.

O princípio da aplicação do direito privado, por excelência, a toda a actividade empresarial, pública ou privada, consagrado por esta legislação, não atenuou, no entanto, a preocupação do legislador quanto à salvaguarda da situação especial das empresas públicas que exploram serviços de interesse económico geral, admitindo para estes casos derrogações às regras gerais, tendo em conta a sua especial importância para o conjunto dos consumidores e para a própria coesão social.

1.2. O regime jurídico geral das empresas públicas

1.2.1. Características gerais

O regime jurídico das empresas públicas consagrado no DL n.º 558/99 é aplicável a todas as entidades «em relação às quais não se verifique a circunstância de estarem encarregadas da exploração de um serviço público de interesse geral ou de disporem de poderes de autoridade» (art. 3.º). O regime jurídico relativo a este universo traduz-se, no essencial, no aprofundamento de tendências anteriores. Caracteriza-se, assim, pela subordinação das empresas públicas ao direito privado em tudo que não esteja disposto no DL n.º 558/99 e nos diplomas que aprovem os respectivos estatutos. A todas estas empresas aplica-se igualmente o direito laboral e fiscal comum, bem como as regras da concorrência. Nos litígios de que sejam parte seguem-se as regras gerais de competência material dos tribunais.

A sua administração deve ser essencialmente norteada por critérios de boa gestão. A preocupação de garantir uma gestão das empresas públicas compatível quer com critérios de eficiência, quer de equidade, está na origem da aprovação da Resolução do Conselho de Ministros n.º 49/2007, de 28 de Março, que definiu os *princípios de bom governo das empresas do sector empresarial do Estado.*

Os administradores designados ou propostos pelo Estado gozam de autonomia técnica e estão sujeitos às regras constantes do estatuto dos gestores públicos, aprovado pelo DL n.º 71/2007, de 27 de Março.

A relação entre os administradores e o Estado poderá ser objecto de contratos de gestão envolvendo metas quantificadas (art. 18.º do DL n.º 71/2007, de 27 de Março).

1.2.2. A função accionista do Estado

Os arts 10.º e segs. do DL n.º 559/99 contêm as disposições relativas à função accionista do Estado. Ainda que não implicando, naturalmente, qualquer forma de tutela ou superintendência (pois estas pressupõem, como se notou já, a integração das entidades tutelar e tutelada numa mesma pessoa colectiva), a função accionista do Estado em empresas é de molde a comportar excepções ao regime das sociedades, o que se admite expressamente (cf. Preâmbulo do DL n.º 558/99). Este diploma considera, porém, que a simples remissão para o direito privado, incluindo no que se refere a estas excepções (como acontecia anteriormente), não é suficiente para assegurar uma correcta articulação entre as várias unidades do sector empresarial e o Estado accionista.

O diploma procura responder a este problema por meio de uma clarificação das responsabilidades orgânicas do Estado como accionista e da definição de uma disciplina mais rigorosa das relações entre o Estado e as empresas, particularmente no que se refere aos mecanismos de acompanhamento e controlo.

Os direitos do Estado como detentor do capital são exercidos pela Direcção-Geral do Tesouro ou pelo Ministro das Finanças, que pode delegar. No caso das empresas participadas por outras entidades públicas, os direitos de accionista são exercidos pelos respectivos órgãos de gestão. Estes direitos poderão ser exercidos directamente ou por intermédio de sociedades de capitais exclusivamente públicos (art. 10.°)[66]. As entidades responsáveis pelo exercício da função accionista devem estar representadas no órgão de administração das empresas públicas, através de um membro não executivo, ou, caso a estrutura de gestão da empresa não preveja a existência destes membros, no respectivo órgão de fiscalização[67].

Ao Conselho de Ministros incumbe a função de emitir *orientações estratégicas* destinadas à globalidade do sector empresarial do Estado tendo em vista a definição do exercício da gestão das empresas públicas (art. 11.°). Podem, igualmente, ser emitidas *orientações gerais*, por despacho conjunto do Ministro das Finanças e do ministro responsável pelo sector, destinadas a um conjunto de empresas públicas pertencentes a um determinado sector de actividade. O diploma prevê, além disso, *orientações específicas* dirigidas a uma empresa pública, individualmente, por meio de despacho conjunto do Ministro das Finanças e do ministro responsável pelo sector ou de deliberação accionista, consoante se trate, respectivamente, de entidade pública empresarial ou de sociedade.

As orientações de gestão reflectem-se nas deliberações da assembleia-geral ou, no caso das entidades públicas empresariais, na preparação e aprovação dos respectivos planos de actividades e de investimento, bem como nos contratos de gestão.

As orientações gerais e específicas poderão envolver metas quantificadas e contemplar a celebração de contratos entre o Estado e as empresas públicas, bem como fixar parâmetros ou linhas de orientação para a quantificação da remuneração dos gestores públicos.

[66] Era a seguinte a redacção do anteprojecto do DL: «Os direitos referidos no número anterior poderão ser exercidos indirectamente, através de sociedades gestoras de participações sociais, de âmbito geral ou de carácter sectorial, cujas acções sejam detidas pelo Estado ou por entidades de direito público».
[67] Cf. sobre as especificidades nesta matéria dos regimes italiano, alemão, francês e espanhol, A. Ureba, *ob. cit.*, pp. 304 ss..

Os mecanismos de acompanhamento e de controlo implicam a obrigação das empresas públicas de facultarem a quem exerça os direitos de accionista um conjunto de informações (projectos, planos, documentos, relatórios, etc.), bem como a sua sujeição a controlo financeiro da Inspecção-geral de Finanças e do Tribunal de Contas (arts. 13.° e 12.°, respectivamente). O controlo financeiro exercido por estas entidades inclui, designadamente, a análise da sustentabilidade e a avaliação da legalidade, economia, eficiência e eficácia da gestão.

A função accionista do Estado determina, assim, especificidades de regime que se traduzem em obrigações especiais de informação e numa forma particular de controlo público.

1.2.3. Derrogações ao regime das sociedades comerciais

As sociedades constituídas nos termos da lei comercial com capitais integral ou parcialmente públicos são, como se sabe, regidas pela lei comercial. No entanto, tal como acontece noutros países, também em Portugal têm sido admitidas algumas *derrogações ao regime geral das sociedades comerciais* quando o Estado detém nelas capital[68]. Assim, por exemplo, embora o CSC exija um número mínimo de cinco sócios para a constituição de uma SA, nos casos em que o Estado detenha a maioria do capital aquele número é reduzido para dois (art. 273.° do CSC). Outra particularidade do regime destas sociedades relaciona-se com o facto de os administradores por parte do Estado serem nomeados e não eleitos (art. 392.°, n.º 11)[69].

Outros diplomas, anteriores ao CSC, reconheciam já ao Estado este direito de nomeação de administradores, quer nas sociedades controladas, quer nas meramente participadas (pelo menos quando a participação fosse superior a 20%), estendendo, em certos casos, esse direito às sociedades concessionárias de serviços públicos ou da utilização de bens do domínio público e às beneficiárias de financiamentos feitos pelo Estado ou por ele garantidos[70].

A orientação geral das participações do Estado depende da Direcção-Geral do Tesouro do Ministério das Finanças, da entidade pública que for a sua titular, ou ser entregue a SGPS (*holdings*) pertencentes ao Estado ou por ele controladas. Um exemplo deste último caso é a PARPÚBLICA – Participações Públicas (SGPS), SA[71].

[68] Note-se, porém, que uma SA pode ter apenas um sócio, seja no caso de uma SA constituída por outra sociedade (que pode nem ser outra SA), seja no caso, excepcional, das SA unipessoais: tal é permitido na zona franca da Madeira: cf. DL n.º 212/94, de 20 de Agosto.

[69] A assembleia pode manifestar a sua desconfiança relativamente a qualquer membro do Conselho de Administração, incluindo, portanto, os administradores nomeados pelo Governo (art. 403.º do CSC).

[70] DL n.º 40 833, de 29 de Outubro de 1956; DL n.º 44 722, de 24 de Novembro de 1962; e DL n.º 76-C/75, de 21 de Fevereiro.

[71] Em 1975 foi criada uma sociedade *holding*, o *Instituto de Participações do Estado* (IPE) com a função de gerir as participações do sector público em sociedades de capitais públicos e em sociedades de economia

2. Regimes específicos das empresas públicas

2.1. As empresas que exploram serviços de interesse económico geral

As empresas que exploram serviços de interesse económico geral são configuradas como uma categoria especial no âmbito das empresas públicas (Capítulo II do DL n.º 558/99). Este conceito parece corresponder ao conjunto formado no passado pelas empresas de serviço público em regime de monopólio ou exercendo actividades no domínio da defesa.

A grande maioria das empresas de serviço público (no sector das telecomunicações, da produção e distribuição de energia eléctrica ou de água, entre outros) foi, como se indicou já, transformadas em sociedades de direito privado, o que ocorreu, nalguns casos, a par da abertura do serviço à concorrência. Esta evolução não prejudicou, contudo, o princípio do «serviço público», ou seja, o reconhecimento da existência de necessidades sociais cuja satisfação compete ao Estado garantir. No novo quadro institucional, passou a admitir-se que o cumprimento das *obrigações de serviço público*, no respeito dos princípios da continuidade, da qualidade, da participação e da transparência, pode ser assegurado por empresas concessionárias do Estado, independentemente do seu estatuto, público ou privado[72].

Atendendo à relevância das suas missões, prevê-se a celebração de contratos entre o Estado e as empresas (em regra, contratos de concessão), como forma de garantir uma maior precisão das obrigações de serviço público a cumprir pelas empre-

mista, controladas ou participadas à qual foi atribuído o estatuto de empresa pública. Posteriormente, tendo em vista reforçar a sua vocação e autonomia empresarial e a sua possibilidade de cooperação com empresários privados, incluindo para o fomento do investimento produtivo, o IPE foi transformado numa sociedade de capitais maioritariamente públicos com uma nova designação, *Investimentos e Participações do Estado*. O IPE voltou uma vez mais a ser objecto de reforma em 1990, denominando-se agora *Investimentos e Participações Empresariais, SA*. A alteração traduziu uma modificação da orientação da política de participações do Estado tendo em vista preparar a divisão do IPE em várias entidades, uma maior abertura à alienação das participações do sector público e inclusivamente a privatização parcial do IPE. O universo da sociedade acabou por ser cindido em 1991, daí resultando a criação da PARTEST – Participações do Estado, SGPS, SA. A PARTEST foi, por sua vez, reestruturada e o seu nome alterado para PARPÚBLICA Participações Públicas SGPS, S.A., por força do DL n.º 209/2000, de 2 de Setembro. A finalidade da PARPÚBLICA é, nos termos desse diploma, «a gestão integrada, sob forma empresarial, da carteira de participações públicas e, através das empresas participadas de objecto especializado, a gestão de patrimónios imobiliários» (art. 1.º, n.º 1). Em virtude de mudanças na composição accionista, este diploma foi alterado pelo DL n.º 312/2000, de 2 de Dezembro. Em 2003, por meio do Despacho Normativo n.º 35/2003, de 20 de Agosto, incluiu-se também nas competências da PARPÚBLICA o apoio técnico ao Ministério das Finanças no que diz respeito aos processos de parcerias público-privadas. Cf. http://www.parpublicasgps.com.

[72] Calvão da Silva, *ob. cit.*, p. 132. Sobre o regime dos SIEG no direito comunitário, cf. *infra*, Título VII, Cap. II, 2.8. Sobre as diferentes formas de parceria público-privadas para a prestação de serviços públicos, cf. M. M. Leitão Marques e Vital Moreira, «Desintervenção do Estado, privatização e regulação de serviços públicos», *Economia e Prospectiva*, Vol. II, n.º 3/4, 1999.

sas e uma maior transparência das compensações a atribuir pelo Estado (arts. 20.° e 21.° do DL n.º 558/99).

A preocupação especial, no caso destas empresas, com a necessidade de proteger os interesses dos utentes dos serviços explica que se preveja a participação daqueles na definição dos objectivos de gestão das empresas (art. 22.° do DL n.º 558/99).

2.2. As empresas públicas que exercem poderes de autoridade

Regime específico têm ainda as empresas públicas que exercem poderes e prerrogativas de autoridade (designadamente quanto à expropriação por utilidade pública, infraestruturas afectas a serviços públicos ou licenciamento e concessão do domínio público) (art. 14.°). Estes poderes são atribuídos por diploma legal ou constam de contrato de concessão, em situações excepcionais e na medida do necessário à prossecução do interesse público (princípio da proporcionalidade).

Note-se que no novo regime a atribuição destes poderes de autoridade se estende a todas as empresas públicas, indiscriminadamente, enquanto no regime anterior, esta possibilidade só era admitida para empresas de serviço público, em regime de monopólio ou exercendo actividades no domínio da defesa.

Para efeitos de determinação de competência jurisdicional, as empresas públicas que exerçam poderes de autoridade serão equiparadas a entidades administrativas relativamente a litígios decorrentes de actos por elas praticados e de contratos por elas celebrados.

2.3. As entidades públicas empresariais (EPE)

As empresas públicas *stricto sensu* (pessoas colectivas de direito público, com natureza empresarial) têm presentemente a designação de *entidades públicas empresariais* (EPE). O seu regime consta do Capítulo III do DL n.º 558/99. As principais modificações introduzidas pelo DL n.º 558/99 respeitam à forma da criação e extinção destas empresas (incluindo a sua transformação, fusão e cisão) e ao regime da tutela. A criação das entidades públicas empresariais é efectuada obrigatoriamente por DL (e já não por mero acto administrativo, como anteriormente) (arts. 24.° e 34.°, respectivamente). A mesma exigência vale para a sua extinção. Mantém-se a regra da exclusão da aplicação do regime geral de dissolução e liquidação, assim como de recuperação das empresas e da falência.

Para lá da obediência às orientações estratégicas do Governo, como qualquer outra empresa pública (art. 11.°), a tutela abrange, designadamente, o poder de aprovar planos de actividades e de investimento, orçamentos e contas, assim como de dotações para capital, subsídios e indemnizações compensatórias (art. 29.°, n.º 2).

O legislador optou por não definir especificamente outros aspectos como a orgânica interna da empresa ou os direitos dos trabalhadores, o que significa a assimilação do respectivo regime ao direito privado (cf. art. 7.°).

São exemplos de EPE a AICEP - Agência Nacional de Compras Públicas, a CP-Comboios de Portugal, a GERAP – Empresa de Gestão Partilhada de Recursos da Administração Pública, a Entidade Gestora de Reservas Estratégicas de Produtos Petrolíferos, o Metropolitano de Lisboa, a NAV Portugal, a Parque Escolar e a REFER – Rede Ferroviária Nacional. Existem ainda EPE nos sectores da saúde (hospitais, centros hospitalares, unidades locais de saúde) e da cultura (os Teatros Nacionais).

2.4 Princípios de bom governo das empresas do SEE

A Resolução do Conselho de Ministros n.º 49/2007, reconhecendo a importância dos «códigos de bom governo» fomentados pela OCDE («*OECD Guidelines on Corporate Governance of State-owned Enterprises*», 2005) e existentes em muitos Estados-Membros da UE, aprovou os princípios de bom governo das empresas do SEE, procurando com isso propiciar elevados níveis de desempenho destas empresas, bem como a difusão de boas práticas, mormente nos planos económico, social e ambiental, fundadas na ética e na responsabilidade social da empresa. A ideia base é que o bom governo das empresas tem um valor económico e social fundamental não só para as empresas, mas também para as economias em que estas se inserem. Estes princípios dirigem-se tanto às empresas detidas pelo Estado, quanto ao próprio Estado enquanto titular de participações no capital de empresas e enquanto cliente ou fornecedor destas empresas (*stakeholder*).

Compete ao Ministro das Finanças promover a avaliação do grau de cumprimento destes princípios, devendo as conclusões dessa avaliação constar do relatório anual sobre a situação do SEE. As empresas em situação de incumprimento destes princípios deverão fundamentar as razões desse incumprimento (princípio de *comply or explain*).

Neste contexto, ganha particular relevância o estatuto do gestor público, aprovado pelo DL n.º 71/2007, de 27 de Março. Embora moldado sobre a figura do administrador de empresas privadas, tal como regulado na lei comercial, este regime pretende, nos seus próprios termos, subordinar a gestão das empresas do SEE a especiais exigências compatíveis com uma «ética de serviço público», conferindo relevo e desenvolvimento acrescidos ao regime de incompatibilidades, à avaliação de desempenho, à determinação das remunerações, à definição do regime de segurança social aplicável e à observância das regras de ética e das boas práticas decorrentes dos usos internacionais.

3. O sector empresarial municipal e intermunicipal

3.1. Antecedentes

Em 1977, a lei que regulou os órgãos das autarquias locais previu a criação de empresas municipais sem, no entanto, proceder à sua qualificação. Sete anos depois, a

Lei das Autarquias Locais previu expressamente a atribuição à Assembleia Municipal da competência para municipalizar serviços, autorizar o município a criar empresas públicas municipais e a participar em empresas públicas intermunicipais, constituindo a base legislativa para a criação de empresas públicas de âmbito municipal ou intermunicipal. Apesar de várias iniciativas que se seguiram para tentar aprovar um regime jurídico para as empresas municipais, só em 1998, com base na iniciativa governamental e nos projectos dos grupos parlamentares do PCP e do CDS/PP, foi retomada a discussão sobre as empresas municipais, a qual culminou na aprovação da Lei n.º 58/98, de 18 de Agosto. Com algumas diferenças de terminologia, o regime previsto procurou aproximar-se do que se aplicava ao sector empresarial estadual, que depois disso foi, contudo, significativamente alterado. A Lei n.º 58/98 foi revogada pela Lei n.º 53-F/2006, de 18 de Agosto, actualmente em vigor, a qual procedeu à aproximação do regime jurídico do sector empresarial local ao regime jurídico do sector empresarial do Estado.

3.2. Noção, tipos e objecto

O sector empresarial local é constituído pelas empresas municipais, intermunicipais e metropolitanas (art. 2.º, n.º 1 da Lei n.º 53-F/2006). Estas empresas podem revestir a forma de *sociedades comerciais* nas quais os municípios, associações de municípios e áreas metropolitanas de Lisboa e do Porto, respectivamente, possam exercer, de forma directa ou indirecta, uma influência dominante em virtude da detenção da maioria do capital ou dos direitos de voto ou do direito de designar ou destituir a maioria dos membros do órgão de administração ou de fiscalização (art. 3.º, n.º 1). São também consideradas empresas municipais, intermunicipais e metropolitanas as *entidades empresariais locais*, cujo regime se encontra estabelecido no cap. VII da Lei n.º 53-F/2006 (art. 3.º, n.º 2). Os municípios, as associações de municípios e as áreas metropolitanas de Lisboa e do Porto podem constituir sociedades unipessoais por quotas, nos termos previstos na lei comercial (art. 4.º, n.º 1). As referidas entidades podem, igualmente, constituir uma sociedade anónima de cujas acções sejam as únicas titulares (art. 4.º, n.º 2).

As empresas municipais, intermunicipais e metropolitanas têm como objecto a exploração de actividades de interesse geral, a promoção do desenvolvimento local e regional e a gestão de concessões. Está vedada a criação de empresas de âmbito local para o desenvolvimento de actividades de natureza exclusivamente administrativa ou de objectivos predominantemente mercantis (art. 5.º, n.º 1). Obviamente, também não podem ser criadas, ou participadas, empresas cujo objecto social não se insira no âmbito das atribuições da autarquia ou associação de municípios respectiva (art. 5.º, n.º 2).

3.3. Regime jurídico: principais aspectos

O regime jurídico das empresas de âmbito local resulta da referida Lei n.º 53-F/2006 e dos estatutos de cada empresa, aplicando-se, subsidiariamente, as normas do DL n.º 558/99, relativas ao SEE, bem como as normas de direito comercial (art. 6.º da Lei n.º 53-F/2006).

A criação de empresas de âmbito *municipal* é da competência da assembleia municipal, sob proposta da câmara municipal. No que diz respeito às empresas de âmbito *intermunicipal*, a competência para a sua criação cabe à assembleia intermunicipal, sob proposta do conselho directivo, exigindo a lei, ainda, parecer favorável das assembleias municipais dos municípios integrantes. Quanto às empresas de âmbito *metropolitano*, a sua criação é da competência da assembleia metropolitana, sob proposta da junta metropolitana, com parecer favorável das assembleias municipais dos municípios integrantes (art. 8.º, n.º 1).

A criação de qualquer uma destas empresas (bem como a decisão de aquisição de uma participação social que confira influência dominante) deve ser obrigatoriamente comunicada à Inspecção-geral de Finanças, e à entidade reguladora do sector (art. 8.º, n.º 2).

A decisão de criação de empresas de âmbito local, bem como a decisão de tomada de uma participação que confira influência dominante, deve ser sempre precedida dos necessários estudos técnicos, aptos a demonstrar a respectiva viabilidade económica (art. 9.º, n.º 1).

A atribuição de subsídios ou outras transferências financeiras provenientes das entidades participantes no capital social pressupõe a celebração de um contrato de gestão, no caso de prossecução de finalidades de interesse geral, ou de um contrato-programa, se o seu objecto se integrar no âmbito da função de desenvolvimento local ou regional (art. 9.º, n.º 2).

Estas empresas estão sujeitas às regras gerais da concorrência e da regulação sectorial (arts 10.º e 11.º).

O regime jurídico aplicável a entidades empresariais locais consta dos arts. 30.º e seguintes da Lei n.º 53-F/2006. Estas empresas são pessoas colectivas de direito público, com capital estatutário, estando sujeitas a tutela económica e financeira, exercida pelas câmaras municipais, pelos conselhos directivos das associações de municípios e pelas juntas metropolitanas, consoante os casos, sem prejuízo do respectivo poder de superintendência (art. 39.º).

A Lei n.º 53-F/2006 consagra, ainda, regras especiais relativamente às empresas encarregadas da gestão de serviços de interesse geral (arts. 18.º a 20.º), empresas encarregadas da promoção do desenvolvimento local e regional (arts. 21.º a 23.º), empresas encarregadas da gestão de concessões (arts. 24.º e 25.º).

TÍTULO III
AS PARCERIAS PÚBLICO-PRIVADAS

1. Noção

Uma *parceria público-privada* (PPP) consiste numa relação por um prazo determinado entre duas ou mais organizações – uma ou mais de natureza pública e uma ou mais de natureza privada ou social – baseada em expectativas e valores mútuos, com o objectivo de alcançar objectivos negociais específicos, através da maximização da eficácia dos recursos de ambas as partes. As PPP são, portanto, caracterizadas por partilharem investimento, risco, responsabilidade e resultados[73].

2. Origem e desenvolvimento

Muito daquilo que hoje chamamos PPP constituiu, no século XIX, a forma dominante de prestação de serviços públicos. Os contratos de concessão de serviços públicos e de obras públicas e os contratos de prestação de serviços não deixaram de ser utilizados, em certa escala, ao longo do século XX, mesmo quando os Estados assumiram a condução directa daqueles serviços por meio de serviços públicos económicos ou empresas públicas. E se é verdade que as PPP foram, mais recentemente, utilizadas primordialmente nos EUA e em Inglaterra, sobretudo para a prestação de serviços locais e para a renovação urbana (Pittsburgh e as docas de Londres – designadamente o novo centro financeiro em *Canary Wharf* – são casos clássicos), é certo que a França tinha também uma grande tradição de delegação de serviços locais, perfeitamente enquadrável no actual conceito de PPP.

[73] Sobre o tema, cf. Nazaré da COSTA CABRAL, *As Parcerias Público-Privadas*, Cadernos do IDEFF, n.º 9, Coimbra: Almedina, 2009; e Maria Eduarda AZEVEDO, *As Parcerias Público-Privadas: Instrumento de uma Nova Governação Pública*, Coimbra: Almedina, 2009, em especial, pp. 297 e ss. Sobre o papel das PPP no desenvolvimento, em especial nos países africanos, cf. G. TINY e G. ALMEIDA RIBEIRO, *Public-Private* Partnership and the *African Development: Legal Foundatious*, documento elaborado para a OCDE (2003-2004).

O desenvolvimento recente de PPP aparece, porém, associado ao fenómeno de desintervenção do Estado, tal como as privatizações.

3. Fundamentos

Os *fundamentos* das PPP, do ponto de vista do sector público, são essencialmente os seguintes:

- A *redução da despesa pública*, procurando formas alternativas de financiamento;
- A procura de melhoria da *qualidade dos serviços públicos*, diversificando os riscos associados (e.g. risco da rentabilidade da infra-estrutura quando ela vai ser em parte amortizada pela procura e pelo pagamento dos utentes, como uma ponte ou uma auto-estrada) e possibilitando ganhos de eficiência (resultantes de uma redução dos custos, de uma melhor utilização dos equipamentos e gestão dos fornecimentos e de maior flexibilidade), associados à inovação e às competências especializadas de uma gestão privada (introdução de novas tecnologias e forma de controlo, maior facilidade na contratação de quadros);
- O *estímulo da actividade económica privada*, resultante da criação de um mercado para novas empresas, que podem começar por desenvolver-se a nível local e depois oferecer o seu *know-how* noutras regiões; e, por último,
- Um eventual *reforço da cidadania*, envolvendo a população na administração pública, especialmente através de PPP que integrem organizações da sociedade civil ou do sector social.

Do ponto de vista do *sector privado*, as PPP são desejáveis, na óptica de o sector privado poder:

- estender *os seus mercados ou conservá-los* em período de restrição da despesa pública;
- partilhar *riscos* e encargos com o sector público em mercados de onde o investimento privado se afastaria de outro modo, ou seja, que não seriam interessantes segundo critérios exclusivos de mercado;
- diminuir *o impacto dos ciclos económicos*, em virtude do interesse público na garantia da viabilidade e do equilíbrio do projecto e da PPP.

4. Sectores em que se desenvolvem

As PPP podem ser usadas em diferentes níveis de administração, desde o poder local à administração central. Os sectores em que se desenvolvem PPP são múltiplos, desde os serviços económicos aos sociais e culturais. Em particular, a distribuição de água, recolha do lixo, transportes; os serviços de educação (escolas e universidades) e de saúde (hospitais, centros de saúde), assistência a idosos, construção e administração de prisões, a construção e exploração de estradas, de pontes (como a Ponte Vasco da Gama), de complexos desportivos, de centros culturais e de museus (como o de *Dusseldorf*), manutenção de jardins e de parques (como o *Central Park*).

A maioria das PPP emergiram no plano local (autarquias), mas tem sido a Administração central a gerir os projectos envolvendo maior transferência de riscos e financeiramente mais complexos.

Os objectivos que levam à sua constituição são variados, indo desde o financiamento, concepção, construção, operacionalização e manutenção de infra-estruturas à prestação de serviços.

5. Formato

As PPP podem concretizar-se em três formatos jurídicos:

- *institucional*, que se traduz na criação de uma sociedade ou de um empresa municipal com capital privado ou na criação de uma associação, com pessoas colectivas públicas e privadas ou sociais como sócias;
- *contratual*, normalmente um contrato administrativo;
- de *concertação*, menos vinculativo (dando azo a questões jurídicas como a de saber se um «protocolo» é um contrato), que começa por aproximar as PPP dos acordos de concertação, traduzindo-se numa intenção, nem sempre formalizada, de desenvolver um projecto comum (por exemplo, a renovação dos centros das cidades ou de zonas deprimidas), que pode vir a transformar-se num contrato ou numa sociedade ou associação.

6. Configuração financeira

Os instrumentos financeiros que suportam o desenvolvimento de uma PPP são variados, dependendo do seu objecto e da sua duração.

É bastante comum o recurso à figura do «*project finance*», uma modalidade de financiamento garantido pelas receitas, activos e direitos de concessão de um projecto específico, na qual a separação entre financiamento e prestação permite afectação de verbas de forma flexível, como por exemplo para equipamentos não susceptíveis de ser construídos via PPP.

De todo o modo, como sustenta Eduardo Paz Ferreira, um projecto de PPP «deve gerar recursos que garantam o pagamento e a remuneração do capital investido», tendo, pois, a vantagem de se autofinanciar, respondendo às dificuldades orçamentais do Estado, pressionado por políticas macroeconómicas restritivas da despesa pública[74].

[74] Cf. E. Paz Ferreira e M. Rebelo, «O Novo Regime Jurídico das Parcerias Público-Privadas», *Revista de Direito Público da Economia*, Belo Horizonte, v. 1, n. 4, Out. 2003, pp 63-73.

7. Enquadramento jurídico

7.1 Âmbito de aplicação

O DL n.º 86/2003, de 26 de Abril, introduziu, entre nós, um conceito legal de PPP para efeitos de *controlo financeiro* e sujeição às regras nele estabelecidas. De acordo com o referido diploma, alterado e republicado pelo DL n.º 141/2006, de 27 de Julho, uma PPP é *um contrato entre um parceiro público, que pode ser o Estado, entidades públicas estaduais, fundos e serviços autónomos ou entidades públicas empresariais, e outro parceiro, privado ou social (ou mesmo outra entidade de natureza privada, como uma empresa, criada ou participada por uma entidade pública).*

Esse *contrato* deve ter como objectivo assegurar de forma *duradoura* uma *necessidade colectiva*, com financiamento e responsabilidade pela exploração no todo ou em parte *a cargo do parceiro privado ou social.*

O DL n.º 86/2003 refere *várias formas contratuais* em que pode concretizar-se a PPP: o contrato de concessão de obras públicas, o contrato de concessão de serviço público, o contrato de fornecimento contínuo, o contrato de prestação de serviços, o contrato de gestão e o contrato de colaboração, com utilização de um estabelecimento ou infraestrutura não pública.

Estão, contudo, excluídos do âmbito de aplicação do DL n.º 86/2003: as empreitadas de obras públicas; os arrendamentos; os contratos públicos de aprovisionamento; as PPP que envolvam, cumulativamente, um encargo acumulado actualizado inferior a 10 milhões de euros e um investimento inferior a 25 milhões de euros; todos os outros contratos de fornecimento de bens ou de prestação de serviços, com prazo de duração igual ou inferior a 3 anos, que não envolvam automaticamente obrigações para o parceiro público no termo ou para além do termo do contrato.

São objectivos do diploma a *eficiência* na afectação de recursos públicos (via programa alternativo ou princípio do «comparador público»), a melhoria qualitativa e quantitativa e a *transparência* como forma de controlo de procedimentos.

Pressupõe-se, no seguimento destes objectivos, a *avaliação prévia rigorosa* das vantagens da PPP, o confronto com outras alternativas, a estimativa rigorosa dos custos envolvidos ao longo da duração do PPP, uma repartição clara das responsabilidades e dos riscos, uma transferência efectiva de riscos para o sector privado ou social, e *uma limitação clara do risco público.*

7.2 Avaliação

Do ponto de vista institucional, enquanto entidade de acompanhamento e apoio técnico do Ministério das Finanças, foi instituído um grupo de missão para comparação, estudo e avaliação no âmbito da PARPÚBLICA – Participações Públicas, SGPS (Despacho Normativo n.º 35/2003, de 20 de Agosto).

7.3 Regimes específicos

Podem existir ainda regimes específicos, de acordo com o sector de actividade. É o caso das parcerias em *saúde*, reguladas pelo DL n.º 185/2002, de 20 de Agosto, e pelo Decreto Regulamentar n.º 14/2003, de 30 de Julho, coordenadas por uma estrutura de missão que viu o seu mandato prorrogado em 2004 (Resolução do Conselho de Ministros n.º 102/2004).

8. Algumas formas de parceria público-privada para prestação de serviços públicos

8.1. A concessão de bens e serviços públicos

A *concessão* consiste tradicionalmente na atribuição, por contrato, pela Administração Pública a uma entidade externa, dita concessionária, da gestão e/ou da exploração de uma dada actividade ou serviço públicos[75]. A entidade concessionária fica, assim, investida na função de desempenhar uma actividade de interesse geral reservada pela lei à entidade concedente. O facto de os contratos de concessão preverem com frequência um longo período de validade torna os concessionários numa espécie de colaboradores permanentes da Administração, tendo levado inclusivamente à sua qualificação como «órgãos indirectos» da Administração[76].

Note-se que, em rigor, a entidade concessionária tanto pode ser uma sociedade de capital privado, como misto ou mesmo público. É frequente, aliás, a participação do Estado no capital da empresa concessionária, o que contribui para garantir o equilíbrio financeiro desta última (foi por exemplo o caso da BRISA, então detida maioritariamente pelo Estado). Esta prática põe, todavia, em causa o princípio tradicional de que a exploração é feita por conta e risco da entidade concessionária.

A concessão encontra expressão num *contrato de natureza administrativa* celebrado entre o Estado e a entidade concessionária[77]. No quadro desse contrato, o concessionário compromete-se, conforme o caso, a efectuar a prospecção e/ou explorar bens do domínio público, a projectar, construir e manter uma obra e/ou a fazer funcionar um serviço[78].

Nos modernos esquemas de concessão de obras públicas o concessionário é encarregado de tudo desde o início, incluindo projectar, financiar, construir as infra-

[75] Cf. E. Paz Ferreira e M. Rebelo, «O Novo Regime Jurídico das Parcerias Público-Privadas», *ob. cit.*

[76] A. Marques Guedes, «Concessão», in H. Martins Gomes e J. Monteiro Fernandes, *Dicionário Jurídico da Administração Pública*, Coimbra: Atlântida Editora, s/data, p. 531.

[77] A concessão tem sido frequentemente utilizada nas relações do Estado com sociedades de economia mista, como sucede em Portugal, designadamente, com a BRISA (DL n.º 315/91, de 20 de Agosto).

[78] Cf., por exemplo, DL n.º 324/94, de 30 de Dezembro – aprova as bases gerais das concessões do serviço público de movimentação de cargas em áreas portuárias; Resolução n.º 121-A/94, de 15 de Dezembro – aprova a minuta do 2.º contrato da concessão da nova travessia rodoviária sobre o rio Tejo, em Lisboa.

-estruturas e explorar o serviço, cobrando depois as tarifas ou taxas aos utentes e transferindo no final o serviço para o Estado.

Como princípio geral, *o concessionário assume o exercício da actividade por sua conta e risco.* Isso implica, designadamente, que seja ele a receber os valores das taxas ou preços a cobrar pela prestação do serviço, o que não prejudica, porém, uma intervenção do concedente, se esta for entendida como necessária, em especial no caso de serviços considerados essenciais. Se bem que, em princípio, a fixação das tarifas ou preços constitua um direito da entidade concessionária (ainda que normalmente sujeita a limites máximos contratualmente contemplados), *a autoridade pública reserva-se um poder de controlo* sobre eles[79].

Tratando-se da construção de uma obra, a concessão pode implicar a atribuição ao concessionário de *poderes de autoridade* necessários à sua execução como, por exemplo, o de proceder a expropriações de utilidade pública[80].

O concessionário realiza a obra pública e/ou gere o serviço público *em lugar da Administração*[81]. Nessa medida o contrato de concessão distingue-se do contrato económico que, como se verá mais adiante, consiste num acordo mediante o qual o Estado apoia, não a execução de tarefas *públicas* propriamente ditas, mas antes actividades económicas de interesse para a sociedade conduzidas por iniciativa das empresas[82].

Embora tendo diminuído a sua relevância prática nos períodos em que prevaleceu a empresa pública como forma de o Estado gerir actividades de carácter económico-empresarial, a *concessão de serviços públicos* conservou a sua presença em Portugal, por exemplo, para a construção e exploração de auto-estradas[83].

As políticas de transformação das empresas públicas em sociedades comerciais e de privatização vieram, nos últimos anos, conferir uma nova importância a esta figura. Foi o que aconteceu, por exemplo, em consequência da transformação da

[79] Cf. a classificação das concessões apresentada por M. Caetano em «Subsídios para a Teoria da Concessão de Serviço Público», *Estudos de Direito Administrativo*, Lisboa: Ática, 1974, p. 92.

[80] Cf., por exemplo, a Portaria n.º 252/97, de 14 de Abril, que estabelece normas relativas à aplicação de preços pelas empresas concessionárias de transportes públicos rodoviários de passageiros, para os diferentes títulos de transporte. Cf. M. Caetano, «Subsídios...», *ob. cit.*, p. 93.

[81] Cf. por exemplo ponto 31.1 do contrato de concessão anexo à Resolução n.º 121-A/94. Cf. G. J. Guglielmi, (*ob. cit.*, p. 119 ss.).

[82] Cf. *infra*, Parte III, Título I.

[83] O contrato de concessão entre o Estado português e a BRISA – Auto-Estradas de Portugal, S.A.R.L., foi originariamente aprovado em 1972 (DL n.º 467/72, de 22 de Novembro) e tem-se prolongado até hoje, ainda que com sucessivas revisões. Cf. Decreto Regulamentar n.º 5/81, de 23 de Janeiro; DL n.º 315/91, de 20 de Agosto; DL n.º 12/92, de 4 de Fevereiro; DL n.º 330-A/95, de 16 de Dezembro; DL n.º 294/97, de 24 de Outubro; DL n.º 287/99, de 28 de Julho; DL n.º 326/2001, de 18 de Dezembro; DL n.º 314-A/2002, de 26 de Dezembro; DL n.º 294/97, de 24 de Outubro; DL nº. 247-C/2008, de 30 de Dezembro, rectificado pela Declaração de Rectificação n.º 16-B/2009, de 27 de Fevereiro.

Radiodifusão, EP, em sociedade de capitais exclusivamente públicos. No diploma em que se procede a essa transformação definem-se os termos gerais a que deve obedecer o futuro contrato de concessão[84]. De modo idêntico, previu-se a concessão, em regime de exclusividade, a sociedades de capitais total ou maioritariamente públicos das actividades de captação, tratamento e distribuição de água para consumo público dos sistemas multimunicipais[85]. Esta decisão veio na sequência da revisão da Lei de Delimitação de Sectores, que admitiu essa possibilidade. A mesma figura foi também utilizada para a montagem da rede de distribuição de gás canalizado e sua exploração[86].

8.2. O contrato de gestão

Figura próxima do arrendamento é o *contrato de gestão*, pelo qual o Estado (ou outra entidade pública) transfere para uma entidade privada apenas as operações de gestão e manutenção do estabelecimento ou serviço público já em funcionamento, sem que aquela assuma o risco financeiro da operação, o qual continua a caber ao Estado (ao contrário do que ocorre na concessão propriamente dita). A remuneração do «gestionário» é fixada no contrato, ficando a cargo da entidade pública cedente – o que distingue do arrendamento –, podendo aquela variar em função do número de operações realizadas (consumidores servidos, actividades realizadas, etc.). A cobrança de tarifas aos utentes, quando seja caso disso, está a cargo da entidade contratada, que o faz normalmente não em nome próprio, mas no da autoridade pública. A duração do contrato é, em regra, muito inferior à duração da concessão ou do arrendamento, não excedendo normalmente os cinco anos.

Em Portugal essa figura está prevista nas áreas da saúde (gestão de hospitais e centros de saúde públicos, como sucede com o Hospital Fernando Fonseca/Amadora-Sintra) e da acção social («contratos de gestão» de instituições ou estabelecimentos públicos nessa área). Mas o direito comparado mostra que ela poder ser de serventia noutras áreas, como na gestão de escolas públicas, de bibliotecas e museus públicos, de piscinas e parques, estabelecimentos prisionais, etc..

8.3. Os contratos de cooperação

Existem muitas outras modalidades de contratos de parceria entre entidades públicas e privadas, associando os particulares no desempenho de tarefas públicas ou na gestão de serviços públicos, desonerando parcialmente o Estado das suas incumbências, mesmo que nem todas elas caibam no conceito de PPP para efeito de aplicação

[84] Cf. DL n.º 2/94, de 10 de Janeiro.

[85] Cf. DL n.º 319/94, de 24 de Dezembro.

[86] A Lei n.º 46/77 (Lei de Delimitação de Sectores) previa, no seu art. 9.º, a concessão da gestão de empresas públicas a empresas privadas. Esta possibilidade foi, porém, escassamente utilizada. Sobre esta matéria, cf. S. Gonçalves do Cabo, *A concessão de exploração de empresas públicas*, Lisboa: AAFDL, 1992.

das regras de controlo, sobretudo financeiro, e avaliação, incluindo a avaliação prévia das vantagens da parceria, regras essas que estão previstas no DL n.º 86/2003, de 26 de Abril.

Para dar exemplos nacionais, basta respigar os seguintes:

- os «contratos de associação» e os «contratos de incentivo» estabelecidos entre as autoridades da administração escolar e as escolas privadas, pelos quais o Estado reconhece oficialmente e apoia as escolas particulares que preencham lacunas do sistema escolar público (sabendo-se que constitucionalmente constitui obrigação do Estado criar estabelecimentos que cubram todas as necessidades escolares);
- as «convenções» no domínio da administração da saúde, que recentemente foram objecto de legislação especial, pelas quais o Estado contrata com instituições privadas a prestação de cuidados de saúde não disponíveis em quantidade bastante nos serviços públicos de saúde;
- os «acordos de cooperação» no domínio da acção social, pelos quais as entidades privadas e nomeadamente as IPSS (Instituições Particulares de Solidariedade Social) são oficialmente reconhecidas e financiadas pelo Estado (apoio à terceira idade, a deficientes, etc.).

PARTE III

O ESTADO REGULADOR

INTRODUÇÃO

1. A regulação pública da economia: noção

A *regulação pública da economia* em sentido amplo, consiste, no conjunto de medidas legislativas, administrativas e convencionadas por meio das quais o Estado (ou, de forma mais ampla, os poderes públicos), por si ou por delegação, determina, controla, ou influencia o comportamento de agentes económicos, tendo em vista evitar efeitos desses comportamentos que sejam lesivos de interesses socialmente legítimos e orientá-los em direcções socialmente desejáveis. O termo *regulação* difundiu-se, porém, correntemente, numa acepção mais restrita, que a associa à «institucionalização de entidades independentes aptas para estabelecer os esquemas regulativos das regras do jogo económico e para dirimir os conflitos em domínios sectoriais política e economicamente sensíveis»[1]. Esta acção é, como se viu, levada a cabo, em especial, por entidades reguladoras qualificadas, entre nós, como entidades administrativas independentes[2].

O conceito de *regulação pública* aqui adoptado é menos amplo do que o de intervenção pública na economia, visto que exclui a actividade directa do Estado como empresário, gestor ou produtor de bens ou de serviços[3], mas mais amplo do que a referida acepção corrente[4].

[1] J. J. Gomes Canotilho, «O princípio democrático sobre a pressão dos novos esquemas regulatórios», *Revista de Direito Público e Regulação*, Nº 1, Maio de 2009, p. 99.

[2] Cf. *supra*, Parte I, Título II, 4.4.

[3] O conceito adoptado converge com o conceito de «regulação jurídica da economia» defendido por Eduardo Paz Ferreira e Luís Silva Morais, ainda que a ênfase seja colocada por estes autores, primordialmente, na vertente *jurídica* da regulação. Cf., dos mesmos autores, «A regulação sectorial da economia. Introdução e perspectiva geral», in *Regulação em Portugal: Novos Tempos, Novo Modelo*, Coimbra: Almedina, 2009, p. 22.

[4] Num sentido ainda mais restrito, a expressão regulação é aplicada às formas de acção dos poderes públicos levadas a cabo por via não vinculativa, ou seja, através de formas de *soft law* ou de directrizes políticas (códigos de conduta, recomendações, resoluções, etc.). Embora não vinculativas e, consequen-

Na sua essência, o conceito de regulação pública económica implica a alteração dos comportamentos dos agentes económicos (produtores, distribuidores e mesmo consumidores) em relação ao que seriam se esses comportamentos obedecessem apenas às leis de mercado ou a formas de auto-regulação. A regulação pública económica distingue-se, portanto, da *auto-regulação* pelo mercado, incluindo das regras provenientes de entidades privadas (por exemplo, regulamentos internos, decisões associativas ou códigos de conduta provenientes de associações privadas). Cabem, contudo, no conceito de regulação pública aqui proposto as medidas convencionadas ou contratualizadas entre entidades públicas e privadas por iniciativa e num quadro legal definido pelas primeiras (como é o caso dos contratos-programa, dos preços convencionados ou dos acordos de concertação), assim como a regulação produzida por entidades privadas por delegação e com base no enquadramento produzido por entidades públicas, como acontece com as normas técnicas[5].

O facto de os principais destinatários da regulação pública serem agentes económicos privados não significa que o sector empresarial do Estado não seja também por ela abrangido. Assim acontece, por exemplo, em matéria de concorrência ou da regulação monetária, cujas regras se aplicam a todos os agentes económicos independentemente da sua natureza pública, privada ou outra[6].

temente, não directamente invocáveis em tribunal, estas modalidades podem contribuir para a *good governance* e produzir efeitos jurídicos, sendo por vezes mais eficazes que as clássicas formas jurídicas. Neste sentido, Claude Champaud, «Régulation et droit économique», *Revue Internationale de Droit Économique*, n.º 1, 2002, pp. 22-66.

[5] Sobre a regulação em geral cf., entre outros, K. Button & D. Swann, *The Age of Regulatory Reform*, Oxford: Clarendon Press, 1989; V. Moreira, *Auto-regulação Profissional e Administração Pública*, Coimbra: Almedina, 1997, p. 34 e ss.; J. L. Saldanha Sanches, «A regulação: história de um conceito», *Revista da Ordem dos Advogados*, Ano 60, Janeiro de 2000, pp. 5 e ss; João Confraria, *Regulação e Concorrência – Desafios do século XXI*; Ana Roque, *Regulação do Mercado – Novas Tendências*, Lisboa: Quid Juris, 2006; Pedro Gonçalves, *Regulação, Electricidade e Telecomunicações, Estudos de Direito Administrativo da Regulação*; José Fernandes Soares, *Teorias Económicas da Regulação, Grupos de Interesse, Procura de Renda e Aprisionamento*, Lisboa: Instituto Piaget, 2007; M. M. Leitão Marques/ João P. Simões de Almeida/ André M. Forte, *Concorrência e Regulação (A relação entre a Autoridade da Concorrência e as Autoridades de Regulação Sectorial)*, Coimbra: Coimbra Editora, 2005; e B. Marais, *Droit Public de la Régulation Économique*, Paris: Sciences PO/ Dalloz, 2004; Ana Roque, *Regulação do Mercado*, op. cit.

[6] Tem sido intenso, na última década, o debate em torno das novas formas de regulação decorrentes dos processos de privatização e abertura à concorrência, em especial no domínio dos serviços públicos (telecomunicações, energia eléctrica, transportes públicos, serviços postais, etc.). O Estado, ao privatizar empresas públicas (algumas delas, tradicionalmente, monopolistas) e ao introduzir a concorrência naqueles sectores, é conduzido a *regular* os mercados emergentes (o que alguns têm qualificado como *re-regulação*, porque se trata em certo sentido de mudar a forma de regular). Este movimento é potenciado pela constituição económica europeia que assume foros de constituição dirigente (sobre o tema J. J. G. Canotilho, «Da Constituição Dirigente ao Direito Comunitário Dirigente», in *"Brancosos" e Interconstitucionalidade, Itenerários dos Discursos sobre a Historicidade Constitucional*, Coimbra: Almedina, 2005 e ss.

A difusão da noção de *regulação* na esfera dos estudos jurídico-económicos tem vindo a par da de *Estado regulador*. Este conceito ganha alento a partir dos anos 70 do século XX, correspondendo à crise do Estado Social-intervencionista (Estado «keynesiano») orientado essencialmente para a redistribuição da riqueza. Partindo do pressuposto da auto-regulação dos mercados, para as novas orientações de pendor neoliberal competiria ao Estado «já não produzir e distribuir bens e serviços públicos directamente, mas apenas regular, supervisionar e facilitar a produção e distribuição destes mesmos bens por parte de terceiros, incluindo as empresas privadas»[7]. Neste quadro de referência, o conceito de Estado regulador implica a ideia de que mesmo as formas de intervenção típicas do Estado Social que subsistem nesta nova fase são «contaminadas» pela nova filosofia de acção estatal. Para esta evolução contribuiu ainda, decisivamente, a experiência europeia de construção do mercado interno, tendo mesmo o sistema político comunitário sido qualificado por Majone como *Estado Regulador (regulatory state)*[8].

2. Âmbito da regulação

A regulação pode ter diferentes amplitudes de um ponto de vista territorial ou material.

a) De um ponto de vista *territorial* ou geográfico, o seu âmbito pode ser *mundial, regional, nacional ou local*. Em Portugal, por exemplo, o sector têxtil pode ser simultaneamente regulado por normas de vocação mundial – como as provenientes da OMC – regional – como as que têm origem na UE – nacional – em geral, todo o direito económico proveniente de órgãos de competência nacional que lhe seja aplicável – ou local – como foi o caso do programa especial de apoio à região do Vale do Ave. Uma das características mais marcantes da regulação pública económica é precisamente a imbricação, hierarquização e dependência entre os vários níveis de regulação: do local, para o nacional, deste para o regional e daí para o global ou mundial. Voltando ao nosso exemplo, os apoios a uma empresa têxtil dependem da sua inserção local (nível de

Cf. ainda Stoffaes, *Services Publics. Question d'Avenir*, Paris: Éditions Odile Jacob//La Documentation Française, 1995, p. 26; e, mais recentemente, E. Szyszczak, *The Regulation of the State in Competitive Markets in the EU*, Oxford and Portland: Hart Publishing, 2007.

[7] Cf. Filipe Carreira da Silva, «Metamorfoses do Estado: Portugal e a emergência do Estado neo-social», in Renato do Carmo/João Rodrigues (coord.), *Onde Para o Estado? Políticas Públicas em Tempo de Crise*, Lisboa: Edições Nelson de Matos, pp. 28-29.

[8] Cf. Giandomenico Majone, *La Communauté Européenne: un État Régulateur?*, Paris: Montchrestien, 1996. Cf. ainda Luís Silva Morais, «A Função Reguladora e as Estruturas de Regulação na União Europeia», in AAVV, *A Europa e os Desafios do Século XXI*, Almedina: Coimbra, 2008, pp. 323 e ss.; Maria Luiza P. A. Mayer Feitosa, *Paradigmas Inconclusos: Os Contratos entre a Autonomia Privada, a Regulação Estatal e a Globalização dos Mercados*, Coimbra: Coimbra Editora, 2007, em especial, pp. 169 e ss.

emprego, existência ou não de concorrentes próximos) e das medidas concebidas para serem aplicadas a esse nível (planos de desenvolvimento municipal), dos planos nacionais de apoio ao sector ou à indústria em geral, eles mesmos definidos a nível comunitário de acordo com a respectiva política sectorial e/ou industrial e de concorrência, a qual por sua vez, nas suas grandes linhas, é negociada à luz das regras da OMC. A distribuição de competências reguladoras entre os vários níveis territoriais suscita, naturalmente, problemas de diversa ordem, entre os quais se coloca o da eficiência. A este propósito tem-se afirmado o *princípio da subsidiariedade* segundo o qual os patamares superiores de regulação só devem ser accionados quando os patamares mais descentralizados (e portanto mais próximos do destinatário último da regulação) não tenham capacidade para atingir uma solução satisfatória. Este princípio foi, como vimos, consagrado no art. 5.º, n.º 3 do TUE para as relações entre os EM e a UE relativamente às áreas que não são da competência exclusiva desta.

b) De um ponto de vista *material*, a regulação pública pode ser *geral ou sectorial*, isto é, ora se dirige ao conjunto de uma economia (ou de várias economias), como acontece com o plano (designadamente, as Grandes Opções do Plano) e com as normas de defesa da concorrência de vocação transversal, de protecção do consumidor ou do ambiente; ora se aplica apenas a um sector (os transportes, as telecomunicações, o sector têxtil, etc.), a um tipo de empresas (pequenas e médias empresas), ou a uma actividade (exportadora, agrícola, etc.).

3. Tipos de regulação

Em função dos seus objectivos, as medidas de regulação pública poderão ser agrupadas em seis categorias principais:

a) A primeira compreende as *que condicionam a liberdade de iniciativa económica*, em qualquer das suas componentes: acesso, organização ou exercício da actividade económica. Esta forma de regulação corresponde à que é tradicionalmente designada por *polícia económica*[9]. Ela exprime-se tipicamente em medidas de carácter preventivo e repressivo. No primeiro caso, trata-se, por exemplo, de proibir ou condicionar o exercício de certas actividades económicas ou de verificar o preenchimento de requisitos para o seu exercício e assegurar que os estabelecimentos comerciais ou as instalações industriais respeitem as condições legalmente definidas para a sua localização e funcionamento. No segundo caso, tem-se em vista a repressão de práticas ilícitas,

[9] É sobretudo nela que se pensa quando se discute se existe excesso ou défice de regulação pública na economia. É também ela que constitui o objecto principal das políticas de desregulação tal como foram concebidas nos EUA, primeiro, e depois na Europa.

que como tal estão tipificadas na lei, podendo dar origem à aplicação sanções, das quais se destacam as contra-ordenações ou a medidas de natureza penal. Em qualquer dos casos, esta regulação traduz-se em *deveres* para os seus destinatários.

Os *regimes de acesso e licenciamento* de uma actividade económica bem como do seu exercício cabem dentro deste tipo de regulação económica.

b) A segunda categoria compreende as medidas que contêm *indicações, incentivos, apoios ou auxílios aos agentes económicos* para que assumam determinados comportamentos favoráveis ao desenvolvimento de políticas públicas, designadamente económicas ou sociais. Os planos de desenvolvimento e os diversos tipos de auxílios de natureza financeira ou técnica, concedidos pelos Estados às empresas, enquadram-se neste tipo (Estado incitativo). Daí advêm ónus ou *faculdades* para os seus destinatários.

Estas formas de regulação – que foram, no passado, designadas como medidas de fomento económico – podem ser concedidas com ou sem contrapartidas. Mais do que uma função correctora do Estado perante os mercados, está-se aqui perante uma função de orientação ou de promoção da actividade económica (na medida em que, como já se indicou e se desenvolverá de seguida, o Estado usa incentivos para inflectir os comportamentos dos agentes económicos em determinados sentidos compatíveis com os objectivos das políticas públicas). Muitas destas medidas restritivas da liberdade de iniciativa económica são negociadas com os seus destinatários, quer na fase da sua formulação, quer sobretudo na forma da sua aplicação, e obedecem frequentemente a contrapartidas das autoridades públicas.

Apesar de a separação entre as medidas que *restringem ou condicionam* a actividade dos agentes económicos e as que a *estimulam ou fomentam* manter alguma actualidade, quando se analisam os objectivos subjacentes a cada uma das áreas de regulação mais comuns nas Administrações económicas europeias, verifica-se que, ao quadro dos princípios de base liberal da «polícia económica» (sobretudo preventivos e repressivos), o direito económico contemporâneo vem acrescentando preocupações finalistas (por exemplo, o desenvolvimento económico, a competitividade externa) que pressupõem actuações positivas e não meramente negativas das autoridades públicas. Como resultado, esbatem-se as fronteiras entre aqueles dois tipos de regulação.

c) Uma terceira categoria de regulação respeita ao sistema monetário e financeiro. A moeda é uma condição necessária do processo de circulação e o sistema financeiro uma condição necessária do crédito para investimento, do consumo e da prevenção de riscos (seguros).

d) Um outro exemplo de regulação que se contrapõe à auto-regulação dos mercados é a regulação da concorrência que visa, em última instância, salvaguardar o mercado dos comportamentos anti-concorrenciais dos operadores económicos, poderes públicos incluídos. Também este tipo de regulação, de natureza transversal, utiliza proibições, permissões e incentivos. Por exemplo, a regulação da concorrência nos mercados implica tanto medidas de controlo das concentrações entre empresas, como medidas de incentivo a essas concentrações (tratando-se, designadamente, de PME)[10].

e) Uma quinta categoria abrange a medidas de regulação de «novos mercados» ou sectores de actividade económica decorrentes dos processos de privatização e liberalização, anteriormente referidos. Corresponde às que são, presentemente, levadas a cabo por entidades administrativas independentes[11]. A acção destas entidades configura, em parte, formas de polícia económica; mas distingue-se desta na medida em que visa *instituir o mercado* de modo pró-activo, defendendo-o das suas próprias falhas e apelando para a eficiência dos mercados e a diminuição dos custos de transacção, a salvaguarda da concorrência e a contenção dos monopólios naturais, a correcção de exterioridades negativas e de falhas de informação dos consumidores, bem como para a garantia de obrigações de serviço público a assegurar após a liberalização de sectores e a privatização de empresas que se encontravam, desde há décadas, sob domínio público.

f) Por fim, a última categoria aqui considerada inclui os *regimes aplicáveis em domínios da actividade económica susceptíveis de comportarem riscos* de impactos gravosos sobre valores sociais e individuais fundamentais como a protecção do ambiente, a qualidade e segurança de produtos e serviços ou a protecção de liberdades e direitos básicos como a vida privada ou os dados pessoais ameaçados por utilizações abusivas das novas tecnologias da informação e da comunicação. A *regulação do risco*, que se vem expandindo em relação estreita com o processo de desenvolvimento tecnológico e industrial, tem sido encarada como um dos motores do crescimento do Estado regulador[12].

[10] Cf. DL n.º 143/94, de 24 de Maio.

[11] As EAI têm antecedentes, entre nós, nos organismos corporativos de coordenação económica. Contudo, enquanto estes eram entidades transitórias destinadas a desaparecer com a instituição das corporações e se concentravam nos ramos de produção e de comércio mais ligados aos sectores de importação e de exportação, assumindo a forma de comissões reguladoras, de juntas nacionais ou de institutos, as actuais entidades reguladoras têm finalidades distintas pois visam instituir o mercado. Cf., neste sentido, Sérgio Vasques, «As taxas de regulação económica em Portugal: uma introdução», in Sérgio Vasques (coord.), *As Taxas de Regulação Económica em Portugal*, Coimbra: Almedina, 2008, em especial, pp. 17 e 24.

[12] Cf. Christopher Hood, Henry Rothstein e Robert Baldwin, *The Government of Risk: Understanding Risk Regulation Regimes*, Oxford: Oxford University Press, 2001, p. 4.

4. Procedimentos da regulação

4.1. Procedimentos unilaterais

No quadro da sua acção reguladora, a Administração recorre a *medidas imperativas, de natureza legislativa e/ou administrativa*, de âmbito geral ou individual, limitando por esse meio a liberdade dos agentes económicos ou proporcionando-lhes determinadas vantagens condicionadas à assumpção de determinados comportamentos.

A lei define o enquadramento geral que a Administração se encarrega de aplicar por meio de actos administrativos de carácter preventivo (licenças ou autorizações) repressivo (aplicação de sanções de natureza civil, administrativa ou penal), acompanhados dos respectivos actos de controlo (inspecções, etc.). A lei cria igualmente incentivos às empresas ou programas de apoio de que os agentes económicos beneficiam desde que preencham as condições nela definidas ou de acordo com os critérios de apreciação da Administração, quando a lei lhe confere o poder discricionário para proceder a esse julgamento[13].

O próprio plano económico e social, embora negociado nos momentos da sua elaboração e execução, é, na sua origem, um procedimento unilateral de orientação e enquadramento.

4.2. Procedimentos negociados

A Administração Pública tem vindo a «privatizar» os seus instrumentos de regulação económica complementando ou substituindo os actos administrativos unilaterais por *acordos de incitação ou de colaboração com os destinatários da regulação.* Este tipo de procedimentos é susceptível de ser aplicado independentemente dos objectivos da regulação, sejam eles basicamente restritivos ou incentivadores ou procurem atingir os dois objectivos em simultâneo, como acontece, por exemplo, num contrato-programa em matéria ambiental. Os procedimentos negociados mais típicos são os *contratos económicos* e os *acordos de concertação.* A eles nos referiremos no título seguinte.

5. As principais áreas da regulação pública económica

As principais áreas de regulação pública da economia têm evoluído ao longo do tempo por razões que se prendem quer com o desenvolvimento industrial e tecnológico, quer com as preocupações e dinâmicas sociais, quer com os fenómenos da internacionalização e globalização da economia, quer, mais recentemente, com as políticas

[13] Um exemplo de regulação pública unilateral de natureza restritiva é-nos dado pelo controlo das operações de concentração de empresas, regido pela Lei n.º 18/2003, de 11 de Junho. Um exemplo de regulação pública unilateral de natureza promocional será o regime de incentivos à reorganização de empresas em resultado de actos de concentração ou de acordos de cooperação referido na nota anterior. Para além destes exemplos, muitos outros poderão ser encontrados nos títulos seguintes a respeito da regulação de diferentes áreas, como os preços, a concorrência, a qualidade, o ambiente, etc.

de liberalização e de privatização. Assim, enquanto algumas das áreas tradicionais de regulação, como a fixação de preços, perderam importância, emergiram outras, como o controlo da qualidade, do ambiente, do consumo, dos valores mobiliários, da informação e comunicação nas redes electrónicas.

Não obstante as variações sucessivas e a dificuldade de traçar fronteiras precisas entre as diferentes áreas de regulação pública da economia, podemos destacar as seguintes áreas principais que adiante serão analisadas, tendo em conta a experiência portuguesa no quadro da UE:

- Planeamento e formas de orientação e auxílio aos agentes económicos;
- Acesso à actividade económica;
- Concorrência;
- Mercados emergentes;
- Actividade monetária e financeira;
- Ambiente;
- Qualidade e segurança de produtos e serviços;
- Informação e comunicação.

Como se assinalou mais acima, em qualquer destas áreas cruzam-se muitas vezes os objectivos de polícia ou de restrição da liberdade dos agentes económicos com os de promoção ou apoio à sua actividade, mas o peso relativo de cada um deles é variável. Por exemplo, o planeamento é fundamentalmente promocional, enquanto a protecção da concorrência se caracteriza essencialmente pela proibição de comportamentos lesivos do livre funcionamento das leis de mercado. Igualmente, variam os procedimentos utilizados, passando-se dos imperativos aos negociados e vice-versa, nas diferentes áreas de regulação económica.

Para além da regulação de natureza geral, i.e., que atinge uma pluralidade de actividades económicas distintas, é ainda possível isolar áreas específicas de regulação, de âmbito sectorial, como os transportes, a energia, o turismo, etc.

TÍTULO I
O PLANEAMENTO, AS MEDIDAS DE ESTÍMULO OU FOMENTO E A CONCERTAÇÃO ECONÓMICA E SOCIAL

1. O planeamento

1.1. Noção e antecedentes

O plano é um acto jurídico, aprovado por órgãos ou autoridades públicas, que «define e hierarquiza objectivos a prosseguir no domínio económico-social durante um determinado período de tempo, estabelece as acções destinadas a prossegui-los e pode definir os mecanismos necessários à sua implementação»[1].

A elaboração do plano assenta num conjunto de instrumentos técnicos (diagnóstico de situação, técnicas de previsão macroeconómicas) e de decisões políticas (definição de objectivos). A sua execução pressupõe a coordenação de acções entre vários agentes estaduais (da Administração central ou regional) e não estaduais.

A figura do plano, como instrumento privilegiado de coordenação da actividade económica, em alternativa aos mecanismos de mercado, surgiu nos primórdios deste século nas experiências de socialismo de Estado (economias de direcção central, colectivizadas). Com esta natureza, o plano não era compatível com os sistemas capitalistas, quando baseados no princípio da concorrência, na descentralização das decisões empresariais e sua coordenação pelo mecanismo de preços.

Contudo, com o crescimento da intervenção pública para a resolução de problemas estruturais e de desenvolvimento nas economias de mercado, a maioria dos Estados veio a aperceber-se da importância do planeamento como instrumento de racionalização e coordenação da sua actividade e de redução de incertezas dos operadores económicos.

[1] Cf. A. S. Franco, *Noções de Direito da Economia, ob. cit.*, p. 310. Sobre o plano, ver ainda, entre nós, L. C. de Moncada, *A Problemática Jurídica do Planeamento Económico*, Coimbra: Coimbra Editora, 1985.

Com efeito, a intervenção pública, sobretudo quando estratégica, pressupõe a definição (e quantificação) de objectivos e de medidas capazes de os concretizar, bem como a afectação de meios materiais, financeiros e outros, de modo escalonado no tempo, isto é, a existência (formalizada ou não) de um planeamento, não com pretensões substitutivas da coordenação da actividade económica pelo mercado, mas complementar deste. Daí que, nestas economias, o plano não assuma a mesma força vinculativa que o caracterizava nas economias de direcção central, isto é, o seu incumprimento por parte das empresas não acarreta quaisquer sanções, não é juridicamente penalizado. A base da actividade económica continua aí a assentar na liberdade de decisão dos agentes económicos. Ainda que sejam instrumentos de política económica e social do Estado, os planos não implicam deveres de comportamento para as empresas privadas. Permitem, sim, que os agentes económicos passem a dispor de horizontes relativamente claros sobre as intenções do Estado, antecipando cenários e consolidando expectativas e só nessa medida são de molde a facilitar ou influenciar a respectiva tomada de decisões. Nesta perspectiva, os planos são, em boa medida, «uma aplicação sofisticada dos meios de informação e de comunicação»[2].

Os primeiros planos adoptados pelos governos de países ocidentais surgiram associados ao lançamento de grandes projectos de investimento ou desenvolvimento, o que explica a sua natureza sectorial ou parcelar. Por exemplo, nos Estados Unidos da América, no âmbito do «New Deal» de Roosevelt, foi lançado o «Plano de desenvolvimento agrícola e industrial do Vale de Tenessee» com o fim de criar condições para a absorção do desemprego e a promoção do desenvolvimento económico afectados pela crise de 1929.

Também o nazismo e as experiências corporativas e autoritárias nascidas entre as duas guerras (na Alemanha, na Itália), algumas das quais lhes sobreviveram (em Espanha e em Portugal), deram origem a formas de planeamento económico.

Com a segunda Guerra Mundial, acentuou-se o recurso ao planeamento na Europa. Para além da constituição de importantes sectores públicos, a tarefa de reconstrução implicou a elaboração de planos nacionais destinados a orientar e distribuir os recursos postos à disposição de alguns países no âmbito do Plano Marshall (programa norte-americano de auxílio aos países europeus).

[2] Assim, D. Freiburghaus, «Le développement des moyens de l'action étatique» in C. A. Morand, *L'Etat propulsif*, Paris: Publisud, 1991, p. 61. Acrescente-se que o acesso das empresas a esta importante fonte de informação é livre e gratuito, pelo que as empresas não necessitam de internalizar novos custos. Prevendo uma revalorização do plano num futuro próximo, cf. Robert Heilbroner, *Le Capitalisme du XXIe Siècle*, Québec: Éd. Bellarmin, 1993.

Em Portugal, os Planos de Fomento do Estado Novo representaram a primeira experiência de planeamento formal, tendo estado na origem da realização de importantes projectos de investimento[3].

1.2. O planeamento na Constituição da República Portuguesa

Na sequência da revolução de 25 de Abril de 1974, a CRP veio atribuir grande importância ao plano como instrumento de coordenação e direcção geral da economia, prevendo planos a curto, médio e longo prazo. O plano era definido na versão original da CRP pela sua função de orientação, coordenação e disciplina da actividade económica. O plano não tinha, porém, força jurídica idêntica para os diferentes tipos de agentes que intervêm na vida económica. Era *imperativo* para o sector público estadual; era *obrigatório* por força de contratos-programa para outras actividades de interesse público e era *indicativo* para os sectores público não estadual, privado e cooperativo, definindo o enquadramento a que haviam de submeter-se as empresas desses sectores[4]. Na prática, porém, o planeamento cingiu-se à apresentação de planos anuais, subalternizados na sua eficácia em relação ao plano financeiro contido no Orçamento, e a imperatividade nunca se afirmou em relação às empresas públicas.

Com a revisão de 1989, a CRP deixou de fazer referência explícita à figura unitária do Plano, substituída pela referência genérica a «planos», tendo do mesmo passo suprimido a disposição relativa à força jurídica do Plano. O planeamento deixou, como consequência, de ser concebido como um instrumento de ordenação da conduta dos agentes económicos públicos e, indirectamente, de indução de comportamentos dos agentes privados, para passar a ser um conjunto de documentos onde se definem as grandes metas macroeconómicas e de desenvolvimento económico e social, bem como as linhas gerais de orientação da acção do Estado e de coordenação entre as políticas económicas, e se programam as medidas de auxílio às actividades económicas para o período a que corresponde a sua execução. No quadro da revisão constitucional de 1989, foi também eliminada a referência ao plano a longo prazo.

O *planeamento democrático* do desenvolvimento económico permaneceu, porém, como um dos princípios fundamentais da organização económica (art. 80.º, *e*)). Este princípio remete-nos para o *sistema de planeamento* e a sua *orgânica* (política, técnica e participativa). A qualificação do sistema de planeamento como democrático implica, desde logo, a atribuição à Assembleia da República da competência para a aprovação das grandes opções dos planos, que o Governo desenvolve por DL (arts. 161.º, *g*), 199.º,

[3] O I Plano de Fomento, orientado para o investimento público, foi adoptado em 1953 e era quinquenal. No entanto, a primeira experiência de planeamento global apenas ocorreu com o Primeiro plano intercalar para 1965-67. Cf. M. Silva «O Planeamento em Portugal: Lições de uma Experiência e Perspectivas de Futuro» *in O Planeamento Económico em Portugal: Lições de uma Experiência*, Lisboa: Sá da Costa, 1984.

[4] A solução era semelhante à contida na lei de aprovação das bases gerais do II Plano de Fomento (1959-1964).

a) e 200.°, e) CRP). Uma outra expressão desse princípio é a intervenção no processo de planeamento de órgãos de participação, nomeadamente o Conselho Económico e Social (CES) (art. 92.°).

1.3. O sistema do planeamento económico e social em Portugal

O sistema de planeamento, incluindo a sua organização e processo de funcionamento, é hoje regido em Portugal pela Lei n.º 43/91, de 27 de Julho (Lei quadro do planeamento)[5].

Esta lei prevê três níveis de planeamento: as *grandes opções* (grandes orientações estratégicas) dos planos com definição das opções globais e sectoriais, a aprovar pela Assembleia da República por forma de lei, sob proposta do Governo; os *planos anuais*, a aprovar pelo Governo, que contemplam as medidas a concretizar por este órgão no ano a que respeitam e a correspondente programação financeira expressa no Orçamento de Estado; e os *planos a médio prazo*, a aprovar pelo Governo, e que contêm a estratégia de desenvolvimento económico e social para o período de cada legislatura (art. 2.°).

Em obediência ao princípio democrático do planeamento, a aprovação das grandes opções pela Assembleia da República deve ser entendida como uma *condição prévia* da adopção de quaisquer planos pelo Governo (arts. 4.°, *b*) e 9.°, n.º 1). À Assembleia cabe ainda apreciar os relatórios de execução dos planos (art. 6.°, n.º 2, *b*)).

Como princípios orientadores do sistema de planeamento, destacam-se, quanto à elaboração dos planos, o *princípio da supletividade da intervenção do Estado* face ao livre funcionamento da iniciativa privada e do mercado, o *princípio da coordenação dos planos com os instrumentos comunitários* e o *princípio da participação social* (art. 4.°) e quanto à sua execução, os princípios de compatibilização com o Orçamento e da execução descentralizada. Sendo esta cometida às CCR que são, como vimos, uma forma de desconcentração, é, porém, duvidoso que se possa hoje falar de efectiva descentralização da execução do Plano.

O princípio da participação exprime-se na já mencionada intervenção do CES no processo de elaboração dos planos, bem como na apreciação dos relatórios da sua execução (art. 7.°). Essa intervenção, de carácter consultivo, é *prévia* à aprovação dos planos pelo Governo (art. 10.°).

Na medida em que os representantes dos diversos interesses económicos e sociais são chamados a participar, no seio do CES, no processo de planeamento, este opera como um instrumento também de concertação económica e social[6].

[5] Esta lei revogou a Lei n.° 31/77, de 23 de Maio, que estruturava até então o sistema de planeamento entre nós.

[6] Cf. o texto das *Grandes Opções do Plano para 2010-2013*, disponível em http://www.parlamento.pt/OrcamentoEstado/Documents/gop/GOP_2010-2013_VF.pdf. As GOP para 2010-2013 foram aprovadas pela Lei n.º 3-A/2010, de 28 de Abril. Veja-se o Parecer do CES em http://www.ces.pt/download/52.

1.4. Planeamento e instrumentos de aplicação

Como se assinalou já, os planos, apesar de aprovados por instrumentos legislativos, constituem essencialmente documentos *conformadores* da direcção política, económica e social que, como tal, vinculando embora o Estado, não vinculam os agentes económicos. Só os *instrumentos de execução do plano* são susceptíveis de revestir carácter normativo[7].

Todavia, no sentido de promover a adequação dos agentes económicos aos objectivos fixados nos planos, o Estado utiliza incentivos de vária ordem, como os regimes legais de ajuda às empresas e às actividades económicas, recorrendo a procedimentos unilaterais ou negociados (contratos-programa)[8].

1.5. Planeamento técnico: o exemplo do planeamento territorial

Fora do âmbito do planeamento económico-social, mas com crescente relevo na ordem jurídica portuguesa, surgem certos instrumentos específicos de planeamento técnico, com incidência indirecta na actividade económica e directa na esfera do ambiente e da qualidade de vida. Um dos mais importantes é o que resulta da incumbência constitucional atribuída ao Estado de ordenar e promover o ordenamento do território (arts. 66.°, n.º 2, alínea *b*) da CRP) e que se traduz em formas de planeamento territorial.

Neste domínio, os planos *(planos urbanísticos)* são documentos imputáveis a uma pessoa colectiva pública, compostos de peças gráficas, onde se desenvolve a repartição ideal de uma área geográfica em zonas afectas a específicas utilizações humanas, e de peças escritas onde são propostas as condutas adequadas à transposição do modelo desenhado para a realidade[9]. «Enquanto actos simultaneamente de criação e de aplicação do direito, os planos urbanísticos constituem um instrumento de programação e de coordenação de decisões administrativas individuais com incidência na ocupação do solo»[10].

[7] Cf. sobre o tema C. Queirós, «O Plano na Ordem Jurídica», *Boletim ao Conselho Nacional do Plano*, 15, 1988; p. 123 ss. e M. Miaille «De la nature du plan. A propos de la réforme de la planification» *in L'Interventionnisme Economique de la Puissance Publique. Études en hommage du Doyen S. Pequignot*, Université de Montpellier, 1984, p. 489 ss.; F. A. Correia, *Manual de Direito do Urbanismo*, vol. I, Coimbra: Almedina, 2001, p. 370 ss.

[8] Cf. sobre os diferentes procedimentos, *supra*, Título IV e sobre os auxílios do Estado às empresas, *infra*, Título III, Capítulo II. Quanto aos planos urbanísticos, cf. F. A. Correia, *ob. cit.*, pp. 281 ss..

[9] Cf. J. M. Sousa, «Os planos de urbanização no vigente ordenamento jurídico português» in D. F. do Amaral (coord.), *Direito do Urbanismo*, Oeiras: INA, 1989, p. 346. Cf., ainda, J. Miranda, *A Dinâmica Jurídica do Planeamento Territorial – A Alteração, a Revisão e a Suspensão dos Planos*, Coimbra: Coimbra Ed., 2002; F. A. Correia, *ob. cit.*, p. 232 ss.

[10] F. A. Correia, *As grandes linhas da recente reforma do direito do urbanismo português*, Coimbra: Almedina, 1993, p. 18. Cf., ainda, A. J. S. L. de Brito, *A Protecção do Ambiente e os Planos Regionais de Ordenamento do Território*, Coimbra: Almedina, 1997; F. P. M. de Oliveira, *As Medidas Preventivas dos Planos Municipais de*

A legislação nacional distingue diversas espécies de planeamento territorial, de que as mais importantes são:

- O *programa nacional da política de ordenamento do território* (PNPOT), como raiz dos restantes planos e como instrumento de cooperação com os restantes EM da CE (UE)(Resolução do Conselho de Ministros n.º 76/2002);
- Os *planos regionais de ordenamento do território* (PROT), concebidos como instrumentos de carácter programático e normativo que definem a estratégia regional de desenvolvimento territorial, integrando as opções estabelecidas a nível nacional e considerando as estratégias municipais de desenvolvimento local, e constituem o quadro de referência para a elaboração dos PMOT[11];
- Os *planos municipais de ordenamento de território* (PMOT) que estabelecem um ordenamento integral do território de um município (ou de parte deste), disciplinando os usos e destinos do espaço através de planos directores municipais (PDM), de planos de urbanização e de planos de pormenor[12]; e
- Os *planos intermunicipais de ordenamento do território* (PIOT), articulando os PROT e os PMOT.

2. As medidas de estímulo ou fomento

2.1. Tipos

As medidas de *estímulo ou fomento económico* consistem fundamentalmente em prestações da Administração Pública a favor de actividades de interesse geral desempenhadas por agentes económicos que lhe são estranhos[13]. Actualmente, estas medidas

Ordenamento do Território, Coimbra: Coimbra Ed., 1998; F. A. Correia, *Planos Municipais de Ordenamento do Território, perequação de benefícios e encargos e indemnização*, Coimbra: Coimbra Ed., 2001.

[11] Cf. DL n.º 380/99, de 22 de Setembro, que regula os instrumentos de gestão territorial (cf. republicação operada pelo DL n.º 46/2009, de 20 de Fevereiro). Os PROT são aprovados por Resolução do Conselho de Ministros (art. 59.º, n.º1), salientando-se os PROT do Algarve, do Douro, do Litoral Alentejano, da Área Metropolitana de Lisboa, do Alto Minho e do Oeste. O DL n.º 351/93, de 7 de Outubro, veio estabelecer a necessidade de confirmação da compatibilidade das licenças de loteamento e de obras emitidas antes da data de entrada em vigor de cada PROT com as regras de uso, ocupação e transformação do solo que dele constem. A constitucionalidade deste diploma foi questionada no acórdão de 30.9.1997 do STA, publicado nos *Cadernos de Justiça Administrativa*, n.º 14, 1999, pp. 24 ss.. O DL n.º 61/95, de 7 de Abril, veio excluir do âmbito de aplicação do DL n.º 351/93 as «áreas urbanas consolidadas», elevando ainda para o dobro os prazos previstos nesse diploma.

[12] Significativos ajustamentos, quanto ao procedimento de elaboração dos planos municipais, foram instituídos pelo DL n.º 16/93, de 13 de Maio, tendo em vista a realização, em Lisboa, da EXPO 98. Cf. Associação Portuguesa de Direito do Urbanismo, *A Execução dos Planos Directores Municipais*, Coimbra: Almedina, 1998; C. Viana, *A Actividade Administrativa de Formação dos Planos Directores Municipais*, Coimbra: Coimbra Ed., 2002.

[13] A. Ataíde, «Elementos para um Curso de Direito Administrativo da Economia», *Cadernos de Ciência e Técnica Fiscal*, n.º 100, 1970, p. 109.

vêm sendo adoptadas e postas em prática pelo Estado e Administração pública nacional, apoiados em fundos nacionais e europeus, e pela própria Administração económica da UE.

Visam «criar estímulos à prática de certos actos ou ao desenvolvimento de uma dada actividade no quadro de um conjunto de objectivos definidos pela administração, normalmente constantes de um *plano*. As empresas, em consequência de condições particulares que lhes são próprias ou do exercício da sua actividade em conformidade com os ditames da política económica, colocam-se em condições de receberem determinadas vantagens em relação ao regime comum»[14].

Em função do seu *conteúdo* assumem diferentes formas tais como as ajudas financeiras, os benefícios fiscais, a assistência técnica ou mesmo, em determinadas circunstâncias, a participação pública no capital das empresas[15].

De acordo com E. Paz Ferreira as *ajudas financeiras* «podem ser agrupadas em três grandes tipos: *entregas directas de verbas aos beneficiários, renúncia de créditos* e *utilização dos mecanismos de crédito*»[16]. As *entregas directas* incluem os subsídios de exploração, a fundo perdido ou reembolsáveis, subsídios de equipamento e subsídios para garantir o rendimento. As *renúncias a créditos* dizem respeito às «situações em que o Estado aceita a não remuneração de capitais públicos aplicados em empresas ou renuncia a receber participações em lucros que lhe eram devidas ou, ainda, permite o não cumprimento de obrigações legais por parte dos subvencionados». Nos *mecanismos de crédito* incluem-se a concessão directa de empréstimos, a simples bonificação e a garantia. Esta é normalmente concedida através do *aval* do Estado o qual consiste num «acto unilateral pelo qual o Estado garante o cumprimento de dívidas de outras entidades assumindo em caso de incumprimento as respectivas responsabilidades perante os credores»[17].

Por sua vez, as *subvenções fiscais* traduzem, de um ponto de vista substancial, uma transferência de fundos através da abstenção de tributar. De acordo com um estudo da OCDE, elas podem consistir em *desagravamentos fiscais* – rendimentos ou parte de rendimentos não compreendidos na incidência do imposto ou compreendidos mas isentas; *reduções fiscais* – somas deduzidas do rendimento bruto para chegar ao

[14] C. F. de Almeida, *Direito Económico*, Lisboa: AAFDL, 1979.

[15] Podemos ainda acrescentar as ajudas materiais, tal como a construção de uma estrada, quando possam ser individualizadas, servindo apenas uma empresa. Não são assim consideradas, no domínio do estudo das ajudas, aquelas que têm carácter geral, beneficiando indiscriminadamente qualquer agente económico (e não só), como a construção de infraestruturas ou o investimento na educação e investigação.

[16] Cf. E. P. Ferreira, «O controlo das subvenções financeiras e dos benefícios fiscais», *Revista Trimestral do Tribunal de Contas*, 1989, n.º 1, p 25 ss..

[17] A. S. Franco, *Finanças Públicas e Direito Financeiro*, Coimbra: Almedina, 1994, II Vol., p. 142. O regime legal do aval do Estado consta da Lei n.º 112/97, de 16 de Outubro que revogou o regime constante na Lei n.º 1/73, de 2 de Janeiro.

rendimento colectável; *créditos de imposto* – somas subtraídas ao imposto devido; e *desagravamentos especiais da taxa* – taxa reduzida de imposto a favor de certos grupos ou actividades[18].

Estas medidas podem aplicar-se em geral a todas as empresas ou apenas àquelas que pertençam a determinados sectores ou preencham determinados requisitos, estejam estabelecidas ou se estabeleçam em certas regiões ou simplesmente que ofereçam determinadas contrapartidas (por exemplo, adequarem a sua actividade a determinados objectivos da política económica).

Para além do conteúdo, é assim possível tipificar as medidas de estímulo em função do *procedimento utilizado na sua atribuição* (contrato ou acto unilateral da administração directa ou indirecta), dos *destinatários visados* (por exemplo, sector agrícola, pequenas e médias empresas, empresas em dificuldade, empresas de um ramo de actividade, empresas exportadoras) ou dos *objectivos fixados* (cumprimento de um plano, reconversão industrial, modernização global ou sectorial, manutenção do emprego, cooperação, investigação e desenvolvimento, substituição de importações, aumento da oferta, por exemplo, de habitações sociais, competitividade, etc.).

Observe-se que, além das medidas directas de estímulo ou fomento, o Estado socorre-se de meios indirectos de incentivar ou apoiar a actividade económica privada, sendo um dos mais relevantes o que decorre da sua acção de comprador de bens ou serviços em «mercados públicos».

2.2. Medidas de estímulo e garantias dos agentes económicos

A sua natureza de ajudas ou de benefícios a favor de empresas torna, numa administração económica democrática, particularmente importante o respeito dos princípios da *transparência* e da *igualdade*, de modo a que todos os interessados tenham acesso na mesma condição às ajudas concedidas pelo Estado.

De acordo com o n.º 1 do art. 1.º da Lei n.º 26/94, é obrigatória a *publicidade* (por publicação no DR) das transferências correntes e de capital que os ministérios, as instituições de segurança social, os fundos e serviços autónomos, os institutos públicos e os executivos municipais efectuem a favor de pessoas singulares ou colectivas exteriores ao sector público administrativo a título de subsídio, subvenção, bonificação, ajuda, incentivo ou donativo.

Devem ainda ser concedidos a uma empresa, que se julgue indevidamente afastada do acesso e benefício de uma qualquer medida de fomento, meios de defender o seu direito ou interesse legítimo face à Administração. Entre nós, a CRP garante aos

[18] Cf. OCDE, *Dépenses Fiscales*, Paris, 1984, cit. por E. P. Ferreira, *ob. cit.*, p. 30. Outras formas podem, porém, existir (deduções à colecta, taxas liberatórias, restituições ou reembolsos, etc.). Tais subvenções estão normalmente consagradas na legislação tributária. Cf., sobre o tema, A. Carlos dos Santos, *Auxílios de Estado e Fiscalidade*, Coimbra: Almedina, 2003.

interessados o «acesso à justiça administrativa para tutela dos direitos ou interesses legalmente protegidos» (art. 268.°, n.º 5). Deve entender-se que o âmbito normativo deste preceito abrange as acções tendentes a obter uma acção ou uma prestação da Administração.

2.3. Medidas de estímulo e concorrência: a problemática dos auxílios de Estado

As medidas de estímulo do Estado aos agentes económicos constituem uma forma de o Estado transferir rendimentos ou os isentar de encargos, eventualmente mediante determinadas condições.

Ao ajudar uma empresa (ou uma certa produção) o Estado pode, contudo, estar a favorecê-la relativamente a uma sua concorrente nacional ou estrangeira. O facto de determinadas medidas concedidas pelo Estado ou provenientes de recursos estatais poderem restringir ou falsear a concorrência explica que o art. 107.° do TFUE e o art. 13.° da Lei da Concorrência (Lei n.º 18/2003, de 11 de Junho) tenham regulado o instituto dos auxílios de Estado, estabelecendo o princípio da incompatibilidade destes com, respectivamente, o mercado comum ou com o mercado interno. Estas disposições admitem, no entanto, algumas excepções justificadas, designadamente, por considerações de política social, industrial ou regional. A importância prática que têm assumido leva, aliás, a que a problemática dos auxílios de Estado mantenha, no âmbito da UE, uma relevância que excede em muito a de mera situação excepcional[19].

2.4. As medidas e estruturas de fomento na Administração económica portuguesa: nota histórica

A Administração portuguesa contou, durante muito tempo, com diversos organismos especiais, constituídos durante o «Estado Novo», dotados de autonomia, cuja função específica era o fomento económico, que, como referimos, era a designação tradicional para a política de ajudas ao desenvolvimento económico. Foi o caso, entre outros, do Fundo de Fomento Industrial, do Fundo de Fomento à Exportação, do Fundo de Fomento Florestal e Aquícola, do Fundo de Melhoramentos Agrícolas, do Fundo dos Têxteis, do Fundo Especial de Transportes Terrestres, do Fundo de Turismo e do Fundo de Fomento à Habitação. Com excepção do Fundo de Fomento Industrial, todos tinham as suas funções orientadas e limitadas à promoção e apoio a determinados sectores ou actividades específicas (reequipamento da indústria têxtil, repovoamento florestal, desenvolvimento da indústria hoteleira, etc.), mediante a concessão de créditos, subsídios ou outras medidas.

[19] Para maiores desenvolvimentos sobre a compatibilidade dos auxílios de Estado com o direito e a política da concorrência, cf. *infra*, Parte III, Título III.

Os Fundos de Fomento da Exportação e da Habitação foram dotados de dois meios contratuais de intervenção: os contratos de desenvolvimento para a exportação e os contratos de desenvolvimento para a habitação[20]. O Fundo de Fomento Industrial, criado pelo DL n.º 48/74, de 14 de Fevereiro, surgiu na sequência da Lei n.º 3/72, mais conhecida por Lei do Fomento Industrial, que criou um sistema alargado de benefícios (incentivos fiscais, apoios financeiros, créditos seleccionados, subsídios, avales e outras garantias, faculdade de pedir a expropriação de imóveis por utilidade pública, constituição de parques industriais, realização de estudos e projectos e divulgação de programas de compras em que o sector público fosse cliente), que o Governo deveria utilizar «para o estímulo, orientação e apoio da iniciativa privada»[21]. O Fundo de Fomento Industrial, cujas receitas advinham fundamentalmente das dotações atribuídas pelo Orçamento Geral do Estado, era um organismo de apoio à indústria, com o qual se pretendia dar sequência ao projecto de modernização contido na Lei do Fomento Industrial.

Depois de 1974, esses institutos especializados foram sendo extintos e as suas funções atribuídas a outros organismos afins, ou multifuncionais. Assim, por exemplo, o Fundo de Fomento Industrial foi declarado extinto em 14 de Maio de 1976 (art. 24.° do DL n.º 358/76). As suas funções foram distribuídas pelos vários departamentos do Ministério da Indústria, sendo um deles o Instituto de Apoio às Pequenas e Médias Empresas e ao Investimento (IAPMEI)[22].

No princípio da década de 80, a política industrial contou com vários sistemas globais de incentivos ao investimento privado, de aplicação nacional: o Sistema Integrado de Incentivos ao Investimento (SIII)[23]. Nele se contemplavam incentivos fiscais e financeiros orientados para diversos objectivos: apoio ao investimento em geral, às PME, à cooperação e concentração de empresas e à investigação e desenvolvimento tecnológico. Os critérios para atribuição dos incentivos assentavam na produtividade económica, no sector (por exemplo, indústrias extractivas) e na localização da unidade produtiva. O SIII vigorou até 1986, tendo, então, sido substituído pelo Sistema

[20] Sobre os contratos de desenvolvimento, cf., *infra, 3.2.*

[21] Actas da Câmara Corporativa, 15 de Março de 1971.

[22] O apoio às PME constitui um dos aspectos mais importantes no âmbito da política dos auxílios de estado aos agentes económicos. Essa importância deriva do avultado número de PME existentes em quase todas as economias, mesmo nas mais desenvolvidas, e do papel relevante que lhes é reconhecido no tecido económico, e reflecte-se no peso das instituições e dos recursos disponibilizados para o apoio que lhes vem sendo concedido pelos poderes públicos a vários níveis. Entre nós as PME são legalmente definidas em função do número de trabalhadores (não mais de 500) e do volume de negócios (fixado, periodicamente, por portaria), não podendo nem possuir nem sequer ser possuídas em mais de 50% por outra empresa que ultrapasse qualquer dos dois mencionados limites, a não ser que as duas empresas em conjunto se mantenham aquém deles.

[23] DL n.º 194/80, de 19 de Junho, substituído pelo DL n.º 132/83, de 18 de Março.

de Estímulos de Base Regional (SEBR) (DL n.º 283-A/86, de 5 de Setembro), que vigorou até 1988, depois, Sistema de Incentivos de Base Regional (SIBR), instituído pelo DL n. 15-A/88, de 18 de Junho.

Posteriormente à adesão de Portugal à CEE, vários programas comunitários de fomento, gerais e específicos, têm sido adoptados, como se referirá no ponto seguinte.

Além dos programas de apoio às empresas de âmbito e gestão nacional, existem também medidas de estímulo da actividade produtiva da responsabilidade das Regiões Autónomas e das autarquias locais, naturalmente limitadas ao investimento nas respectivas áreas territoriais de competência (por exemplo, concessão de facilidades em matéria de terrenos para instalações industriais, de subsídios por posto de trabalho criado, etc.).

2.5. Os instrumentos de apoio da União Europeia

A execução de planos de desenvolvimento económico e social e a política de ajudas de Estado dependem hoje em grande medida da utilização de recursos financeiros da UE, que possibilita «instrumentos financeiros de solidariedade regional», designadamente os fundos estruturais e o fundo de coesão. Portugal, considerado na totalidade do seu território como uma «região objectivo 1» nos termos da regulamentação europeia aplicável quando da sua adesão, foi desde essa altura beneficiário directo de ajudas comunitárias concedidas através dos diversos Fundos Estruturais, designadamente, o Fundo Europeu de Desenvolvimento Regional (FEDER), o Fundo Social Europeu (FSE), o Fundo Europeu de Orientação e Garantia Agrícola (FEOGA) – Secção Orientação, para além do Instrumento Financeiro de Orientação da Pesca (IFOP).

Para acelerar a convergência económica, social e territorial, a União Europeia instituiu, em 1994, um Fundo de Coesão destinado aos países cujo PIB médio por habitante fosse inferior a 90% da média comunitária. O Fundo de Coesão tem por finalidade o financiamento de projectos de infraestruturas nos domínios do ambiente e dos transportes. Contudo, o apoio deste fundo está sujeito a determinadas condições. Se o défice público de um EM beneficiário exceder 3% do PIB nacional (regras de convergência da UEM), nenhum novo projecto será aprovado enquanto o défice não estiver outra vez sob controlo. Este tipo de apoios é justificado pela necessidade de reduzir as disparidades de desenvolvimento e de reforçar a *coesão económica e social* no interior da CE, apresentando, por isso, uma índole infraestrutural.

Desde 1989, os instrumentos de apoio comunitário têm sido aplicados ao abrigo de Quadros Comunitários de Apoio, sustentados em planos a médio prazo aprovados pelo Governo português: o QCA I (1989-1993), o QCA II (1994-1999), o QCA III (2000-2006). Ao abrigo destes QCA, têm sido executados diversos programas de ajudas ao desenvolvimento, quer de incidência sectorial, quer regional, envolvendo sistemas de incentivos ao desenvolvimento.

Actualmente, é o Quadro de Referência Estratégico Nacional (QREN) que oferece o enquadramento para a aplicação da política europeia de coesão económica e social em Portugal no período 2007-2013. O QREN assume como principal desígnio estratégico a qualificação dos portugueses, valorizando o conhecimento, a ciência, a tecnologia e a inovação, bem como a promoção de níveis elevados e sustentados de desenvolvimento económico e sociocultural e de qualificação territorial, num quadro de valorização da igualdade de oportunidades e, bem assim, do aumento da eficiência e qualidade das instituições pública[24].

O QREN encontra-se estruturado em Programas Operacionais Temáticos (Factores de Competitividade; Potencial Humano; Valorização do Território) e em Programas Operacionais Regionais para as regiões do Continente e para as Regiões Autónomas. Foram também instituídos Programas Operacionais de Assistência Técnica ao QREN.

O modelo de governação das ajudas comunitárias a Portugal evoluiu ao longo dos anos no sentido do reforço dos mecanismos de coordenação e de avaliação. Originariamente, a responsabilidade da gestão de programas de auxílio co-financiados pela CE/UE foi distribuída em larga medida por diversos departamentos ministeriais e institutos públicos em função das suas competências sectoriais (por exemplo, o IAPMEI). Noutras situações, a administração do programa foi entregue a um gestor, acompanhado por uma unidade de gestão, fórmula institucional inovadora, criada com uma preocupação de maior eficácia. Por exemplo, a gestão do Programa Europeu de Desenvolvimento da Indústria Portuguesa - PEDIP foi assegurada por uma estrutura própria, o Gabinete do Gestor do PEDIP.

A coordenação da execução e gestão global destas intervenções, assim como o seu acompanhamento, avaliação e controlo foram atribuídas a um conjunto de órgãos instituídos especialmente para esse efeito. Actualmente, a estrutura orgânica de monitorização, auditoria e controlo, certificação, gestão, aconselhamento estratégico, acompanhamento e avaliação do QREN e dos respectivos Programas Operacionais encontra-se definida no DL n.º 74/2008, de 22 de Abril.

2.6 Os contratos públicos como medida indirecta de estímulo

2.6.1. O Estado cliente

Para além das medidas de estímulo ou fomento directas, existem outros meios de o Estado incentivar ou apoiar a actividade económica privada. Um dos mais impor-

[24] http://www.qren.pt/item3.php?lang=0&id_channel=34&id_page=202.

tantes é o que decorre da sua função de comprador de bens e serviços nos chamados «mercados públicos»[25].

Desde logo, mesmo quando o Estado se limita a efectuar aprovisionamentos para o conjunto dos seus serviços, ele não é um comprador como os demais. Pelo tipo de bens adquiridos, frequentemente em sectores estratégicos (forças armadas, obras públicas e infraestruturas rodoviárias, marítimas, hidráulicas, sanitárias, urbanísticas, telecomunicações, parques industriais, etc.), pela posição que detém nos mercados (por vezes em situação de monopsónio), pelo volume e montante das compras efectuadas, pela programação de que são objecto, pelas formas de financiamento que mobilizam, pelos efeitos que tais encomendas provocam sobre os preços, as encomendas públicas operam como forma de o Estado influenciar os mercados por via do estímulo à produção e ao emprego, etc.[26].

O Estado utiliza, por vezes, esta função como meio de *auxílio económico*, constituindo organismos ou centrais de compras específicas com fins não de consumo, mas de regulação. Nestes casos o Estado faz valer o seu poder de compra como forma de realização de objectivos externos às funções logísticas, com fins de política agrícola, como é o caso em França, do *Office National Interprofessionnel des Céréales* e do *Fonds d'Orientation et de Régularisation des Marchés Agricoles*) ou mesmo industrial e cultural (a promoção do livro, entre outros)[27].

2.6.2. Aspectos sensíveis

No plano jurídico, as compras do Estado traduzem-se em contratos públicos, espécie de contratos administrativos cujo objecto é essencialmente económico. Trata-se de «contratos concluídos por pessoas de direito público (Estado, colectividades locais, estabelecimentos públicos) com pessoas privadas, cujo objecto é o fornecimento de prestações (realização de trabalhos, transmissões de mercadorias, execução de serviços) mediante um preço»[28].

O seu regime, distinto dos contratos privatísticos, é em regra dominado por preocupações de *legalidade, transparência* e de *publicidade*, com formas que se afastam da livre contratação (por exemplo, exigências de concurso público obrigatório em certos casos, regras precisas de elaboração de cadernos de encargos, previsão de formas

[25] Sobre o Estado cliente ou comprador, cf. L. Musolf, *O Estado e a Economia*, Rio de Janeiro: Atlas, 1968, p. 129 ss; M. Dogan e D. Pelassy, *Le Moloch en Europe, Etatisation et Corporatisation*, Paris: Economica, 1987, p. 24 ss.

[26] Cf., entre outros, M. S. Giannini, *Diritto Publicco dell'Economia*, Bolonha: Il Mulino, 1985, p. 51 ss, em particular quanto às infraestruturas; A. de Laubadère, *Droit Public Economique*, Paris: Dalloz, 1974, p. 391 ss..

[27] Cf. R. Savy, *Direito Público da Economia*, Lisboa: Ed. Notícias, 1977.

[28] A. Laubadère, *ob. cit.*, p. 391.

de se evitarem conluios, etc.), mas em que, muitas vezes, um importante peso é dado à discricionariedade técnica no momento da escolha.

Entre nós, assumem particular relevância os contratos de empreitada de obras públicas e os contratos de fornecimento de bens e de serviços[29]. Acresce que a privatização de serviços públicos tem por consequência um aumento da importância das compras do Estado, justificando uma maior exigência ainda de transparência e publicidade das encomendas.

2.6.3. Contratos públicos e concorrência (remissão)

Existe o risco de o Estado, ao intervir como comprador nos mercados, provocar distorções de concorrência. Com efeito, o Estado pode fazer uso da sua posição dominante na procura para proporcionar auxílios indevidos ou para fomentar políticas proteccionistas e formas de discriminação em relação a empresas estrangeiras.

É isto que explica, como adiante se verá, que a CEUE desde cedo se tenha preocupado com a transparência das encomendas e com a abertura destes «mercados públicos»[30].

3. A contratação económica

3.1. Noção e natureza jurídica

Os contratos económicos constituem um meio de o Estado pôr em prática as suas políticas económicas, tendo em vista assegurar a coerência dos comportamentos das empresas com aquelas políticas. Trata-se, segundo J. Sérvulo Correia, de contratos de atribuição que têm por causa-função atribuir uma certa vantagem ao co-contratante da Administração, celebrados com fins de intervenção económica[31].

[29] O quadro jurídico destes contratos consta do *Código dos Contratos Públicos*, aprovado pelo DL n.º 18/2008, de 29 de Janeiro (com as alterações introduzidas pelo DL n.º 278/2009, de 2 de Outubro), que transpôs as Directivas n.º 2004/17 e n.º 2004/18. Anteriormente, eram essenciais na regulação da contratação pública as Directivas 92/13 («*utilities*»: sectores da água, energia, transportes e telecomunicações em que haja uma concorrência efectiva, transposta pelo DL n.º 223/2001, de 9 de Agosto), 92/50 ('directiva serviços', transposta pelo DL n.º 197/99, de 8 de Junho e pela Portaria n.º 949/99 de 28 de Outubro), 93/36 ('directiva fornecimentos', transposta pelo DL n.º 197/99, de 8 de Junho), 93/37 ('directiva obras', transposta pelo DL n.º 59/99, de 2 de Março, sucessivamente alterado) e 93/38 (sectores excluídos/*utilities*, transposta pelo DL n.º 223/2001, de 9 de Agosto). Além destas directivas (sensivelmente alteradas pelas Directivas 2001/78, 92/52 e 98/4), que obedecem a uma formulação sectorial da regulação dos mercados públicos, existe uma outra relativa a meios jurisdicionais, essenciais para os operadores económicos fazerem valer os seus direitos perante as entidades adjudicantes. Trata-se da Directiva 89/665 ('directiva recursos', transposta pelo DL n.º 134/98, alterado pela Lei n.º 4-A/2003, de 19 de Fevereiro, que possibilita a impugnação directa e a suspensão da eficácia de actos parte de concursos públicos).

[30] Cf. *infra*, Título VII, Capítulo II, 2.8.5.

[31] Cf. J. Sérvulo Correia, *Legalidade e Autonomia Contratual nos Contratos Administrativos*, Coimbra: Almedina, 1987, p. 422 ss. e 775.

Não obstante a designação global das formas de relacionamento entre o Estado e as empresas como «contratos», não devem ignorar-se as características especiais que assumem e que têm levado a pôr em dúvida a sua natureza de «verdadeiros contratos».

Sem prejuízo da especificidade das diferentes modalidades de contratos económicos, tais hesitações resultam de haver, em regra, lugar à celebração de contratos económicos quando as empresas interessadas preenchem requisitos previamente fixados na lei. Fica, por isso, limitado o princípio da autonomia da vontade inerente à liberdade contratual[32]. Acresce que a decisão de celebrar ou não o contrato depende das autoridades administrativas competentes para apreciar se as empresas reúnem as condições que lhes permitam fazê-lo. Por esta razão há quem os designe por *actos-condição* visto que as empresas, em muitos casos, se limitam a desencadear a aplicação de uma medida previamente definida na lei[33].

No entanto, a favor da sua natureza contratual, verifica-se que estes contratos apresentam como traço comum a aceitação pelas empresas de certas obrigações, em contrapartida de prestações a que o Estado, por seu lado, se obriga. Essas obrigações constam de um acordo assumido livremente. É do contrato e não da lei que resultam as obrigações das empresas. Para além disso, uma vez celebrado, não pode o Estado alterar ou rescindir unilateralmente o contrato, a não ser com fundamento em incumprimento da outra parte[34].

Não obstante, talvez se esteja mais próximo da realidade se se admitir que se trata de contratos especiais, que integram elementos de direito público a par de elementos de direito privado; por outras palavras, que se está perante mais uma expressão concreta da natureza mista do direito económico, o qual extravasa das categorias em que o direito aparece classicamente sistematizado.

3.2. Modalidades de contratos económicos

3.2.1. Os contratos-programa

Um exemplo de contratos económicos utilizados entre nós são os *contratos-programa*. Trata-se de contratos realizados entre a Administração Pública e as autarquias, as empresas privadas, cooperativas ou mesmo públicas, cujo objectivo principal é tradi-

[32] Cf. o art. 405.° do Código Civil, que dispõe que «dentro dos limites da lei, as partes têm a faculdade de fixar livremente o conteúdo dos contratos, celebrar contratos diferentes dos previstos neste código ou incluir neles as cláusulas que lhes aprouver».

[33] Cf. Jean Kerninon, *Les cadres juridiques de l'économie mixte*, Paris: L.G.D.J, 1994, p. 135.

[34] Cf. J. Sérvulo Correia, *ob. cit.*, em especial, Parte II, Tít. II, Cap. II, e Tít. III, Cap. I e II, onde se analisam sistemática e exaustivamente os conceitos de autonomia privada e autonomia pública contratual e seus limites.

cionalmente o de permitir a execução do plano[35]. No entanto, eles têm sido também utilizados para a prossecução de outros objectivos não relacionados com o plano (por exemplo, em matéria de política ambiental). Distinguem-se, teoricamente, das restantes espécies de contratos económicos porque deverão conter um programa, amplo e escalonado no tempo, de actividades e acções a desenvolver e de resultados a obter pela empresa ou empresas contratantes e não simplesmente um conjunto de acções ou projectos ou uma só acção ou projecto. Tais programas pressupõem uma negociação entre as partes visando a definição de compromissos adaptados à situação concreta[36].

Os contratos-programa enquanto tais, ou seja, como forma de execução do plano anual, não obedecem, entre nós, a um regime específico definido na lei. Contudo, alguns dos contratos económicos regulamentados no direito português configuram exemplos de contratos-programa de âmbito sectorial ou plurissectorial.

É o que acontece, por exemplo, nos contratos realizados no âmbito da cooperação técnica e financeira entre a Administração central, um ou mais municípios e empresas concessionárias para a execução de um projecto ou de um conjunto de projectos de investimentos em matéria de saneamento básico, ambiente, infraestruturas de transportes e comunicações, educação, etc.[37]. A iniciativa da sua realização pode partir dos municípios ou dos departamentos responsáveis da Administração, no caso de se tratar programas de âmbito sectorial, ou das Comissões de Coordenação do Desenvolvimento regional (CCDR), tratando-se de contratos-programa plurissectoriais. Admite-se também a realização de simples *acordos de colaboração* entre um município e um departamento da Administração central para a realização de empreendimentos cuja duração e complexidade não justifiquem o recurso ao procedimento contratual anterior.

Configuram também uma variante de contrato-programa os *contratos de desenvolvimento*, o mesmo acontecendo com os *contratos de investimento estrangeiro* ou de *investimentos em projectos estruturantes*.

3.2.2. Os contratos de desenvolvimento em geral

Os *contratos de desenvolvimento* são os acordos realizados entre o Estado e uma ou mais empresas, mediante os quais aquele se compromete a fornecer estímulos e apoios de vária ordem, tendo como contrapartida por parte das empresas iniciativas de organização e de investimento que se enquadrem nas linhas da política

[35] Até à revisão de 1989, a CRP previa expressamente a celebração de contratos-programa de execução do plano (art. 92.°). A supressão desta referência do texto constitucional não significa, porém, a sua abolição da prática do Estado, que a eles recorre nas suas relações com as empresas públicas ou privadas.

[36] Sobre a noção de contrato-programa e seu uso no direito português, cf. J. Sérvulo Correia, *ob. cit.*, p. 422 ss. e P. Rangel, *Concertação, Programação e Direito do Ambiente*, Coimbra: Coimbra Editora, 1994.

[37] Cf. DL n.º 384/87, de 24 de Dezembro, alterado pelos DL n.ºs 157/90, de 17 de Maio, e 319/2001, de 10 de Dezembro.

de desenvolvimento nacional ou regional definidas para o domínio específico de actividade a que respeitem. As relações a estabelecer assentam numa base puramente contratual de equilíbrio das prestações. A efectivação do direito das empresas aos benefícios a atribuir depende, pois, da realização por aquelas dos objectivos definidos no contrato e o incumprimento, pelas empresas, das prestações a que se obrigam, confere ao Estado o direito a rescindir o contrato.

Em Portugal, o DL n.º 718/74, de 17 de Dezembro, estabeleceu o regime geral destes contratos. Dando execução ao regime geral, foram adoptados dois regimes especiais para os *contratos de desenvolvimento para a exportação* (DL n.º 288/76, de 22 de Abril) e para os *contratos de desenvolvimento para a habitação* (DL n.º 344/79, de 28 de Agosto).

O regime dos contratos de desenvolvimento para a *exportação* foi revogado em 1988, em razão da incompatibilidade superveniente com as obrigações internacionais assumidas pelo Estado português no quadro do Acordo Geral sobre Pautas Aduaneiras e Comércio (GATT) e da adesão à CEE. Tratava-se, com efeito, de um auxílio directo à exportação das empresas que era proibido pelo art. 87.º do TCE, hoje art. 107.º TFUE.

Contudo, no âmbito de *programas de apoio à internacionalização* das empresas portuguesas, recorreu-se igualmente a instrumentos contratuais, sem designação específica, para a concessão dos apoios financeiros[38]. Estes contratos tiveram até há poucos anos como partes o ICEP e a empresa destinatária do apoio, podendo ainda integrar outras instituições que co-financiassem o projecto[39].

Ainda em matéria de investimento relacionado com a internacionalização e de especial interesse para a modernização da economia nacional, foi criado o *regime contratual de investimento para projectos de natureza estruturante*, generalizando a todos os projectos – mesmo para aqueles que envolvam apenas empresas nacionais – o regime já existente para o investimento estrangeiro. Este regime foi entretanto alterado, de

[38] Cf., o DL n.º 290/94, de 14 de Novembro - Programa de Apoio ao Desenvolvimento Internacional das Actividades de Comércio e Serviços (PAIEP 2).

[39] O Fundo para a Internacionalização das Empresas Portuguesas, SGPS, S.A. (FIEP) foi estabelecido em 1997 a fim de participar na formação de parcerias estratégicas entre as empresas, os bancos e o Estado, preferencialmente através de *equity investments, equity loans* (*project finance*) e *venture capital* (contribuições monetárias sob a forma de activos ou de mútuo, possivelmente convertível em activos, se dado nível de risco for atingido, ou mista, de forma a financiar projectos cujo elevado risco não permite a solicitação de crédito de forma tradicional, e.g. *debt*/empréstimo bancário), conforme a dimensão do investimento (cf. Resoluções do Conselho de Ministros n.º 61/97, de 15 de Abril, n.º 168/97, de 9 de Outubro, n.º 32/99, de 27 de Abril e n.º 71/2003, de 14 de Maio); http://www.portugalio.com/fiep-fundo-para-internacionalizacao-de-empresas-portuguesas-s-g-p-s/. A forma contratual assume aqui uma nova configuração, envolvendo-se o Estado directamente no projecto de investimento. O FIEP é uma sociedade anónima com um capital social inicial de 20 milhões de contos, integralmente subscrito e realizado em dinheiro pelo Estado (40%) e por instituições financeiras (60%).

forma a não discriminar entre investimento nacional e investimento estrangeiro, no seguimento da integração nos espaços UE e OCDE[40]. Abrange projectos de dimensão igual ou superior a 25 milhões de euros, ou promovidos por empresas cuja facturação anual consolidada iguale ou ultrapasse os 75 milhões de euros. Abrange ainda projectos levados a cabo por entidades de natureza não empresarial, cujo orçamento anual seja superior a 40 milhões de euros. O interlocutor é, actualmente, a Agência para o Investimento e Comércio Externo de Portugal (AICEP), que sucedeu à Agência Portuguesa de Investimento (API)[41].

Em matéria de *habitação*, foi adoptado, em 1989, um regime contratual (*contratos de desenvolvimento da habitação*), que viria a ser revogado pelo DL n.º 165/93, de 7 de Maio. O seu principal objectivo era, para além do apoio à indústria da construção civil, o de aumentar a oferta de habitação a preços sujeitos a controlo, traduzindo-se as contrapartidas estatais em financiamentos amortizáveis em benefícios fiscais. No contrato intervinham a Administração, através do Instituto Nacional de Habitação, a empresa construtora e eventualmente outras instituições financeiras.

3.2.3. Os contratos fiscais

Importância significativa têm assumido entre nós os contratos fiscais, pese embora alguma controvérsia sobre a sua constitucionalidade. O que eles têm de específico é a natureza das contrapartidas pelo lado do Estado, que consistem numa vantagem fiscal concedida a troco de um projecto de investimento considerado interessante na perspectiva do interesse público[42]. O Estatuto dos Benefícios Fiscais (EBF) possibilita a realização de diversos tipos de contratos fiscais[43]. De entre eles destaca-se o previsto no art. 41º do EBF (Benefícios fiscais ao investimento de natureza contratual), segundo o qual projectos de investimentos em unidades produtivas, realizados até final de 2020, de valor igual ou superior a € 5 000 000, que sejam relevantes para o desenvolvimento dos sectores considerados de interesse estratégico para a economia e para a redução das assimetrias regionais, que induzam a criação de postos de trabalho e que contribuam para impulsionar a inovação tecnológica e a

[40] Cf. DL n.º 246/93, de 8 de Julho, revogado pelo DL n.º 203/2003, de 10 de Setembro, que estabeleceu o novo regime contratual.

[41] A API, criada pelo DL n.º 225/2002, de 30 de Outubro, passou a designar-se Agência para o Investimento e Comércio Externo de Portugal, absorvendo também as funções do Investimento e Comércio Externo de Portugal, I. P. (ICEP), que foi então extinto.

[42] Ver sobre o tema J. Casalta Nabais, *Contratos Fiscais (Reflexões acerca da sua admissibilidade)*, Coimbra: Coimbra Editora, 1994, em especial, p. 196 e ss. Pronunciando-se contra a existência de verdadeiros contratos de concessão de benefícios fiscais, cf. Pamplona Corte-Real, «O contrato de investimento estrangeiro e a problemática decorrente da pretensa contratualização da concessão de benefícios fiscais», *in* A.V. *A Internacionalização da Economia e a Fiscalidade* (Colóquio), Ministério das Finanças, 1993, p. 241 e ss.

[43] DL n.º 215/89, de 1 de Julho, sucessivamente alterado (Estatuto dos Benefícios Fiscais). Ver também o art. 37.º da Lei Geral Tributária.

investigação científica nacional, podem beneficiar de incentivos fiscais, em regime contratual, com período de vigência até 10 anos, a conceder nos termos, condições e procedimentos definidos no Código Fiscal do Investimento (DL n.º 249/2009, de 23 de Setembro)[44]. Respeitando o princípio da transparência, a lei obriga à publicação oficial deste tipo de contratos[45].

3.2.4. Os contratos de investimento estrangeiro (remissão)

Uma modalidade adicional de contrato económico é a do contrato de investimento estrangeiro, celebrado entre o Estado e uma ou mais empresas estrangeiras para efeitos da realização de grandes projectos. Estes contratos constituem actualmente o método normal de estímulo público ao investimento directo por empresas de outros países[46].

3.2.5. Outros contratos económicos

Para além das referidas, há diversas outras modalidades de contratos económicos mais ou menos típicas, como sejam os «quase-contratos» e os contratos de auxílio financeiro, alguns dos quais, como os contratos de viabilização e os acordos de saneamento económico e financeiro, desempenharam um importante papel na ordem económica portuguesa[47].

Os *«quase-contratos»* são actos pelos quais as empresas se obrigam perante a Administração a conformar-se com objectivos de política económica do Estado e este a examinar favoravelmente pedidos que as empresas lhe dirijam, relativos a empréstimos, dispensa de formalidades administrativas, etc. Constituem, no fundo, promessas de comportamento.

4. A concertação económica e social

4.1. Noção

Sobressai, hoje, em diferentes administrações económicas europeias, um outro procedimento de regulação negociada: é a *concertação económica e social*. Em sentido amplo, a *concertação* designa um processo, institucionalizado ou não, de definição (e/ou execução) de orientações de medidas de política económica e social mediante a negociação entre o Estado (nos diversos níveis) e os representantes dos interesses afectados

[44] Ao abrigo deste mecanismo foram concedidos incentivos à Ford-Volkswagen e à Pepsico, por exemplo. Cf. Resolução do Conselho de Ministros n.º 25/91, de 4 de Julho e Resolução do Conselho de Ministros n.º 43/91, de 12 de Dezembro.

[45] Cf. art. 1.º n.º 2 al. *b*) da Lei n.º 26/94, de 19 de Agosto, adaptada às regiões autónomas pelos Decretos Legislativos Regionais n.º 5/95/M e 12/95/A, de 29 de Abril e 15 de Dezembro, respectivamente.

[46] Para mais desenvolvimentos, remete-se para o Título II, 3. desta Parte.

[47] Cf. por exemplo, DL n.º 353-C/77, de 29 de Agosto. O regime dos preços convencionados configura outra modalidade de procedimento negociado.

pelas medidas de regulação. As organizações patronais e sindicais constituem os parceiros típicos dos acordos de concertação mas outros interesses organizados, como os dos consumidores, podem ser parceiros de entidades públicas nestes acordos[48].

A sua autonomia e a sua natureza jurídica nem sempre são tão claras quanto as dos procedimentos anteriormente referidos, aproximando-se ora dos contratos económicos, ora dos acordos políticos, ou ainda dos meros processos de consulta. A sua importância parece ser, contudo, cada vez maior. Na realidade, muitas vezes o mais importante não é criar um sistema de sanções para o não cumprimento do legalmente estabelecido, mas prever formas de consenso e de dissuasão, acompanhadas de processos adequados para futuros ajustamentos que se mostrem necessários[49].

A concertação pode ter por âmbito políticas globais (controlo da inflação), sectoriais (reestruturação de um sector em crise, aplicação de um programa ambiental, regulação de um mercado específico ou de uma actividade económica determinada), ou mesmo limitar-se apenas a uma empresa[50]. Para além das políticas económicas (em sentido amplo, incluindo o ambiente e o consumo), a concertação estende-se também às políticas sociais e mesmo fiscais[51].

4.2. Modalidades de concertação económica e social

Uma das formas mais relevantes de concertação social é a que se concretiza na elaboração de pactos ou acordos de âmbito nacional. Trata-se de pactos tripartidos (governo, organizações patronais e sindicais), de natureza política, não directamente vinculativos, mas que oferecem o quadro de futuras disposições normativas e também de contratos colectivos de trabalho[52]. Esta forma de concertação envolve não

[48] Cf. A. Ojeda Avilés (dir.), *La Concertación Social tras la Crisis*, Barcelona: Ariel, 1990.

[49] A coacção pode, aliás, derivar de normas extra-jurídicas e a própria negociação pode representar um fim em si pelas suas virtudes pacificadoras (cf. A. Pirovano, *Changement Social et Droit Negocié*, Paris: Economica, 1988, p. 5). J. Miranda chega a definir o direito económico como *direito da concertação económica* e G. Teubner e H. Wilke defendem mesmo que o Estado deve alterar as suas formas de intervenção no económico e no social, substituindo grande parte dos actuais meios impositivos por acções concertadas. Cf. G. Teubner, «Juridification – Concepts, aspects, limits, solutions», *in* G. Teubner (ed.), *Juridification of Social Spheres*, Berlim – Nova-Iorque: De Gruyter, 1987 e H. Willke, «Three types of legal structure», *in* Gunther Teubner (ed.), *Dilemmas of Law in the Welfare State*, Berlim – Nova-Iorque: De Gruyter, 1986.

[50] Fala-se a este propósito em macroconcertação (nacional), meso-concertação (regional ou sectorial) e microconcertação (empresarial). Cf. P. Williamson, *Corporatism in Perspective*, Londres: Sage, 1989.

[51] Em muitos casos é difícil estabelecer uma fronteira clara entre o económico e o social. Como defendem vários autores, é cada vez maior a interpenetração entre o económico e o social, a qual se manifesta nas políticas públicas, nas empresas e nas formas de economia social. Cf., em especial, M. Crozier, *État Modeste, État Moderne*, Paris: Seuil, 1991, p.141.

[52] Cf. M. M. Leitão Marques e A. Casimiro Ferreira, «A concertação económica e social», *Revista Crítica de Ciências Sociais*, 31, 1991. Na sua fase inicial, a concertação social incidiu na política de rendimentos e na regulamentação das condições de trabalho. Mas o seu âmbito alargou-se progressivamente a outros domínios, nomeadamente os do emprego, da formação profissional e da segurança social. Foram

apenas o domínio social mas também o económico, na medida em que serve de instrumento para atingir objectivos de política económica[53].

Em Portugal, a concertação tende a ser permanente e institucionalizada. Em 1974 foi criado o Conselho Permanente de Concertação Social (CPCS), tendo em vista realizar um pacto social e com ele obter a moderação das reivindicações sindicais e o controlo da inflação.

O CPCS foi extinto com a entrada em funções do CES, criado pela segunda revisão constitucional[54]. Na base da proposta da sua criação esteve a intenção de reunir num único órgão as funções do anterior Conselho Nacional do Plano, do Conselho dos Rendimentos e Preços e, embora de uma forma menos clara, do CPCS[55].

É amplo (e de certo modo vago) o conjunto de *funções* atribuídas ao CES, que se estendem desde a consulta em matéria de planeamento e de políticas de reestruturação e de desenvolvimento socioeconómico até à concertação social propriamente dita, cabendo-lhe o direito de iniciativa no âmbito das suas competências[56].

A este leque de funções corresponde igual amplitude de *interesses representados*, incluindo-se nestes os «parceiros sociais», representantes de actividades económicas (privadas, públicas e cooperativas) e das profissões liberais, representantes das Regiões Autónomas e das autarquias locais.

Sendo o CES o único órgão de concertação constitucionalmente previsto, podem criar-se outras estruturas que permitam estabelecer acordos de concertação económica ou social a nível sectorial, regional ou local. É o caso do Conselho criado na

concluídos acordos de concertação social relativos aos anos de 1987, 1988, 1990, 1996 e o acordo de concertação estratégica que abrangeu o período de 1997-1999. Em Fevereiro de 2001, foram concluídos dois acordos envolvendo o Governo, as confederações sindicais CGTP e UGT e as confederações patronais CAP, CIP e CCP. Os temas cobertos incluem a política de emprego, o mercado de trabalho, a educação e a formação, as condições de trabalho, a higiene e segurança no trabalho e o combate à sinistralidade. Em Novembro do mesmo ano, foram assinados dois acordos entre as mesmas entidades, sobre as alterações ao regime da protecção social e a introdução de limites opcionais às contribuições para o sistema de repartição. Informação actualizada pode ser consultada na página do CES, em www.ces.pt.

[53] Na maioria dos países da UE existem conselhos consultivos semelhantes, embora variando quanto à composição, poderes, tipo de representação, etc.. Comum a todos os Conselhos é a presença das confederações sindicais e patronais.

[54] Se procurarmos paralelismos no direito de outros países, como por exemplo o francês, é possível considerar o CES como constituindo uma mistura das funções actuais da «Commission Nationale de Planification» (tal como foram definidas pela *Loi* n.° 82-653 du 29 juillet 1982) e do «Conseil Economique et Social». Note-se que na «Commission Nationale de Planification» é, por um lado, mais amplo o leque de interesses representados, dado que se contemplam as associações culturais, mas, por outro lado, não se incluem as autarquias. Trata-se, assim, mais do que o CES, de um órgão de representação de interesses.

[55] Cf. Lei n.°108/91, de 17 de Agosto, regulamentada pelo DL n.º 90/92, de 21 de Maio.

[56] O CES funciona em plenário e em comissões especializadas, permanentes ou temporárias. São permanentes as comissões da política económica e social, do desenvolvimento regional e do ordenamento do território e da concertação social. Particular importância é conferida à comissão da concertação social, estando previsto que as suas deliberações não careçam de aprovação pelo plenário do Conselho.

Região Autónoma da Madeira[57]. Nada impede também, naturalmente, que a Administração Pública utilize pontualmente os métodos típicos de concertação, noutros aspectos da política económica e social, sem que para isso tenha de criar um novo órgão. Foi o aconteceu, por exemplo, no acordo de concertação em matéria ambiental realizado, no âmbito do XII Governo Constitucional, entre o Governo – Ministério do Ambiente, da Agricultura e da Indústria e Energia – e associações patronais – a CIP (indústria) e a CAP (agricultura).

Sublinhe-se, por fim, o importante papel da concertação social na modernização da própria Administração Publica[58].

[57] Cf. Decreto Legislativo Regional n.º 7/M/1994, de 7 de Abril.

[58] Cf. Catarina Amendoeira, «O papel da concertação social na modernização da Administração Pública», in J. Mozzicafreddo et al. (org.), *Ética e Administração – Como Modernizar os Serviços Públicos*, Oeiras: Celta, 2003.

TÍTULO II
O ACESSO À ACTIVIDADE ECONÓMICA

1. Introdução

Em economias de mercado, rege o princípio da liberdade de acesso à generalidade das actividades económicas. Este princípio, que se encontra consagrado na Constituição (art. 61.°), não significa, contudo, uma impossibilidade absoluta de limitações ao modo como os direitos dele resultantes podem ser exercidos. Instrumentos típicos de polícia económica, essas limitações aparecem, por vezes, combinadas com o uso de incentivos, concretizando-se através de um acto unilateral da Administração ou de um contrato.

As restrições à liberdade de acesso podem decorrer de reservas de actividade a favor de determinadas categorias de operadores económicos: empresas públicas; pequenas e médias empresas; empresas com maioria de capital nacional; empresas do sector social; detentores de uma determinada formação profissional. As restrições constituem, de facto, barreiras à entrada no mercado, podendo traduzir-se na interdição absoluta ou relativa do acesso a determinadas actividades. Nos casos em que o acesso é apenas condicionado e não proibido, ele fica dependente da atribuição de uma *licença*, ou seja, «o acto pelo qual um órgão da Administração atribui a alguém o direito de exercer uma actividade privada que é por lei relativamente proibida»[1].

Em sentido amplo, a questão do acesso à actividade económica não se reduz, contudo, à liberdade de entrada e respectivas excepções. Abrange também o direito a exercer em concreto a actividade, o qual pode depender de uma *autorização*, isto, «um acto pelo qual um órgão da Administração permite a alguém o exercício de um direito ou de uma competência preexistente»[2]. Esta pode incidir sobre a construção, instalação e/ou funcionamento do estabelecimento (comercial ou industrial) e

[1] Cf. D. F. do Amaral, *Curso de Direito Administrativo*, Vol. II, Coimbra: Almedina, 2001, p. 257.
[2] Cf. D. F. do Amaral, *ob. cit.*, p. 256.

dos restantes instrumentos (máquinas, etc.). O que está em causa não é, nesta circunstância, a liberdade de empresa em abstracto, mas sim o direito de exercer uma actividade económica em concreto, num dado local e em determinadas condições.

Para proteger determinados valores e interesses (o ambiente, a paisagem, a saúde e a segurança, etc.) podem ser fixadas restrições ou condicionamentos especiais ao modo como o direito de acesso pode ser exercido[3]. Naturalmente, estas serão mais fortes para a instalação e laboração de estabelecimentos industriais do que para os comerciais ou de serviços, visto ser mais amplo o leque dos valores a proteger e de riscos associados à actividade industrial. No entanto, também as actividades comerciais e de serviços estão sujeitas a regras disciplinadoras da sua instalação, com as quais se procura, designadamente, evitar práticas restritivas de concorrência e racionalizar a distribuição de recursos.

2. O regime de acesso à actividade económica

2.1. A liberdade de acesso

Na ordem jurídica portuguesa, a questão do acesso à actividade económica, especialmente à actividade industrial, foi, durante um longo período, um domínio claro do controlo da Administração Pública sobre a iniciativa económica privada.

Com efeito, durante largas décadas, no Estado Novo, vigorou o regime do *condicionamento industrial,* que fazia depender de autorização administrativa a instalação, reabertura e transferência dos estabelecimentos industriais[4]. Este regime concedia largos poderes à Administração sobre o exercício da actividade económica, permitindo que esta controlasse o seu desenvolvimento e, na prática, determinasse a maior ou menor concorrência a nível sectorial. Ou seja, permitia a existência de um proteccionismo das indústrias instaladas, quer relativamente ao investimento estrangeiro, quer ao investimento interno, conduzindo ou podendo conduzir ao funcionamento oligopolista ou em monopólio de determinadas actividades económicas. A partir de 1970, o condicionamento industrial sofreu modificações e após o 25 de Abril de 1974 foi declarada a sua supressão[5]. No entanto, manteve-se, no imediato, a exigência de autorização prévia para alguns sectores, continuando a existir «indústrias de acesso

[3] A protecção do ambiente constitui hoje um factor determinante das condições requeridas para o exercício da actividade industrial e mesmo comercial. As relações entre o direito de protecção do ambiente e a actividade económica serão tratadas como maior desenvolvimento no Título VI desta Parte.

[4] O regime do condicionamento industrial foi formalmente instituído em 1931 (DL n.º 19354, de 14 de Fevereiro), sendo sucessivamente modificado em 1937 (Lei n.º 1956), 1947 (Decreto n.º 36443) e 1952 (Lei n.º 2052 e DL n.º 39634), até ser consolidado na «Lei do Condicionamento Industrial» (DL n.º 46666, de 24 de Novembro de 1965). Cf. J. M. Brandão de Brito, *A industrialização portuguesa no pós-guerra (1948-1965). O condicionamento industrial,* Lisboa: Dom Quixote, 1989, pp. 112 ss..

[5] Cf. Lei n.º 3/72, de 27 de Maio, DL n.º 75/74, de 28 de Fevereiro e DL n.º 533/74, de 10 de Outubro.

limitado» e «indústrias sujeitas à satisfação de requisitos». Embora a Constituição de 1976 tenha afirmado a liberdade de iniciativa privada, só em 1979 foi revogado o que restava do regime do condicionamento e estabelecida, como princípio, a liberdade de acesso à actividade industrial[6]. O princípio de liberdade de acesso vigora igualmente para a actividade comercial, estando esta sujeita apenas a inscrição no Registo Nacional das Pessoas Colectivas (RNPC)[7].

O princípio da livre iniciativa económica privada foi reforçado na sequência da adesão de Portugal às Comunidades, na medida em que se estendeu a nacionais de outros Estados-Membros. Dando cumprimento ao direito comunitário, o DL n.º 214/86, de 2 de Agosto, equiparou a liberdade de estabelecimento para cidadãos nacionais e estrangeiros em todos os sectores abertos à iniciativa privada[8].

A abolição do regime do condicionamento industrial, como medida de intervenção com carácter geral, e a consagração da liberdade de acesso à actividade industrial e da liberdade de estabelecimento não excluem, no entanto, a existência de limitações ou condicionamentos sectoriais, os quais, como se viu, são permitidos, seja pela CRP, seja pelo TFUE (neste caso, com a condição de não haver discriminação relativamente a estrangeiros originários de países da UE).

2.2. As excepções ao regime de livre acesso à actividade económica

2.2.1. As reservas do sector público e os regimes de acesso condicionado

As excepções admitidas ao regime enunciado no ponto anterior são, desde logo, as que resultam da possibilidade de existirem *sectores vedados à iniciativa privada* (vedação que tem sido entendida como definição de *reservas a favor do sector público*) e, em geral, das limitações e condicionamentos relativos ao exercício de determinadas actividades económicas[9].

Com efeito, ao abrigo do art. 86.º da CRP, a lei de delimitação de sectores (Lei n.º 88-A/97) define, em primeiro lugar, os sectores onde existe uma *reserva de controlo*, isto é, embora admitindo a participação de capital privado, se exige a maioria de capital público nas empresas. É esta hoje a situação das actividades de captação, tratamento e distribuição de água para consumo público, da recolha, tratamento e rejeição de águas residuais urbanas, em ambos os casos através de redes fixas, e da recolha e tratamento de resíduos sólidos, no caso de sistemas multimunicipais e municipais em que o investimento do Estado seja predominante, das comunicações por via postal

[6] Cf. DL n.º 519-II/79, de 19 de Dezembro.

[7] Cf. DL n.º 339/85, de 21 de Agosto e DL n.º 38/85, de 28 de Janeiro, que regulam, respectivamente, as condições para obtenção de cartão em nome individual e a inscrição da pessoa colectiva no RNPC.

[8] A liberdade de estabelecimento é, como vimos, uma das liberdades fundamentais consagradas no TUE. Cf. *supra*, Parte I, Título I, Capítulo II.

[9] Cf., sobre os vários tipos de reservas, o DL n.º 88-A/97, de 25 de Julho.

que constituam o serviço público de correios; dos transportes ferroviários explorados em regime de serviço público; e da exploração de portos marítimos. A maioria do capital público pode ser detida pelas autarquias (art 1.°, al. *a*) e n.° 2 e n.° 3)[10].

Para outras actividades, é consagrada a *reserva de propriedade*, admitindo-se que a sua exploração possa ser entregue a entidades privadas, em regime de concessão ou outro que não envolva a propriedade dos recursos a explorar (art. 2.°). É o caso, por exemplo, dos recursos do subsolo e dos recursos naturais que, de acordo com o art. 84.° da CRP, são bens do domínio público, como a exploração do gás natural, das auto-estradas ou das águas minero-medicinais e da Rede Nacional de Transporte de Energia Eléctrica (RTN)[11]. Esta reserva pode ser igualmente aplicada à exploração dos transportes ferroviários em regime de serviço público, à exploração de portos marítimos e às comunicações por via postal que constituam serviço público de correios (art. 1.°, n.° 1, e art. 3.° da Lei n.º 88-A/97).

Outro domínio de acesso reservado é o das actividades de prospecção, pesquisa, desenvolvimento e produção de petróleo em áreas do território nacional a definir. Fazendo os jazigos de petróleo parte do domínio público do Estado, a lei só permite a sua exploração mediante concessão a atribuir pelo Governo, na sequência de concurso público ou de negociação directa. A própria avaliação prévia (de forma a saber se interessará para essa área uma licença de exploração) está sujeita a licenciamento (o licenciamento prévio)[12].

Finalmente, no art. 4.°, define-se um regime de *reserva de autorização* para o acesso à indústria de armamento e exercício da respectiva actividade.

Outros diplomas legais prevêem, igualmente, reservas de autorização. Assim acontece, por exemplo, no caso da actividade *bancária e seguradora*, sectores anteriormente vedados à iniciativa privada. O primeiro é regulado pelo Regime Geral das Instituições de Crédito e Sociedades Financeiras (RGIC), na redacção do DL n.º 201/2002, de 26 de Setembro, com as múltiplas alterações de que foi alvo. O segundo, pelo DL n.º 94-B/98, de 17 de Abril, na redacção da Lei n.º 28/2009, de 19 de Junho[13]. Admite-se ainda a possibilidade de ser sujeito a regulamentação especial o exercício de outras actividades financeiras.

Neste domínio, a exigência de autorização prévia tem em vista salvaguardar o interesse da economia nacional e a solidez dos investimentos. É certo estarmos perante

[10] Cf. Lei n.° 88-A/97, de 25 de Junho, que revogou a Lei n.° 46/77.

[11] A RTN inclui, para além da rede nacional de transporte de energia eléctrica em alta e muito alta tensão, a «rede de interligação e o despacho nacional». Cf. DL n.° 182/95, de 27 de Julho.

[12] Cf. DL n.° 109/94, de 26 de Abril, em particular – quanto à licenças referidas – os seus arts. 9.º e 23.º-29.º.

[13] A legislação actualizada e outros dados relativos a estes sectores encontra-se acessível nos *websites* das respectivas entidades reguladoras. No caso dos seguros, <www.isp.pt>; no caso da banca, <www.bportugal.pt>.

sectores particularmente sensíveis da actividade económica, pela sua própria natureza (tecnicidade, risco), pelo poder inerente ao capital financeiro, pela sua interferência na massa monetária em circulação e, consequentemente, na política económica, pelas repercussões das suas decisões (designadamente, no domínio do crédito ou na cobertura de riscos), quer noutros sectores de actividade, quer junto dos consumidores. Daí decorre a necessidade de controlo e fiscalização destas actividades.

Mas trata-se igualmente de um domínio decisivo para a construção do mercado interno europeu: a liberdade de estabelecimento e a liberdade de circulação de capitais e de pagamentos são elementos-chave na construção de um espaço financeiro europeu, o que implica a necessidade de harmonizar as políticas e legislações dos Estados-Membros.

Da ponderação dos interesses em presença resulta um regime complexo. Quanto às *instituições de crédito*, a constituir com sede em Portugal, nos casos em que a maioria do capital ou domínio sejam detidos por residentes ou quando se trate de filiais de instituições autorizadas em países da UE, o exercício da actividade depende da autorização, de natureza administrativa, outorgada pelo Banco de Portugal. Constitui fundamento de recusa da autorização a existência de inexactidões, falsidades e deficiências no pedido, o não preenchimento dos requisitos legais quanto à forma, objecto ou capital social mínimo, a não satisfação pelos detentores de participações qualificadas de requisitos de idoneidade pessoal e profissional que garantam uma gestão sã e prudente da instituição, bem como a insuficiência de meios técnicos e de recursos financeiros para o tipo e volume de operações a realizar. Embora a decisão de autorização deva assentar em critérios de ordem técnico-prudencial (e não de conveniência económica), a verdade é que esta última condição, ao implicar uma apreciação da viabilidade da empresa, abre as portas para a formulação de juízos menos vinculados.

Tratando-se da constituição de instituições de crédito que sejam empresas filiais ou sob domínio de instituições com sede principal e efectiva administração em países terceiros, a autorização é concedida por portaria do Ministro das Finanças, com natureza de autorização política, o que constitui uma reserva de condicionamento. Com efeito, o Ministro, para além dos critérios de índole técnico-prudencial, formula um juízo de necessidade e oportunidade económica: a instituição a criar deve concorrer para o aumento da eficiência do sistema bancário nacional ou produzir efeitos significativos na internacionalização da economia portuguesa, em conformidade com os objectivos da política económica, financeira, monetária e cambial do país. Existe aqui uma acentuada margem de liberdade que confere a este acto uma natureza predominantemente discricionária.

A *actividade seguradora* desenvolve-se, igualmente, num mercado regulado, designadamente no que respeita às condições de acesso e funcionamento. Assim, a constituição de empresas de seguros depende da autorização, a conceder caso a caso, por despacho do Ministro das Finanças. Esta autorização exige a satisfação de requisitos formais e substanciais, destacando-se, entre eles, a necessidade da existência de um capital social mínimo, a aptidão dos accionistas detentores de uma participação qualificada para garantir uma gestão sã e prudente e a adequação e suficiência dos meios técnicos e recursos financeiros relativamente aos ramos de seguro a explorar.

O facto de a apreciação dos pedidos ter em conta aspectos de natureza técnica, jurídica, financeira e de mérito, sublinha a ideia de que o regime tem características de condicionamento. Este aspecto surge reforçado no caso das autorizações necessárias para o exercício de actividade por parte de sucursais de empresas sedeadas fora da UE, pois do pedido deve constar a exposição fundamentada das razões justificativas do estabelecimento da empresa seguradora em Portugal.

2.2.2. Outras excepções ao regime de livre acesso à actividade económica

Outras excepções ao regime de livre acesso consistem na limitação do exercício de uma actividade económica a determinada categoria profissional. Foi o que aconteceu, entre nós, com a propriedade e gestão das farmácias, que era reservada a farmacêuticos (art. 45.° do DL n.° 48547, de 27 de Agosto de 1968, revogado pelo DL n.º 307/2007, de 31 de Agosto).

Finalmente, a liberdade de acesso à actividade económica pode ainda ser limitada no caso de o investidor ter nacionalidade estrangeira ou residir no estrangeiro. Pela sua importância e especificidade, em geral e no direito português, estas limitações serão analisadas de forma autónoma.

3. O investimento estrangeiro

3.1. Introdução

O acesso à actividade económica por parte de investidores estrangeiros suscita problemas especiais pelas suas incidências políticas, económicas e sociais. Por este motivo, muitos Estados possuem regimes jurídicos específicos para o investimento estrangeiro. Esses regimes têm normalmente como objectivo regulamentar quer o *acesso* ou *constituição* do investimento, ou seja, o conjunto de operações através das quais o investidor afecta de forma duradoura determinados bens ao exercício de uma dada actividade económica, quer a sua *protecção e garantia* depois de constituído, isto é, todos os aspectos que se relacionam com a transferência de lucros, dividendos, ou do produto da liquidação dos investimentos e ainda com o pagamento de indemnizações em caso de expropriação ou nacionalização.

Alguns Estados têm procurado regulamentar o investimento estrangeiro de modo a subordiná-lo a fins de interesse nacional, estabelecendo um sistema de avaliação prévia e/ou limitando o acesso a sectores considerados básicos ou estratégicos. Essa tem sido, em particular, uma preocupação dos países menos desenvolvidos, os quais, por carências de capital e recursos humanos qualificados, são mais receptores do investimento do que investidores. Estes países procuram, do mesmo passo, atrair os investimentos necessários ao seu desenvolvimento por meio de um conjunto de incentivos especiais de tipo diverso, assim como de sistemas de protecção e garantia.

Para outros Estados, menos carenciados deste tipo de recursos, a legislação sobre o investimento estrangeiro limita-se a estabelecer um regime de mera declaração para efeitos de informação e controlo sobre o volume e distribuição do investimento estrangeiro, recusando-se, normalmente, formas de discriminação positiva ou negativa.

Existem também regimes intermédios. De certo modo, é o que se passa em Portugal. De facto, a CRP (art. 88.º) dispõe que «a lei disciplinará a actividade económica e os investimentos por parte de pessoas singulares ou colectivas estrangeiras, a fim de garantir a sua contribuição para o desenvolvimento do país e defender a independência nacional e os interesses dos trabalhadores». Mas a regulamentação actualmente em vigor quase não contém discriminações negativas relativamente ao investimento estrangeiro. Mantém-se, contudo, um regime preferencial para investimentos estrangeiros com especial interesse para a economia nacional.

A importância das regulamentações nacionais nesta matéria decorre, além do mais, da dificuldade de, ao nível *internacional*, se estabelecer e, sobretudo, garantir, a eficácia de uma regulamentação multilateral. De facto, apesar da crescente integração das economias e da tendência para a segmentação dos processos produtivos apontarem para a necessidade de uma regulamentação de tipo multilateral e prejudicarem a eficácia das regulamentações nacionais, é, por enquanto, na soberania dos Estados que têm tido origem as regulamentações de investimento estrangeiro. Por isso, algumas regulamentações de tipo multilateral – como o Código de Conduta das Nações Unidas para as Empresas Transnacionais – estipulam, entre outras, regras para a concertação entre as empresas e os Estados nacionais. A excepção é o direito europeu, o qual, apoiando-se na existência de níveis aproximados de desenvolvimento, garante a liberdade de investimento no interior da UE, limitando as competências nacionais.

3.2. Evolução

O investimento estrangeiro tem longa história em Portugal. Tradicionalmente, beneficiou de liberdade de acção[14]. No entanto, o *regime corporativo* do «Estado Novo», na mesma lógica que o levou internamente a controlar o investimento e a concorrência por meio do condicionamento industrial (1931), procurou defender o mercado interno da concorrência externa. Nesta filosofia se fundou a Lei da Nacionalização

[14] No séc. XIX o investimento instalou-se sobretudo no sector dos transportes e comunicações, mas incidiu também em actividades industriais como a alimentação, os vidros e os tabacos.

dos Capitais (Lei n.º 1994, de 13 de Abril de 1943), que reservou determinadas actividades económicas para as empresas que detivessem 60% de capital português[15].

As actividades reservadas eram sobretudo a exploração de serviços públicos, as actividades em regime de exclusivo e, em geral, as que interessassem à «defesa do Estado ou à economia da Nação». Quanto às restantes, os investidores estrangeiros estavam, em princípio, sujeitos às mesmas normas que os nacionais, incluindo, portanto, o condicionamento industrial mediante autorização.

Sob a pressão de factores externos e internos, de ordem económica e política, assistiu-se nos anos 60 a uma progressiva liberalização da entrada de capitais em Portugal. O marco legal que consagrou o início do novo período foi o DL n.º 46312, de 29 de Abril de 1965, que veio distinguir sectores liberalizados e sectores vedados, em princípio, à iniciativa privada estrangeira. Os investimentos estrangeiros ficaram sujeitos a autorização, mas essa autorização seria sempre concedida quando prosseguissem finalidades consideradas de interesse nacional, por exemplo, «alargamento, intensificação ou melhoria da exploração agrícola, florestal e pecuária; construção e ampliação ou transformação de instalações industriais; desenvolvimento da produção de energia; melhoria das redes de transportes; melhoria das infra-estruturas turísticas»[16]. Entre as actividades vedadas contavam-se, como se indicou já, a exploração de serviços públicos ou de bens do domínio público e as actividades que interessassem fundamentalmente à defesa do Estado – o que traduzia a preocupação de salvaguardar a independência nacional[17].

As alterações políticas e económicas iniciadas em 25 de Abril de 1974 tiveram também repercussões neste domínio.

O primeiro Código de Investimentos Estrangeiros foi aprovado pelo DL n.º 239/76, de 6 de Abril. A sua intenção principal foi conciliar o investimento estrangeiro com as novas orientações e princípios da política económica, tendo sido instituído um *regime de autorização prévia* (autorização geral ou protocolo contratual) susceptível de simultaneamente permitir uma apreciação do interesse do investimento e conferir maior segurança ao investidor estrangeiro, razão pela qual o Código continha diversas disposições relativas às garantias do investimento. Para coordenar, orientar e supervisionar todo o processo foi criado o *Instituto do Investimento Estrangeiro* (IIE).

Este código foi pouco depois substituído pelo DL n.º 348/77, de 24 de Agosto. Manteve-se a estrutura básica do diploma anterior (regime geral e contratual de auto-

[15] Note-se que, na prática, as restrições ao investimento directo estrangeiro terão sido menos duras do que o que sugeria esta legislação. Mantiveram-se aliás, os investimentos pré-existentes e as concessões.

[16] Cf. Despacho de 24.8.1965, da Presidência do Conselho de Ministros.

[17] Esta mudança de atitude do poder político face ao investimento estrangeiro reflectiu-se, globalmente, numa expansão deste investimento, mais acentuada em 1965-66 e depois de 1970, quando a sua taxa média de crescimento anual atingiu os 38%.

rização casuística prévia); densificaram-se, por meio de regulamentação, alguns dos seus aspectos (contratos de investimento, transferências de tecnologia, etc.); e simplificaram-se ou liberalizaram-se outros, prevendo-se casos de autorização automática (por exemplo, pequenos aumentos de capital em empresas com capital estrangeiro e investimentos em sectores prioritários) e eliminando-se certas restrições antes admitidas em matéria de transferências de lucros. A competência para conduzir o processo, incluindo para avaliar, autorizar e registar o investimento, permaneceu no IIE, cujo funcionamento foi então regulamentado[18].

Quanto às relações de trabalho, admitia-se que as empresas estrangeiras utilizassem pessoal de nacionalidade estrangeira a nível da administração e gestão e do pessoal técnico especializado, devendo, porém, apresentar, com o pedido de autorização, um programa de formação de quadros nacionais e de preenchimento progressivo de um número adequado de lugares de direcção técnica e administrativa por portugueses.

Apesar da orientação do regime legal, a prática do IIE foi geralmente considerada liberal. Foram escassos os casos de recusa de autorização de propostas de investimento estrangeiro.

A adesão à CEE implicou a recepção explícita na ordem jurídica portuguesa dos princípios do livre estabelecimento e de não discriminação entre empresas do diversos EM, consagrados pelo direito comunitário.

Assim se explica que o DL n.º 197-D/86, de 18 de Julho, tenha vindo revogar a legislação anterior, substituindo, designadamente, o sistema de autorização casuística por um sistema de simples *declaração prévia para os residentes no território da CE/UE*, onde se deixa de proceder à avaliação do impacto económico dos investimentos. Apenas no art. 8.º se contempla a possibilidade de avaliação e eventual negociação do investimento, tendo em vista os efeitos do mesmo para a economia do País, no caso de projectos de entidades não residentes nem sedeadas no território de um Estado da CE/UE. O DL n.º 214/86, de 2 de Agosto, e o DL n.º 321/95, de 28 de Novembro aboliram, em definitivo, os condicionamentos ao investimento estrangeiro. Considerando que estas exigências não podem subsistir no quadro jurídico da União Europeia e deixaram de justificar-se em relação a investidores de qualquer país, o legislador português decidiu formalizar o princípio geral da *liberdade de estabelecimento de não residentes* no País, independentemente da sua origem ou proveniência[19].

[18] Sobre este assunto, ver M. L. C. Torres, *Investimento estrangeiro em Portugal. Conceito e regulamentação*, Dissertação no âmbito do Curso de Pós-graduação da Faculdade do Direito de Lisboa, 1985.

[19] A aplicação da Lei n.º 88-A/97, de 25 de Julho, sobre a delimitação de sectores, foi, por força desta legislação, estendida a estrangeiros. Quer dizer que o investimento nestes sectores é vedado nos mesmos termos do investimento privado nacional.

3.3. Regime actual

Actualmente, o DL n.º 203/2003, de 10 de Setembro, estabelece um regime especial de contratação de apoios e incentivos exclusivamente aplicável a grandes projectos de investimento, nacionais e estrangeiros, enquadráveis no âmbito das atribuições da *Agência para o Investimento e Comércio Externo de Portugal*, E. P. E. (AICEP, E. P. E. ou simplesmente AICEP), que sucedeu à Agência Portuguesa para o Investimento (API), instituída pelo DL n.º 225/2002, de 30 de Outubro. Este diploma revogou o regime de registo de operações de investimento estrangeiro, tendo criado um regime contratual único para os grandes projectos de investimento, de origem nacional e estrangeira[20].

Como grandes projectos de investimento consideram-se: a) os investimentos cujo valor exceda 25 milhões de euros, independentemente do sector de actividade, da dimensão ou da nacionalidade e da natureza jurídica do investidor, a realizar de uma só vez ou faseadamente até três anos; b) os projectos que, não atingindo o valor de 25 milhões de euros, sejam da iniciativa de uma empresa com facturação anual consolidada superior a 75 milhões de euros ou de uma entidade de tipo não empresarial com orçamento anual superior a 40 milhões de euros (art. 1.º, n.º 2).

Podem ter acesso ao regime contratual de investimento os grandes projectos que, pelo seu mérito, demonstrem especial interesse para a economia portuguesa. A avaliação do mérito compete à *AICEP*.

No âmbito deste regime contratual, o Estado pode conceder as contrapartidas que se mostrem qualitativa e quantitativamente adequadas ao mérito do projecto em causa (art. 3.º, n.º 1, do DL n.º 225/2002), podendo revestir, cumulativamente ou não, as seguintes modalidades: concessão de incentivos financeiros, reembolsáveis ou a fundo perdido; atribuição de benefícios fiscais; co-financiamento do projecto através da intervenção de capital de risco e de desenvolvimento de origem pública (art. 3.º, n.º 2). Excepcionalmente, podem, ainda, ser concedidas contrapartidas específicas destinadas a atenuar custos de contexto, tais como: comparticipação em custos de formação profissional; compensação de custos de escassez de especialidades profissionais; compensação de custos de distância às fontes de saber e de inovação; realização pelo Estado e outras entidades do sector público de investimentos públicos em infra-estruturas (art. 3.º, n.º 3)[21].

[20] A API foi a primeira agência portuguesa a adoptar a figura da entidade pública empresarial (EPE). Em 2007, a API passou a designar-se «Agência para o Investimento e Comércio Externo de Portugal», absorvendo também as funções do Investimento e Comércio Externo de Portugal, I. P. (ICEP), que foi então extinto. Cf. http://www.portugalglobal.pt/PT/InvestirPortugal/GuiadoInvestidor/Paginas/Haumregimeespec%C3%ADficoparagrandesprojectosdeinvestimento.aspx.

[21] Cf., a título de exemplo, o Despacho n. º 4878/2011, de 21 de Março de 2011, do Ministério da Economia, da Inovação e do Desenvolvimento, que aprova a minuta do contrato de investimento e respectivos anexos, a celebrar pelo Estado Português, representado pela Agência para o Investimento e Comércio

4. O licenciamento

4.1. Noção

Em sentido amplo a questão do acesso ao exercício de uma dada actividade económica abrange o processo de licenciamento. Diferente de um regime de condicionamento (industrial ou de outro tipo), o qual, como se viu, se traduz na necessidade de autorização prévia para o exercício de uma actividade económica, o regime do *licenciamento* não limita o direito de iniciativa privada, mas condiciona o seu *exercício em concreto*, o qual depende da obtenção de uma licença para instalação e laboração.

4.2. O regime geral de exercício da actividade industrial

4.2.1. Objectivos

O *regime de exercício da actividade industrial*, constante do DL n.º 209/2008, de 29 de Outubro (Regime de exercício da actividade industrial - REAI), procura conciliar o direito ao livre exercício da actividade industrial com outros direitos susceptíveis de por ele serem postos em causa[22]. São estes, basicamente, a saúde pública e dos trabalhadores, a segurança das pessoas e dos bens, a higiene e segurança dos locais de trabalho, o correcto ordenamento do território e a qualidade do ambiente[23].

Este regime abrange também a *fiscalização* do exercício da actividade. A fiscalização abarca todos os actos da Administração subsequentes, já depois de instalada a actividade industrial. Estes referem-se tanto à verificação do cumprimento dos regulamentos relativos ao exercício da actividade, como à imposição de outras condições consideradas necessárias ou ainda à tomada de medidas cautelares.

Externo de Portugal, E. P. E., e a J. P. Sá Couto, S.G.P.S, S. A., e a J. P. Sá Couto, S. A., que tem por objecto a criação de uma unidade fabril desta última sociedade, localizada em Matosinhos.

[22] Cf., ainda, o DL n.º 152/200, de 30 de Junho (entidades acreditadas).

[23] Estabelecem-se tipos de estabelecimentos (1,2,3), consoante «os graus de risco potencial para a pessoa humana e para o ambiente». Os estabelecimentos do tipo 1 estão sujeitos ao regime mais exigente, de autorização prévia; os estabelecimentos do tipo 2 estão sujeitos ao regime de declaração prévia; os estabelecimentos do tipo 3 estão apenas sujeitos a registo (art. 5.º, DL 209/2008). As actividades industriais de alto risco são actualmente reguladas pelo DL n.º 254/2007, de 12 de Julho, bem como pelo DL n.º 209/2008. Neste domínio, como em outros semelhantes, dá-se cumprimento a disposições europeias (neste caso, a Directiva 96/82 – 'Seveso' – alterada pela Directiva n.º 2003/105/CE) que visam harmonizar os meios de defesa da segurança dos trabalhadores, da população em geral e do ambiente nos diversos Estados membros.

4.2.2. As obrigações do «industrial»

Embora o regime do exercício da actividade industrial seja um regime típico de polícia económica, e, como tal, de intervenção administrativa na actividade privada com carácter limitador, proibitivo e eventualmente repressivo, de facto o primeiro e principal responsável pela protecção dos valores acima indicados é o «industrial», isto é, «a pessoa singular ou colectiva que pretende exercer ou exerce actividade industrial» (art. 2.º, m), do DL n.º 209/2008). A ele incumbe um dever geral de prevenção de risco. Em consequência, as suas obrigações excedem a conformação da sua actividade à legislação aplicável, cabendo-lhe, além disso, em geral, prevenir, eliminar ou reduzir riscos susceptíveis de afectarem, pessoas, bens ou o ambiente (art. 6.º, *id.*). Deverá, para o efeito, tomar as medidas adequadas e mesmo suspender a laboração se tal se mostrar necessário. Em casos de alto risco (por exemplo, estabelecimentos de refinação de petróleo, estabelecimentos químicos, etc.) é-lhe exigida a realização de um seguro de responsabilidade civil (art. 7.º, *id.*). Tem ainda, em qualquer caso, o dever de prestar todas as informações necessárias à entidade fiscalizadora e de facilitar o processo de inspecção.

4.2.3. O controlo da Administração

A Administração tem, pois, uma função de controlo realizado quer no momento da instalação que, nalguns casos, depende da sua prévia autorização, quer na fase de laboração. Compete à «entidade coordenadora», determinada nos termos do art. 9.º, a condução, monitorização e dinamização dos procedimentos administrativos a que se refere o DL n.º 209/2008. A fiscalização do cumprimento do disposto neste diploma legal cabe à Autoridade de Segurança Alimentar e Económica (ASAE) ou à câmara municipal, consoante a entidade coordenadora em causa.

As entidades responsáveis pela fiscalização podem recorrer a meios coercivos. Estes meios vão desde as medidas cautelares até às sanções acessórias às coimas em virtude de contra-ordenações. Caso o estabelecimento industrial apresente perigo grave para a saúde pública, pode ser determinada tanto pela entidade coordenadora como pelas entidades fiscalizadoras (inclusive a título individual) a suspensão de actividade, o encerramento preventivo parcial ou total, ou a apreensão do equipamento por selagem, até seis meses. Caso estas medidas não sejam respeitadas, pode ter lugar a suspensão do fornecimento de energia eléctrica. Esta possibilidade é igualmente admitida em caso de quebra de selos apostos no equipamento, ou de «reiterado incumprimento das medidas, condições, ou orientações impostas para a exploração». Em resultado de contra-ordenações, o industrial pode ser sujeito a coimas, bem como a medidas acessórias a estas, como a privação de subsídios, a apreensão de equipamento mediante selagem, ou mesmo a suspensão de licença de exploração ou o encerramento do estabelecimento e respectivas instalações. Recorde-se que se apontou, como característica do Direito Económico, o uso de sanções específicas directamente relacionadas com a natureza do seu destinatário ou com o tipo de infracção a que são aplicadas, as quais, em determinadas circunstâncias, poderão ser mais gravosas do que as sanções pecuniárias[24].

4.2.4. Os direitos de terceiros

Para além da obrigação de reunir as condições necessárias à prevenção dos diversos tipos de risco, atribuída ao industrial, e da obrigação de verificar o seu cumprimento, que cabe à Administração, concede-se a *terceiros* o direito de reclamação relativamente às condições de funcionamento de qualquer estabelecimento. Terceiros para este efeito devem ser considerados não apenas os directamente interessados (os trabalhadores, outros industriais, pessoas directamente lesadas), mas também os cidadãos em geral, designadamente os que habitam em áreas limítrofes, independentemente de serem afectadas directamente pelo exercício irregular de uma actividade industrial. Tendo em conta a natureza difusa de alguns dos interesses protegidos (como o ambiente) parece ser este o entendimento mais conforme com os objectivos e com a letra da lei[25].

4.3. O licenciamento de outras actividades

Para além do regime geral do licenciamento industrial, já referido, podem ainda existir regimes específicos para certos *estabelecimentos comerciais e de serviços*. As razões que os justificam variam também consoante o tipo de actividade a desenvolver e a dimensão do estabelecimento. Desta mesma ordem de factores depende também a escolha da autoridade administrativa competente para conceder a licença (câmara municipal, governo civil, Ministério da Economia, etc.), assim como outros aspectos do processo de licenciamento[26].

Existe um regime de licenciamento, por exemplo, para a indústria hoteleira e similar e o alojamento turístico em geral, tendo como objectivo preservar as características socio-económicas locais, o meio ambiente e a qualidade dos serviços[27].

A instalação de grandes superfícies comerciais, definidas em função da área de cada estabelecimento ou da área acumulada do grupo ao qual pertence, e de cen-

[24] Cf. *supra*, p. 26.

[25] Trata-se de um caso de «acção popular» que, de resto, a CRP prevê expressamente para a defesa do ambiente (art. 52.°). Note-se, porém, que durante um longo período existiu uma situação de inconstitucionalidade por omissão. Apesar da existência deste preceito constitucional, não tinha sido desenvolvida a legislação complementar necessária ao funcionamento deste tipo de acção judicial.

[26] O DL nº 259/2007, de 17 de Julho, fixa o actual regime de licenciamento dos estabelecimentos de comércio ou armazenagem de produtos alimentares, bem como dos estabelecimentos de comércio de produtos não alimentares e de prestação de serviços cujo funcionamento possa envolver riscos para a saúde e segurança das pessoas.

[27] Cf. DL n.º 39/2008, de 7 de Março.

tros comerciais, está sujeita a um processo especial de licenciamento, desde 1989. A competência para conceder autorizações de instalação ou modificação de estabelecimentos comerciais é atribuída à Comissão de Autorização Comercial (COMAC) territorialmente competente[28]. O objectivo fundamental que preside à exigência destas autorizações tem sido o de assegurar administrativamente a concorrência efectiva entre diferentes formatos de comércio, designadamente, o de proteger a existência do comércio tradicional independente.

A abertura de farmácias foi também objecto de um regime especial de licenciamento[29]. O regime actualmente em vigor (DL n.º 307/2007, de 31 de Agosto) pôs fim à reserva de propriedade a farmacêuticos – e não apenas a direcção técnica – que vigorava anteriormente. Esta reserva foi várias vezes submetida à apreciação do Tribunal Constitucional (TC), alegando-se a violação do direito constitucional à propriedade privada (art. 62.º CRP), bem como a falta de proporcionalidade (art. 18.º-2, *id.*) expressa num «excesso de restrição» no acesso à actividade, que assumia contornos corporativos, e violaria também o princípio da igualdade (art. 13.º, *id.*), o direito à livre escolha de profissão (art. 47.º-1 *id.*) e o direito à iniciativa económica privada (art. 61.º *id.*). Contudo, o TC não declarou a inconstitucionalidade das normas em causa[30].

Outros regimes especiais existem, como o que regula a actividade comercial ligada a armas e munições (Lei n.º 5/2006, de 23 de Fevereiro, republicada pela Lei n.º 17/2009, de 6 de Maio) ou o comércio de explosivos (DL n.º 376/84, de 30 de Novembro, que exige a posse de Carta de Estanqueiro, a conceder pela Empresa dos Explosivos), o estatuto das artes e unidades produtivas artesanais (DL n.º 41/2001, de 9 de Fevereiro) ou ainda o das actividades de segurança privada (DL n.º 35/2004, de 21 de Fevereiro).

[28] Cf. Lei nº 21/2009, de 19 de Janeiro, que estabelece o regime de autorização a que estão sujeitas s instalação e modificação de estabelecimentos de comércio e retalho e de comércio por grosso em livre serviço, e a instalação de conjuntos comerciais.

[29] Cf. DL n.º 307/2007, de 31 de Agosto, e Portaria n.º 1430/2007, de 2 de Novembro. Cf., também, DL n.º 241/2009, de 16 de Setembro.

[30] Cf. *supra*, pp. 49-50.

TÍTULO III
A REGULAÇÃO DA CONCORRÊNCIA

CAPÍTULO I
A ORGANIZAÇÃO PRIVADA DO MERCADO

1. Da concorrência perfeita à concorrência praticável

1.1. Mercado e concorrência: questões conceptuais

Existem várias definições de mercado. Uma delas, a partir do paradigma da teoria económica clássica, concebe o mercado como «um espaço abstracto onde se encontram a procura e a oferta agregada dos agentes económicos, cujos objectivos contraditórios se harmonizam, em cada momento, através dos preços de transacção entre eles»[1].

Uma noção deste tipo, despojada da caracterização dos tipos de agentes, das formas de transacção envolvidas, dos bens a que o mercado diz respeito, é porventura útil no plano matemático, mas pouco operativa no plano jurídico.

Neste plano importará reter a ideia de que os mercados (sublinhe-se o plural) implicam trocas de bens específicos (bens em sentido amplo e muito distintos entre si, abrangendo trabalho, capitais financeiros, bens de consumo e serviços), organizadas e institucionalizadas por mecanismos sociais (informação, transportes, etc.), trocas essas que implicam um processo de interacção entre sujeitos, de natureza muita diversa, e a existência de acordos (contratos) entre eles, donde resulta um intercâmbio de direitos (em regra, de propriedade)[2].

[1] Assim, Alfredo de Sousa, *Análise Económica*, Lisboa: Universidade Nova, 1988, p. 219; cf. ainda F. Pereira de Moura, *Lições de Economia*, Lisboa: Clássica Ed., 3ª ed., 1969, p. 155 e ss.

[2] Em sentido próximo, G. Hodgson, *Economia e Instituições*, Oeiras: Celta, 1994, pp. 173 e ss..

A concorrência surge, neste contexto, como instrumento privilegiado de direcção do mercado, caracterizando um tipo de relação entre os agentes económicos (a competição auto-reguladora) entendido como a essência do sistema de economia de mercado[3].

1.2. A concorrência no modelo liberal clássico

No modelo clássico, a concorrência pressupunha, antes de mais, a existência de uma pluralidade de agentes (atomicidade do mercado). Os agentes, muitos e de peso sensivelmente idêntico, assumiam, do lado da oferta, a forma de pequenas unidades económicas e, do lado da procura, a de consumidores individuais, famílias e pequenas empresas, num caso e noutro sem possibilidade de influenciar o mecanismo de formação dos preços. Esta estrutura «ideal» de mercado é designada por «concorrência bilateral» ou «perfeita». Sempre que, além disso, ela revestisse características de indiferenciação dos bens transaccionados (homogeneidade), de livre entrada e saída de produtores e consumidores (fluidez) e de livre e completa informação destes (transparência), falava-se de «concorrência pura». Neste contexto, em rigor, não seria possível falar de organização privada (nem pública) do mercado.

Assim configurado, o modelo tem funções mais normativas que descritivas: é um tipo ideal que funciona como padrão de aferição de realidades. No entanto, na fase liberal do capitalismo oitocentista, ele reflectia a tendência geral dos mercados em certos países, tendo constituído um poderoso elemento dinamizador da economia[4].

1.3. Concentração e crise do modelo

Nos primórdios do século XX, era já bem visível o desfasamento entre o modelo e a realidade. As primeiras revoluções industriais, a massificação da produção industrial, possibilitada pelo sistema de fábrica e pela passagem da manufactura à maquinofactura, a generalização do uso de mão de obra assalariada, o taylorismo e a necessidade de centralização de capitais alteraram radicalmente os pressupostos do modelo liberal clássico.

A concorrência gerou fenómenos de concentração (em sentido amplo), originando o aparecimento de grandes empresas, de agrupamentos de empresas sob as

[3] «A concorrência é o substrato económico-material da competição entre empresas e também o pressuposto fáctico natural da competição entendida como elemento institucional básico e essencial do sistema de economia de mercado» (assim, J. Font Galàn, *Constitucion Economica y Derecho de la Competencia*, Madrid: Tecnos, 1987, p. 24). Sobre a concorrência, cf. também, Pierre SALIN, *La concurrence*, Paris: PUF, 1995 e M. Ordoñez, *La Competencia*, Madrid: Alianza Editorial, 2000.

[4] Cf. Teixeira. Martins, *Capitalismo e Concorrência*, Coimbra: Centelha, 1973, p. 13 e Vital Moreira, *A Ordem Jurídica do Capitalismo*, Lisboa: Caminho, 1987, 4ª. ed., p. 63 e ss. Sobre a função normativa da concorrência perfeita, cf. Mário Murteira, «A economia de mercado como paradigma normativo», *Ensaios de Homenagem a Francisco Pereira de Moura*, ISEG/ UTL, 1995, p. 139 e ss.

mais variadas formas (*trusts*, cartéis, etc.), de oligopólios e oligopsónios, de monopólios e monopsónios, que modificaram a estrutura dos mercados: estes passaram, frequentemente, de atomizados a moleculares, de abertos a fechados, de transparentes a opacos, resumindo, de «perfeitos» e «puros» a «imperfeitos» e «impuros»[5]. As empresas abandonam uma posição passiva para assumirem funções de ordenação e organização privada do mercado.

A concentração vai estar mesmo, segundo alguns, na origem de «todas as grandes mutações das sociedades industriais»[6]. As explicações deste fenómeno são múltiplas: diminuição do risco, economias de escala, racionalização dos processos de produção e distribuição, facilidades no financiamento e no acesso ao crédito, domínio sobre os preços, etc.[7].

Mas a concentração, qualquer que seja a configuração que revista (crescimento dimensional das empresas, concentração horizontal, vertical ou por conglomerado), não é um fenómeno estritamente económico. Do ponto de vista do comportamento das empresas, verifica-se que razões de índole «política» – de concentração de poder, de reforço dos poderes negociais, de gestação de efeitos de dominação perante o Estado, os sindicatos, os concorrentes, os consumidores, os fornecedores e mesmo os sócios – estão também presentes nas motivações das decisões de concentração.

Mais recentemente, a internacionalização das economias e a terceira revolução «industrial» (telecomunicações, informática, biotecnologia, etc.) vieram densificar e diversificar todo este processo, trazendo consigo novos comportamentos e estratégias e novas modificações na estrutura dos mercados.

A concorrência tende hoje a tornar-se simultaneamente mais acesa e com menos protagonistas. Para melhor competir (ou para melhor defenderem as posições já conquistadas), as empresas substituem frequentemente os típicos comportamentos concorrenciais (ou mesmo os clássicos comportamentos concentracionistas, como as fusões) por comportamentos de cooperação, colaboração ou coordenação inter-empresarial que, não raro, degeneram em práticas restritivas da concorrência ou em fenómenos de concentração menos visíveis, porque respeitadores da identidade jurídica da empresa.

[5] A heterogeneidade dos produtos, a opacidade da informação e a concertação dos agentes tornaram-se normais no funcionamento de muitos mercados ou segmentos de mercados. Cf. Paulo Sendin, *Direito da Economia*, Lisboa: Universidade Católica, 1984, p. 13. O mesmo ocorre com as falhas de mercado.

[6] Assim, G. Farjat, *Droit Économique*, Paris: PUF, 1982, p. 143.

[7] Analisando o comportamento das empresas, muitos economistas põem o acento tónico, como principais factores explicativos da concentração, nas economias de escala das grandes empresas, traduzidas na diminuição do custo unitário em virtude de acréscimo das quantidades produzidas, e no aumento das dimensões do mercado. Outros, mais preocupados com a lógica do funcionamento do sistema, vêem a concentração como uma consequência necessária da concorrência, que se propagaria sucessivamente da esfera industrial para a financeira e do plano nacional para o transnacional.

1.4. A revisão do modelo liberal de concorrência

A irreversibilidade do fim da utopia da concorrência perfeita (ou seja, a emergência de uma nova forma de capitalismo, «monopolista» ou «organizado») conduziu a uma revisão da doutrina económica clássica no sentido de uma redefinição da concorrência e da construção de modelos que aceitem como natural e mesmo desejável o próprio fenómeno da concentração, ou pelo menos, muitos dos seus mecanismos jurídico-económicos.

Passou a falar-se de concorrência «imperfeita», «praticável» ou «efectiva», de concorrência oligopolista ou mesmo monopolista[8]. «Vai-se ao ponto de integrar na definição de concorrência os próprios fenómenos que dantes se consideravam anticoncorrenciais»[9].

A manutenção da noção de concorrência implicou uma inexorável deslocação do seu sentido. O essencial já não é a questão da pluralidade de empresários que oferecem bens e serviços, mas o tipo de comportamento destes agentes. E, assim, haverá ainda concorrência quando esteja garantida a existência de uma rivalidade ou luta económica dinâmica entre os agentes económicos, quer esta luta se exprima no domínio dos preços ou em outros, como os da publicidade, da inovação tecnológica, da organização (*non-price competition*), quer se afirme apenas em relação a empresários potencialmente concorrentes (concorrência potencial). O objectivo essencial passa, assim, a ser a preservação da concorrência possível entre empresas[10].

2. Os actores privados e o enquadramento jurídico da organização privada do mercado

2.1. Evolução das formas jurídicas da empresa e protecção da concorrência

2.1.1. O comerciante em nome individual

Ao longo dos tempos tem existido um certo paralelismo entre a evolução das formas jurídicas e a dos fenómenos económicos.

Assim, ao modelo liberal clássico, centrado no empresário individual (no pequeno artesão, no pequeno comerciante), correspondia um direito dos comerciantes individuais. A figura legal do *comerciante em nome individual* era o «actor paradigmático

[8] J. Robinson, *Economics of Imperfect Competition*, Cambridge, 1933; J. M. Clark, «Toward a concept of workable competition», in *American Economic Review*, 1940; E. Chamberlin, *The Theory of Monopolistic Competition*, New York, 1933 e *Competition and their Regulation*, Londres, 1954.

[9] Cf. J. Simões Patrício, *Direito da Concorrência (aspectos gerais)*, Lisboa: Gradiva, 1982, p. 27.

[10] Daí a constante, embora nem sempre eficaz, vigilância dos poderes públicos: «é preciso vigiar para que as empresas permaneçam concorrentes e não possam, através das suas lutas, eliminar-se mutuamente, criando assim situações de monopólio. Paradoxalmente, requer-se a luta, mas não se permite a vitória definitiva» (assim, A. Jacquemin e G. Schrans, *O Direito Económico*, Lisboa: Vega, s/d., p. 16).

deste direito comercial emergente», constituindo «indubitavelmente o quadro jurídico de organização da actividade económico-empresarial mais difundido»[11].

A empresa individual cedo mostrou, porém, as suas insuficiências para fazer face ao desenvolvimento mercantil. As formas societárias, uma vez autorizadas, passaram a ser a forma normal de organizar a empresa. Hoje a nossa lei permite, porém, que a empresa individual possa assumir a forma de estabelecimento de responsabilidade limitada (ERIL) e mesmo a de sociedade individual[12].

2.1.2 As formas societárias de empresa

O perfil subjectivo da empresa exprime-se na entidade que é o seu titular[13]. A forma mais comum de empresas é a societária. Entre nós, o CSC (art. 1., n.º 2 do CSC) define sociedade comercial como "aquelas que tenham por objecto a prática de actos de comércio" e adoptem um dos tipos de sociedade taxativamente previstos na lei, ou seja, as sociedades anónimas, as sociedades por quotas, as sociedades em nome colectivo (cujo antecedente histórico é a companhia medieval) e as sociedades em comandita (simples ou por acções). O que distingue estes tipos de sociedades é a natureza da responsabilidades dos sócios.

Nas sociedades em nome colectivo, a responsabilidade dos sócios perante os credores sociais é pessoal, solidária e ilimitada (art. 175.º, n.º 1 CSC). Os bens próprios da sociedade respondem pelas dívidas desta em primeira linha, mas se tais bens não forem suficientes respondem em seguida os bens dos sócios. As sociedades em comandita são de natureza híbrida.

As sociedades por quotas (SQ) e as sociedades anónimas (SA) são sociedades de responsabilidade limitada, ou seja, só o património social responde perante os credores pelas dívidas das sociedades. Nas SA, porém, os sócios apenas respondem pela parte do capital social que detenham, i.é, pelas acções que possuam. Já nas SQ os sócios não só respondem até ao montante da sua quota, mas também, subsidiariamente, pelas quotas dos outros sócios.

As SQ são a forma mais usual das PME, enquanto as SA são a forma típica das grandes empresas.

[11] Cf. J. Engrácia ANTUNES, *Os Grupos de Sociedades, Estrutura e Organização Jurídica da Empresa Plurissocietária,* Coimbra: Almedina, 1993, p. 4.

[12] O ERIL foi criado pelo DL n.º 248/86, diploma que teve várias alterações, a última das quais introduzida pelo DL n.º 8/2007, de 17 de Janeiro. Quanto à sociedade individual, cf. o art. 7.º, n.º 2 do Código das Sociedades Comerciais.

[13] Parte-se da distinção de ASQUINI («Profili dell'impresa» in *Rivista di Diritto Commerciale*, vol. XLI-I, pp. 1-20) entre os perfis subjectivo, objectivo, funcional e corporativo (institucional) da empresa, popularizada entre nós , entre outros, por Orlando de CARVALHO.

2.1.3. A sociedade anónima, paradigma das sociedades de capitais

No plano juseconómico, uma figura dotada de capacidade ímpar para congregar esforços de múltiplos comerciantes e agentes económicos, bem como para captar recursos financeiros, veio progressivamente a impor-se: a *sociedade por acções* (anónima: SA), cujos antecedentes podem ser buscados nas antigas companhias majestáticas, e que surge como paradigma da empresa colectiva de capitais e matriz de um direito das sociedades comerciais[14].

Objecto, primeiro, de restrições e de necessidade de autorização estatal, mais tarde susceptível de livre constituição, a SA, ao possibilitar a fundação de grandes instituições financeiras, ao limitar a responsabilidade do património dos sócios, ao permitir uma fácil transmissibilidade do capital investido, ao potenciar uma tendencial dissociação entre propriedade e gestão, veio a revelar-se um poderoso instrumento de concentração[15]. Particularmente importante neste processo é a consideração da sociedade como pessoa colectiva, isto é, o facto de lhe ser a atribuída uma personalidade jurídica distinta da dos sócios.

O regime jurídico das SA veio a possibilitar o fenómeno do controlo interno da empresa colectiva por parte de um núcleo reduzido de titulares do capital ou do património[16].

De facto, numa SA, o poder concentra-se, em regra, em minorias organizadas o que é particularmente facilitado pela existência, institucionalizada ou não, de diferentes tipos de accionistas[17]. Tudo se passa como se estes, pessoas singulares ou colectivas, partilhando embora, ainda que desigualmente, os riscos sociais, se dividissem em dois grupos: os *accionistas de controlo*, «activos» ou com poder de decisão, isto é, titulares do poder de comando na empresa (a minoria dirigente) e os *accionistas de gozo* ou «passivos», sem poder de decisão, isto é, meros investidores de capital de risco ou de pequenas poupanças. Os primeiros podem, de facto, dispor da empresa como se

[14] Sobre as companhias majestáticas ver, por exemplo, R. G. Fonseca, «As Companhias Majestáticas de Colonização no Final do Século XIX» in *O Direito*, Ano 133, III (Jul.-Set.), 2001. Quanto ao modelo de sociedade anónima, há quem conteste a sua perenidade, particularmente no âmbito dos grupos de sociedades. Cf. J. Engrácia Antunes, *Le Groupe de Sociétés, La crise du modèle légal classique de la Société Anonyme*, EUI Working Papers in Law, Florence: European University Institute, 1992. Sobre as sociedades anónimas no direito português, cf. Raul. Ventura, *Estudos vários sobre Sociedades Anónimas*, Coimbra: Almedina, 1992; *id.*, *Novos Estudos sobre Sociedades Anónimas e Sociedades em Nome Colectivo*, Coimbra: Almedina, 1994; J. N. Serens, *Notas sobre a Sociedade Anónima*, Coimbra: Coimbra Ed., 1995.

[15] Cf. F. Galgano, *Storia del Diritto Commerciale*, Bolonha: Il Mulino, 1976, p. 115 e ss.; M. Nogueira Serens, «Sociedade Anónima», in D. L. Campos (Coord.), *Direito das Empresas*, Oeiras: INA, 1990, p. 467 e ss.

[16] Este controlo (assente na titularidade de uma parte do capital ou do património da sociedade) resulta fundamentalmente da conjugação de três factores: «o princípio maioritário, a dispersão de acções num grande número de mãos, a complexidade contabilística e técnica da vida das sociedades» (G. Farjat, *ob. cit.*, p. 172).

[17] Cf. J. V. Gomes, *Sociedades Anónimas (Uma perspectiva de Direito Económico)*, Lisboa, 1981, p. 69-70.

dela fossem verdadeiros proprietários[18]; os segundos são, quando muito, remetidos para uma função de fiscalização, sendo a sua posição real muito semelhante às dos credores da empresa ou dos obrigacionistas[19].

Por vezes, institucionaliza-se este tipo de accionistas no contrato de sociedade. É o caso da previsão de certas categorias de acções de natureza híbrida, acções sem direito a voto, às quais correspondem direitos distintos das acções ordinárias. Outras vezes, a institucionalização resulta da criação de fundos de investimento. Neste caso, o aforrador, ao subscrever unidades de participação (UP) num destes fundos junto da respectiva sociedade gestora, converte-se indirectamente em accionista desprovido de qualquer poder de decisão ou de controlo sobre a política das sociedades de que o fundo possui títulos[20].

2.1.4 Sociedades emitentes, sociedades abertas

A noção de SA é menos ampla que a de *sociedade emitente* no âmbito do mercado de capitais. Com efeito, há entidades emitentes que não são sequer sociedades comerciais, como o Estado e outros organismos públicos, bem como cooperativas e outras instituições.

Em boa verdade, para efeitos do mercado de capitais, a noção a ter em conta é a de *sociedade aberta*, constante do art. 13.º do CVM, uma sociedade com o capital *aberto* ao investimento (por oposição a sociedade fechada). Tal como sucede com as sociedades comerciais em geral (art. 171.º do CSC), também as sociedades abertas devem indicar em todos os documentos e publicidade essa qualidade (art. 14.º do CVM). Note-se porém que as sociedades abertas têm vindo a assumir uma natureza bastante autónoma face às sociedades comerciais em geral, nomeadamente pela sua regulação «reforçada», desde logo através do CVM e normas emitidas pela CMVM[21].

[18] Segundo Claude Champaud (*Le Pouvoir de Concentration de la Société par Actions*, Paris: Sirey, 1962), o controlo é o «direito de dispor dos bens de outrem como um proprietário». Sobre o tema, cf. também, L. Cartelier, «Propriété et contrôle: introduction (économique) à un débat» e M. Germain, «Propriété et contrôle: introduction (juridique) à un débat», *Revue Internationale de Droit Economique*, n.º. 3, 1990, respectivamente pp. 257 e 261.

[19] Cf. F. K. Comparato, *O Poder de Controle na Sociedade Anónima*, Rio de Janeiro: Forense, 1983, p. 23. Note-se que os obrigacionistas, por exemplo, dispõem mesmo de uma assembleia própria, à margem da assembleia geral de sócios, nos termos do art. 355.º do CSC. Cf., ainda, C. O. de Castro, «Participação no Capital das Sociedades Anónimas e Poder de Influência», *RDES*, ano XXXVI, n.º 4, 1994; F. C. dos Santos, *A Posição do Accionista face aos Lucros de Balanço*, Coimbra: Coimbra Ed., 1996; T. S. A. Vaz, «A Responsabilidade do Accionista Controlador», *O Direito*, ano 128, III-IV, 1996.

[20] A administração dos fundos compete às sociedades gestoras de fundos de investimento (cf., sobre as SGFI, *infra* Título V).

[21] Cf. A. Ferreira, *Direito dos Valores Mobiliários*, Lisboa: AAFDL, 1997, p. 48.

2.1.5. A emergência dos grupos económicos e o reforço da cooperação inter-empresarial

A globalização e terciarização da economia aceleraram e diversificaram as formas de concentração (em sentido amplo). Perante estes fenómenos, a empresa societária revela limitações. A organização privada dos mercados, em particular no plano internacional ou supranacional, exige que as empresas passem a expandir-se externamente, através de sofisticadas técnicas jurídicas de influência, controlo ou domínio de outras empresas. O novo actor do sistema passa a ser o *grupo empresarial*, industrial ou financeiro, nacional ou multinacional (transnacional), sobretudo, a empresa plurissocietária, cuja constituição tem normalmente por base tomadas de participações sociais e certas formas contratuais.

Verifica-se, no entanto, ainda hoje, um certo desfasamento entre a realidade económica e a forma jurídica, uma vez que a proliferação dos grupos apenas teve limitadas repercussões no plano jurídico[22]. Ao lado do aprofundamento das formas societárias existentes, afirma-se, no plano doutrinal ou legal, em certos casos, o reconhecimento da realidade do *grupo económico*, nomeadamente através dos fenómenos da desconsideração da personalidade jurídica das sociedades e do reconhecimento, para certos efeitos, dos entes de facto. Noutros, a lei fornece novas figuras que possibilitam um enquadramento jurídico dos *grupos de sociedades*. Paulatinamente, em vários domínios (concorrência, fiscalidade, trabalho, etc.), assiste-se à emergência de um verdadeiro direito dos grupos, de âmbito nacional e transnacional.

Outras vezes, as empresas utilizam formas de união e cooperação, estabelecendo ou reforçando laços (temporários, provisórios) de colaboração mútua, suspendendo a concorrência entre si para melhor poderem competir com terceiros, particularmente no exterior. A fim de favorecer a cooperação inter-empresarial, desenvolve-se uma regulamentação dos contratos associativos (v.g. das *joint ventures*) e de instituições, como os Agrupamentos Complementares de Empresas (ACE), aptas para aquele fim.

2.1.6. A sociedade europeia

A SE (também designada por «Societas Europaea») foi criada, de forma a permitir que sociedades constituídas em diferentes EM possam proceder a fusões, constituir sociedades «holding» ou formar filiais comuns[23]. Como se refere no preâmbulo do Regulamento que a criou, a «realização de operações de reestruturação e de coope-

[22] Assim, H. Medina Carreira, *Concentração de Empresas e Grupos de Sociedades. Aspectos Históricos, Económicos e Jurídicos*, Documentos do IESF, Porto: Edições Asa, 1992, p. 52 e ss.

[23] A SE foi criada pelo Regulamento n.º 2157/2001 (in JO L 294 de 10.11.2001). A base jurídica deste diploma, que entrou em vigor em 8 de Outubro de 2004, foi o art. 308.º TCE (hoje 352.º TFUE). Sobre as origens da SE, cf. R. F. de Campos, «A Sociedade Anónima Europeia: Projectos e Perspectivas», *RDES*, ano XXXI, n.º 1-2, 1989.

ração que envolvam empresas de Estados-Membros diferentes depara com dificuldades de ordem jurídica, fiscal e psicológica». O diploma visa, assim, evitar as principais restrições que se levantam a certas formas de concentração pelo facto de existirem ordens jurídicas diferentes nos diversos Estados-Membros[24].

A *constituição* da SE pode ser operada de quatro formas: por fusão; por criação de uma sociedade «holding»; sob a forma de uma filial comum; por transformação de uma SA de direito nacional. Existem algumas condicionantes a estas possibilidades: a fusão (por incorporação ou por criação de uma SE) está reservada às SA de EM diferentes; a criação de uma SE «holding» é aberta às SA e às SARL (SA de responsabilidade limitada) com presença na UE seja através de sedes em EM distintos, seja mediante filiais ou sucursais em países que não o da sede. A constituição de uma SE sob forma de filial comum é aberta a qualquer entidade (de direito público ou privado) segundo os mesmos critérios. Ainda no caso da fusão, o projecto deverá atender a certos critérios (art. 2.º), que no caso português deverão ser coordenados com os constantes do art. 98.º do CSC.

A SE tem um *capital social mínimo* de €120.000. Contudo, se um EM exigir um valor mais elevado às sociedades a operar em determinados sectores, será este o aplicável às SE nesse Estado (art. 4.º).

A *sede* da SE deve corresponder ao local de tomada real de decisões sobre a administração da sociedade. A SE pode hoje facilmente transferir a sua sede no espaço da UE sem ter de proceder à sua dissolução num EM e à criação de uma nova sociedade noutro Estado-Membro[25]. O registo das SE efectua-se ao nível nacional, ainda que tal registo e a liquidação sejam publicitados no JO da UE.

À semelhança da opção tomada no CSC para as SA (cf. art. 278.º), na constituição de uma SE poderá optar-se por um *modelo monista ou dualista de gestão*. No caso da SE, pode optar-se ou por um órgão de administração (modelo monista), ou por um órgão de fiscalização e um órgão de direcção (modelo dualista), para além da assembleia geral de accionistas (por oposição às assembleias especiais: cf. art. 389.º do CSC).

[24] Na prática, a exemplo do que ocorre com uma certa atitude de favor em relação às privatizações, a UE não tem assumido a neutralidade absoluta quanto ao regime de regulação da propriedade para que apontava o art. 295.º TCE (hoje art. 345.º TFUE), optando por uma solução favorável à concentração empresarial. O mesmo, aliás, poderia ser questionado quanto à Directiva 2004/25, conhecida como a directiva dos «*takeovers*», que vem favorecer a aquisição de empresas no mercado interno.

[25] Recorde-se que até à criação da SE a situação era vista tendo em conta as decisões do Tribunal de Justiça nos processos C-79/85 *Segers*; C-81/87 *Daily Mail* e C- 212/97 *Centros*. Nos casos Segers, Centros e C 167/01 *Inspire Art*, o Tribunal pronunciou-se no sentido de que uma sociedade podia ser constituída num EM ainda que a sua actividade fosse exercida – parcial ou totalmente – noutro EM. Sobre o plano de acção da Comissão Europeia relativo à reforma do direito das sociedades e do governo das sociedades («corporate governance») consulte-se http://europa.eu.int/comm/internal_market/company/.

Aproveitou-se também para definir, por meio de uma directiva específica, *o envolvimento dos trabalhadores na SE*[26]. Este facto reflecte, no plano europeu, a existência de um modelo social próprio, ainda que muito incipiente. No mesmo sentido, o art. 27.º da Carta dos Direitos Fundamentais da União Europeia estipula que «deve ser garantida aos níveis apropriados, aos trabalhadores ou aos seus representantes, a informação e consulta, em tempo útil, nos casos e nas condições previstos pelo direito da União e pelas legislações e práticas nacionais».

2.2. A protecção da concorrência: ambivalência da sua regulação

O traço mais característico do direito na sua relação com o tema da concentração e da cooperação inter-empresarial é o da sua relativa *ambivalência*[27]. Com efeito, por um lado, o direito põe à disposição dos privados as formas e técnicas jurídicas (contratuais, societárias, etc.) que possibilitaram ou potenciaram este movimento. Além disso, muitas vezes, regula e favorece estes processos, nomeadamente através de benefícios ou incentivos fiscais. Por outro, porém, tem procurado garantir a manutenção de um certo nível de concorrência como motor do sistema, evitando, em princípio, não as concentrações em si mesmo, mas as práticas restritivas da concorrência que delas advenham.

Com efeito, perante a formação de verdadeiros poderes privados nos mais diversos domínios da actividade económica e financeira, quantas vezes em áreas sensíveis ou estratégicas, dotados de uma capacidade de decisão unilateral comparável ao da potência pública, o direito tem que buscar mecanismos capazes de conter estes fenómenos dentro de limites razoáveis. É que tais poderes utilizam, nas relações jurídicas que estabelecem entre si e com terceiros (pequenas e médias empresas, accionistas, consumidores), procedimentos jurídicos que, não raro, evocam os de direito público, nomeadamente, os de direito internacional e administrativo (certas formas de planeamento e de dirigismo privados).

O direito procura, por diversos meios (direito penal económico, instituto da concorrência desleal, regulação do consumo e da publicidade, etc.), garantir, directa ou indirectamente, a efectividade de um princípio de concorrência. Ao direito económico interessa fundamentalmente a regulação específica de defesa da concorrência.

Com efeito, a preservação da concorrência exigiu o estabelecimento de regras, nacionais e internacionais (no GATT/OMC, na CEE/UE, no Espaço Económico Europeu, etc.), relativas à defesa e disciplina das estruturas de mercado. Em linhas gerais, pode dizer-se, porém, que a existência de um princípio de favor em relação

[26] Cf. a Directiva 2001/83, in JO L 294 de 10.11.2001, entrada em vigor, a exemplo do Regulamento que criou a SE, em 8 de Outubro de 2004. Esta Directiva consolida valores reconhecidos na Constituição Portuguesa sobre as comissões de trabalhadores e o controlo da gestão das empresas (al. b) do n.º 5 do art. 54.º da CRP).

[27] Sobre o tema, cf. N. Reich, *Mercado y Derecho*, Barcelona: Ariel, 1985.

à concorrência não impede o reconhecimento da importância dos mecanismos de concentração e de cooperação inter-empresarial.

3. A concentração (em sentido amplo): mecanismos jurídicos

3.1. A concentração na unidade

3.1.1. Noção e tipos

Grande parte da doutrina distingue duas categorias de concentrações: as concentrações na unidade (ou primárias) e as concentrações na pluralidade (ou secundárias), de que os grupos económicos são o exemplo por excelência[28].

Nas primeiras, assiste-se ao *crescimento dimensional* de uma empresa, com ou sem envolvimento de outras. Sem envolvimento, como sucede nos casos de simples *acumulação de capitais – interna*, por não haver distribuição de dividendos (autofinanciamento) ou *externa* (aumentos de capital, emissão de obrigações, criação de sucursais desprovidas de personalidade jurídica).

Quando aquele envolvimento existe, o reforço ou a constituição de uma empresa conduz à perda da individualidade jurídica e económica de unidades empresariais existentes. Mantém-se em qualquer caso a existência de um único poder jurídico-económico, ou seja, de um único centro de decisão. A *fusão* de sociedades nas suas diversas variantes é o instrumento jurídico por excelência deste tipo de concentração. Mas o trespasse, a cisão-fusão, a constituição de sociedades mediante a integração de empresas ou de activos destas, a própria aquisição total ou parcial de empresas através da compra de partes sociais ou do património são igualmente formas enquadráveis neste tipo de concentração. Dada a sua relevância, aqui apenas se considerará, de forma específica, as figuras da fusão e da cisão-fusão.

3.1.2. A fusão

De acordo com a lei comercial, «duas ou mais sociedades, ainda que de tipo diverso, podem fundir-se mediante a sua reunião numa só». E o n.º 4 do art. 97.º do CSC estatui que «a fusão pode realizar-se: *a*) mediante a transferência global do património de uma ou mais sociedades para outra e a atribuição aos sócios daquelas de partes, acções ou quotas desta; *b*) mediante a constituição de uma nova sociedade, para a qual se transferem globalmente os patrimónios das sociedades fundidas, sendo aos sócios destas atribuídas partes, acções ou quotas da nova sociedade»[29].

[28] Cf. por todos, entre nós, J. Engrácia Antunes, *ob. cit.*, p. 20,e Medina Carreira, *ob. cit.*, p. 41.

[29] A fusão vem actualmente regulada no CSC (arts. 97.º e ss.) que retomou largamente o disposto no DL n.º 598/73, de 8 de Novembro, com certas adaptações exigidas sobretudo pela 3ª directiva comunitária em matéria de Direito das Sociedades (78/855/CEE, de 9.10.1978). Sobre a relação entre fusão, forma de concentração absoluta, e a transmissão definitiva da empresa, cf. O. Carvalho, *Cri-*

No primeiro caso, estamos perante uma *absorção ou incorporação:* as sociedades absorvidas extinguem-se, integrando-se o seu património na sociedade incorporante, normalmente a empresa mais forte. No segundo caso, mais raro, estamos perante uma fusão em sentido próprio (*fusão por combinação*), uma vez que se extinguem as sociedades fundidas, criando-se em seu lugar uma nova sociedade.

Num caso e noutro, exige-se a realização de uma escritura e a inscrição da fusão no registo comercial. Só com esta inscrição se extinguem para todos os efeitos as sociedades incorporadas ou fundidas, transmitindo-se os direitos e obrigações para a sociedade incorporante ou para a nova sociedade (arts. 112.° e 114.°, n.° 2 do CSC).

3.1.3. A fusão-cisão

Figura híbrida, que reveste traços de fusão e traços de cisão, é, como o nome indica, a da fusão-cisão[30]. Consiste no destacamento de parte do património de uma sociedade ou na dissolução desta, com a divisão dos seu património em duas ou mais partes, para as fundir com sociedades já existentes ou com partes do património de outras sociedades, separadas por idênticos processos e com igual finalidade. O acto de concentração surge apenas quando o crescimento de uma dada sociedade seja resultado da integração do património da sociedade cindida ou dissolvida.

3.2. A concentração na pluralidade

3.2.1. Os grupos de empresas

No plano *juseconómico*, o grupo pode ser definido como «um conjunto de empresas, com autonomia jurídica, dirigidas unitariamente por um sujeito económico comum (a empresa dominante) que sobre elas exerce controlo directo ou indirecto para a realização de finalidades comuns»[31]. *Unidade de direcção e fim* e *dependência* de empresas juridicamente autónomas de uma política empresarial externa são assim as características fundamentais do grupo.

Os modelos organizativos, os processos de constituição, os canais de decisão e os modos como o controlo, isto é, o poder de decidir sobre a gestão das empresas do

tério e Estrutura do Estabelecimento Comercial. O Problema da Empresa como Objecto de Negócio, Coimbra: Atlântida, 1967, p. 195.

[30] Pode, do lado da cisão, tratar-se de uma cisão simples ou de uma cisão-dissolução e, do lado da fusão, tratar-se de incorporação, de fusão propriamente dita ou mesmo de uma combinação de ambas. As combinações possíveis são múltiplas, dependendo ainda do número de sociedades intervenientes no processo. Cf. R. Ventura, *Fusão, Cisão, Transformação de Sociedades,* Coimbra: Almedina, 1990; L. M. T. de Menezes, «Fusão, Cisão de Sociedades e Figuras Afins», *Fisco,* n.º 57, 1993; J. Vasconcelos, *A Cisão de Sociedades,* Lisboa: Universidade Católica Ed., 2001.

[31] E. Figueira, «Disciplina jurídica dos grupos de sociedades. Breves notas sobre o papel e a função do grupo de empresas e sua disciplina jurídica» *in* Associação Sindical dos Magistrados Judiciais Portugueses, *Colectânea de Jurisprudência,* Ano XV, 1990, tomo IV, p. 43.

grupo, é exercido são de uma enorme variedade, havendo grupos centralizados e descentralizados, grupos formados por personalização das suas unidades económicas e grupos formados por agregação de unidades externas, grupos em que a empresa dominante reserva para si apenas as funções conexas com a realização dos interesses comuns ao grupo e outros em que ela invade a esfera de competência das empresas dependentes, etc... Tudo depende, em última instância, das estratégias, objectivos, oportunidades e grau de coesão económica que seja possível alcançar.

O grupo de empresas é uma realidade económica, uma *entidade de facto*, informal, pois que, embora possa ser, para vários efeitos, juridicamente relevante, não possui uma específica estruturação no plano jurídico. Ele pode englobar, aliás, realidades jurídicas empresariais muito distintas entre si: pessoas jurídicas colectivas, civis ou comerciais, pessoas singulares, meros estabelecimentos, etc...[32]. No limite, a ideia de grupo de empresas pode mesmo abranger as formas de cooperação inter-empresarial que envolvam uma unidade de direcção e uma certa institucionalização da dependência de certas empresas em relação a outras.

3.2.2. Os grupos de sociedades («as sociedades coligadas»)

3.2.2.1. Noção e tipos

A noção de *grupo de sociedades* é mais restrita do que a de grupos de empresas, pois apenas integra pessoas colectivas providas de forma societária comercial, em regra, sociedades anónimas e por quotas[33].

As ordens jurídicas são normalmente «confrontadas com a necessidade de optarem entre o reconhecimento do grupo, com uma protecção especial para os interesses por ele sacrificados, e a sua repressão através de meios eficazes susceptíveis de evitarem a desfuncionalização das sociedades controladas»[34].

Entre nós, o enquadramento legal deste tipo de grupos está previsto no Título VI do CSC, sob a designação de «sociedades coligadas».

[32] Vide L. B. Correia, «Grupos de Sociedades», in FDUC/CEJ, *Novas Perspectivas do Direito Comercial*, Coimbra: Almedina, 1988, p. 382. Sobre o conceito de empresa, cf., por todos, M. Coutinho de Abreu, *Curso de Direito Comercial*, vol. II, (Das Sociedades), Coimbra: Almedina, pp. 22-24.

[33] Cf., por todos, J. A. E. Antunes, *Os Grupos de Sociedades*, Coimbra: Almedina, 2002; *id.*, «Os Poderes nos Grupos de Sociedades», in *Problemas do Direito das Sociedades*, Coimbra: IDET/Almedina, 2002. Sobre as sociedades coligadas, cf. F. C. Silva, *Das Relações Inter-Societárias, (Sociedades Coligadas)*, sep. da Revista do Notariado, 1986.

[34] Cf. M. A. França, *A Estrutura das Sociedades Anónimas em Relação de Grupo*, Lisboa: AAFDL, p. 11. Os grupos pretendem o seu reconhecimento para certos efeitos (v. g. fiscais), mas um reconhecimento parcial que não implique a outorga de personalidade jurídica e que não desague num estatuto uniforme e rígido (cf., a propósito, C. Huveneers, «Le groupe: rationalité économique et contraintes juridiques», *in Entreprise et Pouvoir, Autorité et Responsabilité*, Paris: Cabay et Economica, 1985, p. 252 e ss.).

Dentro destas, a lei portuguesa distingue, de acordo com o seu regime jurídico, as relações de participação (participação simples, participações recíprocas, simples domínio) e as relações de grupo (domínio total, grupo paritário, grupo de subordinação).

Mais importante que esta distinção é, quanto a nós, a que se estabelece entre sociedades coligadas sem influência dominante (grupo societário em sentido amplo) e as sociedades coligadas com influência dominante (grupo societário em sentido estrito).

3.2.2.2. Sociedades coligadas sem exercício de influência dominante

As sociedades coligadas deste tipo podem assumir duas modalidades distintas: relação de simples participação (art. 483.° do CSC) e de participações recíprocas (art. 485.°).

- *A relação de simples participação* de uma sociedade noutra dá-se quando estão preenchidas duas condições: primeiro, quando uma delas é titular de quotas ou acções de outra em montante igual ou superior a 10% do capital desta; segundo, desde que entre ambas não existam relações de participações recíprocas, de domínio ou de grupo.

A lei comercial, na esteira da lei francesa, procurou estabelecer um critério quantitativo fixando limiares mínimos (10%) e máximos (50%) para distinguir a simples participação, quer da colocação de capitais sem intenção de exercer influência, quer da relação de domínio. No entanto, como é óbvio, pode existir discrepância entre o critério legal e a situação de facto[35].

Uma relação de simples participação pode sempre transformar-se em relação de domínio ou de progressivo controlo. Mas a lei postula um dever de comunicar, por escrito, à sociedade participada, todas as aquisições e alienações de quotas efectuadas pela sociedade em situação de simples participação.

- Quando duas sociedades detêm participações (acções ou quotas) uma da outra, diz-se que estão em *relação de participações recíprocas*. A lei, porém, só atribui relevância à situação em que ambas as participações atinjam, pelo menos, 10% do capital, provenha este limite de uma relação de reciprocidade directa ou indirecta[36].

[35] Recorde-se que existe uma classificação específica das ligações entre empresas para efeitos *contabilísticos*. Vide, sobre o tema Comissão De Normalização Contabilística, Plano Oficial de Contabilidade (Actualizado), ponto 2.7 in *www.cnc.min-financas.pt/POC/POcontabilidade.pdf.*

[36] Quando existe uma relação de participação recíproca, com participações situadas entre os 10% e 50%, a sociedade que mais tardiamente tenha efectuado a comunicação exigida para as relações de simples participação não pode adquirir novas quotas ou acções na outra sociedade; se o fizer, a sociedade adquirente, ficando embora sujeita às obrigações sociais daí resultantes, não poderá contudo exercer os

3.2.2.3. As sociedades coligadas com exercício de influência dominante

A primeira forma aqui considerada diz ainda respeito a uma sociedade coligada em relação de participação, quando esta implica a existência de relação de domínio simples (art. 486.° do CSC).

Duas sociedades estão em *relação de domínio simples ou relativo* quando uma delas, dita dominante, *pode exercer* sobre a outra, dita dependente, directamente ou através de sociedades ou pessoas que sejam titulares de acções por conta dela, uma *influência dominante* (art. 486.°, n.° 1, do CSC, bem como o art. 21.º do CVM). Trata-se pois de uma noção qualitativa, por oposição às anteriormente analisadas.

A lei não indica o que entende por influência dominante, deixando para a doutrina e para a jurisprudência o esclarecimento deste conceito. No entanto, estabelece presunções (*jure et jure*) a este respeito. E assim uma sociedade será tida como *dependente* de uma outra, ou seja, sofre uma influência dominante, se esta, directa ou indirectamente, mantiver para com ela uma das seguintes situações: detiver uma participação maioritária no capital; dispuser de mais de metade dos votos, ou tiver a possibilidade de designar mais de metade dos membros do órgão de administração ou do órgão de fiscalização (art. 486.°, n.° 2, do CSC).

As restantes formas dizem respeito ao conceito legal de relação de grupo (de sociedades), conceito este que restringe o seu âmbito a duas situações: as de domínio total e as que têm por base um contrato (de grupo paritário ou de subordinação).

Fala-se de relação de grupo constituído por *domínio total* quando uma sociedade (dominante) constitui, por escritura, uma sociedade anónima de cujas acções é inicialmente a única titular (domínio total *inicial*), ou quando, directa ou indirectamente, através de sociedades ou de pessoas que sejam, por sua conta, titulares de acções de outras sociedades, acaba por dominar totalmente uma outra sociedade, por não haver outros sócios (domínio total *superveniente*)[37].

Com esta prática, a sociedade dominante (sociedade-mãe) consegue «desdobrar a sua personalidade jurídica, criar um *alter-ego*, que lhe será um dócil instrumento, quer para a constituição de relações consigo mesma, sem os riscos inerentes à intervenção comum de interposta pessoa, quer para constituição e relação com terceiros em que convenha ela própria aparecer como sujeito constante»[38].

direitos inerentes àquelas quotas ou acções na parte em que exceda os 10% do capital, exceptuando o direito à partilha do produto da liquidação. Se a participação de uma delas for superior a 50%, o regime aplicável relevará já do regime da relação de simples domínio (art. 485.° do CSC).

[37] Esta última situação exige confirmação da assembleia geral da sociedade dominante que pode, no prazo de seis meses a partir da ocorrência dos pressupostos acima referidos, preferir optar pela dissolução da sociedade dependente ou pela alienação de quotas ou acções desta. Caso opte pela manutenção da situação de domínio total estaremos, a exemplo da situação de domínio total inicial, perante típicos casos de consagração legal de sociedades unipessoais.

[38] J. E. Pereira, *Comércio, Operações, Documentação, Legislação,* Lisboa: Plátano, 1987, p. 184-185.

As sociedades podem ainda constituir-se em relação de grupo através de *contratos de grupo paritário* ou *contrato de subordinação*, celebrados por meio de escritura pública.

No primeiro caso, duas ou mais sociedades, não dependentes entre si nem de outras sociedades, constituem um grupo, aceitando, por tempo determinado, submeter-se a uma direcção unitária e comum.

No segundo, uma sociedade aceita subordinar a gestão da sua própria actividade à direcção de uma outra sociedade, quer seja dominante quer não. A sociedade directora compromete-se no contrato de subordinação a adquirir as quotas ou acções dos sócios livres da sociedade subordinada e a garantir os lucros destes sócios nos termos do art. 499.º do CSC. Por outro lado, torna-se responsável pelas obrigações da sociedade subordinada, constituídas antes ou depois da celebração do contrato de subordinação, até ao termo deste e pela compensação das perdas anuais que se verifiquem durante a vigência do contrato. Em contrapartida, a sociedade directora tem o direito de dar *instruções vinculativas* à administração da sociedade subordinada, inclusive instruções desvantajosas para esta, desde que sirvam o interesse da sociedade directora ou das outras sociedades do mesmo grupo. O contrato de subordinação pode ainda incluir uma convenção pela qual a subordinada se obriga a entregar, à sociedade directora ou a outra sociedade do grupo, os seus lucros anuais. Este tipo de situação pode evoluir para uma relação de domínio total, caso em que se aplica o respectivo regime e cessa o contrato de subordinação.

O controlo (financeiro, patrimonial, pessoal) atribuído quer à direcção unitária e comum, quer à sociedade directora, surge aqui como resultante de uma técnica clássica de índole contratual – fruto de uma relação de cooperação (no grupo paritário) ou inspirada nas técnicas do direito do trabalho (no grupo de subordinação). Ambas, porém, constituem um poderoso instrumento de dirigismo ou planeamento privados.

3.2.2.4. A holding (sociedade gestora de participações sociais)

Uma *holding*, em sentido puro, é uma sociedade que tem uma actividade puramente financeira: através de financiamentos, suprimentos (empréstimos dos sócios à sociedade – art. 243.º CSC) e, sobretudo, da gestão de uma carteira de títulos, nomeadamente acções de sociedades, procura exercer o controlo efectivo destas últimas, fazendo desse exercício o próprio objecto social.

Entre nós, foi inicialmente conhecida pela sugestiva designação de «sociedade de controlo». Hoje a lei denomina-a *sociedade gestora de participações sociais* (SGPS) e institui um regime que, tendo em vista «a meta do mercado único europeu», pretende «criar condições favoráveis, designadamente de natureza fiscal, que facilitem e incentivem a criação de grupos económicos, enquanto instrumentos adequados a contribuir para o fortalecimento do tecido empresarial português»[39].

[39] Inicialmente regulada pelo DL n.º 271/72, de 2 de Agosto, a *holding* (SGPS) é hoje regulada pelo DL

As SGPS, que podem constituir-se sob a forma de sociedades anónimas ou por quotas, são, segundo a lei, sociedades que têm por único objecto contratual a gestão de participações sociais de outras sociedades, como forma indirecta de exercício de actividades económicas.

4. A cooperação inter-empresarial

4.1. Noção e formas

O direito da concorrência parte de uma concepção restrita de concentração. Neste contexto, o termo *cooperação* surge como uma estratégia empresarial de coordenação de comportamentos, distinta da concentração, referindo-se às operações entre empresas autónomas que, sem alterar gravemente as estruturas destas e do mercado, implicam uma conjugação de esforços e de meios das entidades envolvidas[40].

Sendo em si mesmo um comportamento de não-concorrência (ou de suspensão provisória da concorrência) por parte das empresas no mercado, a cooperação pressupõe que elas mantenham a sua plena autonomia jurídica e económica. Busca-se apenas a prossecução de certos objectivos comuns, mediante o estabelecimento de formas flexíveis de colaboração mútua, limitadas no objecto e no tempo.

A cooperação assume normalmente a forma *contratual*. Estes contratos, desempenhando funções distintas, surgem umas vezes a montante do processo produtivo (como os contratos de transferência de tecnologia ou os contratos de investigação e desenvolvimento (I&D), outras no interior do processo produtivo (como a subcontratação e o *partenariat*), outras ainda na fase de distribuição (como a distribuição exclusiva ou selectiva) ou mesmo em vários desses momentos (como a franquia, a *joint venture*). Por vezes, a cooperação institucionaliza-se, dando origem a figuras novas, dotadas de personalidade jurídica própria (*joint ventures* de natureza societária, ACE, Agrupamentos Europeus de Interesse Económico).

4.2. Principais razões do seu desenvolvimento

São vários os motivos que explicam a multiplicação e expansão destas formas de cooperação empresarial.

Em primeiro lugar, surge o facto de os produtos serem cada vez mais complexos, incorporando um saber-fazer diversificado; à luz desta complexidade, as grandes empresas entendem que é preferível especializarem-se na sua função principal e

n.º 495/88, de 30 de Dezembro (de cujo preâmbulo se extraiu a citação), alterado pelo DL n.º 318/94, de 24 de Dezembro. Cf. N. B. Lopes, «Os Aspectos Jurídicos Societários das SGPS», *ROA*, ano 58, n.º III, 1998; T. Caiado Guerreiro, *O novo regime fiscal das SGPS*, Lisboa: Económica, 2003 e A. Borges e J. Macedo, *Sociedades Gestoras de Participações Sociais: aspectos jurídicos, fiscais e contabilísticos*, Lisboa: Áreas Ed., 2002.

[40] Sobre a distinção entre cooperação e concentração, cf. as Comunicações da Comissão 90/C 203/06, de 14.8.1990 (JO C 203/10, de 14.8) e 93/C 43/02, de 16.2.1993 (in JO C 43, *idem*).

confiar as restantes a outras empresas que detenham o saber-fazer específico para o efeito. Entre as empresas envolvidas num mesmo processo produtivo estabelecem-se, então, relações de cooperação formando *redes de empresas*[41]. Trata-se, assim, de uma nova modalidade de crescimento da empresa, muito flexível, assente não na integração de funções mas numa organização reticular através de acordos.

Depois, a *investigação de novos produtos ou processos de fabrico* é, em muitos casos, um investimento com demasiado risco e por isso as empresas preferem associar-se, em lugar de o correrem sozinhas. Além disso, só a associação com outras empresas permite a *rentabilização de certos investimentos* em novas tecnologias, ou a organização de alguns serviços (por exemplo, de exportação), em empresas de pequena ou média dimensão.

Finalmente, para as pequenas e médias empresas, são também os contratos de cooperação e, através deles, a formação de redes de empresas, muitas vezes a única via para a sua *internacionalização*, ou seja para o acesso aos mercados externos.

4.3. As formas de cooperação perante a disciplina da concorrência

A cooperação implica relações contratuais entre empresas independentes que mantêm a sua autonomia de um ponto de vista jurídico. No entanto, a cooperação entre elas estabelecida nem sempre se caracteriza pela horizontalidade, podendo implicar formas de integração ou de dependência de natureza económica.

Na verdade, não ignorando que em todo o sistema de produção e distribuição existe sempre algum grau de dependência entre os agentes económicos envolvidos, verifica-se que de alguns desses contratos resulta uma *dependência económica acrescida* para uma das partes, assente na importância que para ela assume a permanência e regularidade das relações, de tal modo que o conjunto da sua actividade é organizado em função da sua ligação contratual. A sujeição e o controlo decorrentes dessa dependência têm a ver com certas cláusulas constantes do contrato ou simplesmente com as práticas seguidas correntemente durante a sua execução[42].

[41] Em particular, os novos sistemas de informação admitem uma muito maior centralização da decisão compatível com a diversificação da execução, integrando mercados, tradições, formas e hábitos de consumo dispersos pelo mundo e abrindo novas possibilidades à desintegração vertical. Cf. A. Lipietz e D. Leborgne, *L'Après-fordisme et son espace,* Paris: CEPREMAP, 1988, p. 23-24.

[42] Essas cláusulas e práticas traduzem-se ora em obrigações comerciais (imposição directa ou indirecta de preços; obrigação de participação nas campanhas de publicidade do contraente principal), ora em obrigações contabilísticas e financeiras (obrigação de se sujeitar a determinadas normas relativas à organização da sua contabilidade e de realizar determinados investimentos), ora, ainda, em obrigações de informação do contraente principal ou no direito deste de supervisionar o processo de produção ou de distribuição do outro contraente. Sobre a dependência neste tipo de contratos, cf. J. Virassamy, J., *Les Contrats de Dépendance,* Paris: LGDJ, 1986, p. 10 e M. M. Leitão Marques, *Subcontratação e autonomia empresarial, O caso português,* Tese, Faculdade de Economia da Universidade de Coimbra, Coimbra, 1990, p. 110 ss.

O facto de alguns destes contratos constituírem formas de organização do mercado, eliminando ou esbatendo a concorrência entre as empresas envolvidas, faz com que possam ser objecto de restrições ou condicionamentos pelas leis de defesa da concorrência ou de controlo das concentrações. Por outro lado, é também reconhecida a sua utilidade como potenciais instrumentos de colaboração, susceptíveis de favorecer a especialização, o reforço da competitividade das empresas e a sua permanência no tecido empresarial (no caso das PME), o que leva a que os poderes públicos, em diversos planos, os estimulem e proporcionem recursos para o seu desenvolvimento.

Esta *ambivalência* conduz a que seja difícil estabelecer uma tipologia *a priori* que separe claramente os contratos de que resulta uma cooperação daqueles que podem ocultar formas de dependência ou degenerar em práticas restritivas da concorrência. O mesmo contrato pode, em abstracto, conter ambas as virtualidades, distinguindo-se, eventualmente, pelas preocupações de manter a igualdade entre as partes e uma colaboração limitada que tem por fim um reforço da competição externa ou futura entre as próprias partes. Há mesmo figuras, como por exemplo as *joint ventures*, que podem ser vistas, conforme os casos, como forma de cooperação ou de concentração (em sentido estrito). Por fim, não raramente, os diversos mecanismos imbricam-se uns nos outros (por exemplo, há formas de cooperação no interior dos grupos). Por tudo isto, nesta matéria, exige-se sempre uma cuidadosa ponderação casuística.

Compreende-se, assim, a dificuldade de apresentar uma enumeração exaustiva deste tipo de relações contratuais[43]. Caracterizar-se-ão seguidamente apenas algumas das formas de cooperação mais comuns, deixando para o capítulo seguinte o tratamento das suas implicações em matéria do regime jurídico de defesa da concorrência e controlo das concentrações.

4.4. A empresa comum (joint venture)

4.4.1. Noção

Uma das expressões típicas das formas de cooperação entre empresas é a *joint venture* (JV), que também é designada entre nós por empresa comum e, em alguns casos, por *consórcio.*

Numa definição *ampla*, ela é a entidade económica constituída conjuntamente por duas ou mais empresas económica e juridicamente independentes, que exerce as funções de uma empresa ou, pelo menos, uma actividade relativa à produção de bens ou à prestação de serviços. Esta definição deixa em aberto a questão da forma

[43] Para além das que serão referidas, outras formas de cooperação tipificadas são os contratos de *original equipment manufacturing* (uma combinação entre a subcontratação exclusiva e o fornecimento), o *piggy back* (contrato pelo qual uma empresa permite a outra utilizar os seus serviços de exportação) e as práticas de *spin-off* (incentivo dado por uma empresa à criação de novas empresas pelos seus próprios quadros).

jurídica dessa entidade; pode tratar-se de uma tomada de participação e controlo de uma empresa já constituída, da constituição de uma nova pessoa jurídica controlada em comum pelas empresas participantes na JV ou apenas de um mero arranjo contratual entre duas ou mais empresas. É, assim, uma definição mais atenta à natureza económica da operação do que à forma jurídica utilizada.

Uma definição *restritiva* considera que há uma JV apenas quando é constituída uma *nova pessoa jurídica*, distinta dos seus fundadores. Esta definição favorece uma maior segurança jurídica, mas nem sempre se adapta à complexidade da vida económica[44].

É também frequentemente utilizada a distinção entre empresas comuns *não societárias (unincorporated* JV), sempre que se trata apenas de um arranjo contratual entre duas ou mais empresas para o desempenho de uma actividade comum, e *societárias (incorporated* JV), quando há lugar à criação de uma nova sociedade.

Em qualquer dos casos, estamos perante «uma forma intermédia de organização, que permite evitar tanto uma internalização completa das operações dentro de uma empresa (cujo custo de um futuro abandono é superior ao que resulta da cessão de uma participação), como o recurso às puras relações instantâneas de mercado, as quais não são favoráveis a interacções prolongadas entre os participantes»[45].

A sua utilização preferencial tem sido no domínio das relações internacionais, por exemplo, como forma de penetração em mercados de países terceiros, como meio de aquisição de tecnologia ou para o desenvolvimento de certas actividades ligadas à investigação e desenvolvimento.

4.4.2. A *joint venture* no direito português

Com a consagração da figura do consórcio, a lei portuguesa (DL n.º 231/81, de 28 de Julho) adoptou uma concepção de empresa comum associativa, não societária *(unincorporated* JV)[46]. Como o consórcio assenta na liberdade contratual, tal não significa que esteja excluída a possibilidade de criação de *incorporated* JV, as quais se constituirão sob a forma de sociedades comerciais (a forma mais frequentemente utilizada tem sido a de sociedade por quotas).

[44] Cf. A. Jacquemin e B. Remiche, *Coopération entre entreprises; Entreprises conjointes, stratégies industrielles et pouvoirs publics*, Bruxelas: De Boeck Wesmael, 1988, p. 10.

[45] A. Jacquemin e B. Remiche, *ob. cit.* p. 19. Sobre as *joint ventures*, em geral, cf. ainda Luís Silva MORAIS, *Empresas Comuns (joint ventures) no Direito Comunitário da Concorrência*, Coimbra: Almedina, 2006 e Luís de Lima Pinheiro, *Contrato de Empreendimento Comum (joint venture) em Direito Internacional Privado*, Coimbra: Almedina, 2003.

[46] Sobre o tema, cf. R. Ventura, «Primeiras notas sobre o contrato de consórcio», *ROA*, ano 41, n.º III, 1981; M. A. Pita, «Contrato de Consórcio», *RDES*, ano XXX, n.º 2, 1988; P. A. S. de Vasconcelos, *O Contrato de Consórcio*, Coimbra: Coimbra Ed., 1999; L. B. Chorão, «A Propósito das *Societates* e do Consórcio» in *Estudos de Homenagem ao Prof. Doutor Raúl Ventura*, vol. I, FDUL/Coimbra Editora, 2003.

O *consórcio* é definido como um contrato pelo qual duas ou mais pessoas, singulares ou colectivas, que exercem uma actividade económica, se obrigam entre si, de forma concertada, a realizar uma certa actividade ou a efectuar uma certa contribuição com o fim de prosseguir um dos seguintes objectivos: «realização de actos, materiais ou jurídicos, preparatórios quer de um determinado empreendimento, quer de uma actividade contínua; execução de determinado empreendimento, fornecimento de bens (...) produzidos por cada um dos membros do consórcio; pesquisa ou exploração de recursos naturais; produção de bens que possam ser repartidos, em espécie, entre os membros do consórcio» (arts. 1.° e 2.° do DL n.º 231/81).

O consórcio poderá ser *interno*, quando o contrato de consórcio não é invocado nas relações com terceiros, nas quais actuam individualmente cada um dos membros ou um em representação dos restantes; ou *externo*, quando as actividades exercidas ou os bens fornecidos a terceiros forem efectuados invocando o nome do consórcio (art. 5.º do citado DL).

O contrato está sujeito a forma escrita, apenas se exigindo escritura pública quando houver transmissão de bens imóveis entre os sócios (art. 3.°, n.° 1 do mesmo DL).

Como se afirma no preâmbulo do referido diploma, procurou-se, sobretudo, garantir a «simplicidade e a maleabilidade», tendo em conta que «os propósitos práticos dos interessados e a própria natureza das relações que entre si estabelecem para certos fins afastam os seus negócios, muitas vezes, dos tipos tradicionais, onde só um aberrante conservadorismo jurídico pode teimar em encerrá-los».

4.5. O agrupamento complementar de empresas (ACE)

4.5.1. Noção

Os agrupamentos complementares de empresas consistem numa forma de cooperação contratual entre empresas já constituídas e que mantêm a sua personalidade jurídica, destinada a melhorar as condições de exercício ou de resultado das suas actividades económicas.

Embora caibam no conceito de *joint venture* em sentido amplo, os ACE são tratados, no direito positivo português, como figura distinta, quer pela configuração estrutural que a lei lhes confere, quer pelos objectivos que lhes são atribuídos.[47] Distinguem-se do *consórcio*, nomeadamente, pelo facto de este ter, segundo a lei, uma estrutura de constituição e funcionamento mais leve e objectivos temporalmente mais limitados do que o ACE. Ao contrário do consórcio, a constituição dos ACE é feita por escritura pública, adquirindo personalidade com a inscrição no registo comercial.

[47] Em Portugal, a figura dos ACE foi introduzida pela Lei n.° 4/73, de 4 de Junho, e desenvolvido pelo DL n.° 430/73, de 25 de Agosto.

Além disso, no que se refere aos objectivos económicos que presidem à criação de cada uma destas figuras, o consórcio aparece mais vocacionado para agrupar empresas com diferentes capacidades, concorrendo para um mesmo objectivo, o qual poderá ser, por exemplo, a realização de uma obra ou um concurso para instalação de um projecto industrial, enquanto o ACE é concebido como um meio de proporcionar aos seus membros a possibilidade de exercerem em comum, normalmente desde a origem, uma certa actividade de que todos os participantes beneficiam (por exemplo, organizarem em comum actividades de formação, serviços de exportação, de controlo de qualidade, etc.). Por último, acrescente-se que o consórcio é entendido como uma forma de cooperação entre empresas de qualquer dimensão, enquanto o ACE se destina, sobretudo, às PME.

4.5.2. Regime jurídico

Num dos anteprojectos da lei dos ACE justificava-se a necessidade da sua criação pelo facto de nem as sociedades nem as associações acudirem, hoje, «satisfatoriamente a novos tipos de colaboração entre pessoas e empresas aconselhados pelas imposições da economia de mercado, internacionalista e racionalizada. (...) Os empreendimentos económicos na actual conjuntura caracterizam-se pela necessidade de dimensão e a dimensão exige coordenação de esforços, volume de capital e actividade multifacetada. A concentração, pela absorção ou fusão, constitui o remédio clássico, mas tem o grave inconveniente de eliminar pessoas jurídicas autónomas e tender para o desaparecimento das pequenas e médias empresas, o que é hoje comummente considerado um mal»[48].

O regime que a lei estabeleceu para os ACE teve, de certo modo, em conta o que acaba de dizer-se. Desde logo, a sua constituição resulta de um contrato, isto é, de um acordo cujo objectivo é promover uma colaboração limitada no tempo e no espaço. Depois, os ACE estão impedidos de adquirir bens imóveis (a menos que se destinem à sua sede ou delegações), ou de possuir participações sociais. Finalmente, o facto de os ACE não poderem ter como fim principal a realização e a partilha de lucros vem acentuar a sua natureza auxiliar. No entanto, não está ausente do seu regime a intenção de, através de formas contratuais, se caminhar para formas de colaboração institucionais. Por isso é-lhes atribuída personalidade jurídica pelo registo e estabelecem-se limites à sua dissolução.

[48] O anteprojecto referido é da autoria de Arala Chaves. Cf. J. P. Ribeiro e R. P. Duarte, «Os agrupamentos complementares de empresas», *Cadernos de Ciência e Técnica Fiscal*, 118, 1980, p. 162.

4.6. Os agrupamentos europeus de interesse económico (AEIE)

4.6.1. Noção

O agrupamento europeu de interesse económico é, tal como o ACE, uma figura auxiliar de um conjunto de empresas, cujo sentido é facilitar o desenvolvimento da actividade económica dos seus membros, na área da produção, da distribuição ou dos serviços. A especificidade reside no facto de constituir um instrumento de tipo societário internacional criado pela UE para a cooperação entre empresas.

A sua actividade deve estar intimamente relacionada com a actividade económica dos seus membros, os quais mantêm a sua independência económica e jurídica. Os membros de um AEIE tanto podem ser sociedades de direito civil como comercial, cooperativas, outras pessoas colectivas de direito público ou privado e pessoas singulares, desde que prossigam uma actividade económica e tenham a administração central na área da UE.

Podendo realizar lucros, esse objectivo não faz parte da sua natureza essencialmente complementar e por isso os lucros que advenham da sua actividade são sempre imputáveis a cada um dos seus membros.

O seu carácter auxiliar e complementar manifesta-se ainda no facto de o seu regime jurídico remeter para os direitos nacionais aplicáveis aos seus membros, quer em matéria fiscal (desde logo porque os seus resultados são imputados aos seus membros e como tais tributados), quer em outros domínios como os do direito da concorrência, do trabalho e da propriedade intelectual, embora aqui possa também ser relevante o direito europeu.

4.6.2. Regime jurídico

O regime jurídico dos AEIE está contido no Regulamento n.º 2137/85 do Conselho, de 25.7.1985[49]. Quanto aos AEIE com sede em Portugal (note-se que eles poderão ter sede em qualquer EM) deverão aplicar-se as normas portuguesas em alguns aspectos específicos, de acordo com o estipulado no DL n.º 148/90, de 9 de Maio, que deu execução ao Regulamento. Com efeito, o art. 12.º deste diploma estabelece, como regime supletivo para os AEIE com sede em Portugal, o regime do ACE, já referido.

Considerando a semelhança entre as duas figuras, é possível a transformação de um AEIE em ACE e vice-versa.

O agrupamento constitui-se através de um contrato escrito, não estando prevista no Regulamento a necessidade de escritura pública. No Estado em que o AEIE tem sede, o contrato está sujeito a registo, com o qual o agrupamento adquire personalidade jurídica.

[49] In JO L 199, de 31 de Julho. Sobre os AEIE cf. M. C. A. de Tavares, «O Agrupamento Europeu de Interesse Económico», *Revista da Banca*, n.º 8, 1998.

O contrato deve determinar a actividade do agrupamento e pode estabelecer ou prever as contribuições de cada membro. As actividades podem ter natureza diversa, incluindo projectos de investigação em comum ou mesmo a associação de sociedades de advogados de dois Estados-Membros[50].

4.7. Os contratos de transferência de tecnologia (*know-how*)

4.7.1. Noção

As transferências de tecnologia prendem-se com o fornecimento de sigilos tecnológicos (técnicas industriais, práticas comerciais, etc...) e efectuam-se por diversas formas, que podem agrupar-se do seguinte modo:

- o *investimento estrangeiro*, envolvendo a construção ou instalação de estabelecimentos e equipamentos industriais (tecnologia incorporada no capital);
- *a venda de bens de capital* ou de bens intermédios (tecnologia igualmente incorporada no capital);
- o trabalho humano qualificado, incluindo a *assistência e a formação* técnicas (tecnologia incorporada nos homens);
- a informação, de natureza técnica ou comercial, protegida pelos direitos de propriedade industrial, nomeadamente a patente, ou não especificamente protegida (*saber-fazer/«know how»*)[51].

Os textos de natureza jurídica que definem os contratos ou acordos de transferência de tecnologia não são normalmente taxativos, isto é, enunciam um conjunto de situações que podem ser objecto dessa qualificação, mas admitem outras equiparáveis às enunciadas. Esta opção explica-se pela diversidade e permanente evolução das formas que assume a transferência de tecnologia.

[50] Por exemplo, com sede na Bélgica, foi constituído um agrupamento entre uma sociedade espanhola e duas portuguesas (das áreas da formação, tecnologias de informação ou informática) cujo objecto inclui, para além da formação e orientação profissionais, o desenvolvimento de tecnologias de informação e comunicação, a concepção de projectos europeus de investimento e a consultadoria de gestão, o apoio à criação de JV entre parceiros da CE e dos ACP. Ou seja, e curiosamente neste caso, uma forma de cooperação para estudar e vir a desenvolver outras formas de cooperação. Quanto a sociedades de advogados, refira-se o caso do AEIE Grupo Legal Português, constituído em Janeiro de 1992 pela sociedade F. Castelo Branco, P. Rebelo de Sousa & Associados, com a sociedade de advogados britânica Simmons & Simmons, e entretanto dissolvido.

[51] Cf. A. Marques. dos Santos, *«Transferência Internacional de Tecnologia, Economia e Direito, Alguns Problemas Gerais», Cadernos de Ciência e Técnica Fiscal*, 132, 1984.

4.7.2. Cooperação e dependência nos contratos de transferência de tecnologia

O acesso à tecnologia (incorporada no capital ou nos conhecimentos) é uma condição essencial do exercício das diferentes actividades económicas e constitui cada vez mais um elemento determinante da capacidade competitiva das empresas, a qual assenta hoje, sobretudo, na qualidade dos processos de produção e dos produtos. Os contratos de transferência de tecnologia constituem a forma normal de acesso a esse factor de produção. Uma parte destes contratos são celebrados entre empresas originárias de países industrializados e tecnologicamente avançados, podendo inclusivamente constituir parte integrante de uma cooperação recíproca.

Todavia, os referidos contratos põem, também, com frequência, face a face empresas dotadas de desigual capacidade económica e tecnológica, designadamente empresas multinacionais e empresas que o não são, em especial empresas de países em vias de desenvolvimento. Sempre que a capacidade de negociação entre a empresa adquirente (ou licenciada) e a empresa fornecedora (ou licenciadora) é desigual, estão criadas condições para a introdução nesses contratos de *cláusulas restritivas*, limitativas da liberdade de acção, no plano da produção ou da comercialização, ou particularmente *onerosas*, por exemplo em matéria de *royalties*, para a empresa adquirente ou licenciada[52]. Tal situação é agravada pelo facto de a tecnologia ser amiúde transferida sob a forma de «pacote tecnológico», tornando difícil ao adquirente o conhecimento de todos os elementos em que se decompõe a tecnologia adquirida. Embora fundadas com frequência na protecção dos direitos de propriedade intelectual, as referidas cláusulas configuram de facto, muito frequentemente, restrições condenadas pelas legislações da concorrência. Este fenómeno, quando se verifica em larga escala, é, inclusivamente, susceptível de afectar a independência económica de Estados formalmente soberanos.

Foi precisamente por constatarem as características especiais deste tipo de contratos que, sobretudo a partir do final dos anos 60, um número considerável de países em vias de desenvolvimento adoptou legislação especial no domínio da transferência de tecnologia. De uma maneira geral, essas legislações – que encontraram suporte em declarações internacionais, como a Carta dos Direitos e Deveres Económicos dos Estados aprovada pela Assembleia Geral das Nações Unidas[53] – conferiram poderes

[52] Nos termos do art. 12.º, n.º 2 da Convenção Modelo da OCDE para evitar a dupla tributação internacional (versão de 2005), *royalties* são as retribuições de qualquer natureza atribuídas pelo uso ou pela concessão do uso de um direito de autor sobre uma obra literária, artística e científica, incluindo os filmes cinematográficos, de uma patente, de uma marca de fabrico ou de comércio, de um desenho ou de um modelo, de um plano, de uma fórmula ou de um processo secreto ou por informação rrelativa a experiência industrial, comercial ou científica.

[53] Foi também importante neste contexto a negociação, no seio da Conferência das Nações Unidas para o Comércio e o Desenvolvimento (CNUCED), de um código de conduta sobre transferência de tecnologia, o qual não chegou, porém, a ser aprovado.

de intervenção aos governos que implicavam a autorização da celebração dos contratos de transferência de tecnologia entre empresas nacionais e estrangeiras. Esses poderes incluíam normalmente o de proibir a introdução nos contratos de determinadas cláusulas ou de outras condições restritivas, especificadas em lei, além do de impor a introdução, nos mesmos contratos, de cláusulas favoráveis à empresa nacional e ao país (designadamente, em matéria de formação de pessoal, utilização de recursos locais, preservação do ambiente, etc.).

Outros países, obedientes a princípios de filosofia político-económica liberal não adoptam legislação específica nesta matéria, caindo as cláusulas restritivas sob a alçada da legislação geral da concorrência e sendo o seu controlo remetido para os órgãos administrativos e judiciários competentes nos termos gerais.

4.7.3. Regime jurídico dos contratos de transferência de tecnologia em Portugal

Em Portugal, o Código de Investimentos Estrangeiros (CIE) – publicado em 1977 e revogado em 1986 - continha um capítulo intitulado «Das transferências de tecnologia» onde se previa a sujeição da celebração de contratos de transferência de tecnologia entre residentes no estrangeiro e empresas nacionais a autorização especial e prévia da entidade competente que era, para o efeito, o Instituto de Investimento Estrangeiro[54]. A ideia subjacente era, de facto, a de controlar a aplicação da proibição de uma série de cláusulas restritivas enunciadas pelo CIE (art. 28.°). Juntamente com o CIE foi publicado o Decreto Regulamentar n.° 53/77, de 24 de Agosto, que estabelecia as normas a que devia obedecer a celebração de contratos de transferência de tecnologia. Procurava-se, em especial, assegurar a inclusão nos contratos de cláusulas que garantissem a transparência do negócio, incluindo o prazo de vigência, a informação do receptor sobre os melhoramentos posteriormente introduzidos na tecnologia, salvo se fossem patenteáveis, o fornecimento de sobresselentes e serviços relacionados com a tecnologia e que os preços de venda respeitassem os preços do mercado internacional[55].

[54] Este diploma incluía, expressamente, no seu âmbito de aplicação os contratos em que interviessem como receptoras filiais, sucursais ou qualquer outra forma de representação de empresas estrangeiras (art. 2.°). O Despacho Normativo n.° 151/78, de 20 de Junho de 1978, sujeitou, ainda, esses contratos a autorização especial e prévia do Banco de Portugal. Cf. M. Eduarda Gonçalves, «Le transfert de technologie: une transaction comme les autres? Raisonnement en fonction de l'adhésion du Portugal», *Revue du Marché Commun*, n.° 232, 1982, p. 8 e ss..

[55] Cf. V. Simões, *Transferências de Tecnologia.Contratos de licença*, Lisboa: IAPMEI, 1989. Deixou, pois, de subordinar-se a transferência de tecnologia a um controlo das características e condições que a assistem, a não ser na medida em que os contratos dão origem a receitas e pagamentos que sejam considerados operações de invisíveis correntes ou possam ter efeitos restritivos sobre a concorrência. Cf., ainda, Miguel Moura e Silva, *Inovação, Transferência de Tecnologia e Concorrência: Estudo Comparado do Direito da Concorrência dos Estados Unidos e da União Europeia*, Coimbra: Almedina, 2003 e Pedro Romano Martinez, *Contratos Comerciais*, Estoril: Principa, 2006, p. 35.

Hoje, revogado o CIE, o direito português não inclui qualquer regime específico aplicável às transferências de tecnologia, quer aos contratos de *know-how* industrial, quer aos contratos de *know-how* comercial, funcionando o princípio da liberdade contratual. No entanto, há cláusulas habituais que decorrem de boas práticas. Assim, é costume ser acordada uma duração limitada, de forma a permitir que a tecnologia fornecida apenas possa ser utilizada por um período de tempo determinado, como é igualmente costume existirem pactos de não concorrência entre os contratantes.

Por fim, há ainda a referir a necessidade destes contratos terem em conta dois tipos de legislação: uma, o DL n.º 295/2003, de 11 de Abril, sobre operações de invisíveis, aplicável aos casos em que os contratos de transferência de tecnologia configurem as hipóteses previstas naquele diploma que correspondem a práticas comerciais restritivas; outra, a legislação sobre a concorrência, nacional ou da UE (arts. 101.º e 102.º do TFUE), que analisaremos no capítulo seguinte.

4.8. A subcontratação industrial

4.8.1. Noção

A subcontratação industrial é a operação através da qual uma empresa confia a outra a tarefa de executar para si, de acordo com um caderno de encargos ou requisitos pré-estabelecidos, uma parte ou a totalidade dos actos de produção de bens ou determinadas operações específicas. A *empresa contratante* é a parte que manda executar (aquela que «manda fazer fora», «dá a fazer») e a *empresa subcontratada* a outra parte.

A definição apresentada refere-se à subcontratação de produções ou trabalhos industriais prestados às empresas. Este processo distingue-se, desde logo, da chamada *subcontratação de mercado*, entre nós normalmente designada por *subempreitada*. Nesta, o subcontrato é necessariamente um contrato subordinado ou derivado, encontrando-se sempre conexionado com um outro contrato (o contrato principal), estabelecido entre empreiteiro e dono da obra. Trata-se de uma relação triangular (normalmente transparente), em que os poderes do empreiteiro (que aqui funciona numa posição equivalente à da empresa contratante) são limitados pelas obrigações decorrentes do contrato principal. Este tipo de relação, entre nós muito frequente no sector da construção civil, está previsto no art. 1213.º do Código Civil.

A subcontratação industrial distingue-se igualmente do *fornecimento*. Ao contrário de um fornecedor, a empresa, na sua condição de subcontratada, não é especialista no fabrico de um ou vários produtos para o mercado aberto, mas sim em uma ou várias técnicas, ou em determinados serviços, trabalhando por encomenda. O fornecedor comercializa os seus produtos no mercado por intermédio de uma rede de vendas, enquanto a empresa subcontratada trabalha para a contratante.

4.8.2. Principais tipos

É difícil encontrar uma classificação da subcontratação industrial, que permita compreender as diferentes expressões do fenómeno.

A classificação mais frequentemente utilizada é a que distingue entre subcontratação de capacidade, ou conjuntural, e subcontratação de especialidade, ou estrutural e baseia-se nas motivações e objectivos da empresa contratante.

A primeira – *subcontratação de capacidade* ou *conjuntural* – refere-se ao acto através do qual uma empresa encarrega outra de produzir, na totalidade, um determinado volume de bens, normalmente para poder aumentar a sua oferta no mercado sem aumentar a sua capacidade produtiva. Muitas vezes, a empresa contratante pretende apenas resolver um problema de conjuntura, como seja o de entregar uma encomenda dentro de um determinado prazo. Nestes casos, a subcontratação não tem como consequência uma divisão técnica do trabalho, na medida em que a empresa contratante continua a assegurar nas suas próprias instalações, paralelamente ao subcontratado, o mesmo processo produtivo. Pela sua própria natureza, este tipo de subcontratação estabelece-se normalmente entre empresas do mesmo sector, sendo por isso também designada por subcontratação *intra-sectorial* ou *concorrente*.

A segunda – *subcontratação de especialidade* ou *estrutural* – formaliza um processo de segmentação do processo produtivo relativo a um mesmo produto, sendo também designada por subcontratação *intersectorial* ou *complementar*. Neste caso, a empresa contratante continua a dirigir o conjunto do processo produtivo, cabendo-lhe nomeadamente a concepção global do produto, mas recorre aos serviços de outra empresa para a execução de alguns produtos – partes componentes do produto final – ou de alguns trabalhos que se integram na sua produção. Ela «dá a fazer», em vez de fazer ela própria, porque não tem os meios necessários para fazer o que subcontrata ou porque nem sequer tem interesse em se dotar deles, optando por essa solução no âmbito de uma estratégia de concentração de esforços financeiros em determinadas fases do processo produtivo[56].

4.8.3. Cooperação e dependência na subcontratação

A subcontratação constitui uma forma de *cooperação complementar* entre empresas. Dela, as empresas envolvidas podem retirar um conjunto de vantagens. Entre elas, destaca-se o desenvolvimento da especialização (certas tarefas poderão ser exercidas a preços mais competitivos pelas pequenas e médias empresas subcontratadas), um aumento de flexibilidade do aparelho produtivo das empresas contratantes e a concentração de recursos em fases cruciais para a concorrência internacional (investigação de novos produtos, procura de novos mercados), o contacto e aprendizagem

[56] Outras tipologias distinguem entre subcontratação de mão-de-obra e de produção, interna ou internacional, etc. Cf. M. M. L. Marques, *ob. cit.*, cap. II.

de novas tecnologias, assim como o acesso ao mercado, particularmente ao mercado externo, pelas empresas subcontratadas. Além disso, em alguns casos, ela apresenta-se como uma condição de sobrevivência de pequenas empresas, minimizando-se, desse modo, o efeito negativo, no tecido empresarial, das formas clássicas de concentração.

Mas, como atrás se referiu, a subcontratação tem, igualmente, *aspectos negativos*, tais como a imposição pelos contratantes aos subcontratados de condições de troca pouco equitativas, cláusulas de exclusividade, deveres de segredo, perda de contacto directo com o mercado, o que conduz à insegurança e a uma certa dependência das empresas subcontratadas relativamente à contratante e à sua vulnerabilidade face a dificuldades conjunturais.

Em resumo, a subcontratação industrial tanto funciona como uma forma equilibrada de cooperação entre empresas como pode constituir, de facto, um processo de dominação de uma empresa por outra através de um contrato.

4.8.4. Regime jurídico da subcontratação

Ao contrário do que tem acontecido com outros contratos de cooperação interempresarial, a subcontratação não tem sido objecto de regulamentação pública sistematizada, imperativa ou mesmo, como é frequente e normal nestes contratos, meramente supletiva.

Não se verifica, contudo, um completo alheamento dos poderes privados ou públicos relativamente à organização deste tipo de contratos. A sua intervenção tem-se verificado sob a forma de recomendações, ora de natureza privada, provenientes, por exemplo, de associações industriais, ora de natureza pública, com origem em organismos de apoio à actividade industrial. A duplicidade de efeitos da subcontratação e a tentativa de evitar que se acentue a dependência das empresas subcontratadas constitui uma preocupação fundamental dessas recomendações.

Particularmente ao nível europeu, as recomendações em matéria de subcontratação têm visado, para além de aumentar a informação e a comunicação entre as empresas, promover relações mais equilibradas entre contratantes e subcontratados e melhorar o quadro jurídico da subcontratação[57].

Entre as recomendações em matéria de organização do contrato destacam-se, em primeiro lugar, as que apontam para a necessidade de uma cuidadosa negociação das cláusulas contratuais[58].

[57] Cf. Resolução de 26 de Setembro de 1989 do Conselho.

[58] «As responsabilidades que a subcontratação industrial impõe ao subcontratado são suficientemente importantes, mesmo no caso de existir uma adequada documentação jurídica; sem tal documentação, essa actividade pode ser extremamente arriscada. Qualquer risco será aumentado se o subcontrato envolver empresas de diferentes Estados-Membros». CEC, *Practical Guide to Legal Aspects of Industrial Sub-Contracting within the European Community*, vol. I, Bruxelas, 1989, p. 7.

As cláusulas mais problemáticas em matéria de negociação do contrato podem estar relacionadas, designadamente, com obrigações recíprocas relativamente ao abastecimento de matérias primas e fornecimento ou aquisição de equipamentos de trabalho; fixação do preço; admissão ou não de cláusulas de revisão de preços e previsão de formas de actualização em funções de variações nos custos ou nas cotações monetárias e condições e prazos de entrega da mercadoria.

Importante é ainda a redução a escrito de todas as instruções, das formas de assistência técnica e de controlo, designadamente, para efeito de determinação de responsabilidade por defeitos que a produção subcontratada venha, eventualmente, a apresentar[59].

O contrato deverá também estabelecer as formas de pagamento e poderá prever o modo de resolução de eventuais conflitos, assim como o direito aplicável e a jurisdição competente[60].

4.8.5. Novas formas de subcontratação: a parceria

Os contratos de parceria (*partenariat*) são aqueles que ligam uma empresa a outras empresas, que passam a ser designadas por seus «parceiros», seleccionadas para cooperação em função de rigorosas apreciações sobre as suas capacidades no domínio técnico, da gestão, da inovação e sobre a sua capacidade de internacionalização.

Distinguem-se da subcontratação comum, não tanto pela estrutura e função da relação inter-empresarial, mas mais pelo envolvimento que pressupõem entre os parceiros contratuais.

Normalmente, os parceiros beneficiam, durante um determinado período, de uma carteira de encomendas de um produto ou de um conjunto de produtos. Em contrapartida desta garantia de mercado, os parceiros comprometem-se a baixar os custos de produção e, consequentemente, os preços reais, a uma determinada taxa anual, garantindo a qualidade e a regularidade do abastecimento da empresa principal. O contrato permite alguma liberdade aos parceiros em matéria de concepção de produtos, sobretudo quando são incumbidos de uma função completa e não apenas da produção de determinadas peças. Esta maior autonomia implica necessariamente uma maior e mais duradoura colaboração no domínio da informação tecnológica

[59] Com efeito, tanto a Directiva de 25 de Julho de 1985, como a lei portuguesa que a transpôs para a ordem jurídica interna (DL n.º 383/89, de 6 de Novembro) vieram instituir um caso de *responsabilidade objectiva*, ou seja de responsabilidade independente da culpa, do produtor de qualquer bem móvel, mesmo que incorporado num outro bem móvel ou imóvel. Sublinhe-se que a Directiva e a lei portuguesa fornecem um conceito amplo de produtor, abrangendo não só o fabricante do produto final, mas também o produtor de uma matéria-prima ou o fabricante de um componente.

[60] Deverá, ainda, em toda a redacção do contrato, ter-se em conta as proibições constantes da legislação portuguesa sobre *cláusulas contratuais gerais* que se aplica tanto às relações com os consumidores, como às relações entre empresários (cf. DL n.º 446/85, de 25 de Outubro, alterado pelo DL n.º 249/99, de 7 de Julho).

entre as partes envolvidas. Daí que os suportes contratuais tradicionais da subcontratação não sejam adequados a este novo esquema.

Este tipo de contrato de cooperação entre empresas exige uma maior *formalização* e uma *concertação prévia* ampliada. São negociadas condições gerais entre uma empresa e um conjunto de parceiros com diferentes funções que, assim, estabelecem um guia, ainda que não imediatamente vinculativo, com base no qual se desenvolvem as suas relações. Procura-se, através deste novo tipo de contrato, evoluir de um sistema caracterizado pela dispersão e precariedade (que caracteriza algumas formas de subcontratação), para um sistema de ligações estruturais mais estáveis entre determinadas empresas, o que não significando uma completa «horizontalização» das relações entre as empresas envolvidas, permite, contudo, uma situação mais associativa, sobretudo, na fase de execução[61].

4.9. Os acordos de distribuição

4.9.1. A multiplicidade das formas de distribuição

O tema da distribuição pode ser abordado sob diferentes perspectivas: do ponto de vista do produtor, que necessita de colocar os seus bens ou serviços no mercado; do consumidor, que pretende ter acesso à maior variedade possível de bens e serviços; e finalmente, do ponto de vista do distribuidor, que assegura a função intermédia entre produtor e consumidor, ou seja, a *função de distribuição*[62].

São cada vez mais complexas as formas de organizar essa função. Para além da tradicional repartição entre comércio por grosso e a retalho de acordo com a sua posição no circuito de distribuição, encontramos hoje outras classificações que atendem às estruturas de distribuição: jurídicas, organizacionais, tecnológicas ou políticas. Fala-se então de comércio independente, de comércio associado e de comércio integrado.

O primeiro – *o comércio independente* – abrange o conjunto de comerciantes tradicionais, com relativa autonomia do ponto de vista jurídico e económico.

O segundo – *o comércio associado* – compreende os comerciantes independentes do ponto de vista jurídico, mas que gerem em conjunto alguns aspectos da sua actividade para a obtenção de economias de escala. Pode tratar-se, por exemplo, de operações de publicidade ou de centrais de compras.

Por último, *o comércio integrado* é composto por estabelecimentos ou filiais de grupos que aplicam políticas comerciais coordenadas, tanto em matéria de compras, como de vendas. Assume diferentes modelos de organização: grandes arma-

[61] Note-se que o *partenariat* é, normalmente, reservado a um número reduzido de empresas, a quem cabe depois estabelecer relações de subcontratação com pequenos subcontratados, que, por sua vez, deixam de ter relações directas com a empresa principal. Cria-se, assim uma «especialização hierarquizada» de tipo piramidal, sendo o *partenariat* reservado aos estratos superiores.
[62] Cf J. Tarondeau e D. Xardel, *La Distribution*, Paris: PUF, 1992.

zéns, cooperativas de consumo, empresas de venda por correspondência, contratos com agentes, franquia (*franchising*) e outras formas distribuição exclusiva e distribuição selectiva.

Algumas destas formas de organizar a distribuição implicam a realização de acordos que se repetem entre um mesmo fornecedor e vários distribuidores donde resulta o *efeito rede*.

4.9.2. Cooperação e dependência nos acordos de distribuição

É precisamente em virtude do seu efeito rede que os acordos entre diferentes distribuidores e os seus fornecedores se tornam relevantes do ponto de vista da concorrência, discutindo-se se as suas vantagens, como instrumento de cooperação e de alargar o mercado, suplantam as desvantagens resultantes da restrição à concorrência que deles pode resultar.

A questão é analisada em dois planos: o primeiro, mais tradicional, refere-se às relações entre um fornecedor e cada um dos seus distribuidores; o segundo, mais recente e contemporâneo do crescimento das grandes superfícies na distribuição alimentar, tem a ver com as relações entre um distribuidor e os seus múltiplos fornecedores. Enquanto no primeiro caso a limitação à concorrência resulta basicamente das exigências e restrições que o fornecedor impõe ao distribuidor, no segundo passa-se precisamente o contrário. A eventual relação de dependência tem assim sentidos contrários: a montante, num caso, e a jusante, no outro.

4.9.3. O regime jurídico da distribuição

Dada a multiplicidade de formas e redes de distribuição não existe um regime jurídico específico que as regule como tal.

Em matéria de concorrência, como demonstraremos no capítulo seguinte, a venda e a compra exclusiva e a distribuição de veículos automóveis estão abrangidas por regulamentos de isenção ao abrigo do n.º 3 do art. 101.º do TFUE.

Além disso, certas formas de distribuição foram também objecto de atenção por parte do legislador português que ora se preocupou com a caracterização e conteúdo dos acordos (por exemplo, o contrato de agência), ora com os métodos de distribuição (vendas por correspondência e ao domicílio), ora ainda com a própria organização do mercado (grandes superfícies).

O *contrato de agência* é um contrato pelo qual uma das partes se obriga a promover *por conta de outrem* a celebração de contratos, de modo *autónomo e estável* e mediante *retribuição*, podendo ser-lhe atribuída certa zona ou determinado círculo de clientes[63].

[63] DL n.º 178/86, de 3 de Julho, com as alterações introduzidas pelo DL n.º 118/93, de 13 de Abril. Cf. A. P. Monteiro, *Contrato de Agência*, Coimbra: Almedina, 2000; P. Romano Martinez, *op. cit.*, p. 13 e ss.

A delimitação de zonas exclusivas a favor de um agente não constitui assim um requisito essencial do contrato. No diploma que se lhe refere fixam-se também os direitos e as obrigações das partes.

Por sua vez as *vendas por correspondência e ao domicílio* estão sujeitas a um regime especial cujo principal objectivo é a protecção do consumidor[64]. Em ambos os casos trata-se de vendas efectuadas fora dos estabelecimento comerciais. Entende-se por *venda ao domicílio* a modalidade de distribuição comercial a retalho em que o contrato, tendo por objecto bens ou serviços, é proposto no domicílio ou no local de trabalho de um consumidor, pelo vendedor ou seus representantes, sem que tenha havido pedido prévio expresso por parte do mesmo consumidor. Por sua vez a *venda por correspondência* consiste na modalidade de distribuição a retalho em que se oferece ao consumidor a possibilidade de encomendar pelo correio, telefone ou outro meio de comunicação, os bens e serviços divulgados através de catálogos, revistas, jornais, impressos ou quaisquer outros meios gráficos ou audiovisuais.

Além disso, como referimos, a instalação das *grandes superfícies* depende de um processo específico de licenciamento que tem por objectivo a organização do mercado e a defesa dos pequenos comerciantes[65].

4.10. A franquia (franchising)

4.10.1. Noção

A franquia ou *franchising* é um sistema de comercialização de bens e/ou serviços e/ou tecnologia que é baseado numa colaboração íntima e continuada entre empresas jurídica e financeiramente separadas e independentes, o *franqueador* e os seus *franqueados*, mediante o qual o primeiro assegura aos segundos o direito e lhes impõe a obrigação de dirigir um negócio de acordo com o entendimento do franqueador[66]. Tal direito autoriza e obriga o franqueado, em troca de uma compensação financeira (em regra designada por *royalties*) directa ou indirecta, a usar o nome, as marcas, o saber-fazer, os métodos comerciais e técnicos, os processos de fabrico e outros direitos de propriedade industrial e intelectual do franqueador, apoiado no fornecimento con-

[64] Vide o DL n.º 143/2001, de 26 de Abril, que transpõe para a ordem jurídica interna a Directiva n.º 97/7/CE, do Parlamento Europeu e do Conselho, de 20 de Maio, relativa à protecção dos consumidores em matéria de contratos celebrados à distância, regulando ainda os contratos ao domicílio e equiparados, as vendas automáticas e as vendas especiais esporádicas, estabelecendo, ainda, modalidades proibidas de vendas de bens ou de prestação de serviços.

[65] Cf. *supra*, Parte III, Título II.

[66] Para a internacionalização de uma franquia, um franqueador poderá recorrer a intermediários (subfranqueadores ou representantes) a quem concede os direitos de explorar a franquia dentro de limites territoriais definidos, constituindo para o efeito os seus próprios franqueados. Esta técnica é designada por *master franchise*. Cf. R. Tavares, «A master franchise», Comunicação apresentada ao Segundo Salão do *Franchising* e do Comércio, Lisboa, 1990.

tínuo de assistência comercial e técnica deste no quadro e pelo prazo de um acordo de franquia escrito concluído entre as partes para esses efeito[67].

O contrato (de execução continuada) pressupõe que o franqueador seja titular de um direito ou de um conjunto de direitos de propriedade industrial e de outros conhecimentos e fórmulas desprovidos de uma protecção legal específica, cujo uso concede ao franqueado dentro de determinadas condições e mediante o pagamento de uma prestação de natureza pecuniária. No contrato são inseridas condições e regras que integram uma concepção global de gerir o negócio em questão, a que deve obedecer a utilização pelo franqueado dos direitos e conhecimentos transmitidos, assim como os modos de controlo e de assistência do franqueador no decorrer da execução do contrato.

4.10.2. Tipos de franquia

O *franchising* é, assim, um contrato entre empresas, que pode ter como objecto a produção e/ou a distribuição de bens ou serviços. Distingue-se por isso entre *franquia de produção* – em que o «sistema franqueado tem por objecto o fabrico e venda de um determinado produto» – *franquia de distribuição* – em que o contrato visa a comercialização de determinados produtos do franqueador – e *franquia de serviços* – em que se garante a qualidade de serviços «fornecidos por operadores independentes sob a imagem e indicações dos franqueadores»[68].

4.10.3. Cooperação e dependência no contrato de franquia

A franquia permite às empresas crescerem e internacionalizarem-se sem o risco de grandes investimentos, mas mantendo o controlo e divulgando a sua imagem. Como tal, é preferida, em certos casos, à instalação de filiais ou à criação de *joint ventures*.

Para o franqueado os riscos também são menores do que os inerentes a um negócio totalmente novo, embora obviamente fique sujeito ao pagamento de remunerações periódicas e de *royalties*, além de que o contrato de franquia envolve restrições à liberdade de gestão e de transmissão da empresa franqueada.

[67] Sobre o conceito de franquia e, em geral, sobre a caracterização deste contrato, cf. ainda A. Menezes Cordeiro, «Do contrato de franquia», *Revista da Ordem dos Advogados*, 48, Abril de 1988, p. 64 e R. Tavares, «Aspectos jurídicos do *franchising*», Comunicação apresentada no Seminário sobre *Franchising*, Porto, 1990. Cf., também, C. Olavo, «O contrato de franchising», *Novas Perspectivas do Direito Comercial*, Coimbra: Almedina, 1988, p. 159 ss.; Miguel Gorjão Henriques da Cunha, *Da Restrição de Concorrência na Comunidade Europeia: A Franquia de Distribuição*, Coimbra, Almedina, 1998: L. M. Pestana. de Vasconcelos, *O Contrato de Franquia (Franchising)*, Coimbra: Almedina, 2000, e M. Fátima Ribeiro, *O Contrato de Franquia (Franchising) – Noção, Natureza Jurídica e Aspectos Fundamentais do Regime*, Coimbra: Almedina, 2001; P. R. Martinez, *op. cit.*, p 21 e ss..

[68] São exemplos de franquia de produção a *Coca-Cola*, de franquia de serviços a *Avis* e de franquia de distribuição a *Cenoura*.

Considera-se em geral que os acordos de franquia melhoram a distribuição, visto que dão aos franqueadores a possibilidade de estabelecer uma rede de distribuição uniforme sem necessidade de grandes investimentos, o que pode auxiliar a entrada de novos concorrentes no mercado, especialmente no caso das pequenas e médias empresas, aumentando deste modo a concorrência entre marcas. Os referidos acordos permitem também aos comerciantes independentes o estabelecimento mais rápido de postos de venda e com maiores possibilidades de êxito do que se tivessem de fazê-lo sem a experiência e a assistência do franqueador; os comerciantes independentes têm, portanto, a possibilidade de competir eficazmente com grandes empresas de distribuição.

Mas se estas são as principais vantagens da franquia para ambas as partes, não se pode ignorar que do contrato resulta também uma certa interpenetração entre franqueador e franqueado (ainda que juridicamente independentes), assente nos condicionamentos a que se sujeita o franqueado sobre a forma de produzir e/ou distribuir e, principalmente, no facto de o franqueado ter, aos olhos de terceiros, a mesma imagem do franqueador[69]. Fala-se a este propósito no efeito de despersonalização e de diluição da imagem do franqueado, o qual, apesar da sua autonomia jurídica e financeira, se encontra numa situação de dependência económica do franqueador[70]. A uma pluralidade de empresas em termos jurídicos corresponde, assim, a imagem de uma só empresa no mercado.

4.10.4. Regime jurídico da franquia

Não existe no direito português, nenhuma regulamentação específica do contrato de franquia. Ele é considerado, tal como a subcontratação industrial, um contrato atípico, podendo as partes escolher livremente o seu conteúdo, sem violação de normas legais imperativas que o possam afectar de nulidade. É, no entanto, necessário

[69] Isso confere à franquia a sua especificidade perante outros contratos, como a concessão (em que não se verifica a imposição de condições globais sobre o exercício do direito concedido), ou ainda a *joint venture* (em que pode existir um envolvimento societário entre os contraentes). Sobre a distinção entre o contrato de franquia e outras figuras contratuais próximas, cf. N. Ruiz, *O Franchising – Introdução à franquia internacional*, Lisboa: ICEP, 1988, p. 15 e A. Menezes Cordeiro, *ob. cit.*, p. 70.

[70] Como afirma N. Ruiz, a franquia implica a normalização dos estabelecimentos franqueados: «a identidade da rede e a realização da função da franquia não dependem apenas do respeito pelas indicações comerciais e métodos do franqueador. É necessário garantir também a uniformidade da aparência e do funcionamento e das técnicas de atendimento. As instalações devem ser mantidas nas condições estipuladas pelo franqueador e o mobiliário, arranjo, decoração, mostruários e material comercial deverão corresponder aos modelos estabelecidos. A localização dos estabelecimentos não pode ser mudada sem o consentimento do franqueador. O franqueado pode ser obrigado a respeitar um número mínimo de horas de funcionamento dos seus estabelecimentos, bem como um horário de abertura e de encerramento. O pessoal poderá ter de possuir determinadas características e ser obrigado a frequentar cursos de formação organizados pelo franqueador» (*ob. cit.*).

ter em conta não apenas o regime geral dos contratos, o regime das cláusulas contratuais gerais, o regime da protecção dos consumidores, incluindo o da responsabilidade do franquiador como produtor (DL n.º 383/89, de 6 de Novembro). É ainda necessário analisar a conformidade do contrato de franquia com o Regulamento n.º 2790/99 da Comissão, de 12.12.1999, que veio aplicar o n.º 3 do art. 101.º do TCE a certas categorias de acordos verticais e às práticas concertadas.

Além disso, tal como acontece em matéria de subcontratação, também para a franquia se encontra regulamentação proveniente de entidades privadas, a qual, embora sem carácter vinculativo, procura disciplinar a realização de contratos de *franchising*. Entre a mais importante, está o *Código Europeu de Deontologia da Franquia*[71].

O Código contém um conjunto de directrizes sobre os actos preparatórios de um contrato de franquia (modo de recrutamento e respectiva publicidade e divulgação, selecção de candidatos), sobre a organização do contrato (tipo de cláusulas, redução a escrito, etc.) e sobre as obrigações do franqueador e do franqueado. Em geral, a preocupação do Código parece ser a de evitar limitações excessivas à liberdade do franqueado e sobretudo de evitar que este se comprometa sem ter uma ideia clara sobre o conteúdo das suas obrigações futuras.

[71] Esse documento traduz a concretização das conclusões dos especialistas governamentais sobre a «Cooperação entre empresas – Franquia» e é o resultado do trabalho da Federação Europeia de *Franchising* e das associações filiadas, em concertação com os serviços da Comissão da UE.

CAPÍTULO II
A DEFESA DA CONCORRÊNCIA

1. Introdução

1.1. Concorrência ilícita e concorrência desleal

A forma tradicional de protecção de concorrência é representada pela repressão da *concorrência ilícita,* incluindo, de forma específica, a *concorrência desleal.*

Em termos gerais, quando se fala de concorrência ilícita, fala-se de regras de direito penal ou contra-ordenacional, destinadas a impedir ou reprimir formas de concorrência particularmente intoleráveis. Um exemplo histórico destas normas era a consideração, no Código Penal de 1852, como crime de monopólio, integrado nos crimes contra a ordem e tranquilidade pública, de práticas como o açambarcamento, a alteração fraudulenta dos preços, os conluios e violências em arrematações[1].

Quando se fala especificamente de concorrência desleal, tem-se em vista a prevenção de casos em que o comportamento dos sujeitos económicos ofende as regras usuais da moralidade e lealdade da concorrência[2]. Ela abrange assim «todo o acto ou omissão, não conforme aos princípios da honestidade e da boa fé em comércio, susceptível de causar prejuízo à empresa de um concorrente, pela usurpação total ou parcial

[1] Exemplos de concorrência ilícita (ilícito de mera ordenação social) são os casos de práticas individuais restritivas previstas no DL n.º 370/93, de 29 de Outubro (alterado pelo DL n.º 140/98 de 16 de Maio) e os casos de crimes contra a economia previstos no DL n.º 28/84, de 20 de Janeiro. Citem-se, a título de exemplo, a fraude sobre mercadorias (art. 23.º), o açambarcamento (art. 28.º), a exportação ilícita de bens (art. 33.º), a especulação (art. 35.º), a fraude na obtenção de subsídio ou subvenção (art. 36.º) e a fraude na obtenção de crédito (art. 38.º).

[2] A. Xavier, «Subsídios para uma lei de defesa da concorrência», *Cadernos de Ciência e Técnica Fiscal,* 138, Lisboa: DGCI, 1970, p. 14.

da sua clientela»[3]. Esta forma de disciplina de concorrência só surge várias dezenas de anos após a proclamação dos princípios da liberdade de comércio e indústria. Até então, a concorrência não era objecto de qualquer disciplina especial, antes caía sob a alçada do direito privado, nomeadamente do direito dos contratos e das obrigações. De resto, mesmo uma regulação mais orgânica da concorrência desleal não significa que esta goze necessariamente de total autonomia jurídica. Assim, por exemplo, em Espanha e em Portugal, a disciplina da concorrência desleal acompanha a da protecção da propriedade industrial, como disciplina complementar desta[4]. O que explica que, entre nós, o instituto de concorrência desleal continue a ser regulado em sede do Código da Propriedade Industrial (art. 317.º do DL n.º 36/2003, de 5 de Março)[5].

A disciplina da concorrência desleal não se confunde com o moderno direito da concorrência. É um instituto paralelo que não tem preocupações macroeconómicas, que visa não a protecção em si mesma do sistema de mercado, e desse modo, de consumidores e produtores, globalmente considerados, mas a protecção individualizada dos agentes económicos contra actuações dos seus concorrentes contrárias a princípios de deontologia profissional[6]. No entanto, os dois regimes devem ser articulados.

1.2. Sistemas de defesa da concorrência (legislação *antitrust*)

Em sentido estrito, por legislação de defesa de concorrência, encarada esta como um bem público, entende-se o conjunto de leis que tem em vista a protecção do mercado contra restrições à concorrência imputáveis, quer a comportamentos isolados dos sujeitos económicos, quer a comportamentos coligados de grupos de empresas, independentemente da sua forma jurídica, quer ainda ao exercício abusivo de posições de domínio por parte de uma empresa ou empresas preponderantes no mercado e, bem assim, o controlo das operações de concentração. Em sentido amplo, abrange ainda as normas de protecção da concorrência contra apoios específicos dos poderes públicos a empresas ou sectores de produção, bem como a disciplina dos monopólios públicos.

[3] Ferrara Junior, *apud* F. Correia, «Propriedade industrial, registo do nome do estabelecimento, concorrência desleal», *Revista de Direito e Estudos Sociais*, ano VI, 1-3, p. 139.

[4] J. Font Galán, *Constitucion Economica y Derecho de la Competencia*, Madrid: Tecnos, 1987, p. 89 (n. 171).

[5] Cf. o art. 317.º deste diploma, aprovado pelo DL n.º 36/2003, de 5 de Março, republicado pelo DL n.º 143/2008, de 25 de Julho. Em geral, sobre o tema, cf. Jorge Patrício Paúl, «Breve análise do regime da concorrência desleal no novo Código da Propriedade Industrial» in Ruy de Albuquerque/ António Menezes Cordeiro (coord.), *Regulação e Concorrência. Perspectivas e Limites da Defesa da Concorrência*, Coimbra: Almedina, 2005, pp. 107-120.

[6] Assim, R. Cordeiro, «As coligações de empresas e os direitos português e comunitário da concorrência», *Revista de Direito e Estudos Sociais*, ano XXIX, n.º 1, 1987, p. 87. Integrando a disciplina da concorrência desleal no direito da concorrência, ver J. Oliveira Ascensão, *Concorrência Desleal, Parte Geral*, Lisboa: AAFDL, 2000, pp. 106 e ss..e C. Leyssac/G. Parléani, *Droit du Marché*, Paris: PUF, 2002.

Tentando agrupar as diversas experiências de defesa da concorrência em sentido estrito em sistemas típicos de legislação, é usual distinguir, quanto ao tipo de proibição de práticas restritivas da concorrência, dois modelos de sistemas: aqueles que proíbem as práticas restritivas da concorrência por produzirem um *dano potencial* na economia e os que reprimem apenas as práticas que se traduzem num *dano efectivo*[7].

Os primeiros tendem a privilegiar uma noção estrutural de concorrência e a avaliar esta como um bem em si mesmo (*teoria da concorrência-condição*). Daí estabelecerem uma «proibição genérica e *a priori* de todos os acordos e práticas susceptíveis de atingirem a estrutura concorrencial do mercado, combatendo-se, portanto, a concentração através da proibição das práticas que a ela possam conduzir»[8]. Este sistema (da *per se condemnation*) abstrai dos resultados efectivos das restrições à concorrência, para centrar a sua atenção no *perigo* que estas, por si mesmas, representam.

Os segundos tendem a privilegiar os comportamentos efectivos dos agentes económicos. A concorrência é um bem entre outros e não um bem público exclusivo (*teoria da concorrência-meio*) e, como tal, pode, em certas circunstâncias, ser afastada em nome da protecção de outros bens ou da realização de outros fins socialmente relevantes. Daí que este sistema não pretenda, em abstracto, combater os acordos, oligopólios, monopólios ou quaisquer outros factores de domínio no mercado através dos quais concretamente se manifesta a concentração económica. Procura apenas reprimi-los quando, por particulares condicionalismos, se revelem prejudiciais ao «interesse geral», declarando ilícitos os acordos ou práticas que produzam efeitos negativos na concorrência, não justificados por outras razões.

Os sistemas de dano potencial tendem ainda, no que toca ao controlo e técnica da proibição, a adoptar um controlo prévio das práticas restritivas por um órgão administrativo ou jurisdicional, que poderá declarar nula ou não determinada prática, enquanto os sistemas de dano efectivo baseiam-se num controlo *a posteriori* de tais práticas pois, em rigor, só então podem aferir dos seus efeitos.

O exemplo clássico do primeiro sistema é o da legislação norte-americana. Em Julho de 1890, foi publicado o *Sherman Act*, a primeira lei *antitrust* comum a todos os Estados da Federação com uma orientação anti-monopolista, que ainda hoje permanece em vigor. Alguns anos depois, foi esta lei complementada pelo *Federal Trade Commission Act* (1914), pelo *Clayton Act* (1914), pela lei de *Webb-Pomerene* (1918) e, mais tarde, pelo *Celler-Kefauver Act* (1950), leis que integram a constituição económica material dos Estados Unidos da América e que se foram adaptando a mudanças

[7] A. Xavier, *ob. cit.*, p. 74.

[8] T. Martins, *Capitalismo e Concorrência*, Coimbra: Centelha, 1973 pp. 35-36. Cf. também a primeira parte do livro de M. Gorjão Henriques, *Da Restrição da Concorrência na Comunidade Europeia: A Franquia de Distribuição*, Coimbra: Almedina, 1998.

políticas e económicas e a valores diferentes. A rigidez que caracteriza tal legislação, em particular o *Sherman Act*, foi, na prática, muito atenuada pela jurisprudência que, nos casos submetidos à sua apreciação, a mitigou com a introdução de uma «regra da razão» (*rule of reason*)[9]. Assim, certos acordos são considerados nocivos por natureza e objecto de uma interdição *per se*, enquanto em relação a outros os tribunais poderão, depois de apreciados, considerá-los como «razoáveis» na medida que possam contribuir para o incremento da «concorrência futura»[10].

No pólo oposto, o dos sistemas de proibição do dano potencial com controlo *a posteriori*, está, por exemplo, o sistema criado em França. Este sistema distingue entre boa e a má coligação (*entente* ou *cartel*) e generaliza a prática do balanço económico, comportando um exame casuístico das situações. De facto, não é um sistema que vise uma condenação automática de práticas anti-concorrenciais, mas um sistema que institui um juízo de oportunidade relativo a comportamentos já ocorridos. O sistema europeu tem características híbridas, o mesmo sucedendo com o sistema português, que é, em larga medida, tributário do europeu.

Por esta razão, pelo facto de o direito da UE delimitar o espaço da aplicação do direito português (tendo primazia aplicativa sobre este) e de as autoridades nacionais poderem hoje aplicar directamente o direito europeu da concorrência em matéria de acordos restritivos e práticas concertadas, aquele será analisado em primeiro lugar.

2. O sistema de defesa da concorrência no direito da União Europeia e no direito português

2.1. Caracterização geral do direito da concorrência da União Europeia

O direito comunitário, hoje direito da União, não permaneceu imune à influência de ambos os sistemas. O Tratado CECA, onde foram formuladas, pela primeira vez, regras comunitárias de concorrência que, no sector do carvão e do aço inspirou-se, quer no direito *antitrust* americano, quer em leis ou projectos dos Estados-Membros. Ora, as regras do Tratado CECA foram uma das fontes do Tratado de Roma. Daí que

[9] Destacam-se os casos *Standard Oil* e *American Tobacco*, bem como a enunciação da *rule of reason* levada a cabo em *Chicago Board of Trade v U.S.* Sobre estes casos, sobre a articulação entre proibições *per se* e *rule of reason*, bem como sobre uma análise comparativa do direito da concorrência dos EUA face à regulação europeia, cf. Miguel Moura e Silva, *Inovação, Transferência de Tecnologia e Concorrência*, Coimbra: Almedina, 2003, pp. 115-144. Até 1904, a Lei Sherman foi pouco utilizada, sendo a luta *antitrust* levada a cabo sem qualquer rigor e de uma forma incoerente. Sintomática foi, porém, a sua invocação como forma de justificar as perseguições contra os sindicatos operários (J. Parent, *La Concentration Industrielle*, Paris: PUF, 1973, p. 204).

[10] J. Caseiro Alves, *Lições de Direito Comunitário da Concorrência*, Coimbra: Curso de Estudos Europeus da FDUC, 1989, p. 9

este, directa ou indirectamente, tenha colhido inspiração em modelos distintos de defesa da concorrência (v.g. a referida «*rule of reason*» norte-americana) e, por isso, possa ser configurado como um sistema misto e heterogéneo[11].

De qualquer modo, balanço feito e atendendo sobretudo à filosofia de defesa da concorrência subjacente ao sistema da UE – o da teoria da «concorrência-meio» – pode dizer-se que neste é bem mais nítida a influência dos modelos europeus, nomeadamente do francês e do alemão[12].

A função das regras europeias da concorrência é dupla. Por um lado, uma função genérica de garantia de correcto funcionamento de um sistema de economia de mercado, procurando assegurar os fundamentos deste sistema, nomeadamente a liberdade de acesso ao mercado e as liberdades de determinação da oferta e da procura. Este objectivo deve ser articulado com a prossecução de finalidades económicas mais concretas, como o crescimento, o equilíbrio ou o pleno emprego, o que obriga a ter em consideração o quadro concreto de cada mercado e a compatibilizar a concorrência com outros instrumentos susceptíveis de atingir os fins enunciados no art. 3.° do TUE, em particular no seu nº 3[13].

[11] «De facto, aí se combina o sistema da proibição do dano potencial, mas com controlo *a priori* para o caso dos acordos e práticas concertadas entre as empresas, com o sistema da proibição do dano real com controlo *a posteriori* para o caso dos abusos de posição dominante no mercado». Cf. L. C. MONCADA, *Direito Económico,* Coimbra: Coimbra Ed., 3ª ed., 2000, p. 375. Para maiores desenvolvimentos sobre o direito da concorrência, vide, entre nós, Maria Manuel LEITÃO MARQUES, *Um Curso de Direito da Concorrência,* Coimbra: Coimbra Editora, 2002; Miguel MOURA E SILVA, *Direito da Concorrência - Uma Introdução Jurisprudencial,* Coimbra: Almedina, 2008; M. LOPES PORTO, «Os novos desafios e exigências do Direito da Concorrência», AAVV, *Estudos em Homenagem ao Doutor António Castanheira Neves,* Coimbra, 2009. Informações actualizadas sobre o direito europeu da concorrência podem ser colhidas em <http://ec.europa.eu/comm/competition>. Sobre o direito português, é útil a consulta de Miguel Mendes PEREIRA, *Lei da Concorrência – Anotada,* Coimbra: Coimbra Editora, 2009.

[12] O regime francês foi instituído pela *Ordonnance* n.° 45-1483, de 30 de Junho de 1945, modificada pela lei de 19.7.1977 (Lei n.° 77-806), pela Lei de 30.12.1986 e pela *Ordonnance* de 1.12.1986,enquanto a *Gesetz gegen Wettbewerbsbeschrankungen* (GWB) data de 27.7.1957, com diversas alterações. Sobre o regime alemão, cf. WEIMAR e SCHIMIKOWSKI, *Grundzüge des Wirtschaftsrechts,* Munique: Verlag Franz Vahlen, 1983, p. 55 e ss.. Sobre o regime francês revisto, ver a análise bilingue (inglês/francês) editada pela Freshfields Bruckhaus Deringer: Jacques-Phillipe GUNTHER, *NRE: Le nouveau droit français de la concurrence,* Freshfields, 2001. Dados actualizados sobre os regimes referidos podem ser consultados a todo o tempo nos *sites* das autoridades de concorrência respectivas: <http://www.bundeskartellamt.de/> (Alemanha), <http://www.conseil-concurrence.fr/> (França).

[13] Recorde-se que o Tratado de Maastricht consagrou expressamente o princípio do mercado aberto e da livre concorrência. O antigo artigo 3.º do TUE referia-se ainda explicitamente à «concorrência livre e não falseada». O Tratado de Lisboa suprimiu esta referência dos objectivos da União, ainda que a ideia do não falseamento da concorrência apareça no novo «Protocolo relativo ao mercado interno e à concorrência». Esta suavização do princípio abre mais espaço para uma política de concorrência com diversos objectivos. De resto, a própria política de concorrência da Comissão aponta, desde há muito, para uma certa polivalência de objectivos, entre os quais «o de favorecer as reestruturações industriais, de melhorar a competitividade da economia europeia, de promover a investigação, o desenvolvimento

Entre estes, há que salientar uma função muito específica que é um traço de distinção em relação ao sistema norte-americano: a defesa da concorrência deve contribuir para a criação do mercado interno, garantindo, como acentua a Comissão, «que as fronteiras não sejam substituídas por mercados fechados, resultantes de práticas comerciais restritivas ou de acções proteccionistas dos Estados»[14].

Atendendo aos destinatários principais e à função das normas, pode-se afirmar, como vimos, que o direito europeu da concorrência (em sentido lato) assenta em dois conjuntos articulados de normas: um, dirigido directamente aos operadores económicos, às empresas privadas ou públicas, tendo por pano de fundo o seu comportamento e as estruturas do mercado; outro, visando fundamentalmente a acção dos Estados-Membros, em matéria de auxílios de Estado e de monopólios nacionais (art. 37.º TFUE).

O primeiro comporta, por sua vez, três categorias distintas de regras, duas previstas no TFUE, outra em direito derivado mais recente. As duas primeiras são regras sobre coligações (art. 101.º TFUE) e sobre o abuso de posição dominante (102.º TFUE) («*antitrust*»). A terceira diz respeito ao controlo prévio, directo, das operações de concentração («*merger control*») e é operacionalizada através de um Regulamento sobre o controlo das concentrações (Regulamento do Conselho n.º 139/2004, de 20 de Janeiro de 2004, adiante RCC).

As regras sobre coligações (*ententes*) são essencialmente regras relativas a condutas com efeitos sobre o mercado, e não directamente relativas às estruturas de mercado. Com efeito, elas proíbem os comportamentos entre empresas que sejam susceptíveis de afectar a concorrência; a sua aplicação depende essencialmente das características intrínsecas desses mesmos comportamentos (art. 101.º TFUE). As regras sobre o abuso de posição dominante são regras ou normas mistas. Assim, o art. 102.º do TFUE, ao proibir a exploração abusiva de posição dominante, requer, em princípio, o preenchimento de duas condições simultâneas: a dominação do mercado, condição estrutural e o comportamento abusivo ou de exclusão, condição de comportamento.

e a inovação bem como acelerar a realização do mercado único nas Comunidades» (cf. *XIIIe Rapport sur la Politique de Concurrence*, Bruxelas: CEE, 1984).

[14] Cf. *XVIe Rapport sur la politique de concurrence*, Bruxelles: CEE, 1987, p. 14. A bibliografia sobre o direito europeu / comunitário de defesa da concorrência é vastíssima. Cf., por todos, I. Van Bael/J. F. Bellis, *Droit de la Concurrence de la Communauté Européenne*, Bruxelles: Bruylant, 1991, M. Waelbroeck/A. Frigani, *Concurrence*, Commentaire Megret, t.4, Bruxelles: ULB/IEE, 1997; C. Bellamy/G. Child, *Common Market Law of Competition*, 5.ª ed., London: Sweet & Maxwell, 2001; *idem.*, *Cases and Materials on EC Competition Law*, Oxford-Portland Oregon: Hart, 2001; Wish R., *Competition Law*, London: Butterworths, 2003; e Jones e Van der Woude, *E.C. Competition Law Handbook 2003/2004 Edition*, London: Thomson/Sweet & Maxwell, 2003; Valentine Korah, *An Introductory Guide to EC Competition Law and Practice*, 9ª ed., Oxford-Portland Oregon: Hart Publishing, 2009; J. L. Caramelo Gomes, *Lições de Direito da Concorrência*, Coimbra: Almedina, 2010.

Estas regras são completadas pelo Regulamento n.º 1/2003, de 16.12.02, que diz respeito à execução das regras de concorrência relativas ao controlo das coligações e dos abusos de posição dominante, designado em regra por Regulamento de processo (RP 2003) que consubstancia a mais importante reforma de procedimentos nesta matéria[15].

Quer no caso da proibição das coligações, quer do abuso de posição dominante, estamos perante disposições *com efeito directo* e que podem ser invocadas por particulares junto dos tribunais dos EM, independentemente de qualquer decisão europeia (comunitária) prévia[16]. Em virtude do art. 6.º do RP 2003, os arts 101.º e 102.º do TFUE são disposições dotadas de aplicabilidade directa e integral, tendo os tribunais nacionais competência para a sua aplicação (incluindo as derrogações previstas no n.º 3 do art. 101.º), sem necessidade de recorrerem ao envio de questões prejudiciais ao TJUE (previsto nos arts. 267 e 256, n.º 3 TFUE). Também as autoridades reguladoras em matéria de concorrência têm este poder de aplicação directa do direito da União em processo individuais, podendo actuar oficiosamente ou por denúncia (arts. 3.º e 5.º do RP 2003).

Estas são típicas disposições de direito económico, que representam uma escolha de políticas económicas e cuja interpretação e aplicação, não sendo aleatórias, estão imbuídas de preocupações de eficácia[17].

A terceira categoria de normas de natureza material diz respeito ao controlo das concentrações e tem por objectivo principal «evitar que o processo de reestruturação industrial, encorajado pela integração progressiva dos mercados dos Estados-Membros, venha a gerar um prejuízo duradouro para a concorrência». Estas normas, que foram introduzidas em 1989 pelo Regulamento n.º 4064/89, de 21 de Dezembro

[15] O RP 1/2003, que substituiu o Regulamento n.º 17/62, de 6 de Fevereiro, foi objecto de alterações introduzidas pelo Regulamento n.º 411/2004 do Conselho, de 26.02.04. Neste contexto, a Comissão adoptou o Regulamento de execução n.º 773/2004, de 7.04.04, relativo à instrução de processos, alterado, no que toca à condução de procedimentos de transacção nos processos de cartéis, pelo Regulamento da Comissão n.º 622/2008, de 30.06.08, bem como, seis novas comunicações e orientações, todas publicadas in JOCE C n.º 101, de 27.04.04.

[16] Cf. art. 1.º do Regulamento n.º 1/2003 do Conselho, de 16.12.2002 (esta disposição não é inédita, seguindo o modelo já adoptado no art. 1.º do Regulamento n.º 17/62 do Conselho, de 6.2.1962). Sobre a distinção entre efeito directo e aplicabilidade imediata, bem como uma análise de jurisprudência mais recente e inovadora sobre o efeito directo, ver J. L. da Cruz Vilaça, «A propósito dos efeitos das directivas na ordem jurídica dos Estados-Membros», *Cadernos de Justiça Administrativa*, n.º 30, Novembro-Dezembro, 2001, pp. 3-19.

[17] Assim, Schapira *et al.*, *Droit Européen des Affaires*, Paris: PUF, 1990, p. 223-224. Segundo estes autores essa qualificação manifesta-se, entre outros aspectos, na interpretação teleológica das normas, na preocupação de dar um conteúdo económico aos conceitos usados nos artigos dos tratados, na chamada aplicação extraterritorial das regras de concorrência, na atenção dada aos efeitos reais das «ententes» e abusos de posição dominante, enfim, no princípio da oportunidade que permite à Comissão fechar um processo sem tomar uma decisão, se as empresas aceitarem modificar o seu comportamento.

(objecto de revisão em 1997), constam hoje de um diploma de direito derivado, o já referido RCC (Regulamento n.º 139/2004)[18].

O segundo grande conjunto de normas do TFUE tem em vista estabelecer uma disciplina de actuação dos Estados, nomeadamente no que respeita aos auxílios concedidos pelos poderes públicos em geral, e às empresas encarregadas de serviços de interesse económico geral, em particular (respectivamente arts. 107.° e ss. e art. 106.º TFUE). Estas são intervenções que, ao privilegiarem certos operadores em detrimento de outros, podem violar um princípio de igualdade de oportunidades (ou de «equidade económica»).

Ao lado deste direito base da concorrência, existe todo um conjunto de *normas complementares* de direito derivado, quer de natureza material (nomeadamente relativas a isenções) quer de natureza processual (em particular, o citado RP 2003 e o Regulamento de aplicação relativo às operações de concentração, Regulamento n.º 802/2004, de 7 de Abril) e, bem assim, todo um conjunto de actos juridicamente não vinculativos, mas dotados de uma eficácia de facto[19]. Importância decisiva nesta matéria assumem ainda as decisões do TJUE, em particular, as tomadas ao abrigo do mecanismo das questões a título prejudicial, por reflectirem posições de princípio e funcionarem, na prática, como verdadeira fonte de direito, e as decisões administrativas individuais proferidas pela Comissão, por reflectirem a política de concorrência que, sob controlo do TJUE, esta instituição leva a cabo.

A aplicação do direito europeu da concorrência é, em primeira linha, da responsabilidade da Comissão Europeia (DG-COMP e serviço especializado «*Merger Task Force*»), do Tribunal de Primeira Instância (TPI) e do Tribunal de Justiça (TJUE). Em determinados domínios, a Comissão tem competência exclusiva (concentrações de dimensão europeia e auxílios de Estado), enquanto em outros, particularmente depois da reforma introduzida pelo RP 2003, a aplicação do direito europeu está descentralizada, competindo às autoridades nacionais (administrativas ou judiciais) que, para este efeito, operam em rede com a Comissão.

Resta acrescentar que o direito europeu da concorrência comporta ainda alguns *regimes especiais* de interdição que derrogam, parcial ou totalmente, o disposto nos arts. 101.° e 102.° do TFUE. É o caso dos regimes previstos no próprio TFUE para os

[18] Cf., sobre o tema, A. Pappalardo, «Le règlement CEE sur le contrôle des concentrations», *Revue Internationale de Droit Économique*, 1990, n.° 1, p. 6.

[19] A Comissão emite diversas *comunicações* destinadas a informar as empresas e os Estados-Membros sobre os critérios subjacentes à sua política e a regular genericamente certas questões, comunicações estas que não sendo vinculativas juridicamente (salvo quando aceites pelos Estados-Membros), representam, de certo modo, uma forma de autovinculação. Note-se porém que o TJCE já tem utilizado a expressão «proibido pela comunicação», como no §37 do processo C-382/99 *Reino dos Países Baixos/Comissão*. As comunicações mais relevantes da Comissão podem ser encontradas na colectânea de M. Lopes Porto e G. Anastásio, *Legislação da Concorrência*, Coimbra Editora, 2010.

transportes (art. 93.º) e para o sector da agricultura (art. 42.º). Esses regimes não serão, porém, aqui analisados.

2.2. Caracterização geral do direito português da concorrência

2.2.1 Antecedentes próximos

Apesar de a Constituição consagrar, desde o início, um princípio de combate aos monopólios e às práticas comerciais restritivas e de defesa da concorrência (al. *f*) do art. 81.º e al. *c*) do art. 99.º), só em 1983, com o DL n.º 422/83, de 3 de Dezembro, Portugal passou a dispor de um regime específico de defesa da concorrência que, embora inspirado nos sistemas europeus e no modelo europeu, continha também a regulamentação das práticas individuais restritivas[20]. Este primeiro regime português foi antecedido por um diploma preparatório relativo à criação da Direcção-Geral da Concorrência e Preços (DL n.º 293/82, de 27 de Julho).

Propósitos ou iniciativas anteriores, constantes de programas de Governos provisórios (o «Programa Melo Antunes») ou Constitucionais, ou mesmo de propostas de lei, não chegaram a bom porto, devendo-se à perspectiva de adesão de Portugal à CEE a aceleração do processo de produção normativa relativo à defesa da concorrência.

A referida lei de defesa da concorrência (de 1983) sofreu alterações logo em 1984, sendo também objecto de regulamentação através da emissão de diversas portarias. Em 1988 este regime seria completado com a lei de controlo das concentrações e manter-se-ia, no essencial, até 1993.

Em 1993 foram publicados dois novos diplomas: um, abrangendo em conjunto as regras da concorrência e das concentrações de empresas e introduzindo um novo regime sobre os auxílios de Estado e, bem assim, a regulamentação processual relativa aos diferentes aspectos em causa (DL n.º 371/93, de 29 de Outubro); outro, subordinando ao regime de contra-ordenações as infracções à regulamentação da aplicação de preços ou de condições de venda discriminatórios, das tabelas de preços e condições de venda, da venda com prejuízo e da recusa de venda ou de prestações

[20] De facto, embora em 1936 tivesse sido publicada uma lei de controlo das coligações económicas (Lei n.º 1936 de 18.3.1936), ela nunca foi verdadeiramente utilizada como medida de defesa da concorrência, nem se demonstra que tivesse alguma vez influenciado decisivamente a forma das empresas se organizarem ou desenvolverem. Igual ou pior sorte tiveram as tentativas posteriores de implantar um regime de defesa da concorrência, designadamente depois da integração de Portugal na EFTA. O DL n.º 44016 de nunca chegou a ser regulamentado e a proposta de Lei n.º 508/VIII acabou por ser retirada. O pacote legislativo que acompanhou a tentativa de modernização e liberalização dos quadros jurídicos da economia, ensaiada na última fase do regime do Estado Novo a partir de 1968, depois da substituição de Salazar por Marcelo Caetano, incluía uma lei de defesa da concorrência, a Lei n.º 1/72, a qual, seguindo a tradição, também não foi regulamentada como estava previsto. Note-se que, nesta mesma altura, Portugal assinou um acordo económico com a CEE e com a CECA nos quais se previa a proibição de coligações, abusos de posição dominante e auxílios públicos em termos semelhantes aos previstos no Tratado de Roma.

de serviços (DL n.º 370/93, de 29 de Outubro, alterado pelo DL n.º 140/98, de 16 de Maio). Manteve-se assim a forte semelhança existente entre o regime português e o europeu, aqui reforçada pela supressão das práticas individuais (deslocadas para a esfera das infracções antieconómicas) e pela regulamentação dos auxílios de Estado.

2.2.2 O actual regime jurídico da concorrência: o papel da Autoridade da Concorrência

Em 2003 foi revogado o regime de 1993. O regime jurídico da concorrência está actualmente contido na Lei n.° 18/2003, de 11 de Junho (LC) cuja estrutura corresponde uma vez mais, no essencial, à do direito da União Europeia[21]. O DL n.° 10/2003, de 18 de Janeiro, por sua vez, cria a Autoridade da Concorrência e aprova os seus estatutos.

A *Autoridade da Concorrência* (AdC) é, agora, o órgão por excelência em matéria de defesa da concorrência, reunindo as funções da extinta Direcção-Geral da Concorrência e do Conselho da Concorrência. A Lei n.º 18/2003 optou por uma estrutura de carácter monista, entregando à AdC a competência para a investigação e a decisão em primeira instância em todas as matérias de concorrência.

O actual regulador transversal diferencia-se essencialmente pela concentração formal de poderes, reflectindo uma maior independência face ao governo. Esta independência no desempenho das suas funções é afirmada no art. 4.º dos Estatutos da AdC, sem prejuízo da tutela ministerial quanto a certos actos e da observação dos «princípios orientadores de política da concorrência fixados pelo Governo».

Nos termos do art. 1.º dos Estatutos, a AdC é uma «pessoa colectiva de direito público, de natureza institucional, dotada de património próprio e de autonomia administrativa e financeira» que tem por missão «assegurar o respeito pelas regras de concorrência, tendo em vista o funcionamento eficiente dos mercados, a repartição eficaz dos recursos e os interesses dos consumidores».

A AdC tem também funções de promoção de uma «cultura de concorrência junto dos agentes económicos e do público em geral». Deve orientar os agentes económicos em matéria de concorrência, bem como colaborar permanentemente no aperfeiçoamento da legislação.

Por último, compete à AdC responder às exigências da União em matéria de controlo da concorrência, devido à aplicabilidade directa do direito europeu no âmbito dos acordos restritivos e práticas concertadas (art. 101.º TFUE) e de abuso de posição dominante (art. 102.º TFUE).

[21] A LC foi sucessivamente alterada pelo DL n.º 219/2006, de 2 de Novembro, pelo DL n.º 18/2008, de 29 de Janeiro e pela Lei n.º 52/2008, de 28 de Agosto, que aprovou a Lei de Organização e Funcionamento dos Tribunais Judiciais (cf. os arts 168.º e 171.º e ss. desta última Lei). Sobre a LC, cf.. Miguel Mendes Pereira, *Lei da Concorrência – Anotada, ob. cit.*, 2009 e José L. Cruz Vilaça, «Introdução à nova legislação da concorrência. Vicissitudes e projectos de modernização», in A. Goucha Soares/ M. M. Leitão Marques (org.), *Concorrência – Estudos*, Coimbra: Almedina, p. 13 e ss.

De um ponto de vista orgânico, a AdC é composta pelo Conselho e pelo fiscal único. O Conselho é constituído por um presidente e dois a quatro vogais, nomeados por resolução do Conselho de Ministros, sob proposta do ministro responsável pela área da economia, ouvidos os ministros responsáveis pela áreas das finanças e da justiça.

A AdC tem, como se disse, a natureza de *entidade administrativa independente*. Por isso, está consagrada a inamovibilidade dos titulares dos cargos de membro do conselho e fiscal único. Com efeito, só com justa causa – nos termos previstos nos Estatutos (art. 15.º) – podem estes titulares ser exonerados. Não pode, inclusive, haver «nomeação de membros do conselho depois da demissão do governo ou da convocação de eleições para a Assembleia da República nem antes da confirmação parlamentar do Governo recém-nomeado» (art. 12.º, n.º 3 dos Estatutos). Como se torna claro, pretende-se com estas medidas evitar, por um lado, uma excessiva intervenção governamental na esfera da defesa da concorrência e, por outro lado, afastar o risco de «contágio» da actividade de regulação por fenómenos de instabilidade política.

Uma das questões ainda não satisfatoriamente resolvidas é a da articulação da AdC com as autoridades reguladoras sectoriais, abordada no art. 6.º do DL n.º 10/2003 que aprovou os Estatutos da AdC[22]. Para dirimir eventuais conflitos ou sobreposição de competências a AdC tem vindo a realizar protocolos com os reguladores sectoriais.

2.2.3 A Lei de clemência

Na sequência de regimes semelhantes existentes na maioria dos EM, em 25 de Agosto de 2006, foi publicada a Lei n.º 39/2006 que estabelece o regime jurídico da dispensa e da atenuação especial da coima aplicável em processos de contra-ordenação instaurados pela AdC por infracção às normas que proibem acordos e práticas concertadas, designada Lei da Clemência (*leniency, clémence*)[23]. Podem beneficiar desta lei as empresas (na acepção do direito da concorrência) e os titulares do órgão de adminis-

[22] As entidades reguladoras sectoriais referidas na LC são: o Banco de Portugal (BP), o Instituto de Seguros de Portugal (ISP), a Comissão do Mercado de Valores Mobiliários (CMVM), a Entidade Reguladora dos Serviços Energéticos (ERSE), a Autoridade Nacional de Comunicações (ANACOM), o Instituto Regulador das Águas e Resíduos (IRAR), o Instituto Nacional do Transporte Ferroviário (INTF), o Instituto Nacional da Aviação Civil (INAC) e o Instituto dos Mercados das Obras Públicas e Particulares e do Imobiliário (IMOPPI). Note-se que estas entidades são elencadas no art. 6, n.º 4 do DL n.º 10/2003, constituindo esta disposição uma cláusula aberta, i.e., admitindo-se a existência de outras autoridades, pelo menos de forma a abranger aquelas que venham a ser entretanto criadas. Sobre esta questão, cf. P. P. Barros *et al.*, *Sectoral Regulators and the Competition Authority: Which Relationship is best?*, comunicação apresentada na conferência do Banco de Portugal «Desenvolvimento Económico Português no Espaço Europeu», Março de 2004, pp. 1, 3, 22.

[23] Sobre o tema ver a *Comunicação da Comissão relativa à imunidade em matéria de coimas e à redução do seu montante nos processos relativos a cartéis* (2002/C 45/03 in JO C 298/17 de 8.12.2006), bem como o Regulamento 214/2006 da AdC sobre o procedimento administrativo para a obtenção desse benefício.

tração das pessoas colectivas e entidades equiparadas consideradas responsáveis por não terem posto termo imediato às infracções que conheçam ou devessem conhecer.

Visa-se, segundo a exposição de motivos que acompanhou a proposta de lei, dar um tratamento favorável às empresas que cooperem com a AdC na investigação, prova e sanção deste tipo de acordos que são difíceis de identificar e lesam a economia e os consumidores. A cooperação envolve especiais deveres de informação, de fornecimento de provas e, de forma genérica, de cooperação plena e contínua.

2.3. Campo de aplicação

2.3.1. O princípio do efeito anticoncorrencial (ou da territorialidade objectiva)

2.3.1.1. O direito da União

O território da UE é definido com alguma minúcia nos arts. 52.º do TUE e 355.º do TFUE. Mas não basta ter em conta esta definição para se delimitar o campo da aplicação territorial do direito europeu da concorrência relativo às coligações e abusos de posição dominante.

Necessário é ainda relacionar esse território com os elementos, para este efeito considerados decisivos, em que um dado comportamento pode decompor-se.

Ora, a regra é a de que o direito europeu não se preocupa com a localização no território da UE de todos os elementos de um comportamento não-concorrencial, mas assenta na *localização dos «efeitos anticoncorrenciais»* desses comportamentos.

Assim, por exemplo, se uma coligação se destina a produzir efeitos fora da UE, as regras europeias não se lhe aplicam, mesmo que as empresas intervenientes estejam localizadas no espaço da União. A situação será, porém, diferente se tais acordos, por reflexo, fizerem sentir neste espaço os seus efeitos anticoncorrenciais. Neste caso haverá um efeito anticoncorrencial *indirecto*, facto que poderá justificar a aplicação do direito da União.

Questão porventura mais complexa é a de saber se os acordos ou práticas anticoncorrenciais levados a cabo por empresas sediadas fora do território da UE, mas com reflexos neste, caem ou não na alçada do direito europeu.

A jurisprudência e a prática administrativa apontam em sentido afirmativo. A Comissão, num caso sobre matérias corantes, precisou que a questão da localização das sedes das empresas participantes numa coligação é irrelevante[24]. O Tribunal de Justiça, logo em 1971 no acórdão *Béleguin*, esclareceu que o facto de uma das empresas participantes num acordo estar situada num país terceiro não obsta à aplicação do art.

[24] Decisão de 24.07.1969 (JO L 195, de 7.8.1969) confirmada pelo TJCE (processo 48/69 *Imperial Chemical Industries c. Commission des Communautés Européennes, Recueil*, vol. XVIII – 1, 1972, p. 619).

81.° TCEE (hoje 101.º TFUE) «desde que o acordo produza os seus efeitos no território do Mercado Comum» (critério da *territorialidade objectiva* ou «teoria dos *efeitos*»)[25].

No entanto, neste como noutros casos posteriores, a empresa sediada fora do território da UE agia no interior da União através de filiais ou sucursais. Logo ficava a dúvida de saber se não se estaria perante a imputação de comportamentos destas à sociedade-mãe. Esta dúvida foi desfeita no caso da coligação levada a cabo por 41 produtores de pasta de papel, todos eles localizados fora da UE (nos Estados Unidos, no Canadá, nos países escandinavos) e sem filiais ou sucursais no interior desta. E apesar de as vendas serem efectuadas directamente ou através de simples agentes, a Comissão primeiro, o Tribunal depois, não hesitaram em condenar a coligação por concertação de preços, tornando claro que o critério decisivo é o do lugar onde a coligação se tornou *efectiva*. Ou seja, onde foram efectuadas as operações de venda por preço concertado que produziram efeitos anticoncorrenciais.

Nestes casos, levanta-se, contudo, a questão da execução das condenações e, portanto, o problema da eficácia das decisões administrativas ou dos acórdãos do TJUE. Só quando existam, no território da União, filiais ou sucursais de empresas de países terceiros a questão estará simplificada com a responsabilização destas pelos comportamentos daquelas.

Quanto à *posição dominante*, o art. 102.º TFUE (ex-82.° TCE) exige igualmente que esta seja explorada «no mercado interno». É aqui que o seu efeito anticoncorrencial se fará naturalmente sentir.

No processo T-102/96 *Gencor*, o Tribunal entendeu que havia posição dominante derivada de uma concentração com dimensão europeia (comunitária), bloqueando a operação, embora a empresa adquirida fosse sul-africana e apenas uma das adquirentes fosse europeia (uma sociedade de direito inglês e outra sociedade de direito sul africano), e apesar de o regulador sul-africano ter autorizado a concentração.

No caso do *controlo das concentrações*, o Regulamento n.º 139/2004 inclui cláusulas específicas de determinação de competências. Uma operação sem dimensão europeia, mas que afecte o comércio intra-comunitário pode ser analisada pela Comissão, a pedido de um Estado-Membro (art. 22.º). Outros casos estão previstos no art. 9.º do mesmo diploma.

2.3.1.2. O direito português e a concorrência de direitos

O critério adoptado pela legislação portuguesa é também o critério do *efeito anticoncorrencial territorial*, segundo o qual se proíbem os comportamentos anticoncorrenciais, que ocorram no mercado nacional, ou cujos efeitos aí se produzam, real ou virtualmente, mesmo que as empresas responsáveis por tais comportamentos se encontrem estabelecidas fora do nosso território (art. 1.°, n.° 2 da LC). Por essa razão,

[25] Acórdão de 25.11.1971, *Béguelin Import Co. c. S.A.G.L. Import Export*, *Recueil*, vol. XVII – 2, 1971, p. 949.

em processo de infracção à lei da concorrência foi já arguida uma empresa, com actividade no domínio da venda de ferramentas de seu fabrico, que tinha sede em França e não tinha qualquer delegação ou representação comercial permanente em Portugal.

Mais complexa é a questão de saber que direito se aplica – o europeu ou o português – quando a mesma prática restritiva da concorrência venha a produzir efeitos no território português e a afectar o comércio entre os Estados-Membros[26].

As orientações elaboradas pelo extinto Conselho da Concorrência eram as seguintes:

a) Se o comportamento fosse proibido pelo direito comunitário e permitido pelo direito nacional, prevalecia a proibição;

b) Se o comportamento não fosse proibido pelo direito comunitário e fosse interdito pelo direito nacional, prevalecia ainda a interdição;

c) Se o comportamento beneficiasse de uma decisão de isenção da Comissão (isto é, fosse proibido mas justificado), prevalecia a isenção comunitária;

d) Se o comportamento fosse abrangido pelos pressupostos de aplicação de um regulamento de isenção por categoria não podia a aplicação do direito nacional prejudicar o efeito dessa isenção.

O novo regime da UE relativo à concorrência em matéria de práticas concertadas e abuso de posição dominante (arts. 101.º e 102.º do TFUE) veio confirmar a aplicação simultânea dos direitos nacionais e do direito europeu (cf. art. 3.º do RP), devendo, porém, o primeiro conformar-se com o segundo.

2.3.1.3 A cooperação entre autoridades europeias e nacionais

Todo o enquadramento do direito europeu da concorrência reflecte o princípio da cooperação entre as autoridades europeias e as autoridades nacionais[27]. Esta cooperação implicou a criação da Rede Europeia de Concorrência (ERC – *European Competition Network*), sob coordenação da Comissão, regida por princípios de eficiência, coerência, cooperação e salvaguarda de direitos de defesa. Por outro lado, existem deveres mútuos de leal cooperação entre a Comissão e os tribunais nacionais.

O preâmbulo do RP 2003 inclui, logo no início, uma menção à importância de «repensar o modo de aplicar a derrogação à proibição dos acordos restritivos», aos

[26] Aqui confrontavam-se as teorias da «barreira única» e da «barreira dupla». Cf. N. Ruiz, «Relações entre o direito nacional e o direito comunitário da concorrência», GDDC, Sep. BMJ, n.º 37/8, Lisboa, 1989.

[27] Sobre as relações entre a Comissão e as autoridades administrativas e judiciais nacionais, cf. a *Comunicação da Comissão sobre a cooperação no âmbito da rede de autoridades da concorrência* (in JO C 101, de 27.4.2004) e ainda a *Comunicação da Comissão sobre a cooperação entre a Comissão e os tribunais dos Estados-Membros da União Europeia na aplicação dos artigos 81.º e 82.º* (do TCE), (2004/ C 101/04, in JO C 39/6 de 13.2.03). Sobre o tema, vide ainda, J. Luís da Cruz VILAÇA, «O ordenamento comunitário da concorrência e o novo papel do juiz numa União alargada», *Revista do CEJ*, n.º 1, 2004, pp. 37-51.

quais se refere o artigo 101.º, n.º 3 do TFUE (anterior art. 81.º, n.º 3 TCE). A grande alteração neste âmbito é o da *aplicabilidade directa* do regime derrogatório, i.e. os tribunais nacionais e as autoridades nacionais de concorrência passam a ter competência não só quanto à aplicação do arts. 101.º, n.º 1 e 102.º (acordos e práticas restritivas e abuso de posição dominante), mas também quanto ao art. 101.º, n.º 3, relativo às derrogações ao n.º 1 do art. 101.º. O RP 2003 assenta na ideia que o papel dos tribunais nacionais é o de «complementar o das autoridades dos Estados-Membros» (considerando 7.º). O ónus da prova quanto à violação dos arts. 101.º, n.º 1 e 102.º caberá às autoridades nacionais ou à parte que alegue o incumprimento destas disposições (considerandos 4.º e 5.º), enquanto o ónus da prova relativo à verificação das condições de aplicação das derrogações inscritas no art. 101.º, n.º 3, cabe à parte que o invoca.

Trata-se, ao fim e ao cabo, de uma nova dimensão do princípio da subsidiariedade (considerando n.º 7) permitida pela consagração de um quadro legal uniforme, mas também pragmaticamente exigida pelas dificuldades da Comissão em gerir todos os processos em matéria de concorrência numa União de 27 Estados-Membros.

Outra novidade, sequencial às citadas, é a aplicação simultânea dos direitos nacional e europeu da concorrência, ainda que com a habitual cláusula de salvaguarda, permitindo aos EM irem mais longe na sua acção legislativa no que diz respeito às condutas individuais das empresas (considerando 8.º). É igualmente salvaguardada a acção legislativa nacional não contrária ao direito comunitário (considerando 9.º). Esta flexibilidade – de resto baseada no já referido princípio da subsidiariedade – permite a existência de figuras como a do abuso de dependência económica, consagrada pela Alemanha em 1973 e adoptada por EM como Portugal (art. 7.º da LC 2003).

2.3.2. A susceptibilidade de afectação do comércio entre os Estados-Membros

Não basta que a localização da coligação ou que a exploração abusiva da posição dominante e os seus efeitos se situem no espaço da UE para que o direito europeu se lhes aplique. Necessário é também que tais acordos e práticas concertadas ou abusos sejam *susceptíveis* de afectar as trocas entre os Estados-Membros.

A função deste pressuposto é dupla: por um lado, trata-se de uma regra de competência que permite delimitar o campo de aplicação dos arts. 101.º e 102.º do TFUE em relação aos direitos nacionais; por outro, constitui uma norma material que orienta a acção das autoridades da UE, cuja função é velar pela realização e bom funcionamento do mercado interno[28].

De acordo com a primeira função (a de *regra de conflitos*), as coligações e os abusos de posição dominante que não sejam susceptíveis de afectar o comércio entre os EM cairão, se for caso disso, no campo de aplicação dos direitos nacionais. De acordo

[28] Cf. Acórdão de 30.6.1966, *Société Technique Minière (L.T.M.) c. Maschinenbau Ulm GmbH (M.B.U.)*, Proc. 56/65, *Recueil*, vol. XII – 1, 1966, p. 337.

com a segunda (a de *norma de orientação*), a questão de saber se existe tal afectação surge como questão de facto para cuja dilucidação as autoridades europeias gozam de amplos poderes de apreciação. Aflora aqui a filosofia subjacente aos Tratados de tomar a concorrência como um meio e não como um fim em si e da sua protecção se apresentar conectada com a prossecução de outros objectivos fundamentais do mercado interno.

Precisando o sentido deste pressuposto, verifica-se que a Comissão e o TJUE têm-se inclinado para aceitar um sentido *neutro* e muito amplo do termo «afectar», vinculando-o a uma perspectiva finalista que procura evitar que os fluxos de mercadorias ou serviços sejam orientados de forma artificial.

Não se exige que a afectação da liberdade de comércio entre os Estados-Membros se tenha concretamente já verificado. Basta que exista a susceptibilidade de afectação: algo mais do que uma mera hipótese, algo menos do que uma realidade. Significa isto, de acordo com o TJUE, que, «para preencher esta condição, o acordo de que se trata, deve, na base de um conjunto de elementos objectivos de direito ou de facto, permitir encarar com um grau de probabilidade suficiente que ele possa exercer uma influência directa ou indirecta, actual ou potencial sobre os fluxos de trocas entre os Estados-Membros»[29], contribuindo assim para a compartimentação do mercado e para tornar mais difícil a interpenetração económica defendida pelo TFUE.

Também a noção de *comércio* (afectação do comércio) é encarada pelas autoridades da União de forma ampla. Assim, como dispõe uma comunicação da Comissão de 2004 a este respeito, ela abrange não só a circulação das mercadorias e as prestações de serviços, mas todas as operações económicas relativas a valores corpóreos ou incorpóreos, inclusive câmbios, às quais os Tratados são susceptíveis de serem aplicados[30]. Esta Comunicação incorpora os desenvolvimentos trazidos pela interpretação do direito europeu levada a cabo pelo TJUE, e analisa o conceito de susceptibilidade de afectação do comércio nas três vertentes estabelecidas no Tratado e na jurisprudência do TJUE: o conceito de «comércio entre os Estados-Membros», a noção de «susceptível de afectar» e o conceito de «carácter sensível». Além da análise pormenorizada de cada um destes elementos, a Comunicação inclui ainda referências a acordos ou práticas com efeitos em apenas um EM, ou abusos de posição dominante em parte de um EM.

[29] Cf. o Acórdão de 12.12.1967, *S. A. Brasserie de Haecht c. Consorts Wilkin Janssen*, Proc. 23/67, *Recueil*, vol. XIII, 1967, p. 526. Cf. também Acórdão de 9.7.1969, *Franz Völk c. S.P.R.L. Éts J. Vervaecke*, Proc. 5/69, *Recueil*, vol. XV, 1969, p. 295.

[30] Cf. Comissão Europeia, *Orientações sobre o conceito de afectação do comércio entre os Estados-Membros previsto nos artigos 81.º e 82.º TCE* (101.º e 102.º do TFUE), JO C 101, de 27.04.2004, p. 81 e ss.

Enfim, a afectação do comércio entre os EM não diz necessariamente respeito a todos ou vários. Os fluxos podem cingir-se apenas a dois deles[31].

Se estas considerações vão no sentido de diminuir a importância deste requisito de aplicação do direito europeu, tendendo a alargar, quiçá de modo exagerado, o espaço deste, uma outra exigência vai no sentido da revalorização do pressuposto «afectação» e, deste modo, da diminuição do campo de aplicação do direito europeu. É que, de acordo com a jurisprudência e com decisões da Comissão, a afectação não se verifica quando uma coligação apenas atinja o mercado de forma insignificante, tendo em consideração a quota de mercado dos interessados, ou seja, exige-se que a afectação seja *sensível*, deixando de lado os acordos de importância menor (acordos *de minimis*)[32]. Como refere a Comissão, em 2001, «a nova Comunicação reflecte uma abordagem mais orientada para os aspectos económicos e apresenta as seguintes características principais: (...) os limiares *de minimis* são aumentados para 10% da quota de mercado no que se refere aos acordos entre concorrentes e para 15% para os acordos entre não concorrentes (...) e especifica pela primeira vez um limiar de quota de mercado para as redes de acordos que produzem um efeito cumulativo desfavorável à concorrência (...) Inclui a mesma lista de restrições graves que os regulamentos de isenção por categoria horizontais e verticais (...) os acordos entre pequenas e médias empresas são normalmente *de minimis*»[33].

Com isto pretendeu a Comissão aliviar o seu trabalho, preocupação bem visível na Comunicação de 2004 sobre os acordos de importância menor (designada, por isso mesmo, na gíria por Comunicação *de minimis*). Acrescente-se que a nova possibilidade de apresentação de queixas por particulares – no âmbito do processo de descentralização e aplicação directa das regras pelos tribunais e autoridades nacionais – potencia também esta diminuição do volume de processos da Comissão, podendo, porém, vir a aumentar o número global de processos, em virtude de um desejado reforço da «cultura de concorrência». Mas, com aquela Comunicação, a Comissão procurou igualmente controlar indirectamente as operações de concentração e favorecer a cooperação entre PME, como decorre claramente da atitude benévola como a Comissão encara os acordos entre PME[34].

[31] A questão é controversa. Segundo Miguel Gorjão Henriques, *Direito Comunitário*, 5ª ed., Coimbra: Almedina, 2008, p. 542, mesmo um acordo celebrado entre duas empresas portuguesas no nosso território poderá ser susceptível de afectar o comércio entre os EM.

[32] Sobre os acordos de importância menor, a Comissão lançou em 1986 uma primeira comunicação (cf. JO C 231, de 12.9.1986, p. 2) que foi revista em finais de 1997 (cf. JO C 372/13, 1998). A *Comunicação relativa aos acordos de pequena importância (de minimis)* em que a Comissão expressa as suas orientações actuais sobre este tipo de acordos está publicada *in* JO C 368 de 22.12.2001, p. 13.

[33] Cf. Comissão, *XXXI Relatório sobre a Política de Concorrência*, Bruxelas, 2001.

[34] Sobre a problemática das PME, cf. A. F. Palma, *Das Pequenas e Médias Empresas – Algumas Questões* (maxime, no Direito da Concorrência), Coimbra: Almedina, 2001.

A questão da afectação sensível põe-se naturalmente em termos diferentes no que toca aos *abusos de posição dominante*. A afectação refere-se aqui à susceptibilidade de ser perturbado ou modificado o comportamento das empresas implantadas fora do Estado onde a empresa em posição dominante está instalada, de forma que tal perturbação tenha repercussões na estrutura da concorrência do mercado interno. Não havendo neste contexto qualquer orientação administrativa específica que permita estabelecer o limiar de uma posição dominante, a questão da gradação da afectação estará sobretudo dependente da definição do mercado em que ela se exerce. O instrumento para identificar e definir os limites da concorrência inter-empresarial é, pois, a noção de *mercado relevante* e a sua delimitação do ponto de vista geográfico e do ponto de vista do produto.

2.3.3 A dimensão do mercado: a noção de mercado relevante

A noção de mercado é central no direito da concorrência[35].

Ela é usada nos tratados em dois sentidos diferentes: um corresponde ao espaço global em construção onde se exerce a concorrência e se processa, no seio da União, o intercâmbio de mercadorias e serviços (o «mercado interno», o «mercado comum»); outro, mais concreto, diz respeito à delimitação do espaço em que é analisada uma determinada operação para se aquilatar da sua conformidade ou não com o direito da concorrência (o «mercado relevante»).

O modo como é delimitado este mercado relevante tem, muitas vezes, uma influência decisiva na apreciação de um determinado processo. Isto vale sobretudo para a detecção de uma posição dominante, mas também é importante para o controlo das operações de concentração e mesmo para a aplicação do princípio da proibição das coligações. Nas *coligações*, trata-se, por exemplo, de determinar se existe uma restrição significativa da concorrência ou de saber se estão preenchidas as condições para a concessão de uma isenção ao abrigo do n.º 3 do artigo 101.º do TFUE. Nas *concentrações*, trata-se de verificar e impedir que a criação ou o reforço de uma posição dominante produza significativos entraves numa parte substancial do mercado interno. Na detecção de *posição dominante*, como melhor se verá, a noção visa contribuir para a própria definição de posição dominante, permitindo o cálculo da quota de mercado de uma empresa (ou grupo de empresas) num dado mercado específico. Tanto o RP 2003, como o Regulamento n.º 139/2004 (arts. 1.º, n.ºs/2 e 3 e art. 3.º, n.ºs 1 e 2) consagram estas opções.

[35] Cf. Comissão Europeia, *Comunicação sobre a definição de mercado para fins de direito da concorrência*, Comunicação n.º 97/C 372/03, in JOCE C 372 de 9.12.1997, p. 5 e ss. Sobre o tema, cf., entre outros, Catherine Grynfogel, *Droit Communautaire de la Concurrence*, 3ª ed., Paris : L.G.D.J., 2008, p. 41 e ss. De forma mais geral, cf. Philippe Maddalon, *La Notion de Marché dans la Jurisprudence de la Cour de Justice des Communautés Européennes*, Paris: L.G.D.J., 2007.

Na referida Comunicação sobre a definição de mercado (de 9.12.1997), a Comissão evoca como principal objectivo da definição da noção de mercado relevante a identificação sistemática dos condicionalismos concorrenciais (substituição do lado da procura ou do lado da oferta, eventualmente situações de concorrência potencial) que as empresas que sejam partes num acordo, que estejam envolvidas num processo de concentração ou num processo de investigação sobre a existência de uma posição dominante têm de enfrentar.

O *mercado geográfico relevante* compreende a área em que as empresas em causa fornecem produtos ou serviços, em que as condições de concorrência são suficientemente homogéneas e que podem distinguir-se de áreas geográficas vizinhas devido ao facto, em especial, das condições da concorrência serem consideravelmente diferentes nessas áreas. O *mercado de produto relevante* inclui todos os produtos e/ou serviços considerados permutáveis ou substituíveis pelo consumidor devido às suas características, preços e utilização pretendida.

Estamos perante uma questão difícil de resolver, pois, como se sabe, por um lado, a publicidade diferencia produtos fisicamente idênticos e, por outro, existem produtos (ou serviços) que são, do ponto de vista do utilizador, intersubstituíveis. Além disso, as empresas, ao contrário do que sucede normalmente com as autoridades europeias, têm interesse em ver definido como mercado relevante um mercado o mais extenso possível. Por isso, a apreensão dos contornos da noção de mercado relevante só pode ser produto de uma apreciação casuística. A Comunicação veio explicitar alguns critérios que permitem determinar a substituibilidade dos produtos.

Do lado da procura, devem ser tomados em conta os produtos (ou serviços) que, em termos de natureza ou propriedades, de uso ou de preço, possam razoavelmente ser considerados, em face das circunstâncias concretas, como similares ou sucedâneos do ponto de vista de um número significativo de utilizadores e consumidores. A este critério – que procura determinar a gama de produtos considerados substituíveis pelo consumidor – é inerente um certo subjectivismo que a doutrina tem procurado reduzir fazendo apelo, sem êxito seguro, a certas noções económicas (v.g. a elasticidade cruzada da procura) ou jurídicas (o «utilizador razoável»). A prática comunitária já considerou como mercados relevantes, entre outros, o mercado das bananas (por oposição ao dos frutos em geral), o de cada grupo de vitaminas e o das embalagens metálicas ligeiras[36]. Nestes casos o produto em questão foi sempre considerado como suficientemente específico, individualizado pelas suas características particulares de utilização ou produção, que o diferenciam dos outros produtos, de tal forma que é quase insubstituível por estes.

[36] Cf. os acórdãos sobre os casos *United Brands* e ainda os casos *Hoffman La Roche*, Acórdão de 13.2.1979, *Hoffman-La Roche & Co. AG c. Commission des Communautés européennes*, Proc. 85/76, e *Continental Can* (processo das embalagens metálicas), Acórdão do TJCE de 21.1.1973, proc. 6/72.

Do lado da oferta, a substituição requer que os fornecedores possam transferir a sua produção para os produtos relevantes e comercializá-los, num prazo que não implique uma significativa adaptação dos actuais activos corpóreos ou incorpóreos existentes.

2.4. A proibição das coligações

2.4.1. Estrutura e conteúdo do art. 101.º do TFUE

O art. 101.º do TFUE possui a seguinte estrutura:

- no n.º 1 estabelece-se, como princípio básico, a *proibição global* dos acordos entre empresas, das decisões de associações de empresas e das práticas concertadas sempre que possam provocar modificações das condições e funcionamento da concorrência, ou seja, na linguagem do TFUE, que tenham por objectivo ou por efeito impedir, restringir ou falsear a concorrência no mercado interno[37];
- nas cinco alíneas do n.º 1 enumera-se, a título *exemplificativo*, alguns tipos de contratos ou comportamentos concertados que, por serem mais gravosos ou frequentes, o Tratado expressamente trata como coligações;
- o n.º 2 comina, como *sanção civil* aplicável aos acordos e decisões previstas no n.º 1, a nulidade de pleno direito, sem prejuízo de outras sanções previstas pelo direito europeu derivado poderem vir a ser aplicadas;
- por fim, o n.º 3 formula um princípio de *excepção* que é um dos fundamentos da política europeia da concorrência: aí se abre a possibilidade de, satisfeitos certos condicionalismos, ser considerado inaplicável o princípio de proibição contido no n.º 1, beneficiando de isenções, em função dos seus efeitos benéficos noutras áreas, os acordos, decisões de associações ou práticas concertadas anticoncorrenciais entre empresas.

Os agentes participantes numa coligação são, portanto, as empresas (uma pluralidade de empresas) e as associações de empresas. A noção de coligação envolve, para além dos pressupostos já analisados, uma vontade ou decisão de agir em comum (em concertação) e uma restrição, querida ou verificada, da concorrência no interior do mercado interno.

[37] Cf. Luis D. S. Morais, *Os Conceitos de Objecto e Efeitos Restritivos da Concorrência e a Prescrição de Infracções de Concorrência*, Coimbra: Almedina, 2009.

2.4.2. Os agentes ou partes nas coligações

2.4.2.1. As empresas

O TFUE não define a noção de empresa para efeitos de aplicação do art. 101.°. Tão-pouco até hoje o fez, de forma precisa, o TJUE que se tem limitado a estabelecer, em função do espírito do texto, linhas de orientação interpretativa.

Das decisões do TJUE resulta implicitamente uma noção muito *ampla* de empresa, muito mais ampla do que a clássica noção de empresa mercantil. Essa noção, típico conceito de direito económico, assenta num critério *funcional* e não num critério organizativo, conduzindo a qualificar como empresa, do ponto de vista do objecto do acordo em questão, a unidade económica, mesmo que, do ponto de vista jurídico, esta unidade económica seja constituída por entidades jurídicas autónomas, como as filiais, dotadas de personalidade jurídica própria, uma vez que a autonomia jurídica não é necessariamente sinónimo de autonomia real, em sentido juseconómico.

Não se exige, pois, nenhum tipo específico de forma jurídica nem tão pouco um fim lucrativo, podendo a pessoa ser singular ou colectiva, privada ou pública[38]. Basta o exercício permanente de uma actividade económica determinada e a existência de um mínimo de autonomia real nas suas decisões e comportamentos.

De fora ficam, obviamente, as actividades exercidas por conta de outrem (por assalariados, por mandatários) e as práticas de autoconsumo. Quanto aos chamados representantes de comércio e agentes comerciais, tudo depende: se a função que, de facto, exercem tem carácter *autónomo*, isto é, se eles assumem os *riscos* financeiros das operações comerciais e se têm poderes para determinar as condições das transacções, são vistos como negociantes independentes e, logo, como empresa autónoma. Ou seja, só *caso a caso* se pode concluir se um agente comercial cometeu uma infracção contra a concorrência, podendo ser objecto de condenação ao abrigo dos arts. 101.º e 105.º do TFUE, ou se o seu comportamento é imputável à empresa que representa.

Uma outra questão discutida é a dos acordos entre sociedades que pertencem ao mesmo grupo, nomeadamente os casos em que num acordo intervém, ao lado da sociedade-mãe, uma filial (dotada, pois, de personalidade jurídica e, portanto, de autonomia jurídico-comercial). Nestes casos há da parte das autoridades comunitárias uma atitude pragmática, embora nem sempre isenta de críticas. A tendência é para o TJUE defender que «o art. 81.°, n.° 1 (hoje 101.º, n.º 1 do TFUE) não visa

[38] Sobre a distinção entre os conceitos de «sociedade» e de «empresa» cf., por todos, J. M. Coutinho de Abreu, *Curso de Direito Comercial*, vol. II, Coimbra: Almedina, 2002, p. 22 e ss.. É também importante distinguir o que é um serviço público, com natureza administrativa, ao qual não são aplicáveis as regras da concorrência, do que é uma empresa pública. Cf. processo C-364/92 *Eurocontrol*. No caso português, foi arguida em processo de contra-ordenação a Administração do Porto de Lisboa, na altura um instituto público, a propósito de um contrato de concessão exclusiva estabelecido com a Dragapor, SA (Proc. 6/90, do Conselho da Concorrência, entretanto extinto).

acordos ou práticas concertadas entre empresas pertencentes ao mesmo grupo, na qualidade de sociedade-mãe e filial, desde que essas empresas formem uma unidade económica no interior da qual a filial não goze de uma autonomia real na determinação da sua linha de acção no mercado, e desde que esses acordos ou práticas tenham por finalidade estabelecer uma repartição interna de tarefas entre as empresas»[39].

2.4.2.2. As «associações de empresas»

Esta expressão engloba as formas de cooperação ou de coordenação entre empresas cuja independência está juridicamente garantida, implicando, pois, a coexistência de três elementos: a constituição livre e consciente, a igualdade dos membros, a autonomia dos associados.

Diz assim respeito a grupos ou associações profissionais, incluindo as ordens profissionais, com ou sem personalidade jurídica, e a associações de facto ou de direito formadas por empresas. Entre estas ressaltam as resultantes de contratos sem escopo lucrativo, como os agrupamentos complementares de empresas (ACE), os agrupamentos europeus de interesse económico (AEIE) e as empresas comuns, associações em participação, consórcios ou *joint ventures*[40].

2.4.3. As formas de coligação

2.4.3.1. Os acordos restritivos da concorrência

A doutrina dominante entende que a noção de «acordos» é aqui usada em sentido amplo de forma a abranger quer os contratos, quaisquer que eles sejam, de onde derivam obrigações juridicamente vinculativas para as partes, quer simples acordos, mesmo que tácitos ou não assinados, de onde derivem restrições, incluindo por meio de sanções morais ou económicas, à liberdade de agir ou decidir autonomamente de uma ou algumas das partes. Ficam assim incluídos os *gentlemen's agreements*, os cartéis ou uniões informais e mesmo os actos preparatórios de contratos futuros. Ponto é que deles transpareça, como se exige em relação a qualquer forma de coligação, uma certa ideia de continuidade na regulamentação do comportamento.

Estes acordos tanto podem ser horizontais (entre partes concorrentes) como verticais (entre partes situadas em diferentes estádios do processo de produção ou

[39] Cf. Acórdãos *Centrafarm BV et Adriaan De Peijper c. Sterling Drug Inc.*, Proc. 15/74, e *Centrafarm BV et Adriaan De Peijper c. Winthrop BV*, Proc. 16/74, ambos de 31 de Outubro de 1974, *in Recueil*, 1974 - Deuxiéme Partie, p. 1147 e 1183. Subsidiariamente, pode consultar-se a Directiva 90/435 sobre tributação de dividendos entre sociedades «mães» e suas filiais, que enquadra de forma clara estas relações de grupo ainda que, naturalmente, apenas para efeitos desta directiva.

[40] Cf. Lei n.º 4/73 de 4 de Junho (ACE), Regulamento n.º 2137/85 de 25 de Julho (AEIE) e DL n.º 231/81 de 28 de Julho (associações em participação e consórcios). Sobre as *joint ventures*, cf. Luís D. S. Morais, *Empresas Comuns – Joint Ventures no Direito Comunitário da Concorrência*, Coimbra: Almedina, 2006.

de distribuição), tendo por objecto os conteúdos mais diversos (vendas e comercialização, preços, troca de informações, uso e exploração de patentes e marcas, etc.).

2.4.3.2. As decisões de associação

Tal como sucede com os acordos, as decisões de associação pressupõem uma manifestação de vontade dirigida à produção de efeitos anticoncorrenciais. Só que aqui esta vontade é uma vontade colectiva (não um concurso de vontades individuais) formada segundo as regras que presidem ao funcionamento do tipo de associação ou agrupamento em causa. Não são, como é óbvio, as associações em si que são proibidas. Sê-lo-ão as decisões de um órgão (assembleia geral, conselho de administração, etc.) que tenha poderes para obrigar as partes, ainda que por meios extrajurídicos, a efectuar um comportamento anticoncorrencial.

São também abrangidas as decisões de associações públicas, como as ordens profissionais (por exemplo, dos advogados, dos arquitectos ou dos técnicos oficiais de contas), e de associações desportivas (como a FIFA ou a UEFA), quando a respectiva actividade seja económica[41].

2.4.3.3. As práticas concertadas

Prática concertada é, como facilmente se intui, uma noção difícil de precisar. Não se exige nenhum acordo ou decisão conjunta, nenhuma manifestação de vontade no sentido de criar laços jurídicos entre as partes, mas exige-se algo mais do que uma conduta idêntica, mesmo se consciente, por parte dos agentes, algo mais do que a existência de comportamentos paralelos num certo mercado destituídos de qualquer vontade de agir em comum.

Ou seja, o facto de uma grande empresa estar em condições de impor uma política de preços a outras de menor dimensão e de estas seguirem o preço daquela, ou de, num mercado oligopolista, as empresas que o integram acabarem racionalmente por uniformizar comportamentos, não significa, por si só, a existência de uma prática concertada. Esta exige que o comportamento paralelo resulte de uma cooperação/concertação inter-empresarial consciente, ou como diz o TJUE, de «uma forma de coordenação entre empresas que, sem ter sido levada até à realização de uma con-

[41] Cf. Acórdão do TJCE no processo C-309/99 *Wouters*, sobre a regulamentação holandesa que proíbe a colaboração integrada entre advogados e revisores oficiais de contas, a investigação da Comissão sobre a fixação de preços mínimos pela Ordem dos Arquitectos belga, ou ainda a decisão do extinto Conselho da Concorrência português contra a fixação de preços mínimos no Código Deontológico dos Técnicos Oficiais de Contas (<http://www.concorrencia.min-economia. pt/decisoes/TOC.pdf>). Relativamente às associações desportivas, cf. a Decisão da Comissão sobre a venda conjunta dos direitos de radiodifusão respeitantes à Liga dos Campeões da UEFA numa base exclusiva.

venção propriamente dita, substitui *conscientemente* os *riscos* da concorrência por uma cooperação *prática* entre elas»[42].

Assim sucederá, por exemplo, com a existência de contactos que visem revelar a um concorrente o comportamento que uma empresa decidiu adoptar no mercado, ou com a publicação de anúncios de aumento de preços, seguidas do alinhamento pelas empresas concorrentes no sentido dos comportamentos sugeridos. Ao elemento material «comportamento paralelo» aduz-se um elemento intelectual, a *vontade comum* de agir em conjunto, deduzido, em regra, a partir de presunções ou índices de diverso tipo.

2.4.4. A exemplificação de coligações proibidas

O n.º 1 do art. 101.º do TFUE, nas suas alíneas *a*) a *e*), enuncia, a título exemplificativo, alguns tipos de objectos de coligações, horizontais ou verticais, que, por serem considerados particularmente gravosos para a concorrência, são, por princípio, proibidos, preenchidas que sejam as outras condições exigidas pelo corpo da mesma disposição. Note-se ainda que, muitas vezes, numa situação concreta, tais tipos se encontram imbricados uns nos outros.

a) *A fixação dos preços de compra ou de venda e de outras condições de transacção*

Hoje em dia, o problema dos preços não constitui o centro de gravidade de um sistema de concorrência. No entanto, é correcto considerar que, apesar disso, tal problema permanece um factor não negligenciável de competição, não devendo ser esquecido que consiste na forma mais evidente de distorção da concorrência, em qualquer sistema económico.

Daí que o TFUE proíba, *a priori*, os acordos, horizontais e verticais, e as decisões que conduzam a uma concertação de preços, à sua fixação, directa ou indirecta. A prática das autoridades europeias tem vindo a confirmar esta proibição: preços impostos ou mesmo indicativos ou aconselhados, preço ou honorários mínimos e máximos, sistemas colectivos de descontos a firmas que integrem coligações, etc., têm vindo a cair sob a alçada do n.º 1 do art. 101.º do TFUE.

Do mesmo modo, entram igualmente no campo da proibição deste normativo, as coligações que visem quaisquer outras condições de transacção, nomeadamente as relativas à fixação, num certo sector, de condições comuns de pagamento (cláusulas de responsabilidade, garantias, modalidades e prazos de entrega, prazos de pagamento, etc.).

[42] Cf. Acórdão de 14 de Julho de 1972, *Imperial Chemical Industries Ltd. c. Commission des Communautés européennes*, Proc. 48/69, *Recueil*, vol. XVIII-1, 1972, p. 619. J. Schapira *et al.*, falam, a propósito, de uma «coordenação de facto de estratégias comerciais». Cf. também G. Vlachos, *Droit Public Économique Français* et *Européen*, Paris: Armand Colin, 2001, p. 189.

b) *A limitação ou o controlo da produção, da distribuição, do desenvolvimento técnico ou dos investimentos*

Esta proibição atinge as coligações em que os participantes restringem voluntariamente a sua liberdade de desenvolvimento, conduzindo a que as empresas se vejam impedidas de intervir de forma autónoma no mercado.

Tal situação ocorre nas clássicas políticas de quotas que fragmentam os mercados, mas também pode resultar de acordos que fixam as normas, tipos ou especializações da produção, *conduzindo*, por parte dos parceiros na coligação, a certas renúncias de fabrico, ou de outros acordos que contenham cláusulas proibitivas do fabrico de certos produtos.

Pode ainda ocorrer nos circuitos de distribuição, particularmente em situações de distribuição exclusiva que se concretizam, ora em cláusulas de abastecimento exclusivo, ora em cláusulas limitativas da revenda, podendo as primeiras evoluir para centrais de compras as segundas para repartições de clientelas. Do mesmo modo, é igualmente proibida a concertação que vise limitar o desenvolvimento técnico, em particular, sempre que tais limitações às actividades de investigação e desenvolvimento ocorram em fases próximas da comercialização e privem as partes na coligação de exercerem autonomamente a sua actividade, para lá da sua inclusão em projectos de investigação comum.

c) *A repartição dos mercados ou das fontes de abastecimento*

Dado que a repartição de mercados ou fontes de abastecimento põe em causa a construção do mercado único, substituindo ou duplicando fronteiras políticas por fronteiras determinadas pelas empresas, a sua proibição é expressamente contemplada pelo art. 101.° do TFUE.

Tais coligações podem ser horizontais ou verticais, sendo irrelevante a forma que revistam. Podem variar «desde as clássicas proibições de venda para o exterior de um dado território contratual até aos simples contingentes de compras ou de vendas»[43].

Particularmente visadas são, neste âmbito, as coligações que estabelecem concessões de exclusividade de tipo fechado (repartição territorial absoluta) e conduzem à eliminação da possibilidade de serem efectuadas exportações ou importações paralelas. Neste último caso, um produto é adquirido num Estado e importado de outro Estado de forma a retirar uma vantagem da diferença de preço entre Estados. Estes produtos são por vezes referidos como produtos de «*mercado cinzento*». A importação paralela ocorre normalmente fora de redes de distribuição autorizadas pelo fornecedor. As medidas para restringir as importações paralelas são contrárias ao art. 101.º do TFUE, conquanto consistem em medidas restritivas. Ainda que seja

[43] Cf. E. L. Rodrigues, *O Acto Único Europeu e a Política de Concorrência.*, Lisboa: Banco de Fomento e Exterior, 1990, p. 360.

permitida a restrição no sentido de o distribuidor exclusivo não proceder a vendas fora da sua área de exclusividade, a protecção territorial absoluta, seja estabelecida por via contratual, escrita ou oral, ou através de práticas não é aceite.

Tais coligações comportam, com efeito, restrições particularmente gravosas ao comércio no mercado interno[44].

d) *Aplicação de condições desiguais a prestações equivalentes (práticas discriminatórias)*

O art. 18.º do TFUE proíbe as discriminações em função da nacionalidade. Isto não significa, porém, que todas as outras práticas discriminatórias sejam permitidas. Neste sentido, o art. 101.º permite sancionar os comportamentos discriminatórios levados a cabo por uma coligação (ou que sejam consequência desta), isto é, sancionar os casos em que, para transacções idênticas, se estabeleçam condições, mais favoráveis ou desfavoráveis, relativamente a fornecedores ou a clientes actuais ou potenciais. Não se trata, contudo, de proibir quaisquer tipos de discriminação, mas apenas aqueles que tenham por objecto ou por efeito restringir a concorrência. As diferenciações são, assim, possíveis se exprimirem «diferenças na capacidade de negociação e de força contratual das empresas comerciais»[45].

e) *Cláusulas de subordinação*

Trata-se de proibir a prática de «contratos encadeados» ou «subordinados» em que os participantes numa coligação subordinam a conclusão de certos contratos à aceitação, pela contraparte, de prestações suplementares que, segundo os usos comerciais ou por natureza, não têm ligação com o objecto desses contratos. Estas prestações ou condições suplementares impedem a contraparte de se abastecer junto de terceiros, falseando, deste modo, a concorrência.

[44] Cf. processos C-143/00 *Boehringer*, C-443/99, *Merck, Sharp & Dohme*. A recusa, pelo fabricante, de novas embalagens necessárias para a transacção de um bem no mercado de destino (o do importador paralelo) tem sido considerada como repartição oculta de mercados, a não ser que o pedido de alteração de embalagem deva-se apenas a razões promocionais e não a regras do Estado importador (neste sentido, processos apensos C-472/93, C-429/93 e C-436/93 *Bristol-Myers Squibb* e C-379/97 *Upjohn,* baseados em factualidade na qual os importadores paralelos alteravam as denominações/marcas dos produtos). Para outros sectores que não o farmacêutico, cf. processos 100-103/80 *S.A. Musique Diffusion Française* (material *hi-fi*) e 32,36-82/78 *BMW Belgium SA* (automóvel). Cf., ainda, o processo T-41/96 *Bayer*. Para um comentário muito breve ver J. Goyder, «Parallel exports: the Bayer case» in *Competition Comment*, Feb./Março 2004, Freshfields Bruckhaus Deringer.

[45] Cf. E. L. Rodrigues, *ob. cit.*, p. 363.

2.4.5. As excepções à proibição de coligações

2.4.5.1. Introdução

Importa, antes de tudo, distinguir as coligações que beneficiam de uma isenção ao abrigo do art. 101.º, n.º 3 do TFUE, daquelas que não preenchem as condições de aplicação do art. 101.º, n.º 1 do mesmo diploma, por vezes, salvaguardadas por actos de direito derivado.

Estas últimas, no âmbito de aplicação do Regulamento n.º 17/62, de 6.02.196, beneficiavam dos chamados *certificados negativos*. Não se tratava de estabelecer excepções ao princípio da proibição das coligações, mas sim de a Comissão declarar que, em face dos elementos disponíveis, não havia razões para intervir relativamente a um acordo, decisão ou prática concertada, por não estarem reunidos os pressupostos de aplicação do n.º 1 do art. 101.º do TFUE[46]. Por analogia com o direito fiscal, estar-se-ia aqui perante uma declaração de não incidência de determinadas normas e não perante a outorga de uma isenção. Note-se, porém, que se as condições se alterassem nada impedia que uma determinada coligação abrangida por um certificado negativo pudesse vir a cair no âmbito de aplicação do princípio da proibição das coligações.

Questão distinta é a do estabelecimento da política de *isenções por categoria* permitidas pelo n.º 3 do art. 101.º, na base da qual está a filosofia da concorrência como meio e uma visão pragmática de política da concorrência.

As autoridades europeias, e sobretudo a Comissão, procuram ter em conta que, muitas vezes, para concorrer, é preciso cooperar. Num mundo complexo, profundamente competitivo e interdependente, as empresas, como sistemas organizados que são, procuram contrapor à agressividade do meio, respostas adequadas que implicam, não raramente, o estabelecimento de laços de cooperação com outras empresas, tendentes a explorar oportunidades, gerar sinergias ou evitar riscos excessivos. Acresce que a concorrência é, como se viu, um meio de prosseguir outros objectivos fundamentais da UE. Na actual conjuntura (construção do mercado interno, reestruturações dos aparelhos de produção e distribuição, terceira revolução industrial, forte concorrência do Japão e dos Estados Unidos, globalização) esta política mostra-se, no conjunto, favorável a diversas formas de cooperação inter-empresarial. Estas formas encontram-se enquadradas juridicamente. A sua concretização obriga a efectuar aquilo que na linguagem da UE é conhecido por «*balanço económico*».

[46] Um exemplo de acordo notificado à Comissão, a fim de obter um certificado negativo, foi o celebrado entre a Ford e a Volkswagen para a criação de uma empresa comum em Portugal (cf. Decisão 93/49/CEE, de 23 de Dezembro de 1992).

2.4.5.2. A inaplicabilidade do n.° 1 do art. 101.° TFUE e o «balanço económico»

Enquanto o n.° 1 do art. 101.° do TFUE contém, como se viu, uma proibição global das coligações restritivas, o n.° 3 vem permitir que, dentro de certos condicionalismos, essa proibição seja afastada.

Toda a coligação (acordo, decisão de associações de empresas, e prática concertada) que preencha as condições previstas no n.° 1 do art. 101.° é, sem necessidade de notificação ou decisão prévias, proibida. Estas coligações, quando satisfaçam as condições previstas no n.º 3 do art. 101.º do TFUE (o «balanço económico»), são contudo consideradas válidas e aplicáveis, igualmente sem notificação ou decisão prévias.

Até ao RP 2003, era inequívoco que uma isenção podia beneficiar um acordo em particular (isenção individual) ou ser outorgada por grupo ou categoria (*isenções por categoria*), revestindo, na segunda hipótese, a forma de regulamentos de isenção por categoria (RIC).

Com o RP 2003, autores como Cruz Vilaça defendem que as isenções individuais foram suprimidas. No entanto, as Orientações da Comissão de 2004 referem que «o n.º 3 do art.81.º do TCE (hoje 101.º do TFUE) pode ser aplicado em casos individuais ou a categorias de acordos e práticas concertadas, mediante regulamentos de isenção por categoria»[47]. Só que para beneficiar de uma isenção, uma determinada coligação não necessita actualmente de ser previamente notificada à Comissão Europeia e de esperar por uma decisão positiva desta instituição ou de uma qualquer autoridade nacional. Vigora actualmente o *princípio da excepção legal*, de aplicação imediata, segundo o qual o benefício da isenção decorre directamente do Tratado. As empresas devem, elas próprias, verificar se os seus acordos, práticas concertadas ou decisões de associação preenchem as condições enunciadas no art. 101.º n.º 3 do TFUE[48]. Acresce que o RP 2003 não afectou a validade e natureza dos RIC existentes. As coligações abrangidas pelos RIC são juridicamente válidas.Estas coligações só podem ser proibidas para o futuro e apenas mediante a retirada formal do benefício da isenção por categoria pela Comissão ou pela AdC (art. 29.º do RP 2003). De acordo com o RP 2003, a Comissão deixa de ter o monopólio na atribuição de isenções, permitindo-se que o art. 101.°, n.° 3 seja directamente aplicável pelas autoridades nacionais da concorrência (art. 6.º) e pelos tribunais dos Estados-Membros (art.

[47] José L. Cruz Vilaça («O ordenamento...», *ob. cit.*, p.41) defende que, com o RP 2003 foram suprimidas as isenções individuais. Vide, porém, Comissão Europeia, *Orientações relativas à aplicação do n.º 3 do artigo 81.º do Tratado* (hoje 101º do TFUE), que continua a afirmar que este dispositivo pode ser aplicado em casos individuais ou a categorias de acordos.

[48] Cf. Comissão, citada *Comunicação sobre a cooperação entre a Comissão e os Tribunais dos Estados-Membros da União Europeia na aplicação dos artigos 81.º e 82.º do Tratado CE* (2004/C 101/04). Sobre as orientações da Comissão, veja-se E. P. Ferreira, *Lições de Direito da Economia, ob. cit*, p. 535 e ss., bem como a crítica severa de W. Möschel, «Guest Editorial: Change of Policy in European Competition Law?» in *Common Market Law Review*, 37, 2000, p. 495 e ss.

5.º). A Comissão mantém, contudo, a possibilidade de declarar oficiosamente a inaplicabilidade do art. 101.º, n.º 1 (por não estarem preenchidos os pressupostos da sua aplicação ou com fundamento no n.º 3), sempre que o interesse público da União, relacionado com a política da concorrência, assim o exija.

A atribuição de uma isenção exige uma *análise económica*, nomeadamente da estrutura do mercado, bem como uma criteriosa ponderação dos interesses gerais ou particulares em presença, tendo em conta a prossecução dos objectivos definidos pela política de concorrência. Essa análise é correntemente designada por «balanço económico». Ou seja, cabe aos interessados verificar que se o balanço económico é, ou não, positivo. Para que tal aconteça é necessário que se verifiquem simultaneamente os seguintes pressupostos:

a) que as coligações contribuam *objectivamente* para a melhoria da produção ou da distribuição ou para a promoção do progresso técnico ou económico, que pode ser entendido em sentido amplo, de forma a abarcar valores de índole social;
b) que aos utilizadores (consumidores finais, industriais e comerciantes estranhos à coligação) seja reservada uma parte equitativa do lucro daí resultante, noção esta que não se cinge, na interpretação das autoridades europeias, aos benefícios financeiros, mas se estende a benefícios de natureza qualitativa;
c) que as coligações observem um princípio de *proporcionalidade* entre fins e meios, ou seja, que, para atingir os objectivos positivos acima referidos, não imponham às empresas em causa restrições que não sejam indispensáveis à sua obtenção;
d) que tais coligações não dêem a essas empresas a possibilidade de eliminar a concorrência relativamente a uma parte substancial dos produtos em causa.

Após 2003, a Comissão deixou de ter o monopólio na atribuição de isenções, permitindo-se, como se referiu, que o art. 101.º, n.º 3 do TFUE seja directamente aplicável pelas autoridades nacionais (art. 6.º e 5.º do RP 2003). A Comissão manteve, contudo, a possibilidade de declarar oficiosamente a inaplicabilidade do n.º 1 do art. 101.º (por não estarem preenchidos os pressupostos da sua aplicação ou com fundamento no n.º 3), sempre que o interesse público da UE, relacionado com a política de concorrência, assim o exija[48].

O ónus da prova nesta matéria cabe à empresa ou associação de empresas que invoque o benefício do art. 101.º, n.º 3 do TFUE (art. 2.º, do RP 2003)[49].

[49] Sobre o tema, cf. Maria Paula R. V. Freire, *Eficiência Económica e Restrições Verticais*, Lisboa: AAFDL, 2008, p. 277 e ss.

Havendo decisão da Comissão, os tribunais nacionais não poderão decidir em sentido contrário (art. 16.º, n.º 1, ib.). O mesmo se aplica às autoridades nacionais (art. 16.º, n.º 2, ib.).

2.4.5.3. Cooperação inter-empresarial e isenções por categoria

A cooperação entre empresas faz-se essencialmente através de acordos que definem o objectivo, as relações entre as partes e o âmbito e natureza da combinação das respectivas actividades. Há acordos que, por não implicarem qualquer coordenação do comportamento concorrencial das partes no mercado, ficam, em princípio, fora do campo de aplicação do n.º 1 do artigo 101.º do TFUE. São, assim, casos de *cooperação não prejudicial* a cooperação horizontal entre empresas não concorrentes, a cooperação que incide sobre actividades que não têm influência nos parâmetros relevantes da concorrência ou ainda os casos de cooperação entre empresas concorrentes que não podem de forma autónoma realizar o projecto ou a actividade abrangida pela cooperação. Nestes casos, em que a cooperação é absolutamente benéfica, a política de concorrência é naturalmente no sentido de promover estas formas de cooperação.

Há, no entanto, outros acordos de cooperação que podem ser abrangidos pelo n.º 1 do art. 101.º do TFUE por incluírem restrições, horizontais ou verticais, nomeadamente no que respeita a preços ou à produção ou por terem efeitos negativos no mercado. Tais acordos poderão ainda, como se referiu, beneficiar de isenções por categoria, nos termos de regulamentação e das Orientações de 2004 emanadas da Comissão, quando, por aplicação do balanço económico, as vantagens económicas que deles derivem superem significativamente os efeitos negativos sobre a concorrência e o mercado em questão.

A disciplina europeia da concorrência distingue tradicionalmente, a este propósito, dois tipos de acordos de cooperação que coloca sob vigilância, os de natureza horizontal, quando estamos perante acordos (ou práticas concertadas) entre empresas concorrentes (*interbrand competition*) que se situam no mesmo nível do mercado e os de natureza vertical, quando nos acordos (ou práticas) participem duas ou mais empresas, cada uma delas operando, para efeitos do acordo, a um nível diferente da produção ou da cadeia de distribuição e que digam respeito aos termos em que as partes podem adquirir, vender ou revender certos bens ou serviços (*intrabrand competition*).

No primeiro caso – *acordos horizontais* – temos como exemplo acordos nos domínios da investigação e desenvolvimento, da produção (incluindo os de especialização e de subcontratação), de compra de produtos em comum, de comercialização (venda, distribuição ou promoção) dos seus produtos, de normalização (de requisitos técnicos ou de qualidade, de processos ou métodos de produção) e em matéria ambiental (visando especificamente a redução da poluição) e no segundo – *acordos verticais* – os acordos de distribuição exclusiva, de distribuição selectiva, de fornecimento exclusivo, de subordinação e de franquia.

Até 2008, a Comissão produziu vários regulamentos de isenção por categoria (RIC) aplicáveis, de pleno direito, a acordos horizontais ou verticais, bem como a categorias particulares de acordos que reforçam, ainda que de forma relativa, a segurança jurídica das empresas[50].

Todos estes RIC, com excepção do regulamento sobre certas categorias de acordos verticais e práticas concertadas no sector automóvel, obedecem à mesma filosofia: conferir maior importância à análise jurídico-económica (dando relevo a critérios como o do poder de mercado das partes ou a factores associados à estrutura dos mercados) do que à análise jurídico-formal de cada uma das suas cláusulas. Assim, por exemplo, os RIC estabeleciam presunções legais de inaplicabilidade do art. 101.º, n.º 1 do TFUE para os acordos que não excedessem uma determinada quota de mercado, por exemplo 30% nos acordos verticais ou 20% e 25%, respectivamente, nos acordos de especialização e nos acordos de investigação e desenvolvimento.

[50] Quanto aos *acordos de natureza vertical*, é de salientar o Regulamento n.º 2790/1999, de 22 de Dezembro, sobre determinadas categorias de acordos verticais e práticas concertadas, ou seja, acordos em que participam duas ou mais empresas cada uma delas operando, para efeitos do acordo, a um nível diferente da produção ou da cadeia de distribuição e que digam respeito às condições em que as partes podem adquirir, vender ou revender certos bens ou serviços. Ficaram abrangidos por este Regulamento, entre outros, os acordos de fornecimento ou distribuição exclusiva, de distribuição selectiva e de franquia (*franchising*). No que toca aos *acordos horizontais*, os regulamentos de isenção são, em regra, mais exigentes que os relativos a acordos verticais, com excepção dos acordos de *especialização* e de certas categorias de acordos de *investigação e desenvolvimento*, previstos respectivamente no Regulamento n.º 2658/2000, de 29 de Novembro e no Regulamento n.º 2659/2000, da mesma data. A regulamentação dos acordos de *especialização* compreendia os *acordos de especialização unilateral*, no âmbito dos quais uma das partes concordava em cessar o fabrico de determinados produtos ou em reduzir o fabrico desses produtos e comprá-los a uma empresa concorrente, enquanto a empresa concorrente concordava em fabricar e fornecer esses produtos; os *acordos de especialização recíproca*, no âmbito dos quais duas ou mais partes concordavam, numa base recíproca, em cessar ou reduzir o fabrico de determinados mas diferentes produtos e comprar esses produtos às outras partes, que concordavam em fornecê-los; os *acordos de produção conjunta*, no âmbito dos quais duas ou mais partes concordavam em fabricar determinados produtos em conjunto. Outros regulamentos importantes diziam respeito aos *acordos de transferência de tecnologia* e a certos acordos verticais e práticas concertadas no sector automóvel. O primeiro (Regulamento 772/2004, de 27 de Abril) regia a concessão ou a cessão das licenças de patente e de outros direitos de propriedade intelectual (por exemplo, direitos de propriedade industrial e direitos de autor), e a transferência de saber-fazer não patenteado (secreto, substancial e identificado), estando ainda abrangidos os acordos *mistos*. O segundo (Regulamento n.º 1400/2002, de 31 de Julho), centrado nos acordos de distribuição de automóveis e de fornecimento de peças sobressalentes, abrangia os acordos de *distribuição selectiva* (quantitativa e qualitativa), em que o fornecedor se comprometia a vender bens ou serviços directa ou indirectamente, apenas a distribuidores ou oficinas de reparação seleccionadas com base em critérios específicos, e a *distribuição exclusiva*, em que o fornecedor se comprometia a fornecer apenas um distribuidor num determinado território. Sobre os limites destes regulamentos de isenção, cf. GRYNFOGEL, *ob. cit.*, p. 82.

A Comissão publicou ainda diversas orientações que estabelecem os princípios para a apreciação, ao abrigo do artigo 101.° do TFUE, dos acordos verticais (Comunicação da Comissão, de 13.11.2000, relativa às restrições verticais) e dos acordos de cooperação horizontal (Comunicação da Comissão, de 6.1.2001, contendo as orientações sobre a aplicação do artigo 101.º do TFUE aos acordos de cooperação horizontal) e, mais recentemente, a Comunicação sobre Orientações relativas à aplicação do n.º 3 do artigo 81.º do Tratado (actual 101.º TFUE) (2004/C 101/08). Estas orientações fornecem um enquadramento analítico mais transparente para os tipos de cooperação mais comuns, ajudando as empresas a avaliarem, caso a caso, a compatibilidade dos acordos em que participassem com o art. 101.° do TFUE e a possibilidade, ou não, destes beneficiarem de uma isenção ao abrigo do n.º 3 deste artigo[51].

2.4.6 A proibição de coligações no direito português

A estrutura da lei portuguesa relativa à proibição de coligações é em tudo semelhante à europeia. O art. 2.º da LC (Lei n.º 18/2003) afirma que empresa é qualquer entidade que exerça uma actividade económica que consista na oferta de bens ou serviços, independentemente do seu estatuto jurídico ou modo de financiamento[52]. Considera, ainda, como única empresa o conjunto de empresas que, embora juridicamente distintas, constituem uma unidade económica ou que mantêm entre si laços de interdependência ou subordinação. Por sua vez, o n.º 1 do art. 4.º do mesmo diploma proíbe as mesmas formas de coligação, delimitando a proibição aos actos que tenham por «objecto ou como efeito impedir, falsear ou restringir de forma sensível a concorrência no todo ou em parte do mercado nacional», procedendo depois a exemplificações. O n.º 2 do mesmo artigo fixa a sanção de nulidade. E o art. 5.º contém as condições de inaplicabilidade do artigo anterior.

As condições exigidas para a concessão de isenções individuais, ou seja os critérios que conduzem a um balanço económico positivo, são iguais às europeias (art. 5.°, n.° 1 e art. 101.°, n.° 3, do TFUE).

No plano processual, existem, porém, diferenças. Assim, a notificação prévia para requerer declaração de inaplicabilidade ou de isenção está prevista no direito português com carácter não obrigatório, ao contrário do que acontece no direito da União, onde deixou de ser necessária desde a entrada em vigor do RP 2003.

O ónus da prova é, a exemplo do direito europeu, do arguido, ou seja, a ele cabe invocar ou alegar a existência de condições de justificação e trazer ao processo infor-

[51] A partir de 2008, a Comissão encetou o processo de revisão de muitos destes regulamentos e orientações.

[52] Segundo a interpretação correctiva da lei defendida por Coutinho de Abreu (*Curso de Direito Comercial*, vol. I, 7.ª ed., Coimbra: Almedina, p. 221), ao referir haver uma gralha no art. 2.º da LC: onde diz «funcionamento» deve ler-se «financiamento».

mações que permitam reconhecer o preenchimento dos requisitos de isenção e assim levar a AdC a concluir a favor de um balanço económico positivo[53].

Ao abrigo destes dispositivos a AdC tem proibido certas coligações, aplicando coimas aos infractores[54].

2.5. A proibição do abuso de posição dominante

2.5.1. Introdução

O art. 102.° do TFUE declara «incompatível com o mercado comum e proibido, na medida em que tal seja susceptível de afectar o comércio entre os Estados-Membros, o facto de uma ou mais empresas explorarem de forma abusiva uma posição dominante no mercado comum ou numa parte substancial deste».

Trata-se de uma proibição geral e absoluta, uma vez que, contrariamente ao que sucede com as proibições constantes do art. 101.° TFUE, não existe aqui possibilidade de serem atribuídas quaisquer isenções. Do ponto de vista do Tratado, a noção de abuso é, em si mesma, contrária a qualquer ideia de contribuição para o progresso económico.

Também os procedimentos de detecção e repressão do abuso de posição dominante são distintos dos das coligações: aqui não tem lugar qualquer notificação de posição dominante e, por maioria de razão, dos abusos.

Posto isto, importa ter em conta que o corpo do artigo não proíbe a existência de posições dominantes mas apenas a sua exploração abusiva. Na detecção da posição dominante as autoridades comunitárias têm frequentemente recorrido a critérios estruturais (relativos às condições de organização dos mercados, como quotas, condições de acesso, etc.), comportamentais (as acções ou a dinâmica das empresas) e de resultado (as consequências das acções). Por sua vez, na qualificação da posição dominante como abusiva prevalece uma óptica objectiva. A conjugação das noções

[53] Esta possibilidade já existia no regime de 1993, sendo competente o Conselho da Concorrência, nos termos da entretanto revogada Portaria n.° 1097/93, de 29 de Outubro, sobre as isenções às regras da concorrência (*Relatório de Actividades do Conselho da Concorrência*, 1992, Diário da República, II Série, 17.8.1993, n.° 192, p. 57). Importa, também, realçar uma diferença importante (e discutível) em matéria de isenções, que, em certa medida tornava o regime português menos severo do que o europeu. Ela residia no facto de admitir-se que, para além das coligações e dos abusos de dependência económica, também os abusos de posição dominante, dentro de certas circunstâncias, poderiam ser considerados como justificados. Em rigor, não deixava de ser estranho que «abusos» pudessem ser considerados como justificados. O regime actual de isenções (art. 5.º) refere-se apenas às práticas proibidas, e a disposição relativa ao abuso de posição dominante (art. 6.º) não contém qualquer indicação ou remissão quanto a isenções.

[54] Cf. nomeadamente os Comunicados da AdC n.º 1/2005 sobre o cartel dos laboratórios farmacêuticos, n.º 11/2005 sobre o cartel das moageiras e n.º 19/2007 sobre o cartel das empresas fornecedoras de meios aéreos de combate aos incêndios florestais.

de exploração abusiva e de posição dominante exige, porém, a prévia definição do mercado relevante.

2.5.2. A importância da noção de mercado relevante

A noção de posição dominante é relativa. Ela só tem sentido uma vez definido, em concreto, o mercado a que respeita, ou seja, aquilo que se designa normalmente como mercado relevante ou mercado em causa. Determinar este mercado, primeiro passo para a detecção de posições dominantes, é, como vimos, determinar os seus limites geográficos e materiais. Num mercado relevante de grande amplitude, as posições dominantes serão difíceis de encontrar. Pelo contrário, num mercado relevante restrito, mesmo empresas de dimensão média poderão deter uma posição dominante.

Do ponto de vista dos limites geográficos, a jurisprudência não obriga a que a posição dominante seja aferida em relação a todo o território da União – caso, aliás, raro, que apenas ocorre em sectores muito específicos como os da química e produção farmacêutica – bastando que o seja em relação a uma sua «parte substancial». No entanto, esta parte substancial é entendida não apenas em função da extensão territorial mas igualmente em função de outros critérios que revelem a «área do comércio», isto é, a importância económica do mercado (densidade populacional, hábitos e poder de compra, volume e estrutura da produção, condições de concorrência, etc.)[55]. Deste modo uma «parte substancial» do território pode coincidir com as fronteiras de um só Estado-Membro ou até com uma fracção do território deste.

2.5.3. A posição dominante

O art. 102.° do TFUE não define o que entende por «posição dominante». Tem sido assim a prática administrativa (da Comissão) e jurisprudencial (do TJUE) a procurar delimitar a pouco e pouco tal noção, fazendo apelo para uma interpretação que dá grande relevo aos elementos teleológico e sistemático e simultaneamente tem em conta os ensinamentos de outras experiências.

A doutrina da Comissão foi fixada primeiramente num Memorando de 1.12.1965. Aí se definia posição dominante como «um poder económico», isto é, como «a faculdade de exercer sobre o funcionamento do mercado uma influência notável e, em princípio, previsível por parte da empresa dominante»[56]. Esta definição, em termos de comportamento no mercado, foi mais tarde precisada numa decisão ocorrida no processo *Continental Can*, no sentido de se esclarecer que «estão em posição

[55] Segundo a jurisprudência *United Brands*, de 14.2.1978, (*United Brands Company et United Brands Continental Brands BV c. Commission des Communautés Européennes*, Proc. 27/76), o *mercado geográfico* é a área em que as condições objectivas de concorrência aplicáveis ao produto em questão são as mesmas para todos os agentes económicos.

[56] Memorando sobre a concentração no mercado comum (publicado em Dezembro de 1966 na Série «Concurrence», n.° 3 e na *Revue Trimestrielle de Droit Européen*, 1966, p. 651).

dominante aquelas empresas que têm a possibilidade de assumir comportamentos independentes, que as habilitam a actuar sem ter em conta os concorrentes, os compradores ou os fornecedores»[57].

A Comissão parece inclinar-se, pois, para apreender a noção de posição dominante sobretudo em termos de *comportamento no mercado*. A posição dominante resultará da existência de um grau de dominação do mercado que permita à empresa (ou empresas) nessa situação assumir um comportamento globalmente independente e definir autonomamente a estratégia a prosseguir no mercado. Não é necessária a existência de um monopólio ou quase-monopólio para que haja posição dominante, podendo esta coexistir com a manutenção de uma certa concorrência. No entanto, este critério é conjugado com o da *estrutura de mercado*. E, assim, a ausência de concorrência efectiva ou mesmo a detenção de quotas de mercado de grande amplitude (70 a 80%) é normalmente indício claro da existência de posição dominante.

No essencial, idêntica atitude tem vindo a ser seguida pela jurisprudência do TJUE. Em 1978, no acórdão *United Brands* e, um ano mais tarde, no acórdão *Hoffman La Roche* (1979), esta instituição comunitária qualifica a posição dominante como uma situação de poder económico detida por uma empresa que lhe dá a possibilidade de impedir a manutenção de uma concorrência efectiva no mercado ao propiciar-lhe, em larga medida, a adopção de comportamentos independentes face aos seus concorrentes, aos seus clientes e, finalmente, aos seus consumidores[58].

A posição dominante pode ser individual ou colectiva, i. é., ser constituída por uma ou várias empresas. O termo empresa tem aqui o mesmo sentido que no art. 101.º do TFUE. A posição dominante colectiva tanto pode resultar da existência de diversas empresas que integram o mesmo grupo, constituindo uma unidade económica, como – questão mais duvidosa – de um reduzido número de empresas autónomas que, em conjunto, dominam um mercado de oligopólio.

Um exemplo do primeiro caso é o das relações entre determinada empresa-mãe e as suas filiais. Diversos acórdãos do TJUE consideram esta situação como uma «unidade económica» submetendo-a ao princípio da proibição do abuso de posições dominantes. Esta leitura consolidou-se no caso *Zoja vs. Comercial Solvents Corporation* (C.S.C.). Na sequência de uma decisão da Comissão, o TJCE confirmou que, neste caso – em que a C.S.C., uma sociedade americana, recusou vender à I.C.I., sua filial italiana, certos produtos intermédios que a I.C.I. devia revender à sociedade italiana Zoja para esta fabricar produtos antituberculosos – a sociedade C.S.C. e sua filial I.C.I. formavam, nas suas relações com a Zoja, uma única e mesma empresa económica para efeitos de aplicação do princípio da proibição do abuso de posições

[57] Decisão de 9.12.1971 (JO, L 7, de 8.1.1972). Cf. o Acórdão do TJCE, de 21.2.1973, proc. 6/72, in J. Boulouis *et al.*, *ob. cit.*, p. 234 e ss..
[58] TJCE, Acórdão Hoffman-La-Roche, proc. 85/76.

dominantes, conduzindo à condenação solidária da empresa-mãe e da filial, sendo irrelevante o facto de aquela se encontrar sediada fora do território da então CEE[59].

Um outro tipo de posição dominante colectiva será o que resulta da inovadora decisão da Comissão proferida em 7.12.1988, num processo em que intervinham, em Itália, três grandes produtores de vidro plano para os mercados automóvel e não automóvel. Aí entendeu-se que a participação num oligopólio estreito, conduzindo a uma substancial dominação colectiva de elevadas e estáveis quotas de mercado por parte de três grandes empresas com dimensão internacional – no caso a Fábrica Pisana SpA., filial do grupo Saint-Gobain, a Societá Italiana Vetro, controlada pelo holding do Estado EFIM e a Vernante Pennitalia, SpA, filial do grupo americano PPG-Industries, Inc. – que se apresentavam no mercado como uma única entidade, constituía uma *posição dominante colectiva*[60].

2.5.4. A noção de exploração abusiva

Para cair na alçada da proibição do art. 102.° do TFUE, não basta a existência ou mesmo a aquisição de uma posição dominante. Com efeito, não é esta em si mesma que o Tratado condena – recorde-se que a UE é globalmente favorável à constituição de empresas ou grupos que possam operar à escala do território da União e, consequentemente, não se opõe, em princípio, ao crescimento interno ou externo das empresas – mas tão somente os comportamentos nocivos à concorrência praticável e trocas no mercado interno que impliquem uma exploração abusiva de uma situação de privilégio resultante da detenção de posição dominante.

O TFUE não contém, no entanto, qualquer definição de exploração abusiva, limitando-se a enumerar, de forma não taxativa, alguns exemplos indicativos, baseados em hipóteses clássicas que, em grande medida, recobrem os comportamentos enunciados no já analisado art. 102.° do TFUE.

É, deste modo, proibida a imposição de preços não equitativos, quer sejam excessivos, quer sejam predatórios (ou agressivos). Num caso e noutro, está-se perante preços sem relação razoável com a contraprestação realizada e que, por excesso ou por defeito, são desproporcionados em relação aos custos suportados ou em comparação com os preços de produtos concorrentes.

[59] Decisão *Zoja* da Comissão de 14.12.1972, JO L 299, de 31.12.1972, e Acórdão de 6.3.1974, *Recueil*, p. 223.

[60] Cf. JO L 33, de 4.2.1989. A posição da Comissão pareceu mais ampla do que a seguida pelo TJCE no Acórdão *Alsatel//Novasam* (proc. 247/86), de 5.10.1988. O TJCE entendeu que se houvesse concertação de posições era o art. 85.° (actual 101.º TFUE) que se aplicava; no entanto, não excluiu a possibilidade de uma uniformidade de comportamentos resultante tão somente da estrutura oligopolística poder ser analisada à luz do art. 86.° (actual 102.º TFUE). Sobre a posição dominante colectiva, cf. José P. Mariano Pego, *O Controlo dos Oligopólios pelo Direito Comunitário da Concorrência – A Posição Dominante Colectiva*, Coimbra: Almedina, 2007.

São também expressamente proibidas as condições de transacção não equitativas como, por exemplo, os descontos injustificados, as limitações de produção, de distribuição ou de progresso técnico em desfavor dos consumidores (recusas de fornecimentos, de informações técnicas, etc.), as práticas discriminatórias e as cláusulas de subordinação. Mas outras hipóteses como a chamada cláusula inglesa ou as recusas de venda ou de prestação de serviços aos operadores económicos são igualmente susceptíveis de proibição[61].

Neste contexto, sucede também que a noção de exploração abusiva tem vindo a ser progressivamente recortada pela prática das autoridades comunitárias, emergindo, paulatinamente, das decisões e acórdãos, uma concepção europeia bem como a consagração de certos critérios gerais tendentes a defini-la.

O aspecto mais significativo da óptica europeia é que ela assenta numa concepção objectiva da noção de exploração abusiva. Numa primeira aproximação, isto significa que se abstrai dos fins subjectivamente prosseguidos pela empresa, sendo, pois, irrelevante o elemento intencional, para se atender apenas ao comportamento objectivo desta. Mas este comportamento é aferido finalisticamente, tendo em conta «os objectivos prosseguidos pela norma onde essa noção se inclui».

Esta concepção, já presente no acórdão *Continental Can*, de 1978, veio a consolidar-se no citado acórdão do Tribunal de Justiça de 13.2.1979 (*Hoffman La Roche*). Aí se consagra que a noção de exploração abusiva «é uma noção objectiva que visa os comportamentos de uma empresa em posição dominante susceptíveis de influenciar a estrutura de um mercado onde, na sequência precisamente da presença da empresa em questão, o grau de concorrência está já enfraquecido, e que tenham por efeito, através do recurso a meios diferentes dos que governam uma concorrência normal de produtos ou serviços na base das prestações dos operadores económicos, criar obstáculos quer à manutenção do grau de concorrência ainda existente no mercado, quer ao desenvolvimento desta concorrência».

Com esta noção objectiva e ampla de exploração abusiva ficou aberta a porta para se prescindir da prova prévia e positiva da posição dominante por parte das autoridades da União, pois estas, ao provarem o abuso, provavam, *ipso facto*, a posição dominante. Além disso, ficava facilitada a utilização do art. 102.° como meio indirecto de controlo das operações de concentração. Uma operação de concentração que provoque um reforço de posição dominante susceptível de atentar contra uma estrutura de concorrência efectiva seria doravante considerada como «abuso de posição dominante».

[61] A *cláusula inglesa* consiste no compromisso, assumido pelos compradores, de comunicação à empresa em posição dominante de ofertas mais vantajosas de aprovisionamento que lhes sejam efectuadas por empresas concorrentes desta, permitindo assim o realinhamento de preços por parte da empresa em posição dominante.

2.5.5 A doutrina das infra-estruturas de carácter essencial (*essential facilities*)

Importa ainda salientar a questão do abuso no acesso a infra-estruturas de carácter essencial[62].

Com origem americana, onde foi aplicada pela primeira vez em 1912 no caso *Terminal Railroad*, a doutrina das «*essential facilities*» foi introduzida na Europa por uma decisão da Comissão Europeia no caso *Sea Link*, sobre o acesso às infra-estruturas portuárias (Decisão da Comissão 94/19/CE, de 21.12.1993, publicada no JO L 15 de 18.01.1994). A Sea Link era uma sociedade de ferry-boats que, ao mesmo tempo que fornecia o serviço de transportes, era também a autoridade portuária do porto de Holyhead. No exercício desta função, a Sea Link fixou os horários de navegação, favorecendo os seus ferry-boats e prejudicando os concorrentes. A Comissão entendeu que tinha havido abuso de posição dominante, tendo a Sea Link utilizado o domínio de uma infra-estrutura essencial para beneficiar a sua posição em outro mercado.

2.5.6. A noção de abuso no direito português

2.5.6.1. O abuso de posição dominante na lei portuguesa

A LC 2003, no seu art. 6.º, refere explicitamente que detém uma posição dominante qualquer empresa que actue «num mercado no qual não sofre concorrência significativa ou assume preponderância relativamente aos seus concorrentes», bem como «duas ou mais empresas que actuam concertadamente num mercado, no qual não sofrem concorrência significativa ou assumem preponderância relativamente a terceiros».

Por sua vez as práticas abusivas são as enumeradas, a título exemplificativo, no art. 4.º, por remissão do art. 6.º, n.º 3 al. a). Na alínea b), do mesmo número, consagrou-se expressamente a proibição do abuso no acesso a infra-estruturas de carácter essencial, que constitui uma medida particularmente dirigida aos serviços em rede, objecto de regulação sectorial, mesmo que não seja exclusivamente aplicável nestes casos[63].

Por infra-estrutura de carácter essencial entende-se aqui uma situação de monopólio económico de facto ou de direito, isto é, uma exclusividade legalmente pro-

[62] Sobre o tema, cf. M. M. Leitão Marques, «Entre a propriedade e o acesso: a questão das infra-estruturas essenciais», in A. Goucha Soares/ M. M. Leitão Marques, *Concorrência – Estudos*, Coimbra: Almedina, 2006 pp. 45 e ss.

[63] Ver, entre outras, a decisão da AdC condenando a PT Comunicações ao pagamento de uma coima de 38 milhões de euros por abuso de posição dominante (Comunicado da AdC n.º 15/2008), de 1.9.2008, por, estando em posição dominante, ter aplicado sistematicamente condições discriminatórias a prestações equivalentes, limitado a produção, distribuição e desenvolvimento técnico, com efeitos no mercado de circuitos alugados e no conjunto de mercados que usam estes circuitos como input para a prestação de serviços de comunicações electrónicas. Cf. também a decisão do extinto Conselho da Concorrência no caso Brisa/Lusoponte.

tegida, que permite o controlo de factores essenciais, não facilmente reprodutíveis, para o fabrico de um produto ou fornecimento de um serviço.

Resolver o problema do acesso às infra-estruturas essenciais através das regras da concorrência implica impor às entidades privadas em posição dominante e detentoras de uma posição privilegiada a obrigação de permitir o acesso dos concorrentes às infra-estruturas essenciais, das quais aquelas são legítimas proprietárias, mediante uma remuneração considerada como aceitável, com o objectivo de possibilitar uma concorrência efectiva nos mercados que dependem do acesso a essas mesmas infra-estruturas (mercados derivados).

O conceito de infra-estrutura de carácter essencial apresenta dois problemas principais. O primeiro consiste em determinar o que são ou quando é que existem infra-estruturas ou recursos essenciais. O segundo consiste em saber quais os limites do direito dos concorrentes ao acesso às infra-estruturas e recursos essenciais da empresa dominante ou monopolista.

Ora a definição do que constitui uma infra-estrutura ou um recurso essencial apenas pode ser realizada caso a caso, o que dificulta a construção de um conceito geral. Igualmente, não é simples determinar, em abstracto, em que deve consistir o acesso indiscriminado às infra-estruturas e aos recursos essenciais. Trata-se de uma questão onde parece evidente a necessidade de colaboração entre o regulador sectorial e a AdC, quer para determinar que se trata de uma infra-estrutura essencial, quer para verificar em que termos deve ser facilitado o acesso.

Além disso, por se tratar de uma restrição importante ao direito de propriedade de empresas sobre bens que são essenciais à sua actividade, é necessário respeitar o princípio da proporcionalidade entre a restrição introduzida e as vantagens para a concorrência que resultam da facilitação do acesso.

2.5.6.2. O abuso de dependência económica

A noção de dependência económica não figura no direito europeu. Com a proibição específica do abuso de estado de dependência económica visa-se atingir comportamentos restritivos da concorrência de empresas com grande poder económico, mas sem posição dominante (art. 7.º da LC)[64].

Tal como no abuso de posição dominante, é o abuso em si que se sanciona e não a mera liberdade de escolha de parceiros negociais de acordo com as condições por eles oferecidas, nem obviamente a relação de dependência em si. E o abuso só será penalizado quando se traduza numa restrição da concorrência no mercado relevante,

[64] Sobre este instituto, J. M. Pego, *A posição dominante relativa no direito da concorrência: análise jurídico-económica*, Coimbra: [s.n.] 1996. Vide também o caso Unicer, decisão do Conselho da Concorrência no Proc. n.º 2/99, de 13.07.2000, *Relatório de Actividades*, 2000, p. 127.

o que impede a utilização desta figura como mero instrumento de reequilíbrio da distribuição de poder em certas relações contratuais.

Os comportamentos abusivos podem ser, entre outros, qualquer das práticas enumeradas a propósito das coligações (fixação de preços, recusa de venda, etc.).

A caracterização da dependência económica entre empresas – que constitui um pressuposto de abuso – não é fácil. Ela pode existir, nomeadamente, em contratos de duração continuada (subcontratação, contratos de fornecimento) e tanto pode atingir o fornecedor relativamente a um distribuidor como o contrário (dependência ascendente ou descendente). Em muitos casos, estabelecem-se relações hierárquicas com dependências sucessivas em que a autonomia das empresas situadas no nível inferior é bastante comprimida, chegando a falar-se de empresa por conta de outrem[65]. Este estado de dependência económica facilita situações de abuso, aceites pela empresa dependente para não perder o seu cliente, ou o fornecedor quando eles são os únicos ou os principais. É sobretudo aquele tipo de situações, e outras não resultantes de relações contratuais continuadas, que se pretende atingir com a nova disposição legal.

Assim, por exemplo, encontrar-se-á em estado de dependência a empresa que não disponha de alternativa equivalente em matéria de fornecimentos ou comercialização. A falta de alternativa pode relacionar-se com o montante, tipo e valor dos investimentos realizados em função do cliente ou com o facto de a venda ou o aprovisionamento junto de terceiros obrigarem a empresa dependente a enfrentar encargos manifestamente excessivos, relativamente aos anteriormente suportados.

As dificuldades de caracterização em abstracto dos pressupostos desta nova figura exigem das autoridades administrativas um razoável esforço para delimitar em cada caso concreto a situação de abuso, daquela que é apenas resultado de uma negociação entre partes que, naturalmente, nunca estarão em situação de perfeita igualdade. O extinto Conselho da Concorrência, valendo-se da experiência francesa, tentou definir critérios de aferição da dependência económica, tendo em conta a notoriedade da marca, a quota de mercado do fornecedor, o peso dos produtos de fornecedor nas vendas do distribuidor e a ausência de alternativa equivalente. Quanto a este último critério, a LC 2003 especifica tal situação no art. 7.º n.º3, considerando, por um lado, o reduzido número de operadores e, por outro, a impossibilidade de, em prazo razoável, obter condições idênticas por parte de outros operadores.

Um exemplo de abuso de posição dominante condenado pela AdC é o do comportamento da PT nos mercados grossistas de aluguer de circuitos, em que a empresa definiu e aplicou um sistema abusivo de descontos do tarifário de aluguer de circui-

[65] Cf. M. M. Leitão Marques, *Subcontratação e Autonomia Empresarial*, Porto: Afrontamento, 1991. Aí se analisa esta questão nas relações de subcontratação, fazendo referência a outros contratos onde o mesmo problema se pode levantar.

tos que vigorou entre 1 de Março de 2003 e 7 de Março de 2004. Um outro exemplo, relativo à mesma empresa, foi o do recusa de acesso à sua rede de condutas no subsolo aos concorrentes Tvtel e Cabovisão (cf., respectivamente, os Comunicados da AdC n.º 15/2008, de 1 de Setembro de 2008) e n.º 13/2007, de 2 de Agosto de 2007).

2.5.6.4. O regime específico das práticas restritivas individuais

A LC de 1993 suprimiu a consideração das práticas individuais como práticas restritivas da concorrência. As práticas individuais restritivas, quando não sejam consequência de acordos restritivos da concorrência, de abusos de posição dominante ou de estado de dependência económica, passaram a ser consideradas apenas como contra-ordenações, reguladas por uma lei distinta[66].

Até à entrada em vigor da legislação relativa às práticas individuais restritivas da concorrência (DL n.º 370/93, de 29 de Outubro, alterado pelos DL n.º 140/98, de 16 de Maio e DL n.º 10/2003, de 18 de Janeiro) eram consideradas como tal as seguintes: a imposição de preços mínimos, a aplicação de preços ou condições de venda discriminatórias relativamente a prestações equivalentes e a recusa de venda de bens ou de prestação de serviços.

O DL n.º 370/93 continua a considerar como ilícitas a aplicação de preços ou condições de venda discriminatórias e a recusa de venda, introduzindo três alterações substanciais. A primeira é a supressão (discutível) da referência à imposição de preços mínimos. A segunda é a exigência de que os produtores e distribuidores de qualquer tipo possuam tabelas de preços com discriminação detalhada das condições de venda e as facultem a qualquer revendedor ou utilizador. Por último, acrescenta-se a proibição da venda com prejuízo, ou seja, aquela que é feita por um preço inferior ao preço de compra do bem em questão, acrescido dos impostos aplicáveis a essa venda e eventualmente dos encargos de transporte. Admitem-se uma série de excepções relacionadas com a perecibilidade da mercadoria, a diminuição do seu valor comercial provocada, por exemplo, pela redução superveniente da sua utilidade, a necessidade de responder à concorrência de outro comerciante do mesmo ramo, etc.[67].

Em 1998, o DL n.° 140/98, de 16 de Maio, introduziu a proibição das «práticas negociais abusivas», figura paralela à do abuso de dependência económica. É assim proibido «obter de um fornecedor preços, condições de pagamento, modalidades de venda ou condições de cooperação comercial exorbitantes relativamente às suas condições gerais de venda» (art. 4.°-A).

[66] Cf. arts. 5.° n.° 3 e 6 do DL n.° 370/93, de 29 de Outubro, alterado pelos DL 140/98, de 16.5 e DL 10/2003, de 18.1. Sobre o tema, cf. Paz Ferreira, *ob. cit.*, p. 468 e ss.

[67] Note-se que penalização da venda com prejuízo estava já prevista na lei sobre o comércio a retalho (DL n.º 253/86 de 25 de Agosto), estendendo-se agora às relações entre agentes económicos.

De acordo com o art. 5.º al. b) do DL n.º 10/2003, a competência para investigar as violações do DL n.º 370/93 cabe à Autoridade da Concorrência.

2.6. O controlo das operações de concentração

2.6.1. Introdução

Quando se fala de operações de concentração neste contexto tem-se em vista uma noção restrita de concentração, grosso modo circunscrita à noção de controlo patrimonial ou financeiro e a certas formas de empresas comuns. Concentração não deve, pois, confundir-se com fusão. A fusão é uma das formas de concentração. Mas uma concentração pode também ter lugar através da aquisição de participações sociais ou da formação de empresas comuns, nomeadamente via consórcio, formado por diversas participações de diversas sociedades, mais das vezes para projectos comuns de duração limitada (v.g. *project finance*)[68].

As operações de concentração, entendidas deste modo, podem resultar de técnicas jurídicas muito diversas e tendem a afectar a estrutura da concorrência no espaço da UE. Sobretudo nos últimos anos por razões estruturais (concorrência internacional, globalização, celeridade dos progressos tecnológicos) e conjunturais (v.g. a crise da bolsa no Outono de 1987), este movimento tem sofrido forte aceleração.

Apesar da primeira proposta de regulamento apresentada pela Comissão sobre esta matéria datar de 1973, só em 1989 o Conselho aprovou um regulamento (Regulamento n.º 4064/89, de 21 de Dezembro, revogado pelo Regulamento n.º 139/2004, de 20 de Janeiro) relativo ao controlo das operações de concentração entre empresas, dotando, finalmente, a CE/UE de um instrumento há muito possuído por diversos EM, com o qual se completou o sistema europeu de defesa da concorrência e que lhe dá uma maior coerência interna[69].

Até à entrada em vigor do Regulamento de 1989, a concentração económica (em sentido restrito) foi, como vimos, essencialmente controlada por intermédio das regras clássicas do direito da concorrência, relativas às coligações ou ao abuso de posição dominante. A utilização dos arts. 81.º e 82.º do TCE (ex- arts. 85.º e 86.º

[68] Sobre a distinção fusão/concentração, cf. Brealey/Myers, *Principles of Corporate Finance*, New York: Irwin/McGraw-Hill, 2003. Informações actualizadas sobre a regulação comunitária das concentrações podem ser encontradas em <http://ec.europa.eu/competition/mergers/legislation/legislation.html>.

[69] Sobre o tema, cf. D. Berlin, *Contrôle Communautaire des Concentrations*, Paris: Pedone, 1992; M. J. Arozamena, *Las Concentraciones de Empresas en la Comunidad Europea*, Madrid: Civitas, 1993; L. Cohen-Tanugi *et alii*, *La Pratique Communautaire du Contrôle des Concentrations*, Bruxelas: De Boeck, 1995; Cook/Kerse, *EC Merger Control*, 3.ª ed., London: Sweet and Maxwell; Navarro/Font/Folguera/Briones, *EC Merger Control in the EU*, Oxford: Oxford University Press, 2002; e, entre nós, S. O. Pais, *O Controlo das Concentrações de Empresas no Direito Comunitário da Concorrência*, Coimbra: Almedina, 1996 e, relativamente ao direito português, da mesma autora, «O novo regime do controlo das concentrações de empresas na Lei n.º 18/2003», in A. G. Soares/ M.M.L. Marques. *Concorrência, ob. cit.*, p. 71-101.

TCEE e hoje, arts. 101.° e 102.° TFUE) traduziu-se numa forma de controlo limitada e imperfeita das operações de concentração, uma vez que, pela sua própria natureza, nem um, nem outro são aptos, mormente o primeiro, para dar conta de modificações de estrutura dos mercados.

Na sequência destas reformas (que incluíram igualmente a revogação do citado Regulamento 17/62 e sua substituição pelo RP 2003), o Regulamento n.º 4064/89 foi revogado e substituído pelo referido Regulamento n.º 139/2004 (adiante RCC).

2.6.2. A utilização do artigo 101.° do TFUE no controlo das concentrações

Durante muito tempo a Comissão teve para com as concentrações mais do que uma posição de tolerância, uma atitude de incentivo, devida em parte à vontade mais ou menos explícita de uma posição economicamente competitiva da Europa em si mesma (i.e. uma optimização, via harmonização, do nível económico dos EM) e perante os EUA (aqui de forma mais agressiva), o que implicaria um estímulo à formação de grupos económicos fortes e internacionalmente «competitivos».

No seu Memorando de 1.12.1965, a Comissão excluía do campo de aplicação do art. 81.° TCE (ex-art. 85.° TCEE e hoje art. 101 TFUE) as operações de concentração, mesmo quando elas tinham natureza híbrida, isto é, quando se traduziam em formas de cooperação e, portanto, estariam teoricamente abrangidas pela letra do corpo do artigo como é o caso das empresas comuns. Sustentada por uma argumentação discutível, esta posição conduziu à inaplicabilidade daquele artigo «aos acordos que tenham por objecto a aquisição da propriedade de empresas ou de partes de empresas ou a reorganização da propriedade das empresas (fusão, participação, aquisição de elementos de activos)». Na sua base estava, sobretudo, «o desejo de favorecer os reagrupamentos de empresas», de criar empresas de grande dimensão no mercado comum e «um sentimento de desconfiança relativamente às coligações»[70].

Tal postura foi, porém, mitigada pela forma como o anterior art. 85.°TCEE (bem como o art. 81.° TCE) veio a ser aplicado. De facto, embora não houvesse nenhum acto comunitário que estabelecesse, mesmo a título indicativo, uma definição quantitativa a partir da qual se pudesse dizer que uma coligação estaria em condições de eliminar a concorrência em relação a uma parte substancial dos produtos em causa, a verdade é que a generalidade das decisões comunitárias avaliava esta possibilidade de eliminação da concorrência em função do poder económico das partes na coligação. Ao fazê-lo, a então CEE dotava-se de um mecanismo indirecto de controlo das operações de concentração: «toda a coligação que ultrapassasse um certo limite de poderio económico cairia numa condenação automática»[71].

[70] Cf. J. Schapira *et al.*, , *ob. cit.*, p. 700.

[71] Cf. L. Vogel, *Droit de la Concurrence et Concentration Économique*, Paris: Economica, 1988, p. 50.

Desde o início dos anos setenta, e com excepção de um período de estagnação (1975-1983), o número de operações de concentração não cessou de aumentar, e a um ritmo muito rápido. A Comissão não podia ficar insensível a este fenómeno. As modificações na estrutura dos mercados, produzidas pelas operações de concentração, eram fenómenos susceptíveis de afectar gravemente a concorrência efectiva. Uma certa evolução verificou-se então na forma como a Comissão passou a encarar a aplicação do art. 81.°TCE (hoje 101.º TFUE).

Mantendo a exclusão das operações de concentração do campo de aplicação deste artigo, a Comissão adoptou, porém, uma noção muito restritiva de concentração. Quanto mais restritiva fosse esta noção, maior era a probabilidade de que operações que ela não qualificava como tal (mas que economicamente o eram, pelo menos parcialmente) viessem a cair sob a alçada do art. 81.° TCE (actual 101º TFUE) que, como se sabe, proíbe as coligações[72].

No caso em que a British American Tobacco e a Reynolds Industries recorreram da decisão da Comissão relativa à não aplicabilidade dos anteriores artigos 85.° e 86.° TCE (mais tarde, arts. 81.° e 82.° TCE e hoje arts. 101.º e 102.º TFUE) ao acordo Philip Morris/Rothmans, o Tribunal foi bem mais longe na questão da aplicação do primeiro a operações de concentração, ao decidir que «um acordo mediante o qual uma companhia adquire uma participação minoritária numa concorrente pode ser subsumível ao art. 85.° (depois art. 81.° TCE e hoje 101.º TFUE) se constituir uma restrição da concorrência»[73]. Ou seja: em si mesma, a tomada de participação no capital de uma empresa concorrente não é um comportamento restritivo da concorrência. Mas pode «em certas circunstâncias, restringir ou falsear o jogo da concorrência quando forneça o meio adequado para influenciar o comportamento comercial da empresa em causa»[74].

A partir de então, a Comissão passou a dispor de um meio de controlar indirectamente os fenómenos de concentração, nomeadamente os que operavam através de transacções relativas a modificações da estrutura do capital social das empresas e, consequentemente, os que se prendiam à constituição e reestruturação dos grupos.

2.6.3. A aplicação do princípio da proibição do abuso de posição dominante ao controlo das operações de concentração

Ao contrário do que sucedia em relação ao art. 85.° TCE (renumerado como art. 81.º TCE e hoje 102.° TFUE), o Memorando da Comissão de 1966 mostrava-se favorável

[72] Assim, como atrás se viu, a criação de uma empresa ou filial comum, quando as associadas subsistam como empresas economicamente independentes, sem que nenhuma delas tenha desaparecido completa e definitivamente dos sectores de actividade da empresa comum, de tal modo que sejam concorrentes potenciais, pode cair no campo de aplicação do art. 81.°, por não ser considerada como concentração em sentido restrito.

[73] Processos 142 e 156/84 *Philip Morris*.

[74] J. Schapira *et al*, *ob. cit.*, p. 702; A. Pappalardo, *ob. cit.*, p. 5.

à aplicação do art. 86.º TCE (depois, art. 82 e actual 102.º TFUE) a situações de concentração de empresas que envolvessem a monopolização de um mercado.

Deste modo, os actos através dos quais determinada empresa em posição dominante tendesse a fazer crescer o seu poder de mercado poderiam ser sancionados como abuso de posição dominante.

Numa decisão da Comissão (de 9.12.1971) e num acórdão do Tribunal de Justiça (de 21.1.1973) pronunciados no já célebre caso *Europemballage e Continental Can*, foi confirmada essa interpretação extensiva do art. 86.º TCEE (depois art. 82.º TCE, hoje 102.º TFUE). A eliminação da concorrência, que teria subsistido, efectiva ou potencialmente, se uma empresa em posição dominante não tivesse reforçado a sua posição através da aquisição duma participação maioritária na sociedade concorrente mais importante da então CEE, constituiu, do ponto de vista da Comissão, um comportamento incompatível com o citado art. 86.º TCEE (hoje art. 102.º TFUE). Idêntica posição tomou o Tribunal a partir de uma interpretação finalística desse artigo, à luz do art. 3.º, al. f) TCEE: «é susceptível de constituir um abuso o facto de uma empresa em posição dominante reforçar esta posição de tal modo que o grau de dominação assim atingido entrave substancialmente a concorrência, ou seja, deixe apenas subsistir empresas dependentes, no seu comportamento, da empresa dominante».

Esta orientação revela, porém, os limites da aplicação do dispositivo sobre o abuso de posição dominante ao controlo das concentrações, desde logo porque aquele não permite prevenir a formação da posição dominante (ele pressupõe, aliás, a sua existência). Daí a necessidade de um novo instrumento específico relativo às operações de concentração, primeiro o Regulamento n.º 4064/89, de 21 de Dezembro, alterado pelo Regulamento CE n.º 1310/97, do Conselho, de 30 de Junho e, mais tarde, revogado pelo actual RCC de 2004. Um dos objectivos destes diplomas foi o de evitar um excessivo número de concentrações sujeitas a controlo prévio. No seu art. 4.º, o RCC manteve a notificação ex ante das operações, mas, numa lógica de flexibilização, não refere prazos para o efeito.

O RCC é complementado pelo Regulamento n.º 802/2004 da Comissão, de 7 de Abril (com várias alterações) relativo à sua execução.

2.6.4. O regulamento de controlo das operações de concentração de empresas de dimensão comunitária

2.6.4.1. Os objectivos do Regulamento

O RCC prossegue uma perspectiva de flexibilização normativa exigida e tornada possível pela sedimentação das regras relativas ao controlo das operações de concentração por ele revogadas, in casu o Regulamento n.º 4064/89.

A base jurídica do RCC é a mesma do regulamento de 1989 (hoje, o artigo 103:º TFUE, ex-art. 83.º TCE), complementada pelo art. 352.ºTFUE (ex- art.308.º TCE) e os objectivos essenciais referidos no preâmbulo do diploma (considerando 5) permanecem também exactamente os mesmos: evitar que os processos de reestruturação das empresas não acarretem um prejuízo duradouro para a concorrência, evitando-se entraves significativos a uma concorrência efectiva no mercado interno. No plano substantivo, o novo RCC veio clarificar, como se verá em seguida, os critérios de fundo relativos à análise das concentrações[75].

A competência para aplicar o RCC pertence exclusivamente à Comissão, sob reserva de controlo do Tribunal de Justiça.

2.6.4.2. A noção de concentração

Segundo o art. 3.º do RCC realiza-se uma operação de concentração quando uma mudança de controlo duradoura resulta da fusão de duas ou mais empresas ou partes de empresas independentes ou da aquisição por uma ou mais pessoas, que já detêm o controlo de pelo menos uma empresa, ou por uma ou mais empresas por compra de partes de capital ou de elementos do activo, por via contratual ou por qualquer outro meio, do controlo directo ou indirecto do conjunto ou de partes de uma ou de várias outras empresas.

O RCC parte assim, na definição de concentração, da noção de «mudança de controlo duradoura» quando desta resulte uma fusão ou aquisição, em vez do critério da posição dominante usado pelo Regulamento de 1989 que apenas se referia à mudança de controlo duradoura no 23.º considerando do seu preâmbulo. Como refere o Preâmbulo do novo RCC (no seu 20.º considerando), o conceito de concentração é definido «de modo a abranger as operações de que resulte uma alteração duradoura no controlo das empresas em causa e, por conseguinte, na estrutura do mercado". Por isso são incluídas no seu âmbito de aplicação "todas as empresas comuns que desempenhem de forma duradoura todas as funções de uma entidade económica autónoma» (n.º 4 do art. 3.º do RCC). Alarga-se deste modo o campo de aplicação do controlo das concentrações. No caso das fusões, são agora também consideradas as fusões de partes de empresas.

O conceito de concentração é definido «de modo a abranger as operações de que resulta uma alteração duradoura no controlo das empresas em causa e, por conseguinte, na estrutura do mercado» (v.g., empresas comuns duradouras), devendo ainda considerar-se como única operação de concentração operações que apresentem liga-

[75] Para uma análise comparada ver a «Proposta de regulamento do Conselho relativo ao controlo das concentrações de empresas («Regulamento CE das Concentrações»), publicada no JOC 20/4 de 28.1.2003, e o Livro Verde adoptado em 11.12.2001, com a referência COM (2001)745.

ções estreitas na medida em que estejam ligadas por condição ou assumam a forma de uma série de transacções de títulos que tem lugar num prazo relativamente curto[76].

Independentemente da afinação conceptual que tenha sido efectuada relativamente ao anterior regulamento, mantém-se o elemento essencial: o controlo estratégico (não meramente financeiro) da concentração de empresas no plano europeu.

2.6.4.3. A dimensão europeia

Em consonância com a política comunitária de concorrência, o RCC apenas pretende controlar a concentração relativa a empresas de grande dimensão («dimensão comunitária», de acordo com a definição do art. 1.º, nºs 2 e 3), aquelas que detêm um efectivo poder de mercado. A fixação de limiares quantitativos relativos à dimensão das empresas e a notificação prévia à Comissão das operações de concentração (agora sem o prazo de uma semana, mas com a obrigação de notificação das concentrações «antes da sua realização e após a conclusão do acordo, anúncio da oferta pública de aquisição ou a aquisição de uma participação de controlo») são técnicas que permitem estabelecer linhas de demarcação no sentido de a União controlar as concentrações mais perigosas para a concorrência sem condicionar excessivamente os operadores económicos.

A introdução de limiares possibilita proceder, em simultâneo, à delimitação do campo de aplicação do direito europeu perante o direito nacional (regra de conflitos). A Comissão preocupar-se-á apenas com as concentrações mais relevantes, deixando as restantes (aquelas em que exista um «mercado distinto», nos termos do art. 4.º, n.º4) para a competência das autoridades dos Estados-Membros. A ideia é de, no quadro da construção de um *level playing field*, estabelecer um «balcão único» (*one-shop-stop*) para as grandes operações que implicam vários EM, aliviando as empresas interessadas da necessidade de apresentarem junto das diversas autoridades nacionais múltiplos pedidos de autorização, facto considerado como particularmente gravoso no contexto de alargamento da União. Note-se que, à época do Livro Verde sobre a revisão do Regulamento 4064/89, havia duas ou mais notificações por cada operação em 10% do total dos casos tratados ao nível nacional[77].

No entanto, a noção de «dimensão comunitária» não se cinge a este aspecto quantitativo, abrangendo também um aspecto geográfico. Por isso, para efeitos de aplicação deste Regulamento, importa analisar não só o volume de negócios das empresas

[76] Cf. o considerando n.º 20 do RCC. Não foi, porém, introduzida no RCC 2003 a referência, que fazia parte do projecto inicial, a duas ou mais operações subordinadas entre si ou que apresentassem ligações tão estreitas que a sua base económica justificasse o seu tratamento comum como uma única operação, sendo consideradas como uma única concentração realizada na data da operação que tenha ocorrido em último lugar, conquanto que as operações no seu conjunto satisfizessem os requisitos legais.

[77] Cf. A. Papaioannou *et al.*, «Green Paper on the Review of the Merger Regulation» in *Competition Policy Newsletter*, no.1, Feb. 2002, p. 66.

em questão, mas também o mercado relevante, a zona principal da sua actividade (a opor a «mercado distinto», referido acima).

Quanto ao aspecto quantitativo, o n.º 2 do art. 1.º do RCC mantém, como limiares mínimos da dimensão comunitária, cumulativamente, duas condições: primeira, a do volume de negócios total realizado à escala mundial por todas as empresas em causa, no último exercício, ser superior a 5 mil milhões de euros (valor absoluto da operação); segunda, a do volume de negócios total realizado individualmente na UE, pelo menos, por duas das empresas em causa, ser superior a 250 milhões de euros (valor relativo da operação). O RCC prevê ainda quatro casos em que uma operação pode ter «dimensão comunitária» mesmo que não atinja estes limiares (art. 1.º, n.º 3): quando o volume de negócios total realizado à escala mundial pelo conjunto das empresas em causa for superior a 2 500 milhões de euros; quando, em cada um de, pelo menos, três EM, o volume de negócios total realizado pelo conjunto das empresas abrangidas for superior a 100 milhões de euros; quando, em cada um de, pelo menos três EM considerados para efeitos do caso anterior, o volume de negócios total realizado individualmente por, pelo menos, duas das empresas em causa for superior a 25 milhões de euros e, finalmente, sempre que o volume de negócios total realizado individualmente na UE por, pelo menos, duas das empresas em causa for superior a 100 milhões de euros, salvo se cada uma das empresas em questão obtenha mais de dois terços do seu volume de negócios total na União em apenas um Estado-Membro.

Quanto à determinação da zona principal de actividade excluem-se, como se disse, as operações com impacto essencialmente nacional (verdadeiras «situações puramente internas», sem «dimensão comunitária»). Por isso, a condição respeitante ao valor relativo da operação (al. b), do n.º 2 do art. 1.º) não se verifica (e portanto a operação não tem dimensão europeia), mesmo quando o limiar dos 250 milhões de euros é atingido por, pelo menos, duas empresas, se cada uma das empresas em causa realizar num único EM mais de dois terços do seu volume de negócios total na União.

Sublinhe-se ainda que o volume total de negócios é calculado segundo um processo complexo fundado nas relações de controlo financeiro, patrimonial e de gestão entre as empresas participantes na concentração e muitas outras que estejam a elas directa ou indirectamente ligadas (art. 5.º do Regulamento).

Recorde-se que, como vimos, põe-se também aqui a questão da aplicação do princípio da extraterritorialidade. Um caso recente, onde este problema voltou a discutir-se, foi o da *General Electric/Honeywell*. Embora tenha havido uma desistência da operação por parte dos intervenientes, tal concentração foi rejeitada pela Comissão em 2001, apesar de ter sido autorizada nos EUA. Provocou, desta forma, um «choque entre reguladores», num momento particularmente sensível das relações políticas transatlânticas. Na sequência deste caso, foram vários os operadores jurídicos a sugerirem um realinhamento das posições comunitárias em matéria de concentrações com o sistema americano[78].

Estas críticas apoiam-se, nomeadamente, no facto de serem aplicados métodos diferentes na análise de concentrações. Se na UE impera o teste do domínio do mercado (*dominance test*), nos EUA tem sido utilizado o critério da diminuição substancial da concorrência (SLC: *substantial lessening of competition*). O RCC estabelece no seu art. 2.º os critérios a ter em conta pela Comissão na apreciação das concentrações, a saber: o desenvolvimento de uma «concorrência efectiva» (tendo em conta a «estrutura de todos os mercados em causa») e a posição das empresas no mercado (atendendo à liberdade dos operadores e aos direitos dos consumidores). Poderá neste sentido afirmar-se que a UE mitigou o seu modelo baseado no domínio, para considerar igualmente o objectivo da «concorrência efectiva».

As concentrações que não são objecto do RCC são, em princípio, da competência dos Estados-Membros.

2.6.5. O controlo prévio das concentrações no direito português

De acordo com a LC 2003 ocorre uma concentração de empresas em «caso de fusão de duas ou mais empresas anteriormente independentes» ou no «caso de uma ou ou mais pessoas singulares que já detenham o controlo de pelo menos uma empresa ou de uma ou mais empresas adquirirem, directa ou indirectamente, o controlo da totalidade ou de partes de uma ou de várias outras empresas» (art. 8.º, n.º 1). A criação ou aquisição de uma empresa comum é igualmente abrangida, caso esta desempenhe «de forma duradoura as funções de uma entidade económica autónoma» (8.º, nº 2).

A aquisição de controlo é de natureza material e não formal, uma vez que pode assumir qualquer forma/acto. O controlo implica a possibilidade de exercer, isoladamente ou em conjunto, de facto ou de direito, uma influência determinante sobra a actividade de uma empresa.

São, porém, excluídas as aquisições de participações no âmbito de processos regulados pelo DL n.º 62/2004, de 2 de Março, que aprovou o CIRE – Código da Insolvência e Recuperação de Empresas) bem como de participações com meras funções de garantia. É ainda excluída a aquisição por instituições de crédito de participações em empresas não financeiras, quando não abrangidas pela proibição contida no art. 101.º do RGIC (Regime Geral das Instituições de Crédito e Sociedades Financeiras, aprovado pelo DL n.º 298/92 de 31 de Dezembro)[79].

[78] Cf. T. Lampert *et al.*, «E.U. merger-control regime faces major reform», *The National Law Journal*, March 24, 2003, p. B8.

[79] O art. 101.º do RGIC impede a detenção, por instituições de crédito, de um número de votos superior a 25% em empresas não financeiras. As participações em outras instituições bancárias e financeiras são excepcionadas (art. 101.º, n.º 3 do RGIC). Em suma, resulta da conjugação dos dois preceitos (art. 8.º, n.º 4, alínea c) da Lei da Concorrência e art. 101.º do RGIC) a não aplicação do regime das concentrações às

A decisão da autoridade sobre concentrações notificadas deve basear-se em critérios definidos na lei, em cláusula aberta, e visa salvaguardar a estrutura da concorrência, tendo em conta a necessidade de preservar e desenvolver, no interesse dos consumidores intermédios e finais, uma concorrência efectiva no mercado nacional (art. 12.º da LC 2003). Em particular, a apreciação de uma operação notificada será analisada com base em diversos critérios, como a estrutura do mercado relevante, posição das empresas participantes nestes mercados, concorrência potencial, etc., que possibilitam a realização de um balanço económico. Um desses critérios, o do «contributo da concentração para a competitividade internacional da economia nacional», já presente no regime anterior, poderá ser, no contexto de um tecido empresarial como o português, frequentemente invocado.

No final, serão proibidas as operações que criem ou reforcem uma posição dominante que possa conduzir a entraves significativos à concorrência efectiva no todo ou em parte substancial do mercado nacional e que não tenham sido objecto de um balanço económico positivo. Pelo contrário, serão autorizadas as operações que não criem ou reforcem tal posição dominante, bem como as restrições à concorrência directamente relacionadas com a realização da concentração autorizada e a ela necessárias[80].

2.7. Aspectos processuais

2.7.1. No direito europeu

2.7.1.1 Coligações e abuso de posição dominante

Por força do artigo 105.° do TFUE compete à Comissão velar pela aplicação dos princípios enunciados nos artigos 101.° e 102.°. Em resposta a uma denúncia dos EM ou de pessoas singulares ou colectivas que invoquem um interesse legítimo ou ainda ofi-

aquisições, por instituições de crédito, de empresas não financeiras (entendendo-se como financeiras as enunciadas no n.º 3 do art. 101.º do RGIC). As concentrações no sector financeiro são pois abrangidas pela Lei da Concorrência, face à excepção do RGIC no caso de empresas financeiras (incluindo seguradoras e respectivas corretoras e mediadoras), admitindo aí aquisições superiores a 25% dos direitos de voto. No caso das empresas não financeiras, a Lei da Concorrência refere-se às excluídas do RGIC, i.e. aquelas abaixo dos 25%, excluindo-as também. Nestes termos, o sector financeiro poderá adquirir menos de 25% dos direitos de voto de sociedades não financeiras à margem do regime das concentrações. O mesmo deixa de suceder face às aquisições entre empresas financeiras, que passam a ser abrangidas pelo regime das concentrações. E aqui a questão preliminar dos direitos de voto não se coloca sequer, pois como vimos, o RGIC excepciona tais aquisições da proibição constante do art. 101.º do RGIC.

[80] A Autoridade da Concorrência emitiu em 2003 decisões sobre cerca de quatro dezenas de casos de concentração (a Comissão Europeia emitiu nesse mesmo ano 222 decisões), e no início do mês de Maio de 2004 tinha decidido dezoito casos, tinha quatro casos em apreciação (via notificação) e dois processos de não notificação.

ciosamente, a ela compete emitir decisões para fazer cessar a presumível infracção relativamente à proibição de coligações ou de abusos de posição dominante, bem como a instrução dos respectivos processos.

O RP 2003 fixa as regras com base nas quais esta instituição, agindo em estreita cooperação com as autoridades responsáveis dos Estados-Membros e sem prejuízo das competências destas autoridades, poderá tomar as medidas necessárias à aplicação dos artigos 101.° e 102.° do TFUE (81.º e 82.º TCE)[81].

Os aspectos mais salientes do RP 2003 são a abolição da prática da notificação dos acordos entre empresas à Comissão, transitando-se de um sistema de notificação e de autorização administrativa para um sistema de aplicação directa, a atribuição, já referida, de competência às autoridades e aos tribunais nacionais para aplicarem plenamente as regras *anti-trust*, a criação de condições mais homogéneas para as empresas que exercem actividades transfronteiriças, o reforço da cooperação entre a Comissão e as autoridades nacionais da concorrência no âmbito da Rede europeia da concorrência e o reforço dos instrumentos atribuídos à Comissão para detectar e sancionar, com coimas e sanções pecuniárias compulsórias, as violações das regras anti-trust. Foram, em particular, clarificados e reforçados os poderes de inquérito da Comissão, tornando-se os inquéritos sectoriais um dos instrumentos-chave de investigação na detecção de défices de concorrência nos sectores do gás e electricidade, da banca do retalho, dos seguros e dos produtos farmacêuticos[82].

2.7.1.2 Controlo das concentrações

Ao contrário do Regulamento n.º 4069/89, que funcionava com base no princípio do «interlocutor único», permitindo à Comissão um controlo exclusivo das operações de concentração nele definidas, o novo RCC veio flexibilizar o sistema de controlo, ao adoptar, com base no princípio da subsidiariedade, a filosofia de que a autoridade competente nesta matéria é aquela que se encontra mais bem colocada para analisar cada caso específico, evitando assim que a mesma concentração seja notificada a diversas autoridades da concorrência na UE.

Como regra geral, as concentrações de "dimensão comunitária" devem ser obrigatoriamente notificadas à Comissão após conclusão do acordo, da oferta pública de aquisição ou de troca ou aquisição de uma participação de controlo, mas previamente à sua realização. O novo regime, porém, racionalizou os prazos de notifica-

[81] Segundo o art. 16.º do RP 2003, nem os os tribunais nacionais nem as autoridades nacionais responsáveis poderão tomar decisões que sejam contrárias a uma decisão aprovada pela Comissão, quando esta decisão exista.

[82] Arts 17.º a 22.º do RP 2003. Cf. ainda Comissão Europeia, Comunicação da Comissão ao Parlamento Europeu e ao Conselho, COM (2009) 206 final, de 29.04.2009 - que contém o *Relatório sobre a aplicação do Regulamento n.º 1/2003.*

ção, permitindo que a notificação seja efectuada antes de haver acordo vinculativo entre as partes.

Entre outras inovações, o RCC de 2004 reforçou os poderes da Comissão relativos à investigação e aplicação de sanções. Para tal a Comissão dispõe, entre outros, de um poder de recolha de informações junto dos governos e autoridades dos EM, das empresas e associações de empresas, bem como de poderes para efectuar todas as diligências de instrução (inspecção de livros, acesso a instalações de empresas, pedido de explicações orais) e de um poder de decisão, após prévia audição dos interessados[83]. Estes poderes processuais foram desenvolvidos recentemente pelo Regulamento da Comissão n.º 802/2004, de 7 de Abril relativo à execução do RCC de 2004.

Verificada a existência de infracção, a Comissão pode dirigir às empresas, quer recomendações no sentido destas porem fim à infracção existente ou, em casos de urgência e quando estão em causa comportamentos muito gravosos, ordenar desde logo, a título de medida cautelar, provisória, o fim da prática restritiva, quer ainda aplicar às partes envolvidas multas e adstrições (sanções pecuniárias compulsórias), nos termos, respectivamente dos arts. 15.° e 16.° do citado Regulamento. Caso as empresas em causa adequem a operação às regras europeias, a Comissão poderá autorizar a concentração. Todavia, a terem sido fornecidas à Comissão pelas empresas informações inexactas ou se estas não tiverem cumprido obrigações a que estejam vinculadas, a Comissão poderá revogar a decisão que tenha tomado. Todo o processo deve ser célere e a decisão deverá ser notificada pela Comissão às empresas e autoridades dos EM em causa. Até à decisão, existe, em princípio, uma suspensão da concentração.

O processo administrativo europeu do controlo das operações de concentração (arts. 6.º a 8.º do RCC), exclusivamente a cargo da Comissão, tem início logo após a recepção da notificação e tem como resultado uma decisão de autorização ou proibição da concentração em causa.

2.7.1.3 Recursos das decisões da Comissão

Das decisões da Comissão cabe recurso para a instância competente do Tribunal de Justiça da União Europeia (art. 19.º TUE e 251.º e ss do TFUE)[84].

[83] Cf. artigos 11.º a 18.º do RCC 2004. Para uma análise específica – tendo em conta a perspectiva dos agentes económicos, esquemas de procedimento e formas de reacção ao fenómeno nos vários Estados-Membros – ver *Dawn Raids in the EU, A Guide*, Allen & Overy, 2000. Sobre o tratamento das denúncias, cf. a Comunicação da Comissão publicada no JO C 101/65, de 27.4.2004.

[84] Tem vindo a crescer o número de casos em que o Tribunal tem tomado posições divergentes das da Comissão, o que tem levado esta a melhorar a fudamentação económica das suas decisões. Quanto à jurisprudência, cf. os casos T-3/93 *Air France/ Comissão* e T-290/94 *Kaysersberg/ Comissão*. Cf. ainda o caso *Worldcom/ MCI*, in JO L de 4.4.1999, p. 1-35. Mais recentemente – e para alguns a justificar e servir de cenário à reforma comunitária do direito da concorrência – a posição da Comissão foi criticada pelo Tribunal de Primeira Instância. São paradigmáticas as fusões Schneider Electric/Legrand e Tetra Laval/ Sidel, bem como o caso *Airtours*.

No caso de a Comissão ter imposto coimas ou sanções pecuniárias compulsórias a empresas que violem ou os artigos 101.º ou 102.º do TFUE ou o RCC, os recursos para o TJUE têm a natureza de plena jurisdição (art. 261.º do TFUE), pelo que este pode suprimir, anular ou aumentar a sanção aplicada.

2.7.2. No direito português

2.7.2.1 Práticas restritivas de concorrência

O processo encontra-se regulado na LC 2003 (Capítulo III)[85]. Compete hoje à AdC a identificação das práticas, individuais ou colectivas, susceptíveis de, segundo a lei, serem consideradas como restritivas da concorrência, bem como a organização e instrução dos respectivos processos[86]. Para o efeito, a AdC dispõe de poderes sancionatórios, de supervisão e de regulamentação. Em termos de investigação, a AdC pode proceder, nas empresas, a inquéritos, exames directos de escrita e demais documentação, e recolher testemunhos e requerer a colaboração de serviços da Administração Pública, incluindo autoridades policiais. A AdC age pois tanto no plano contra-ordenacional como no plano administrativo.

A fiscalização do regime das práticas individuais restritivas da concorrência, entretanto consideradas como delitos anti-económicos, passou a competir à Inspecção-Geral das Actividades Económicas. Ao então Conselho da Concorrência continuava a competir tomar decisões em sede dos processos relativos a práticas colectivas. Hoje não é assim: a AdC age tanto no plano contra-ordenacional como no plano administrativo.

A decisão da AdC poderá ordenar o arquivamento do processo; notificar o infractor para adoptar as providências indispensáveis à cessação da prática restritiva da concorrência ou à cessação dos seus efeitos (constituindo o não acatamento da determinação notificada crime de desobediência); e aplicar coimas, autónoma ou juntamente com a notificação referida. Estas possibilidades não se afastam daquelas a que o Conselho da Concorrência podia recorrer.

2.7.2.2 Operações de concentração

As operações de concentração deverão ser notificadas à AdC em sete dias úteis após o acordo (ou publicação de anúncio de OPA, OPT ou aquisição de participação),caso seja atingida ou reforçada uma quota de mercado (ou parte de mercado nacional)

[85] Sobre os aspectos processuais no direito português, vide. Norberto SEVERINO, «O Processo na Lei da Concorrência», in A. GOUCHA SOARES/ M.M. LEITÃO MARQUES, *ob.cit.*, pp. 125-151.

[86] A competência em matéria de concorrência pertencia anteriormente a um serviço administrativo do Estado dependente do Ministério da Economia – a (extinta) Direcção-Geral do Comércio e da Concorrência - e a um serviço, também extinto, na dependência do antigo Ministério do Comércio - Direcção Geral da Concorrência e Preços.

superior a 30% e ainda quando o conjunto das empresas envolvidas tenha realizado em Portugal, no último exercício, um volume líquido de negócios superior a 150 milhões de euros. Isto se o volume de negócios realizado em Portugal por pelo menos duas destas sociedades for superior a três milhões de euros (arts. 9.º e 10.º)[87].

Uma operação de concentração sujeita a notificação fica suspensa até decisão (expressa ou tácita) da autoridade reguladora. Este regime pode ser derrogado a pedido (por razões de concorrência efectiva) e não prejudica, de qualquer das formas, a realização de OPA ou de OPT já notificada, desde que não sejam exercidos os correspondentes direitos de voto, salvo para salvaguarda do valor do investimento realizado.

A regra geral é a de que a falta de notificação ou o desprezo pela tomada ou o sentido da decisão acarreta automaticamente a invalidade dos negócios jurídicos celebrados (a referência da lei de 1993 à ineficácia, em vez de nulidade, parece dever-se a lapso do legislador. A lei de 2003 refere-se à validade, dependente de autorização da operação notificada ou a notificar – cfr. art. 11.º).

Uma vez notificadas as operações e instruído o respectivo processo, três situações alternativas são possíveis:

- não há oposição à operação, o que indicia não haver qualquer risco potencial de distorção de concorrência;
- proíbe-se a operação de concentração e ordenam-se as medidas necessárias à reposição da concorrência;
- é iniciada uma «investigação aprofundada», caso os indícios demonstrem como possível a criação ou reforço de uma posição dominante de resultados anti-concorrenciais. Esta investigação não deve exceder os três meses (o atraso vale como decisão de não oposição) e dela resulta uma decisão num dos sentidos citados nos pontos anteriores.

Na primeira situação, a decisão, que a Lei de 1993 colocava numa esfera de competência ministerial, passou a ser exclusivamente da AdC, enquanto regulador independente.

É também à AdC (herdando anterior competência do Conselho da Concorrência) que cabe apreciar se a concentração, apesar de restritiva, pode ser permitida, com base no balanço económico positivo. Vários exemplos da acção da AdC neste domínio poderão ser colhidos no sítio desta instituição. Aqui limitamo-nos a mencionar as decisões da AdC de oposição à concentração Ongoing/Vertix/ Média Capital (na sequência de parecer da ERC), em nome da salvaguarda da diversidade e do plura-

[87] Em relação às operações de concentração, cf. Margarida Rosado da Fonseca/ Luís do Nascimento Ferreira, *O Procedimento de Controlo das Operações de Concentração de Empresas em Portugal*, Coimbra: Almedina, 2009.

lismo na comunicação social (Comunicado n.º 4/2010, de 30 de Março) e à concentração TAP/Serviços Portugueses de Handling, SPdH, obrigando a TAP a alienar acções referentes, pelo menos, a 50,1% do capital social da SPdH, de forma a impedir que o Grupo TAP tivesse a capacidade e o incentivo para deteriorar as condições de acesso das companhias aéreas concorrentes aos serviços de assistência em escala (Comunicado n.º 22/2009, de 20 de Novembro). Em contrapartida, a AdC autorizou a operação de concentração Montepio/ Finibanco, por não trazer problemas de natureza jus-concorrencial (Comunicado n.º 11/2010, de 25 de Outubro).

Das decisões da AdC há recurso para o Tribunal de Comércio de Lisboa (art. 38.º dos Estatutos). Já assim era desde 1999. Apesar de tratar-se de actos de natureza administrativa, das decisões do então Conselho da Concorrência cabia recurso, na versão inicial, para os tribunais comuns (para o Tribunal Judicial da Comarca de Lisboa e deste para o Tribunal da Relação) e, mais tarde, por força de alteração à Lei de Organização e Funcionamento dos Tribunais Judiciais (art. 89.º, n.º 2, al. c) da Lei n.º 3/99, de 13 de Janeiro) para o Tribunal de Comércio.

Como vimos, este é hoje o tribunal competente tanto em matéria contra-ordenacional como administrativa, o que se compreende, não só por razões internas de especialização dos tribunais, como em razão das novas exigências do direito da União, particularmente em matéria de práticas concertadas, acordos restritivos e abuso de posição dominante (arts. 101.º e 102.º do TFUE), em relação aos quais a AdC e o Tribunal de Comércio passaram a ter competência paralela à Comissão Europeia (arts. 5.º e 6.º do RP 2003). Este tribunal pode, no entanto, solicitar informações e colocar dúvidas à Comissão.

Tudo isto significa – como nota, de resto, o legislador europeu no RP 2003 – que os juízes e outros operadores judiciais deverão receber uma formação adequada sobre a matéria da concorrência e do direito da UE que a regula.

Este facto sugere, não só a necessidade de maior especialização (a prazo, da orgânica dos tribunais), como a de haver bases de dados permanentes e actualizadas relativas ao direito europeu em geral e ao direito da concorrência, em particular. Exige-se igualmente o conhecimento, por parte dos operadores, do «direito concreto», do «direito em acção», i.e. das decisões tomadas pela Comissão e pelo Tribunal de Justiça, dado que as autoridades nacionais não podem tomar decisões contrárias a estas.

2.8. A disciplina da acção dos Estados-Membros: o princípio da incompatibilidade dos auxílios de Estado com o mercado interno

2.8.1. Introdução

Ao lado das normas especificamente dirigidas a empresas, a disciplina europeia da defesa da concorrência integra normas aplicáveis a certos comportamentos dos EM, susceptíveis de afectarem os mecanismos da competição inter-empresarial ou as trocas no mercado interno. Muito embora estas normas se dirijam aos Estados, procurando impedir que estes provoquem distorções na concorrência, elas repercutem-se na esfera da vida empresarial. Um exemplo até há pouco constante expressamente dos Tratados (TCE), era o da proibição do *dumping*, isto é, da interdição de práticas que consistiam em fomentar, no mercado externo, a venda de produtos internos a preço mais baixo do que o praticado no mercado interno do país produtor (a preços de custo ou mesmo com prejuízo)[88]. Outro exemplo é o caso da obrigação de os Estados não tomarem ou manterem quaisquer medidas discriminatórias a favor das empresas públicas e das empresas privadas a que tenham concedido direitos especiais ou exclusivos (art. 106.°, n.º 1, TFUE)[89]. Outro ainda, o das normas que disciplinam os monopólios nacionais de natureza comercial (art. 37.º TFUE).

Os mais importantes, porém, são hoje os que se referem ao princípio da incompatibilidade dos auxílios de Estado (a favor de certas empresas ou produções) com o mercado interno, cuja formulação normativa tem atravessado as várias revisões dos tratados quase sem alterações de redacção (art. 107.° a 109.º TFUE, ex- 87.º a 89.º TCE), à disciplina dos serviços económicos de interesse geral e à regulação dos mercados públicos. Daí que mereçam, de seguida, uma referência especial.

2.8.2. A regulação dos auxílios de Estado

2.8.2.1 O princípio da incompatibilidade dos auxílios de Estado com o mercado interno: objectivos

O quadro jurídico da política da União relativa aos auxílios estatais está contido nos arts. 107.° a 109.° do TFUE, em regulamentos complementares, os mais importantes

[88] A proibição das práticas de *dumping* aplicava-se igualmente aos comportamentos das empresas exportadoras. Cf., sobre o tema, BESELLER/WILLIAMS, *Anti-Dumping and Anti – Subsidy Law*, Londres: Sweet and Maxwell, 1986.

[89] Trata-se de uma aplicação do princípio de não discriminação que comporta, porém, uma importante excepção no n.° 2 do mesmo artigo relativamente aos monopólios fiscais e às empresas de interesse económico geral, os quais estão subordinados às regras de concorrência na medida que a aplicação destas regras não constitua obstáculo ao cumprimento da missão que lhes foi confiada. Recorde-se que são precisamente os SIEG a beneficiar da excepção à regra de proibição das *golden shares*, determinada pelo TJCE em jurisprudência vária recente, nomeadamente no caso C-503/99 *Comissão/Bélgica*, onde, apesar de a legislação controvertida restringir o livre movimento de capitais e ser discriminatória, foi considerada legítima por razões de interesse geral que a Comissão não demonstrou poderem ser atingidas de outra forma. Em relação às empresas públicas (conceito muito flexível que se satisfaz com a ideia de haver um controlo efectivo dessa entidade por parte do Estado) é particularmente importante a Directiva n.° 80/723, de 25.6.1980 (modificada pelas Directivas n.° 85/413, de 24.6.1985 in JO L 229 de 28.7.1985, n.° 93/84/CEE, de 30.9.1993 e n.° 2000/52/CE, de 26.1.2000) relativa à *transparência* das relações financeiras entre os EM e as empresas públicas, a qual visa determinar se devem ou não ser consideradas auxílios de Estado as transferências de fundos públicos de que essas empresas beneficiam. Cf. também a Comunicação da Comissão publicada no JO C 273, de 18.10.1991.

dos quais são o Regulamento de Processo (Regulamento n.º 659/1999, do Conselho, de 22.3.1999, adiante RP 1999) e o Regulamento Geral de Isenções por Categoria (Regulamento n.º 800/2008 da Comissão, de 6.8.2008, adiante RGIC), bem como em múltiplos instrumentos de *soft law*, nomeadamente em comunicações, directrizes, linhas gerais e orientações da Comissão[90].

O princípio fundamental neste domínio é o da incompatibilidade dos auxílios públicos, isto é, das vantagens concedidas – independentemente da sua forma e dos seus fins – pelos Estados (poderes públicos) a certas empresas, inclusive às empresas públicas, ou produções existentes no seu território, quando daí resultem distorções da concorrência e afectação das trocas entre os EM (art. 107.º, n.º 1 TFUE). Em função deste princípio, os Estados abdicam, pois, de utilizar internamente, de forma unilateral, como instrumento de política económica, este tipo de incentivos às empresas quando possam falsear a concorrência no mercado interno.

Este princípio implica a prévia notificação do projecto de auxílio ou de regime de auxílios à Comissão. Os auxílios concedidos sem observância da notificação (ou sem aguardarem decisão da Comissão) são *ilegais*; os auxílios que, notificados ou não, provoquem efeitos nocivos para o mercado interno são declarados *incompatíveis*. De acordo com o RP 1999, nos casos de auxílios ilegais ou incompatíveis, que, apesar desses vícios, tenham sido atribuídos pelos EM, a Comissão emitirá uma decisão no sentido de o EM em causa dever tomar as medidas necessárias para recuperar o auxílio do beneficiário, incluindo juros. Compete assim aos EM, observando o seu próprio direito, efectivar junto dos beneficiários a obrigação de reembolso de tais auxílios.

A regra da incompatibilidade dos auxílios de Estado radica na ideia de evitar que a intervenção de um factor visto pela UE como externo ao funcionamento do mercado, como é o comportamento dos Estados, possa criar artificialmente vantagens para certas empresas em detrimento de outras, criando, com efeitos proteccionistas, barreiras financeiras e outras, perturbadores da livre concorrência transnacional.

[90] Sobre o tema dos auxílios públicos, para além de António Carlos dos SANTOS, *Auxílios de Estado e Fiscalidade, ob. cit.*, sobretudo, pp. 123-308, dando conta dos principais aspectos substantivos e adjectivos, cf., entre outros, L. MORAIS, *O Mercado Comum e os Auxílios Públicos*, Coimbra: Almedina, 1993; M. MARTINS, *Auxílios de Estado no Direito Comunitário*, Cascais: Principia, 2001; M. MEROLA, «Introduction à l'étude des règles communautaires en matière d'aides d'État aux entreprises», *Revue Internationale de Droit Economique*, n.º 3, 1993, p. 27 e ss.; I. CROIZIER, *L'Offensive de la CEE contre les Aides Nationales*, Rennes: Apogée, 1993; J. P. KEEPPENNE, *Guide des aides d'État en droit communautaire (réglementation, jurisprudence et pratique de la Commission)*, Bruxelles: Bruylant, 1999 e Rose M. D'SA, *European Community Law on State Aid*, London: Sweet & Maxwell, 1998, HANCHER/OTTERVANGER/SLOT, *E.C. State Aids*, London: Sweet & Maxwell, 1999; BIONDI/ EECKHOUT/ FLYNN, *The Law of State Aid in the European Union*, Oxford: University Press, 2004; M. DONY at al. *Contrôle des aides d'État*, Commentaire Mégret, IEE, Ed. de l'Université de Bruxelles, 2007. Dados estatísticos da Comissão sobre os auxílios de Estado podem ser consultados a todo o tempo em <http://ec.europa.eu/competition/state_aid/overview/index_en.html>.

2.8.2.2 Campo de aplicação do princípio da incompatibilidade dos auxílios de Estado

2.8.2.2.1. A noção de auxílio de Estado

O TFUE não define expressamente o que é um auxílio de Estado, nem contém uma proibição geral e indiscriminada dos auxílios às empresas, pois admite que, em hipóteses precisas, certos auxílios sejam compatíveis ou, após análise circunstanciada da Comissão, declarados compatíveis com o mercado interno.

Na ausência de definição legal desta noção ou de um consenso na doutrina, tem, na prática, sido cometida à Comissão e à jurisprudência do TJUE a sua clarificação, tendo estas instituições enunciado, a partir do disposto no art. 107.º do TFUE, os critérios e condições constitutivos do conceito.

Daqui tem resultado uma noção muito ampla de auxílios, equivalente a toda e qualquer vantagem, directa ou indirectamente, atribuída especificamente pelos poderes públicos nacionais a certas empresas, independentemente do seu objectivo e da sua forma, mediante recursos públicos ou sujeitos a controlo público, que afecte as trocas no mercado interno ou provoque distorções de concorrência.

Assim, para que o princípio da incompatibilidade seja invocado, é necessário que se verifiquem cumulativamente os elementos constitutivos da noção de auxílio de Estado (quanto à vantagem atribuída, à entidade concedente e à entidade beneficiária, à selectividade da medida) a que acrescem as condições que tornam o auxílio incompatível (afectação da concorrência e do comércio entre EM), consideradas igualmente pelas autoridades da União como elementos constitutivos do conceito. É a existência cumulativa destes elementos que delimita o campo de aplicação daquele princípio e permite estabelecer a fronteira com eventual aplicação de um regime de controlo nacional dos auxílios de Estado.

Os auxílios de Etado podem ser de natureza geográfica ou material. No primeiro caso estamos perante auxílios concedidos apenas a certas zonas ou áreas geográficas do território de um EM, instituindo uma diferenciação em relação ao regime aplicável no resto do território nacional. No segundo, estão fundamentalmente em causa os auxílios sectoriais, horizontais e *ad hoc*. Os auxílios sectoriais são auxílios a sectores de actividade como a agricultura, os têxteis, os veículos automóveis, os transportes, a construção de navios, etc., sendo certo que alguns destes sectores são regidos por normativos específicos previstos no TFUE (arts.42.º, 93.º e 346.º do TFUE). No caso dos auxílios horizontais, estamos perante medidas dirigidas a certas funções transversais das empresas, tais como as relativas à energia, ao ambiente, à investigação e desenvolvimento. Estes tipos de auxílios podem coexistir entre si. Os auxílios *ad hoc*, como o nome indica, dirigem-se a empresas específicas.

Ficam assim abrangidos, independentemente do suporte jurídico ou da forma que lhes deu vida e das finalidades a atingir, não apenas os clássicos subsídios ou subvenções caracterizados por atribuição financeira, patrimonial ou material sem contrapartida equivalente (*positive aid*), mas também os auxílios que se traduzem para o Estado em diminuição de receitas, isto é num sacrifício financeiro (*negative aid*). Entre os primeiros, podem citar-se garantias especialmente favoráveis, aquisições gratuitas ou muito favoráveis de imóveis, indemnizações por perdas operacionais, garantias de dividendos, bonificações de juros, formas de contratação pública preferencial, taxas de redesconto preferenciais, reembolsos de custos, garantias estatais a operações de crédito, injecções de capital, participações do Estado como accionista, renúncia, por parte do Estado, à remuneração do capital investido em empresas públicas ou participações sociais, etc... No segundo caso, o exemplo mais típico são os auxílios tributários, em especial as isenções, totais ou parciais, de impostos, taxas e contribuições financeiras (incluindo a chamada parafiscalidade), sem esquecer as formas de cálculo de matéria colectável mais favoráveis, as amortizações aceleradas, os perdões fiscais, os impostos diferidos, etc. Dada esta amplitude e elasticidade conceptual, a tentativa de alargar o conceito de auxílios de Estado a «medidas de efeito equivalente» (a auxílios de Estado), como chegou a ser proposto, não faz sentido[91].

Um auxílio de Estado é, antes de mais, uma vantagem que as empresas usufruem que não advém do livre jogo do mercado. Se não houver vantagem para uma empresa não há auxílio de Estado. Este pode ser o caso das restituições de impostos efectuadas legalmente ou dos financiamentos que envolvam contrapartida equivalente por parte das empresas (prestações de serviços, compensações de certos encargos de índole pública assumidos por estas, etc.).

Se a noção de vantagem é entendida de forma muito ampla, o mesmo sucede com o conceito de Estado que abrange, para este efeito, todo e qualquer poder público interno (Administração central, local e regional; institutos públicos; organismos de utilidade pública; e mesmo empresas públicas ou simples empresas participadas em que os poderes públicos detenham controlo ou influência determinante). Segundo a actual jurisprudência da União não basta, porém, que o auxílio provenha de poderes públicos: necessário é ainda que seja outorgado mediante recursos públicos. Por aplicação deste critério, fora do conceito ficam os financiamentos que tenham origem em recursos exclusivamente privados geridos por privados, ou recursos com origem na União Europeia (os «fundos estruturais» e o fundo de coesão), neste caso mesmo se canalizados por organismos públicos ou com origem em outras organizações internacionais, De fora ficam ainda os chamados «subsídios normativos» em que não são usados recursos públicos.

[91] A resposta à questão posta pelo parlamentar Burgbacher (JO 125/235, de 17 de Agosto de 1963) constitui uma importante lista das formas de auxílio, emitida pela Comissão em 1963 e completada em 1968 no documento 20.502/IV/68.

Não basta, porém, que exista uma vantagem atribuída por poderes ou recursos públicos a empresas para que estejamos perante um auxílio de Estado. É ainda necessário que essas medidas sejam, na linguagem da Comissão, selectivas, isto é, que favoreçam especificamente certas empresas ou produções (sectores produtivos).

Significa isto que devem distinguir-se os auxílios das chamadas «medidas económicas gerais», isto é, das políticas com vocação geral, levadas a cabo pelos poderes públicos, quando elas beneficiam de modo uniforme a economia de um país no seu conjunto, como ocorre, em regra, com os casos dos normativos fiscais gerais (não derrogatórios), das leis da segurança social ou as medidas de política monetária (para os EM que não integrem a zona Euro). Outra interpretação implicaria, de resto, o esvaziamento de competências regulatórias do Estado, i.e. a possibilidade de intervir como regulador económico e social.

O elemento distintivo dos auxílios estatais é dado, pois, pelo carácter derrogatório, e, na maioria das vezes, discriminatório ou mesmo discricionário das medidas concedidas. Em geral, os auxílios tendem ainda a ser de aplicação temporária, ao contrário das «medidas gerais» que têm um carácter duradouro. Contudo a fronteira entre auxílios de Estado e medidas gerais não é, na prática, simples de determinar, variando inclusive de acordo com a perspectiva que se tenha face à actuação do Estado enquanto agente económico, por um lado, e enquanto regulador, por outro lado.

Apesar da Comissão muitas vezes realçar a ideia que a noção de auxílio de estado tem natureza objectiva, a verdade é que, pelo menos em dois casos, estaremos próximos de uma espécie de *rule of reason* aceite pelas autoridades europeias, ainda que de forma restritiva. Um diz respeito à «cláusula da economia ou natureza do sistema fiscal» avançada pelo TJCE em 1973 e desenvolvida pela Comissão na sua Comunicação sobre a aplicação das regras relativas aos auxílios estatais às medidas da fiscalidade directa das empresas, de 11.11.1998 (in JO C 348, de 10.12.1998), de acordo com a qual uma medida fiscal selectiva poderá ser justificada se for inerente ao sistema fiscal em que se insere[92].

O outro prende-se com o facto de as autoridades europeias terem-se socorrido em alguns momentos (em particular na apreciação de participações públicas em empresas privadas, mas também na concessão de garantias de empréstimos) do chamado critério do investidor (operador) privado normal, segundo o qual não haverá auxílio (por ausência de real vantagem) sempre que, em idênticas circunstâncias, um investidor normal tivesse comportamento similar ao do Estado. Ou seja: sempre que o EM respeite os padrões normais de comportamento dos operadores privados[93].

[92] Sobre a Comunicação de 1998, a cláusula de justificação pela economia ou natureza doo sistema e a sua relação com a questão dos auxílios de Estado sob forma fiscal, cf. A Carlos dos Santos, *L'Union Européenne et la Régulation de la Concurrence Fiscale*, Bruxelles/ Paris: Bruylant/ LGDJ, 2009, em especial pp. 509 e ss.

[93] As autoridades comunitárias têm estendido o conceito aos casos de participações públicas no capital de empresas que não satisfaçam o critério das motivações de um *investidor privado normal* (assim, a decisão da

2.8.2.2.2. Possibilidade de falsear a concorrência

Segundo a prática da Comissão, em geral secundada pelo TJUE, para que o princípio da incompatibilidade se aplique deve existir uma situação de concorrência, efectiva ou potencial, entre empresas (ou sectores) de, pelo menos, dois EM, estando, pois, fora do campo de aplicação do art. 107.°, as situações de monopólio natural ou as produções complementares. Deve igualmente haver uma distorção na concorrência provocada pelo auxílio, distorção essa que pode traduzir-se no aumento das exportações da empresa objecto de ajuda, na diminuição de importações, ou mesmo na deslocalização de empresas dentro do território UE em virtude da política de auxílios.

2.8.2.3. Afectação do comércio inter-estatal no mercado interno

A exemplo do que sucede com o art. 101.° do TFUE, para a doutrina dominante o verbo «afectar» tem aqui um sentido neutro, equivalente ao de influenciar, de modo externo, os fluxos comerciais. Mas, segundo alguma doutrina, esta condição seria aqui entendida de modo mais restritivo: é que parece exigir-se uma afectação efectiva, não se contentando o TJUE com a susceptibilidade de afectação.

Durante muito tempo, a doutrina dominante, acompanhada pela jurisprudência, negava a possibilidade de haver uma regra de minimis neste domínio, pelo que não excluía da aplicação do princípio da incompatibilidade os auxílios de importância menor: pelo contrário, estaria sujeito a este princípio todo e qualquer auxílio, sem excepção, independentemente do seu valor, que não beneficiasse da derrogação do art. 107.°, n.° 2 (ex-art. 87.°, n.º 2).

A Comissão, pelo contrário, em sucessivas comunicações, manifestava-se favorável à aceitação da regra *de minimis*. Mas não de forma absoluta: esta regra seria afastada, caso a Comissão demonstrasse a existência de um risco de «acumulação de auxílios». Por exemplo, no processo C-382/99, *Reino dos Países Baixos/Comissão*, verifica-se que «o regime em causa, na medida em que prevê o pagamento dos auxílios por estação de serviço, abre, por definição, a possibilidade de o proprietário de várias estações de serviço por si exploradas receber tantos auxílios quantas as estações de serviço que possui. Tal mecanismo comporta, portanto, o risco de que o limiar de minimis por beneficiário seja ultrapassado, o que é proibido pela comunicação». O critério *de minimis* não deve pois ser confundido com um mecanismo de «rejeição liminar» de aplicação do princípio de incompatibilidade, podendo, em certos casos, ser afastado. Hoje a regra *de minimis* está prevista no RGIC, que consagra pragmaticamente a óptica da Comissão.

Comissão no caso *Intermills*, 82/670/CEE, de 22.7.1982, JO L 290/30 e, embora anulando esta decisão, o Ac. do TJCE, *Intermills* de 14.11.1984). O Tribunal de Justiça entende que este paradigma de investidor é orientado por perspectivas de rendibilidade a longo prazo (cf. C-305/89 *Itália/Comissão*). Sobre o critério do investidor privado, cf. Luís D. S. Morais, *O Mercado Comum e os Auxílios Públicos*, *ob. cit.*, pp. 102 e ss.

Por fim, é pacífico que os auxílios à exportação e à importação quer para os EM, quer mesmo para Estados terceiros, afectam os fluxos comerciais no mercado interno[94].

2.8.2.4. As derrogações ao princípio da incompatibilidade dos auxílios de Estado com o mercado interno

a) *Razão de ser*

Num quadro constituído por Estados de economia mista, alguns dos quais com forte tradição de intervenção estadual e com amplos sectores públicos, e adoptando a UE uma filosofia de «concorrência – meio», não podia vedar-se, de forma absoluta, todo e qualquer auxílio público. O TFUE mostra-se neste domínio, bem mais flexível e pragmático do que o antigo Tratado CECA. Parte do pressuposto que as intervenções dos Estados representam um instrumento de política estrutural necessária sempre que o jogo do mercado não permita (ou não o permita em prazos aceitáveis) aceder a outras finalidades de desenvolvimento, ou conduza a tensões sociais intoleráveis.

São assim previstos dois tipos de derrogações à regra do art. 107.°, n.º 1, um de carácter automático, outro em que as autoridades comunitárias detêm o poder de declarar os auxílios como compatíveis ou não com o mercado comum.

b) *Derrogações automáticas (ex lege)*

Estas derrogações, previstas no n.° 2 do art.° 107.° do TFUE, atendem a situações específicas e facilmente individualizáveis. Para além de derrogações especiais que dizem apenas respeito à Alemanha (hoje apenas com interesse histórico), o TFUE prevê, com carácter geral, dois tipos de auxílios automaticamente compatíveis com o mercado interno:

a) Os auxílios de natureza social atribuídos a consumidores individuais com a condição de serem concedidos sem qualquer discriminação relacionada com a origem dos produtos;
b) Os auxílios destinados a remediar os danos causados por calamidades naturais ou por outros acontecimentos extraordinários.

Os primeiros não são, pelo menos de forma directa, auxílios a empresas, mas a consumidores. Os segundos podem sê-lo. A Comissão tem vindo, no entanto, a entender a referência a «outros acontecimentos extraordinários» em termos amplos. De qualquer modo, estas derrogações visam restabelecer as condições de igualdade

[94] Quanto à exportação para países terceiros assim o entendeu o Tribunal de Justiça no processo C-142/87 *Bélgique/Comission.*

de concorrência, afectada por razões anormais ou tidas por alheias ao seu normal funcionamento[95].

c) *Derrogações de natureza facultativa*

Estas derrogações, previstas no n.º 3 do art. 107.º do TFUE, são estabelecidas caso a caso, devendo, contudo, a apreciação de cada situação ser efectuada tendo em conta o contexto da União (do mercado interno) e não o contexto nacional.

São derrogações de dois tipos: umas, cuja autorização é da competência da Comissão; outras, determinadas pelo Conselho, quer através de decisão tomada por maioria qualificada, sob proposta da Comissão, quer excepcionalmente, nos termos no n.º 2 do art. 108.º, deliberando por unanimidade, a pedido de qualquer Estado-Membro.

Quanto às derrogações permitidas pela Comissão, elas permitem tornar compatíveis com o mercado comum os seguintes auxílios:

a) Os destinados a promover o desenvolvimento económico de regiões em que, *no contexto da UE*, o nível de vida seja anormalmente baixo ou em que exista grave situação de subemprego, bem como o desenvolvimento das regiões ultraperiféricas, tendo em conta a sua situação estrutural, económica e social[96];
b) Os destinados a fomentar a realização de um projecto importante de interesse europeu comum ou a sanar uma perturbação grave da economia de um Estado-Membro;
c) Os destinados a facilitar o desenvolvimento de certas actividades ou regiões económicas, menos desenvolvidas *no contexto de um determinado EM*, quando não alterem as condições das trocas comerciais de maneira que contrarie o interesse comum[97];
d) Os destinados a promover a cultura e a conservação do património, quando não alterem as condições das trocas comerciais e da concorrência num sentido contrário ao interesse comum.

Com o Acto Único Europeu, as autorizações dadas pela Comissão passaram a ter especialmente em conta as políticas social, de reforço da coesão económica e social,

[95] Cf. as *Orientações comunitárias relativas aos auxílios de emergência e à reestruturação de empresas em dificuldades* contidas na Comunicação 94/C 368/05, in JO C 368/12.

[96] Foi ao abrigo deste dispositivo que a Comissão autorizou o programa de auxílios de Estado às Zonas Francas da Madeira e de Santa Maria. Cf. DL n.º 163/2003 de 24 de Julho, com várias referências de interesse histórico quanto à ZFM e seu enquadramento nas políticas e direito europeu, em particular em matéria de auxílios.

[97] Cf. a decisão sobre o caso da TAP, de 6 de Julho de 1994 (94/698/CE in JO L 279/29).

de investigação e desenvolvimento tecnológico e o apoio às PME[98]. Após o Tratado de Maastricht, emergiu também uma nova categoria de auxílios regionais, os destinados a regiões ultraperiféricas, entre as quais as Regiões Autónomas da Madeira e dos Açores (art. 349.º, n.º 2, do TFUE), hoje formalmente integrados (mas já era essa a interpretação da Comissão) na derrogação prevista na alínea a) do n.º 3 do art. 107.º.

2.8.2.5 As isenções de notificação

O Regulamento n.º 994/98 do Conselho confere à Comissão poderes para declarar em conformidade com o art. 107.º n.º 3 do TFUE certos auxílios, em especial horizontais, que satisfaçam certas condições. A Comissão, ao abrigo deste diploma, emitiu diversos regulamentos e orientações.

Em 2008, a Comissão substituiu esses diplomas e orientações pelo RGIC, aplicável a auxílios e regimes de auxílios, que sejam transparentes e produzam um *efeito de incentivo*. Em regra, a aplicação dá-se independentemente dos sectores em que as empresas se insiram (com ressalva, porém, de certas actividades nos sectores da pesca, da aquicultura, agricultura ou de auxílios regionais nos sectores siderúrgico, da construção naval, das fibras sintéticas ou orientados especificamente para a indústria transformadora e dos serviços). O RGIC também não se aplica, em princípio, a auxílios *ad hoc* concedidos a grandes empresas.

O RGIC aplica-se assim aos auxílios com finalidade regional, aos auxílios ao investimento e ao emprego a favor das PME, aos auxílios para a criação de empresas por mulheres empresárias, aos auxílios a favor do ambiente, aos auxílios em matéria de consultoria a favor das PME e da participação das PME em feiras, aos auxílios sob a forma de capital de risco, aos auxílios à investigação, desenvolvimento e inovação, aos auxílios à formação e aos auxílios a favor de trabalhadores desfavorecidos e com deficiência. Os auxílios destas categorias que preencham as condições previstas no RGIC são compatíveis com o mercado interno e isentos da obrigação de notificar prevista no n.º 3 do artigo 108.º do TFUE.

2.8.3. Os auxílios de Estado no direito português

A LC de 1993 continha várias imperfeições relativamente ao regime da UE no que toca à disciplina dos auxílios de Estado[99]. A LC de 2003, actualmente em vigor, na sua única alusão específica aos auxílios de Estado (no art. 13.º), refere que «os auxílios a empresas concedidos por um Estado ou qualquer outro ente público não devem

[98] Orientação que o TUE e o *Livro Branco sobre o Crescimento, a Competitividade e o Emprego* apresentado pela Comissão em Dezembro de 1993 ao Conselho da União Europeia vieram reforçar.

[99] Para uma análise crítica do regime, vide António Carlos dos Santos, «A Nova Lei da Concorrência e o Regime dos Auxílios de Estado: algumas interrogações», in A. Goucha Soares/ M. M. Leitão Marques, *ob. cit.*, pp. 103-123. Cf ainda Manuel Martins, *Auxílios de Estado no Direito Comunitário*, Cascais: Principia, 2001, pp. 114-117.

restringir ou afectar de forma significativa a concorrência no todo ou em parte do mercado». Mantém-se, porém, a exclusão, do âmbito do campo de aplicação deste artigo, das indemnizações compensatórias (seja qual for a sua forma) que constituam contrapartidas de um serviço público.

A LC de 2003, ao contrário da Lei de 1993, deixou de excluir do conceito de auxílio de Estado os benefícios concedidos ao abrigo de programas de incentivos aprovados pelo Governo ou pela Assembleia da República. Neste último caso, pressupunha-se, em 1993, que as empresas de um sector ou ramo de actividade se encontravam, à partida, em situação de igualdade para a eles se candidatarem.

A abertura de processos relativos a auxílios de Estado cabe à Autoridade da Concorrência, podendo tal ser solicitado por qualquer interessado. Ainda assim, a decisão final da AdC não é vinculativa, tendo apenas como efeito uma recomendação ao Governo (art. 13.º, n.º 2).

2.8.4 Os Serviços de Interesse Económico Geral

2.8.4.1. Introdução

O art. 106.º do TFUE (ex-86.º TCE) determina a aplicação das regras de concorrência às empresas públicas e às empresas a que os EM concedam direitos especiais ou exclusivos, bem como o dever destes Estados respeitarem as regras da União na sua relação com tais empresas. Ainda assim, o art. 106.º estabelece um regime mais favorável para as empresas que prossigam serviços de interesse económico geral (SIEG).

Por SIEG entende-se o serviço de natureza económica submetido a obrigações de serviços público em virtude do interesse geral que representa a sua acessibilidade universal. A noção de SIEG não abrange, pois, nem os serviços sociais, nem os serviços de autoridade.

A referência aos SIEG não existia até ao Tratado de Amesterdão. Foi o novo art. 16.º do TCE (hoje, art. 14.º do TFUE) a prever esta figura, mais tarde tratada, de forma autónoma, em diversas comunicações da Comissão, delas decorrendo que os serviços de interesse geral constituem um elemento-chave do modelo europeu de sociedade[100]. Na verdade, como defende M. Walzer, «o mercado tem sido, através

[100] Cf. Comunicações da *Comissão Serviços de interesse geral na Europa* (JO C 17/4), Luxemburgo: SPOCE, 1996, COM (2000) 580 final, Bruxelas, *Serviços de interesse geral na Europa* e *Livro Branco sobre os serviços de interesse geral*, COM (2004) 374 final, Bruxelas, 2004. Sobre os SIEG, os Serviços de Interesse Geral (SIG) e os Serviços públicos, cf. João Nuno Calvão da Silva, *Mercado e Estado - Serviços de Interesse Económico Geral*, Coimbra: Almedina, 2008; Pedro Gonçalves/ Licínio Martins, « Os Serviços Públicos Económicos e a Concessão no Estado Regulador», in Vital Moreira (org.), *Estudos de Regulação Pública* I, Coimbra Editora, 2004 e Dulce Lopes, «O nome das coisas: Serviço público, Serviços de interesse económico geral e Serviço universal no Direito Comunitário», in *Temas de Integração*, n.ºs 15 e 16, Coimbra, 2003 e. R. Gouveia *et al.*, *Os Serviços de Interesse Geral em Portugal*, Coimbra: Coimbra Editora/FDUC, 2001.

da história, um dos mais importantes mecanismos de distribuição dos bens sociais; contudo nunca foi, e está muito longe de o ser ainda hoje, um sistema distributivo completo»[101]. A UE adopta, como se disse, as expressões economia social de mercado e modelo social europeu para sublinhar a necessidade de correcções aos mecanismos de mercado, expressões que, no plano dos EM, têm normalmente correspondência na noção de Estado Social.

Em Portugal, os SIEG, sob a designação de serviços públicos essenciais, foram objecto de regulação específica por parte da Lei n.º 23/96, de 26 de Julho, que criou alguns mecanismos de protecção do utente de serviços públicos como os do fornecimento de água, energia eléctrica, gás e telefone[102]. São também indirectamente referidos na LC de 2003, no âmbito dos auxílios de Estado: «não se consideram auxílios as indemnizações compensatórias, qualquer que seja a forma que revistam, concedidas pelo Estado como contrapartida da prestação de um serviço público» (n.º 3 do art. 13.º da Lei n.º 18/2003, que amplia a excepção fixada no n.º 2 do art. 106.º do TFUE).

Numa análise macroestrutural, a sujeição das empresas públicas às regras de concorrência tem implicações jurídicas e sociopolíticas, desde logo no âmbito da relação Estado Empresário-Estado Regulador.

Numa análise «micro», estamos perante obrigações dos Estados que devem ser pautadas por princípios de transparência e flexibilidade. Por um lado, exige-se transparência na relação Estado Empresário / Estado Regulador, nomeadamente por meio da aplicação do princípio da incompatibilidade dos auxílios de Estado às empresas públicas[103]. Por outro lado, admite-se uma certa flexibilidade de modo a

[101] Cf. M. Walzer, *As Esferas da Justiça*, Lisboa: Gradiva, p. 22 (*The Spheres of Justice*, New York: Basic Books, 1983). Existe inúmera bibliografia sobre a necessidade de intervenção do Estado na distribuição de bens sociais e na garantia de direitos sociais. Cf., entre outros, J. F. do Amaral (org.) *Europa Social, Seminário Internacional*, Lisboa: Fundação Calouste Gulbenkian, 1997; M. La Torre, *Citizenship and Social Rights: A European Perspective, Working Paper*, Florence: European University Institute, 1998; M. P. Maduro, «Striking the Elusive Balance Between Economic Freedom and Social Rights in the EU» in P. Alston (ed.) *The EU and Human Rights*, Oxford University Press, 1999, pp. 449-472; Jo Shaw (ed.), *Social Law and Policy in an evolving European Union*, Oxford: Hart, 2000; F. Scharpf, *The European Social Model: Coping with the Challenges of Diversity, Working Paper*, Köln: Max Planck Institut, 2002; S. Sciarra, *Market Freedom and Fundamental Social Rights, Working Paper*, Florence: European University Institute, 2002; M. Lopes Porto, «A lógica deintervenção nas economias: do Tratado de Roma à Constituição Europeia», in AAVV, *Constituição Europeia – Homenagem ao Doutor Francisco Lucas Pires* (*Stvdia Jvridica*, 84), Boletim da FDUC, Coimbra Editora, 2005. Cf., ainda, o relatório da Comissão sobre *A Protecção Social na Europa* (COM (2000)163 final).

[102] Para um elenco dos primeiros diplomas sobre a matéria, organizado de forma sectorial, cf. R. Gouveia *et al.*, *ob cit.*, pp. 167-169.

[103] Cf. a já citada Directiva da Comissão 2000/52/CE de 26.7.2000, sobre a transparência das relações entre Estado e empresas públicas, transposta pelo DL n.º 148/2003, de 11 de Julho. Vide igualmente V. Deckmyn (ed.), *Increasing Transparency in the European Union?*, Maastricht: European Institute of Public Administration, 2002.

permitir a gestão de um serviço público (derrogações sectoriais ou casuísticas às regras gerais).

2.8.4.2. Os SIEG e figuras afins

Em primeiro lugar, é importante distinguir entre SIEG e serviços de interesse geral (SIG). A Comissão define os SIG como «serviços de mercado e serviços não integrados no mercado que as autoridades públicas consideram de interesse geral e que estão sujeitos a obrigações específicas». Pode pois dizer-se que os SIG incluem os SIEG e os serviços que apenas não são considerados SIEG por não estarem integrados no mercado, como a educação, a saúde e outros serviços sociais[104].

Os SIEG distinguem-se também da noção de serviço público, a qual tem a ver, em sentido subjectivo, com o estatuto jurídico público dos prestadores do serviço e, em sentido objectivo, com a ideia da universalidade desse serviço[105].

Por sua vez, o serviço universal é definido pela Comissão na Comunicação sobre os SIEG, como sendo um princípio que visa assegurar a «manutenção da acessibilidade e qualidade dos serviços estabelecidos, sem interrupções, para todos os utilizadores, durante o processo de transição do fornecimento em monopólio para mercados abertos à concorrência». Este conceito refere-se assim a um «conjunto mínimo de serviços de qualidade especificada a que todos os utilizadores e consumidores têm acesso a preços razoáveis, nos termos de condições nacionais específicas». Exemplos clássicos destes serviços são os serviços postais e as telecomunicações de rede fixa[106]. Um exemplo mais recente é o do acesso à Internet em sistema de banda larga.

2.8.4.3. Âmbito de aplicação e princípios aplicáveis

De um ponto de vista subjectivo, o art. 106.º do TFUE abrange as empresas públicas e privadas que actuem em domínios específicos – definidos no plano nacional – e não apenas aquelas cuja titularidade caiba ao Estado[107]. As empresas poderão, pois, ser de capital público, privado ou misto, interessando apenas o elemento da exploração de serviços públicos (v.g. via concessão).

[104] Sobre este o tema, cf. o citado R. Gouveia *et al.*, *Os Serviços de Interesse Geral em Portugal*, Coimbra: 2001.

[105] Na definição de Pedro Gonçalves, serviço público é a: «actividade de que a administração é titular e por cujo exercício é responsável (responsabilidade de execução)». Cf. P. Gonçalves, *A Concessão de Serviços Públicos (uma aplicação da técnica concessionária)*, Coimbra: Almedina, 1999, pp. 25 ss. Cf. sobre o tema, Elianora Cardoso, *Os Serviços Públicos Essenciais: a sua problemática no ordenamento jurídico* português, Coimbra: Kluwer/ Coimbra Editora, 2010, pp. 51 e ss..

[106] Cf. o citado artigo de Dulce Lopes (nota 100 deste capítulo).

[107] Uma questão interessante é a de como financiar um serviço universal. Para o caso português, cf. R. Gouveia *et al.*, *ob cit.*, pp. 34-36. Sobre a gestão do serviço universal no espaço comunitário, cf., a título de exemplo, European Institute of Public Affairs, *Managing Universal Service Obligations in Public Utilities in the European Union*, Maastricht: EIPA, 1997.

A todas elas se aplicam as regras da concorrência constantes dos artigos 101.º, 102.º e 107.º do TFUE, admitindo-se, no entanto, excepções, com base no art. 106.º, n.º 2, ou seja, permitindo-se que aquelas regras não se apliquem quando constituam um obstáculo ao cumprimento, de direito ou de facto, da missão particular que lhes foi confiada.

Os EM gozam de liberdade para definirem quais devem ser os seus SIEG. Este princípio de liberdade relaciona-se com um outro princípio contido no art. 345.º do TFUE, designado por princípio de neutralidade, que determina o respeito pelo regime de propriedade em vigor em cada EM, individualmente considerado. É ainda importante ter em conta o princípio da transparência nas relações entre os EM e as empresas encarregadas de SIEG, bem como o princípio da proporcionalidade na atribuição de compensações financeiras pelo desempenho de missões de serviço público, no âmbito do art. 106.º, n.º 2, do TFUE[108].

2.8.4.4. Excepções às regras dos auxílios de Estado

As excepções às regras da concorrência, permitidas pelo art. 106.º, n.º 2, do TFUE, têm lugar sempre que tais regras coloquem em risco o exercício da missão especial de interesse público de que a empresa, seja pública ou privada, foi encarregada. Não existe, porém, uma presunção legal do que é uma missão de interesse público. Há, assim, que provar que a restrição à concorrência é necessária, proporcional e adequada ao exercício da missão, do ponto de vista da eficácia dos resultados a atingir e da eficiência económica (relação custo-benefício). Esta questão é importante para distinguir entre uma indemnização compensatória pelos custos financeiros decorrentes do desempenho de uma missão de interesse público (incluindo benefícios fiscais ou a detenção de poderes especiais de autoridade pública, como o de realizar expropriações) e um auxílio de Estado, ou seja, uma vantagem concedida directa ou indirectamente, com origem em recursos estatais, que reduza os custos normais de um operador económico[109].

No processo C-172/00 *Ferring*, o TJCE decidiu que não constituía auxílio de Estado o reembolso de uma dada taxa a um operador económico, visto que, no caso concreto, essa medida era justificada por se tratar de uma contrapartida de obrigações de serviço público, que importavam maiores custos para os agentes económicos em causa (no caso, a disponibilidade permanente de uma grande variedade de

[108] Da Comunicação podem ser retirados mais princípios, como o da igualdade, continuidade, livre concorrência, adaptabilidade (ver, entre outros. R. Gouveia *et al.*, *ob cit.*, pp. 27-33).

[109] Para efeito da distinção entre o que são investimentos públicos nas empresas e o que são auxílios de Estado, aplica-se, como se disse, o *critério do investidor privado* enquanto critério de *transparência*, ou seja, distingue-se entre as transferências financeiras que um investidor privado estaria normalmente disposto a efectuar para a empresa em questão, as quais não constituem, por isso, um auxílio, e aquelas que não preenchem este requisito.

medicamentos)[110]. O critério do TJCE no caso *Ferring* foi o dos custos adicionais suportados pelo cumprimento das obrigações de serviço público, que o Tribunal entendeu não tratar-se, por isso, de um auxílio de Estado. Como referiu o advogado geral Tizzano, não há uma efectiva vantagem económica nem distorção da concorrência quando o financiamento estatal se limita estritamente a compensar uma desvantagem objectiva imposta pelo Estado ao destinatário. Em tal situação, dispensa-se a notificação à Comissão da compensação, para efeitos da sua análise à luz das regras aplicáveis aos auxílios de Estado 108. Esta solução alterou a jurisprudência estabelecida no processo T-46/97 *SIC*, segundo a qual «o facto de as autoridades públicas concederem uma vantagem financeira a uma empresa para compensar o custo das obrigações de serviço público pretensamente assumidas por essa empresa é irrelevante para efeitos de qualificação de tal medida de auxílio», apenas importando para a derrogação nos termos do art. 86.º TCE (actual 106.º TFUE)[111].

A solução adoptada no acórdão *Ferring* não foi, porém, definitiva. Com efeito, no caso *Altmark* (processo C-280/00 *Altmark Trans*), o Tribunal veio precisar alguns dos aspectos da jurisprudência contida no acórdão *Ferring*. O Tribunal reafirmou o princípio segundo o qual o financiamento estatal de serviços públicos não constitui um auxílio de Estado se se limitar a compensar o custo efectivo incorrido pelas empresas encarregadas das obrigações de serviço público. No entanto, precisou que, para que uma compensação não deva ser considerada um auxílio, é necessário que se verifiquem as seguintes condições: a) a empresa deve ser incumbida do cumprimento de obrigações de serviço público, sendo estas definidas de forma precisa e clara; b) a fórmula de cálculo da compensação deve ser previamente fixada, de forma objectiva e transparente; c) a compensação não deve exceder o estritamente necessário para cobrir os custos adicionais decorrentes das obrigações de serviço público, incluindo um lucro razoável pela concretização dessas obrigações; d) sempre que a escolha da empresa encarregada de uma missão de serviço público não tenha lugar através de um concurso público, a compensação deve ser fixada tendo por base uma análise dos custos que uma empresa média, bem gerida e adequadamente equipada, teria suportado para cumprir estas obrigações. Em suma, com esta jurisprudência, o Tribunal manteve o essencial do acórdão *Ferring* (uma compensação não é um auxílio e não tem que ser notificada), mas estabeleceu diversas exigências restritivas para determinar o que é uma legítima compensação[112].

[110] Cf. TJCE, Acórdão de 22/11/2001, *Ferring SA vs Agence Centrale des Organismes de Sécurité Sociale*, , proc. 53/00.

[111] Cf. TPI, Acórdão de 10.5.2000, *SIC/Comissão*, processo T-46/97 e, bem assim, o Acórdão de 14.9.1994, do Supremo Tribunal Administrativo (rel. Dimas de Lacerda).

[112] Cf. TJCE, Acórdão de 24.7.2003, processo C-280/00, *Altmark TransGmbH*.

2.8.5. A disciplina especial dos contratos públicos (mercados públicos)

2.8.5.1 O direito da União

Como vimos, a contratação pública constitui igualmente uma das áreas particularmente sensíveis, um dos meios pelos quais um Estado pode vir a favorecer as empresas nacionais (criando *national champions*) em desfavor das suas concorrentes sediadas em outros Estados-Membros[113]. Daí a especial atenção que a UE tem dado ao processo da sua adjudicação[114].

Inicialmente, a sua estratégia foi apenas a de procurar evitar formas de discriminação mais notórias (por exemplo, proibindo-as a título de medidas de efeito equivalente a restrições quantitativas). Depois, passou para a harmonização de legislações, procurando assegurar a melhoria e transparência de processos de adjudicação, através de directivas de coordenação que visavam a aproximação dos procedimentos nacionais de negociação e celebração dos contratos de direito público que ultrapassassem certos montantes. De fora ficaram, contudo, nesta fase, sectores muito importantes (os designados «sectores excluídos» elencados na Directiva 93/38/CEE, do Conselho, de 14.06.93), como a água, a energia, os transportes e as telecomunicações. Além disso, muitos aspectos técnicos e processuais permanecem na esfera das competências nacionais, sem qualquer harmonização.

Foi sobretudo com o programa de construção do mercado interno que um forte impulso foi dado no controlo comunitário dos mercados públicos, particularmente com as Directivas 88/295/CEE, de 22 de Março e 89/440/CEE, de 19 Julho, relativas, respectivamente à coordenação dos processos de adjudicação de contratos públicos de fornecimentos e de contratos de obras públicas. Reforçaram-se então, em especial, os mecanismos de publicidade com a obrigação de os Estados publicarem anualmente os programas anuais de contratação e a regra da obrigatoriedade de concurso público.

Outras directivas (como a referida Directiva 93/38/CEE) que vieram melhorar os mecanismos de recurso e revisão judicial das decisões dos entes públicos adjudi-

[113] Sobre as encomendas públicas como auxílios de Estado (também designadas na literatura nacional por contratos públicos, na literatura inglesa por *public procurement* e na francesa por *marchés publics*), cf. *supra*, Título VI. Sobre a regulação comunitária da contratação pública, o portal EUROPA inclui ligações básicas (<http://europa.eu/publicprocurement/index_en.htm>) e o SIMAP reúne a documentação mais relevante (<http://simap.europa.eu/index_pt.htm>) Para uma análise global, ver Sue ARROWSMITH *et al.*, *Regulating Public Procurement. National and International Perspectives*, The Hague: Kluwer International, 2000 e S. ARROWSMITH e M. TRYBUS (eds.) *Public Procurement, The Continuing Revolution*, The Hague: Kluwer International, 2003. Entre nós, vide, Isabel Celeste FONSECA, *Direito da Contratação Pública*, Coimbra: Almedina, 2009 e Pedro GONÇALVES (org.), *Estudos de Contratação Pública*, Coimbra: Almedina, Vols I (2008), II e III (2011).

[114] Vejam-se as orientações da Comissão em matéria de processos de adjudicação, incluídas nas Orientações (*guidelines*) elaboradas a respeito de cada uma das Directivas e disponíveis em <http://simap.eu.int/>.

cantes estendem a coordenação aos sectores excluídos e liberalizam a contratação pelo Estado das restantes prestações de serviços[115].

Através de uma política europeia para os mercados públicos, estes transformam-se em mercados da União (mercados comunitários), reduzindo-se a capacidade de pilotagem do sistema por parte dos poderes públicos nacionais (para evitar a promoção de «campeões nacionais») e incrementando-se a dos poderes públicos europeus. Desenhava-se, assim, um novo equilíbrio entre orientação da actividade económica pelos Estados e pela então CE, ainda que, na prática, o peso da decisão dos primeiros continuasse a ser predominante.

Em 2004, foram aprovadas a Directiva n.º 2004/17/CE do Parlamento e do Conselho e a Directiva 2004/18/CE (JO L 134/114, de 30.04.2004), das mesmas instituições. Esta última visa «a criação de um verdadeiro mercado interno europeu no domínio das aquisições públicas, (...) garantindo que sejam respeitados os princípios da igualdade de tratamento, da não discriminação e da transparência aquando das celebrações de contratos públicos». Em alguns aspectos prevê-se o lançamento de novas directivas, como é o caso das concessões e *project-finance*, áreas algo problemáticas no domínio das parcerias público-privadas (PPP)[116].

Esta nova abordagem dos mercados públicos foi ainda impulsionada pelo acordo da OMC em matéria de contratação pública e pelo acordo de 1995 entre os EUA e a então CE, que possibilitou aos EUA beneficiarem de um regime equivalente ao criado pelas Directivas. Por sua vez, a CE deixou de estar abrangida pelo «*Buy America Act*» acima dos valores estipulados nas respectivas directivas[117].

[115] Eram essenciais na regulação da contratação pública as Directivas 92/13 (*utilities*: sectores da água, energia, transportes e telecomunicações em que haja uma concorrência efectiva, estabelecendo-se aqui regras mais flexíveis, transposta pelo DL n.º 223/2001, de 9 de Agosto), 92/50 («directiva serviços»', transposta pelo DL n.º 197/99, de 8 de Junho e pela Portaria n.º 949/99 de 28 de Outubro), 93/36 («directiva fornecimentos», transposta pelo DL n.º 197/99, de 8 de Junho), 93/37 («directiva obras», transposta pelo DL n.º 59/99, de 2 de Março, sucessivamente alterado) e 93/38 (sectores excluídos/ *utilities*, transposta pelo DL n.º 223/2001, de 9 de Agosto). Além destas Directivas (sensivelmente alteradas pelas Directivas 2001/78, 92/52 e 98/4), que obedecem a uma formulação sectorial da regulação dos mercados públicos, existe uma outra relativa a meios jurisdicionais, essenciais para os operadores económicos fazerem valer os seus direitos perante as entidades adjudicantes. Trata-se da Directiva 89/665 («directiva recursos», transposta pelo DL n.º 134/98, alterado pela Lei 4-A/2003, que possibilita impugnação directa e suspensão da eficácia de actos parte de concursos públicos). Por outro lado, são igualmente tendências recentes a integração de aspectos ambientais e sociais, demonstrando a dinâmica legislativa comunitária neste domínio. Dados actualizados sobre a política comunitária de regulação da contratação pública podem ser acedidos a todo o tempo em <http://europa.eu/publicprocurement/index_en.htm>.

[116] Sobre a regulação europeia das PPP para efeitos de mercados públicos, vide <http://europa.eu/legislation_summaries/internal_market/businesses/public_procurement/index_en.htm>.

[117] Note-se, porém, que neste último caso, as administrações estaduais não têm sido muito receptivas ao acordo internacional celebrado pela administração federal, pelo que só ao nível federal tem sido mais comum o acesso à contratação pública norte-americana como foi o caso dos aeroportos de Nova Yorque

2.8.5.2 O direito português

Em Portugal, as referidas Directivas da UE foram transpostas pelo DL n.º 18/2008, de 29 de Janeiro, que aprovou o Código dos Contratos Públicos (adiante CCP, entretanto alterado pelo DL n.º 278/2009, de 2 de Outubro). Este diploma estabelece a disciplina aplicável à contratação pública e o regime substantivo dos contratos públicos que revistam a natureza de contrato administrativo (art. 1.º, n.º 1). A Parte II contém o regime jurídico aplicável à formação de contratos públicos celebrados pelas entidades adjudicantes referidas no CCP, onde se incluem, designadamente, o Estado, as Regiões Autónomas, as autarquias locais, os institutos públicos, as fundações públicas (com excepção das previstas na Lei n.º 62/2007, de 10 de Setembro, relativa ao novo regime jurídico das instituições de ensino superior) e as associações públicas (art. 2.º).

Os procedimentos de formação de contratos previstos no CCP são os seguintes: ajuste directo; concurso público; concurso limitado por prévia qualificação; procedimento de negociação; diálogo concorrencial (art. 16.º). Decorre das regras constantes da Parte II do CCP que, em princípio, devem ser adoptados os procedimentos mais conformes aos princípios da igualdade, da concorrência e da transparência, havendo uma preocupação do legislador em limitar as hipóteses de adopção do procedimento de ajuste directo. Contudo, importa dizer que, na prática, o ajuste directo continua a ser adoptado com grande frequência. Tal deve-se quer ao facto de o CCP permitir a adopção do ajuste directo em certas situações (arts. 24.º e segs.), quer ao facto de excepcionar a aplicação do regime constante da Parte II a certos contratos públicos (art. 5.º). Refira-se, ainda assim, que nos casos em que por disposição expressa seja possível o recurso ao ajuste directo, não deixam de lhe ser aplicáveis os princípios gerais da actividade administrativa e os princípios constitucionais relevantes, pelo que só será legítima a adopção do procedimento de ajuste directo se não houver outro procedimento de formação de contratos que seja mais conforme aos princípios da igualdade, da transparência e da concorrência e igualmente apto a prosseguir os objectivos fixados – princípio da necessidade[118].

Refira-se que, em matéria de enquadramento jurídico da contratação pública, foram aprovadas em 2009 medidas excepcionais de contratação pública para os anos de 2009 e 2010, destinadas à rápida execução dos projectos de investimento público considerados prioritários (DL n.º 34/2009, de 6 de Fevereiro)[119].

e Boston. Quanto aos EUA, é-lhes vedado o acesso a contratos regionais e locais comunitários relativos a obras e serviços, excepcionadas as *utilities* e outros casos pontuais.

[118] Cf., neste sentido, Conceição Ventura/ Paulo Nogueira da Costa, «Implicações da Classificação de Segurança na Aquisição de Bens e Serviços», *Revista do Tribunal de Contas*, n.º 50, Julho-Dezembro de 2008, pp. 91-119, em particular, a jurisprudência do TJUE aí citada.

[119] Cf. João Amaral e Almeida/ Pedro Fernández Sánchez, *As Medidas Excepcionais de Contratação Pública para os anos 2009 e 2010*, Coimbra: Coimbra Editora, 2009.

CAPÍTULO III
A REGULAÇÃO DOS PREÇOS

1. Introdução

A intervenção legislativa ou administrativa no domínio dos preços constitui um instrumento público de regulação do mercado. Ela pode ser feita directamente, pela fixação ou determinação do processo de cálculo dos preços de bens ou serviços ou simplesmente pelo controlo administrativo das suas variações. Pode, igualmente, ser feita por vias indirectas, que vão desde as leis de defesa da concorrência à tutela sobre as empresas públicas, passando por outras formas de intervenção com reflexos na fixação dos preços[1].

Neste momento, importa apenas considerar a intervenção pública directa, que se traduz na fixação e controlo de preços de determinados bens ou serviços, deixando as formas indirectas para os capítulos respectivos. Esta intervenção directa é tradicionalmente de carácter imperativo, sendo o incumprimento do que nela for determinado susceptível de sanções. É isso, aliás, que lhe confere um carácter exemplar em matéria de polícia económica. No entanto, o contexto regulatório em que funciona, conduz a que também aqui se note a interpenetração de formas negociadas entre a Administração Pública e as empresas.

2. Regime jurídico

2.1. Enquadramento geral

O TUE estabelece que a UE deve promover um crescimento económico equilibrado e a estabilidade de preços (art. 2.º, n.º 3). Por sua vez o TFUE define como objectivo

[1] Sobre o regime de preços em França e na Comunidade, cf. G. VLACHOS, *Droit Public Économique, ob. cit.*, p. 157 e ss.. Ver também M. R. VAZ, *ob. cit.*, p. 364, que apresenta o regime de preços como exemplo de política económica.

primordial do Sistema Europeu de Bancos Centrais (SEBC) a manutenção da estabilidade dos preços (art. 127.º). Assim sendo, os Tratados não impedem que cada Estado-Membro possa regulamentar os preços, embora esta intervenção seja, em princípio, excepcional no quadro de uma economia de mercado e de livre concorrência.

A CRP não prevê de forma explícita a intervenção do Estado na formação e controlo dos preços. Limita-se a contemplá-la de forma implícita, quando define como objectivos da política comercial a concorrência salutar dos agentes mercantis e o combate às actividades especulativas e às práticas comerciais restritivas (art. 102.º, alíneas *a*), *b*) e *c*))[2].

O quadro jurídico geral dos preços tem uma base legal disseminada por diversos regimes específicos de preços[3]. Na aplicação destes regimes a diferentes tipos de bens e serviços tem-se em conta a sua natureza e a dimensão das empresas[4].

Em matéria de intervenção administrativa no domínio dos preços, verifica-se, actualmente, uma tendência para a liberalização dos regimes, a par de uma crescente ausência de submissão dos bens e serviços a qualquer regime de fiscalização. Observe-se, porém, que esta tendência para a liberalização da fixação dos preços tem sido acompanhada por uma preocupação do legislador em garantir uma adequada informação dos consumidores sobre os tais preços[5].

[2] Antes da revisão constitucional de 1989, estabelecia-se de forma explícita um princípio de intervenção do Estado na racionalização dos circuitos de distribuição e na formação e controlo dos preços. Isto para combater actividades especulativas, evitar práticas comerciais restritivas e os seus efeitos sobre os preços e adequar a evolução dos preços de bens essenciais aos objectivos das políticas económica e social (art. 109.º, n.º 1).

[3] DL n.º 329-A/74, de 10 de Julho, alterado pelo DL n.º 75-Q/77, de 28 de Fevereiro e DL n.º 262/94, de 22 de Outubro.

[4] A submissão de bens e serviços a qualquer dos regimes depende de portaria do membro do Governo responsável pelo comércio (art. 1.º do DL n.º 75-Q/77, de 28 de Fevereiro). Confere-se, ainda, ao Secretário de Estado que tutela a actividade comercial a capacidade para estabelecer, por portaria, novos regimes de preços de bens e serviços (art. 17.º), para além dos previstos nos diplomas referidos. Veja-se a Portaria n.º 650/81, de 29 de Julho, que aprovou o regime de preços vigiados a que podem estar submetidos os bens ou serviços em qualquer dos estádios de produção, importação ou comercialização. Cf. Primo Neves e Ana Castro, *Regimes de Preços em Portugal,* Cadernos, n.º 14, Lisboa: Direcção-Geral da Concorrência e Preços, 1991. O DL n.º 262/94, de 22 de Outubro, veio alterar o DL n.º 329-A/74, de 10 de Julho, estabelecendo os regimes a que podem ser submetidos os preços dos bens ou serviços vendidos no mercado interno. Este diploma prevê a existência de diversos regimes de preços, desde o regime de preços máximos ao regime de preços livres. Considerando que os serviços de pagamento automático através de cartões de débito poderão ter de se incluir, ao longo do tempo, em regimes diversos, alterou-se o seu enquadramento legal para permitir a adequação progressiva do regime aplicável à evolução social.

[5] Cf. o respectivo regime geral no DL n.º 138/90, de 26 de Abril (entretanto alterado pelo DL n.º 162/99, de 13 de Maio), que regula a forma e a obrigatoriedade de indicação dos preços dos bens e serviços colocados à disposição do consumidor no mercado. A obrigação de indicação dos preços é estabelecida para muitos produtos e serviços específicos por regulamentação especial. Cf., a título de exemplo, a Portaria n.º 128/94, de 1 de Março (preços dos táxis); a Portaria n.º 230/96, de 29 de Novembro (factura detalhada do serviço telefónico); e a Portaria n.º 297/98, de 13 de Maio (preços dos serviços prestados

2.2. Os regimes específicos

Os objectivos que estão na base da instituição de regimes específicos são o controlo da inflação e, mais especificamente, a contenção dos preços dos bens de maior peso nos orçamentos das famílias e a garantia da adequação dos preços de determinados bens e serviços em função dos custos e da legítima compensação devida aos agentes económicos.

No primeiro caso, o objectivo é sobretudo de ordem social: trata-se de controlar os preços de bens de consumo essenciais. Para o alcançar, estabelece-se, por exemplo, o regime de *preços máximos*, que consiste na fixação do seu valor nos diferentes estádios da actividade económica julgados convenientes (art. 1.º, n.º 2, do DL n.º 329-A/74, de 10 de Julho).

No segundo caso, sujeita-se a fixação dos preços de certos bens ou serviços a um processo previamente estabelecido. Vários são os regimes específicos que podem cumprir este objectivo, sendo que alguns cumprem, em simultâneo, o objectivo anterior.

O regime de *preços declarados* traduz-se na possibilidade de as empresas praticarem novos preços mediante comunicação prévia, reservando-se a Administração a faculdade de se opor a esses preços e de alterá-los, se não os considerar justificados perante os elementos de que dispõe e os que as empresas são obrigadas a apresentar (arts. 3.º e 4.º do DL n.º 75-Q/77, de 28 de Fevereiro)[6]. As declarações devem ser acompanhadas de estudo justificativo das razões do aumento, bem como da decomposição dos custos de produção e vendas das empresas (art. 4.º, n.º 3).

Por seu lado, o regime de *margens de comercialização fixadas* consiste na atribuição de um valor máximo, determinado por percentagem ou em termos absolutos, que poderá ser adicionado aos preços de aquisição ou de reposição (art. 1.º, n.º 6).

Para além dos regimes já referidos, prevê-se um regime de *preços contratados*, que faculta a possibilidade às empresas, grupos de empresas ou associações patronais de negociarem com o Governo condições específicas para a alteração dos preços (art. 1.º, n.º 5), eventualmente a troco de benefícios fiscais (art. 1.º, n.º 5).

Aos regimes enunciados veio juntar-se o regime de *preços vigiados* (Portaria n.º 650/81, de 29 de Julho) a que podem ser submetidos os bens ou serviços em qualquer dos estádios de produção, importação ou comercialização[7]. Ele substitui, para

pelos médicos). Recorde-se que na transição escudo-euro foi adoptada legislação que obrigava à afixação de preços nas duas moedas (cf. DL n.º 132/2001, de 24 de Abril).

[6] O DL n.º 75-Q/77 determinou a abolição do regime de *preços controlados*, que se traduzia na sujeição a aprovação dos aumentos dos preços de determinados bens e serviços.

[7] Cf., sobre este regime, a Portaria n.º 650/81, de 29 de Julho (regime geral dos preços vigiados) e um exemplo de aplicação deste regime na Portaria n.º 995/89, de 16 de Novembro (que estabelece a aplicação do regime dos preços vigiados ao bacalhau salgado seco, salgado verde e espécies afins pré-embalados e a pescada congelada vendida em embalagens comerciais).

os bens ou serviços a que venha a ser aplicado, o regime de *preços declarados*. A obrigação de informação sobre preços praticados, suas alterações e respectivas causas justificativas deixa de ser uma obrigação geral e permanente para ficar dependente de notificação por parte dos serviços competentes (n.° 3). Procura-se deste modo aumentar a flexibilidade do controlo administrativo sobre os preços.

Semelhante preocupação denota o regime de *preços convencionados* (Portaria n.° 450/83, de 19 de Abril), que consiste basicamente na negociação de uma percentagem máxima de aumento dos preços a estabelecer mediante convenção entre as entidades administrativas competentes e as associações empresariais representativas dos agentes económicos envolvidos[8]. Sublinhe-se, neste caso, a utilização de uma forma concertada de intervenção entre a Administração Pública e representantes dos destinatários, a qual reflecte, como se viu, uma característica actual da Administração económica.

Note-se para finalizar que, para além da incriminação da especulação[9], os diplomas em análise incriminam a falta de declaração, as falsas declarações e o crime de desobediência por desrespeito, pelas empresas, da obrigação de declaração uma vez notificadas pelos serviços competentes.

2.3. Os sectores especialmente regulados

Alguns sectores de actividade económica estão sujeitos a um controlo público mais apertado. Os motivos que justificam esse controlo ora se relacionam com a natureza do bem ou serviço, ora com a forma de mercado em que estes se inserem.

No primeiro caso incluem-se, por exemplo, os *medicamentos*[10]. A salvaguarda da saúde pública, a comparticipação do Estado na sua aquisição – que o torna efectivamente no principal interessado no preço do produto – e a relativa ausência de liberdade de escolha por parte do consumidor, justificam a atenção especial que é dada à regulação do preço dos medicamentos, no âmbito comunitário e nacional. Como exemplo do segundo tipo podemos considerar os *serviços de interesse social*, entretanto privatizados, como a distribuição de água e de gás ou as telecomunicações.

O regime de preços dos *medicamentos* varia conforme estes sejam ou não comparticipados, existindo ainda um segmento de mercado de venda livre e um mercado especial para os medicamentos genéricos. O controlo mais apertado dirige-se naturalmente para as especialidades farmacêuticas comparticipadas, para as quais vigora o regime dos preços máximos[11].

[8] Trata-se de um regime com aspectos semelhantes ao dos preços contratados.

[9] A especulação consiste na venda de bens ou serviços a preços superiores aos fixados na lei.

[10] Cf. J. Pinto Ferreira, M. Celeste da Fonseca e M. da Luz D. Costa, «Medicamentos – Política de Preços e Concorrência», *Cadernos da Direcção-Geral da Concorrência e Preços*, n.os 12 e 13.

[11] Cf. o DL n.º 176/2006, de 30 de Agosto (alterado pelo DL n.º 182/2009, de 7 de Agosto), que estabelece o regime jurídico dos medicamentos de uso humano, transpondo a Directiva n.º 2001/83/CE, do

Repare-se que a existência destes regimes de preços não contraria as obrigações decorrentes da qualidade de EM da UE, designadamente em matéria de liberdade de circulação de mercadorias. Numa Comunicação sobre esta questão, a Comissão esclareceu que são compatíveis com o art. 30.º do TCE (hoje 36.º TFUE), isto é, não constituem restrições quantitativas às importações, nem medidas de efeito equivalente, as regulamentações de preços, o seu congelamento ou a fixação de margens máximas para a distribuição, desde que as mesmas se apliquem indistintamente a produtos nacionais e importados[12]. Posteriormente foram fixadas regras para assegurar a transparência das medidas tomadas pelos EM em matéria de controlo de preços e reembolsos[13].

Por sua vez, as actividades exploradas em regime de *concessão* estão também sujeitas a regimes especiais em matéria de preços. O regime especial justifica-se não só pelo interesse público que se encontra associado ao serviço prestado, mas também e principalmente pelo facto de a sua exploração se fazer, na maior parte dos casos, em regime de monopólio ou oligopólio. Por este motivo têm sido ensaiados, nos diferentes países em que os serviços públicos foram privatizados, sistemas de controlo sobre a qualidade e o preço dos serviços. Umas vezes, esse controlo é entregue a autoridades administrativas independentes, designadamente quando existe mais do que um operador, mesmo que actuando em territórios diferentes, outras é a própria Administração Pública que se encarrega de o fazer. Os regimes de preços são também diversos. Entre nós, por exemplo, no caso das telecomunicações, os preços dos serviços prestados em regime de exclusivo são convencionados por três anos entre o Estado e a empresa[14]. No caso do gás, o regime é definido no contrato de concessão, devendo os preços ser homologados pelo Ministro responsável pela área[15].

Parlamento Europeu e do Conselho, de 6 de Novembro, e as Directivas n.os 2002/98/CE, do Parlamento Europeu e do Conselho, de 27 de Janeiro, 2003/63/CE, da Comissão, de 25 de Junho, e 2004/24/CE e 2004/27/CE, ambas do Parlamento Europeu e do Conselho, de 31 de Março.

[12] Cf. Comunicação da Comissão 86/C310/08, de 4.12.86.

[13] Cf. Directiva 89/105/CEE, do Conselho, de 21.12.88.

[14] Cf. DL n.º 31/2003, de 17 de Fevereiro, que altera as bases da concessão do serviço público de telecomunicações, substituindo-as pelas bases de concessão anexas ao diploma.

[15] Cf. DL n.º 274-A/93, de 28 de Outubro.

TÍTULO IV
A REGULAÇÃO DOS «MERCADOS EMERGENTES»

1. Introdução

A regulação da concorrência, estudada no título precedente, incide, como se indicou, sobre as empresas em geral, qualquer que seja a sua natureza (privada ou pública), dimensão (grande, média ou pequena empresa) ou sector de actividade económica. Diferentemente, o que qualificamos como «regulação dos mercados emergentes», usualmente designada como *regulação sectorial*[1] ou como *regulação económica*[2], consiste na acção reguladora do Estado dirigida, em especial, aos sectores de actividade marcados no passado por formas de organização e exploração em regime de monopólio público e que foram sendo abertos à concorrência nas últimas décadas sob o impulso conjugado de factores políticos e ideológicos (as políticas de privatização e liberalização), técnicos (o progresso das tecnologias e do conhecimento científico e técnico) e económicos (a mudança das condições de investimento e exercício das actividades em causa)[3].

A emergência e o desenvolvimento destes «novos mercados» têm-se verificado tipicamente no domínio dos serviços básicos, explorados e prestados por meio de infra-estruturas em rede, por isso também qualificados por vezes como «sectores

[1] Cf. Eduardo Paz Ferreira e Luís Silva Morais, «A regulação sectorial da economia. Introdução e perspectiva geral», in E. Paz Ferreira, L. Silva Morais e G. Anastácio (coord.), *Regulação em Portugal: Novos Tempos, Novo Modelo,* Coimbra: Almedina, 2009, p. 31; João Nuno Calvão da Silva, *Mercado e Estado. Serviços de Interesse Económico Geral*, Coimbra: Almedina, 2008, p. 157 ss.

[2] Anthony Ogus, *Regulation: Legal Form and Economic Theory*, Oxford: Portland and Oregon, 2004, pp. 4-5.

[3] Neste sentido, a noção de regulação (acção reguladora) designa o conjunto das técnicas que permitem instaurar e manter o equilíbrio económico óptimo num dado mercado que, por si só, não é capaz de produzir esse equilíbrio. Assim, Bertrand du Marais, *Droit Public de la Régulation Économique*, Paris: Presses de Sciences Po/ Dalloz, 2004, p. 3 e ss e 481 e ss., e, em sentido próximo, Leonardo V. Figueiredo, *Lições de Direito Econômico*, Rio de Janeiro: Forense, 2009, p. 114 e ss.

em rede»[4]: as telecomunicações, a distribuição de água, energia eléctrica e gás, os transportes ferroviários, a televisão. Como se assinalou, a expansão do uso do termo «regulação» na Europa ficou associada a esta transformação estrutural e ao estabelecimento de *novos regimes e instituições de supervisão e controlo* das empresas gestoras das redes e/ou operadoras das actividades em causa («*utilities*», na linguagem anglo-saxónica). No mesmo sentido, dada a sua especificidade e novidade, o fenómeno foi também qualificado por alguns autores como o «núcleo da moderna regulação»[5].

Verifica-se, contudo, uma sobreposição parcial entre a regulação da concorrência e a regulação dos «novos mercados»[6]. Centrada essencialmente sobre os comportamentos dos agentes, a primeira obedece também a preocupações de ordem estrutural na medida em que rege as concentrações, por exemplo. Os monopólios e outras formas menos extremas de concentração de poder económico e de controlo dos mercados são, como se viu já, contrariados pelo direito da concorrência. Por seu lado, a regulação sectorial ou regulação económica promove a abertura e a consolidação de mercados concorrenciais nos sectores visados, como condição de ganhos de eficiência e bem-estar social.

Na origem do estatuto do monopólio de exploração e gestão das redes e serviços básicos estiveram, inicialmente, argumentos de ordem técnica, económica e social. As infra-estruturas em rede e a exploração dos inerentes serviços foram encarados como «monopólios naturais»: entendeu-se ser preferível que a actividade fosse explorada por um único operador no conjunto ou em segmentos do território abrangido. Uma característica própria das redes físicas é, na realidade, o elevado investimento em capital necessário para a sua implantação, o que funciona como uma barreira à entrada e à concorrência de outras redes. Daí a assumpção pelos poderes públicos de especiais responsabilidades no financiamento e orientação destes investimentos,

[4] O sistema financeiro (objecto o Título IX) pode também ser considerado como um sector em rede se nesta categoria se incluírem não só os serviços prestados no quadro de uma infra-estrutura física, mas também os que se apoiam numa mútua interdependência dos diversos fornecedores ou as redes virtuais. Sobre esta matéria, cf. Carlos Baptista Lobo, *Sectores em Rede: Regulação para a Concorrência*, Coimbra: Almedina, 2009, p. 24.

[5] Robert Baldwin e Martin Cave, *Understanding Regulation. Theory, Strategy and Practice*, Oxford: Oxford University Press, 1999, p. 2-3. Cf. também Eduardo Paz Ferreira e Luís Silva Morais , *ob. cit.*, p. 10. Sobre as diferentes acepções do termo regulação, *supra*, Título IV, 1.

[6] O direito da concorrência e o direito da regulação estão estreitamente ligados entre si. Segundo Abel Mateus, «A concorrência actua, em regra, *ex post* e sanciona comportamentos quando existe violação da lei da concorrência. A regulação actua *ex ante* e define regras ou preços que a entidade supervisora tem de acompanhar continuamente». «A regulação cria um espaço que, por definição, está sujeito a regras específicas, o que constitui uma excepção ao funcionamento do mercado» (acrescentaríamos: em nome da promoção do próprio mercado) (cf. A. Mateus, «Economia, direito da concorrência e regulação», *Sub Judice*, n.º 40, 2007, respectivamente a pp. 4 e 11).

realizados com frequência com a participação de entidades privadas no quadro de contratos de concessão. Dada a sua natureza básica, o seu carácter essencial ao bem-estar individual e social, a exploração e gestão das actividades viram-se imbuídas desde a origem pela filosofia do *serviço público universal*, ou seja, a ideia de que compete ao Estado a responsabilidade de assegurar o acesso generalizado da população às prestações dos bens e serviços essenciais em condições de qualidade adequadas e preços acessíveis. Este conjunto de razões (técnicas, económicas e sociais) explica, em suma, o papel central a desempenhar pelos Estados na condução ou enquadramento daquelas actividades económicas.

Na transição do monopólio para o regime concorrencial, a regulação procura, antes de mais, impedir práticas abusivas por parte da empresa detentora dos direitos de exploração da infra-estrutura básica do serviço e/ou operadora da actividade. Procura, ainda, a definição e aplicação de standards técnicos, quer no que respeita ao gestor da rede, quer aos prestadores de serviço, de forma a assegurar o seu funcionamento regular nas melhores condições de quantidade e de qualidade da oferta. Em termos gerais, o desenvolvimento do mercado nestes sectores não tem prejudicado a filosofia de serviço público universal em si mesma, embora se tenham alargado as modalidades de o assegurar no novo contexto.

Instituído o mercado, a regulação dos preços pode eventualmente ser suprimida dos segmentos competitivos do mercado, embora mantida para o monopólio da gestão da rede: por exemplo, o controlo de preços deixou de aplicar-se à prestação do serviço telefónico ou de acesso à Internet por parte da Portugal Telecom, não deixando, no entanto, de manter-se no que respeita aos preços de conexão de operadores privados à rede. À medida que a concorrência se expande, reduzir-se-á o esforço da regulação, que tenderá a ficar confinado às regras técnicas de compatibilidade e interoperabilidade entre redes. A regulação da concorrência ganhará, assim, gradualmente, a sua plena expressão. A garantia do serviço público universal deverá ser então assegurada mediante arranjos especiais compatíveis com uma concorrência adequada entre operadores.

2. Objectivos e instrumentos de regulação

A emergência de novos mercados implicou responsabilidades reguladoras específicas e tendencialmente mais alargadas por parte do Estado. Ainda que envolvendo funções de controlo da actuação dos operadores à luz das políticas e regras da concorrência (em necessária articulação com a autoridade competente para a regulação da concorrência), a acção reguladora transcende esta missão uma vez que visa *promover activamente o (novo) mercado*, defendendo-o das suas próprias falhas, em particular, o maior risco de abusos de posição dominante por parte das ex-empresas monopolistas e corrigindo eventuais exterioridades negativas e falhas de informação dos consumidores.

Nos «mercados emergentes» aqui considerados existe, em muitos casos, um operador dominante, em regra geral o «herdeiro» da empresa pública monopolista (v.g., em Portugal, a Portugal Telecom, a EDP, a CP, a TAP). Este mostra a propensão para expandir a sua actividade a bens ou serviços complementares, verticalmente ou horizontalmente. A sua posição dominante no mercado é, de resto, só por si, de molde a potenciar tratamentos discriminatórios de outras empresas. O papel do regulador público mostra-se, pois, crucial na correcção das resultantes disfunções seja no plano económico, seja no plano social-redistributivo[7]. O facto de se tratar de actividades de exploração e prestação de serviços definidos como de *interesse público* explica que a função reguladora procure compatibilizar aquelas duas responsabilidades primordiais do Estado, i.e.: a garantia da concorrência no mercado, por um lado; e a satisfação do interesse geral no que respeita à cobertura, acesso, qualidade e preço devido pela prestação do serviço, por outro lado; em suma, a lógica económica com a lógica social.

Estes dois objectivos tendem, no entanto, a colidir. O conceito do serviço público universal, mantido não obstante as políticas de privatização e de liberalização, implica que o serviço seja disponibilizado a preços uniformes e razoáveis a todos os potenciais utentes nos limites do território abrangido, o que conduz por vezes à fixação de preços aquém dos custos de produção. Em mercados abertos à concorrência, diminui nessas condições o interesse de operadores privados em explorar as actividades. A fim de aliar a eficiência económica à garantia do serviço público, a prática que tende actualmente a prevalecer é a da contratação ou concessão do serviço público a empresas privadas auferindo estas compensações pelos custos acrescidos decorrentes das obrigações de serviço público que sobre elas impendam. Mantendo-se o interesse público do serviço (com implicações no acesso, no preço, na qualidade, etc.), os Estados têm salvaguardado o poder de controlar *o modo* como o serviço é prestado no quadro, precisamente, do contrato de concessão.

As exigências especiais de regulação nos sectores liberalizados explicam a instituição de um *novo tipo de autoridade reguladora*, entre nós, designada, como se apontou já, por entidade administrativa independente[8]. Este tipo de entidades expandiu-se na Europa a partir dos anos 70/80 em resposta, precisamente, às necessidades regulatórias dos mercados emergentes das políticas de privatização e liberalização e sob forte impulso da Comunidade Europeia. A sua criação teve em vista compaginar a

[7] C. B. Lobo, *ob. cit.*, p. 151. Sobre a relação entre serviço público e reforma regulatória, vide V. M. Carvalho, «Regulação Económica e Serviços Públicos», in M. G. Schapiro, *Direito Econômico Regulatório*, São Paulo: Editora Saraiva, 2010, pp. 45 e ss.

[8] Cf. *supra*, Parte I, Título II, 4.4. Estas entidades são muitas vezes designadas como agências ou como autoridades. Sobre o tema, cf. ainda E. Vera-Cruz pinto, «A regulação pública como instituto jurídico de criação prudencial na resolução de litígios entre operadores económicos no início do século XXI», in R. de Albuquerque/A. Menezes Cordeiro, *Regulação e Concorrência*, *ob. cit.*, p. 171 e ss.; F. H. Aguillar, *Direito Econômico*, Editora Atlas, 2009, p. 223 e ss.

natureza público-estatal do regulador, dotando-o do indispensável poder de autoridade, com um grau adequado de autonomia orgânica e funcional, por motivos de ordem política e técnica. O estatuto de autonomia orgânica perante o governo tem em vista prevenir a sujeição a eventuais opções de ordem estritamente política. Aliás, a atribuição a estas entidades de amplos poderes - que se estendem do poder normativo (emissão de regulamentos, fixação de standards) e da autoridade para licenciar operadores à supervisão, investigação e inspecção da sua acção, bem como à aplicação de sanções por incumprimento, dificilmente poderiam ser reunidos numa entidade marcadamente legislativa, executiva ou judicial. Uma característica adicional prende-se com a flexibilidade de que foram dotadas no plano funcional dada a natureza técnica, crescentemente especializada, das actividades que lhes cabe regular.

Ao optarem por este modelo institucional, os poderes públicos têm procurado, assim, antes de mais, aumentar a *eficácia* da acção reguladora e reforçar a sua *legitimidade*. Por este motivo, as funções de regulação são atribuídas a entidades que reúnam capacidade técnica e independência perante os interesses envolvidos, incluindo os do próprio Estado, não prejudicando, no entanto, a capacidade deste de definir regras e orientações gerais.

Entre os meios de actuação de que dispõem as entidades administrativas independentes (EAI) cabem, tipicamente, funções que apelam a conhecimentos e *know-how* técnico por vezes altamente especializados, a saber:

a) A fixação de normas ou *standards* relativos às características e funcionamento das infra-estruturas e à produção dos bens ou serviços em causa; e
b) A regulação dos preços ou tarifas por meio da fixação de preços máximos ou de referência.

Compete ainda às EAI a definição e fiscalização do cumprimento de obrigações de transparência e de informação, que adquirem particular relevância no caso das empresas que controlam infra-estruturas essenciais.

Os princípios do serviço público representam uma dimensão fundamental deste quadro regulador. Às EAI compete fazer cumprir estes princípios pelas empresas às quais estas responsabilidades sejam atribuídas no sector respectivo. De acordo com a Lei n.º 23/96, de 26 de Julho, relativa à protecção dos consumidores ou utilizadores de serviços públicos essenciais, os princípios a que deve obedecer a prestação de serviços públicos incluem o da boa fé, de acordo com a sua natureza e com os interesses dos consumidores (art. 3.º), o da disponibilização de informação completa e clara (art. 4.º), o da continuidade (art. 5.º) e o da qualidade (art. 7.º). Estes princípios são normalmente reproduzidos na legislação relativa a cada sector.

A importância social dos serviços em causa, bem como os amplos poderes conferidos às autoridades reguladoras, suscitaram a necessidade de as submeter elas próprias a requisitos de ordem procedimental e substantiva no que respeita à abertura e transparência de procedimentos, acessibilidade a indivíduos e grupos e justiça e qualidade dos resultados da acção[9].

Contudo, o estatuto destas entidades não tem ficado imune a *reticências* e *críticas*. Um dos problemas recorrentemente levantados a respeito das relações entre o regulador ainda que definido como independente ou autónomo, e o regulado, tem sido o da «captura», ou seja, o receio do favorecimento dos interesses das empresas reguladas em detrimento do interesse geral[10]. Este risco deve-se em particular à proximidade entre regulador e regulado que decorre, não apenas de factores de ordem política (trata-se de empresas de grande dimensão em que o Estado deteve até há pouco tempo ou detém ainda posições de controlo ou influência), mas também à dependência do regulador, para o exercício da sua missão, de informação cedida pelo regulado, para efeitos da fixação dos preços dos serviços ou para a definição de standards técnicos. Acresce que as EAI escapam aos mecanismos normais de controlo político, além de porem em causa o princípio da separação de poderes.

Imperativos de especialização, proximidade, celeridade e eficácia da decisão estão também na base da atribuição às autoridades reguladoras de poderes em matéria de resolução de litígios. Também estes têm suscitado hesitações, designadamente, quanto à distinção entre a função arbitral das EAI, de cujas decisões cabe recurso para os tribunais judiciais e os actos administrativos de resolução de litígios susceptíveis de recurso tão-só para os tribunais administrativos. O privilégio conferido à eficiência não deve fazer descurar as garantias de justiça e a protecção dos administrados num Estado de direito.

A fim de ilustrar a evolução recente da regulação dos «mercados emergentes», nos planos normativo e institucional, expomos em seguida, ainda que de forma sumária, alguns traços dos regimes aplicáveis a dois sectores de actividade: o das telecomunicações e o das águas e resíduos. Nas suas diferenças, eles permitem evidenciar, de algum modo, a complexidade do fenómeno regulador dos nossos dias.

3. A regulação das telecomunicações

3.1 Do monopólio público à concorrência

Tradicionalmente, em Portugal como noutros países, o sector das telecomunicações foi dominado por decisões da autoridade pública. A prestação do serviço de comunicação foi concebida *ab initio* como uma responsabilidade estatal. A natureza e dimensão dos investimentos necessários à implantação, manutenção e expansão de

[9] Robert Baldwin e Martin Cave, *ob. cit.*, p. 315 e ss.

[10] Robert Baldwin e Martin Cave, *ob. cit.*, p. 36; J. Fernandes Soares, *Teoria Económica da Regulação – Grupos de Interesse, Procura de Renda e Aprisionamento*, Lisboa: Instituto Piaget, 2007.

redes de âmbito nacional, os imperativos da sua gestão no interesse da colectividade, razões de segurança, entre outras, serviram de fundamento e legitimação ao monopólio público das telecomunicações, antes de mais, do serviço telefónico da rede fixa.

No passado, o sistema nacional de telecomunicações foi assegurado, no plano interno, pelos Correios e Telégrafos de Portugal (CTT) e pelos Telefones de Lisboa e Porto (TLP), neste caso uma vez expirada, em 1969, a concessão do Estado à *Anglo-Portuguese Telephone Company*, e pela Companhia Portuguesa Rádio Marconi (CPRM) (com capital parcialmente privado) para as comunicações intercontinentais. O monopólio público subsistiu ao longo de cerca de um século nos seus traços fundamentais, sem prejuízo das modificações operadas na forma concreta da sua organização e gestão[11]. Após a revolução de Abril de 1974, a lei da delimitação de sectores viria a vedar explicitamente o sector das telecomunicações à iniciativa privada. Da aplicação do regime das empresas públicas às empresas do sector não deveria inferir-se, porém, a perda dos privilégios que lhe eram conferidos tradicionalmente. O DL n.º 260/76 (Regime jurídico das empresas públicas) exceptuava taxativamente as «empresas públicas que exploram serviços públicos em situação de monopólio» da sujeição de aspectos do seu funcionamento ao direito privado, como era de regra nas restantes.

Foi em grande medida o progresso tecnológico que veio subverter este quadro normativo e institucional. O desenvolvimento de meios técnicos de comunicação (telemóvel, computador, etc.) e de novas infra-estruturas (cabo, fibra óptica, etc.) induziu a abertura do mercado, questionando-se do mesmo passo os direitos exclusivos ou preferências detidos pelas empresas públicas ou concessionárias. Os critérios de ordem técnica e económica que haviam fundamentado o monopólio perderam, gradualmente, a sua razão de ser. A liberalização das telecomunicações viria a ser promovida activamente pela Comunidade Europeia, em especial pela Comissão, apoiada na jurisprudência do Tribunal de Justiça, no exercício das suas competências e poderes em matéria de concorrência e sua aplicação às empresas públicas das telecomunicações[12]. No final dos anos 80, numa decisão marcante, depois corroborada pelo Tribunal de Justiça, a Comissão considerou como abuso de posição dominante por parte da *British Telecom*, monopólio público das telecomunicações no Reino Unido, a recusa a agências privadas de emissão de telexes da utilização das

[11] Manuel PORTO, «Uma nova filosofia de intervenção na prestação de serviços públicos: a experiência portuguesa nos sectores das energias, comunicações, transportes, abastecimento de água e saneamento», *Revista de Direito Público e Regulação*, N.º 2, pp. 103-120, in http://www.fd.uc.pt/cedipre/revista/revista_2.pdf.

[12] Segundo Sérgio DO CABO («Regulação e concorrência no sector das comunicações electrónicas», in E. PAZ FERREIRA/ L. S. MORAIS/ G. ANASTÁCIO, *ob. cit.*, p. 275) pode dizer-se que «a regulação no sector das telecomunicações foi, em grande parte, consequência da aplicação pela Comissão ao sector de normas gerais de direito da concorrência (...)».

infra-estruturas e serviços básicos por ela mantidos[13]. Esta decisão repousou fundamentalmente no argumento de que o «monopólio natural» estava em vias de ser superado por desenvolvimentos tecnológicos que haviam tornado viável a concorrência ao menos numa parte do mercado que a *British Telecom* costumava servir em exclusividade. A política comunitária desenvolvida durante os anos 90, traduziu-se na adopção de um conjunto de actos legislativos de que se destacaram a Directiva 97/33/CE relativa à interligação e interoperabilidade e a Directiva 98/10/CE relativa à oferta da rede aberta[14].

Actualmente, o quadro normativo das redes e serviço de comunicações electrónicas na União Europeia encontra-se condensado na Directiva 2002/21/CE do Parlamento Europeu e do Conselho[15], adoptada ao mesmo tempo que quatro outras directivas do Parlamento Europeu e do Conselho sobre matérias específicas, a saber:

- A Directiva 2002/20/CE relativa à autorização de redes e serviços de comunicações electrónicas[16];
- A Directiva 2002/19/CE relativa ao acesso e interligação de redes de comunicações electrónicas e recursos conexos[17];
- A Directiva 2002/22/CE relativa ao serviço universal e aos direitos dos utilizadores em matéria de redes e serviços de comunicações electrónicas[18]; e
- A Directiva 2002/58/CE relativa ao tratamento de dados pessoais e à protecção da privacidade no sector comunicações electrónicas[19].

Em Portugal, as bases gerais a que obedece o estabelecimento, gestão e exploração de redes de telecomunicações e a prestação de serviços de telecomunicações constam da Lei n.º 91/97, de 1 de Agosto. Esta lei consagrou o princípio da liberalização total do mercado das telecomunicações (art. 7.º, quanto aos serviços, e art. 11.º, quanto às redes). Entre nós, a liberalização do mercado das telecomunicações

[13] Cf. Maria Eduarda Gonçalves, «Le régime des télécommunications dans le nouveau contexte technologique. Tendances du droit communautaire et incidences possibles sur le droit portugais», *Revue Trimestrielle de Droit Européen*, 1-1988, pp. 61-86.

[14] Directivas n.º 97/33/CE, do Parlamento Europeu e do Conselho, de 30 de Junho, relativa à interligação no sector das telecomunicações com o objectivo de assegurar o serviço universal e a interoperabilidade através da aplicação dos princípios da rede aberta (ORA) e Directiva nº 98/10/CE, do Parlamento Europeu e do Conselho, de 26 de Fevereiro, relativa à aplicação da oferta de rede aberta (ORA) à telefonia vocal e ao serviço universal de telecomunicações num ambiente concorrencial.

[15] JO L 108, de 24.4.2002, p. 33.

[16] JO L 108, de 24.4.2002, p. 21.

[17] JO L 108, de 24.4.2002, p. 7.

[18] JO L 108, de 4.4.2002, p. 51. De notar, pela sua relevância, a inclusão no art. 36.º da Carta dos Direitos Fundamentais da União Europeia do princípio do acesso aos serviços de interesse económico geral.

[19] JO L 201, de 31.7.2002, p. 37.

não implicou a abolição da figura da concessão do serviço público. É o que resulta da atribuição à Portugal Telecom, S.A., da concessão do serviço público de telecomunicações[20]. De acordo com o DL n.º 478/99, de 5 de Novembro, o contrato entre o Estado e operadores privados toma a forma de concessão quando inclua, não só a prestação do serviço, mas também, como é o caso, o estabelecimento, gestão e exploração das infra-estruturas que constituam a rede básica de telecomunicações (art. 8.º, n.º 2, do DL n.º 478/99, de 5 de Novembro).

O regime de acesso à actividade de operador de redes públicas de telecomunicações e de prestador de serviços de telecomunicações de uso público é regido pelo DL n.º 381-A/97, de 30 de Dezembro. O licenciamento de operadores individuais depende de autorização da autoridade reguladora, devendo constar das licenças os termos a que deve obedecer a prestação do serviço e frequentemente também os arranjos para controlo dos preços e tarifas.

O âmbito do serviço universal é definido pelo DL n.º 458/99, de 5 de Novembro, que estabelece igualmente os regimes de fixação de preços e de financiamento que lhe são aplicáveis.

A principal responsabilidade na aplicação deste quadro normativo incumbe à Autoridade Reguladora das Telecomunicações (ICP – ANACOM), nos termos do seu estatuto, aprovado pelo DL n.º 309/2001, de 7 de Dezembro.

3.2 Defesa e promoção de um mercado concorrencial

A evolução do quadro jurídico das telecomunicações e as competências e poderes atribuídos ao ICP – ANACOM tornam claro o objectivo de promover um mercado concorrencial no sector. A pretensão dos poderes públicos não se limita a querer tornar juridicamente *possível* a concorrência. Mais do que isso, intenta agir de modo pró-activo no sentido de fomentar uma concorrência *efectiva* no sector. Como se apontou, nas telecomunicações como noutros sectores de serviço público em rede, a existência de um operador histórico detentor de uma forte posição no mercado advinda do monopólio tornou necessário um esforço especial do regulador visando assegurar condições equitativas de acesso à infra-estrutura normalmente explorada por esse operador. Para alcançar este fim, os governos reconheceram a necessidade de adoptar mais do que um quadro normativo garante da liberdade de acesso ao

[20] Cf. o contrato de 20 de Março de 1995, celebrado ao abrigo do DL n.º 40/95, de 15 de Fevereiro, contendo as bases do contrato de concessão do serviço público de telecomunicações exclusivo da exploração dos serviços fornecidos através da rede fixa por 30 anos. Entretanto, a concessionária foi legalmente designada como prestador do serviço universal de telecomunicações, «no prazo de vigência do contrato» (art. 23.º, n.º 1, do DL n.º 458/99, de 5 de Novembro), não se encontrando sujeita à aplicação da Lei de Defesa da Concorrência «no âmbito e na vigência do respectivo contrato de concessão» (art. 41.º, n.º 2 do DL n.º 371/93, de 29 de Outubro). O DL n.º 219/2000, de 9 de Setembro, autorizou a transferência da concessão da Portugal Telecom para a PT Comunicações.

mercado: elaboraram um modo de regulação específico a fim de facilitar a entrada no mercado de novas empresas e atenuar a acentuada desigualdade em que à partida elas se encontravam em face do operador estabelecido[21].

Um indício dessa especificidade decorre dos termos do DL n.º 415/98, de 31 de Dezembro, segundo o qual o operador dominante é qualificado como «*operador com poder de mercado significativo* (PMS)», um conceito inovador que se substitui à noção convencional de *posição dominante* constante da legislação sobre concorrência. Ao abrigo do n.º 2 do art. 7º do DL n.º 415/98, presume-se que dispõem de poder de mercado significativo as entidades que detenham uma quota superior a 25% de um mercado de telecomunicações da área geográfica em que se encontrem habilitadas para operar. O ICP - ANACOM detém, no entanto, o poder de determinar, em função dos critérios estabelecidos no n.º 4 do mesmo art. 7º, que uma dada entidade dispõe de poder de mercado significativo ainda que não tenha uma quota de mercado superior a 25%, após parecer prévio da Autoridade da Concorrência, competindo-lhe determinar, declarar e publicar anualmente a lista das entidades que dispõem de um poder de mercado significativo (PMS) nos mercados relevantes[22]. Uma vez declarado com PMS, o operador fica sujeito a uma *regulação reforçada*, implicando obrigações específicas (art. 7.º, n.º 4, do DL n.º 415/98)[23].

Nos termos do DL n.º 458/99, o regime de preços das prestações do serviço universal é definido por meio de uma convenção celebrada entre a Autoridade da Concorrência, o ICP - ANACOM e o prestador ou prestadores do serviço universal. Trata-se de um caso de regulação normativa pública convencionada, podendo entender-se que a referida convenção integra a categoria dos designados *contratos regulatórios (regulatory contracts)*.

[21] Cf. Pedro Gonçalves, *Regulação das Telecomunicações*, Centro de Estudos de Direito Público e Regulação (CEDIPRE), Faculdade de Direito da Universidade de Coimbra, *in* http://www.estig.ipbeja.pt/~ac_direito/RegTelecom.pdf (acedido em Julho de 2010). Cf. igualmente, do mesmo autor, *Regulação, Electricidade e Telecomunicações – Estudos de Direito Administrativo da Regulação*, Coimbra Editora, 2008, p. 181 e ss., bem como Sérgio do Cabo, *ob. cit.*, p. 207 e ss.

[22] Deliberação de 3.8.2000, «Avaliação de poder de mercado significativo para os efeitos previstos no Decreto-Lei n.º 415/98, de 31/12». Sobre as relações entre a Autoridade da Concorrência e o IPC – ANACOM, cf. M. M. Leitão Marques/J. Simões de Almeida/A. Matos Forte, *Concorrência e Regulação (A relação entre a Autoridade da Concorrência a as Autoridades de Regulação Sectorial)*, Coimbra: Coimbra Editora, 2005, p. 49 e ss. Note-se que a lei refere-se ainda à Direcção-geral do Comércio e Concorrência, cujas competências estão, com a Lei da Concorrência de 2003, cometidas à Autoridade da Concorrência.

[23] Assim, por deliberação de 3 de Agosto de 2000, foi decidido, ao abrigo do DL n.º 415/98, de 31 de Dezembro, e ouvida a Direcção-geral do Comércio e Concorrência: 1. Declarar a Portugal Telecom, S.A., ou a entidade que legalmente lhe suceder enquanto concessionária, como detentora de poder de mercado significativo no mercado nacional de interligação, no mercado das redes telefónicas fixas e/ou serviços telefónicos fixos e no mercado dos circuitos alugados. 2. Declarar a TMN - Telecomunicações Móveis Nacionais, S.A., e a Telecel - Comunicações Pessoais, S.A., como detentoras de poder de mercado significativo no mercado das redes telefónicas móveis e/ou serviços telefónicos móveis.

3.3 Âmbito do serviço público universal

O serviço universal é, de acordo com o DL nº 458/99, regido pelos princípios da universalidade, igualdade, continuidade e acessibilidade de preços (art. 1.º). Num ambiente de plena concorrência e no contexto da sociedade de informação, acrescenta o diploma, o princípio do serviço universal oferece a garantia a todos os cidadãos de que podem aceder a um nível básico de serviços de telecomunicações de interesse geral. O âmbito do serviço abrange, na linha das orientações europeias:

a) A ligação à rede telefónica fixa, num local fixo, e acesso ao serviço fixo de telefone a todos os utilizadores que o solicitem;
b) A oferta de postos públicos, em número suficiente, nas vias públicas e em locais públicos; e
c) A disponibilização de listas telefónicas e de um serviço informativo, que incluam os números de assinantes do serviço fixo de telefone e do serviço telefónico móvel.

Prevê-se que o conceito de serviço universal de telecomunicações e o seu âmbito evoluam de forma a acompanhar o progresso da tecnologia, o desenvolvimento do mercado e as modificações da procura por parte dos utilizadores.

O serviço universal de telecomunicações pode, em princípio, ser prestado por mais de uma entidade, quer distinguindo as prestações que o integram, quer as zonas geográficas, sem prejuízo da sua prestação no todo do território nacional (art. 8.º, n.º 3, do DL n.º 478/99, de 5 de Novembro). Compete ao membro do Governo responsável pela área das comunicações designar a entidade ou entidades responsáveis pela prestação do serviço universal de telecomunicações na sequência de concurso (art. 9.º do DL n.º 478/99).

Observe-se que, embora guiada pela filosofia do serviço universal, a regulação das telecomunicações não é alheia a preocupações de eficiência e às suas implicações quer na qualidade do serviço, quer no «ajustamento progressivo» dos preços aos custos (art. 10.º, n.º 1, do DL n.º 458/99). Admite-se, não obstante, a adopção de regimes de preços especiais ou diferenciados com base em critérios geográficos e categorias de serviços ou utilizadores, como por exemplo nas zonas rurais ou a utilizadores economicamente vulneráveis ou com necessidades sociais específicas (art. 10.º, n.ºs 2 e 3).

O diploma estabelece ainda um mecanismo de compensação das margens negativas inerentes à prestação do serviço, quando se verifiquem. O ónus da demonstração dessas margens cabe aos operadores e a sua aprovação ao ICP - ANACOM (art. 12.º). Encontra-se prevista a criação de um fundo de compensação para o qual contribuirão as entidades que exploram redes públicas de telecomunicações e os prestadores de serviço telefónico fixo e móvel (art. 14.º).

3.4 A Autoridade Nacional das Comunicações, ICP - ANACOM

O princípio da separação institucional entre operador e regulador de telecomunicações foi proclamado desde que foi lançado o processo de liberalização do sector. A Directiva 90/388/CEE relativa à concorrência nos mercados de serviços de telecomunicações determinou que os Estados Membros deveriam assegurar que a atribuição das autorizações de exploração, o controlo das aprovações e das especificações obrigatórias, a atribuição de frequências e de números, bem como a vigilância das condições de utilização fossem efectuadas por uma *entidade independente* das empresas de telecomunicações. Por outras palavras, estava em causa a necessidade de separar as funções do Estado regulador das do Estado empresário. O Governo português antecipou as orientações comunitárias ao criar, logo em 1981, o ICP – Instituto das Comunicações de Portugal (DL n.º 188/81, de 2 de Julho).

A regulação do sector está hoje confiada à Autoridade Nacional de Comunicações (ICP – ANACOM), sem prejuízo das competências do membro do Governo responsável pela área das comunicações[24]. Nos termos do seu estatuto (constante do DL n.º 309/2001, de 7 de Dezembro), a ANACOM é *independente* no exercício das suas funções (art. 4.º). A independência do regulador traduz-se, assim, antes de mais, numa *independência funcional.* A independência implica a não sujeição a poderes de superintendência e tutela por parte do Governo (em conformidade com o art. 199º, al. *d)*, da CRP), o que não obsta ao dever da entidade reguladora de se sujeitar a directrizes do Governo sem forma de lei, designadamente, a princípios orientadores da política de comunicações. Além da independência funcional, os estatutos asseguram a *independência orgânica* da ANACOM (art. 25.º): os membros do Conselho de Administração, nomeados por resolução do Conselho de Ministros, sob proposta do membro do Governo responsável pela área das comunicações, por um período de 5 anos, «são independentes no exercício das suas funções, não estando sujeitos a instruções ou orientações específicas».

A composição das entidades administrativas independentes é variável. Dado o interesse em assegurar a sua independência quer perante influências políticas, quer perante os interesses regulados, as EAI não devem incluir representantes de organismos profissionais interessados. Pelo contrário, procura-se que sejam compostas por elementos escolhidos a título individual, com capacidade de decidir com autonomia e autoridade em face daqueles interesses. Como forma de garantir essa independência, a lei proíbe a renovação do mandato dos membros do conselho de administra-

[24] Investida de funções de regulação no sector das telecomunicações está ainda a Fundação para a Computação Científica Nacional – FCCN, uma instituição privada sem fins lucrativos que tem a seu cargo a gestão nacional da Internet, incluindo o registo dos domínios Internet para Portugal (com código de país «.pt»).

ção, além de excluir a possibilidade de eles serem demitidos pelo Governo, salvo o caso de falta grave cometida no desempenho das suas funções.

Reflectindo estas orientações, os membros do Conselho de Administração do ICP – ANACOM (um presidente e dois a quatro vogais) são nomeados de «entre pessoas com reconhecida idoneidade, independência e competência técnica e profissional». (art. 21.º, n.º 3 do DL n.º 309/2001), não podendo ser nomeado quem seja ou tenha sido membro dos corpos gerentes das empresas dos sectores das comunicações nos últimos dois anos, ou seja ou tenha sido trabalhador ou colaborador permanente das mesmas com funções de direcção ou chefia no mesmo período de tempo» (art. 21.º, n.º 4 do DL n.º 309/2001). É no Conselho Consultivo que se encontram representados os vários interesses sectoriais: departamentos ministeriais, autoridade da concorrência, concessionárias dos serviços, operadores dos diversos serviços, outros interesses económicos como os dos fabricantes de equipamentos e dos utilizadores (art. 36.º do DL n.º 309/2001).

A exigência da elaboração e publicação de planos estratégicos e de «relatórios de regulação» (designadamente, o relatório anual a enviar à AR) constituem um dos meios de assegurar a transparência e a informação sobre as actividades do ICP - ANACOM.

4. A regulação do sector de águas e resíduos

4.1 Evolução do quadro normativo e institucional

A responsabilidade de assegurar o abastecimento de água às populações, incluindo a captação de águas potáveis, a sua distribuição em rede, a qualidade das águas e o saneamento das águas residuais foram desde cedo assumidos como uma responsabilidade pública. É em meados do século XIX que se dá o impulso inicial ao desenvolvimento de um sistema nacional de abastecimento de água canalizada tendo as obras iniciais de captação, elevação, transporte e distribuição contado com o envolvimento de companhias privadas sob concessão (v.g. o contrato celebrado com a *Compagnie Générale des Eaux pour l'Etranger*, para a cidade do Porto, aprovado por Carta de Lei, em 1882). A partir das primeiras décadas do século XX, estes serviços foram atribuídos à administração pública local, tendo para o efeito sido estabelecidos os serviços municipalizados de água sob dependência directa das câmaras municipais. Lisboa constituiu a excepção. Com a criação, em Outubro de 1974, da Empresa Pública das Águas de Lisboa – EPAL, no seguimento do termo da concessão da Companhia das Águas de Lisboa foi cometido àquela empresa o serviço público de abastecimento da água a Lisboa e concelhos circundantes.

O sector da captação, tratamento e distribuição de água para consumo público foi vedado a empresas privadas pela Lei n.º 46/77 (Lei da delimitação de sectores). Poucos anos depois, o DL n.º 372/93, de 29 de Outubro, viria, contudo, admitir a possibilidade de participação de capitais privados, sob a forma de concessão, naquelas actividades.

O abastecimento de água às populações tem sido, desde sempre, indissociável de três ordens de preocupações principais: o volume de água disponível, a sua distribuição equilibrada no território e acessibilidade, e a higiene ou qualidade da água. A adesão de Portugal à CEE em 1986 impôs padrões de crescente exigência no que respeita, designadamente, à qualidade da água, bem como ao tratamento dos resíduos[25].

A complexidade das soluções necessárias ao desenvolvimento desta actividade requer investimentos elevados, com longos períodos de recuperação do capital. O sector apresenta, por isso, características de *monopólio natural*, verificando-se custos de produção significativamente inferiores com um único operador para cada serviço e em cada região. Estes dados não sofreram alteração fundamental no sector das águas e resíduos, como sucedeu no sector das telecomunicações, o que explica que as actividades que integram os serviços de abastecimento de água se mantenham, ainda hoje, sujeitas a regimes de prestação que excluem a concorrência pelo menos no respeitante às redes infra-estruturais[26]. Nestas circunstâncias, a regulação pública revela-se especialmente decisiva para garantir que a qualidade e o preço dos serviços não sejam afectados por práticas abusivas dos operadores em posição exclusiva ou dominante.

No entanto, a dimensão dos investimentos e as exigências em saber e *know-how* necessários a fim de reforçar a rede e melhorar a qualidade da água, aliados à procura de maior eficiência na exploração e gestão dos serviços, estiveram também neste domínio na base da abertura do sector à participação de empresas privadas e do repensar do papel da Administração central nesta actividade. Um passo nessa direcção consistiu, em Portugal, na introdução dos *sistemas multimunicipais* para captação, tratamento e distribuição de água para consumo público e para recolha, tratamento e rejeição de efluentes. Este sistema tem em vista a integração de esforços de vários municípios numa mesma região e as correspondentes economias de escala[27]. Para a

[25] Cf. Directiva 2008/105/CE do Parlamento Europeu e do Conselho de 16 de Dezembro de 2008 relativa a normas de qualidade ambiental no domínio da política da água, que altera e subsequentemente revoga as Directivas 82/176/CEE, 83/513/CEE, 84/156/CEE, 84/491/CEE e 86/280/CEE do Conselho, e que altera a Directiva 2000/60/CE; Directiva 2008/98/CE do Parlamento Europeu e do Conselho, de 19 de Novembro de 2008 relativa aos resíduos e que revoga certas directivas.

[26] Cf. Fernanda Maçãs, «Serviços públicos de abastecimento de água, saneamento de águas residuais urbanas e resíduos urbanos», in E. Paz Ferreira, L. Silva Morais e G. Anastácio (coord.), *Regulação em Portugal: Novos Tempos, Novo Modelo*, Coimbra: Almedina, 2009, p. 545.

[27] DL n.º 379/93, de 5 de Novembro, o regime de exploração e gestão dos sistemas multimunicipais e municipais de captação, tratamento e distribuição de água para consumo público, de recolha, tratamento e rejeição de efluentes e de recolha e tratamento de resíduos sólidos (alterado pelos seguintes diplomas: DL n.º 147/95, 21 de Junho, DL n.º 439-A/99, de 29 de Outubro; DL n.º 103/2003, de 23 de Maio; DL n.º 14/2002, de 26 de Janeiro); DL n.º 319/94 de 24 de Dezembro, relativo ao regime jurídico da concessão

gestão deste sistema foi instituída a empresa pública Águas de Portugal-AdP SGPS, S.A., cuja privatização foi recentemente anunciada pelo XIX Governo Constitucional.

Dada a natureza do sector, a concorrência circunscreve-se, portanto, às actividades abertas a empresas privadas como concessionárias de sistemas municipais ou multimunicipais em posição minoritária ou como sub-contratadas para a prestação de serviços para as empresas concessionárias (v.g. manutenção e operação de estações de tratamento de água (ETA) ou de tratamento de águas residuais)[28].

Actualmente, o sector dos serviços de águas abrange, no essencial, as actividades de abastecimento de água às populações urbanas e rurais e aos agentes económicos e sociais, e a drenagem e tratamento das águas residuais urbanas. O sector de serviços de resíduos inclui as actividades de recolha, tratamento e destino final dos resíduos urbanos. Todos estes serviços são considerados de interesse geral, essenciais ao bem-estar dos cidadãos, à saúde pública, às actividades económicas e à protecção do ambiente. Por isso, e à semelhança do que se passa com os serviços de telecomunicações analisados anteriormente, os serviços de águas e resíduos devem obedecer a um conjunto de princípios gerais de que se destacam a universalidade do acesso, a continuidade e a qualidade de serviço, a eficiência e a equidade de preços.

Estes serviços são prestados, hoje, por um universo de cerca de quinhentas entidades gestoras, de titularidade estatal ou municipal.

No caso de *titularidade estatal*, os modelos de gestão passíveis de utilização à luz da legislação em vigor são: a gestão directa pelo Estado; a delegação pelo Estado em terceira entidade: e a concessão pelo Estado a terceira entidade, como acontece com os sistemas multimunicipais concessionados.

No caso de *titularidade municipal*, os modelos de gestão a que se pode recorrer são: a gestão directa do serviço pelo município (serviços municipais e municipalizados); a delegação do serviço em empresa constituída em parceria com o Estado; a delegação do serviço pelo município em entidade integrada no respectivo sector empresarial, a que correspondem as empresas criadas pelos municípios ou em freguesias ou associações de utilizadores; e a concessão do serviço pelo município a empresa, como sucede com todos os sistemas municipais concessionados.

Os serviços de águas e resíduos têm sido classificados como «alta» e «baixa» consoante as actividades realizadas. Esta classificação, que esteve no cerne da criação dos sistemas multimunicipais, maioritariamente responsáveis pela «alta», e dos sistemas municipais, maioritariamente responsáveis pela «baixa», corresponde, respectiva-

da exploração e gestão dos sistemas multimunicipais de captação, tratamento e abastecimento de água para consumo público; DL n.º 162/96, de 4 de Setembro, que consagra o regime jurídico da concessão da exploração e gestão dos sistemas multimunicipais de recolha, tratamento e rejeição de efluentes.

[28] Cf. Lei n.º 176/99, de 25 de Outubro, que confere aos municípios o direito à detenção da maioria do capital social em empresas concessionárias da exploração e gestão de sistemas multimunicipais.

mente, às actividades grossista e retalhista de abastecimento de água, de saneamento de águas residuais urbanas e de gestão de resíduos urbanos.

As orientações estratégicas para o sector encontram-se materializadas no Plano Estratégico de Abastecimento de Água e de Saneamento de Águas Residuais (PEAASAR II) para o período 2007-2013 e no Plano Estratégico para os Resíduos Sólidos Urbanos (PERSU II) para o período de 2007 a 2016.

4.2 A Entidade Reguladora dos Serviços de Águas e Resíduos - ERSAR

A Entidade Reguladora dos Serviços de Águas e Resíduos (ERSAR), instituída pelo DL n.º 207/2006, de 27 de Outubro, que aprovou a Lei Orgânica do Ministério do Ambiente, do Ordenamento do Território e do Desenvolvimento Regional (MAOTDR), viu a sua orgânica definida no DL n.º 277/2009, de 2 de Outubro.

A ERSAR sucedeu ao Instituto Regulador de Águas e Resíduos (IRAR), criado em 1997. A transformação do IRAR na ERSAR obedeceu ao intuito de reforçar a regulação do sector, alargar o âmbito da intervenção regulatória a todas as entidades gestoras de serviços, independentemente do modelo de gestão e uniformizar os respectivos procedimentos[29].

Compete à ERSAR assegurar o respeito das regras da concorrência no novo mercado, ainda que limitado. Verificadas infracções a estas regras, a ERSAR deve comunicá-las à Autoridade da Concorrência. Como reconhece o DL n.º 277/2009, «na medida em que constituem monopólios naturais ou legais de cariz local ou regional, estas actividades requerem uma forma de regulação que permita ultrapassar a inexistência de mecanismos de auto-regulação que caracterizam os mercados concorrenciais».

A ERSAR desempenha, além disso, as funções de autoridade reguladora dos serviços de abastecimento público de água, de saneamento de águas residuais urbanas e de gestão de resíduos urbanos nos planos da qualidade (mediante a emissão de regulamentos e a avaliação da sua execução) e do preço daqueles serviços, no respeito pelos princípios do serviço público universal e tendo em conta a viabilidade económica e financeira das entidades prestadoras. Compete-lhe, assim, velar pela qualidade da água para consumo humano, ou seja, pela protecção dos utentes do recurso água e dos correspondentes serviços.

O interesse dos utilizadores é protegido, em suma, por duas vias: por um lado, pela prevenção e controlo de práticas eventualmente abusivas dos operadores públi-

[29] Nos quatro primeiros anos de actividade (2000-2003), o IRAR exerceu as funções de entidade reguladora de serviços de águas e resíduos para um número crescente de entidades concessionárias, atingindo cerca de meia centena. Nos cinco anos seguintes (2004-2009), para além da regulação da acção destas entidades, o IRAR assumiu as responsabilidades de autoridade competente para a qualidade da água para consumo humano para um universo de mais de quatrocentas entidades gestoras.

cos ou privados titulares de direitos exclusivos; e, por outro lado, pelo controlo dos serviços prestados, tanto no que respeita à qualidade quanto aos preços praticados.

À ERSAR incumbe ainda assegurar as condições de igualdade e transparência no acesso e exercício das actividades em causa e nas relações contratuais, bem como garantir o direito do público a ser informado sobre dados relevantes sobre todas as vertentes das actividades neste sector.

As receitas da ERSAR decorrem da cobrança da taxa de regulação às entidades gestoras e da taxa de controlo da qualidade da água a todas as entidades gestoras que prestam serviço de abastecimento de água, de acordo com portarias aprovadas pelo MAOTDR.

Nos termos do seu estatuto, as funções da ERSAR são, porém, fundamentalmente de natureza consultiva. Tem sido, no entanto, defendido um reforço os seus poderes, quer normativos (neste momento limitados pois os regulamentos por ele emitidos requerem aprovação pelo Ministro do Ambiente[30]), quer de investigação e inspecção, quer mesmo sancionatórios[31].

Com efeito, a ERSAR tem visto gradualmente expandidos os seus poderes e atribuições como entidade reguladora de todo o universo das entidades gestoras, a par das responsabilidades de autoridade competente para a qualidade da água[32]. Vão nessa direcção os DL n.º 194/2009 e n.º 195/2009, de 20 de Agosto, que definem, respectivamente, os regimes jurídicos dos serviços municipais e de âmbito multimunicipal de abastecimento público de água, de saneamento de águas residuais e de gestão de resíduos urbanos. Nos termos do art. 11.º do DL n.º 194/2009, por exemplo, a ERSAR é incumbida de um vasto conjunto de responsabilidades fiscalizadoras da acção dos municípios como entidades gestoras dos serviços. Ainda que as formas de intervenção da ERSAR mantenham a natureza formalmente não vinculativa (pareceres, recomendações, códigos de boas práticas, etc.), resulta clara a vontade do legislador de lhes conferir força e autoridade efectivas quando, por exemplo, determina a nulidade dos actos praticados sem a obtenção de parecer obrigatório da entidade reguladora (n.º 7) ou quando admite que, em caso de fortes indícios de um manifesto incumprimento das regras aplicáveis em matéria de tarifário dos serviços, possa determinar a realização de auditorias (n.º 10).

Também em matéria de preços e tarifas, à ERSAR cabe tão-só pronunciar-se sobre o seu valor no que se refere às concessões dos sistemas municipais e multimunicipais, deixando de fora as autarquias. Ao fazê-lo, toma em consideração os custos

[30] Cf. art. 11.º, n.º 1, alínea a) do Estatuto do IRAR, alterado pelo DL n.º 151/2002, de 23 de Maio.

[31] Fernanda Maçãs, *ob. cit.*, p. 561-562.

[32] http://www.ersar.pt/website/ViewContent.aspx?SubFolderPath=%5cRoot%5cContents%5cSitio%5cMenuPrincipal%5cQuemSomos%5cEvolucaoHistorica&Section=MenuPrincipal&FolderPath=%5cRoot%5cContents%5cSitio%5cMenuPrincipal%5cQuemSomos&GenericContentId=0 (Acedido em Julho de 2010).

envolvidos, apoiada em estudos económicos e financeiros, no que contrasta com a prática das tarifas mantidas artificialmente baixas por motivos políticos e sociais. A tendência actual orienta-se, no entanto, no sentido de um alargamento da intervenção fiscalizadora da ERSAR inclusive na esfera da fixação das tarifas pelos próprios municípios (Lei n.º 2/2007, de 15 de Janeiro - Lei das Finanças Locais).

O estatuto da ERSAR, como autoridade independente do poder político, justifica-se neste quadro complexo como adequado para arbitrar eventuais tensões ou conflitos entre as diversas entidades envolvidas. A ERSAR dispõe inclusive do poder de apreciar queixas dos utilizadores contra concessionários do serviço de água e saneamento, incluindo das empresas municipais (DL n.º 156/2005, de 15 de Setembro).

TÍTULO V
A REGULAÇÃO DO SISTEMA MONETÁRIO E FINANCEIRO

1. Introdução

1.1. A moeda legal

Juridicamente, a *moeda legal* é uma unidade de medida e um bem económico plurifuncional, objecto de apropriação e de propriedade: uma unidade de medida ou de conta que se aplica a valores, custos e preços; um bem que funciona como instrumento de investimento, de crédito e de entesouramento e como meio geral e definitivo de pagamentos, susceptível de extinguir, por equivalência, as dívidas de natureza contratual, tributária ou delitual.

No interior de um Estado moderno, salientam-se como suas principais características a fungibilidade e artificialidade. Aquela significa que se trata de um bem determinável e substituível por outro idêntico, com a mesma função económica. Esta consiste no facto de a moeda moderna (o *papel-moeda*) funcionar com base no curso legal, na perda de referências em relação ao ouro ou quaisquer outros bens (*inconvertibilidade*) e na atribuição legal de um valor nominal constante (*nominalismo monetário*)[1].

O Estado moderno tem, em regra, gozado do monopólio (ou quase monopólio) da regulamentação do regime monetário e, quase sempre, do monopólio da emissão da moeda metálica e da moeda fiduciária. Daí que a moeda legal tenha normalmente sido encarada como um símbolo de poder e um atributo da soberania.

[1] Sobre o tema, cf. M. S. Giannini, *Diritto Pubblico dell' Economia*, Bolonha: Il Molino, 1985, p. 280; H-J. Mertens, Ch. Kirchner e E. Schanze, *Wirtschaftsrecht, Eine Problemorientierung*, Hamburgo: Rowohlt, 1978, p. 248 e ss.; E. Alfandari, «Le droit et la monnaie: de l'instrument à la politique» in P. Kahn (coord.), *Droit et Monnaie, États et Espace Monétaire Transnational*, AIDE, Paris: Litec, 1988, p. 103 e ss.; O. Gomes e A. Varela, *Direito Económico*, Rio de Janeiro: Edição Saraiva, 1977, p. 90 e ss..

A situação é, porém, mais complexa quando se encara a moeda escritural ou quando se analisa a questão da moeda no quadro de uma união monetária[2].

1.2. O crédito e a criação da moeda escritural

A banca moderna, ao canalizar as poupanças obtidas por depósitos dos aforradores para o financiamento do investimento e do consumo através da concessão de empréstimos (função de *intermediação financeira*), transformou-se não só num elemento-chave do financiamento das empresas e do sistema económico, como se colocou, através do crédito, no centro do processo de criação de uma nova forma monetária, a *moeda escritural* (ou bancária), hoje a mais importante de todas, pois permite efectuar pagamentos de quantias avultadas com recurso a diminutas fracções de moeda legal[3].

A moeda escritural tem por fonte «as operações de crédito do banco central aos bancos comerciais e destes em favor dos agentes económicos. Neste campo sobressaem as operações de desconto e redesconto de títulos de crédito que se traduzem, como as outras formas de crédito, na transformação de activos não monetários adquiridos pelos bancos em moeda criada sob a forma de depósitos à ordem»[4].

Esta forma monetária, ocorrendo através de operações bancárias efectuadas por instituições, em regra, de natureza privada, não é fundada na lei nem tem curso legal. Juridicamente ela tem, no entanto, por base uma subdelegação do banco central, sendo, deste modo, um subproduto da moeda por este criada[5].

Economicamente, o volume da massa monetária em circulação, a qual interfere em variáveis tão importantes como o investimento e o nível geral de preços, depende do crédito, em particular do crédito bancário. Por isso, «as instituições bancárias encontram-se num particular campo de tensão entre a política e a economia. A sua actividade – e, designadamente, a política de crédito – surge como um aspecto poderoso na prossecução dos objectivos de qualquer Estado ou de qualquer governo»[6].

[2] Ver, entre outros, C. LARANJEIRO, *Lições de Integração Monetária Europeia*, Coimbra: Almedina, 2000.

[3] Neste sentido, pode-se dizer que nos modernos Estados-Nação «as moedas contemporâneas são moedas nacionais de crédito, emitidas por sistemas bancários nacionais» (assim, S. BRUNHOFF, *A Hora do Mercado, Crítica do Liberalismo*, Lisboa: Livros do Brasil, 1987, p. 180-181).

[4] Cf. BRACINHA VIEIRA, *Economia Política III*, Lisboa: AAFDL, 1984, p. 10 e ss..

[5] Cf. E. ALFANDARI, *ob. cit.*, p. 148-149; e *Droit des Affaires*, Paris: Litec, 1993, p. 123. A moeda escritural pressupõe uma conta criadora de moeda (à ordem ou conta corrente em instituição bancária ou afim); um saldo credor (usualmente de um depósito ou de um crédito bancário); e a possibilidade de mobilização dessa conta (por cheque, transferência, etc.). A designação de escritural advém do facto dela resultar da concessão de crédito por mera inscrição deste em favor de alguém na escrita do banco.

[6] A. MENEZES CORDEIRO, *Banca, Bolsa e Crédito. Estudos de Direito Comercial e de Direito da Economia*, Coimbra: Almedina, 1990, p. 57.

Importa ainda referir a verdadeira revolução no crédito, nas transferências intra- e interbancárias, nos pagamentos provocada pelo aparecimento da moeda electrónica[7].

Estes factos justificam a existência de mecanismos de regulação pública (em sentido amplo) ligados às políticas monetária e creditícia. Tal regulação ora resulta da *lei*, quando esta, por exemplo, define o acesso à actividade bancária ou financeira ou estabelece os deveres específicos das instituições monetárias e financeiras ou defende a concorrência interbancária, ora é produto de uma *acção de agentes administrativos*, promocional, regulamentadora ou fiscalizadora, mediatizada ou não pela intervenção de entidades relativamente autónomas, com recurso a instrumentos administrativos, a instrumentos mercantis ou a formas de *soft law*.

Directa ou indirectamente, os Estados têm, pois, assumido uma função reguladora. Ela tem sido, em regra, executada não só pelos bancos centrais, por departamentos do Tesouro público e por banqueiros públicos, mas também por um «conjunto complexo de estabelecimentos de crédito, de natureza jurídica muito diversa, colocados sob o controlo de direcção ou de facto do Estado»[8]. Simultaneamente, os Estados têm intervindo, em maior ou menor grau, na organização e funcionamento dos mercados monetário e financeiro, visando nomeadamente o controlo da massa monetária em circulação e de fenómenos conexos (inflação, deflação, depreciação, estagflação, etc.)[9].

No plano jurídico, estas intervenções são muitas vezes vistas como uma das modernas extensões do *direito de cunhar moeda*, «direito soberano que não se limita ao estrito poder de emissão mas que se estende mais genericamente à regulação do conjunto do sistema monetário nacional»[10].

A CRP insere-se nesta óptica: segundo o art. 101.°, «o sistema financeiro é estruturado por lei, de modo a garantir a formação, a captação e a segurança das poupanças, bem como a aplicação dos meios financeiros necessários ao desenvolvimento económico e social». A actividade financeira e as instituições, empresas e organizações que a exercem são objecto de regulação estadual, nomeadamente através de normas, institutos e mecanismos jurídicos de direito público ou privado.

[7] Cf. o DL 42/2002, de 2 de Março, que transpõe para a ordem jurídica portuguesa, entre outras, a Directiva do Parlamento Europeu e do Conselho n.º 2000/46/CE de 18 de Setembro. Cf. Paulo PITTA E CUNHA, «O processo de desmaterialização da moeda», *Estudos de Direito Bancário*, Coimbra: Coimbra Editora, 1999.

[8] R. SAVY, *Direito Público Económico*, Lisboa: Editorial Notícias, 1984, p. 33.

[9] Sobre a função reguladora do Estado nas actividades monetárias e financeiras, cf. D. LINOTTE/R. RUMI, *Services Publics et Droit Économique*, Paris: Litec, 2001, pp. 383 e ss. e, entre nós, Carlos COSTA PINA, *Instituições e Mercados Financeiros*, Coimbra: Almedina, 2005, em especial, p. 99 e ss.

[10] Cf. G. BURDEAU, «Internationalisation des monnaies et souveraineté des États» in P. KAHN, *Droit et Monnaie, ob. cit.*, p. 412.

No quadro de uma união monetária, verifica-se a irrevogabilidade das taxas de câmbio, muitas vezes concretizada por meio da criação de uma moeda única. Em qualquer caso o papel de cada Estado integrante da união é fortemente desvalorizado. Na união monetária da UE com a constituição da área do euro, a política monetária é definida pelo BCE e pelo SEBC, a política cambial pelo Conselho e a intervenção de cada EM verifica-se na partilha de soberania monetária efectuada mediante a representação nacional dos bancos centrais nacionais no SEBC, no Conselho e no Eurogrupo.

1.3. Os câmbios e a dimensão internacional da moeda

No comércio internacional, a moeda de um Estado (ou uma moeda comum a vários Estados) é, para os restantes e para os investidores institucionais não apenas um meio de pagamento ou de entesouramento, mas um bem. O valor dessa moeda é, em grande medida, dependente da oferta e da procura destes investidores (i.e. do mercado cambial) e das decisões dos bancos centrais dos países (ou sistemas políticos supranacionais), nomeadamente dos política ou economicamente mais poderosos. Deste modo, reduz-se substancialmente a soberania monetária dos Estados (e das próprias uniões monetárias) e, consequentemente, a margem de manobra da política monetária, em particular de cada Estado isoladamente considerado.

A coordenação monetária internacional, procurando estabelecer formas concertadas de acção neste domínio para fazer face às acções dos especuladores internacionais, representa igualmente um constrangimento, mesmo se consentido, à definição de uma política autónoma neste domínio.

1.4. O sistema monetário e financeiro entre regulação e desregulamentação

Classicamente, o tema da moeda é, como vimos, atravessado pela relação entre Estado (ou, de forma mais ampla, sistema político) e mercado, entre ordem pública e privada.

Fora do quadro de uma união monetária, os Estados são os prestamistas e os garantes, em última instância, dos sistemas nacionais de crédito. Além disso, eles afirmam a sua soberania monetária relativamente à imensa maioria dos sujeitos de direito, e, mais concretamente, em relação a todos aqueles que, como os assalariados, não interferem no processo de criação e mercantilização da moeda[11]. As várias espécies *monetárias* estão sujeitas à disciplina e governo da moeda por parte de autoridades monetárias (em regra, Ministério das Finanças e banco central), visando, no quadro da política monetária e financeira, um triplo controlo: do *instrumento monetário*, da *massa monetária* e dos *mercados monetário e financeiro*[12].

[11] Cf. G. Farjat, «Nature de la monnaie: une approche de droit économique» in P. Kahn, *ob. cit.*, p. 127.
[12] E. Alfandari, «Le droit...», *ob. cit.*, p. 145.

No quadro de uma união monetária, os Estados perdem os poderes que individualmente detinham nos planos monetário e cambial, e a disciplina e o governo da moeda única passam para um plano supraestadual. De qualquer modo, é sempre aos poderes públicos, estaduais ou supraestaduais, que compete a regulação do *sistema monetário e financeiro* (SMF), isto é, o condicionamento do comportamento das instituições que asseguram o funcionamento dos mercados monetário, financeiro e cambial[13].

Nos últimos decénios, na sequência da flexibilização das taxas de câmbio e da liberalização dos movimentos de capitais, intensificou-se o uso do termo *desregulamentação* para dar conta da nova relação entre mercado e poderes públicos. Aliado a um reforço do papel do mercado (i.e., de intensificação do uso da moeda – um bem escasso – como mercadoria) e ao aparecimento de novos actores não bancários, o termo sublinhava a perda de protagonismo dos poderes públicos em favor da auto-regulação dos mercados e das corporações profissionais[14].

Isto não significava, no entanto, que os mercados monetário e financeiro funcionassem automaticamente, por si sós, libertos de quaisquer normas de índole pública. Em rigor, a *desregulamentação* não era mais que uma escolha de método de regulamentação, conduzindo "à substituição de um sistema administrativo centralizado por um sistema – administrativo e profissional – descentralizado» – e não uma *desregulação tout court*[15]. O novo método regulatório, visível nos planos interno e internacional, passava a assentar essencialmente em duas vertentes: uma, que se traduz na existência de certos *organismos mistos*, formalmente independentes do poder político e económico com o fim de auto-regular o sistema de criação e controlo da moeda e crédito; outra, que faz apelo para organizações de índole profissional, dotadas de poderes autónomos e detentoras de certos instrumentos normativos como a edição de regras deontológicas ou de códigos de boa conduta (*autonomia colectiva*).

Essa era essencialmente a forma como a concepção neoliberal encarava a regulação. Esta concepção tem vindo a ser, contudo, fortemente abalada pela crise financeira de 2007, desencadeada nos Estados Unidos da América com a crise do crédito

[13] Sobre a regulação monetária aprovada pela «magistratura económica do Banco Central», cf. E. COHEN, *L'Ordre Économique Mondial. Essai sur les Autorités de* Régulation, Paris: Fayard, 2001, pp. 169 e ss. Sobre a UEM, vide ainda P. PITTA E CUNHA, «A União Monetária e as suas Implicações», *A União Europeia*, FDUC/CDE, Coimbra: Coimbra Editora, 1994.

[14] «Os controlos monetários directos são ultrapassados por manobras de "engenharia financeira", os controlos cambiais por operações de negociação em divisas, os limites às remunerações de depósitos por esquemas alternativos de aplicação de excedentes de liquidez; o recurso ao crédito diversificou-se, dando lugar a uma proliferação de financiadores, preferencialmente não bancários, multiplicando-se os agentes capazes de fornecerem crédito, a preços mais baixos, de forma mais rápida e, sobretudo, longe do controlo das autoridades monetárias» in J. SANTOS QUELHAS, *Sobre a Evolução Recente do Sistema Financeiro (Novos «Produtos Financeiros»)*, Coimbra: FDUC, 1996, p. 10.

[15] C. HANNOUN, «La déontologie des activités financières: contribution aux recherches actuelles sur le néo-corporatisme», *Revue Trimestrielle de Droit Commercial,* 42 (3), p. 420.

hipotecário de alto risco (*subprime*) que conduziu à falência ou à nacionalização de várias instituições bancárias (nacionalização do Northern Rock britânico,do BPN português, falência dos bancos Glitnir, Landsbanki e Kaupthing islandeses e do Lehman Brothers americano) e provocou uma enorme desconfiança quanto ao funcionamento dos sistemas financeiros nacionais e internacional e à forma, métodos e instituições de regulação[16].

Acresce que, na sequência das recentes crises financeira e económica, a UEM tem vindo a ser confrontada com o problema das chamadas dívidas soberanas, sem, até ao momento, ter dado resposta satisfatória. A fim de salvaguardar financeiramente os Estados-Membros da área do euro, foi por estes criado, em 9 de Maio de 2010, para operar até Junho de 2013, o Fundo Europeu de Estabilização Financeira (FEEF), uma entidade privada sediada no Luxemburgo, com uma dotação de 750 mil milhões de euros, ao qual já recorreram Grécia, Irlanda e Portugal. No nosso caso, a obtenção dos recursos disponibilizados está sujeita a um rigoroso plano de austeridade, constante do *memorando de entendimento* entre a *troika* (Comissão Europeia, BCE e FMI) e o Estado português.

Estas crises têm posto a nu a ideologia da auto-regulação dos mercados e reforçado a necessidade de uma regulação pública supranacional de uma actividade (a creditícia e financeira, com evidentes repercussões económicas, políticas e sociais), e, em particular, de um desenvolvimento de eficazes mecanismos de supervisão financeira que evitem ou minorem novas crises, detectando práticas malsãs[17].

É esta perspectiva da moeda – que ultrapassa a óptica de um simples instrumento de pagamento ou unidade de conta nas relações individuais, contratuais ou patrimoniais, para a encarar como um signo e um bem, objecto de uma disciplina pública e privada

[16] Esta crise é particularmente grave por ter atingido duramente, em bola de neve, economias de países desenvolvidos do Ocidente, como os EUA, a Grã-Bretanha, a Irlanda (qualificada, até há bem pouco, como o «tigre celta»), bem como a Islândia, propagando-se à economia real. Mas é importante registar que, de certo modo, a crise de 2007 vinha sendo anunciada por diversas crises financeiras ocorridas nos últimos vinte anos, como exemplificam Fernando Alexandre et alii, in *Crise Financeira Internacional*, Coimbra: Imprensa da Universidade de Coimbra, 2009, p. 45: «o *crash* da bolsa de Wall Street em 1987; a falência das instituições de crédito hipotecário *Savings and Loans* nos EUA em 1989-91; a queda abrupta dos índices bolsistas e dos preços da habitação no Japão em 1990; a crise do Sistema Monetário Europeu em 1992-93; a crise da dívida do México de 1994-95; a crise cambial asiática de 1997-98; a crise da dívida da Rússia e a falência do mega-fundo *Long Term Capital Management* em 1998; a crise bolsista das *dotcom* em 2000-01; e a crise na Argentina em 2001-02».

[17] Cf. Comissão Europeia, *Comunicação sobre a Supervisão Financeira Europeia*, COM (2009) 252 final, de 27 de Maio de 2009, e o Relatório *Jacques De Laroisière, The High-Level Group on Financial Supervision in the European Union Report*, 25.2.2009 (disponível no sítio da Comissão). Para uma análise crítica do modo como a UE tem lidado com a crise, cf., entre outros, A. Carlos dos Santos, «A crise financeira e a resposta da União Europeia: Que papel para a fiscalidade?, in S. Monteiro/S. Costa/L. Pereira, *A Fiscalidade como Instrumento de Recuperação Económica*, Porto: Vida Económica, 2011, pp. 21-40 e «Crise financeira e auxílios de Estado: risco sistémico ou risco moral?», *Revista de Concorrência e Regulação*, n.º 3, 2010, pp. 209-234.

no seu conjunto, ou seja, objecto de políticas e de formas de regulação públicas e privadas – aquela que fundamentalmente interessa ao Direito Económico.

2. Mercados monetário e financeiro

2.1. Mercado monetário

Enquanto reserva de valor, a moeda é um activo detido pelos agentes económicos, ou para poderem satisfazer as despesas correntes (motivo-transacções), ou para possuírem uma reserva temporária de poder de compra (motivo-especulação; motivo-precaução)[18].

Um *conceito restrito de moeda* (agregado monetário estreito: M1) englobará apenas a «circulação monetária — notas de papel e moedas em circulação – e depósitos à ordem em instituições financeiras monetárias (IFM), que constituem o sector emitente de moeda da área do euro (BCE, os bancos centrais dos países da área do euro, instituições de crédito e fundos do mercado monetário localizados na área do euro e na administração central, como os serviços financeiros postais ou o Tesouro). Inclui ainda depósitos a curto prazo (nomeadamente os depósitos por um dia, i.e. *overnight*) e portanto com baixas taxas de juro. No caso português os depósitos a prazo são também facilmente convertíveis em depósitos à ordem (são quase moeda).

Um *conceito intermédio de moeda* (agregado monetário intermédio: M2) inclui tudo o referido para o M1 e depósitos com pré-aviso até três meses, inclusive (depósitos de poupança de curto prazo) e depósitos com prazo igual ou inferior a dois anos (depósitos de curto prazo) em IFM e na administração central. Inclui pois títulos emitidos pela banca ou pelo Estado que rendem uma taxa de juro conhecida a *priori* e que possuem um alto grau de liquidez (obrigações de caixa, bilhetes do Tesouro).

Um conceito amplo de moeda (agregado monetário largo: M3), também referido como massa monetária, inclui o referido como M2 e instrumentos negociáveis, como acordos de reporte, acções e unidades de participação em fundos do mercado monetário e títulos de dívida com prazo igual ou inferior a dois anos emitidos por IFM[19].

Essencialmente, quem detém moeda neste sentido, detém *activos monetários*. As instituições emitentes destes activos são, em regra, instituições bancárias; tais activos são susceptíveis de conversão imediata em meios de pagamento; o seu período de vencimento é (por convenção) normalmente inferior a um ou dois anos.

A procura pelos agentes económicos e a oferta deste tipo de activos (títulos de curto prazo, como certificados de depósito, obrigações de caixa, bilhetes de tesouro

[18] Quanto à comercialização de moedas metálicas correntes ou comemorativas, cf. o DL n.º 78/88, de 19 de Maio.

[19] Seguimos o glossário do BCE, incluído na generalidade das suas publicações, nomeadamente o *Relatório Annual 2003*, Frankfurt am Main: Banco Central Europeu, 2004. Cf., também, <www.ecb.int>.

e papel comercial das empresas) é efectuada no chamado *mercado monetário*. Este coincide, em grande medida, com o mercado de operações de crédito a curto prazo (desconto de títulos, aberturas de crédito, reportes).

O preço da moeda (a taxa de juro) tende a reflectir o jogo da oferta e da procura, mas não de forma linear, pois a moeda não é uma mercadoria como as outras[20]. De facto, as autoridades, ao procurarem atingir certos objectivos políticos ou macroeconómicos, interferem frequentemente, de forma directa ou indirecta, na quantidade de moeda e no seu preço. As taxas de juro variarão de acordo com estes factores e com a natureza das operações. Muitas vezes existe no mercado de crédito uma taxa-piloto para o conjunto das taxas de juro praticadas pelo sistema bancário. Entre nós, era, até há pouco tempo, a taxa de redesconto do Banco de Portugal (BP)[21]. Na área do euro, são hoje usados como indexantes a Euribor (*Euro Interbank Offered Rate*) e a Eonia (*Euro Overnight Index Average*).

2.2. Mercado financeiro

Por contraposição com o mercado monetário fala-se de m*ercado financeiro* (ou de capitais) quando está em jogo a procura e oferta de activos financeiros. Estes activos, cuja criação pode provir de empresas ou do Estado, não são susceptíveis de conversão imediata em meios de pagamento, tornando-se necessária a sua venda. Tal venda, que implica o surgimento de uma procura efectiva, não origina qualquer processo de criação de moeda. A oferta de fundos provém aqui do aforro que pretende aplicar-se duradouramente («aforro-criador»).

O mercado financeiro engloba o *mercado do crédito a médio e longo prazo,* nomeadamente as operações de financiamento de investimento, com recursos permanentes, como os empréstimos de média e longa duração.

As taxas de juro do mercado financeiro são variáveis e, em regra, mais altas do que as taxas do mercado monetário, dado ser maior o risco de o credor ter de vender os títulos com prejuízo bem como o de incumprimento do devedor. Mas, ao contrário do que frequentemente sucede no mercado monetário, não existe aqui qualquer taxa de juro piloto.

O mercado financeiro diz também respeito, e cada vez mais, à transacção de títulos de crédito de longa (ou média) duração (acções, obrigações emitidas por empresas, obrigações do Tesouro, títulos de participação). Este mercado – mercado de títulos ou de valores mobiliários – embora exerça funções similares às do sistema bancário, caracteriza-se pelo recurso directo dos interessados na obtenção de fundos (emiten-

[20] A moeda não é produzida para venda. Por isso, como já em 1944 afirmava Karl POLANYI, «a descrição do trabalho, da terra e do dinheiro como mercadorias é inteiramente fictícia» (*The Great Transformation*, Boston: Beacon Press, p. 75).

[21] Cf. a Portaria n.º 8/99, de 7 de Janeiro.

tes de títulos) ao público (investidores), ou seja, pela *desintermediação* da actividade bancária. O funcionamento deste mercado de capitais exige, é certo, para além da intervenção dos interessados directos na aquisição e venda dos títulos, a mediação de instituições financeiras, de bolsas de valores mobiliários (que o condicionam ao permitirem a cotação dos títulos) e de sociedades de corretagem. Mas nenhuma destas entidades (nem, aliás, os próprios bancos) exerce, na mediação que leve a cabo, qualquer actividade bancária.

Os mercados financeiro e monetário não são mercados estanques, mas sim interdependentes. São ambos igualmente mercados organizados pela mediação jurídica, orientados pela acção de poderes económicos privados e públicos e fiscalizados por autoridades económicas. Dada a enorme importância, hoje em dia, do mercado de valores mobiliários, a ele far-se-á referência autónoma no ponto seguinte.

2.3. Um segmento do mercado financeiro: o mercado de títulos (ou de valores mobiliários)

Valores mobiliários são, entre nós, «além de outros que a lei como tal qualifique», as acções; as obrigações; os títulos de participação; as unidades de participação em instituições de investimento colectivo; os *warrants* autónomos; os direitos destacados dos valores mobiliários referidos (excepto *warrants*), desde que o destaque abranja toda a emissão ou série ou esteja previsto no acto de emissão. São também valores mobiliários outros documentos representativos de situações jurídicas homogéneas, desde que sejam susceptíveis de transmissão em mercado. Além destes, por regulamento da CMVM ou, tratando-se de valores mobiliários de natureza monetária, por aviso do BP, podem ser reconhecidos como valores mobiliários outros documentos representantivos de situações jurídicas homogéneas que visem, directa ou indirectamente, o financiamento de entidades públicas ou privadas e que sejam emitidos para distribuição junto do público, em circunstâncias que assegurem os interesses dos potenciais adquirentes[22].

De acordo com o art. 198.° do CVM, sem prejuízo de outras formas que a CMVM determine por regulamento, é permitido o funcionamento em Portugal das seguintes *formas organizadas de negociação* de instrumentos financeiros: mercados regulamentados (em rigor, regulados); sistemas de negociação multilateral; internalização sistemática[23]. Dispõe o art. 199.º que «são *mercados regulamentados* os sistemas que, tendo sido autorizados como tal por qualquer Estado-Membro da União Europeia, são multilaterais e funcionam regularmente a fim de possibilitar o encontro de interesses

[22] Cf. art 1.º do CVM. Os arts. 2.º/3.º do mesmo diploma referem com mais detalhe o âmbito de aplicação do conceito e do CVM. A legislação relativa ao mercado de capitais (inclusive a revogada) encontra-se disponível a todo o tempo em <www.cmvm.pt>.

[23] Para o regime anterior, vide a 5ª edição des manual , p. 423-424.

relativos a instrumentos financeiros com vista à celebração de contratos sobre tais instrumentos». Por seu lado, são *sistemas de negociação multilateral* "os sistemas que têm essa qualidade e possibilitam o encontro de interesses relativos a instrumentos financeiros com vista à celebração de contratos sobre tais instrumentos" (art. 200.º, n.º 1). Finalmente, a lei define *internalização sistémica* como "a negociação, por intermediário financeiro, de instrumentos financeiros por conta própria em execução de ordens de clientes fora de mercado regulamentado e de sistema de negociação multilateral, de modo organizado, frequente e sistemático" (art. 201.º, n.º 1).

A lei deixa assim de fazer expressa referência às bolsas de valores, subsumindo-as na expressão mercados regulamentados[24].

O DL n.° 394/99, de 13 de Outubro (alterado pelo DL n.° 8-D/2002, de 15 de Janeiro), que regula o regime de organização e gestão dos mercados de valores mobiliários, estabelece um quadro institucional das entidades gestoras destes mercados, manifestando uma clara preferência pelo modelo de SA – as sociedades gestoras de mercado regulamentado – em vez do modelo das associações civis sem fins lucrativos, modelo subjacente à Associação da Bolsa de Valores de Lisboa e à Associação da Bolsa de Derivados do Porto. A constituição destas novas entidades depende de autorização do Ministro das Finanças, após prévio parecer da CMVM (é o caso, por exemplo, do mercado regulamentado a contado de valores mobiliários designado por «Novo Mercado»: cf. Portaria n.º 1689/2000, de 7 de Novembro). A lista de mercados regulamentados consta actualmente da Portaria n.º 556/2005, de 27 de Junho.

2.4. Os mercados institucionais ou interbancários

Designam-se deste modo por serem mercados (monetários ou de títulos) restritos, em que a oferta e a procura de moeda ou de títulos estabelecem-se fundamentalmente entre instituições bancárias e são organizados e geridos por bancos centrais (mercados institucionais).

[24] Até 1991, a criação e encerramento das bolsas competia ao Ministro das Finanças que também orientava, coordenava e fiscalizava a sua actividade. Na dependência deste membro do Governo funcionava o Auditor-Geral do Mercado de Títulos e o Conselho Nacional das Bolsas de Valores. A entrada em vigor do CdMVM (1991), alterou esta situação, no sentido da privatização e auto-regulação das bolsas, embora sujeitas a controlo público.As *bolsas de valores* tinham como único fim, segundo o CdMVM, a criação e funcionamento de um mercado livre e aberto para a realização, através de intermediários autorizados, de operações de compra e venda de valores mobiliários, assegurar serviços apropriados de registo, compensação e liquidação dessas operações e divulgar informação suficiente e oportuna sobre as transacções realizadas. Enquanto *mercado secundário de títulos*, o mercado da Bolsa caracterizava-se por ser um mercado organizado por normas legais, aberto ao público e cujas operações pressupunham a intervenção de mediadores legais, de intermediários financeiros ou intermediários autorizados. Enquanto instituições auxiliares de crédito, as bolsas de valores eram estabelecimentos financeiros onde eram negociados e transaccionados valores mobiliários pelos diversos agentes económicos que aí procuravam aplicar poupanças ou obter meios financeiros.

Entre nós, os mercados monetários interbancários (MMI) foram instituídos em 1977[25]. Na sua vertente especificamente *monetária* assumia-se como fonte alternativa e complementar do redesconto, visando proporcionar uma melhor repartição de liquidez bancária pelas unidades do sistema, por via das cedências interbancárias de excedentes de disponibilidade de caixa. Assim, os bancos com liquidez excessiva podem vender estes recursos àqueles que dela tenham falta.

Na sua vertente de *títulos*, o mercado interbancário destinava-se a facilitar a aquisição de títulos da dívida pública que o BP tem em carteira, por parte das instituições de crédito (IC) com excesso de liquidez. Funcionava com base num acordo de recompra em data fixa: o banco obrigava-se a recomprar tais títulos, a curto prazo, pelo valor nominal. O MMI tinha pois como objectivo salvaguardar o controlo da base monetária.

A criação do mercado monetário único na zona euro implicou a actualização e harmonização do enquadramento normativo próprio das operações sobre títulos a curto prazo. De acordo com o actual quadro legal (CVM, 1999) é o BP que assegura o registo e a liquidação de valores mobiliários de natureza monetária[26].

2.5. Os bancos centrais e a regulação do sistema monetário e financeiro

2.5.1 O controlo da massa monetária

Compete normalmente aos bancos centrais o controlo do conjunto dos meios de pagamento, da massa monetária em circulação, em ordem a assegurar a estabilidade do sistema financeiro.

Tecnicamente, as intervenções dos bancos centrais podem assumir várias formas: umas, que recorrem a mecanismos de mercado (operações em mercado aberto/ *open market*), privilegiados pela política monetária europeia (comunitária); outras, de natureza administrativa[27].

Entre as primeiras são de destacar as operações sobre o ouro, as intervenções no mercado de títulos através de operações de compra ou de venda e as intervenções no mercado monetário interbancário e no mercado interbancário de títulos. Incluem-se aqui as «operações de refinanciamento de prazo alargado» *(longer-term refinancing operations)*, que são executadas mensalmente pelo Eurosistema com um prazo normal de três meses e sob a forma de leilões de taxa variável, com volumes de colocação pré-anunciados, bem como as «operações principais de refinanciamento» *(main refinancing operations)*, operações de mercado aberto semanal executadas pelo

[25] O MMI foi criado pelo DL n.º 315/85, de 2 de Agosto.

[26] O quadro operacional de gestão do MMI foi definido pelo DL n.º 22/99, de 28 de Janeiro.

[27] Cf. H. J. Mertens et al., *ob. cit.*, p. 255; R. Vilar, «Sistema Bancário» in Manuela Silva (org.), *Portugal Contemporâneo, Problemas e Perspectivas*, Oeiras: INA, 1986, p. 397. Cf. ainda Conselho, *Livro Branco...*, *ob. cit.*, p. 202 e ss. e o art. 142.º do RGIC.

Eurosistema, sob a forma de leilões de taxa variável, com uma taxa mínima de proposta pré-anunciada[28].

Entre as segundas, que tiveram grande importância entre nós num passado recente, incluem-se o controlo administrativo do crédito através do estabelecimento de limites quantitativos ao crédito acordado aos bancos (*plafonds*), da selectividade do crédito (controlo qualitativo) e da fixação das taxas de juro, bem como a imposição de depósitos obrigatórios. Outras formas de intervenção clássicas são a manipulação das taxas de redesconto de títulos de crédito e a variação das taxas de reserva mínima obrigatória.

3. As instituições do sistema monetário e financeiro

3.1. Classificação

Os agentes dos mercados monetários e financeiros são as instituições monetárias e financeiras (IMF), a maioria das quais integra o *sistema bancário* em sentido lato.

Na classificação legal em vigor até 1992, este englobava, para além das IC (bancos, emissores, bancos comerciais, IC do Estado e instituições especiais de crédito), as instituições auxiliares de crédito (bolsa de valores e corretores) e as instituições parabancárias[29].

Hoje, a contraposição fundamental no quadro das instituições financeiras é entre IC e sociedades financeiras (SF), umas e outras objecto de uma tipologia legal *taxativa*. Para além destas, existem ainda certas instituições auxiliares do SMF.

Num plano diferente, a estas instituições acrescem as autoridades de regulação e controlo do SMF que têm por finalidade a regulação dos mercados monetários e financeiros, a qual é essencialmente assegurada através da supervisão prudencial e comportamental das IMF por parte dos Bancos Centrais. O universo das IMF sujeito a regulação e, bem assim, as principais formas desta são, desde 1992, definidos pelo Regime Geral das Instituições de Crédito e Sociedades Financeiras (abreviadamente,

[28] Cf. glossário do BCE, que consta da maioria das suas publicações, como o Boletim Mensal de Setembro de 2009, disponível em <www.ecb.int> e em <www.bportugal.pt>.

[29] Esta classificação provinha do DL n.º 41 403, de 27 de Novembro de 1959. A designação de *instituições parabancárias* era atribuída às pessoas colectivas que, não sendo instituições de crédito nem auxiliares de crédito, exerciam uma função de crédito ou qualquer actividade que pudesse afectar de forma especial o funcionamento dos mercados monetário ou financeiro. O DL n.º 46 502, de 27 de Abril de 1965, qualificava expressamente como tais, as sociedades gestoras de fundos de investimentos, as sociedades *holding*, as sociedades financeiras e de investimentos, as sociedades de financiamento de vendas a prestações, as sociedades de *factoring* e os fundos de investimentos. Apesar de a doutrina considerar, desde há muito, esta classificação como ultrapassada, ela chegou a ser maioria seguida por A. Athayde e L. Branco, *Direito Bancário*, vol. I, Lisboa: *Evolitho*, 1990, p. 20 e ss..

RGIC, aprovado pelo DL n.º 298/92, de 31 de Dezembro, e objecto, até hoje, de mais de uma dezena de alterações)[30].

3.2. Evolução histórica

3.2.1. A reforma de 1957-1959

A primeira reestruturação importante do sector bancário e do crédito deu-se em 1957, tendo por base um princípio de *especialização bancária*[31]. O BP, então uma sociedade comercial participada pelo Estado, tinha funções de banco emissor (compartilhadas, quanto às colónias, com o Banco de Angola e com o Banco Nacional Ultramarino) e de banco central. A banca comercial esteve, até ao 25 de Abril, ligada a sete grandes grupos financeiros[32].

O único banco de investimento era o Banco de Fomento Nacional, cujos estatutos provinham de 1959.

Instituições especiais de crédito estatais, como a Caixa Geral de Depósitos e o Crédito Predial Português, e algumas caixas económicas, de raiz mutualista, com relevo para a Caixa Económica de Lisboa, anexa ao Montepio Geral, integravam o grupo, heterogéneo, dos bancos de poupança.

Certas instituições parabancárias começavam então a desenvolver-se, com relevo para os fundos de investimento. Nos últimos anos do regime corporativo assistiu-se a uma forte actividade da Bolsa, mas de natureza substancialmente especulativa.

[30] O regime actual consta do DL n.º 298/92, de 31 de Dezembro, que aprovou o Regime Geral das Instituições de Crédito e Sociedades Financeiras (objecto, até hoje, de múltiplas alterações). Para mais desenvolvimentos, cf. MENEZES CORDEIRO, *Manual de Direito Bancário*, Coimbra: Almedina, 2001; V. SOARES DA VEIGA, *Direito Bancário*, Coimbra: Almedina, 1996; A. de ATHAYDE et al., *Curso de Direito Bancário*, vol. I, Coimbra: Coimbra Editora, 1999; J. M. PIRES, *Elucidário de Direito Bancário*, Coimbra: Coimbra Editora, 2002 e J. CALVÃO DA SILVA, *Direito Bancário*, Coimbra: Almedina, 2002 e, mais recentemente, o importante livro de Carlos Costa PINA, *Instituições e Mercados Financeiros*, Coimbra: Almedina, 2008.

[31] A reestruturação das funções de crédito e da actividade bancária deu-se com o já referido DL n.º 41 403, de 27 de Novembro de 1957. Este diploma foi completado, em 1959, pelo DL n.º 42 641 que regulamentou as condições de criação e de actividade dos bancos comerciais e, em 1965, pela regulamentação das instituições parabancárias (DL n.º 46 302, de 27 de Abril de 1965).

[32] Esta relação surgiu por duas vias: umas vezes, eram os grupos que constituíam os seus próprios bancos (CUF/Totta e Açores); outras vezes, os bancos estavam na origem dos grupos financeiros (BESCL, BNU). Formaram-se assim conglomerados bancário-industriais, onde empresas industriais ou de serviços e bancos ficavam submetidos a uma mesma gestão coordenadora, a um centro de decisão único. Esta circunstância possibilitava a existência de financiamentos privilegiados das empresas pelos bancos de grupo e a recepção privilegiada de fundos das empresas por parte destes, ou seja, a criação de mercados fechados especiais de crédito.

3.2.2. A ruptura democrática

No período posterior ao 25 de Abril de 1974 foi nacionalizada a quase totalidade da actividade bancária, começando, em Setembro desse ano, pelos bancos emissores[33]. No que respeita ao BP, a nacionalização representou o termo da sua evolução como banco central, considerada a natureza proeminentemente pública das funções exercidas e o facto de o governo da moeda não ser uma tarefa apenas técnica, mas fundamentalmente política, dependente dos orçamentos e decisões do Estado[34].

Com a extinção da Inspecção-Geral de Crédito e Seguros, o BP chamou a si os poderes de supervisão bancária[35]. A Lei orgânica definia-o em 1975 como uma «pessoa colectiva de direito público, dotada de autonomia administrativa e financeira, com a natureza de empresa pública», justificando o reforço e alargamento das suas funções com a necessidade de orientar e controlar o funcionamento do sistema de crédito à luz dos novos condicionalismos políticos e económicos[36].

Em Março de 1975 deu-se a nacionalização da restante banca, com excepção das IC estrangeiras (*Bank of London and South America*, *Crédit Franco-Portugais* e Banco do Brasil), como forma de modificar a estrutura económico-financeira que servira de base ao «Estado Novo»[37].

A Constituição de 1976 consolidou a integração da banca nacionalizada no sector público, directamente mediante a consagração do princípio da irreversibilidade das nacionalizações e, indirectamente, mediante a chamada lei de delimitação de sectores.

A iniciativa privada apenas tinha livre acesso aos sectores de actividade próprios das caixas económicas, das caixas de crédito mútuo agrícola, das sociedades de desenvolvimento regional e das instituições parabancárias. No entanto, o anterior regime da actividade bancária manteve-se, no essencial, em vigor[38].

No plano organizativo importa ainda salientar que, nos anos de 1976 e 1977, deram-se diversas fusões no sector bancário[39].

[33] O Banco de Angola, o BNU e o BP foram nacionalizados, respectivamente, pelos DL n.os 450, 451 e 452/74, de 13 de Setembro.

[34] Assim, Luís Alberto, *Direito Bancário, Temas Críticos e Legislação Conexa*, Coimbra: Almedina, 1985, p. 16.

[35] Cf. DL n.º 301/75, de 20 de Junho.

[36] Cf. ainda o art. 1.º e o preâmbulo da Lei Orgânica do BP aprovada pelo DL n.º 644/75.

[37] Cf. DL n.º 132-A/75, de 14 de Março. O mesmo sucedeu com as companhias de seguros (DL n.º 135-A/75, de 15 de Março). Em 1975 o sistema financeiro era constituído por 15 bancos, 19 caixas económicas, 142 caixas de crédito agrícola mútuo, 2 sociedades gestoras de fundos de investimento e 7 parabancárias.

[38] Foram, assim, mantidos os diplomas que até então regiam a estrutura do sector: é o caso do estatuto legal das instituições de crédito nacionalizadas (DL n.º 729-F/75, de 22 de Dezembro) e dos textos legais da reforma de 1957--1959. Sobre a relação do sistema financeiro com a CRP antes da adesão à UEM, cf. A. Sousa Franco, «Sistema Financeiro e Constituição Financeira no Texto Constitucional de 1976», *Estudos sobre a Constituição*, Vol. III, 1979.

[39] Assim, o Banco Português do Atlântico (BPA) resultou da fusão dos Bancos do Algarve e Fernandes Magalhães; a União de Bancos Portugueses (UBP) dos Bancos de Agricultura, de Angola e Pinto de Magalhães; enquanto o Banco Intercontinental Português era absorvido pelo Banco Pinto e Sotto Mayor

3.2.3. O processo de «desespecialização» e «reprivatização» do sistema

Em 1977, a banca comercial foi autorizada a desenvolver operações de crédito a médio e longo prazo (até 10 anos), pondo assim em causa o princípio da especialização bancária. O sigilo bancário foi contemplado em 1978. Em 1979 surgiu a regulamentação da actividade das caixas económicas, das sociedades de investimentos e de locação financeira (*leasing*), com abertura à inciativa privada[40].

Embora a revisão constitucional de 1982 tenha mantido o princípio da irreversibilidade das nacionalizações, o DL n.º 406/83, de 19 de Novembro, ao permitir a abertura da actividade bancária e seguradora à iniciativa privada, deu início a um período de alterações fundamentais do sistema.

No plano legislativo surgiu, no quadro da pré-adesão de Portugal às Comunidades europeias, um novo regime de constituição e funcionamento dos bancos comerciais e de investimento privados[41].

Desenvolveu-se assim um movimento caracterizado por um aumento do número de instituições bancárias e parabancárias privadas, nacionais e estrangeiras, a operar no mercado, pela substituição da especialização bancária pelo modelo da *banca universal*, por um desenvolvimento e sofisticação dos produtos financeiros e serviços prestados pelas diversas instituições do sistema e por uma agregação destas em torno de grupos económicos em reorganização[42].

3.2.4. De 1986 aos nossos dias

3.2.4.1. A crescente influência das Comunidades Europeias

a) *O espaço financeiro europeu e o mercado bancário*

Na sequência do AUE, a CE estabeleceu um programa de construção de um *espaço financeiro europeu* (EFE). Este implicou a eliminação de entraves e discriminações à liberdade de circulação de capitais, a liberalização do mercado de serviços financeiros prestados por bancos, seguradoras, bolsas de valores, etc., e, sobretudo, a reali-

(BPSM); a Casa Bancária Manuel Mendes Godinho, pelo Banco Espírito Santo e Comercial de Lisboa (BESCL)e o Banco do Alentejo e a Casa Bancária Pancada, Morais C.ª, pelo Banco Fonsecas e Burnay (BFB).

[40] Cf. C. Mota Pinto, *Direito Público da Economia*, Coimbra: FDUC (pol.), 1979/80, p. 81 e ss..

[41] Este regime foi definido inicialmente pelo DL n.º 51/84, de 11 de Fevereiro e, posteriormente, pelos DL n.os 23/86, 24/86 e 25/86, de 18 de Fevereiro, de forma a adaptá-lo a directivas comunitárias relativas ao sector (Directivas n.º 77/780/CEE, 12 de Dezembro de 1977 e n.º 83/ /350/CEE, de 13.6.83). O regime actual consta do DL n.º 298/92, de 31 de Dezembro. Para a sua crítica, cf. A. Avelãs Nunes, *A Garantia das Nacionalizações e a Delimitação dos Sectores Público e Privado no Contexto da Constituição Económica Portuguesa*, Coimbra: Bol. FDUC (sep.), 1985.

[42] Cf. J. Calixto, *O Sistema Bancário Português face à Criação do Mercado Único Comunitário*, Lisboa: BFE, Col. Estudos n.º 28, 1990, p. 36 ss..

zação de um *mercado comum bancário* até ao fim de 1992. Como corolário da criação do EFE surgiu a necessidade de uma harmonização mínima das regras de supervisão dos estabelecimentos financeiros e de protecção dos depositantes (aforradores). Uma harmonização parcial seria efectuada essencialmente através de dois princípios em que assenta o mercado comum bancário, o do *reconhecimento mútuo das legislações* e o do *controlo* dos estabelecimentos bancários *pelo país de origem*. Com efeito, a segunda Directiva de Coordenação Bancária (89/646/CEE, de 15 de Dezembro de 1989), que introduziu a figura da *licença comunitária única* (conhecida por passaporte comunitário único), com base na qual uma autorização dada pelo país de origem de uma instituição bancária terá efeitos automáticos válidos para toda a CE, podendo assim esta instituição prestar livremente serviços em todo o território comunitário, tornou-se um instrumento decisivo de aceleração de todo este processo[43].

No plano macroeconómico, o EFE significou ainda a redefinição das regras comunitárias de concorrência bancária e a perda pelos Estados-Membros de certos instrumentos de política monetária, como o enquadramento do crédito e o controlo dos câmbios[44].

b) *A construção da União Económica e Monetária (UEM)*

Foi, porém, com o TUE e a instituição da UEM que a situação se alterou profundamente. A segunda fase da UEM foi, como vimos, uma fase de preparação para a moeda única. Nela as políticas monetárias e cambiais nacionais ficaram condicionadas pela supervisão multilateral das respectivas políticas económicas, pelo respeito dos critérios da convergência nominal e pela coordenação monetária e supervisão do SME efectuada pelo Instituto Monetário Europeu (IME)[45]. A entrada em vigor, em 1 de Janeiro de 1999, da terceira fase da UEM implicou a fixação irreversível das taxas de câmbio, a condução das políticas monetária e cambial como políticas exclusivas da CE, a criação do SEBC e a introdução de uma moeda única, o euro[46].

[43] Para maiores desenvolvimentos, ver, entre nós, J. Albuquerque Calheiros, *O Sector Bancário e a CEE*, Lisboa: AAFDL, 1993; A. Souto de Miranda, «O sector bancário e a realização do Mercado Interno» in *Temas de Direito Comunitário*, Coimbra: Almedina, 1990; António Marta, «Problemas jurídicos e económicos da transição: a supervisão prudencial das instituições financeiras», Instituto Europeu, *Aspectos Jurídicos e Económicos da Introdução do Euro*, Lisboa: FDUL, 1999.

[44] Sobre o tema, cf. Carlos Lobo, *Concorrência Bancária?*, Coimbra: Almedina, 2001.

[45] Cf. Título VI (Política económica e monetária), arts. 98.° (anterior 102.°-A) e ss. do TCE e Protocolo relativo aos estatutos do IME, anexos ao TUE. O Conselho Europeu de Amesterdão aprovou o Pacto de Estabilidade e Crescimento que é constituído pela Resolução desse Conselho de 17.6.97 (JO C 236/1, de 2.8.97) e por dois Regulamentos do Conselho, n.os 1466 e 1467/99, ambos de 7.7.99, um relativo ao reforço da supervisão das situações orçamentais e à supervisão e coordenação das políticas económicas e o outro respeitante à aceleração e clarificação da aplicação do procedimento relativo aos défices excessivos (JO L 209, de 2.8.97).

[46] A designação de euro em vez de ECU (*European Currency Unit*) foi decidida no Conselho Europeu de Madrid, de Dezembro de 1995, que também adoptou o calendário final da UEM e da introdução do euro. Recorde-se que o euro passou também a ser a moeda oficial do Mónaco, Santa Sé e São Marinho, bem como dos territórios franceses de São Pedro, Miquelon e Mayotte.

O quadro jurídico-comunitário da nova moeda assentou essencialmente no Regulamento n.º 1103/97 do Conselho, de 27.6.97 relativo à substituição do ECU pelo euro, à adopção do princípio da continuidade dos contratos e outros instrumentos jurídicos e à questão dos arredondamentos, e no Regulamento n.º 974/98, do Conselho, de 3.3.98, que respeita à definição da nova moeda única e ao processo de substituição das moedas nacionais. Estes regulamentos fundamentaram-se, respectivamente, nos artigos 235.º e 109.º-L, n.º 4 do TCE (hoje arts. 308.º e 123.º, n.º 4 do TFUE)[47].

Na Cimeira Especial UEM, que teve lugar de 1 a 3 de Maio de 1998, ficou decidido quais os países que participavam desde logo na moeda única e foi alcançado um acordo entre os ministros ECOFIN, governadores dos Bancos Centrais, Comissão europeia e IME sobre a determinação das taxas de conversão irrevogáveis para o euro[48]. Em 31.12.1998 estas taxas foram definitivamente adoptadas pelo Conselho da UE, sob proposta da Comissão e após consulta do BCE, para entrarem em vigor às zero horas do dia 1.1.99[49].

Segundo Luís Máximo dos Santos, «para Portugal (e para os demais países da zona euro) a unificação monetária significou *uma mudança de regime económico* na medida em que trouxe um novo enquadramento para as políticas macroeconómicas, uma alteração dos objectivos dessas políticas e da sua operacionalização, que exige uma alteração dos comportamentos e das expectativas dos agentes económicos e sociais, de modo a melhor se poderem adaptar às novas "regras do jogo" e a delas tirar partido»[50].

3.2.4.2. As repercussões do direito europeu no direito nacional

A legislação portuguesa relativa ao SMF é, como se intui do exposto, decisivamente influenciada, na filosofia e soluções, pelo direito europeu (comunitário).

É, desde logo, o que sucede com uma das pedras angulares do sistema: o preâmbulo do DL que aprova o RGIC insere-o claramente no processo de integração financeira

[47] As especificações técnicas do euro constam, no que toca às moedas, do Regulamento CE 975/98, (JO L 39 de 11.5.98), alterado pelo Regulamento CE 423/99, de 22 de Fevereiro (JO L 52, de 27.2.99) e, quanto às notas, da Decisão do BCE (BCE/1998/6), de 7.7.98 (JO L 836, de 14.1.99). O quadro regulatório no âmbito do BCE encontra-se reunido no *Compendium*, uma volumosa publicação do BCE (<www.ecb.int>).

[48] Cf. Decisão 98/317/CE de 3.5.98 (JO L139, de 11.5.98).

[49] As taxas de conversão entre o euro e as moedas dos Estados-Membros aderentes foram fixadas pelo Regulamento CE n.º 2866/98, de 31.12.98 (JO 359, de 31.12.98). Quanto a Portugal, 1 euro equivale a 200.482 escudos.

[50] Segundo L. M. Santos «tratou-se de uma mudança que se estendeu a toda a ordem económica e que se repercutiu mesmo muito para além dela» ("Regulação e Supervisão Bancária", in E. Paz Ferreira/L. Silva Morais/Gonçalo Anastácio (coords), *Regulação em Portugal: Novos Tempos, Novo Modelo?*, Coimbra: Almedina, 2009, p.49.

da União[51]. É ainda o que, em áreas conexas com o SMF, ocorre com o CVM (aprovado pelo DL n.º 486/99, de 13 de Novembro) e com a regulação do acesso e exercício da actividade seguradora (actualmente contida no DL n.º 94-B/98, de 17 de Abril). O primeiro insere-se na criação de um grande mercado europeu de valores mobiliários[52]. O segundo na criação do mercado único de seguros[53].

As próprias revisões constitucionais integram-se no mesmo movimento, ao propiciarem uma maior liberalização e «desgovernamentalização» do sistema.

Assim, a revisão de 1989, ao trazer consigo a eliminação do princípio da irreversibilidade das nacionalizações, abriu caminho a um extenso programa de privatização da banca pública. Apenas a Caixa Geral de Depósitos ficou, com bons motivos, excluída de tal processo.

Por outro lado, a revisão de 1992 redefiniu o papel do BP, retirando-lhe o exclusivo constitucional da emissão da moeda e, do mesmo passo, suprimindo a referência à conformidade da sua acção com o Plano e com as directivas do Governo. Deu-se assim um passo no sentido da adaptação da Constituição ao modelo de federalismo monetário presente no Tratado de Maastricht, de forma a facilitar a ratificação deste Tratado.

[51] Dos cinco pilares da *integração financeira* (liberdade de estabelecimento das empresas financeiras; liberdade de prestação de serviços por essas empresas; harmonização e reconhecimento mútuo das regulamentações nacionais; liberdade de circulação de capitais e união económica e monetária), o RGIC visa dar corpo aos três primeiros. Para o efeito transpôs para a ordem jurídica nacional o que faltava da Directiva 77/780/CEE, de 12.12.89, a 2.ª Directiva de Coordenação Bancária já referida e a Directiva 92/30/CEE, de 6.4.92, sobre a supervisão das instituições de crédito em base consolidada.

[52] As soluções consagradas pelo CdMVM decorrem de diversas directivas comunitárias, umas já anteriormente acolhidas na ordem interna (como as Directivas n.os 79/279/CEE, de 5.3.79, 80/390/CEE, de 27.3.80 e 82/121/CEE, de 15.2.82), outras, como a Directiva relativa às informações a publicar por ocasião da aquisição ou alienação de uma participação importante numa sociedade cotada na bolsa (88/627/CE, de 12.12.88) e a referente às condições de estabelecimento, controlo e difusão do prospecto a publicar em caso de oferta pública de subscrição ou de venda de valores mobiliários (89/1298/CEE, de 17.4.89), só agora recebidas no direito interno. Sobre o mercado único de serviços financeiros projectado para 2005, cf. Relatório Lamfalussy à Comissão e o Plano de Acção da Comissão para os Serviços Financeiros. Sobre a regulação comunitária dos mercados financeiros cf., por todos, N. Moloney, *EC Securities Regulation*, Oxford: Oxford University Press, 2002, pp. 5-10. Eram objectivos principais um prospecto único para os emitentes, a modernização da admissão em bolsa, a definição e controlo doméstico integral de investidores profissionais, a modernização das regras de investimento para unidades de investimento colectivo (UCIT's) e fundos de pensões e a adopção das normas internacionais de contabilidade. A concretização deste Plano de Acção para os Serviços Financeiros pode ser acompanhada em <http://ec.europa.eu/internal_market/finances/actionplan/index_en.htm>. Estando já disponíveis as Directivas 2003/71 (Prospecto), 2004/39 (Serviços de Investimento), 2004/72 (Abuso de Mercado).

[53] Cf. o DL n.º 94-B/98, de 17 de Abril, republicado pelo DL n.º 2/2009, de 5 de Janeiro. Sobre o tema, cf. Paulo Fernandes, *O Novo Regime Segurador – Passaporte Comunitário*, Porto: Texto Editora, 1995. Para uma análise crítica do projecto de mercado único dos seguros cf. Kristin Nemeth, *European Insurance Law, A Single Insurance Market?*, EUI Working Papers, Florence: European University Institute, 2001 (também disponível em <www.iue.it>).

A Lei Orgânica (LO) do BP, de 1990, inseriu-se neste mesmo processo[54]. Esta LO, em certos aspectos tributária da anterior, adoptou, no entanto, uma filosofia de pendor mais liberal e fixou objectivos distintos da anterior lei orgânica (de 1975). Foram preocupações dominantes daquele diploma pôr termo a processos de intervenção administrativa, atribuir uma influência dominante aos mercados monetário, financeiro e cambial e privilegiar uma política de estabilidade monetária e dos sistemas financeiro e de pagamentos. Subjacentes a esta opção estavam, segundo o preâmbulo da LO de 1990, as exigências comunitárias da criação de um mercado único para os serviços financeiros e da edificação da UEM. Por seu turno, as alterações introduzidas a esta LO pelo DL n.° 231/95, de 12 de Setembro, pretenderam acentuar a independência do BP perante o Governo e acabar com a possibilidade de concessão de créditos ao Estado ou a outros entes públicos, dando cumprimento a exigências do Tratado de Maastricht.

No entanto, tais alterações mostravam-se ainda insuficientes para satisfazer este desígnio. No quadro da adesão ao euro havia necessidade de dar satisfação ao critério jurídico da convergência, assegurando a compatibilidade da legislação nacional com os artigos 108.° e 109.° do TCE (hoje, arts 130.º e 131.º TFUE) e com os Estatutos do SEBC/BCE. Daí a aprovação de nova Lei Orgânica do BP pela Lei n.° 5/98, de 31 de Janeiro, entretanto alterada pelos DL n.os 118/2001, de 17 de Abril, 50/2004, de 10 de Março e 39/2007, de 20 de Fevereiro.

Do mesmo modo, a adopção do euro em substituição do escudo implicou a regulação pelo direito nacional de múltiplos aspectos não apenas de natureza monetária e cambial, mas também de natureza financeira, contabilística, fiscal, bem como a adaptação de diplomas como o Código Civil e o Código das Sociedades Comerciais à nova moeda. Foi o que ocorreu com os chamados 1.° e 2.° pacotes do euro, constituídos pelos DL n.os 138/98, de 16 de Maio e 343/98, de 6 de Novembro[55].

4. As instituições de crédito

4.1. Noção

São IC os intermediários financeiros monetários, i.e. as instituições cuja actividade profissional nuclear e típica, tal como resulta da lei e dos estatutos, consiste em receber do *público* depósitos ou outros fundo *reembolsáveis* (numerário, valores para cobrança, etc.), a fim de os *aplicarem* por conta *própria* mediante a concessão de *crédito*, tendo em vista um fim globalmente lucrativo[56]. A lei portuguesa optou, pois,

[54] Cf. o DL n.° 337/90, de 30 de Outubro, que aprovou então a LO do BP.

[55] Cf. Simões Patrício, *Regime Jurídico do Euro*, Coimbra: Coimbra Edi-tora, 1998; C. Lobo/A. Tomás, *Euro - Aspectos Legais e Questões Práticas Fundamentais*, Lisboa: Rei dos Livros, 1998 e a colectiva do Instituto Europeu, *Aspectos Jurídicos e Económicos da Introdução do Euro*, Lisboa: FDUL, 1999.

[56] Cf. art. 2.° do RGIC e F. Conceição Nunes, *Direito Bancário*, vol. I, Lisboa: AAFDL, 1994, p. 162.

pela aplicação *cumulativa* dos critérios da recepção de depósitos (ou outros fundos) e da concessão de crédito[57], sendo o primeiro exclusivo da banca, IC por excelência.

Os *fundos* tanto podem ser recebidos sob a forma de depósitos como sob outras formas, como por exemplo, emissão contínua de obrigações e de outros títulos comparáveis.

Existe, da parte da instituição receptora – e só as IC podem receber depósitos (*princípio da exclusividade*) – uma obrigação de restituição da quantia recebida (isto é, dada a fungibilidade das disponibilidades monetárias recebidas, outro tanto do mesmo género e qualidade) no prazo contratualmente fixado[58]. Sempre que falte alguma destas características (e.g. a faculdade de disposição, como acontece com o contrato de concessão) não estamos perante fundos. Implícita nesta noção está ainda a faculdade de disposição por *conta própria* das quantias recebidas, que contribui para a discussão doutrinária em torno da qualificação dos contratos bancários, sobretudo nas vertentes de depósito, depósito irregular, e contrato *sui generis*.

O conceito de *concessão de crédito* é entendido de forma ampla, abrangendo todas as operações em que alguém, a título habitual, entrega a outrem ou coloca à sua disposição fundos, com obrigação de o receptor os restituir com pagamento de juros ou mediante uma comissão[59].

Segundo o RCIC, desde 2002, são também consideradas IC as empresas que tenham por objecto a emissão de meios de pagamentos sob a forma de moeda electrónica.

4.2. Instituições de crédito universais

4.2.1. Os bancos

Os *bancos* (independentemente do seu estatuto jurídico) caracterizam-se por poderem exercer na generalidade, a título profissional, todas as operações que, por lei, se integram na noção de actividade financeira, embora algumas delas possam ser excluídas estatutariamente.

[57] Afastou-se a solução da lei bancária francesa (1984) que considera como instituição de crédito toda a empresa que, a título profissional, efectue um dos três tipos de operações seguintes: recepção de fundos do público, operação de crédito e emissão ou gestão de meios de pagamento.

[58] Excluem-se da noção os fundos obtidos mediante emissão de obrigações ou mediante emissão de papel comercial (cf. art. 9 n.º 2 do RGIC). A noção de *público* não é muito clara, havendo dúvidas se engloba os depositantes e investidores institucionais (em sentido negativo, cf. J. C. Nunes, *ob. cit.*, p. 172 e Conselho para o Sistema Financeiro, *Livro Branco Sobre o Sistema Financeiro*, vol. I, Lisboa: Ministério das Finanças, 1991, p. 37).

[59] A noção de *concessão de crédito* inclui a concessão de garantias, a locação financeira *leasing* e o *factoring*, mas exclui, segundo o n.º 2 do artigo 9.º do RGIC, os suprimentos (empréstimos à sociedade por um dos seus sócios), as dilações ou antecipações de pagamento acordadas entre partes em contratos de aquisições de bens ou serviços, as operações de tesouraria entre sociedades numa relação de domínio ou de grupo e a emissão de senhas ou cartões para pagamento de bens ou serviços fornecidos para empresa emitente.

O RGIC terminou, assim, com a anterior distinção legal entre bancos comerciais, de investimento e de poupança, consagrando o modelo de *banco universal*. Existe apenas uma única categoria de bancos: «a especialização resultará de opção própria e não de qualquer compartimentação do mercado bancário, imposta por via legal»[60].

O RGIC enumera, de forma ampla mas delimitada (n.º 1 do art. 4.º), tendo por referência a lista das operações sujeitas ao reconhecimento mútuo anexa à Segunda Directiva bancária, as operações que os bancos estão autorizados a efectuar[61].

Para além das clássicas operações creditícias passivas e activas, que constituem o cerne da actividade bancária (recepção de depósitos e de outros fundos reembolsáveis e concessão de crédito, incluindo não só a concessão de garantias, como as operações de *leasing* (locação financeira), de *factoring* e de emissão de cartões de crédito), outras sobressaem, seja no domínio cambial, seja no da intermediação de valores mobiliários, seja no da prestação de serviços ou de operações conexas ou acessórias das demais. É o caso de certas operações comerciais como a execução de pagamentos ou de cobranças por conta e ordem de clientes, de certas operações financeiras como transacções sobre instrumentos dos mercados monetário, financeiro e cambial e de operações sobre taxas de juro e valores mobiliários, da participação em emissões e colocações destes valores, da tomada de participações no capital de sociedades e mesmo de serviços e operações não-bancárias (operações sobre pedras e metais preciosos, comercialização de contratos de seguros, prestação de informações comerciais).

Desde 2002, o RGIC qualifica ainda como IC as empresas que tenham por objecto a emissão de meios de pagamento sob a forma de moeda electrónica.

4.2.2. A Caixa Geral de Depósitos

Embora não especificamente autonomizada pelo RGIC (cf. art. 3.º), sendo, no essencial, regida por regras idênticas às que regem as empresas privadas do sector, a Caixa Geral de Depósitos (CGD), pela sua dimensão e pelo seu estatuto de empresa pública, merece uma referência especial. Criada pela Carta de Lei de 10 de Abril de 1876, a CGD é, desde 1993, uma instituição de crédito, com natureza de sociedade anónima de capitais públicos em que o Estado é o único detentor do capital e que tem por objecto o exercício da actividade bancária nos mais amplos termos permitidos por lei, podendo pois realizar todas as operações permitidas aos bancos[62].

[60] Cf. CONSELHO, *Livro Branco...*, *ob. cit.*, p. 51.

[61] O elenco das operações pode ser alargado pelo legislador. Aliás, lei especial pode prever mesmo a realização de outras operações (por exemplo, a participação na cobrança de certos impostos). No entanto só as operações compreendidas na lista anexa à Segunda Directiva de coordenação bancária podem beneficiar de reconhecimento mútuo. Em 2000 foi aprovada a Directiva n.º 2000/12/CE, do Parlamento Europeu e do Conselho, de 20 de Março, que consolida vários instrumentos legislados, revogando os anteriores, entre os quais as Primeira e Segunda Directivas de coordenação bancária.

[62] Cf. o DL n.º 287/93, de 20 de Agosto.

Como instituição de crédito do Estado (a única, se considerarmos o carácter transitório do estatuto do BPN e sua anunciada venda), a Caixa poderá, no exercício da sua actividade promover a formação e a captação da poupança e contribuir, designadamente através das suas operações de financiamento, para o desenvolvimento económico e social do País. Pode ainda exercer outras atribuições que lhe sejam cometidas por lei especial, podendo as modalidades e os termos do exercício dessas funções ser definidas por contrato a celebrar com o Estado.

Desapareceram de entre as finalidades a prosseguir pela Caixa as referências (existentes quando tinha o estatuto de empresa pública) à colaboração na realização da política de crédito do Governo, à acção reguladora dos mercados monetário e financeiro e à distribuição selectiva do crédito. Na prática, porém, dentro dos condicionalismos das regras de concorrência e tendo em conta o maior ou menor grau de autonomia dos órgãos sociais face aos governos, a CGD poderá funcionar como entidade de regulação pelo mercado e como contraponto ao peso do capital estrangeiro no sector. As recentes intervenções da CGD no BPN não são alheias ao seu estatuto público. Embora a CGD se oriente por citérios empresariais (exemplo expressivo é o da existência de um balcão da CGD em Cayman, o mais conhecido paraíso fiscal), a sua vocação original era a de desempenhar certas funções de interesse geral, facto que terá inicialmente conduzido o RGIC a autonomizá-la em relação aos bancos[63].

4.3. Instituições de crédito especializadas autorizadas a receber depósitos

4.3.1. Caixas económicas

As caixas económicas são IC autorizadas a receber depósitos, mas que sofrem de restrições legais quanto à prática de certos tipos de operações, em particular as de crédito activo.

De acordo com o respectivo regulamento, «têm por objecto uma actividade bancária restrita, nomeadamente recebendo, sob a forma de depósitos à ordem, com pré-aviso ou a prazo, disponibilidades monetárias que aplicam em empréstimos e outras operações sobre títulos que lhes sejam permitidas e prestando, ainda, os serviços bancários compatíveis com a sua natureza e que a lei expressamente lhes não proíba»[64]. Assim, as operações de crédito activo da generalidade das caixas económicas – quase todas de base regional – cingem-se aos empréstimos sobre penhores e hipotecas. Apenas as caixas com sede nas Regiões Autónomas e a Caixa Econó-

[63] Cf. Conselho, *Livro Branco...*, *ob. cit.*, p. 52. Sobre paraísos fiscais, cf. J. M. Braz da Silva, *Os Paraísos Fiscais, casos práticos com empresas portuguesas*, Coimbra: Almedina, 2000.
64 Ver o art. 1.º do DL n.º 136/79, de 18 de Maio.

mica de Lisboa, anexa ao Montepio Geral, gozam de um regime especial, podendo praticar um leque de operações mais alargado[65].

4.3.2. Caixas Agrícolas

As caixas de crédito agrícola mútuo, IC, sob forma cooperativa, têm essencialmente por objecto o exercício de funções de crédito em favor dos seus associados, crédito esse ligado genericamente ao financiamento das actividades agrícolas, silvícolas e pecuárias. Tais caixas têm âmbito local (em regra municipal) e as operações que lhes são permitidas estão sujeitas a certas restrições legais[66].

4.4. Instituições de crédito especializadas não autorizadas a receber depósitos

4.4.1. Carácter formal e atípico da qualificação

O RGIC qualifica expressamente de IC certas entidades anteriormente qualificadas como parabancárias (sociedades de investimento, sociedades de locação financeira, sociedades de *factoring*, sociedades financeiras para aquisições a crédito) que não se enquadram no conceito legal de IC (art. 2.°), uma vez que estamos perante entidades às quais está vedada a recepção de depósitos por parte do público. Neste particular, tais entidades, sendo intermediários financeiros não monetários, aproximar-se-iam mais das sociedades financeiras. A sua tipificação formal como IC, mesmo se não respeitam todos os requisitos destas, advém de um certo pragmatismo: visa-se deste modo que estas entidades beneficiem, sem mais delongas, do passaporte comunitário, invocando a sua qualidade de IC[67].

Não podendo receber depósitos, estas IC financiam-se por outros meios previstos por lei (v.g. emissão de obrigações, empréstimos, acesso ao mercado monetário

[65] A Caixa Económica de Lisboa era a principal caixa económica do país. Os seus Estatutos, aprovados em 1990, foram publicados no D.R. III Série, n.° 205, de 6 de Setembro de 1991.

[66] O Regime Jurídico das Caixas de Crédito Agrícola Mútuo consta do DL n.° 24/91, de 11 de Janeiro, com as alterações constantes do DL n.° 230/95, de 12 de Setembro (ver, em especial, os arts. 1.°, 12.°, e 26.° e ss.), e pelo DL n.º 320/97, de 25 de Novembro. Este diploma contém igualmente um regime específico de autorização e constituição (arts. 4.° a 9.°). Ver ainda o Código Cooperativo e o DL n.º 345/98, de 9 de Novembro, que revogou o DL n.° 182/87, de 21 de Abril, que criou o Fundo de Garantia do Crédito Agrícola Mútuo. A Caixa Central de Crédito Agrícola Mútuo foi constituída em 1984, por escritura de 20 de Junho, tendo os seus estatutos sido totalmente alterados em 10 de Maio de 1991 (DR, III Série, 2.° Supl.). Possui a forma de cooperativa, tendo por associadas as caixas agrícolas registadas no BP e funciona como organismo central do sistema integrado do crédito agrícola mútuo e como instituição de tutela sectorial. Sobre o regime do crédito agrícola mútuo ver os DL n.° 320/97, de 25 de Novembro, e n.° 102/99, de 31 de Março.

[67] Cf. A. J. Pedro, *Instituições de Crédito e Sociedades Financeiras, Regime Geral Anotado*, Lisboa: Ediforum, 1994, p. 20.

interbancário, etc.) ou, em certos casos, por meios possibilitados por autorização especial do Ministro das Finanças.

A partir de 2007, a lista destas IC nominativas passou a contemplar também as instituições de crédito hipotecário e as sociedades de garantia mútua. No entanto, da lista foram excluídas as sociedades de capital de risco[68].

4.4.2. Espécies

4.4.2.1. Sociedades de investimento

São IC que têm por objecto exclusivo uma actividade bancária restrita à realização de operações financeiras e a prestação de certos serviços conexos. Efectuam assim, entre outras coisas, a concessão de crédito a médio e longo prazo, a oferta de fundos no mercado intercomunitário, a tomada de participações no capital de sociedades e a subscrição e aquisição de valores mobiliários[69].

Foram previstas para o apoio a novos empreendimentos e para a reorganização ou saneamento de empresas com viabilidade. No entanto, com a liberalização da constituição das IC, a maioria transformou-se em bancos.

4.4.2.2. Sociedades de locação financeira (leasing)

Estas sociedades têm por objecto exclusivo o exercício do *leasing* (de bens móveis e imóveis), o qual consiste num contrato de concessão pelo locador ao locatário, mediante retribuição, do gozo temporário de uma coisa, adquirida ou construída, por indicação do locatário e que este pode comprar no termo de um prazo convencionado, mediante o pagamento de um preço determinado ou determinável[70].

[68] Criadas em 1988, e entretanto profundamente alteradas, as Sociedades de Capital de Risco (SRC) são SA que têm por objecto principal o apoio e promoção do investimento e da inovação tecnológica em projectos ou empresas de pequena e média dimensão (e de alto risco) através da sua participação temporária no respectivo capital social, incluindo a titularidade de obrigações convertíveis e a efectivação de prestações suplementares; e por objecto acessório a prestação de assistência na gestão financeira, técnica, administrativa e comercial das sociedades participadas. A constituição das SCR depende de registo na CMVM (anteriormente era necessária autorização do BP, conquanto eram consideradas sociedades financeiras). Quanto aos Fundos de Capital de Risco (FCR), foram criados dois tipos distintos, de acordo com os destinatários: FCR cujas unidades de participação (UP) se destinam a ser comercializadas apenas junto de investidores institucionais qualificados (FIQ) e FCR cujas UP se destinam a ser comercializadas junto do público (FCP). Estes dois tipos têm regimes diversos, quanto à forma de constituição, de supervisão e de gestão. A constituição dos FIQ depende do registo junto da CMVM e a constituição dos FCP carece de autorização da CMVM, devendo ainda ser elaborado um prospecto.

[69] Regem-se pelo DL n.º 260/94, de 22 de Outubro, e pelo RGIC. Actuam quase sempre integradas em conglomerados financeiros.

[70] São hoje reguladas pelo DL n.º 72/95, de 15 de Abril, que revogou o DL n.º 103/86, de 19 de Maio. O *leasing* é regulado pelo DL n.º 171/79, de 6 de Junho, com as alterações decorrentes dos DL n.os 168/89,

4.4.2.3. Sociedades de cessão financeira (factoring)

Estas sociedades têm por objecto exclusivo a prática de contratos de *factoring*, que consistem na aquisição de créditos a curto prazo, resultantes da venda de produtos ou da prestação de serviços nos mercados interno e externo. O *factor* adquire créditos que recebe na data do vencimento, cobrando das entidades que lhe transmitem tais créditos (aderentes), uma comissão ou juros nos casos de pagamento antecipado. Prestam ao cliente um serviço de cobrança a que acresce a outorga de crédito e (ou) a cobertura de riscos de crédito[71].

4.4.2.4. Sociedades financeiras para aquisições a crédito (SFAC)

Têm por objecto o financiamento de aquisições a crédito de bens ou serviços, nomeadamente sob a forma de concessão de crédito directo ao fornecedor ou ao adquirente, o desconto ou outras formas de negociação de títulos de crédito, a prestação de garantias ou a antecipação de fundos sobre créditos de que sejam cessionárias, bem como a prestação de serviços relacionados com aquelas actividades, designadamente a simples gestão de créditos[72].

4.4.2.5. Instituições financeiras de crédito (IFIC)

Criadas pelo DL n.° 186/2002, de 21 de Agosto, as IFIC visam permitir «a concretização de projectos empresariais de reagrupamento de actividades financeiras, hoje necessariamente dispersas por várias empresas, numa única entidade jurídica sem estatuto de banco». Assim, excluindo a actividade básica da banca (receber depósitos), as IFIC podem realizar todas as operações permitidas aos bancos (art. 1.° do diploma citado), estando igualmente sujeitas ao RGIC.

4.4.2.6. Instituições de moeda electrónica (IME)

Estas instituições são reguladas pelo DL n.º 42/2002, de 2 de Março, diploma que transpôs para o direito português duas directivas europeias de 2000, uma relativa ao acesso à actividade e respectivo exercício, outra relativa à sua supervisão prudencial. O objecto destas IME consiste na emissão de meios de pagamento sob a forma

de 24 de Maio e 18/90, de 11 de Janeiro. Cf. R. PINTO DUARTE, *Escritos sobre Leasing e Factoring*, Cascais: Principia, 2001.

[71] São reguladas pelo DL n.° 171/95 de 18 de Julho, que reformulou o regime previsto no DL n.° 56/86, de 18 de Março, com as alterações introduzidas pelos DL n.os 228/87, de 11 de Junho, 28/89, de 23 de Janeiro e 149/92, de 21 de Julho. Sobre o *factoring* ver o Aviso do BP n.° 4/91, de 5 de Março (in D.R., II série, de 25 de Março e também em <www.bportugal.pt>). Cf. R. PINTO DUARTE, *Escritos sobre Leasing e Factoring*, Cascais: Principia, 2001, e L. PESTANA DE VASCONCELOS, *Dos Contratos de Cessão Financeira (Factoring)*, Coimbra: Coimbra Editora, 1999.

[72] São regidas pelo DL n.° 206/95, de 14 de Agosto, que substituiu a regulamentação anterior prevista no DL n.° 49/89, de 22 de Fevereiro, com as alterações do DL n.° 318/89, de 23 de Setembro.

de moeda electrónica e na prestação de serviços acessórios, financeiros ou não[73]. Por moeda electrónica a lei entende um valor monetário, representado por um crédito sobre o emitente, que tem como características principais a sua armazenagem em suporte electrónico, a sua emissão contra recepção de fundos (de valor não inferior ao valor monetário emitido) e a sua aceitação como meio de pagamento,

4.4.2.7 Sociedades de garantia mútua (SGM)

As SGM são reguladas pelo DL n.º 211/98, de 16 de Julho, com as alterações introduzidas pelos DL n.º 19/200, de 30 de Janeiro e 309-A/2007, de 7 de Setembro, foram inicialmente concebidas como SF e mais tarde qualificadas como IC que exercem uma actividade bancária restrita à realização de operações financeiras e à prestação de serviços conexos em benefício de PME e de microempresas.

4.4.2.8 Instituições de crédito hipotecário (ICH)

As ICH foram introduzidas pelo DL n.º 59/2006, de 20 de Março e têm por objecto a concessão, aquisição e alienação de créditos garantidos por hipoteca sobre bens imóveis, tendo em vista a emissão de obrigações hipotecárias.

4.5. Constituição de instituições de crédito em Portugal

4.5.1. Autorização das instituições de crédito com sede em Portugal e instituições equiparadas

As IC (e instituições equiparadas) que pretendam ter sede em Portugal devem satisfazer certos requisitos de forma (devem ser SA), de objecto (devem exercer exclusivamente as actividades permitidas pelo art. 4.º do RGIC) e de capital (devem possuir um mínimo legal, representado por acções nominativas ou ao portador registadas)[74].

A autorização para o exercício da actividade é atribuída pelo BP que pode recusá-la com base em razões taxativamente enumeradas na lei: umas de forma (v. g. o pedido ter sido instruído de forma deficiente), outras de mérito (como a falta de meios técnicos e de recursos que assegurem a viabilidade da empresa)[75].

O novo regime eliminou a intervenção do Governo neste processo, tendo igualmente acabado com a possibilidade de reservas de autorização baseada no critério da necessidade económica.

[73] De acordo com o art. 8.º do DL n.º 42/2002, de 2 de Março, «o capital social mínimo das instituições de moeda electrónica é fixado por portaria do Ministro das Finanças em montante não inferior a 1 milhão de euros».

[74] Cf. os arts. 16.º, 17.º e sobretudo 20.º, n.º 1 do RGIC. Sobre o tema, ver a síntese de J. A. Veloso, «Alguns aspectos do regime geral – uma leitura comentada» in A.A.V.V., *O Novo Regime Geral das Instituições de Crédito e Sociedades Financeiras*, Lisboa: 1993, p. 67 e ss..

[75] Cf. os arts. 24.º e ss. do RGIC, em especial, o 27.º.

A autorização pode ser revogada, sendo a revogação concebida, não como sanção, mas como medida de polícia administrativa: será assim retirada, caso deixem de verificar-se os pressupostos que estiveram na sua base.

4.5.2. Autorização das instituições estrangeiras que não gozam do regime de reconhecimento mútuo

Quanto às *filiais* de IC que tenham a sede principal e efectiva administração ou sejam dependentes de pessoas colectivas externas ao espaço europeu, a sua constituição em Portugal continua dependente de autorização do Ministro das Finanças.

Para além dos requisitos exigidos às instituições com sede em Portugal, mantém-se igualmente quanto a estas instituições o *critério de necessidade económica*, pelo que a autorização só será concedida se a instituição concorrer para o aumento da eficiência do sistema bancário nacional ou produzir efeitos significativos na internacionalização da economia portuguesa, em conformidade com os objectivos da política económica, financeira, monetária e cambial do País[76].

4.5.3. Habilitação das instituições de crédito europeias que gozam do regime de reconhecimento mútuo

Ficam *habilitadas* para o exercício da actividade, entre nós, através de sucursais, sem necessidade de qualquer autorização prévia do BP, as IC autorizadas no país de origem, quando este seja um país da CE (*princípio do reconhecimento mútuo da autorização*)[77].

Basta, para o efeito, que o BP receba da autoridade de supervisão do país de origem uma comunicação contendo certas informações relevantes (programa de actividade, identificação dos responsáveis, montante dos fundos próprios e rácios de solvabilidade da instituição-mãe, sistemas de garantia).

A supervisão da actividade destas instituições compete às autoridades do país de origem *(home country-control)*. No entanto, elas devem ainda observar a lei portuguesa, designadamente as normas reguladoras das operações com o exterior e das operações sobre divisas, bem como normas determinadas por razões de interesse geral, entre as quais as relativas à supervisão da liquidez, à execução da política monetária ou ao dever de informação sobre operações efectuadas no território português[78].

[76] Cf. também o art. 40.º do Acordo sobre o Espaço Económico Europeu e o respectivo Anexo XII que adapta ao EEE a Directiva 88/361/CEE, de 24 de Junho de 1988. O reconhecimento mútuo é consagrado, noutro contexto, pela jurisprudência C-120/78, *Cassis de Dijon*.

[77] Cf. arts. 44.º e ss. do RGIC. Cf., ainda, Luís P. F. Carvalho, *Os Sistemas de Supervisão Prudencial na União Europeia*, Coimbra: Almedina, 2003.

[78] Assim, A. J. Pedro, *ob. cit.*, p. 38.

5. As sociedades financeiras (SF)

5.1. Caracterização

O RGIC define e tipifica taxativamente quais as instituições financeiras não monetárias que são qualificadas como sociedades financeiras.

As SF são empresas de tipo societário que, não sendo IC e portanto não podendo receber depósitos ou outros fundos reembolsáveis, têm por principal actividade exercer, a título profissional, alguma ou algumas das actividades financeiras e creditícias possibilitadas às IC, especificamente aquelas que são previstas pelos diplomas que regem, em concreto, cada uma destas empresas.

A esfera das actividades genericamente possibilitadas às SF é bem mais restrita do que a das IC: de fora ficam, para além das actividades de recepção de depósitos ou de outros fundos reembolsáveis, para utilização por conta própria, outras como as operações de locação financeira (*leasing*) e de cessão financeira (*factoring*), a tomada efectiva de participações no capital de sociedades, bem como operações de natureza extra-bancária. Em concreto, cada sociedade financeira encontra-se vinculada a um *acentuado princípio de especialização*[79].

Comparando com a anterior classificação legal, a lista integra antigas instituições auxiliares de crédito com funções de intermediação na bolsa (sociedades financeiras de corretagem, sociedades corretoras, sociedades mediadoras no mercado monetário e de câmbios), certas instituições parabancárias sem capacidade de concessão de crédito (sociedades gestoras de fundos de investimento, sociedades gestoras de patrimónios), as sociedades de desenvolvimento regional (anteriormente consideradas como IC), bem como outras instituições financeiras não monetárias.

O RGIC *exclui* expressamente desta categoria as seguradoras e as sociedades gestoras de fundos de pensões e, por omissão, as SGPS (que, de resto, no regime anterior já não eram consideradas como parabancárias), bem como as sociedades mediadoras de empréstimos com garantia hipotecária, aliás, de reduzida expressão prática[78]. Por fim, fora do âmbito do diploma ficaram igualmente certas instituições financeiras não societárias, como o IAPMEI, o INGA, o INH e o IFADAP[80].

5.2. Regime legal

As SF são regidas pelo RGIC (Título X), o qual, para além de estabelecer que a constituição de SF depende de *autorização* a conceder, caso por caso, pelo BP, em alguns casos precedida de parecer da CMVM, torna extensivo às SF as disposições das IC respeitantes a regras de conduta, normas prudenciais, supervisão e saneamento. O registo das SF no BP é, a exemplo das IC, obrigatório antes de início de actividade.

[79] Cf. o n.º 3 do art. 6.º e o art. 117.º (quanto às SGPS) do RGIC.

[80] Cf. A. J. Pedro, *ob. cit.*, p. 31 e ss..

Em tudo o que não contrarie o disposto no RGIC, as SF regem-se pela legislação especial aplicável.

Algumas destas sociedades financeiras como é o caso das Sociedades Corretoras e Sociedades Financeiras de Corretagem, das Sociedades Gestoras de Patrimónios e das Sociedades Gestoras de Fundos de Investimento Mobiliário regem-se ainda por *códigos de conduta específicos* dessas actividades[81].

5.3. Espécies

5.3.1. Sociedades corretoras e sociedades financeiras de corretagem

Estas sociedades têm em comum o exercício da compra e venda de valores mobiliários por conta de terceiros, sendo as únicas intermediárias autorizadas a realizar operações de bolsa (nos mercados regulados). Além disso, podem processar carteiras de clientes, guardar os seus valores, cobrar os rendimentos e exercer os direitos sociais de que tenham sido incumbidas[82].

Mas enquanto as sociedades corretoras (*brokers*) por aqui se ficam, as sociedades financeiras de corretagem (*dealers*) têm um objecto mais alargado: podem ainda transaccionar valores por conta própria, efectuar a sua subscrição ou tomada firme e proceder à sua colocação no mercado. Podem ainda, dentro de certas condições, contrair empréstimos através da emissão de obrigações. A ambas é vedado, entre outras coisas, conceder crédito sob qualquer forma.

5.3.2. Sociedades mediadoras no mercado monetário e de câmbios

Têm por objecto exclusivo a realização de operações de intermediação nos mercados monetário e cambial e a prestação de serviços conexos. Quando actuem por conta de instituições sujeitas à constituição de reservas de caixa podem intervir no mercado monetário interbancário. Em qualquer caso, só podem agir por conta de outrem, sendo-lhes vedado efectuar transacções por conta própria.

A constituição (sob a forma de SA ou por quotas), as alterações dos respectivos contratos de sociedade bem como a fusão e cisão destas sociedades dependem de autorização do BP, após parecer da CMVM[83].

[81] Cf. V. Soares da Veiga, *Direito Bancário*, Coimbra: Almedina, 1994, p. 20. Sobre os FIM, cf. P. Simões Coelho, «Fundos de Investimento Imobiliário: Regime Jurídico», *Cadernos do Mercado de Valores Mobiliários*, n.º 15, Dezembro de 2002.

[82] As sociedades corretoras e financeiras de corretagem regem-se pelo DL n.º 262/2001, de 28 de Setembro, e pelo CVM. O seu capital mínimo foi fixado pela Portaria n.º 866/2002, de 24 de Julho, e os limites aos financiamentos com recursos alheios foram estipulados no Aviso do Banco de Portugal n.º 12/2003, publicado no DR de 7 de Setembro.

[83] As sociedades mediadoras no mercado monetário e de câmbios são regidas pelo DL n.º 110/94, de 28 de Abril e pelo RGIC.

5.3.3. Sociedades Gestoras de Fundos de Investimento (SGFI)

As SGFI são SA cujo capital social é obrigatoriamente representado por acções nominativas e ao portador registadas, que, em representação dos participantes, administram um ou mais fundos de investimentos (FI) da mesma natureza[84].

Os FI são organismos de investimento colectivo em valores mobiliários (OICVM – cfr. Directiva n.º 85/611 e DL n.º 252/2003, de 17 de Outubro) que têm por fim exclusivo o investimento de capitais recebidos do público em carteiras diversificadas de valores, segundo um princípio de *divisão de riscos*. São formas de recolha e centralização de poupanças que se traduzem na constituição de patrimónios autónomos, pertencentes, em regime especial de comunhão, a uma pluralidade de pessoas singulares ou colectivas, patrimónios estes que não respondem nem pelas dívidas dos participantes nem das entidades gestoras[85].

Os fundos podem ser mobiliários (FIM; cf. DL n.º 252/2003, de 17 de Outubro) ou imobiliários (FII; cf. DL n.º 60/2002, de 20 de Março), conforme estejamos em presença de conjuntos de valores mobiliários e equiparados ou de valores fundamentalmente imobiliários. Em qualquer dos casos são divididos em unidades de participação (UP) e podem ser abertos ou fechados, consoante as unidades de participação sejam em número variável ou fixo.

As SGFI, que entre nós têm conhecido um forte incremento, actuam por conta dos participantes e no interesse exclusivo destes, competindo-lhes de forma genérica a prática de todos os actos e operações necessários ou convenientes à boa gestão do fundo, podendo, designadamente, adquirir e alienar quaisquer valores e exercer os direitos directa ou indirectamente relacionados com os bens do fundo.

A constituição destas sociedades depende de autorização da CMVM, entidade que, sem prejuízo da competência do BP em sede de supervisão das IC e das SF, detém funções de regulação e supervisão do sector.

5.3.4. Sociedades gestoras de patrimónios

São SA que têm por objecto exclusivo o exercício da actividade de administração de conjuntos de bens pertencentes a terceiros, designados por carteiras, sendo a ges-

[84] As SGFI são reguladas no essencial pelo DL n.º 229-C/88, de 4 de Julho, modificado pelo art. 1.º do DL n.º 417/91, de 26 de Outubro, pela Portaria n.º 422-B/88 da mesma data e pelo CVM.

[85] Nos últimos anos tem-se assistido a uma tendência para uma especialização dos fundos, com o surgimento de *fundos de investimento de poupança-reforma e poupança-educação* (actualmente regulados pelo DL n.º 158/2002, de 2 de Julho, com as alterações introduzidas pelo DL n.º 125/2009, de 22 de Maio), *fundos de investimento de capital de risco* (DL n.º 375/2007, de 8 de Novembro), *fundos de investimento mobiliário* constituídos por trabalhadores das sociedades de capitais públicos decorrentes da privatização de empresas públicas (DL n.º 371/97, de 20 de Dezembro); *fundos de reestruturação e internacionalização empresarial* (DL n.º 375/2007, de 8 de Novembro); *fundos de gestão de património imobiliário* (DL n.º 316/93, de 21 de Setembro e Despacho Normativo n.º 566/94 de 29 de Julho) e *fundos de pensões* (DL n.º 12/2006, de 20 de Janeiro).

tão destas exercida com base em contratos de mandato escritos e celebrados entre estas empresas e os respectivos clientes[86].

No desenvolvimento da sua actividade podem efectuar diversas operações, nomeadamente relativas a valores mobiliários, a direitos reais sobre imóveis e mercadorias transaccionadas em bolsa, celebrar contratos de opções e futuros, etc..

5.3.5. Sociedades de desenvolvimento regional (SDR)

Destinadas inicialmente à captação de poupanças de emigrantes e mais tarde à administração de fundos públicos, de origem comunitária, o seu objecto é a promoção do investimento produtivo na área da respectiva região, com a finalidade de apoiar o desenvolvimento económico e social desta. São constituídas sob a forma de sociedades anónimas e podem realizar operações financeiras (tais como a participação no capital de sociedades, a concessão de crédito a empresas e a profissionais livres, a médio e longo prazo, satisfeitos que sejam certos condicionalismos, a aquisição de obrigações, a prestação de garantias bancárias), serviços complementares (divulgação de informações, realização de estudos de viabilidade de empresas, etc.), participar no lançamento de parques industriais e de pólos de desenvolvimento regionais, etc.[87].

5.3.7. Outras sociedades financeiras

O RGIC considera ainda como SF as *agências de câmbios*, dotadas de personalidade jurídica, que têm por objecto exclusivo a realização das operações de compra e venda de notas, moedas estrangeiras e cheques de viagem[88]; *as sociedades emitentes ou gestoras de cartões de crédito*, como a SIBS, Sociedade Interbancária de Serviços, SA e a UNICRE, Cartão Internacional de Crédito, SA[89]; a FINANGESTE, Empresa Financeira de Gestão e Desenvolvimento, SA[90]; as Sociedades Gesto-

[86] O regime das SGP está hoje previsto no DL n.º 163/94, de 4 de Junho (alterado pelos DL 17/97, de 21 de Janeiro, e 99/98, de 21 de Abril), e no RGIC. O acesso das SGP ao mercado de derivados foi facilitado pelo DL n.º 17/97, de 21 de Janeiro.

[87] Criadas em 1980 pelo DL 499/80, de 20 de Outubro, as SDR eram concebidas como empresas de economia mista (cf. C. Mota Pinto, *ob. cit.*, p. 84) e consideradas IC, uma vez que podiam receber depósitos, por prazo não inferior a um ano, de emigrantes, em moeda estrangeira e de autarquias locais da área onde exerciam actividade. Nunca tiveram, porém, grande expressão, cingindo-se hoje a três, uma criada para o desenvolvimento do Alentejo, a outra para a península de Setúbal e a terceira para a Madeira. O regime jurídico das SDR está contido no DL n.º 25/91, de 11 de Janeiro, com as alterações do DL n.º 247/94, de 7 de Outubro, no RGIC, no Aviso n.º 12/92 e na Portaria n.º 95/94, de 9 de Fevereiro.

[88] As agências de câmbios são reguladas hoje pelo DL n.º 3/94, de 11 de Janeiro.

[89] Os estatutos da UNICRE foram publicados no Diário de Governo, III Série, de 4 de Abril de 1974, tendo as suas funções sido redefinidas pelo Despacho Normativo n.º 220/79, de 31 de Julho.

[90] A FINANGESTE foi criada em 1978 como instituição parabancária sob a forma de empresa pública e passou a SA com o DL n.º 250/82, de 26 de Junho. Quanto aos estatutos, ver a última alteração em Portaria de 3 de Dezembro de 1990, do Ministro das Finanças (D.R., II Série, da mesma data).

ras de Fundos de Titularização de Créditos[91]; e outras empresas que a *lei* venha a qualificar como tal.

6. Instituições periféricas ou na fronteira do sistema

6.1. Instituições auxiliares

Sob esta designação, engloba-se um conjunto muito heterogéneo de instituições que, não sendo agentes ou operadores financeiros nem sendo objecto de uma disciplina jurídica comum, se caracterizam globalmente pela natureza acessória da actividade em relação à de outras instituições. «O seu escopo é, em suma, facilitar, incrementar ou assegurar a boa gestão das instituições que coadjuvam», sendo, neste sentido, «instituições periféricas» do SMF[92]. Entre elas sobressaem as *sociedades de serviços auxiliares*, nomeadamente as relativas à detenção ou gestão de imóveis ou a gestão de serviços informáticos[93]; as antigas *associações de bolsa*, associações civis sem fins lucrativos, que tinham por objecto predominante a criação, administração e manutenção das bolsas de valores e as sociedades gestoras de mercados regulamentados que as substituiram[94]; as sociedades de notação de risco (*rating*)[95] e as associações prestadoras de serviços especializados.

6.2. Empresas de investimentos

Na sequência da transposição efectuada pelo RGIC (através do DL n.º 232/96, de 5 de Dezembro), da Directiva n.º 93/23/CEE, do Conselho, de 10 de Maio de 1993, surge a figura das empresas de investimentos, definida na lei (art. 199.º-A) como "empresas em cuja actividade habitual se inclua a prestação de serviços de investimento, a terceiros e que estejam sujeitas aos requisitos de fundos próprios previstos na Directiva n.º 93/6/CEE, do Conselho, de 15 de Maio de 1993, com excepção das instituições de crédito e das entidades abrangidas no âmbito de previsão do n.º 2 do artigo 2.º da Directiva 93/22/CEE, do Conselho, de 10 de Maio".

[91] Cf. o DL n.º 453/99, de 5 de Novembro, relativo ao regime de titularização de créditos, republicado pelo DL n.º 82/2002, de 5 de Abril.

[92] Cf. F. C. Nunes, *ob. cit.*, p. 151.

[93] Cf. n.º 11 do art. 13.º do RGIC. Ver ainda o entendimento do BP, sobre as condições e critérios que devam satisfazer, em A. J. Pedro, *ob. cit.*, p. 54-55.

[94] Cf. quanto às sociedades gestoras de mercados regulamentados os arts. 198.º e ss. do CVM.

[95] Inicialmente previstas no art. 614.º do CdMVM, as sociedades de notação de risco (*rating*) são sujeitas a supervisão da CMVM e a registo na mesma instituição, nos termos, respectivamente, do art. 359.º, n.º 1, al. *f*) e do art. 12.º do CVM e do Regulamento da CMVM, n.º 7/2000, de 23 de Fevereiro. As três principais sociedades que operam no mercado mundial (*Moody's, Standard & Poor's e Fitch*) funcionam numa situação de oligopólio, com um poder de mercado desmesurado e uma influência política tal que justificaria a criação pela UE da sua própria agência de *rating*.

Estas empresas podem ser pessoas singulares ou colectivas e estão sujeitas às normas das sociedades financeiras. A exemplo dos bancos, de outras IC e de certas sociedades financeiras, elas passam a poder prestar serviços financeiros a terceiros em todo o espaço comunitário, isto é, a dispor de passaporte comunitário para este efeito, desde que adoptem a denominação de «empresa de investimento» e se vinculem ao respectivo regime[96].

6.3. Outras instituições financeiras não monetárias

Embora não integrando o SMF, tendo em conta as fronteiras legais delimitadoras deste sistema, importa ainda referir certas instituições do sector financeiro não monetário da economia. Entre elas salientam-se, pela sua importância, certos institutos de estatuto público (INH, INGA, IFADAP, IAPMEI), as companhias seguradoras e as sociedades gestoras de fundos de pensões[97]. O mesmo parece suceder com certas instituições, como as sociedades gestoras de participações sociais[98]; as sociedades de gestão de investimento imobiliário[99]; e as sociedades mediadoras de empréstimos com garantia hipotecárias[100]. Diverso é o caso das casas de penhores que são instituições do sistema, uma categoria especial das instituições financeiras[101].

7. A Regulação do SMF

7.1 Razões da necessidade de regulação

O SMF, em sentido amplo, é uma estrutura complexa que abrange mercados (monetário, financeiro, cambial), instituições (bancos e outras instituições de crédito, sociedades financeiras, instituições auxiliares) e instrumentos através da qual se processa o tratamento do dinheiro enquanto objecto da actividade financeira. Um bom desempenho do SMF é uma exigência de interesse público, pois cada vez o SMF é uma peça fundamental-chave do funcionamento de um sistema económico e social. Basta pensar no papel dos bancos no crédito e no sistema de pagamentos. Não estamos assim perante uma questão que possa ser apenas regulada pelo direito

[96] Sobre as «empresas de investimento», cf. A. Athayde, *Curso, ob. cit.*, p. 264 e ss..

[97] As empresas seguradoras e as sociedades gestoras de fundos de pensões não integram *formalmente* o SMF, embora, do ponto de vista *material*, dele façam parte. As primeiras são hoje reguladas pelo DL n.° 94-B/98, de 17 de Abril, republicado pelo DL n.º 2/2009, de 5 de Janeiro. Os fundos de pensões e o regime das sociedades que os regem está contido no DL n.º 12/2006, de 20 de Janeiro. Para certos efeitos, porém, a lei integra-os no sistema financeiro: assim, a Lei n.º 25/2008, 5 Junho, relativo à prevenção do uso deste sistema para efeitos do branqueamento de capitais. Ver também os arts. 6.°, n.° 3 e 8.°, n.° 3, al. *d*) do RGIC.

[98] Cf. J. A. Veloso, *ob. cit.*, p. 46. As SPGS são reguladas pelo DL n.° 495/88, de 30 de Dezembro, com as alterações do DL n.° 318/94, de 24 de Dezembro.

[99] Cf. o DL n.° 135/91, de 4 de Abril, alterado pelas Leis n.os 51/91, de 3 de Agosto e 2/92, de 9 de Março.

[100] Cf. o DL n.º 119/74, de 3 de Março, alterado pelo DL n.º 353-S/77, de 29 de Agosto.

[101] Cf. o n.º 4 do art. 6.º do RGIC.

privado, mas perante «um campo privilegiado da interacção do direito privado e do direito público»[102]. Muito especialmente o sistema de crédito, exercido predominantemente por bancos privados, adquire uma dimensão de serviço público, como o comprova a axistência de um diploma que regula os serviços mínimos bancários (DL. n..º 27-C/2000, de 10 de Março). Recorde-se igualmente que a regulação de um sector tão poderoso como o financeiro é uma forma de o Estado procurar assegurar um ditame constitucional, o da subordinação do poder económico ao poder político democrático (art. 80, al. a) da CRP). Uma das chaves do bom funcionamento do SMF é a confiança que os agentes económicos e os cidadãos nele depositam[103]. A falta de confiança no sistema e suas instituições, em particular nos bancos, pode originar corridas aos depósitos com a consequente impossibilidade de estas instituições honrarem os seus compromissos. Por isso, é usual justificar-se a regulação do SMF, em primeiro lugar, com a preservação da estabilidade do sistema e a prevenção de riscos sistémicos, de reacções de rejeição em cadeia. Para além disso, há que proteger os interesses dos depositantes, investidores e dos clientes (consumidores), constituindo a maioria deles (pequenas e médias empresas e cidadãos) a parte mais débil numa relação contratual profundamente massificada, onde é corrente a existência de contratos de adesão, de cláusulas contratuais gerais e de uma publicidade agressiva e são enormes as assimetrias de informação entre as partes, sem esquecer a necessidade de controlar a massa monetária em circulação ou de prevenir a criminalidade financeira, o branqueamento de capitais ou o financiamento do terrorismo[104].A regulação do SMF consolidou-se a partir da crise de 1929 e, após um período de maior afrouxamento nos últimos trinta anos, voltou à ordem do dia com a crise iniciada em 2007, em particular na sua dimensão internacional e tendo em conta uma visão mais integrada. Se estamos perante um sistema, a supervisão deverá ela própria assumir uma dimensão sistémica[105].

[102] Cf. A. Pedro Ferreira, *Direito Bancário*, 2ª ed., Lisboa: Quid Juris, 2009, p. 303.

[103] Como referem F. Alexandre et alii, *Crise Financeira Internacional, op. cit.*, p. 114, a actual crise financeira mostrou que, ao contrário da crença até então quase generalizada na responsabilidade das instituições financeiras, estas podem destruír o seu activo mais precioso, a confiança. Por isso a não inclusão da actividade bancária oculta (*shadow banking*) dentro do sistema regulado, bem como a opção pela não regulação das novas instituições e produtos financeiros são fenómenos que aliados ao papel do *lobby* do sector financeiro contribuiram para o actual estado de coisas. Vide, igualmente, L. M. dos Santos, *ob. cit.*, p. 69-70; A. P. Ferreira, *ob. cit.*, p. 421 e ss e Augusto de Athayde et alii, *Curso de Direito Bancário*, Vol. I, 2ª ed., Coimbra: Coimbra Editora, 2009, p. 277 e ss.

[104] Vide, entre outros, L. M. dos Santos, ob. cit., p. 69-70.

[105] Sobre o tema, cf. Group of Thirty, *The Structure of Financial Supervision. Approaches and Challenges in a Global Marketplace*, Washington, 2008; e, de forma geral, António Pedro Ferreira, *O Governo das Sociedades e a Supervisão Bancária. Interacções e Complementaridades*, Lisboa: 2009.

7.2. Autoridades de regulação e de controlo do SMF

7.2.1. Redistribuição de poderes no vértice do sistema

Uma questão da maior importância é a do enquadramento, regulação e controlo do SMF. Ela envolve vários e distintos poderes (superintendência, supervisão, saneamento, disciplina) de intervenção na gestão das entidades que o compõem, por vezes, sintetizados na expressão *tutela*[106].

Esta tutela, levada a cabo por instituições com funções de autoridade no SMF, visa normalmente diversos objectivos, entre os quais a estabilidade e eficiência do sistema, a protecção dos mercados, o controlo de certas variáveis macroeconómicas (massa monetária, taxas de juro, nível geral de preços, etc.), a gestão prudencial das instituições do SMF e a protecção dos depositantes, investidores e outros credores.

Com a entrada de Portugal no euro e a integração do BP no SEBC, expressão de um federalismo monetário presente no direito comunitário, a regulação do SMF tornou-se mais complexa. A traços largos, enquanto a regulação do sistema monetário (e cambial) é essencialmente comunitária, a regulação do sistema financeiro propriamente dito permanece, em larga medida, nas atribuições dos Estados-Membros. A primeira é, no essencial, levada a cabo pelo BCE e pelo SEBC, no qual o BP, no que toca à moeda, se integra e, quanto aos câmbios, pelo Conselho. A segunda é fruto de uma articulação cooperativa entre instituições nacionais (o Governo, o BP, a CMVM) e instituições comunitárias.

7.2. O Governo (Ministro das Finanças)

O RGIC procedeu a uma importante redistribuição de poderes entre as autoridades nacionais, em particular entre o Governo (Ministério das Finanças) e o Banco Central, reduzindo fortemente a intervenção daquele nos mercados e na vida das instituições financeiras. Ao fazê-lo, transferiu «para o Banco Central toda a supervisão propriamente dita das instituições, reservando ao Ministério apenas o núcleo essencial de faculdades de intervenção que não podem deixar de competir, como última instância, à autoridade governamental»[107]. O Governo, a quem deixou de competir a definição da política monetária, procurou manter simples funções de superintendência, enquanto o Banco Central exerce, como autoridade de supervisão, funções de administração indirecta do sistema.

Segundo o art. 91.° do RGIC compete ao Ministro das Finanças a *superintendência* do *mercado* monetário, *financeiro* e cambial e, designadamente, a coordenação da actividade dos agentes do mercado com a política económica e social do Governo. Este poder de superintendência é, no entanto, desde a adesão de Portugal à área

[106] Cf. F. C. Nunes, *ob. cit.*, p. 122 e ss..
[107] Cf. J. A. Veloso, *ob. cit.*, p. 57 e ss..

do euro, necessariamente limitado pelos Tratados europeus e pelos Estatutos do SEBC e do BCE[108].

Ao Ministro das Finanças compete ainda:

a) autorizar, por portaria, com base em critérios de oportunidade económica, a instalação em Portugal de IC e de SF que sejam filiais de IC sediadas em países terceiros ou dominadas por nacionais destes países ou por pessoas colectivas neles sediadas e, bem assim, revogar tais autorizações;
b) fixar, por portaria, o capital social mínimo das IC e das sociedades financeiras[109];
c) aprovar por portaria os regulamentos necessários à actividade do Fundo de Garantia de Depósitos, fixar, também por portaria, os limites de garantia deste, aprovar o respectivo relatório e contas e, bem assim, nomear dois dos três membros da sua comissão directiva.

Por sua vez, no que respeita ao *mercado de valores mobiliários*, o Governo pode, através do Ministro das Finanças, estabelecer políticas relativas a esse mercado e, em geral, às matérias reguladas no CVM e em legislação complementar, exercer poderes de tutela em relação à CMVM e coordenar a supervisão e a regulação relativas a valores mobiliários, quando a competência pertença a mais do que uma entidade pública.

Em casos de perturbação dos mercados monetário, financeiro e cambial que ponha em grave perigo a economia nacional, poderá o Governo, por portaria conjunta do Primeiro Ministro e do Ministro das Finanças, após audição do BP, ordenar *medidas excepcionais*, nomeadamente a suspensão temporária de certos mercados ou categorias de operações ou mesmo o encerramento temporário de IC. Idêntico poder é atribuído ao Governo relativamente aos mercados de valores mobiliários (cf. o n.º 2 do art. 352.º do CVM).

7.3. Banco de Portugal (BP)

7.3.1. Caracterização geral do Banco de Portugal

Segundo o artigo 102.º da CRP, "o Banco de Portugal é o banco central nacional e exerce as suas funções nos termos da lei e das normas internacionais a que o Estado Português se vincule".

[108] Cf., A. Carlos dos Santos, *O Sistema Europeu de Bancos Centrais. Caracterização, Estatutos, Atribuições*, Documentos de Trabalho 5/93, CEDIN/ ISEG e «Princípios rectores da estruturação do futuro Sistema Europeu de Bancos Centrais", in AAVV, *Ensaios de Homenagem a Francisco Pereira de Moura*, Lisboa: ISEG, 1995, p. 913-933. Sobre a questão da legitimidade dos bancos centrais é proveitosa a leitura da colectânea organizada por J.-P Touffut (dir.), *Les Banques Centrales Sont-elles* Légitimes?, Paris: Albin Michel, 2008.
[109] Ver Portaria n.º 95/94, de 9 de Janeiro.

Nos termos da actual LO, o BP faz parte integrante do SEBC, prossegue os objectivos e participa no desempenho das atribuições cometidas a este sistema. Está sujeito, não apenas aos normativos do Tratado de Roma, como também ao disposto nos estatutos do SEBC e do BCE, devendo ainda actuar em conformidade com as orientações e instruções que, ao abrigo daqueles estatutos, o BCE lhe dirija. O BP rege-se ainda pela LO e respectivos regulamentos de execução, bem como pelas normas aplicáveis da legislação reguladora da actividade das IC e, subsidiariamente, pelas normas de direito privado[110].

Do Tratado e dos Estatutos resulta a *independência* do BP face ao Governo e às entidades privadas, independência esta que reveste várias vertentes (jurídica, administrativa, financeira, patrimonial e funcional). Manifestação desta independência é ainda o facto da não sujeição do BP ao regime financeiro dos fundos e serviços autónomos da Administração Pública, bem como à fiscalização prévia do Tribunal de Contas, nem à fiscalização sucessiva no que respeita às matérias relativas à sua participação no SEBC.

Antes do 25 de Abril, o BP era uma empresa mista, uma sociedade comercial participada pelo Estado, em termos não maioritários, com funções de emissão monetária[111]. A Lei Orgânica de 1975 (aprovada pelo DL n.º 644/75, de 15 de Novembro) transformou-o em empresa pública. A LO de 1990 manteve esta qualificação. A actual LO retirou-lhe esta qualidade, limitando-se a estabelecer que o BP é uma pessoa colectiva de direito público, dotada de autonomia administrativa e financeira e de património próprio. Hoje a Lei-quadro dos institutos públicos clarificou a sua natureza jurídica ao incluir expressamente o BP nos *institutos públicos de regime especial* (art. 48.º, n.º 1, al. e) da Lei n.º 3/2004, de 15 de Janeiro). Apesar da designação, o BP não é uma instituição de crédito, mas uma entidade administrativa independente – a autoridade nacional basilar do SMF –, não estando sujeito a qualquer tutela do Governo ou de qualquer dos seus membros.

Como banco central, para além de consultor do Governo nos domínios económico e financeiro, no âmbito das suas atribuições, o BP vela pela estabilidade do sistema financeiro, assegurando, com essa finalidade, designadamente a função de

[110] Cf. a Lei n.º 5/98, de 31 de Janeiro, alterada pelos DL n.º 118/2001, de 17 de Abril e 50/2004, de 10 de Março. É ainda útil a consulta de <www.bportugal.pt>.

[111] Historicamente, o BP resultou da fusão do Banco de Lisboa (criado em 1821) e da Companhia Confiança Nacional (criada em 1844), operada por um Decreto de 19 de Novembro de 1846, tendo-lhe sido concedido, durante certo prazo, o privilégio de emissão de notas, passando as notas em circulação emitidas pelo Banco de Lisboa a ter curso legal e, consequentemente, poder liberatório geral. Este privilégio foi reafirmado em 1887. Mas só a partir da crise de 1891, com a Carta de lei de 9 de Julho desse mesmo ano, desapareceu a moeda de ouro e o sistema monetário português passou a funcionar com base em moeda fiduciária, de emissão concentrada, com inconvertibilidade das notas emitidas pelo BP. Restaurada temporariamente a convertibilidade em 1931, o regresso ao curso forçado voltou a ocorrer no fim deste mesmo ano. Só a partir de 1975 tem natureza de empresa pública.

refinanciador em última instância. Exerce assim essencialmente uma função tutelar, de índole administrativa, sobre o SMF: tutela *operacional* sobre o funcionamento do sistema, no seu conjunto, e dos mercados que o integram; tutela *institucional* sobre as instituições e agentes que neles actuem. Aquela traduz-se na superintendência ordinária do sistema, isto é, na orientação e fiscalização dos mercados monetário e cambial, de acordo com as normas adoptadas pelo BCE, e do mercado financeiro; esta integra poderes de supervisão (acompanhamento, direcção e fiscalização) e disciplina (investigação, decisão, sancionamento de infracções) de certos actores do SMF (IC, sociedades financeiras e outras entidades que lhe estejam legalmente sujeitas), podendo para o efeito estabelecer directivas, bem como de saneamento das instituições financeiras.

Ao BP cabe ainda regular, fiscalizar e promover o bom funcionamento do sistema de pagamentos.

Para além disso, o BP participa na emissão monetária e, no plano externo, é formalmente a *autoridade cambial* da República Portuguesa, sendo ainda gestor das disponibilidades externas do país ou de outras que lhe sejam cometidas e de intermediário nas relações monetárias internacionais do Estado.

No plano técnico, compete-lhe igualmente recolher e elaborar as estatísticas monetárias, financeiras, cambiais e da balança de pagamentos, podendo, para o efeito, exigir a qualquer entidade o fornecimento directo das informações necessárias.

No exercício das suas competências de banco central e autoridade reguladora (e de supervisão), o BP dispõe de um vasto leque de poderes, sujeitos, porém, a controlo judicial – poderes normativos em sentido lato, incluindo para além da produção de normas de carácter geral e abstracto, a emissão de recomendações e pareceres e a aprovação de códigos de conduta, poderes de autorização de constituição de IC e de SF, poderes de fiscalização, poderes de sancionamento, poderes de suspensão de órgãos das IC – poderes estes que lhe permitem, em teoria, exercer uma supervisão eficiente.

7.3.2. Governo e organização do BP

A LO de 1990 instituiu como órgãos do BP o governador, o conselho de administração, o conselho de auditoria e o conselho consultivo, autonomizando, em relação à lei de 1975, a figura do *Governador*. A nova LO manteve este quadro institucional.

Na forma de nomeação do governador e do conselho de administração, onde anteriormente aquele órgão se integrava, não houve mudanças significativas. A nomeação de ambos é efectuada pelo Conselho de Ministros, sob proposta do Ministro das Finanças. Onde as houve, visando o reforço da independência, foi na maior garantia de estabilidade do exercício das funções do governador e demais membros do Conselho de administração que deixaram de poder ser exonerados por mera conveniência de serviço.

Ao *Governador*, que tem voto de qualidade nas reuniões a que preside, e do qual se exige voto favorável nas decisões que possam afectar a sua autonomia de decisão ou o cumprimento de obrigações do BP enquanto parte integrante do SEBC, competem fundamentalmente funções de representação interna e externa do BP (em particular como membro do conselho e do conselho geral do BCE) e de superintendência na coordenação e dinamização da actividade do conselho de administração e das comissões dele emanadas. Com a nova LO passou a ter competência para assinar os avisos do BP, que deixaram de estar sujeitos a assinatura do Ministro das Finanças. Para além disto, assume poderes especiais em situações em que, não sendo, por motivo justificado, possível reunir o conselho de administração, estejam em risco «interesses sérios do País ou do Banco».

O *Conselho de Administração* é um órgão executivo composto pelo governador, que preside, por um ou dois vice-governadores e por três a cinco administradores, a quem genericamente compete a prática de todos os actos necessários à prossecução dos fins cometidos ao Banco, não abrangidos pela competência exclusiva de outros órgãos.

O *Conselho de Auditoria* tem funções de fiscalização interna, sendo constituído por quatro membros, um dos quais revisor oficial de contas. Este e mais dois outros membros são designados pelo Ministro das Finanças. O quarto é-o pelos trabalhores do BP.

O *Conselho Consultivo* tem, como o nome indica, funções de aconselhamento, devendo pronunciar-se sobre o relatório anual da actividade do BP, sobre a actuação do banco e sobre os assuntos que lhe forem submetidos pelo governador ou pelo conselho de administração. Neste órgão, verifica-se, ainda que de forma tímida, um menor peso dos membros de proveniência governamental ou estadual.

7.4. Atribuições do Banco de Portugal

7.4.1 Atribuições como banco emissor

Vimos que com a revisão da CRP de 1992 a exclusividade de emissão de moeda por parte do BP deixou de ter base constitucional directa. Enquanto o SEBC não foi instituído, a emissão fez-se nos termos da lei, isto é, a exclusividade fundamentava-se na LO de 90.

Como *banco emissor*, o BP detinha, por delegação de soberania, os exclusivos da emissão de notas (escudos), as quais tinham curso legal e poder liberatório ilimitado, e de pôr em circulação as moedas metálicas emitidas directamente pelo Estado, sendo o poder liberatório destas estabelecido por diploma legal.

Recorde-se que a emissão de moeda pelo banco central resultava ainda da variação das reservas (se arrecada ouro ou divisas, emite moeda sob a forma de notas ou crédito), da variação da dívida do Estado junto deste banco e do aumento do crédito aos bancos comerciais.

A emissão monetária do BP, constituída por notas em circulação e outras responsabilidades-escudos à vista, encontrava-se coberta por disponibilidades sobre o exterior (ouro em barra ou amoedado; Ecus oficiais; direitos de saque especiais do FMI, etc.). Na parte em que ultrapassasse o valor de tais disponibilidades, líquidas das correspondentes responsabilidades, deveria ter cobertura integral constituída por valores de proveniência interna, taxativamente elencados pela lei (créditos sobre o Estado e as Regiões Autónomas, títulos da dívida pública interna, moeda metálica, etc.).

Com a UEM (para já em relação aos Estados que integram o eurossistema), o BCE, nos termos do art. 128.º, n. 1 do TFUE (ex-106.º, n.º 1 do TCE), passou a ter o direito exclusivo de autorizar a emissão de notas de banco as únicas com curso legal na União. A emissão dessas notas (em euros) pode ser efectuada pelo BCE e pelos bancos centrais nacionais. Assim ocorre com o BP que, neste quadro, pode emitir notas com curso legal e poder liberatório. Para além disso, é por intermédio e sob requisição do BP que são postas em circulação as moedas metálicas.

O BP colabora ainda na *fiscalização dos crimes* de contrafacção, de falsificação ou de alteração do valor facial da moeda e tem competência para instruir processos de contra-ordenações.

7.4.2. Atribuições como banco central

7.4.2.1. A orientação e fiscalização dos mercados

Com a adesão à UEM, o BP, a exemplo dos outros bancos centrais do eurossistema, deixou de ter a condução da política monetária que anteriormente detinha.

A LO de 1998 estabelece, porém, que, no âmbito da sua participação no SEBC, compete ao BP a *orientação e fiscalização* dos mercados monetário e cambial[112].

Para o efeito, cabe ao BP, de acordo com as normas prescritas pelo BCE, adoptar providências genéricas ou intervir para garantir os objectivos da política monetária, nomeadamente no que se refere ao comportamento das taxas de juro e colaborar na execução de outros métodos operacionais de controlo monetário a que o BCE decida recorrer.

Para além disso, como *banco dos bancos*, cabe-lhe receber as reservas de caixa das instituições a elas sujeitas e procede ao redesconto de títulos, garantindo a liquidez do sistema.

O BP pode, por meio de *avisos* e *instruções*, emitir directivas às IC e determinar a composição e os montantes das disponibilidades de caixa e de outros valores de cobertura das responsabilidades das instituições monetárias e não monetárias cuja

[112] Cf. os arts. 15.º e 16.º da LO e os arts. 92.º, 93.º e 116.º e ss. do RGIC.

actividade possa afectar os mercados monetário e financeiro. Pode ainda conceder crédito às instituições financeiras e receber depósitos destas.

7.4.2.2. Refinanciador em última instância

A LO, no quadro da manutenção da estabilidade do sistema financeiro, atribui ao BP a função de refinanciador em última instância (art. 12.°, al. *c*)). A actuação deve aqui ser sobretudo preventiva: deve procurar efectuar uma regulação da liquidez através de intervenções no mercado interbancário e agir de forma que eventuais situações agudas de iliquidez sejam alvo de eventual assistência financeira em cooperação com as outras IC no quadro da viabilização e saneamento da instituição de crédito em causa[113].

De qualquer modo, a criação, em 1994, do Fundo de Garantia de Depósitos tornou excepcional a possibilidade de intervenção do BP como prestamista em última instância, uma vez que o Fundo, ao proteger ou garantir a poupança dos pequenos depositantes, reduz os efeitos negativos que a insolvência de uma instituição de crédito provoca no sistema financeiro[114].

7.4.2.3. Banqueiro do Estado: a função interdita

A tradicional função de banqueiro de Estado foi posta em causa pelo Tratado de Maastricht e pela adesão de Portugal à UEM[115].

Antes da adesão, o BP, como banqueiro do Estado (dos serviços públicos da administração central e local) podia, por exemplo, abrir ao Estado uma conta gratuita até importância equivalente, no máximo, a 10% do montante das receitas correntes da Administração cobradas no penúltimo ano, sendo previsto mecanismo análogo para as Regiões Autónomas. O BP funcionava ainda como caixa geral do Tesouro e cofre do Tesouro no plano regional e local.

Hoje, a situação alterou-se drasticamente. Por um lado, o BP deixou de exercer aquelas competências. Por outro, a LO de 1998 consolidou a proibição de concessão de crédito ao Estado (em sentido amplo), bem como de tomada firme de bilhetes do Tesouro ou de garantia de quaisquer obrigações do Estado e de outras pessoas colectivas ou ainda de realizar, a descoberto, pagamentos dessas entidades.

7.4.3. Autoridade cambial e actor nas relações monetárias internacionais

O BP deixou igualmente de ter a condução da política cambial, hoje entregue às instituições comunitárias. A LO continua, no entanto, a considerá-lo como a *autoridade cambial* da República Portuguesa. No âmbito da sua participação no SEBC,

[113] Cf. Conselho, *Livro Branco, ob. cit.*, p. 209 e ss. e at. 142.° do RGIC.

[114] Ibidem, p. 289.

[115] Cf. os arts.123.º e 24.º TFUE (ex-101.° e 102.° TCE).

compete ao BP a orientação e fiscalização do mercado cambial[116]. Para tal, cabe-lhe, de acordo com as normas adoptadas pelo BCE, estabelecer os condicionalismos a que devem estar sujeitas as disponibilidades e as responsabilidades sobre o exterior que podem ser detidas ou assumidas pelas instituições autorizadas a exercer o comércio de câmbios.

Ao BP compete ainda autorizar e fiscalizar os pagamentos externos que, nos termos dos Tratados, disso careçam e definir os princípios reguladores das operações sobre ouro e divisas.

O BP é também o gestor das disponibilidades externas do país ou de outras que lhe sejam cometidas e intermediário nas relações monetárias internacionais do Estado.

7.4.4 Funções de supervisão das instituições financeiras com sede em Portugal

7.4.4.1 A supervisão em termos gerais

Supervisão bancária é a designação tradicional para dar conta da regulação dentro do sistema bancário, podendo, por extensão, ser usada em relação ao sistema financeiro no seu conjunto[117]. A supervisão abrange, assim, a constituição e o acompanhamento da actividade das IC e das SF, a definição de regras de conduta, o saneamento destas instituições e a prevenção e repressão de condutas irregulares, bem como a *supervisão prudencial.*

Ao contrário de outros sistemas existentes mesmo no seio da UE e da nossa anterior experiência, é, entre nós, ao BC que, no essencial, estão cometidas as tarefas de supervisão das IC, das SF e outras entidades que lhe estejam legalmente sujeitas, incluindo a actividade destas em outros Estados comunitários de acolhimento, nomeadamente através da emissão de directivas para a sua actuação e para assegurar os serviços de centralização dos riscos de crédito.

De forma genérica, a LO enuncia as atribuições do BP relativas ao exercício de funções de supervisão financeira, funções estas que, embora enquadradas pelo direito da UE, não se integram nas atribuições do SEBC e do BCE[118]. É, pois o RGIC, em especial depois da sua revisão pela DL n.º 1/2008, de 3 de Janeiro, que precisa e desenvolve , respectivamente nos seus títulos VI e VII, o âmbito da supervisão, distinguindo entre supervisão comportamental e supervisão prudencial, ambas com uma dimensão preventiva e repressiva.

Para o efeito, as competências dos seus órgãos integram poderes de regulamentação (por meio de directivas, avisos, instruções, etc.) e de prática de actos admi-

[116] O regime cambial consta do DL n.º 295/2003, de 21 de Novembro.

[117] Cf. L. M. dos Santos, «Regulação e Supervisão Bancária», *ob. cit.*, p. 66.

[118] A. Marta, *ob. cit.*, p. 172 e A. Carlos Santos, «O Sistema Europeu de Bancos Centrais. Caracterização, Estrutura, Atribuições», *Documentos de Trabalho CEDIN*, n.º 5/93, Lisboa: ISEG, 1993.

nistrativos previstos no RGIC e em outras leis e regulamentos especiais[119]. Por estes meios o BP pode, entre outras coisas, em relação às instituições financeiras, determinar e fiscalizar o cumprimento das relações prudenciais, estabelecer directrizes quanto à organização contabilística, controlo interno e dever de informação, organizar o registo, realizar inspecções, instaurar processos, etc.[120].

7.4.2 A supervisão comportamental

A *supervisão comportamental*, a exercer pelo BP, tem em vista a disciplina do comportamento deontológico das IC e das SF para com os seus clientes, em particular os clientes individuais ou desprovidos de poder económico, através de um conjunto de regras de conduta estabelecidas por lei ou complementadas pelo BP, destinadas a garantir níveis adequados de competência técnica, qualidade e eficiência bem como relações com os clientes estabelecidas com base em princípios de diligência, neutralidade, descrição e respeito. Na base deste tipo de supervisão está a necessidade de prevenir conflitos, garantir maior transparência na actividade financeira, corrigir falhas de mercado como deficiências e assimetrias de informação e fomentar formas de publicidade das instituições e dos seus produtos mais objectivas. Neste contexto, são particularmente importantes as regras que reforçam o dever de informação, geral e a cada cliente, relativamente a taxas de juros, preços e condições de prestação de serviços, características dos produtos, etc., podendo o BP estabelecer, por aviso, regras imperativas sobre o conteúdo dos contratos e sancionar com coimas a violação dos deveres de informação.

Igualmente importantes são as regras sobre a possibilidade de serem apresentadas directamente reclamações dos clientes relativas ao incumprimento de normas de conduta, sem que tal precluda o recurso ao livro de reclamações, sobre a publicidade, sobre o segredo profissional e sobre conflitos de interesses (em especial, consagrando a proibição de crédito a membros dos órgãos sociais).

Por fim, é de salientar a *obrigatoriedade* de as IC ou as suas associações representativas adoptarem e divulgarem códigos de conduta de onde constem os princípios e normas de conduta que regem as suas relações com os clientes, sem prejuízo de o BP poder emitir instruções sobre estes códigos de conduta e definir normas orientadoras para o efeito.

7.4.3 A supervisão prudencial

A supervisão prudencial visa garantir, de forma permanente, a estabilidade e solidez das instituições do SMF, desde a sua criação à cessação da sua actividade, através da

[119] Sobre o tema, A. Athayde, *et. al.*, *ob. cit.*, p. 410; Menezes Cordeiro, ob. cit., p. 158 e ss. e J. Gameiro Lopes, *Direiro Bancário Institucional*, Lisboa: Vislis, 2001, p. 129 e ss..

[120] Cf. o art. 23.º da LO e os arts. 92.º, 93.º e 116.º e ss. do RGIC.

manutenção de níveis adequados de liquidez e solvabilidade, que possibilitem a a satisfação de todos os seus compromissos, decorrentes de uma gestão sã e prudente, no respeito das leis e dos usos da profissão.

Na essência deste tipo de supervisão, que pode ser efectuada em base individual ou consolidada, está "a preocupação com os diferentes tipos de riscos (v.g. risco de crédito, risco de mercado e risco operacional), a definição de medidas técnicas aptas a preveni-los e a vigilância do respectivo cumprimento"[121].

O RGIC prevê, no quadro das normas prudenciais, diversos instrumentos de supervisão prudencial, nomeadamente a relação entre os fundos próprios da instituição e as respectivas responsabilidades (*capital adequacy*), a avaliação permanente dos riscos assumidos (de crédito, de país, de liquidez, de taxas de juro, etc.) e a sua concentração por cliente, a defesa do valor dos activos, por via das provisões, o controlo da idoneidade dos membros dos órgãos de administração e de fiscalização e dos detentores de participações qualificadas, a definição de regras de contabilidade[122].

7.5. Contributos de outras entidades de regulação ou auxiliares para a supervisão do SMF

7.5.1. A Comissão do Mercado dos Valores Mobiliários

Criada em 1991, a Comissão do Mercado dos Valores Mobiliários (CMVM) é uma pessoa colectiva de direito público dotada de autonomia administrativa, financeira e patrimonial, sujeita à tutela administrativa do Ministro das Finanças. Exerce a sua jurisdição em todo o território nacional, sendo-lhe atribuída por lei a regulação, supervisão e promoção dos mercados de valores mobiliários e das actividades financeiras que neles têm lugar, nomeadamente das ofertas públicas de aquisição e de venda (OPA e OPV) destes valores, bem como a supervisão, fiscalização e regulação das entidades gestoras de mercados, dos intermediários financeiros, dos investidores institucionais, de emitentes de valores mobiliários e outras pessoas que exerçam actividades neste tipo de mercado[123].

A supervisão da CMVM obedece aos princípios da independência, da protecção dos investidores, da eficiência e regularidade de funcionamento dos mercados, do controlo da informação, da prevenção do risco sistémico, da prevenção e repressão

[121] Cf. L. Máximo dos Santos, *ob. cit.*, p. 81.

[122] Cf. A, Athayde, *ob. cit.*, p. 294 e ss.

[123] Ver o preâmbulo do CVM, aprovado pelo DL n.º 486/99, de 13 de Novembro, que revogou o CdMVM (aprovado pelo DL n.º 142-A/91, de 10 de Abril). O CVM criou também, como órgão consultivo do Ministro das Finanças, o *Conselho Nacional do Mercado de Valores Mobiliários*, composto por entidades públicas e privadas, hoje integrado no Conselho Superior de Finanças. O Estatuto da CMVM (que tem como órgãos o Conselho Directivo, a Comissão de Fiscalização e o Conselho Consultivo) consta do DL n.º 473/99, de 8 de Novembro, que também regula a composição do Conselho Nacional do MVM. Cf. <www.cmvm.pt>.

das actuações ilegais. A CMVM tem, para além disso, funções consultivas em certos domínios, como, por exemplo em relação ao controlo de idoneidade de membros das IC e em sede de concorrência.

7.5.2. O Instituto de Seguros de Portugal (ISP)

O ISP é a autoridade competente para exercer a supervisão das actividades das empresas de seguros e de resseguros, dos fundos de pensões e das sociedades gestoras de fundos de pensões. Formalmente trata-se de uma autoridade exterior ao SMF, cujas fronteiras deixam de fora estas entidades. No entanto, o ISP funciona, em certos casos, como instituição auxiliar de controlo do SMF.

Assim, este instituto colabora com o BP na supervisão do SMF, nomeadamente fornecendo informações para a apreciação pelo BP da idoneidade dos membros dos órgãos de administração e fiscalização das IC e das SF e bem assim, para o exercício da supervisão em base consolidada quando houver controlo por parte de IC em relação às filiais sujeitas a supervisão do ISP[124].

7.5.3. O Conselho Nacional de Supervisores Financeiros (CNSF)

Criado pelo DL n.º 228/2000, de 23 de Setembro, o CNSF assume-se como um fórum de coordenação das autoridades de supervisão, integrando o governador do BP, que preside, o membro do conselho de administração desta instituição com o pelouro da supervisão, e os presidentes do ISP e da CMVM.

Segundo o preâmbulo do diploma, «a eliminação das fronteiras entre os diversos sectores da actividade financeira, de que os conglomerados financeiros são corolário, reforça a necessidade de as diversas autoridades de supervisão estreitarem a respectiva cooperação, criarem canais eficientes de comunicação de informações relevantes e coordenarem a sua actuação com o objectivo de eliminar, designadamente, conflitos de competência, lacunas de regulamentação, múltipla utilização de recursos próprios».

O Conselho pode emitir pareceres por sua iniciativa ou a pedido do Ministro das Finanças e do governador do BP. Para além da coordenação da actuação das autoridades de supervisão, o elenco das suas competências integra ainda o intercâmbio de informações, o desenvolvimento de regras e mecanismos de supervisão de conglomerados financeiros e a formulação de propostas de regulamentação de matérias conexas com a esfera de acção de mais de uma das autoridades de supervisão.

[124] O ISP (<www.isp.pt>) foi criado pelo DL n.º 302/82, de 30 de Julho, que aprovou os seus estatutos, constando estes actualmente do DL n.º 289/2001, de 13 de Novembro. Cf. os arts. 29.º-B e 136.º do RGIC, bem como os artigos 156.º e 157.º do DL n.º 94-B/98, de 17 de Abril, republicado pelo DL n.º 2/2009, de 5 de Janeiro, que regula as condições de acesso e de exercício da actividade seguradora e resseguradora e do art. 4.º do DL n.º 12/2006, de 20 de Janeiro, que regula a constituição e o funcionamento dos fundos de pensões e das sociedades gestoras dos fundos de pensões.

7.5.4. O Fundo de Garantia de Depósitos

Criado pelo RGIC, o Fundo é uma pessoa colectiva de direito público, dotada de autonomia administrativa e financeira, que funciona junto do BP e tem por objectivo garantir o reembolso de depósitos constituídos nas IC que nele participam.

A lei optou, quanto à sua constituição, por um sistema de *adesão obrigatória* das instituições e, no que respeita aos depósitos garantidos, exclui da garantia os depositantes institucionais e limitou-a, quanto aos restantes, a um valor limite, a fixar por portaria do Ministério das Finanças[125].

7.5.5. A Autoridade da Concorrência

A actividade das instituições financeiras e das suas associações empresariais está sujeita, com algumas especificidades e com a importante ressalva do regime de notificação prévia das operações de concentração de empresas, à legislação de defesa da concorrência, devendo ter-se em conta, na aplicação desta legislação, os bons usos da actividade, nomeadamente no que respeita às circunstâncias de risco ou de solvabilidade.

Embora a defesa da concorrência seja referida como um dos elementos da supervisão comportamental (arts. 87.º e 88.º do RGIC) a competência nesta matéria cabe à AdC, devendo constar obrigatoriamente dos processos instaurados por práticas restritivas da concorrência parecer do BP e, sendo caso disso, da CMVM[126].

De acordo com o n. 2 do art. 88.º do RGIC, não são considerados restritivos da concorrência os acordos legítimos entre IC e as práticas concertadas que tenham por objecto a participação em emissões e colocações de valores mobiliários ou instrumentos equiparados, bem como a concessão de créditos ou outros apoios financeiros e de elevado montante a uma empresa ou a um conjunto de empresas.

7.5.6. Outras entidades

Colaboram ainda com as autoridades do SMF, em domínios muito específicos, outras entidades externas com funções auxiliares, tais como, em sede de ordenação do sistema, as associações representativas de IC e de sociedades financeiras (nomeadamente através da elaboração de códigos de conduta)[127]; em matéria contabilística, a Comissão de Normalização Contabilística e em sede de supervisão e fiscalização, as autoridades policiais e a Inspecção-Geral de Finanças (esta quanto às SGPS). Muito importante é ainda a colaboração mútua, prestada em diversas áreas, das autoridades de supervisão dos Estados-Membros da União.

[125] Cf. arts. 154.º e ss. do RGIC.

[126] Cf. arts. 87.º, 88.º e 195.º do RGIC. Cf., ainda, <www.autoridadedaconcorrencia.pt>.

[127] É, por exemplo, o caso do Código de Conduta relativo ao exercício por IC de actividades de intermediação de valores mobiliários (*Diário da República*, II série, de 14 de Dezembro de 1993) elaborado pela Associação Portuguesa de Bancos (cujos estatutos foram publicados no *Boletim do Trabalho e do Emprego*, n.º 6, III série, de 30 de Março de 1994).

TÍTULO VI
A REGULAÇÃO DO AMBIENTE E A ACTIVIDADE ECONÓMICA

1. Fundamentos da regulação pública do ambiente

1.1. Introdução

É hoje amplamente reconhecido que o desenvolvimento económico e social pressupõe uma gestão e utilização racionais dos recursos naturais e do ambiente capazes de assegurar a sua conservação para as gerações futuras. Daí a necessidade de orientar, limitar e condicionar, e, se necessário, sancionar as práticas sociais ou individuais e, muito em particular, os comportamentos dos agentes económicos tendo em vista a sua conformação às políticas e medidas da protecção ambiental. A regulação do ambiente constitui, nessa medida, *uma componente da regulação da economia*[1].

O ambiente pode ser definido como «o conjunto dos sistemas físicos, químicos e biológicos e suas relações e dos factores económicos, sociais e culturais com efeito, directo ou indirecto, mediato ou imediato, sobre os seres vivos e a qualidade de vida do homem»[2]. Trata-se de um conceito amplo, que envolve não só o meio em que decorre a vida animal e a vida do homem como todo o sistema de interrelações entre os seres vivos e esse meio.

[1] Sobre os fundamentos do direito do ambiente, cf. A. de Sousa Franco, «Ambiente e Desenvolvimento – Enquadramento e Fundamentos do Direito do Ambiente», in D. Freitas do Amaral e M. Tavares de Almeida (Coord.), *Direito do Ambiente*, Oeiras: Instituto Nacional de Administração, 1994, p. 35 e ss; F. Condesso, *Direito do Ambiente*, Coimbra: Almedina, 2001; V. Pereira da Silva, *Verde Cor de Direito. Lições de Direito do Ambiente*, Coimbra: Almedina, 2003; M. Lee, *EU Environmental Law. Challenges, Changes and Decision-making*, Oxford/Portland, 2005.

[2] Esta é a definição constante da Lei n.º 11/87, de 7 de Abril (Lei de Bases do Ambiente). Um conceito próximo do de ambiente é o de *biosfera*, entendida como a parte do universo onde, de acordo com os nossos conhecimentos, concentram-se todas as formas de vida.

Se bem que os problemas suscitados pela degradação ambiental sejam antigos, foi apenas nos finais dos anos sessenta do século XX que a sua percepção se generalizou à escala mundial e foram adoptadas as primeiras medidas legislativas de âmbito geral, com diferentes âmbitos territoriais, destinadas a combater esse fenómeno. A «crise ambiental» assume então várias expressões, que se estendem da contaminação das águas à destruição da fauna e da flora, da poluição da atmosfera à degradação do solo e dos espaços urbano e rural, da acumulação de resíduos industriais ao ruído; nos últimos anos, têm surgido novas preocupações em torno das alterações climáticas globais (aquecimento do planeta e rarefacção da camada de ozono), da perda da biodiversidade e dos efeitos das quantidades crescentes de resíduos e produtos químicos sobre a saúde pública[3].

1.2. Regulação pública e auto-regulação pelo mercado

É frequentemente defendida a tese da *hetero-regulação do sistema ambiental*: a regulação do ambiente é considerada como uma função própria dos poderes públicos, sendo excluída, por natureza, das regras do mercado[4]. Tem-se entendido que se verifica neste caso uma «falha de mercado». Na linguagem económica, a degradação ambiental é uma «externalidade negativa»: trata-se de um custo externo produzido por uma actividade económica que não encontra reflexo no preço dos respectivos produtos ou serviços. Além disso, sendo os prejuízos causados ao ambiente por vezes insusceptíveis de imputação a um agente determinado, só por meio da acção pública se poderá alcançar uma distribuição equitativa dos custos de recuperação ou reparação.

A regulação pública do ambiente pode ser posta em prática por diferentes *métodos de regulação*. Em teoria, é possível optar ou por uma intervenção baseada na definição e imposição de normas (que proíbem ou limitam descargas de certos poluentes ou regulamentam os processos ou produtos industriais, por exemplo), no controlo administrativo e na aplicação de sanções por desrespeito dessas normas, ou por instrumentos económicos como, por exemplo, o pagamento de taxas pela utilização de recursos naturais e pela rejeição de efluentes[5]. Estas taxas traduzem-se numa «internaliza-

[3] V. Soromenho-Marques, *O Futuro Frágil. Os Desafios da Crise Global do Ambiente*, Mem Martins: Publicações Europa-América, 1998, p. 39.

[4] A. Carvalho Martins, *A política de ambiente da Comunidade Económica Europeia*, Coimbra: Coimbra Editora, 1990, p. 97 e ss. e 102 e ss.; EEAC – European Environmental Advisory Councils, *Environmental Governance in Europe*, Proceedings of the EEAC Annual Conference – 2003, Haia: RMNO, 2003.

[5] A verificação da relativa ineficácia das leis do ambiente da primeira geração, assentes na fixação de regras e no controlo administrativo da rejeição de poluentes, aliada à percepção da complexidade dos problemas ambientais e incertezas científicas que lhes estão associadas, têm levado a dar preferência aos incentivos às empresas privadas para que reduzam ou previnam a poluição e, inclusivamente, à delegação da responsabilidade pelo planeamento e acção concreta de protecção do ambiente no sector privado. Cf. A. Babich, «Understanding the New Era in Environmental Law», *South Carolina Law Review*, Vol. 41, 1990, p. 765.

ção» dos custos da poluição na tomada de decisão das empresas. Um outro método que tem sido utilizado com fins de protecção ambiental é o do contrato-programa entre as autoridades públicas competentes e a indústria. As legislações e políticas ambientais tendem, na prática, a combinar o recurso a estes três tipos de métodos.

A regulação do ambiente tem, com efeito, vindo a envolver cada vez mais as empresas no próprio processo de regulação por dois motivos principais: por um lado, a informação e dados de que o Estado necessita (por exemplo, para a fixação de limites às emissões) encontram-se em grande parte nas mãos da indústria; por outro lado, as empresas têm todo o interesse em participar e em influenciar o conteúdo das regras e medidas de política ambiental de que vão ser destinatárias.

Em Portugal, a regulação pública em matéria ambiental exprime-se, em grande medida, em *proibições ou condicionamentos jurídicos* à prática de determinadas condutas e no desenvolvimento de *medidas de controlo e fiscalização*. Por influência, sobretudo, da legislação europeia, têm vindo também a ser adoptados à escala nacional alguns instrumentos económicos de regulação do ambiente.

1.3. O direito do ambiente: noção e características gerais

A tutela jurídica do ambiente opera por duas vias: a *tutela subjectiva*, que se manifesta na consagração do direito ao ambiente como direito humano; e a *tutela objectiva* ou defesa do ambiente como responsabilidade colectiva do Estado.

O *direito ao ambiente* é protegido quer como *direito material* sujeito ao regime constitucional dos direitos, liberdades e garantias, vinculando as entidades públicas e privadas, quer como *direito de intervenção* no processo político e legislativo e no procedimento administrativo (acesso à informação; consulta e participação dos indivíduos e das organizações não governamentais de ambiente; direito de acção popular).

A tutela objectiva do ambiente, enquanto bem juridicamente relevante, implica deveres de actuação da autoridade pública que se traduzem, desde logo, na formação de um direito do ambiente. Neste sentido, o *direito do ambiente* é constituído pelo conjunto de princípios e normas que regem os diversos comportamentos susceptíveis de afectar o ambiente nos seus vários elementos (ar, águas interiores e marítimas, solo, recursos biológicos, incluindo o património genético natural, etc.), tanto com objectivos de protecção e prevenção, como de repressão e reparação.

A natureza específica do bem a proteger explica algumas das características particulares deste novo campo do direito.

a) Uma dessas características é a ênfase na *prevenção* e na *precaução*, o que não impede as normas que o integram de conterem também uma importante componente sancionatória. A natureza preventiva do direito do ambiente justifica-se pelo facto de os danos ambientais, uma vez consumados, serem amiúde irreparáveis e de a sanção ser neste domínio particularmente ineficaz. O princípio da precaução, consagrado pela Declaração do Rio sobre Ambiente e Desenvolvimento, aprovada na Conferência das Nações Unidas sobre Ambiente e Desenvolvimento (Rio de Janeiro, 1992), e hoje pelo art. 101.º do TFUE (ex-art. 174.º do TCE) tem em vista impedir que a incerteza científica sirva de argumento para o adiamento da tomada de medidas de defesa do ambiente, sempre que este se encontre ameaçado de danos graves ou irreversíveis.

b) O direito do ambiente assenta também, mais vincadamente do que os ramos tradicionais do direito, num *suporte de carácter científico-técnico*. A determinação dos limites de emissão de poluentes, das características técnicas dos equipamentos de tratamento de resíduos, e dos graus de risco para o ambiente resultantes de certas actividades a fim de definir as condições da sua instalação, entre outras, dependem dos dados e conhecimentos científicos e técnicos disponíveis. A dimensão científica e técnica das normas ambientais explica o importante papel que cabe neste domínio aos órgãos de *administração consultiva* e à *participação de peritos* no processo de formação da legislação e na sua aplicação, contribuindo ainda para a aproximação dos diversos direitos nacionais.

c) O carácter integrado do sistema ecológico, quer dizer, a interdependência entre os seus elementos e os efeitos transfronteiras dos fenómenos de poluição, explicam, além disso, que a acção dos poderes públicos no plano interno seja em larga medida motivada ou complementada por esforços de regulação no plano internacional. O direito do ambiente é, assim, marcado por uma forte *dimensão internacional ou mesmo global.*

2. A regulação pública do ambiente em Portugal

2.1. Enquadramento geral

Em Portugal, a percepção dos problemas ambientais e a progressiva construção de um direito interno do ambiente não foram alheias às iniciativas tomadas no plano internacional e, a partir da adesão à CEE, às políticas e direito comunitário neste domínio.

A formação do direito português do ambiente começou por ser parcelar e dispersa. O esforço de integração e sistematização foi iniciado, em 1987, com a adopção da Lei de Bases do Ambiente (LBA), Lei n.º 11/87, de 7 de Abril.

Com a Constituição da República de 1976, o ambiente alcançara já, como se viu, dignidade constitucional[6]. O art. 66.º da CRP consagra o direito dos cidadãos

[6] *Supra*, Tít. I, Cap. I. Sobre este tema, cf. J. Miranda, «A Constituição e o Direito do Ambiente», in *Direito do Ambiente, op. cit.*, p. 353 e ss.; J. J. Canotilho, «Procedimento administrativo e direito do ambiente», *Revista de Legislação e Jurisprudência*, n.º 3082, 1991, p. 755 e ss; J. J. Canotilho (Coord.), *Introdução ao Direito do Ambiente*, Lisboa: Universidade Aberta, 1998, p. 63 e ss..

portugueses a um ambiente de vida humano, sadio e ecologicamente equilibrado, bem como o dever de o defender. O direito ao ambiente corresponde a um «interesse difuso», não individualizável, pelo que assume relevância decisiva para a sua protecção jurídica o reconhecimento de poderes de acção dos cidadãos e das suas associações destinados a fazer valer esse interesse. Neste sentido, a CRP consagra expressamente os direitos à informação e à participação (art. 66.°, conjugado com o art. 48.°) e o direito de acção popular (art. 52.°, n.° 3).

Aos direitos correspondem, no entanto, deveres *dos cidadãos em geral* e dos *sectores público, privado e cooperativo*, em particular, de colaborarem na criação de um ambiente sadio e ecologicamente equilibrado e na melhoria progressiva e acelerada da qualidade de vida (art. º da Lei n.º 11/87). Ao Estado é incumbida pela mesma lei a função de apoiar as iniciativas das entidades privadas, nomeadamente das associações de defesa do ambiente.

Do art. 66.° decorre, além disso, a responsabilidade do Estado, no quadro de um desenvolvimento sustentável, de tomar as medidas necessárias para prevenir e controlar a poluição e ordenar e promover o ordenamento do território. Esta disposição reflecte a orientação hoje predominante em matéria de protecção do ambiente, a qual põe a ênfase na gestão e na conservação dos recursos (prevenção), em lugar do combate à poluição. A preservação do equilíbrio ecológico e a defesa do ambiente e da qualidade de vida são ainda mencionadas como objectivos dos planos de desenvolvimento económico e social (art. 90.°) e da política agrícola (art. 93.°), sendo explícita a vontade de integrar a componente ambiental nas políticas económicas, quer globais, quer sectoriais (art. 66.°, n.º 2, *f*)).

Para além da legislação geral que enquadra a política ambiental, é relevante nesta matéria a legislação sectorial aplicável aos diversos elementos do sistema ecológico, designadamente as águas, o ar e a natureza e vida selvagem, bem como a legislação que regula determinados impactes da actividade económica sobre o ambiente, como, por exemplo, os resíduos industriais ou o ruído causado pelos estabelecimentos industriais.

O desenvolvimento desta legislação nos últimos vinte e cinco anos em Portugal deve-se sobretudo à necessidade de transpor para o direito interno as directivas da UE aplicáveis[7].

[7] L. J. Brinkhorst, «Subsidiarity and European Environmental Policy» in *Subsidiarity: The Challenge of Change*, Proceedings of the Jacques Delors Colloquium 1991, Maastricht: European Institute of Public Administration, 1991, p. 92.

2.2. A regulação pública do ambiente e a actividade económica em Portugal

2.2.1. Princípios gerais

A LBA reproduz o princípio geral constante da CRP de que todos os cidadãos têm o direito a um ambiente humano ecologicamente equilibrado e o dever de o defender. Aí se define também como *incumbência do Estado* a promoção da melhoria da qualidade de vida, individual e colectiva, quer por meio de organismos próprios, quer pelo apelo a iniciativas populares e comunitárias (art. 2.°).

A intervenção do Governo e da Administração Pública é guiada pelos *princípios específicos* enunciados no art. 3.° da LBA. São eles: o *princípio da prevenção*, i.e. da intervenção prioritária sobre os factores de poluição e não sobre os seus efeitos; *o princípio do equilíbrio*, entendido como a integração da componente da gestão e protecção ambientais nas políticas económicas e sociais; o *princípio da participação* dos grupos e agentes sociais na formulação e execução da política de ambiente; o *princípio da unidade de gestão e acção do Estado* neste campo; o *princípio da cooperação internacional*, que se aplica relativamente a todos os problemas com implicações transfronteiras; o *princípio da procura do nível mais adequado para a acção*, o qual corresponde ao reconhecimento de que as medidas de protecção ambiental devem ser conduzidas aos níveis internacional, nacional, regional, local ou sectorial conforme a natureza e dimensão dos problemas; o *princípio de recuperação das áreas degradadas*; e o *princípio da responsabilização* dos agentes poluidores pelas consequências da sua acção sobre os recursos naturais.

Estes princípios, que se destinam a enquadrar a política e a acção do Estado em matéria de ambiente, aplicam-se naturalmente quando estas incidem sobre a actividade económica.

2.2.2. Métodos e instrumentos gerais de regulação

A LBA enuncia como *métodos de intervenção* a adoptar no quadro da política pública do ambiente e do ordenamento do território formas de intervenção de carácter muito diverso: o *planeamento global*, que se traduz na adopção de uma estratégia nacional de conservação da natureza integrada na estratégia europeia e mundial e no ordenamento do território, incluindo a definição de «áreas protegidas» (art. 27.°, n.° 1, *a*) a *e*)); a *função normativa*, que se expressa designadamente no estabelecimento de critérios e normas de qualidade, na regulamentação do uso do solo e dos recursos naturais, na normalização e homologação dos instrumentos de medida (art. 27.°, n.° 1, *f*) e *k*)); e a *função fiscalizadora*, que consiste designadamente na instituição de sistemas de controlo e vigilância, na avaliação prévia do impacte ambiental de infraestruturas e actividades e no licenciamento das actividades económicas (art. 27.°, n.° 1, *g*), *h*) e *m*)).

Incluem-se ainda nos métodos de intervenção susceptíveis de serem utilizados neste domínio o *auxílio* ou *fomento* de actuações preventivas da poluição, por exemplo, mediante incentivos à produção e instalação de equipamentos e à criação ou transferência de tecnologias «limpas», ou por meio da *aplicação de taxas pela utilização de recursos naturais e componentes ambientais ou pela descarga de efluentes* (art. 27.º, n.º 1, *j*) e *r*)), para além da *repressão penal*, ou seja, a aplicação de sanções pelo incumprimento das leis (art. 27.º, n.º 1, *p*)).

Na linha da CRP, a legislação vigente mostra, portanto, uma preferência pelos *métodos normativo e administrativo* para a gestão dos problemas ambientais, não excluindo, porém, o recurso a outros tipos de *mecanismos*, que poderíamos qualificar como «mistos» por envolverem directamente o agente económico na cobertura dos encargos relativos à protecção do ambiente. É o que acontece, no quadro da legislação do ar, com o estabelecimento das redes locais de vigilância ou com a nova política do Governo no domínio da água, a qual aponta no sentido de uma economicização e privatização, ainda que parcial, dos métodos de regulação. Também o sistema de gestão dos resíduos industriais prevê o envolvimento directo das empresas industriais[8].

2.2.3. Os regimes sectoriais

2.2.3.1. O regime das águas

a) *Águas interiores*

No seguimento da adopção da LBA, foram aprovados vários diplomas legais referentes aos diversos elementos do ambiente.

No que se refere aos recursos hídricos, foi definido em 1990 um quadro legal e institucional, numa perspectiva de planeamento e gestão racional das suas utilizações[9]. Esta legislação cometeu ao Ministério do Ambiente e dos Recursos Naturais (MARN), actualmente Ministério do Ambiente e do Ordenamento do Território (MAOT) e a outros ministérios competentes as diversas missões de elaboração normativa, de planeamento, de licenciamento, de promoção e execução de acções visando melhorar a qualidade da água, bem como as funções de vigilância e fiscalização. Registem-se, como princípios fundamentais adoptados, desde então, o do *planeamento integrado* dos recursos hídricos, o do *respeito pela bacia hidrográfica*, instituída como unidade de gestão da água, e o da *participação dos agentes económicos e do público* (arts. 2.º e 3.º do DL n.º 70/90). A política do Governo nesta matéria foi posteriormente clarificada num conjunto de diplomas publicados em 1994 (DL n.os 45/94, 46/94 e 47/94, de 22 de Fevereiro). O DL n.º 45/94, que regulava o processo de pla-

[8] Resolução do Conselho de Ministros n.º 98/97, de 25 de Junho, que define a estratégia governamental de gestão dos resíduos industriais.

[9] DL n.º 70/90, de 2 de Março, que alterou o sistema institucional da gestão dos bens do domínio público hídrico do Estado e DL n.º 74/90, de 7 de Março, que estabeleceu critérios e normas de qualidade das águas, classificadas por categorias.

neamento dos recursos hídricos e a elaboração e aprovação dos planos de recursos hídricos, não deu, porém, continuidade à orientação que resultava do DL n.º 70/90 no sentido da criação de estruturas descentralizadas de gestão dos recursos hídricos, as administrações de recursos hídricos. O Plano Nacional da Água, no cumprimento do DL n.º 45/94, definiu orientações de âmbito nacional para a gestão integrada das águas, fundamentadas no diagnóstico da situação actual e na definição de objectivos a alcançar através de medidas e acções.[10] Os Planos de Bacia Hidrográfica, adoptados no mesmo quadro de referência, definem orientações de valorização, protecção e gestão equilibrada da água, no âmbito territorial, para uma bacia hidrográfica ou agregação de pequenas bacias hidrográficas[11]. Neste instrumentos se preconiza, por um lado, uma acção mais efectiva de *planeamento* e regulação por parte da Administração Pública, tanto central como desconcentrada, por via de um reforço do papel das Direcções Regionais do Ambiente do MAOT, e, por outro lado, um maior envolvimento dos utilizadores, dos consumidores e do sector empresarial privado, aliada à adopção de formas de gestão de natureza empresarial[12].

Um dos aspectos mais inovadores desta legislação residiu na introdução do princípio do *licenciamento* e da condição da obtenção de um título para um conjunto de utilizações privativas do domínio hídrico, anteriormente livres – o que passou a implicar que qualquer utilização do domínio hídrico deveria ser paga por quem a efectuasse. Neste sentido, a legislação passou a prever a aplicação de uma taxa de utilização da água, hoje, *taxa de recursos hídricos* (de acordo com a filosofia dos princípios do utilizador-pagador e do poluidor-pagador, (hoje contemplados nos arts. 66.º e 67.º da Lei n.º 58/2005)[13].

A Lei da Água (Lei n.º 58/2005, de 29 de Dezembro) transpôs para a ordem jurídica nacional a Directiva n.º 2000/60/CE, do Parlamento Europeu e do Conselho, de 23 de Outubro, estabelecendo as bases e o quadro institucional para uma

[10] <http://www.inag.pt/index.php?option=com_content&view=section&layout=blog&id=3&Itemid=44>.

[11] Foram aprovados até este momento 15 planos de bacia hidrográfica. A legislação de 1990 definira como unidade de gestão a bacia hidrográfica, prevendo a criação para o efeito de serviços desconcentrados específicos, as «administrações de recursos hídricos» com missões de licenciamento e fiscalização, fomento e planeamento integrado, a serem coordenadas pelo Instituto da Água. Posteriormente, com a adopção do regime do planeamento de recursos hídricos (DL n.º 45/94), abandonou-se a figura das administrações de recursos hídricos, sendo as atribuições relativas à definição e execução dos planos de bacia hidrográfica incumbidas às Direcções-Regionais do Ambiente e dos Recursos Naturais do MARN. O novo regime da gestão da qualidade da água encontra-se definido no DL n.º 236/98, de 1 de Agosto.

[12] A esta luz deve ser entendida também a legislação que abriu a possibilidade ao sector privado, incluindo em certas circunstâncias as associações de utilizadores, de participar, em regime de concessão, nas actividades de captação, tratamento e distribuição de água para consumo público, bem como na recolha, tratamento e rejeição de efluentes e na recolha e tratamento de resíduos sólidos (DL n.º 379/93, de 5 de Novembro). Sobre o princípio do poluidor-pagador, cf. M. Alexandra Sousa Aragão, *O Princípio do Poluidor-Pagador*, Coimbra: Coimbra Editora, 1997.

[13] A Lei n.º 58/2005, de 29 de Dezembro (Lei da Água) revogou o DL n.º 46/94, de 31 de Maio (cf. *infra*).

«gestão sustentável das águas» (Directiva da Água). A Directiva da Água e a Lei da Água valorizam, assim: o *princípio da dimensão ambiental da água*, reconhecendo-se a necessidade dum elevado nível de protecção dos recursos hídricos; o *princípio do valor económico da água*, consagrando-se a necessidade de garantir o seu uso economicamente eficiente, com a amortização dos custos dos serviços hídricos, e tendo por base os princípios do poluidor-pagador e do utilizador-pagador; e o *princípio da gestão integrada dos recursos hídricos e dos ecossistemas aquáticos e terrestres* associados e zonas húmidas deles directamente dependentes.

O movimento de *privatização da gestão das águas* tem-se traduzido, por seu lado, num largo recurso à concessão a sociedades privadas da construção, exploração e gestão dos sistemas multimunicipais de captação e tratamento de água para consumo público e da recolha, tratamento e rejeição de efluentes[14].

b) *Águas marítimas*

Nos termos do n.º 1 do art. 10.º da LBA a protecção jurídico-ambiental da água estende-se às águas interiores (de superfície e subterrâneas) e às águas marítimas (interiores, territoriais e da zona económica exclusiva). Embora apontadas pela LBA como uma das categorias de águas, as águas marítimas obedecem a um quadro jurídico específico[15].

A Lei n.º 33/77, de 28 de Maio, substituída pela Lei n.º 34/2006, de 28 de Julho, fixou os limites do mar territorial em 12 milhas e estabeleceu a zona económica exclusiva (ZEE) de 200 milhas, remetendo para legislação especial a protecção do *meio marinho*. Embora não tenha chegado a ser adoptada legislação especial sobre a protecção do meio marinho na ZEE, diversos diplomas em matéria ambiental são extensíveis à protecção das águas marítimas. É o caso da legislação relativa à reserva ecológica nacional e às áreas protegidas, susceptível de ser aplicada às zonas costeiras, por exemplo, aos estuários. É ainda o caso da Lei da Água no que se refere aos planos de ordenamento da orla costeira, os quais incidem sobre as águas marítimas costeiras e interiores e os respectivos leitos e margens, assim como as faixas de protecção marítima e terrestre, definidas em legislação específica ou no âmbito de cada plano (arts. 21.º e 22.º da Lei n.º 58/2005)[16].

[14] Cf. o respectivo regime no DL n.º 319/94, de 24 de Dezembro, alterado pelo DL n.º 195/2009, de 20 de Agosto.

[15] As categorias de águas, enunciadas na LBA, são: as águas interiores de superfície, as águas interiores subterrâneas, as águas marítimas interiores, as águas marítimas territoriais e as águas marítimas da zona económica exclusiva.

[16] Cf. DL n.º 227/98, de 17 de Julho, relativo às reservas e parques marinhos. Cf. ainda o Plano de Ordenamento do Espaço Marítimo e a Estratégia Nacional para a Gestão Integrada da Zona Costeira de Portugal, Resolução do Conselho de Ministros n.º 82/2009, de 8 de Setembro, http://www.inag.pt.

A protecção das águas marítimas contra a *poluição* constitui uma preocupação do Estado português, dada a longa extensão de costa do país e o intenso movimento de navios no mar territorial e da zona económica exclusiva (ZEE). A Lei n.º 34/2006, de 28 de Julho, define os poderes de fiscalização, incluindo o direito de visita, das autoridades portuguesas, na ZEE, no quadro do exercício de jurisdição no que concerne, designadamente, a protecção e a preservação do meio marinho (art. 16.º).

A cooperação internacional é fundamental neste domínio. A acção do Estado português tem-se, por isso, traduzido na ratificação e adesão a múltiplas convenções internacionais para a preservação e a protecção do meio marinho. Entre estas revestem-se de especial relevância as convenções relativas à poluição marinha causada pelos navios, nomeadamente pelos óleos e pelas operações de imersão de outras substâncias poluentes. O combate a este tipo de poluição implica o respeito das convenções internacionais e a intervenção das autoridades marítimas e portuárias.

2.2.3.2. O regime do ar

A protecção e controlo da *qualidade do ar* passa, sobretudo, pela definição de normas fixando valores-limite de emissão (VLE) e «limiares de alerta» de concentrações de contaminantes na atmosfera e pelo estabelecimento e funcionamento de estruturas institucionais de avaliação e gestão em áreas especiais, para além do processo de licenciamento, bem como do desenvolvimento de tecnologias menos poluidoras. A actividade industrial, quer nos processos de fabrico, quer nos de produção de energia e vapor, constitui a mais importante fonte fixa emissora de poluição atmosférica.

É actualmente no DL n.º 78/2004, de 3 de Abril, que se encontra definido o regime da prevenção e controlo das emissões de poluentes para a atmosfera, fixando os princípios, objectivos e instrumentos de garantia da protecção do recurso natural ar, bem como as medidas, procedimentos e obrigações dos operadores das instalações abrangidas, com vista a evitar ou reduzir a níveis aceitáveis a poluição atmosférica originada nessas mesmas instalações[17].

A par da previsão de várias medidas de prevenção, minimização, tratamento e licenciamento de efluentes gasosos (a cargo do Instituto do Ambiente em articulação com as CCDR), aquele diploma prevê, à semelhança da legislação sobre as águas, o recurso a instrumentos económicos ou «baseados na lógica do mercado» para a gestão do ar sob a forma de «incentivos à internalização dos custos ambientais associados à utilização do recurso ar ..., incluindo um sistema de transacção de direitos de emissão, impostos, taxas e subsídios ambientais».

[17] A Portaria n.º 675/2009, de 23 de Junho, fixa os valores limite de emissão de aplicação geral (VLE gerais) aplicáveis às instalações abrangidas pelo Decreto-Lei n.º 78/2004, de 3 de Abril.

2.2.3.3. O regime da protecção da natureza e vida selvagem

Da protecção da natureza e da biodiversidade depende o funcionamento do sistema ecológico no seu conjunto: a produção do ar, dos alimentos e da água. A natureza encontra-se hoje sob a ameaça dos efeitos das chuvas ácidas, das substâncias químicas, da sobre-exploração dos recursos piscícolas, e da destruição das florestas e da paisagem.

De acordo com o art. 66.° da CRP, incumbe ao Estado promover o ordenamento do território tendo em vista uma correcta localização das actividades humanas, um equilibrado desenvolvimento ecológico e paisagens ecologicamente equilibradas, bem como criar e desenvolver parques e reservas naturais e de recreio, classificando e protegendo paisagens e sítios de modo a garantir a conservação da natureza e a preservação dos valores culturais e artísticos. O estabelecimento de áreas protegidas implica, naturalmente, a imposição de restrições às utilizações, inclusivé económicas, que delas podem ser efectuadas.

Tendo em vista a protecção da natureza e da biodiversidade, o Estado socorreu-se inicialmente das figuras dos parques nacionais e reservas naturais, introduzidos na nossa ordem jurídica desde 1970. Estas figuras vieram a ser integradas, anos depois, num conceito mais amplo de áreas protegidas, as quais são hoje regidas basicamente pelo DL n.° 19/93, de 23 de Janeiro (alterado pelos Decretos-Leis n.ºs 151/95, de 24 de Junho, 213/97, de 16 de Agosto, 227/98, de 17 de Julho relativo às reservas e parques marinhos, 221/2002, de 22 de Outubro, 117/2005, de 18 de Julho, e 136/2007, de 27 de Abril). Este regime aplica-se quer às áreas terrestres, quer às águas interiores e marítimas, onde a fauna, a flora, a paisagem e os ecosistemas ou outras ocorrências naturais apresentem, pela sua raridade, valor ecológico ou paisagístico, importância científica, cultural e social, uma relevância especial que exijam medidas específicas de conservação e de gestão. Cabem no conceito de áreas protegidas de interesse nacional os parques nacionais, as reservas naturais, os parques naturais e os monumentos nacionais. As áreas protegidas de interesse regional ou local são qualificadas como paisagens protegidas. Em zonas privadas podem ainda ser designados sítios de interesse biológico[18].

A legislação ambiental é sensível, além disso, à necessidade de atender à natureza, fertilidade e topografia dos solos a fim de regular os seus usos. A *Reserva Agrícola Nacional* (RAN) constitui um instrumento privilegiado para condicionar o uso não agrícola de solos férteis (art. 27.°, 1 *d*) da Lei n.° 11/87, de 7 de Abril). A RAN vincula, assim, todos os solos por ela abrangidos à exploração agrícola. A *Reserva Ecológica Nacional* (REN) proíbe, por seu lado, na área reservada, operações de loteamento,

[18] Cf. a Lei de Bases da Política de Ordenamento do Território e do Urbanismo (Lei n.° 48/98, de 11 de Agosto). Foi aprovada em Setembro de 2001, pelo Conselho de Ministros, a Estratégia Nacional de Conservação da Natureza e da Biodiversidade.

obras de urbanização, construção de edifícios, obras hidráulicas, vias de comunicação, bem como aterros, escavações e destruição da camada vegetal[19].

A RAN, a REN e as áreas protegidas são, pois, de molde a restringir quer o exercício do direito de propriedade, quer a liberdade de iniciativa privada, em particular no que se refere à actividade industrial[20].

2.2.4. Métodos e instrumentos especiais de regulação pública do ambiente

2.2.4.1. Licença ambiental e avaliação de impacte ambiental

A acção dos poderes públicos destinada a proteger o ambiente socorre-se actualmente de um novo instrumento de regulação aplicável às actividades poluidoras, a *licença ambiental*. Esta figura, instituída pela Directiva 96/61/CE, de 24 de Setembro de 1996, encontra-se presentemente contemplada, em Portugal, no DL n.º 173/2008, de 26 de Agosto, que transpôs para a ordem jurídica interna a Directiva n.º 2008/1/CE, do Parlamento Europeu e do Conselho, de 15 de Janeiro.

Este regime não prejudica a aplicação de legislação já vigente, designadamente, em matéria de avaliação prévia de impacte ambiental, controlo dos perigos associados a acidentes graves que envolvem substâncias perigosas e de ilícitos de poluição marítima e de combate à poluição do mar.

A exigência de *avaliação prévia do impacte ambiental* de determinados projectos ou actividades públicos e privados representa uma expressão clara do já referido princípio da prevenção. Com origem numa imposição do direito comunitário aplicável à aprovação de projectos submetidos a financiamento dos Fundos Estruturais, esta avaliação constitui uma formalidade essencial da aprovação de projectos de obras públicas pelo Governo, enquadrando-se, além disso, no processo conducente ao licenciamento de actividades de carácter industrial e agrícola[21]. No quadro desta

[19] Cf. art. 22.º do DL n.º 166/2008, de 22 de Agosto (diploma que estabelece o regime jurídico da Reserva Ecológica Nacional).

[20] E. Fernandez, «A Reserva Agrícola e Ecológica Nacional como Vínculos Ambientais que Restringem o Uso dos Solos», *Revista de Direito do Ambiente e Ordenamento do Território*, N.º 2, Março de 1996, p. 43-58. O regime da RAN consta actualmente do DL n.º 73/2009, de 31 de Março. O regime da REN consta do DL n.º 166/2008, de 22 de Agosto.

[21] O DL n.º 186/90, de 6 de Junho, regulamentado pelo Decreto Regulamentar n.º 38/90, de 27 de Setembro, introduziu no direito português as normas da Directiva n.º 85/337 CEE do Conselho, de 27.6.1985, que regula a avaliação de impacte ambiental. O regime jurídico da avaliação de impacte ambiental foi revisto na sequência da adopção da Directiva n.º 97/11/CE, do Conselho, de 3.31997, transposta para o direito português pelo DL n.º 69/2000, de 3 de Maio. Sobre a experiência das avaliações de impacte ambiental em Portugal e a influência que nelas têm exercido os cidadãos e as suas organizações, cf. M. E. Gonçalves, «Cultura cívica e participação política. A aplicação das directivas sobre avaliação de impacte ambiental em Portugal», in *Estudos de Homenagem ao Conselheiro Cunha Rodrigues* – Vol. II, Coimbra: Coimbra Editora, 2001, p. 975-998.

avaliação, assume especial importância a consulta das entidades interessadas e do público em geral e suas organizações representativas, nomeadamente as associações de defesa do ambiente, bem como das autarquias locais da região abrangida relativamente a empreendimentos em cujo processo não tenham participado. Esta consulta estende-se hoje aos outros Estados que se considere poderem vir a ser afectados pelo projecto em causa[22].

O regime de acesso à actividade industrial define, como se indicou mais acima, as condições a que obedece o *licenciamento de estabelecimentos industriais*[23]. Um dos principais objectivos do regime de licenciamento é precisamente a coordenação da política industrial com a política do ambiente e de recursos naturais. Trata-se de uma inovação, visto que até aos anos 90 a defesa do ambiente não era incluída, pelo menos explicitamente, entre os objectivos deste regime[24].

Aspecto decisivo para a concessão da licença é, desde logo, a avaliação dos riscos ambientais envolvidos na actividade industrial em causa. Por esse motivo a classificação das actividades industrais é feita em função do grau e da natureza do risco e potenciais inconvenientes para o homem e o ambiente. Além disso, a entidade coordenadora do processo de licenciamento (o Ministério responsável pelo sector industrial e respectivas delegações regionais) deve ouvir, sobre o mesmo, as entidades com atribuições na área do ambiente.

Como se assinalou, estabelece-se ainda um *dever geral de segurança* nesta matéria. O industrial é o primeiro responsável por essa segurança, que implica a adopção das necessárias medidas de prevenção. Isso não impede, contudo, a entidade fiscalizadora de impor ao industrial as medidas que entenda deverem ser tomadas para evitar riscos para o ambiente, incluindo medidas cautelares.

Para além do regime geral, é relevante neste domínio o regime especial da *prevenção dos riscos de acidentes graves* que possam ser causados por certas actividades industriais e ou de armazenagem[25]. Também este regime visou transpor para o direito português a directiva europeia na matéria. À semelhança do estabelecido pelo regime geral de licenciamento da actividade industrial, é ao responsável pela actividade perigosa que incumbe tomar as medidas necessárias para prevenir acidentes industriais graves e limitar-lhes as consequências para o homem e o ambiente. Cabe-lhe, em especial, notificar a entidade competente na altura do pedido de licenciamento da actividade que se propõe exercer, desde que esta seja considerada como comportando riscos graves de acordo com determinados critérios.

[22] É o que decorre da Convenção sobre a Avaliação de Impactes Ambientais num Contexto Transfronteiriço (Convenção de Espoo, 1991), aprovada pelo Governo português pelo Decreto n.º 59/99, de 17 de Dezembro.
[23] Cf. *supra*, 4.2.
[24] Cf. Decretos-Lei n.º 46923 e n.º 46924, de 28 de Março de 1966.
[25] Cf. DL n.º 254/2007, de 12 de Julho.

É instituída, do mesmo passo, junto do Ministro do Ambiente, uma *autoridade técnica de riscos industriais graves* (ATRIG) com poderes para controlar o cumprimento das obrigações dos responsáveis pelas actividades perigosas.

2.2.4.2. Os incentivos e os contratos-programa

Entre os instrumentos utilizados pelos poderes públicos para porem em prática os objectivos das suas políticas de ambiente encontram-se as medidas de incentivo às empresas. São exemplos os incentivos financeiros à instalação de equipamentos não poluentes ou de tratamento de efluentes e os instrumentos de natureza fiscal, como taxas ajustáveis em função das utilizações dos recursos e/ou dos níveis de emissão[26].

Assim, por exemplo, no quadro da política de gestão do ar prevêem-se vários tipos de medidas desta natureza, como incentivos à instalação de equipamentos de depuração de gases e de modificação para tecnologias limpas nas indústrias já instaladas e à utilização de energias alternativas.

O Estado português recorre igualmente à figura do *contrato-programa* para promover os objectivos da sua política ambiental. Esta modalidade de contrato é utilizada, quer nas relações do Estado com as CCR e com os municípios, quer nas relações do Estado com empresas industriais e suas associações (por exemplo, as empresas produtoras de pasta de papel). No primeiro caso, tem-se em vista encorajar investimentos públicos de âmbito municipal e regional, em particular nos domínios do saneamento básico e do ambiente e recursos naturais. No segundo caso, o objectivo geral é estimular a redução das emissões poluentes, a economia dos consumos de água e energia e a recuperação de matérias-primas, entre outros[27].

2.2.5. Os agentes da regulação pública do ambiente

2.2.5.1. O Governo

A criação de departamentos do Governo e da Administração Pública com competências no domínio da defesa e protecção do ambiente constitui a consequência natural das responsabilidades de que o Estado é investido neste campo. Em Portugal, a primeira entidade da Administração com funções neste domínio foi a Comissão Nacional do Ambiente, instituída em 1971. A integração das preocupações ambientais no elenco do Governo só se tornou efectiva com o primeiro governo provisório constituído após o 25 de Abril de 1974, altura em que foi criado, em substituição

[26] Sobre os incentivos de natureza fiscal neste domínio, cf. A. Carlos Santos, «Ambiente e fiscalidade», *in Da Questão Fiscal à Reforma Fiscal*, Lisboa: Rei dos Livros, 1999, p. 405 ss.

[27] Cf. DL n.º 384/87, de 24 de Dezembro. Note-se que, os contratos-programa com as empresas produtoras de pasta de papel têm admitido a isenção, ainda que transitória, dessas empresas da aplicação de normas constantes da legislação da água, em especial de descarga de águas residuais. Cf. Despacho 36/DGL, Diário da República – II Série, N.º 188, 16-8-1990 e Portaria n.º 505/92, de 19 de Junho.

do anterior Ministério das Obras Públicas, o Ministério do Equipamento Social e Ambiente que incluía uma Subsecretaria de Estado do Ambiente[28]. Desde então, a existência de um departamento responsável pelo ambiente tem sido uma constante, inserido embora em ministérios diversos ao longo do tempo e substituído durante um curto período por um Ministério da Qualidade de Vida.

Em Janeiro de 1990, foi criado o Ministério do Ambiente e Recursos Naturais (MARN) como departamento responsável pela prossecução da política do ambiente, dos recursos naturais e do consumidor, cuja orgânica foi definida pelo DL n.° 187/93, de 24 de Maio. Sucessivas mudanças orgânicas desembocaram no DL n.º 120/2000, de 4 de Julho, que alterou a designação deste departamento para *Ministério do Ambiente e do Ordenamento do Território*. Este viria a dar lugar, em 2002, ao *Ministério das Cidades, Ordenamento do Território e Ambiente*, em 2006, ao *Ministério do Ambiente, do Ordenamento do Território e do Desenvolvimento Regional* e, finalmente, em 2009, de novo ao *Ministério do Ambiente e do Ordenamento do Território* (MAOT)[29].

2.2.5.2. A Administração económica do ambiente

No *Ministério do Ambiente e Ordenamento do Território* funcionam, além da Agência Portuguesa do Ambiente (que resultou da fusão do Instituto do Ambiente (IA) e do Instituto de Resíduos (INR)), as Comissões de Coordenação e Desenvolvimento Regional (CCDR) e diversos institutos públicos sectoriais. Estes institutos são: o Instituto da Água, o Instituto da Conservação da Natureza e da Biodiversidade, o Instituto da Habitação e da Reabilitação Urbana, o Instituto Financeiro para o Desenvolvimento Regional e a Entidade Reguladora dos Serviços das Águas e dos Resíduos.

No quadro da *Administração desconcentrada*, as CCDR dispõem de competências específicas de planeamento de acções de defesa e protecção ambiental e de licenciamento e inspecção das actividades económicas, em especial industriais, que envolvem riscos para o ambiente.

A *Administração local* tem, também, atribuições e competências em matéria de ambiente, definidas na Lei n.º 159/99, de 14 de Setembro (arts. 13.º e 26.º).

Como se indicou mais acima, a dimensão científica e técnica dos problemas ambientais explica a importância que adquire o parecer de especialistas, cientistas e técnicos,

[28] DL n.° 203/74, de 15 de Maio e DL n.° 550/75, de 30 de Setembro, que organizou a Secretaria de Estado do Ambiente.

[29] Sucessivas mudanças orgânicas (DL n.° 187/93, de 24 de Maio; DL n.° 230/97, de 30 de Agosto) conduziram ao DL n.° 120/2000, de 4 de Junho, em consequência do qual o Ministério passou a ser designado como Ministério do Ambiente e do Ordenamento do Território, depois, ao DL n.º 207/2006, de 27 de Outubro (Ministério do Ambiente, do Ordenamento do Território e do Desenvolvimento Regional), ao DL n.º 321/2009, de 11 de Dezembro, que voltou a designá-lo como Ministério do Ambiente e do Ordenamento do Território (MAOT) e, finalmente, ao DL n.º 86-A/2011, de 12 de Julho (Lei Orgânica do XIX Governo Constitucional) que agregou o Ambiente e Ordenamento do Território à Agricultura e Mar.

na fundamentação da legislação ambiental. Além disso, tem-se reconhecido a necessidade de assegurar a participação de representantes dos interesses económicos e sociais e da sociedade em geral na formulação e execução das medidas de protecção ambiental. A associação desses diferentes tipos de entidades ao processo de decisão pública está na base do especial desenvolvimento, neste campo, das instâncias da *administração consultiva* que operam junto do aparelho de Estado aos seus diversos níveis.

Constituem disto exemplos o *Conselho Nacional do Ambiente e Desenvolvimento Sustentável (CNADS*), órgão consultivo independente composto por membros designados pelo Conselho de Ministros e membros oriundos da sociedade civil (sindicatos, associações patronais, organizações não governamentais no domínio do ambiente, municípios, entre outros)[30]. A legislação da água criou um *Conselho Nacional da Água* (CNA), como órgão consultivo do planeamento nacional neste domínio, e Conselhos de Bacia, redenominados Conselhos de Região Hidrográfica pela Lei n.º 58/2005[31]. Do CNA fazem parte representantes de diversos departamentos da Administração Central, da Administração Local, bem como de organismos não governamentais e de entidades científicas e de investigação. Nos Conselhos de Bacia estarão representados os organismos de Estado competentes e os utilizadores.

Com competências de aconselhamento em matéria de áreas protegidas existem os *Conselhos Consultivos das áreas protegidas* que deverão integrar representantes de instituições científicas, especialistas na matéria e representantes dos serviços da Administração central e local, bem como as organizações não governamentais do ambiente (ONGA)[32].

2.2.5.3. As organizações não governamentais

A regulação do ambiente assenta, desde a sua origem, num *princípio de participação e intervenção* dos cidadãos, designadamente através das *associações de defesa do ambiente*. A esse direito corresponde o dever ou responsabilidade dos cidadãos e suas organizações de preservar e melhorar o meio ambiente.

As associações de defesa do ambiente, pessoas colectivas privadas, sem fim lucrativo, são qualificadas pela lei como *organizações não governamentais de ambiente - ONGA*[33]. Estas organizações usufruem em Portugal de direitos próprios de par-

[30] Cf. DL n.º 221/97, de 20 de Agosto, com as alterações introduzidas pelo DL n.º 136/2004, de 3 de Junho. O CNADS, criado dentro do espírito das recomendações da Conferência sobre Ambiente e Desenvolvimento (Rio de Janeiro, 1992), tem desempenhado um papel de relevo na reflexão e recomendação de orientações para a acção, quer dos poderes públicos, quer de entidades privadas. Cf. CNADS, *Pareceres e Reflexões*, Lisboa, 2000/2010 (vários vols.).

[31] Cf. art. 7.º, n.º 2, b) da Lei n.º 58/2005.

[32] Cf. art. 39.º da Lei n.º 11/87, de 7 de Abril; Lei n.º 35/98, de 18 de Julho (Lei das Organizações Não Governamentais de Ambiente).

[33] Cf. o estatuto das ONGA na Lei n.º 35/98, de 18 de Julho.

ticipação na formulação e aplicação das políticas do Estado, complementados por direitos de consulta e de informação junto dos órgãos da Administração. O estatuto de «parceiro social»[34] que lhes é reconhecido implica o direito de representação das ONGA de âmbito nacional no CES e no CNADS.

Por seu turno, as associações de âmbito regional e local têm direito a fazer-se representar nos conselhos municipais e nos conselhos gerais das áreas protegidas existentes nas zonas onde exercem a sua acção. Também aqui o direito é acompanhado da imposição de um dever, o de essas associações colaborarem com as autoridades, designadamente as autarquias locais, nos planos e nas acções de protecção e valorização da natureza e do ambiente.

Ao Estado cabe viabilizar o funcionamento das associações de defesa do ambiente, apoiando-as técnica e financeiramente.

3. A regulação pública do ambiente e a actividade económica na União Europeia

3.1. Introdução

Embora o Tratado de Roma não fizesse, na sua versão originária, qualquer referência explícita ao ambiente ou à protecção do ambiente como objecto da acção comunitária, a então CEE lançou iniciativas neste domínio sobretudo desde princípios dos anos setenta[35]. Estas iniciativas tomaram por base, quer o art. 100.º (actual art. 115.º TFUE), quer o art. 235.º (actual art. 352.º, TFUE). O art. 115.º TFUE confere ao Conselho a competência para adoptar directivas visando a aproximação das disposições regulamentares e administrativas dos EM que tenham incidência directa no estabelecimento ou no funcionamento do mercado comum. A política de ambiente da Comunidade nasceu, com efeito, estreitamente associada à realização do mercado interno. Ela começou por ser vista essencialmente sob o ângulo económico, ou seja, o da necessidade de harmonizar o direito ambiental aplicável ao exercício da actividade económica na Comunidade no sentido de evitar distorções à concorrência entre as empresas nesse mercado[36].

Na sua primeira fase, o principal instrumento comunitário neste domínio consistiu na adopção e execução de *Programas de Acção*, definindo objectivos e orientações para a acção dos orgãos comunitários no período a que se referem.

A *política de ambiente* foi-se afirmando com o tempo como um objectivo fundamental da CEE até encontrar a sua formalização no Acto Único Europeu (1986).

[34] Cf. art. 3.º n.º 1 al. *m*) da Lei n.º 108/91, de 17 de Agosto.

[35] Cf. L. Krämer, *EEC Treaty and Environmental Protection*, London: Sweet & Maxwell, 1990, pp. 1-3.

[36] Cf. L. Krämer, «The Single European Act and Environmental Protection: Some Reflections on Several New Provisions in Community Law», 24, *Common Market Law Review*, 1987, p. 622 e «Commentaire de l'Acte Unique Européen en Matière de l'Environnement», *Revue Juridique de l'Environnement*, 1/1988, p. 80.

A aprovação do TUE consolidou a base jurídica da política ambiental da UE (arts. 174.° a 176.° do TCE, hoje arts. 191.º a 193.º do TFUE)[37]. A *autonomização desta área da intervenção da União Europeia* em relação à realização do mercado interno reflectiu o reconhecimento, ao mais alto nível das esferas de decisão política europeias, de que a expansão económica deve ser acompanhada da salvaguarda de valores não estritamente económicos[38]. A sua relevância prática traduziu-se nas novas orientações da jurisprudência do Tribunal de Justiça, o qual tem vindo a aceitar a compatibilidade com o direito europeu de legislações nacionais lesivas da livre troca entre EM, desde que justificadas pela necessidade de proteger valores ambientais[39].

Assistiu-se, assim, a uma evolução da regulação ambiental da UE da regulação dos *produtos,* tendo em vista prevenir que normas técnicas nacionais levantassem barreiras não aduaneiras à livre circulação das mercadorias, à regulação dos *processos* (designadamente, dos processos industriais como emissões atmosféricas, resíduos) aliada à gestão dos recursos naturais (*habitats*) visando proteger o ambiente em si, bem como à regulação dos *procedimentos políticos e administrativos*, com a adopção dos regimes de AIA e de acesso à informação em matéria de ambiente[40]. A política de ambiente não constitui, porém, uma política comum, conservando os EM a sua autonomia para a formulação e execução das suas políticas internas. Trata-se, pois, de um domínio de competências partilhadas entre os Estados e a UE. A delimitação das competências comunitárias e nacionais obedece ao já referido *princípio da subsidiariedade*, contemplado no art. 5.°, n.º 3 do TUE. É, contudo, difícil precisar em abstracto as condições em que um objectivo determinado pode ser melhor realizado a nível nacional ou comunitário. Daí que esta disposição tenha sido entendida como uma orientação de natureza essencialmente política, a ser concretizada de modo pragmático[41].

[37] A inclusão da protecção do ambiente na Carta dos Direitos Fundamentais da União Europeia (art. 37.º) pode ser interpretada como uma reafirmação da defesa do ambiente como objectivo prioritário das políticas comunitárias.

[38] Cf. S. Baker, «The Evolution of European Union Environmental Policy. From Growth to Sustainable Development» in S. Baker et al., *The Politics of Sustainable Development*, London: Routledge, 1996, p. 91. Cf. as Conclusões da Presidência do Conselho Europeu de Gotemburgo, 15 e 16 de Junho de 2001, onde foi definida uma ambiciosa estratégia europeia para o desenvolvimento sustentável.

[39] Cf., dado o seu carácter pioneiro, o processo 302/86, Comissão das CE contra Reino da Dinamarca, Acórdão de 20.9.1988, *Recueil* 1988-8, p. 4607 e ss.; L. Krämer, «Environmental Protection and Art. 30 CEE Treaty», *Common Market Law Review*, 30, 1993, p. 111 ss.

[40] Cf. Directiva AIA; Directiva 2003/4/CE do Parlamento Europeu e do Conselho de 28.1.2003 relativa ao acesso do público às informações sobre ambiente (que revoga a Directiva 90/313/CEE), JO N.º L 041 de 14.2.2003, p. 26-32.

[41] O Protocolo relativo à aplicação dos princípios da subsidiariedade e da proporcionalidade, anexo ao Tratado de Amesterdão, ajudou a clarificar o sentido e limites daquele princípio.

As medidas de defesa e protecção do ambiente adoptadas pela UE são, aliás, definidas como um mínimo denominador comum, isto é, não prejudicam a adopção pelos Estados de medidas de protecção mais exigentes: de acordo com o art. 193.º, as medidas de protecção adoptadas por força do TFUE «não obstam a que cada Estado-Membro mantenha ou introduza medidas de protecção reforçadas». A única condição é a compatibilidade destas com os Tratados, o que deixa supor a preocupação de evitar que tais medidas possam ser utilizadas com intuitos proteccionistas ou falseadores da concorrência entre empresas[42].

3.2. Princípios gerais

O *conceito de ambiente* implícito na definição dos objectivos da acção comunitária situa-se na linha das tendências internacionais já referidas que incluem nele não só o meio ambiente físico e natural como a saúde das pessoas e a gestão e utilização prudente e racional dos recursos naturais (art. 191.º do TFUE).

Também os princípios da regulação comunitária do ambiente correspondem em larga medida aos que orientam a generalidade das políticas ambientais: são eles os *princípios da precaução* e da *prevenção*, da *correcção* prioritariamente *na fonte* dos danos causados ao ambiente, os *princípios do utilizador-pagador e do poluidor-pagador* e o *princípio da integração* da defesa do ambiente na definição e aplicação das demais políticas (art. 191.º, n.º 2, do TFUE).

Pelas suas consequências para a actividade económica, é de registar a importância que tem adquirido, nos últimos anos, a aplicação do *princípio da precaução* quer pela Administração comunitária (por exemplo, a moratória sobre a comercialização de produtos geneticamente modificados), quer pelo Tribunal de Justiça.

Confrontado com situações cada vez mais numerosas em que subsistem incertezas quanto à existência e âmbito dos riscos para o ambiente ou a saúde das pessoas susceptíveis de resultar de determinadas actividades económicas ou produtos, o TJUE tem-se pronunciado no sentido de que as instituições devem tomar medidas de protecção contra esses riscos sem terem de esperar que a realidade e a gravidade dos mesmos sejam plenamente demonstradas. O TJUE tem, do mesmo passo, considerado a protecção da saúde como um objectivo da protecção do ambiente. Neste contexto, o TJUE reconheceu inclusivamente a faculdade de qualquer EM de limitar ou proibir a título provisório a utilização ou venda de um produto sobre o qual tem razões para crer que apresenta risco, mesmo que o Estado em questão tenha dado

[42] O art. 114.º, n.ºs 3 e 4 dispõe que, no caso de os Estados-Membros considerarem necessário aplicar disposições nacionais justificadas por exigências importantes, relativas, entre outras, à protecção do ambiente, devem notificá-las à Comissão. Esta tem competência para confirmar as disposições em causa, o que pressupõe que verifique que não constituem um meio de discriminação arbitrária ou uma restrição dissimulada ao comércio entre os Estados-Membros.

anteriormente parecer favorável a essa utilização ou venda e a UE tenha adoptado decisão favorável[43].

Infere-se das disposições do TFUE que a acção da UE deve ser científica e tecnicamente fundada – o que implica que as decisões devam ter em consideração a opinião científica mais actualizada. Ela deve, além disso, ter em conta as condições ambientais nas diversas regiões comunitárias, quer dizer, adaptar-se à sua especificidade. A acção da União deverá ainda ser proporcionada relativamente aos custos e benefícios dela decorrentes – o que tem sido interpretado como implicando uma avaliação prévia não obediente a critérios meramente económicos (art. 191.°, n.° 3, do TFUE).

A natureza transnacional de muitos fenómenos de poluição aliada ao imperativo da gestão integrada dos recursos naturais transfronteiras faz da UE um quadro particularmente adequado para a adopção e aplicação de políticas e de medidas de protecção do ambiente, mas torna também indispensável a cooperação com Estados não membros e com outras organizações internacionais. Reconhece, assim, o TFUE o *princípio da cooperação internacional* (art. 191.°, n.° 4).

3.3. Instrumentos de regulação

O instrumento típico de intervenção da UE no domínio da política de ambiente é a *directiva*. Nalguns casos, as directivas limitam-se a estabelecer obrigações de agir, de que são exemplos as obrigações de elaborar ou pôr em execução planos de saneamento ou de avaliar previamente o impacto ambiental de certos projectos. Noutros casos, as directivas têm efeito directo nas ordens jurídicas internas – quer dizer, são invocáveis pelos cidadãos independentemente de subsequentes medidas nacionais – o que, contudo, se verifica apenas quando reúnem suficiente grau de precisão. São disso exemplo as que fixam valores máximos de rejeição de efluentes ou da concentração de determinadas substâncias na água, no ar, etc.[44]. O recurso à directiva explica-se em grande medida pela natureza partilhada das competências da UE e dos Estados neste domínio.

Se os EM mantêm a sua autonomia para a adopção e aplicação de políticas internas no domínio do ambiente, estas não deixam, porém, de ser condicionadas de modo determinante pelas directivas da UE, competindo à Comissão o poder de fiscalizar o seu cumprimento pelos Estados.

[43] Acórdão de 21.3.2000, processo C-6/99, *Assoc. Greenpeace France*; cf. P. Bechman e V. Mansuy, *Le Principe de Précaution*, Paris: Litec, 2002; M. E. Gonçalves, «The precautionary principle in European law », in Mariachiara Tallachini and Stefano Rodotà (eds.), *Tratatto di Biodiritto*, Milano: Giuffrè editore, 2010.

[44] Cf. L. Krämer, «Effet national des directives communautaires en matière d'environnement», *Revue Juridique de l'Environnement*, 3/1990, p. 330. Sobre o conteúdo destas medidas, cf. A. Carvalho Martins, *ob. cit.*

A função da UE neste domínio tem sido, pois, essencialmente *normativa*[45]. Esta não é, todavia, a sua função exclusiva, uma vez que se conjuga com uma acção de *auxílio* ou *fomento*. No âmbito dos Fundos Estruturais (FEOGA, FSE e FEDER) são, por exemplo, atribuídas ajudas tendo em vista estimular a utilização de tecnologias ou equipamentos anti-poluentes. Com este objectivo o próprio Tratado veio admitir a possibilidade de apoios financeiros especiais provenientes do Fundo de Coesão (art. 192.°, n.° 5, TFUE). Com o 5.° Programa de Acção Comunitária no domínio do ambiente passou a ser considerada a importância da introdução de instrumentos económicos e fiscais, como um regime de transacção dos direitos de emissão, taxas e outros incentivos para fomentar a aquisição de produtos mais verdes ou o regime de recompensa das empresas pelo seu desempenho ambiental de que são ilustração os contratos agro-ambientais que oferecem prémios aos agricultores que assumem compromissos ambientais específicos.

Na mesma linha de orientação, a Comissão tem aceite que os auxílios estatais às empresas com fins de protecção ambiental sejam considerados admissíveis, o que representa uma excepção à proibição desses auxílios que consta, como se viu, das regras comunitárias da concorrência.

3.4. Processos de decisão

De acordo com o TFUE, a aprovação da legislação (designadamente, das directivas) em matéria de ambiente cabe ao Conselho de Ministros, deliberando por maioria qualificada. Aplica-se neste domínio o procedimento de cooperação com o Parlamento Europeu, regulado no art. 294.° do TFUE. O Parlamento dispõe do poder de propor alterações ou rejeitar as posições comuns adoptadas pelo Conselho, que só poderão ser depois aprovadas pelo Conselho por unanimidade.

[45] Os instrumentos do direito comunitário neste campo assumem, em regra, um carácter técnico, sendo fraco o seu conteúdo político. Cf. N. Haigh, «The European Community and International Environmental Policy», *International Environmental Affairs*, Vol. 3, no. 3, 1991, p. 169.

TÍTULO VII
A REGULAÇÃO DA QUALIDADE

1. Âmbito da regulação da qualidade

Em sentido amplo, a regulação da qualidade abrange os princípios e regras de protecção da qualidade de vida, incluindo aspectos como o ambiente, o ordenamento do território, o consumo, o direito social, etc.. De um modo mais restrito o direito da qualidade tutela, quer a prevenção dos defeitos e riscos dos bens ou serviços, quer a responsabilidade pela reparação dos danos causados por produtos ou serviços defeituosos e perigosos. Contudo, frequentemente, o seu âmbito é limitado apenas ao primeiro aspecto, ou seja, à tutela da prevenção.

Como parte integrante do direito económico, o *direito da qualidade* é entendido como o conjunto de regras de natureza pública, privada ou mista que definem as condições a que deve obedecer a produção de bens ou a prestação de serviços e enumeram as características de que aqueles devem ser dotados. Dele fazem parte: as *regulamentações técnicas obrigatórias*, que visam a protecção de interesses gerais (ambiente, consumidores, utilizadores); as *normas técnicas* (normalização), produzidas com a participação da própria indústria ou serviços, mas que se impõem nos mercados públicos, nos contratos de seguros, nas próprias regulamentações técnicas; e ainda as *regras de certificação* ou reconhecimento oficial de um produto como conforme às regulamentações e normas técnicas[1]. O direito da qualidade tem um forte sentido *normalizador*, sujeitando os agentes económicos a regulamentos e normas técnicas ou regras deontológicas idênticas, com base nas quais a qualidade dos seus bens ou dos seus serviços é avaliada e que, muitas vezes, constituem uma condição do seu acesso ao mercado.

[1] Por vezes são também incluídos no âmbito do direito da qualidade os códigos de conduta cujo objectivo é a normalização do modo de prestação de certo tipo de serviços.

2. Fundamentação e objectivos

É possível distinguir alguns objectivos específicos que presidem à elaboração de normas disciplinadoras da qualidade:

- A *protecção do consumidor* resultante de todos os sistemas de controlo sobre a qualidade dos produtos, em geral, e dos produtos perigosos em particular;
- A *harmonização de procedimentos e tecnologias* que tornem os equipamentos compatíveis, o que se mostra particularmente relevante em sectores como as telecomunicações dada a necessidade de estabelecer ligações em rede de âmbito potencialmente mundial;
- A *realização de economias de escala*, que resulta da normalização de componentes e sua utilização por marcas diferenciadas;
- A *eliminação de barreiras técnicas à livre circulação* de mercadorias quer no âmbito da UE, quer da Organização Mundial do Comércio.

Esta variada fundamentação das normas disciplinadoras da qualidade tende, aliás, a ser acentuada pelo facto de o controlo da qualidade se vir mostrando uma preocupação crescente dos consumidores e suas organizações e também um elemento importante nas decisões dos produtores. De facto, a produção de bens de consumo tende a dar resposta às preferências dos consumidores e a valores culturais que, induzidos ou difundidos pela publicidade e por campanhas de *marketing*, privilegiam a diferença e a qualidade, mais do que a produção massificada. A ênfase que hoje se põe na qualidade dos produtos constitui uma nova etapa da produção industrial que, uma vez aperfeiçoada a produção em massa, se disponibiliza para o investimento nos aspectos qualitativos. A penetração em certos mercados e a manutenção de competitividade exige também que as empresas respeitem determinados padrões de qualidade.

3. A pluralidade e a tecnicidade das fontes do direito da qualidade

Os objectivos que justificam o desenvolvimento do direito da qualidade contribuem, juntamente com outros factores, para o *carácter plural e heterogéneo* das suas fontes. A par de regulamentos de carácter público, internos e de direito comunitário ou internacional, encontramos normas privadas de diversos tipos (códigos deontológicos, recomendações, normas técnicas, etc.) e proveniências (comissões, associações profissionais, órgãos técnicos, etc.). O seu conteúdo varia, da definição das condições técnicas de produção de bens ou suas características à disciplina do exercício de certas actividades (financeiras, seguros, serviços públicos, etc.). O que as aproxima é a procura, em todas elas, de uma disciplina que diminua o risco de defeito ou previna o erro, garantindo a segurança de quem consome, bem como a harmonização de procedimentos[2].

[2] A importância da regulamentação privada e mista pode levantar complexas questões, por exemplo em matéria de hierarquia e obrigatoriedade, cuja discussão em profundidade se torna aqui impossível de

Trata-se de um domínio do direito económico onde se manifestam com enorme acuidade algumas das características que lhe foram apontadas na Introdução a este livro, como sejam a heterogeneidade das suas fontes, a sua relativa privatização, na sequência do movimento de desregulação, e também o recurso a processos de concertação entre os interesses envolvidos (produtores e destinatários do produto ou serviço, por um lado, e entidades públicas e privadas, por outro), para além do predomínio das normas de conteúdo positivo sobre as de conteúdo negativo.

A tecnicidade é outra das características relevantes no domínio do direito da qualidade. Na verdade, muitas vezes a regulamentação básica limita-se a definir os grandes princípios que depois se concretizam em inúmeras normas técnicas. É esta característica das suas fontes, juntamente com a anterior, que explica a existência de uma estrutura institucional complexa, em larga medida descentralizada, em que participam administradores e peritos, apoiados por entidades privadas[3].

4. O Sistema Português da Qualidade

4.1. Os instrumentos

O Sistema Português da Qualidade (SPQ) é o conjunto integrado de entidades e organizações interrelacionadas e interactuantes que, seguindo princípios, regras e procedimentos aceites internacionalmente, congrega esforços para a dinamização da qualidade industrial em Portugal e assegura a coordenação dos três subsistemas— da normalização, da qualificação e da metrologia— com vista ao desenvolvimento sustentado do País e ao aumento da qualidade de vida da sociedade em geral[4]. O SPQ integra três instrumentos básicos, que são a *normalização*, a *qualificação* e a *metrologia*, constituídos em três subsistemas.

a) *Subsistema de normalização*

O subsistema da normalização visa a elaboração de normas e outros documentos normativos nos âmbitos nacional, regional e internacional. A *norma* é um documento escrito aprovado por um organismo qualificado, publicitado, elaborado com a cola-

fazer. Cf., sobre esta questão, COMMISSION DROIT ET VIE DES AFFAIRES, *Droit des Normes Professionnelles et Techniques*, Bruxelas: Bruylant, 1985.

[3] Em Portugal, a função geral de coordenação deste sistema compete ao Instituto Português da Qualidade, um instituto público sob tutela do Ministério da Economia. Noutros países europeus essas funções são desempenhadas por entidades privadas reconhecidas pelo Estado para esse efeito (é, por exemplo, o caso da Dinamarca, Espanha, França, Itália e Reino Unido).

[4] Cf. Decreto-Lei n.º 142/2007, de 27 de Abril, que aprova o novo enquadramento jurídico do Sistema Português da Qualidade (SPQ).

boração das partes interessadas, destinada a uma aplicação repetitiva e contínua e cuja aplicação não é normalmente obrigatória[5].

Algumas das normas podem ser tornadas obrigatórias por intermédio de regulamentos técnicos se o interesse público assim o exigir.

O Instituto Português da Qualidade (IPQ) é o organismo nacional de normalização, ficando por esse efeito habilitado a constituir-se em membro nacional das organizações internacionais e regionais correspondentes. Prevê-se também a existência de organismos com funções de normalização sectorial, quer públicos, quer privados, neste caso previamente qualificados para o efeito pelo IPQ.

As normas são elaboradas, em geral, por Comissões Técnicas de Normalização, onde deverão estar representadas as partes interessadas.

b) *Subsistema de qualificação*

O subsistema de qualificação visa a obtenção de garantia da *conformidade* dos bens ou serviços relativamente aos requisitos exigidos, através da respectiva certificação.

A *certificação da qualidade*, verificado o cumprimento das normas portuguesas, europeias ou internacionais ou mesmo de outras especificações técnicas indicadas pelo IPQ, permite o uso de marca nacional de conformidade («produto certificado»)[6]. A marca «modelo conforme» refere-se aos casos em que o controlo é feito apenas através de certificação do modelo, seguido de posteriores ensaios esporádicos[7]. É ainda possível a certificação das próprias empresas (ou mesmo sociedades de advogados), a qual resulta de uma avaliação do respectivo sistema da qualidade por meio de auditorias efectuadas periodicamente[8].

Cabendo ao IPQ e a outros organismos públicos com funções sectoriais as funções de certificação, a possibilidade de intervenção no processo de entidades privadas, reconhecidas pelo IPQ, mantém-se neste caso[9].

c) *Subsistema de metrologia*

Por *metrologia* entende-se o conjunto de padrões fundamentais de medida, procedimentos, meios técnicos de calibragem e rastreio que permitem aferir o rigor dos instrumentos de *medida*, de modo a poderem ser utilizados para a verificação do cumprimento das normas e regulamentos técnicos.

Também aqui, a par de organismos públicos, poderão intervir entidades privadas devidamente qualificadas.

[5] Cf. F. NICOLAS, *Normas Comuns para as Empresas*, Comissão CE, 1988, p. 11.

[6] Sobre as condições de uso da Marca Nacional de Conformidade, cf. DL n.º 184/93, de 19 de Maio.

[7] Cf. Portaria n.º 126/86, de 2 de Abril e Portaria n.º 206/88, de 31 de Março.

[8] Tal processo permite o uso em documentos do símbolo «empresa certificada». Cf. Portaria n.º 178/2000, de 24 de Março.

[9] Cf. Art. 3.º, n.º 2, l) do DL n.º 142/2007, de 27 de Abril.

4.2. Os agentes

O sistema português da qualidade é integrado pelo Instituto Português da Qualidade (IPQ) e as entidades acreditadas para tal no âmbito dos subsistemas de normalização, qualificação e metrologia.

a) *O Instituto Português da Qualidade*

A coordenação do Sistema Nacional de Gestão da Qualidade cabe ao Instituto Português da Qualidade (IPQ). Ao Instituto compete, designadamente, apresentar propostas relativas às políticas de cada uma das componentes do sistema, promover a elaboração de normas portuguesas e proceder à sua homologação, certificar a conformidade dos produtos e serviços com as normas portuguesas e autorizar o uso de marcas nacionais. Compete também ao Instituto, como se referiu, o reconhecimento de entidades privadas ou mistas para o desempenho de funções de normalização, assim como assegurar a ligação e representação em organismos internacionais de normalização, metrologia e qualificação.

Com a extinção recente do Conselho Nacional da Qualidade e do Observatório da Qualidade, as competências dessas entidades foram transferidas para o IPQ, que é, portanto, hoje o principal elemento do SPQ e órgão de informação e de consulta do Governo, no âmbito da política da qualidade e de desenvolvimento do Sistema.

Em matéria de participação internacional, o IPQ assegura a representação portuguesa em diversas estruturas europeias e internacionais relacionadas com a certificação da qualidade, como o *European Committee for Standardization* (CEN), o *European Committee for Electrotechnical Standardization* (CENELEC), a *International Electrotechnical Commission* (IEC), a *Conference General des Poids et Mésures* (CGPM), a *International Organization for Legal Metrology* (OIML), a *International Organization for Standardization* (ISO) e a *European co-operation for Acreditation* (EA).

b) *Outros organismos públicos*

A título de exemplo foram já referidos outros organismos públicos que podem intervir no Sistema Nacional de Gestão da Qualidade com funções de normalização. Trata-se de organismos públicos dotados ou não de autonomia, cujas funções principais são ora de investigação científica e tecnológica (por exemplo, o Laboratório Nacional de Engenharia Civil), ora de estudo e assessoria a serviços públicos (Instituto de Informática do Ministério das Finanças), ora mesmo de controlo da qualidade em sectores específicos. A qualificação deste tipo de organismos também pode verificar-se em matéria de metrologia e certificação, inspecção e ensaios.

c) *Os organismos privados*

Nos diversos subsistemas, encontramos organismos privados qualificados. Vão desde associações empresariais a laboratórios e empresas. Entre os diversos organismos privados que podem intervir no sistema em qualquer das suas componentes, se a tal se candidatarem e forem reconhecidos pelo IPQ, destaca-se a *Associação Portuguesa para a Qualidade*. A associação propõe-se, entre outros objectivos, promover a qualidade, sensibilizando e formando os agentes económicos nesse sentido, realizando estudos, estabelecendo contactos com organismos congéneres nacionais e internacionais e colaborar em estudos de normalização. Dela podem ser membros pessoas singulares ou colectivas, nacionais ou estrangeiras, privadas ou públicas.

4.3. Os auxílios ou incentivos em matéria de qualidade

A qualidade pode também ser objecto de sistemas de incentivos. Como acontece com outras áreas de regulação, visa-se obter um resultado, não através de imposição de regras obrigatórias, mas pela concessão de benefícios a quem adequar os seus comportamentos a determinados padrões.

5. O sistema europeu de gestão da qualidade

5.1. Objectivos principais

Também no sistema europeu é visível a duplicidade de objectivos que se referiu presidirem às regras de gestão da qualidade. Aí se procura, em primeira linha, eliminar certos obstáculos à construção do mercado único, de forma a satisfazer os interesses dos produtores/exportadores em fazer escoar os seus produtos, alargando o seu mercado potencial sem custos adicionais e com economias de escala. Subsidiariamente, procura-se assegurar a realização de uma certa protecção dos consumidores, nomeadamente nos domínios da saúde e segurança.

Na verdade, uma das liberdades constituintes do mercado comum é a liberdade de circulação de mercadorias. Esta liberdade pressupõe, entre outras exigências, a eliminação de barreiras técnicas que coloquem entraves à troca de bens entre os diversos Estados-Membros. Tal como acontece em Portugal com os regulamentos, outros Estados possuem especificações técnicas obrigatórias para diferentes produtos que, do seu ponto de vista, se mostram indispensáveis para garantir a segurança. O facto de essas especificações não serem necessariamente coincidentes levanta dificuldades aos fabricantes que pretendam colocar os seus produtos em diferentes Estados. No limite, tal pode significar a compartimentação do mercado comum em mercados nacionais.

Tal situação levou as instituições da UE a tomar medidas no sentido de eliminar as diferenciações de origem regulamentar, pela via da *harmonização* das legislações e processos de normalização.

A Comissão, em colaboração com especialistas nacionais, começou por elaborar directivas contendo pormenorizadamente as especificações exigidas para os diversos produtos. Tal procedimento mostrava-se, contudo, moroso e pesado, pelo que o Tribunal e a própria Comissão, sobretudo a partir do acórdão *Cassis de Dijon*, de 2.2.79, estabeleceram a regra de que todo o produto legalmente fabricado e comercializado num Estado-Membro devia, em princípio, ser admitido em qualquer outro Estado-Membro. Implicitamente, exige-se um *reconhecimento automático mútuo* dos sistemas de controlo dos diversos Estados[10]. Este procedimento podia, no entanto, traduzir-se num favor às regulamentações nacionais menos exigentes e numa penalização dos produtos de maior qualidade. Por isso, salvaguardava-se a hipótese de, no caso de uma regulamentação nacional se mostrar necessária para satisfazer interesses imperativos de ordem geral, como a saúde pública, a protecção dos consumidores ou do ambiente, etc., a barreira técnica poder ser mantida para os produtos não conformes com as especificações naquela contidas. Permanecia assim uma margem de liberdade suficiente para os Estados, em nome de uma interpretação subjectiva de segurança, fazerem prevalecer o seu sistema contra a liberdade de circulação.

Um outro meio de controlo resultou da publicação de uma Directiva do Conselho com a qual se procurou, através da instituição de um processo de informação prévia no domínio das normas e regulamentações técnicas, prevenir a publicação unilateral de regulamentações pelos Estados-Membros[11].

5.2. A nova abordagem em matéria de harmonização técnica e normalização

A entrada em vigor do AUE consagrou a tentativa de encontrar um sistema expedito para melhorar esta situação[12]. Essa tentativa estava contida na Resolução do Conselho de 7.5.85 relativa a uma nova abordagem em matéria de harmonização técnica e normalização.

No essencial a «nova abordagem» estabelece duas etapas:

- A harmonização legislativa passa a ser *selectiva*, limitando-se, por meio de directivas, a determinar os objectivos a atingir, i.e., as exigências essenciais de segurança a que devem obedecer os produtos introduzidos no mercado comum, nele fabricados ou importados (cláusula geral de introdução no mercado)[13];

[10] O princípio do mútuo reconhecimento implica não só o reconhecimento de regras de concepção e fabrico, dos organismos e laboratórios e dos controlos, análises e ensaios efectuados pelo país exportador, mas também a possibilidade de os operadores económicos escolherem entre a aplicação das regras do Estado de destino ou de fabrico. Cf. Judgement of 20.2.79, Case 120/78, http://eur-lex.europa.eu/LexUriServ/LexUriServ.do?uri=CELEX:61978J0120:EN:PDF.

[11] Cf. Directiva n.º 94/10, revista pelas Directivas 98/34/CE e 98/48/CE.

[12] Recorde-se, a propósito, que o Acto Único introduziu, neste domínio, a regra da maioria qualificada para a adopção pelo Conselho de regulamentos ou directivas de harmonização técnica.

[13] Uma das primeiras directivas a ser publicada foi a relativa aos brinquedos. O DL n.º 237/92, de 27 de Outubro, procedeu à sua transposição para ordem jurídica portuguesa. Outras directivas normalizam os requisitos essenciais dos aparelhos de gás, material eléctrico de baixa tensão, equipamento terminal de telecomunicações, etc...

esta harmonização contribui para um nível de protecção elevado do consumidor (arts. 114.º e 169.º do TFUE);

- a harmonização das especificações técnicas é depois confiada aos *organismos europeus de normalização*, que são o Comité Europeu de Normalização (CEN), o Comité Europeu de Normalização Electrotécnica (CENELEC) e o Comité Europeu de Normalização no Sector das Telecomunicações (ETSI). Tanto o CEN como o CENELEC são organismos de direito privado que associam, respectivamente, os organismos nacionais de normalização e os comités nacionais electrotécnicos, sendo subsidiados pela União Europeia. Embora não incluam nos seus órgãos de direcção representantes directos de outros interesses, trata-se de organismos estreitamente ligados aos industriais interessados que indirectamente (através dos organismos associados aos Comités) participam no trabalho de normalização europeia[14]. Por sua vez o ETSI, criado em 1988 pela Associação Europeia das Administrações de Correios e Telecomunicações, agrupa directamente as partes interessadas na normalização e já não organismos intermédios de âmbito nacional como os Comités anteriormente referidos.

As exigências essenciais são obrigatórias, enquanto as especificações técnicas harmonizadas são optativas. No entanto, os produtos que as respeitarem presumem-se seguros, competindo ao EM que pretenda criar obstáculos à penetração no seu mercado provar que eles não respeitam as exigências de segurança (saúde, ambiente, etc.). Se o produtor se limitar a observar as exigências essenciais fica, pelo contrário, com o ónus da prova relativamente à segurança do seu produto, no caso de conflito com um qualquer Estado-Membro.

A verificação da conformidade com as normas comunitárias poderá ser feita por um organismo nacional independente, qualificado para o efeito, de acordo com critérios de avaliação fixados pela Comissão e a ela notificados pelos Estados-Membros. Considera-se, em geral, que o momento em que o produto deverá responder às exigências da directiva que lhe corresponda é o da sua introdução no mercado, ou seja, o momento em que o fabricante ou o seu mandatário estabelecido na UE ou o importador transferem fisicamente o produto para um terceiro (grossista, retalhista, etc.)[15].

[14] Cf., sobre este e outros aspectos aqui tratados, o *Livro Verde para o desenvolvimento da normalização europeia* (COM (90) 456, de 8.10.90).

[15] Sobre o sentido geral da «nova abordagem» e em especial sobre alguns problemas relativos à interpretação da cláusula «introdução no mercado», nomeadamente os que se relacionam com os produtos em *stock*, com as vendas por catálogo, e com as próprias noções de fabricante, e transferência física do produto, cf. NOGARE, «La nouvelle approche de l'harmonisation technique et la protection des consommateurs», *Revue Internationale de Droit Economique*, 1, 1991, p. 61 ss.

Ao produto fabricado de acordo com as directivas é permitida a aposição da marca «CE»/«UE»[16].

Com esta «nova abordagem» procura-se sobretudo acelerar a unificação do mercado comum. No entanto, existem dúvidas a este respeito: para uns, as medidas equacionadas não serão suficientes para dar corpo a tal objectivo; outros, porém, temem o reforço do poder de controlo da UE sobre os sistemas produtivos nacionais dos Estados-Membros e interrogam-se sobre se a normalização das regras da qualidade não se traduzirá numa promoção mais aparente do que real da qualidade.

[15] Sobre o sentido geral da «nova abordagem» e em especial sobre alguns problemas relativos à interpretação da cláusula «introdução no mercado», nomeadamente os que se relacionam com os produtos em *stock*, com as vendas por catálogo, e com as próprias noções de fabricante, e transferência física do produto, cf. NOGARE, «La nouvelle approche de l'harmonisation technique et la protection des consommateurs», *Revue Internationale de Droit Economique*, 1, 1991, p. 61 ss.

TÍTULO VIII
A REGULAÇÃO DA INFORMAÇÃO E DA COMUNICAÇÃO

1. Introdução

1.1. A informação e a comunicação como objectos da actividade económica

O desenvolvimento e utilização crescentes das tecnologias da informação e da comunicação estão na origem dum processo de *transformação profunda do quadro em que se desenvolvem as actividades económicas* nas sociedades contemporâneas. Um dos aspectos desta transformação consiste na transição de uma economia de base industrial assente em bens materiais para uma economia em que *bens imateriais (dados, informação, conhecimentos científicos e técnicos) adquirem crescente valor económico*, configurando um verdadeiro recurso estratégico. Outro aspecto central reside na *expansão das redes de comunicação* como a Internet, utilizada hoje em larga escala para a organização e relacionamento entre empresas e para o comércio[1].

A procura de informação adaptada às diferentes necessidades de utilizadores privados e públicos tem estimulado a emergência de uma vasta gama de produtos e serviços de informação, acessíveis em linha ou em suporte electrónico, determinando inclusive o desenvolvimento de novas actividades económicas[2]. A expansão do uso da Internet,

[1] Cf. Frank Webster, *Theories of Information Society*, Londres: Routledge, 2006, pp. 6-29 (3ª ed.); Ian Miles, «The information society: competing perspectives on the social and economic implications of information and communication technologies» *in* W. H. Dutton (ed.), *Information Technologies. Visions and Realities*, Oxford: Oxford University Press, 1996, pp. 37-52; Pamela Samuelson, «Five challenges for regulating the global information society», *in* http://people.ischool.berkeley.edu/~pam/papers/5challenges_feb22_v2_final_.pdf; Darin Barney, *The Network Society*, Cambridge: Polity Press, 2004, pp. 1-32.

[2] É esta evolução global que permite falar em «sociedade da informação» para designar aquela em que a informação e as actividades que a têm por objecto passam a constituir uma das principais, senão a principal fonte de riqueza. Cf. Y. Masuda, *The Information Society*, Tokyo: Institute for the Information Society, 1981, p. 1. A noção de que a «sociedade pós-industrial» representa uma modificação radical da sociedade industrial tem, porém, sido objecto de contestação. Cf., por exemplo, B. Frankel, *The*

na segunda metade dos anos 90, alargou, por sua vez, as oportunidades da indústria e dos serviços de informação bem como do comércio electrónico. Do mesmo passo, avolumaram-se, no entanto, os riscos sociais e pessoais em razão, designadamente, da circulação de conteúdos ilícitos ou prejudiciais ou da criminalidade informática.

A necessidade de disciplinar o exercício das actividades emergentes e de assegurar a protecção efectiva de interesses e valores juridicamente tutelados, eventualmente ameaçados pelo uso indevido das novas tecnologias, tem suscitado uma intervenção reguladora crescente dos poderes públicos[3]. A abordagem à regulação da informação no presente manual procura situar a emergência deste novo campo do direito da economia à luz, principalmente, das suas implicações no domínio do direito de propriedade, sublinhando a crescente importância económica dos direitos de propriedade intelectual, e no que se refere à regulação da circulação e do comércio da informação e da comunicação nas redes globais.

1.2. A regulação pública da informação

1.2.1. Os interesses em conflito

Os interesses em torno dos meios de tratamento e de comunicação da informação, bem como das actividades que estão na base dos produtos de informação são, essencialmente, os seguintes:

a) Em primeiro lugar, os *interesses das empresas*, seja como produtoras ou fornecedoras de serviços da informação e de telecomunicação, seja como «consumidoras» ou utilizadoras desses produtos ou serviços.

b) Depois, os *interesses dos cidadãos*, tanto no acesso à informação em geral, como na confidencialidade de determinadas categorias de dados, em especial, dos dados pessoais.

c) Por último, os interesses do *Estado-Administração*, como detentor e/ou utilizador privilegiado de informação (informação administrativa), no exercício das suas diversas missões[4].

Post-Industrial Utopians, Cambridge: Polity Press, 1987; J. Lojkine, *La Révolution Informationnelle*, Paris: PUF, 1992; F. Webster, *ob. cit.*

[3] Sobre esta matéria, cf. Maria Eduarda Gonçalves, *Direito da Informação*, Coimbra: Almedina, 2003; Franklin Dehousse, Thibault Verbiest e Tania Zgajewski, *Introduction au Droit de la Société de l'Information*, Bruxelas: Larcier, 2007.

[4] A expansão das funções económicas e sociais do Estado faz deste um importante utilizador de informação, de variada natureza, para efeitos da decisão político-administrativa. Esta informação obedece, em princípio, ao princípio do livre acesso. Todavia, em virtude do seu tratamento automatizado ela passa a representar um *stock* com valor de mercado, logo, virtualmente comerciável. Resulta daí um conflito de interesses que o direito da informação é chamado a resolver (*infra*, 3.3).

A regulação pública da informação e da comunicação decorre precisamente da necessidade de definir as regras jurídicas aplicáveis à produção, distribuição e comunicação ou circulação de informação. Os campos abrangidos são potencialmente amplos: estendem-se da propriedade dos meios de comunicação e de informação e da propriedade intelectual sobre programas de computador, bases de dados e outros produtos de informação, bem como sobre criações intelectuais ou informação geradas no quadro de redes como a Internet, aos regimes aplicáveis à recolha, utilização e transmissão de diferentes categorias de informação. Estas regras tendem a obedecer às orientações de um também novo campo de política pública, a política de informação.

1.2.2. Natureza e características gerais da regulação pública da informação e da comunicação

Na medida em que rege novas dimensões da actividade e das relações económicas, afectando o enquadramento geral da propriedade e das liberdades económicas, a regulação da informação pode ser considerada como uma *sub-área do direito económico.* O desenvolvimento desta tem-se, contudo, efectuado de forma dispersa, sem obediência a uma perspectiva de conjunto ou preocupação de coerência global[5]. Numa primeira fase, o direito da informação tomou por base quadros conceituais e normativos de distintos ramos do direito e o seu desenvolvimento foi acontecendo progressivamente sob pressão, quer das necessidades percebidas pelo legislador, quer de pressões dos grupos de interesse, especialmente, económicos. Mais recentemente, particularmente com a expansão dos usos da Internet, a percepção da novidade relativa de alguns dos problemas suscitados, tem conduzido a inovar nos conceitos e princípios reguladores.

É assim possível afirmar que as regras do direito da informação ou pelo menos uma parte delas (a que será aqui principalmente tratada) partilham algumas das características que apontámos para o direito económico, designadamente a *interdisciplinaridade interna ao direito* (pois incorporam elementos do direito público e do direito privado) e a *mobilidade* (no sentido de constante evolução por força da emergência de novas necessidades decorrentes das transformações tecnológico-económicas). O direito económico oferece por isso um quadro de referência especialmente adequado para a análise do novo quadro jurídico da informação. A interpenetração das esferas do público e do privado, a dialéctica entre liberdades e regulação pública, entre poderes públicos e poderes privados, a redução da carga coerciva da lei em favor da remissão para instâncias de auto-regulação e a relevância que assume a regula-

[5] Continua a valer a observação de Huet e Maisl, «O direito da informação não tem nem unidade de código, nem de jurisdição» (J. Huet e H. Maisl, *Droit de l'Informatique et des Télécoms*, Paris: LITEC, 1989, p. 17).

ção internacional e europeia na sua formação constituem traços característicos do direito económico que reencontramos na regulação da informação.

Deve, contudo, notar-se que a perspectiva aqui adoptada – a da *informação como objecto da actividade económica* – não esgota as abordagens possíveis ao fenómeno da informação. Aspectos há que extravasam o económico, como por exemplo, os sistemas de informação policiais, a contratação informática ou a criminalidade informática. Trata-se de matérias que encontram desenvolvimento no âmbito de ramos tradicionais do direito público ou do direito privado.

Desenvolveremos, pois, apenas os aspectos do direito da informação que entendemos constituírem um *domínio especializado* de regulação de actividades económicas. São eles a propriedade intelectual, os regimes aplicáveis a algumas categorias de informação com implicações relevantes para a actividade económica, a regulação dos serviços de informação e a regulação de conteúdos circulados na Internet.

2. Regimes da produção e do comércio da informação

2.1. Introdução

A regulação da informação é, como se apontou, um fenómeno recente, que emerge como consequência da sua valorização económica devida, em larga medida, ao desenvolvimento da informática e das telecomunicações. A inexistência, no passado, de um quadro jurídico da informação enquanto tal não significa, porém, que não existisse qualquer princípio de referência aplicável à informação. Este princípio era, fundamentalmente, o da *liberdade de informação.*

A liberdade de informação funda-se no pressuposto de que a informação constitui por natureza um bem público, livremente disponível e acessível. Uma característica do bem público, em termos físicos, consiste em o seu uso por uma pessoa não impedir o uso por outras[6].

Pode-se dizer que a mais antiga excepção ao princípio da liberdade de informação residiu na protecção dos inventos técnicos pela propriedade industrial e, mais genericamente, na protecção dos direitos de propriedade intelectual. Embora estes direitos não impliquem o segredo da informação que é objecto da protecção, conferem ao seu titular poderes exclusivos que se exprimem, normalmente, em condições (pagamento de um preço pela transmissão ou exploração do direito, por exemplo) ou em restrições à utilização dessa informação por terceiros.

O desenvolvimento acelerado dos conhecimentos científicos e tecnológicos, incluindo do saber-fazer (*know how*) a que se assistiu nas últimas décadas estendeu o âmbito de incidência do direito da propriedade intelectual, especialmente sob a forma de direitos de autor. A informática colocou questões específicas neste domí-

[6] Sobre o conceito de bens públicos, cf. F. Louçã e J. Castro Caldas, *ob. cit.*, p. 126 e 146 ss.

nio, que se prendem sobretudo com a protecção a conferir aos programas de computador, bem como às bases de dados e aos produtos multimédia.

O legislador tem sido levado, além disso, a conceber outras formas de protecção jurídica da informação técnica e, mais genericamente, da informação profissional. Uma dessas formas é a *protecção do segredo ou confidencialidade da informação.* A vulnerabilidade suscitada pela expansão do uso da informática no que se refere aos dados de carácter pessoal, eles próprios objecto de crescente exploração económica, induziu, desde os anos 70, a elaboração de regimes especiais de *protecção dos dados pessoais*, de que decorrem limitações e condicionamentos à generalidade das actividades económicas, e, em particular, às que se apoiam na utilização de informação nominativa, como as actividades bancária e seguradora.

Um outro aspecto desta evolução prende-se com o *estatuto da informação administrativa*, isto é, da informação detida e utilizada pela Administração Pública. É que a informatização aumenta o *corpus* da informação administrativa, conferindo-lhe inclusive valor de troca. As políticas que presentemente se desenham no sentido de regular os termos em que a comercialização dessa informação pode ser efectuada devem, contudo, permitir salvaguardar a prossecução de missões públicas, assim como a defesa de certos interesses públicos ou privados, o que pressupõe limitações a essa comercialização.

2.2. A protecção jurídica dos novos produtos de informação

2.2.1. Protecção indirecta e directa da informação

Compreende-se que numa sociedade que reconhece o valor central do conhecimento e da informação se verifique paralelamente a preocupação de proteger juridicamente as formas novas que assume a sua expressão e produção.

Na medida em que é registada em suporte electrónico e adquire por essa via expressão física, a informação pode ser protegida, indirectamente, contra o acesso indevido, ao abrigo do direito de propriedade sobre as coisas materiais. A protecção da informação é ainda possível, em determinadas circunstâncias, mediante o recurso à protecção do seu segredo ou confidencialidade (segredo de fabrico ou de comércio, segredo profissional) ou ao abrigo de institutos clássicos como o da concorrência desleal[7]. Trata-se, também nestes casos, de formas de *protecção indirecta* da informação.

Na ausência de outras figuras legais protectoras dos seus interesses, as novas indústrias de programas de computador (*software*) e de bases de dados socorreram-se destas modalidades de protecção. Elas não são, porém, plenamente satisfatórias

[7] Segundo J. MICHAEL, o termo confidencialidade é sinónimo de segredo (J. MICHAEL, *The Politics of Secrecy*, Harmondsworth: Penguin Books, 1982, p. 30). O uso de um ou de outro termo é largamente função da tradição jurídica de cada país.

por não protegerem *erga omnes*. É o caso dos contratos, que se limitam a proteger os interesses do autor ou produtor face às outras partes, e do segredo de fabrico cuja repressão pressupõe a má-fé do utilizador, o que nem sempre é fácil de provar[8]. Acresce que a difusão electrónica de informação cria novas possibilidades técnicas, dificilmente controláveis, de apropriação de informação (em rigor, de acesso indevido à informação) e da sua integração nos sistemas informáticos.

A protecção da propriedade intelectual, seja pelo direito de autor, seja pelo direito de propriedade industrial, é crucial em muitas indústrias para a decisão das empresas de investir e, neste ponto, o que vale para os inventos técnicos ou outras criações de interesse económico vale para os produtos informáticos ou da informação. Um dos receios da indústria da informação resulta, precisamente, do risco de apropriação indevida por imitadores, por vezes com relativa facilidade, dos investimentos feitos no desenvolvimento daqueles produtos. Este risco é acentuado nos dias de hoje pela proliferação de redes e contactos informais, intercâmbios e encontros, mobilidade de cientistas e técnicos, e a maior circulação da informação que daí decorre.

Daí o reconhecimento da necessidade de configurar formas de *protecção directa* e não meramente indirecta *da informação*, como acontece, como se indicou, com a protecção do respectivo suporte ou no quadro de relações bilaterais ou de concorrência. Mas defender essa protecção directa da informação significa, no fundo, defender a introdução nos sistemas jurídicos de uma modalidade até agora inexistente de direito de propriedade: a de um *direito de propriedade sobre a informação*.

Nem os programas de computador, nem as bases de dados, cabem dentro de qualquer das categorias tradicionalmente regidas pelo direito da propriedade intelectual. Trata-se, contudo, num e noutro caso, de produtos de crescente valia económica. Ora, em geral, os bens com valor de mercado são juridicamente tutelados pelo direito de propriedade. É, pois, no seio do direito de propriedade intelectual que vêm sendo procuradas novas formas de protecção dos interesses emergentes em torno da informação.

2.2.2. O segredo ou confidencialidade da informação

a) *Conceito de segredo da informação*

A informação secreta ou confidencial pode ser definida como a que não é do domínio público ou do conhecimento público. Em abstracto, qualquer tipo de informação pode ser objecto do segredo, mas este tende na prática a caber numa das seguintes categorias: vida privada, segredo profissional, segredos de fabrico ou de comércio

[8] Encontram-se, frequentemente, cláusulas de confidencialidade, por exemplo, em contratos de fornecimento ou manutenção de *hardware* ou de *software*, em contratos de consultadoria e em acordos para fornecimento de acesso a bancos de dados.

e segredos governamentais, de justiça ou de Estado. Os interesses que justificam a protecção pelo segredo de determinadas informações são muito diversos: ora pessoais, ora económicos, ora do Estado.

A protecção do segredo da informação pode assentar, quer numa base contratual – quando uma pessoa aceita tratar como secreta determinada informação ou categoria de informações[9], utilizando-as apenas com vista a um determinado fim estipulado no contrato – quer numa base legal.

Os imperativos do funcionamento dos sistemas democráticos e das economias de mercado ou mistas implicam, em princípio, que a protecção legal do segredo represente uma excepção ao princípio geral da liberdade de informação, devendo por isso ser interpretado restritivamente.

Referiremos de seguida alguns regimes de segredo ou protecção da informação de especial relevo para a actividade económica.

b) *O segredo de fabrico e de comércio*

A noção de segredo de fabrico ou de comércio engloba o conjunto das informações não geralmente conhecidas pelos especialistas de uma determinada área técnico-industrial. Pressupostos da qualificação da informação como segredo de fabrico ou comercial são, desde logo, o facto de ser *utilizada no quadro de uma actividade comercial ou empresarial*, de não ser do conhecimento geral ou público e lhe assistir *valor económico*. Acrescenta a doutrina que isso implica que essa informação seja objecto de esforços razoáveis para assegurar a sua confidencialidade[10]. Na ordem jurídica portuguesa, é especialmente relevante o disposto no Código da Propriedade Industrial (DL n.º 36/2003, de 5 de Março, alterado pelo Decreto-Lei n.º 143/2008, de 25 de Julho)[9]. De acordo com o art. 318.º deste diploma, constitui acto de *concorrência desleal* «a divulgação, a aquisição ou a utilização de segredos de negócios de um concorrente, sem o consentimento do mesmo».

Na mesma linha, o art. 6.º da Lei n.º 47/2007, de 24 de Agosto, que regula o acesso aos documentos administrativos e a sua reutilização, prevê a recusa do direito de acesso quando este ponha em causa segredos comerciais, industriais ou sobre a vida interna das empresas[11].

[9] A. Coleman, «Protecting Confidential Information», in C. Reed ed., *Computer Law*, London: Blackstone Press Limited, 3rd edition, 1996. Cf. José Renato Gonçalves, «Protecção dos segredos de empresa», *Revista da Banca*, N.º 53, Janeiro/Junho 2002, pp. 15-40.

[10] J. Deleuze, *Le Contrat de Transfert du Processus Technologique*, Paris: Masson, 1982, p. 18.

[11] Esta lei revoga a Lei nº 65/93, de 26 de Agosto, com a redacção introduzida pelas Leis nº 8/95 de 29 de Março e 94/99 de 16 de Julho, e transpõe para a ordem jurídica nacional a Directiva nº 2003/98/CE, do Parlamento Europeu e do Conselho, de 17 de Novembro, relativa à reutilização de Informações do sector público.

Entre as formas de conhecimento técnico mais importantes hoje em dia nas trocas comerciais internacionais figura o saber-fazer (*know-how*). O saber-fazer pode ser definido como processos de fabrico ou conhecimentos relativos à utilização e à aplicação de técnicas industriais. O saber-fazer é frequentemente transmitido por meio de contratos de licença, adquirindo em certos campos uma importância superior à das patentes. Entre as razões que explicam esta preferência pelo não patenteamento de conhecimentos técnicos contam-se, para além da natureza desses conhecimentos (por vezes desprovidos de carácter inventivo), a publicidade resultante do registo da patente e as demoras e custos implicados no processo de registo[12].

O estatuto jurídico do saber-fazer não é, porém, claro. Entendido por vezes como um direito intelectual, equiparável ao direito de propriedade intelectual ou assimilado ao segredo de fabrico, o regime do saber-fazer é largamente remetido para o quadro da concorrência; ou seja, é protegido pelas cláusulas de contratos entre empresas, não beneficiando os seus detentores de um título legal decorrente de uma protecção jurídica directa, quer no plano nacional, quer no plano internacional. Como se indicou mais acima, as cláusulas contratuais que incidem sobre o saber-fazer podem, de facto, ter efeitos anti-concorrenciais.

c) *O segredo profissional*

Outra forma economicamente relevante de protecção do segredo da informação é o *segredo profissional*. É geralmente aceite o princípio de que, no exercício das suas funções, o empregado público ou privado está obrigado a não divulgar informação de que tomou conhecimento no quadro da sua actividade profissional e que é de interesse para a mesma[13].

Esta obrigação pode ser entendida como parte integrante de uma obrigação mais geral de boa fé e fidelidade que qualquer empregado deve ao empregador. Ela implica obrigações de comportamento específicas por parte do primeiro: este está vinculado ao dever de não divulgar informação confidencial que receba no quadro do exercício das suas funções profissionais para fins contrários aos interesses do empregador, ao dever de não competir com o empregador ou trabalhar para um seu concorrente, cabendo-lhe levar ao conhecimento da empresa qualquer informação valiosa a que tenha acesso enquanto empregado da mesma, incluindo informação confidencial, que possa favorecer a actividade da empresa.

[12] Cf. o Regulamento n.º 772/2004, de 27.4.2004, sobre acordos de transferência de tecnologia, que admite como compatível com as regras comunitárias da concorrência a inclusão naqueles acordos de um conjunto de cláusulas restritivas que se destinam a proteger os direitos exclusivos do titular de patentes ou *know-how* sobre a informação tecnológica.

[13] A violação do dever de sigilo pode dar origem a responsabilidade penal (cf. arts. 195.º e 196.º do Código Penal), disciplinar ou civil.

A obrigação de confidencialidade por parte do empregado pode constar dos termos do contrato de trabalho. As cláusulas de confidencialidade neles incorporadas encontram-se, porém, limitadas pelo direito reconhecido aos empregados de usarem livremente os seus conhecimentos e capacidades gerais, quer em seu benefício próprio, quer para benefício de terceiros (a título do direito à mobilidade, da liberdade de emprego, da liberdade de informação, da liberdade de iniciativa privada e de concorrência, etc.). Contudo, é difícil determinar a fronteira entre a informação confidencial e os conhecimentos e capacidades gerais da pessoa. A questão adquire relevância prática no contexto actual de competição intensa, em que se reforça o valor económico das capacidades técnicas, tendo-se tornado corrente uma empresa oferecer a um técnico a oportunidade de uma melhor remuneração ou o técnico decidir constituir a sua própria empresa.

Têm sido sugeridos alguns critérios para delimitar essa fronteira que remetem para a avaliação, caso a caso, da natureza da função e das responsabilidades envolvidas, da natureza da informação, das disposições contratuais, da possibilidade de isolar essa informação de outra que o empregado possa livremente utilizar ou divulgar[14]. Se a informação não puder ser classificada como confidencial à luz destes critérios, deverá ser considerada como livre e formando parte dos conhecimentos gerais do empregado.

2.2.3. A protecção de dados pessoais informatizados

a) *A protecção de dados pessoais pela União Europeia*

Com as novas tecnologias da informação e da comunicação expandem-se extraordinariamente as capacidades de recolha, tratamento e circulação de informação, virtualmente, sem limites de tempo e de espaço. Parte dessa informação refere-se a pessoas. A detenção e o conhecimento de informações de carácter pessoal (por exemplo, sobre a condição profissional, a saúde, os rendimentos, os hábitos de consumo) são indispensáveis à prossecução de objectivos de vária ordem por entidades públicas e privadas. Um problema fundamental reside hoje no facto de os computadores e as redes facilitarem a *acumulação* e a *interconexão* de informações sobre as pessoas, criando condições para o exercício de formas de controlo directo ou indirecto sobre a sua vida. Embora as legislações da primeira geração e inclusivamente alguns dos textos internacionais sobre protecção de dados pessoais, elaborados numa atmosfera de receio público quanto às ameaças dos grandes sistemas e bancos de dados, tenham partido da analogia entre a problemática da protecção da intimidade da vida privada e a da protecção de dados pessoais informatizados, a especificidade

[14] Cf. Coleman, *cit.*.

e autonomia desta última acabaram por se afirmar, tendo inspirado a elaboração da segunda geração de legislações nacionais.

De um modo geral, as legislações em matéria de protecção de dados pessoais tipificam as situações em que são autorizados ou, pelo contrário, proibidos o registo e tratamento informáticos de determinadas categorias de dados pessoais (os «dados sensíveis»), definem as regras aplicáveis à recolha, tratamento e comunicação deste tipo de dados, estabelecem os direitos que cabem neste quadro aos indivíduos, instituem mecanismos de supervisão e controlo institucional e prescrevem as sanções penais aplicáveis pela violação dos princípios e regras contidos na legislação.

As iniciativas legislativas lançadas no plano interno neste campo têm sido acompanhadas ou mesmo antecedidas por iniciativas de organizações internacionais, de que se destacam a já referida Convenção do Conselho da Europa para a Protecção dos Indivíduos face ao Tratamento Informático de Dados Pessoais e as Linhas Directrizes da OCDE sobre idêntica matéria, aprovadas, respectivamente, em 1981 e 1980.

A directiva europeia relativa à protecção das pessoas singulares no que diz respeito ao tratamento de dados pessoais e à livre circulação desses dados (Directiva 95/46/CE, de 24 de Outubro) teve essencialmente em vista conciliar a realização do mercado interno com a defesa das liberdades e direitos fundamentais dos cidadãos na medida em que eles pudessem ser afectados pelo uso da informática e das redes de telecomunicação para a recolha, tratamento e transmissão de dados pessoais.[15] De acordo com o art. 1.°, n.° 2, «Os Estados-Membros não podem restringir ou proibir a livre circulação de dados pessoais entre Estados-Membros por razões relativas à protecção assegurada por força do n.° 1», que se refere à «protecção do direito à vida privada no que diz respeito ao tratamento de dados pessoais». Para garantir uma aplicação uniforme das regras nacionais de execução da directiva, estabelecem-se dois mecanismos institucionais: o Grupo de Protecção das Dados Pessoais e o Comité Consultivo, composto por representantes das autoridades de controlo (arts. 30.° e seguintes da directiva).

A directiva reproduz no essencial os princípios de protecção que figuram na Convenção do Conselho da Europa, designadamente os *princípios da lealdade e da licitude, da finalidade e da qualidade* (art. 6.°). A directiva é explícita no sentido de que a observância destes princípios compete ao responsável pelo tratamento dos dados (art. 6.°, n.° 2). A directiva esvazia, contudo, o princípio do consentimento prévio do sujeito para que seja feito uso informático dos seus dados pessoais (art. 7.°, *a*)), ao admitir

[15] Directiva 95/46, do Parlamento Europeu e do Conselho, de 24.10.1995, relativa à protecção das pessoas singulares no que diz respeito ao tratamento de dados pessoais e à livre circulação desses dados (JO L 178/1, 17.7.2000). Sobre a aplicação desta directiva à protecção de dados pessoais no quadro da Internet, cf. o Acórdão do TJUE de 6 de Novembro de 2003, relativo ao processo C-101/01 – Bodil Lindqvist.

que esse consentimento pode ser efectuado de *modo implícito*, na medida em que seja necessário para a execução de um contrato no qual a pessoa em causa é parte ou de diligências prévias à formação do contrato decididas a pedido da pessoa em causa e ainda noutras circunstâncias, indicadas de modo relativamente amplo; e justificadas pela necessidade de cumprir uma obrigação legal à qual o responsável pelo tratamento esteja sujeito, ou pela necessidade de protecção de interesses vitais da pessoa em causa, pela execução de uma missão de interesse público ou pelo exercício da autoridade pública de que é investido o responsável pelo tratamento ou um terceiro a quem os dados sejam comunicados (art. 7.º, *b*) a *e*)). Se o tratamento for necessário para prosseguir interesses legítimos do responsável do tratamento ou de terceiro a quem os dados sejam comunicados, o consentimento só pode ser dado por adquirido no caso de não prevalecerem os interesses ou os direitos e liberdades fundamentais da pessoa em questão. O enunciado das categorias de dados sensíveis (art. 8.º da directiva), cujo registo deverá ser interdito, corresponde também *grosso modo* ao que consta da Convenção do Conselho da Europa. Apenas se acrescenta referência explícita aos dados sobre filiação sindical. Abre-se, porém, um vasto leque de excepções, que incluem os dados internos às organizações políticas, religiosas, laborais, ou equivalentes, que sejam tratados para os seus próprios fins; os dados médicos; os dados necessários à conclusão ou execução de um contrato de trabalho (art. 8.º, n.º 2); e ainda dados cujo processamento se justifique por razões de interesse público, excepção que exige adopção de lei de autorização ou decisão da autoridade de controlo (art. 8.º, n.º 4).

A directiva consagra os *direitos individuais de acesso e de rectificação dos dados*. As restrições que os Estados-Membros são autorizados a estabelecer aos direitos de acesso e rectificação dos dados pessoais, ainda que sempre por meio de medidas legislativas, referem-se aos casos em que tais restrições constituam medidas necessárias à protecção: da segurança do Estado, da defesa, da segurança pública, da prevenção, da investigação, detecção e repressão de infracções penais e de violações da deontologia das profissões regulamentadas; de um interesse económico ou financeiro importante do EM ou da UE; de missões da autoridade pública; da pessoa em causa ou dos direitos e liberdades de terceiros.

A directiva prevê a instituição pelos Estados-Membros de *autoridades de controlo da protecção de dados pessoais* com a função de fiscalizarem a aplicação das disposições da directiva no seu território dos Estados-Membros da UE (art. 28.º).

A solução encontrada para garantir a protecção dos dados pessoais fora dos limites do território da UE consistiu no recurso ao princípio da reciprocidade. De acordo com o art. 25.º, «os Estados-Membros estabelecerão que a transferência para um país terceiro de dados pessoais objecto de tratamento ou que se destinem a ser objecto de tratamento após a sua transferência, só pode realizar-se se, sob reserva da observância das disposições nacionais adoptadas nos termos de outras disposições da presente directiva, o país terceiro em questão assegurar um nível de protecção adequado»[16].

b) *A protecção de dados pessoais em Portugal*

Os imperativos contidos no art. 35.° da CRP (Utilização da informática) encontraram expressão, num primeiro momento, na Lei n.° 10/91, de 29 de Abril (Lei da Protecção de Dados Pessoais face à Informática), que foi alterada pela Lei n.° 28/94, de 29 de Agosto. A Lei n.° 10/91 viria a ser substituída pela Lei n.° 67/98, de 26 de Outubro, que transpôs para a ordem jurídica interna a directiva europeia relativa à protecção das pessoas singulares no que diz respeito ao tratamento de dados pessoais e à livre circulação desses dados.

A legislação actual representa, em certa medida, uma liberalização do regime da protecção de dados em Portugal, por comparação com o regime anterior, que se baseava na Convenção do Conselho da Europa. Ainda que garantindo princípios e direitos em larga medida coincidentes, o leque das excepções admitidas a esses princípios e direitos apresenta-se em geral mais aberto, o que se explica pela preocupação, mais forte no caso da UE do que do Conselho da Europa, de equilibrar a protecção dos dados pessoais com a sua liberdade de circulação.

O órgão de controlo do processamento automatizado de dados pessoais é a Comissão Nacional de Protecção de Dados (CNPD). Esta Comissão é definida como uma entidade administrativa independente, com poderes de autoridade, funcionando junto da Assembleia da República (art. 21.°, n.° 1). Nos termos da lei, a CNPD é composta por sete membros de integridade e mérito reconhecidos, dos quais o presidente e dois dos vogais são eleitos pela Assembleia da República, sendo os restantes vogais dois magistrados (um judicial e o outro do Ministério Público) e duas personalidades de reconhecida competência, designadas pelo Governo. A CNPD foi dotada de importantes poderes que incluem: poderes de investigação e inquérito; poderes de ordenar o bloqueio, eliminação ou destruição dos dados, bem como de proibir o seu tratamento; e o de emitir pareceres prévios ao tratamento de dados pessoais. Compete-lhe, além disso, a função de autorizar ou registar, conforme o caso, os tratamentos de dados pessoais; e de autorizar os fluxos transfronteiras e a utilização de ficheiros para fins diferentes dos inicialmente previstos; a de apreciar as queixas que lhe sejam submetidas pelos indivíduos e a de emitir pareceres sobre projectos ou propostas de disposições legais ou instrumentos jurídicos internacionais (art. 23.°). Órgãos desta natureza são especialmente importantes quando o que está em causa é a aplicação de leis que, como é o caso da legislação de protecção de dados

[16] As tensões suscitadas por esta disposição nas relações entre a UE e os Estados Unidos da América foram resolvidas, na esfera das relações entre empresas, com a adopção sob a égide do Department of Commerce do governo americano dos Safe Harbour Principles neste domínio, princípios de adesão voluntária.

e de outra legislação que regula a utilização das novas tecnologias, requerem uma ampla margem de autonomia e de capacidade de decisão e poderes de investigação e de controlo, tanto do sector privado quanto do sector público.

Na linha da orientação da UE, a Lei n.° 67/98 atribui à CNPD a incumbência de apoiar a elaboração de códigos de conduta por parte de organizações interessadas.

2.2.4. A protecção da propriedade intelectual sobre os novos produtos de informação

a) *A propriedade intelectual de programas de computador*

A generalidade das legislações nacionais e o direito da UE optaram por recorrer ao regime dos *direitos de autor* para a protecção dos programas de computador[17]. Esta solução é vista como tendo a vantagem, importante num domínio em que é grande o risco de reprodução ilícita, de facilitar a ilegalização da cópia não autorizada e a perseguição dos infractores, inclusivamente no plano internacional. O direito de autor oferece, além disso, uma protecção relativamente permissiva uma vez que não requer o preenchimento de formalidades burocráticas, como o depósito ou registo da obra, e é indiferente ao mérito. Apenas se exige a prova da sua «originalidade», conceito que é interpretado como a mera expressão da personalidade do autor. O reduzido grau de exigência é importante no caso do *software* porque muitos programas nem são estéticos nem inovadores. Acresce que o direito de autor se caracteriza por apenas proteger a *forma* pela qual se exprime a obra e não as ideias que lhe estão subjacentes, no que se distingue do regime das patentes, o que pode permitir conciliar a garantia dos interesses materiais e morais do autor com a liberdade de circulação de princípios ou ideias susceptível de facilitar o desenvolvimento de programas compatíveis.

A directiva europeia relativa à protecção jurídica dos programas de computador (Directiva 2009/24/CE, de 23 de Abril de 2009, que veio substituir a Directiva 91/250/CEE, de 14 de Maio de 1991) tem por objectivo criar condições favoráveis ao investimento de recursos humanos, técnicos e financeiros necessários ao desenvolvimento de programas de computador, dada a sua importância num vasto leque de indústrias e harmonizar as legislações dos diferentes EM tendo em vista o bom funcionamento do mercado interno. A protecção traduz-se na atribuição ao autor do poder exclusivo de autorizar a reprodução, tradução, adaptação, ou modificação do programa, bem como a sua distribuição ao público.

[17] Note-se que, entre nós, o art. 52.°, n.° 1, al. *d*) do Código da Propriedade Industrial (DL n.° 143/2008, de 25 de Julho) excepciona do objecto das patentes os programas de computador.

As *excepções* ao direito do autor correspondem ao conjunto de actos ou práticas não abrangidos pela protecção e relativamente aos quais o autor não pode exercer os seus poderes normais. Trata-se, portanto, de *actos livres*. Eles abrangem, para além da utilização das «ideias e princípios subjacentes», os actos necessários à utilização do programa de computador pelo seu legítimo adquirente (implícitos na autorização que a legitimidade de utilização pressupõe), à correcção de erros e à feitura de uma cópia de apoio (*back up copy*) que não se destina a exploração (art. 5.° § 1), bem como o direito de observar, estudar ou testar o funcionamento do programa a fim de apurar as ideias e princípios subjacentes a qualquer elemento do programa, quando o seu utilizador legítimo efectuar operações de carregamento ou de visualização (art. 5.° § 3).

Uma outra excepção ao direito de autor diz respeito à possibilidade de descompilação do programa[18]. A directiva admite a possibilidade de descompilação de sistemas operativos apenas na medida em que esta seja necessária para conceber *software* que permita a conexão com esses sistemas; quer isto dizer, *a contrario*, que proíbe a descompilação se o objectivo em vista for escrever outro programa que substituiria e poderia entrar em concorrência com o programa original (art. 6.°).

b) *A protecção jurídica de bases de dados*

Também a protecção das bases de dados pelo regime dos direitos de autor tem sido defendida como uma condição da garantia dada aos interesses dos que investem na produção e na comercialização de informação. É esta a orientação que decorre da directiva sobre protecção jurídica de bases de dados adoptada pela CE em 1996 (Directiva 96/9/CE, de 11 de Março de 1996)[19].

As bases de dados são aí definidas como as «colecções de *obras* ou de *matérias* dispostas, armazenadas e a que se tem acesso por meios electrónicos, incluindo o material electrónico necessário à exploração da base de dados, como o *thesaurus*, os índices, o sistema de acesso à informação e sua apresentação». A protecção do direito de autor é conferida às bases de dados sob condição de *a escolha e a organização* da informação serem «originais».

Se bem que este requisito reproduza a exigência já constante das legislações gerais sobre direitos de autor para a protecção das *compilações de obras*, a directiva é inovadora em dois aspectos fundamentais: em primeiro lugar, porque acrescenta ao con-

[18] A *descompilação* consiste na tradução dos periféricos (código objecto), que se exprimem no écran ou no teclado por exemplo, por forma a conhecer a linguagem de programação e o próprio programa (código fonte). Essas convenções são susceptíveis de vir a ser posteriormente incorporadas num produto original.

[19] Directiva do Parlamento Europeu e do Conselho relativa à protecção jurídica das bases de dados (96/6/9/CE), JO L 77, de 27.3.1996, p. 20. Esta directiva foi transposta para o direito português pelo DL n.° 122/2000, de 4 de Julho. Cf. Maria E. Gonçalves, «Entre as lógicas do mercado e da sociedade de informação: tendências da propriedade intelectual na União Europeia», *in Estudos de Homenagem ao Professor António de Sousa Franco* – Volume I, *Coimbra*: Coimbra Editora, 2006, pp. 59-85.

ceito de obras (como objecto da compilação) o de *matérias* (que é muito mais amplo e impreciso) e, em segundo lugar, porque confere uma protecção jurídica especial ao próprio *conteúdo informacional* da base (e não só ao seu arranjo ou forma). Para tal se prevê um novo *direito específico*, definido como o «direito de impedir a extracção não autorizada» da informação contida na base.

Este direito específico exprime-se na faculdade atribuída ao *criador* da base, quer dizer, ao seu produtor, de obstar à extracção e reutilização do conteúdo da base para fins comerciais. Este novo direito é de molde a limitar a extracção e reutilização por terceiros da informação contida nas bases de dados, limitação atenuada em certa medida por jurisprudência recente do Tribunal de Justiça[20].

2.2.5. Os direitos sobre a informação como direitos económicos

O reconhecimento da propriedade intelectual de programas de computador e de bases de dados, designadamente no quadro da ordem jurídica da UE, traduziu-se numa diminuição das exigências tradicionalmente contempladas pelos regimes de direitos de autor, designadamente em matéria de originalidade. Há quem fale mesmo a este respeito de uma deriva daquele quadro jurídico, que se vê aplicado à protecção de investimentos e de sistemas de organização (no fundo, a ideias) e não propriamente à protecção da criação na qual se exprime a obra original.

Outro aspecto desta evolução é que a protecção não incide apenas sobre a expressão/forma do programa de computador ou da base de dados, mas alarga-se à estruturação das suas partes e à organização do conjunto e até a elementos do conteúdo informacional. É o que se passa, como se viu, com o regime das bases de dados na UE.

Esta modificação do âmbito, conteúdo e requisitos do direito de autor é indicativa de que os sistemas jurídicos dos países onde se estabelecem as indústrias e serviços da informação tendem a estender os valores e conceitos proprietários, que são essência desses sistemas, às novas formas de produtos informacionais que o computador veio tornar possíveis.

Pode daí extrair-se eventualmente a ilação de que, aplicado aos produtos de informação, o direito de autor se configura agora mais como *um direito económico* do que como o direito da personalidade que foi na origem e que continuará a ser quando se refere a criações do domínio literário, científico e artístico em sentido puro.

[20] Nesta matéria, é especialmente relevante o Acórdão do TJUE, de 9 de Novembro de 2004, no processo C-203/02 – The British Horseracing Board Ltd. contra William Hill Organisation Ltd. As negociações ocorridas na Conferência da Organização Mundial da Propriedade Intelectual (OMPI) em Dezembro de 1996, tendo em vista a adopção de um tratado internacional sobre protecção jurídica das bases de dados, saldaram-se num fracasso em resultado, sobretudo, da resistência quer de bibliotecários e cientistas, quer das delegações de países menos desenvolvidos contra o que consideraram constituir um risco de fortes limitações à liberdade de circulação da informação.

2.2.6. O regime jurídico da informação administrativa

a) *A valorização económica da informação administrativa*

O conceito de *informação administrativa* («informação do sector público» na linguagem adoptada pela UE) abrange os dados e a informação recolhidos e/ou tratados pelo Governo e pela Administração Pública em virtude de, e tendo em vista o exercício das respectivas missões. Dados estatísticos, dados económicos, mas também dados de carácter pessoal, como os registos da população decorrentes dos censos, a informação contida nos registos oficiais, por exemplo, o registo civil, ficheiros de nomes e moradas, cadastros fiscais constituem um manancial importante de informação susceptível de interessar a indústria da informação[21].

Em torno desta informação giram vários tipos de interesses: em primeiro lugar, o interesse do próprio sector público que a recolhe, trata e utiliza no quadro das missões que desempenha; em segundo lugar, o do cidadão, que tem o legítimo interesse de ser informado sobre o funcionamento do Governo e da Administração, no exercício das suas liberdades públicas e direitos políticos bem como dos seus direitos como administrado; em terceiro lugar, a indústria privada que vê na informação administrativa uma matéria-prima potencialmente valiosa como base para a preparação de produtos de informação comercializáveis.

A possibilidade de exploração comercial da informação administrativa começou, com efeito, a ser perspectivada a partir do momento em que o seu registo e tratamento informáticos vieram facilitar a sua utilização como matéria-prima para a elaboração de produtos de informação dirigidos a diversos sectores de mercado. As políticas de comercialização da informação administrativa, que emergem actualmente na Europa, são consideradas ao mesmo tempo como um meio importante de estímulo desse mercado. Elas parecem, também, indissociáveis das políticas de privatização seguidas, sobretudo, desde o início dos anos 80, que se traduziram não só na alienação do capital e património de empresas públicas, como na privatização dos próprios processos de gestão de entidades públicas[22].

As políticas de comercialização da informação administrativa confrontam-se, porém, desde logo, com as legislações adoptadas por vários Estados ocidentais em matéria de liberdade de acesso à informação administrativa. Estas legislações consagram o direito de acesso dos cidadãos à informação detida pela Administração, independentemente da necessidade de fazerem valer um interesse directo nessa informação[23].

[21] H. Maisl, *Le Droit des Données Publiques*, Paris: L.G.D.J., 1996 ; José Renato Gonçalves, *Acesso à Informação das Entidades Públicas*, Coimbra: Almedina, 2002.

[22] Cf. *supra*, Título III.

[23] Se foi na óptica tradicional da documentação administrativa que essas legislações foram elaboradas, não parece haver motivo para elas não serem extensíveis à documentação e informação electrónicas. J.

Este princípio, também qualificado como de «administração aberta», não é de molde a dar aos agentes privados a garantia de exclusividade no acesso a um determinado pacote de informação, de que ele necessita para tomar a sua decisão de investimento. A exclusividade, em contrapartida, poderia pôr em causa o direito de acesso dos cidadãos.

Uma condição geral que costuma ser apontada para a concessão de direitos exclusivos sobre informação administrativa é a do valor acrescentado, ou seja, o cessionário da informação deverá, pelo tratamento a dar aos dados brutos, fazer deles um «novo produto» de interesse para o mercado. Isto pressupõe e justifica que seja pago um preço pela matéria-prima obtida, a menos que se entenda que o Estado deva apoiar esse sector económico[24]. A cessão, nestes termos, da informação administrativa a entidades privadas não prejudica forçosamente os direitos dos cidadãos administrados para os quais poderão ser mantidas taxas preferenciais de utilização.

Deverá ainda ter-se em consideração que algumas categorias de informação administrativa não deverão poder ser cedidas ao sector privado por constituírem parte integrante de missões do Estado ou outras entidades públicas de que estes não podem despojar-se. Nestes casos, deve ser reservada para o sector público a recolha e a utilização da informação (são exemplos as informações em matéria de defesa, de polícia e também todas aquelas informações protegidas por formas de segredo ou cuja utilização seja limitada por lei).

Casos há em que a natureza das missões em causa implica que o Estado mantenha o monopólio da recolha (por exemplo, o censo da população ou o serviço estatístico). Não se exclui, contudo, a possibilidade de ceder essa informação, uma vez recolhida, com vista à preparação de produtos vendáveis para usos específicos.

b) *A política comunitária em matéria de mercado da informação administrativa*

As Directrizes para o Progresso da Sinergia entre Sector Privado e Público adoptadas pela Comissão em 1989 ofereceram um princípio de clarificação das fronteiras e das relações entre o sector público e o sector privado neste campo[25]. Tratava-se, porém, de meras recomendações.

O *princípio básico* constante destas Directrizes é que os organismos públicos deverão, dentro das suas possibilidades e sempre que o acesso não seja restringido por motivos legítimos de protecção de interesses públicos ou privados, permitir que esta informação seja utilizada pelo sector privado e explorada pela indústria da informação por intermédio de serviços electrónicos de informação.

A. Grodsky, «The Freedom of Information Act in the Electronic Age: the Statute is not User Friendly», *Jurimetrics*, 31, Fall 1990, p. 19 ss..

[24] Huet e Maisl, *ob.cit.*, p. 581.

[25] Comissão das CE, *Directrizes para o Progresso da Sinergia entre Sector Público e Sector Privado*, Luxemburgo, Serviço das Publicações Oficiais das Comunidades Europeias, 1989.

No sentido de viabilizar a utilização pelo sector privado da informação administrativa, recomendou-se inclusivamente que os Estados publicitassem junto do sector privado a existência e disponibilidade de dados e de informação, bem como os processos por meio dos quais ela pode ser obtida e utilizada ou explorada.

Os preços a pagar pelo acesso à informação administrativa deveriam ser função da natureza da informação. Estabeleceu-se, no entanto, o princípio de que o preço deve reflectir os custos com a preparação e a passagem para o sector privado, embora não necessariamente o custo total da recolha e do tratamento de rotina. Quer isto dizer que, por norma, o trabalho de base indispensável em qualquer caso ao uso que o sector público faz da informação não deve ser transferido para o sector privado.

Admitiu-se, contudo, que o *preço fosse reduzido no caso de o serviço de informação a prestar pelo sector privado ser de interesse público*, o que pode entender-se como uma forma de incentivo financeiro à indústria de informação.

Tratando-se de uma actividade prestada em regime concorrencial, pretendeu-se garantir a não discriminação e prevenir a imposição de cláusulas restritivas pelo sector público ao sector privado: não deveriam, em princípio, ser colocadas restrições aos tipos de clientes ou aos territórios a que sejam eventualmente facultados os serviços daí resultantes.

As Directrizes contribuíram para a resolução do dilema entre exclusividade e concorrência no acesso à informação administrativa. Os contratos de cessão da informação, qualquer que fosse a sua forma, não deveriam conceder direitos exclusivos na medida em que isso configure uma distorção da concorrência. A exclusividade seria admissível apenas quando ela seja uma condição da penetração num novo mercado ou do fornecimento de um serviço de interesse público.

As Directrizes tipificaram, além disso, os casos em que o serviço de informação deve competir, directamente, ao sector público. Trata-se, antes de mais, daqueles em que a recolha e tratamento da informação constitua parte integrante de tarefas do sector público e em que se exige um serviço neutro, indispensável à indústria privada da informação. Admitiu-se, além disso, a intervenção do sector público, caso o serviço de informação fosse tido por essencial para a realização do interesse público e o sector privado não estivesse disposto ou não tenha capacidade para oferecê-lo em termos negociais (serviço não rentável) e em casos de sub-desenvolvimento do mercado da informação. Neste último caso, o papel do Estado deveria ser entendido como subsidiário: o sector público deveria reduzir o seu papel à medida que o sector privado adquira a necessária capacidade económica.

Posteriormente, no seu Livro Verde sobre a informação do sector público na sociedade da informação, a Comissão desenvolveu e aprofundou os fundamentos e as orientações de uma política europeia no domínio da informação administrativa[26]. A preocupação central do Livro Verde foi, como nas Directrizes, eliminar as barreiras ao acesso e à livre circulação da informação no mercado interno, de modo a torná-la mais acessível a potenciais utilizadores. Se o objectivo de reforçar a competitividade das novas indústrias e serviços de informação continuou a ser dominante, o Livro Verde mostrou-se também sensível, e aqui mais do que as Directrizes, à importância de promover o acesso à informação por parte dos indivíduos, quer como agentes económicos (um mais amplo acesso à informação pode facilitar a mobilidade dos trabalhadores), quer como cidadãos (na medida em que poderão ajudar a uma sua maior adesão ao processo de integração).

Este processo de reflexão viria a conduzir à adopção da Directiva 2003/98/CE do Parlamento Europeu e do Conselho de 17 de Novembro de 2003 relativa à reutilização de informação do sector público. Tomando por quadro o mercado interno, o principal objectivo desta directiva consiste na harmonização das regras e práticas nacionais em matéria de exploração da informação do sector público. Assente no princípio, já anunciado nas Directrizes de 1989, de que os EM deverão garantir que, sempre que seja permitida a reutilização de documentos na posse de organismos do sector público, tais documentos sejam reutilizáveis para fins comerciais ou não comerciais (art. 3.º), a directiva persegue claramente o objectivo de dinamizar o que se apresenta como uma nova «matéria-prima» de um novo mercado em expansão à escala internacional.

c) *O regime de acesso à informação administrativa em Portugal*

O mercado da informação tem ainda pouca expressão em Portugal, onde a maior parte dos bancos de dados estão a cargo de entidades públicas que deles se servem para fins internos. É, além disso, reduzido o conhecimento público das disponibilidades em informação no sector público, o que dificulta a própria avaliação pelo sector privado das suas eventuais oportunidades de investimento nesta área.

Não existe em Portugal, como de resto na maior parte dos países, legislação específica sobre a informação do sector público registada electronicamente, nem sobre as condições da sua eventual comercialização. Contudo, a CRP, nas disposições que se referem à Administração Pública e aos direitos dos administrados, e a Lei que regula o acesso aos documentos da Administração (Lei n.º 46/2007, de 24 de Agosto), oferecem um enquadramento geral de princípios e regras aplicáveis à informação administrativa. A eles se deverá atender se e quando se perspective uma política interna

[26] *Green paper on public sector information in the information society, in* <http:/www.cordis.lu/econtent/publicsector/gp-intro.html>.

de comercialização da informação administrativa. Esta será certamente condicionada pela política da UE emergente neste campo e também pela pressão no sentido de uma crescente competitividade da economia portuguesa.

O direito dos cidadãos a ser informados é garantido, em geral, pelo art. 37.º e, mais especificamente, no que se refere à informação detida pela Administração, pelos arts. 48.º, n.º 1 e n.º 2, e 268.º, n.os 1 e 2, da CRP. Nos termos do art. 48.º, n.º 2, «todos os cidadãos têm o direito de ser esclarecidos objectivamente sobre actos do Estado e demais entidades públicas e de ser informados pelo governo e outras autoridades acerca da gestão dos assuntos públicos». Segundo o art. 268.º, os cidadãos têm o direito de ser informados pela Administração, sempre que o requeiram, sobre o andamento dos processos em que sejam directamente interessados, bem como o de conhecer as resoluções definitivas que sobre eles sejam tomadas (n.º 1). Os cidadãos têm ainda o direito de acesso aos arquivos e registos administrativos, sem prejuízo do disposto na lei em matérias relativas à segurança interna e externa, à investigação criminal e à intimidade das pessoas.

A Lei n.º 46/2007 desenvolve estes princípios gerais. Começando por declarar, como princípios orientadores da conduta administrativa, os da publicidade, transparência, igualdade, justiça e imparcialidade (art. 1.º), clarifica o *conteúdo* do direito de acesso, o qual inclui os direitos de consulta, de reprodução e de informação acerca da sua existência e conteúdo (art. 5.º). Quanto à *forma* do acesso, estipula-se que este se exerce por meio de consulta gratuita, efectuada nos serviços que detêm a informação, por reprodução por fotocópia ou por qualquer meio técnico, designadamente visual, sonoro ou electrónico ou por passagem de certidão pelos serviços (art. 11.º).

Com o fim de garantir a sua eficácia, a lei impõe a nomeação de um «responsável pelo cumprimento das disposições da presente lei» em cada departamento da administração, central, regional e local, bem como da administração autónoma (art. 9.º). Além disso, a Lei n.º 46/2007 enquadra juridicamente a Comissão de Acesso aos Documentos Administrativos (CADA), que tem a incumbência de zelar pelo cumprimento das disposições da lei. A CADA poderá receber queixas, competindo-lhe supervisionar em geral a aplicação da lei. Constitui ainda sua obrigação remeter relatórios anuais à Assembleia da República e ao Primeiro Ministro[27].

Deve observar-se que a Lei de Acesso aos Documentos Administrativos (LADA) é totalmente insensível à problemática da comercialização da informação administrativa, já que o seu objectivo é apenas de acautelar o acesso dos cidadãos enquanto tais. Pode, contudo, alegar-se que o facto de ela ter sido adoptada melhora substan-

[27] O Decreto-Lei n.º 134/94, de 20 de Maio, para além de garantir interesses de carreira profissional dos membros da CADA, dá uma indicação quanto ao preço a pagar pelos utentes da informação administrativa, remetendo para o valor médio praticado no mercado (art. 3.º). Cf. também a Lei n.º 53/2005, de 8 de Novembro, e o *site* da CADA na Internet, em <http://www.cada.pt>.

cialmente o ambiente de um virtual mercado da informação. Como se sugeriu mais acima, as legislações de acesso implicam que o Estado tome medidas, não só no sentido de tornar pública a existência de documentos e informação administrativos, como no sentido de facilitar o acesso dos cidadãos. É essa de resto a finalidade dos princípios da publicidade e da transparência constantes da Lei.

O direito de acesso pode considerar-se extensível a qualquer pessoa ou entidade independentemente da prova de um interesse específico ou legítimo no exercício desse direito. No entanto, isso não impede que se devam ter em conta as limitações a que sempre fará face o acesso de empresas privadas à informação administrativa. Em primeiro lugar, há que respeitar as disposições legais em matéria de protecção de dados pessoais e as formas de segredo legalmente protegidas (por exemplo, no que se refere às empresas). Em segundo lugar, a garantia do direito de acesso impede qualquer forma de exclusividade na cedência de informação ao sector privado.

Para algumas áreas específicas, o direito de acesso encontra-se explicitamente garantido na lei portuguesa. É o que se passa, por exemplo, com o direito de acesso aos documentos administrativos no âmbito do procedimento administrativo e dos tribunais administrativos (DL n.º 442/91, de 15 de Novembro, alterado pelo DL n.º 6/96, de 31 de Janeiro, e Lei n.º 15/2002, de 22 de Fevereiro, respectivamente), o direito de acesso dos jornalistas (Lei n.º 1/99, de 13 de Janeiro, republicada pela Lei n.º 64/2007, de 6 de Novembro), ou das organizações não governamentais de ambiente (Lei n.º 35/98, de 18 de Julho).

3. A regulação da Internet

3.1. Liberdade, auto-regulação ou hetero-regulação da Internet

Diferentemente do computador – meio técnico vocacionado para o tratamento de informação – a Internet e de um modo mais geral as redes de telecomunicação surgiram, antes de mais, como um meio de comunicação. A expansão da informática deu origem, como se viu, a um movimento legislativo orientado para a protecção dos direitos de propriedade intelectual sobre os novos produtos de informação e para a regulação da utilização de certas categorias de dados. A Internet começou, por seu lado, por gerar um debate sobre a própria necessidade da sua regulação.

São muitos os defensores da ideia de que a Internet representa um espaço natural de liberdade, não refractário a qualquer regulação mas estranho a modos de regulação que não sejam os gerados neste espaço comunicacional[28]. Uma das características distintivas da Internet é, com efeito, o facto de se tratar de um meio de comunicação

[28] P. Mathias, *La Cité Internet*, Paris: Presses de Sciences Po, 2000, p. 17; P. Klaousen, «L'Action de l'Union Européenne en Matière de Lutte Contre les Contenus Illicites et Préjudiciables sur l'Internet», in. A. Blandin-Obernesser, *L'Union Européenne et Internet*, Rennes: Éditions Apogée, 2001, p. 150.

sem mediador: diferentemente dos «media» clássicos assentes na separação entre os centros emissores e receptores, regra geral passivos e isolados uns dos outros, a Internet permite aceder a um novo dispositivo de comunicação estruturado segundo uma relação todos-todos. Foram precisamente a ausência de proprietário da rede e a sua natureza descentralizada que contribuiram para o renascer do sonho de uma comunidade harmoniosa à escala planetária.

Para além dos argumentos relacionados com a natureza deste novo meio de comunicação, a recusa de uma regulação da Internet tem-se apoiado em considerações pragmáticas: o seu carácter global, compatível apenas com uma regulação global, e a dificuldade prática de controlar o que se passa na rede. A resistência a formas de hetero-regulação da Internet é indissociável do facto de este «artefacto planetário da economia e da sociedade globais» estar actualmente a ser promovido fundamentalmente pelas forças do mercado[29]. A oposição à hetero-regulação da Internet tem tomado, assim, duas direcções principais: a daqueles que temem pela limitação das liberdades individuais e a daqueles que, guiados sobretudo por preocupações económicas, preferem remeter a sua regulação para o mercado.

Ninguém põe em causa, desde logo, que a Internet, como qualquer outro meio de comunicação, deve obedecer aos princípios fundamentais da liberdade de expressão e de informação. O contexto da sociedade da informação tem inclusivamente estado na base da renovação de um debate, com tradição sobretudo nos EUA, sobre a eventual extensão da liberdade de expressão e de informação a formas de expressão económica ou comercial, como a publicidade.

O uso crescente da Internet para fins comerciais, com recurso a técnicas de difusão contrárias à lógica da participação individual livre e aberta, contraria, porém, o seu espírito original. Um sinal desta evolução é a importância que tem sido atribuída, no domínio dos usos culturais da Internet, ao problema da protecção da propriedade intelectual. À defesa da ausência de regulação ou da auto-regulação opõe-se, assim, uma perspectiva que, na linha da tradição jurídico-política das épocas moderna e contemporânea, vem argumentando em favor da regulação pública das comunicações electrónicas[30]. Entende-se que qualquer outra solução levantaria problemas de legitimidade, representatividade, competência e legitimidade. Num relatório elaborado sobre esta matéria para o Governo francês, defende-se um método de *co-regulação* como o que melhor responderia à necessidade de reduzir a fractura entre o espaço da rede, que é mundial, e o espaço das democracias que é nacional ou continental. A opção pela co-regulação apoia-se ainda no reconhecimento da importância de con-

[29] C. T. Marsden ed., *Regulating the Global Information Society*, London and New York: Routledge, 2000, p. 2.
[30] Paul, C. (coord.), *Du Droit et des Libertés sur l'Internet*, Rapport au Premier Ministre, 2001, p. 16.

ciliar a dinâmica da regulação pública com a das várias formas de regulação privada, individual, comunitária e económica[31].

As políticas governamentais estão de facto a afectar a Internet de múltiplas formas: por medidas de estímulo ao seu desenvolvimento, por meio da definição de linhas de fronteira entre a Internet e outros meios de comunicação, pela protecção dos direitos de autor e pela regulação dos conteúdos comunicados.

3.2. A regulação da Internet pela União Europeia

3.2.1. Base jurídica

A base jurídica principal da acção comunitária relativa à Internet é o art. 114.º do TFUE (antigo art. 95.º sobre harmonização das legislações nacionais tendo em vista a realização do mercado interno). Nesta disposição reside o fundamento das directivas relativas ao comércio electrónico, à assinatura electrónica e ainda da directiva sobre protecção de dados pessoais. Esta última, por ter como objectivo central assegurar a livre circulação destes dados, confere-lhes um estatuto económico[32].

Já no que se refere à regulação dos conteúdos comunicados pela Internet, ela interfere em esferas, como a do direito penal, ou a das diversidades e políticas culturais, ainda hoje remetidas largamente para as ordens jurídicas internas. Nestes domínios, a UE tem procurado sobretudo assegurar a coerência entre medidas e acções dos EM e reforçar a cooperação entre estes Estados e entre as autoridades policiais e judiciárias.

A acção reguladora da União no que se refere à Internet tem procurado ser neutra e flexível, em obediência à preocupação de não regulamentar prematuramente. A neutralidade em relação ao suporte deve entender-se como implicando que os comportamentos que são ilegais fora da rede o devem ser também na rede. A flexibilidade significa a adaptação do modo de regulação à natureza do serviço. De uma forma geral, a UE tem favorecido quer a regulação, quer a auto-regulação, conforme a sua intervenção se apoia ou não nas suas competências na esfera do mercado interno.

[31] PAUL, *ob. cit.*, p. 17-18.

[32] Directiva do Parlamento Europeu e do Conselho, de 8.6.2000, relativa a certos aspectos jurídicos dos serviços da sociedade de informação, nomeadamente o comércio electrónico, no mercado interno (2000/31/CE), JO L 178/1, 17.7.2000; Directiva do Parlamento Europeu e do Conselho, de 13 de Dezembro de 1999, sobre um quadro comunitário para as assinaturas electrónicas (1999/93/CE), JO L 013/12, 19.1.2000; Directiva 95/46/CE do Parlamento Europeu e do Conselho, de 24.10.1995, relativa à protecção das pessoas individuais no que se refere ao tratamento dos dados pessoais de carácter pessoal e à livre circulação dos dados, JO L 281/31, 23.11.95. Cf. A. BLANDIN-OBERNESSER, «La Politique de l'Union Européenne dans le Domaine de l'Internet: entre Réglementation, Régulation et Autorégulation», in BLANDIN-OBERNESSER, *ob. cit.*, p. 29.

3.2.2. A regulação dos serviços da sociedade da informação, incluindo o comércio electrónico

O desenvolvimento dos serviços electrónicos e em especial do comércio electrónico tornou necessário proteger a segurança das transacções. Entendeu-se que, na ausência de regras claras, o sentimento de insegurança dos consumidores seria de molde a prejudicar o desenvolvimento dos serviços e do comércio, com consequências negativas para o mercado interno. Esta insegurança prende-se com as faltas de informação sobre a identidade e a prova da existência da empresa vendedora, as características do bem ou serviço oferecido, a lei aplicável em caso de diferendo com o vendedor e o valor jurídico dos compromissos assumidos em linha. Acrescem os riscos ligados ao uso de meios de pagamento em linha.

A principal preocupação da Comissão Europeia, ao lançar uma iniciativa legislativa neste domínio, foi, assim, a de garantir a existência de um quadro jurídico coerente à escala da União, que ao mesmo tempo facilitasse a *livre circulação dos serviços da sociedade da informação* com base no princípio da aplicação da lei do país de origem. A Directiva europeia relativa a certos aspectos jurídicos dos serviços da sociedade da informação, incluindo o comércio electrónico, aproxima, na medida necessária à realização daquele objectivo, certas disposições nacionais aplicáveis: aos serviços de informação com implicações para o mercado interno, ao estabelecimento dos prestadores de serviços, às comunicações comerciais, aos contratos por via electrónica, à responsabilidade dos intermediários, aos códigos de conduta, à resolução extra-judiciária de litígios, aos recursos jurisdicionais e à cooperação entre os Estados-Membros (art. 1.° da Directiva)[33]. Nos termos da Directiva, as excepções à livre circulação dos serviços só são admitidas quando se entenda serem necessárias por razões de ordem pública, saúde pública, segurança pública e de protecção dos consumidores, incluindo investidores. Para que estas excepções possam operar, exige-se, porém, que o Estado que pretende aplicá-las tenha previamente solicitado, sem resultado efectivo, às autoridades do Estado onde o prestador de serviço se encontra instalado que tome as medidas consideradas necessárias, e notificado à Comissão e ao outro Estado a sua intenção de tomar tais medidas (art. 3.°). Garante-se, no entanto, a autonomia dos Estados para a tomada de medidas que, no respeito do direito comunitário, se destinem a promover a diversidade cultural e linguística e a assegurar a defesa do pluralismo.

A Directiva estabelece um conjunto de princípios que os EM devem respeitar, os quais visam quer facilitar o exercício das novas actividades económicas, quer proteger os interesses dos consumidores dos serviços. Por um lado, requer-se que a liberdade de acesso à actividade de prestador de serviços da sociedade de informação não seja sujeito a qualquer regime de autorização prévia. Por outro lado, exige-

[33] Cf. Directiva *cit.* na nota anterior.

-se que os Estados assegurem que os prestadores de serviços permitam um acesso fácil, directo e permanente, por parte dos destinatários dos serviços e das próprias autoridades a um conjunto de informações relativas à empresa prestatária (nome, morada, contactos, registo de comércio, etc.) e aos preços dos produtos ou serviços (art. 5.°). Esta disposição procura minimizar os perigos decorrentes da natureza transitória dos serviços.

Um objectivo adicional da Directiva é o de facilitar a celebração de contratos por via electrónica, estipulando nesse sentido o dever dos EM de assegurar essa possibilidade, a não ser quando o objecto dos mesmos implique forma escrita nos moldes tradicionais (art. 9.°).

Uma das consequências práticas mais importantes desta Directiva é a de limitar a responsabilidade das organizações ou empresas que funcionam como veículos da transmissão dos serviços de informação relativamente ao conteúdo dessa informação. Esta isenção de responsabilidade não se aplica, porém, sempre que sejam essa organização ou empresa a iniciar a transmissão, a seleccionar o receptor da transmissão ou a seleccionar ou modificar o conteúdo da informação transmitida (art. 12.°). Prevêm-se isenções do mesmo tipo para os fornecedores de serviços que se limitem a guardar a informação automaticamente, a título de intermediários e temporariamente, com o único objectivo de tornar a transmissão mais eficaz, assim como nos casos de guarda de informações fornecidas por um destinatário do serviço (arts. 13.° e 14.°). Estas limitações de responsabilidade dos intermediários traduzem-se, em última análise, numa maior responsabilização relativa dos utilizadores da Internet.

Significativa é ainda a importância atribuída pela Directiva à auto-regulação pelas empresas. A Comissão e os EM deverão encorajar as associações empresariais e de consumidores a elaborarem códigos de conduta a nível da UE tendo em vista uma boa aplicação das disposições da Directiva (art. 16.°). A UE aposta ainda na cooperação e assistência mútua internacionais como forma de promover o controlo e investigação necessários à prevenção e repressão das regras estabelecidas (art. 19.°).

3.2.3. A regulação dos conteúdos ilícitos e prejudiciais

A auto-regulação tem sido a via preferida para a prevenção e controlo dos conteúdos ilícitos e prejudiciais na UE. Embora até à adopção da Carta dos Direitos Fundamentais, em 2000, o direito europeu não contemplasse a liberdade de expressão e de informação de modo explícito, esta, como as restantes liberdades públicas, sempre fez parte do património comum de valores e princípios aceites neste quadro[34]. A atenção concedida à regulação dos conteúdos circulados na Internet explica-se, por

[34] A Carta dos Direitos Fundamentais contempla, no seu art. 11.°, a liberdade de expressão e de informação em termos idênticos aos da Convenção Europeia de Salvaguarda das Liberdades e Direitos Fundamentais. A Carta dispõe actualmente de força vinculativa como resultado da adopção do Tratado de Lisboa.

seu lado, pela pretensão de impedir que o desenvolvimento e competitividade de um sector prometedor possam ser prejudicados por falta de controlo dos conteúdos ilícitos ou prejudiciais[35].

Na sua comunicação relativa ao seguimento do Livro Verde sobre a Protecção de Menores e da Dignidade Humana nos serviços audiovisuais e da informação[36], a Comissão sublinha a importância de uma protecção dos interesses gerais do cidadão europeu como condição do clima de segurança e confiança necessários ao desenvolvimento da indústria dos serviços audiovisuais e da informação. Reconhecendo como indiscutível a aplicação dos princípios dos direitos fundamentais a todos aqueles serviços, considera-se que no ambiente dos serviços em linha se defrontam dificuldades para a aplicação dos princípios e leis gerais, o que explica o recurso à auto-regulação. A Comissão propõe-se reforçar a eficácia das medidas nacionais (marcadas por diversidades culturais e sensibilidades nacionais e locais) por meio da promoção de uma coerência mínima no desenvolvimento do quadro auto-regulador e da cooperação entre as partes interessadas a nível europeu. A aposta é colocada na adopção de códigos de conduta e na responsabilização dos actores económicos e sociais por um uso legal e responsável dos serviços de informação e de comunicação.

Esta responsabilização justifica-se pela dificuldade técnica de identificar os operadores e utilizadores infractores. A protecção dos interesses dos menores passa, na opinião da Comissão, pela adopção de boas práticas em matéria de identificação e apresentação de conteúdos litigiosos e pela assistência ao exercício do controlo parental. Para a protecção da dignidade humana conta-se com a cooperação judiciária e policial e a troca de experiências entre os vários EM no sentido de atenuar os problemas decorrentes da diversidade de regras aplicáveis nos países de emissão e de recepção. A Comunicação distingue conteúdos ilícitos e conteúdos que, embora lícitos, são susceptíveis de ser prejudiciais para os menores. Os conteúdos ilícitos caracterizam-se por serem proibidos independentemente da idade do destinatário e do suporte. O acesso aos conteúdos prejudiciais é autorizado aos adultos, mas proibido aos menores.

O Parlamento Europeu e o Conselho adoptaram conjuntamente um plano de acção dedicado especificamente à luta contra os conteúdos ilícitos e prejudiciais na Internet[37]. As acções orientadas para os industriais têm em vista incitar os prin-

[35] Klaousen, *ob. cit.*.

[36] COM (97) 570 final, Bruxelas, 18.11.97.

[37] Decisão 276/1999/CE do Parlamento Europeu e do Conselho, de 25.1.1999, adoptando um plano de acção comunitário plurianual visando promover uma utilização segura da Internet pela luta contra as mensagens de conteúdo ilícito e prejudicial difundidas nas redes mundiais, JO L 33, 6.2.1999; e Decisão n.º 854/2005/CE do Parlamento Europeu e do Conselho, de 11 de Maio de 2005, que adopta um programa comunitário plurianual para a promoção de uma utilização mais segura da Internet e das novas tecnologias em linha.

cipais actores da rede a promoverem a auto-regulação, a filtragem e a classificação dos conteúdos, bem como a sensibilizarem os utilizadores aos perigos da Internet.

Para organizar a luta contra os *conteúdos ilícitos* prevê-se ainda o estabelecimento de uma rede europeia de *hotlines*, isto é, linhas directas permitindo aos internautas assinalar a existência de conteúdos dessa natureza, e a adopção de códigos de conduta dos profissionais do sector aliada à coordenação de iniciativas nacionais entre organismos responsáveis. A par dos códigos de conduta prevê-se a instituição de um sistema europeu de rótulos de qualidade dos *sites* destinado a identificar os fornecedores de serviços Internet que tenham aderido àqueles códigos. O mecanismo da auto-regulação deveria do mesmo passo tornar claros os critérios de avaliação de conteúdos, ajudando os gestores de servidores de acolhimento a retirar os ficheiros que não respeitem esses critérios e aos fornecedores de acesso o bloqueio do acesso a esses sites.

É no que se refere às acções para controlar ou regular os *conteúdos prejudiciais* que se coloca a questão do conflito entre liberdade de expressão na Internet e protecção da ordem pública. Esta acção funda-se nas disposições do TFUE relativas à cooperação policial e judiciária em matéria penal (arts. 82.º e ss.). A acção em comum no domínio da cooperação judiciária em matéria penal tem em vista assegurar a melhoria desta cooperação, a compatibilidade das regras aplicáveis nos diversos EM, prevenir os conflitos de competência e adoptar progressivamente medidas instaurando regras mínimas relativas aos elementos constitutivos das infracções penais e das sanções aplicáveis nos domínios da criminalidade organizada, do terrorismo e do tráfico de droga. A acção em comum no domínio da cooperação policial abrange a cooperação operacional entre as autoridades competentes, incluindo serviços de polícia, os serviços aduaneiros entre outros. As acções propostas nesta matéria têm em vista a promoção da harmonização dos sistemas de etiquetagem utilizados pelos dispositivos de filtragem e a promoção de acções de sensibilização.

Numerosos indícios permitem pensar que nesta matéria a abordagem da UE oscila permanentemente entre uma lógica de mercado (norteada pelo desenvolvimento da indústria dos serviços em linha) e preocupações relativas à cidadania (protecção dos consumidores).

3.2.4. A protecção dos direitos de propriedade intelectual

Em termos gerais, o direito da propriedade intelectual aplica-se na Internet. A criação, utilização e difusão de obras intelectuais nesta rede beneficia do regime da protecção do direito de autor. Esta protecção foi consagrada, designadamente, pelos Tratados adoptados pela Organização Mundial da Propriedade Intelectual em 1996. Se existe consenso quanto a este princípio, a Internet não deixa de levantar também questões novas que resultam, por um lado, da coexistência num mesmo suporte de elementos de natureza diveras, como texto, imagem, som, vídeo ou programa de computador, os quais são objecto de regimes jurídicos distintos e, por outro lado, porque a própria natureza da rede fragiliza as regras tradicionais do direito de autor dada a maior facilidade de difusão e reprodução dos conteúdos fora do controlo dos seus titulares.

No seu Livro Verde sobre o direito de autor e os direitos conexos na sociedade da informação, a Comissão Europeia reconheceu que «uma vez que o serviço é prestado em rede, torna-se muito difícil sem uma protecção adequada garantir que a obra e a prestação não sejam copiadas, transformadas ou exploradas à revelia e em detrimento dos titulares do direito»[38]. Trata-se de uma consequência específica da tecnologia digital. As características das redes e a dificuldade de controlar a utilização das obras, bem como as possibilidades de deslocalização dos operadores económicos são invocadas para justificar a necessidade de uma maior harmonização da protecção assegurada pelo direito de autor.

A Directiva sobre harmonização de certos aspectos do direito de autor na sociedade da informação respondeu, assim, antes de mais à reclamação dos profissionais da criação receosos de que a Internet pudesse prejudicar os seus interesses[39]. Neste aspecto não se diferencia, no essencial, das directivas sobre protecção jurídica de programas de computador e bases de dados.

Não é, porém, consensual que a Internet justifique um reforço da protecção dos direitos de autor. Se há quem o defenda como forma de compensar os novos riscos, há também quem invoque a natureza do novo meio para sustentar uma flexibilização do direito de autor, por outras palavras, uma maior abertura à utilização de obras protegidas[40].

A Directiva consagra o direito de reprodução, ou seja, o direito exclusivo de autorizar ou de impedir a reprodução da sua obra ou de partes dela, em favor de autores, assim como de artistas, produtores e organismos de radiodifusão, clarificando que esse direito se aplica quer às reproduções provisórias (ainda que com excepção de reproduções de carácter técnico), quer às reproduções permanentes (art. 2.°). A Directiva contempla ainda o direito de distribuição, isto é, o direito de autorizar a circulação das suas obras por meio de venda ou de outro meio (art. 3.°).

[38] Cf. COM (95) 382 final.

[39] Directiva 2001/29/CE do Parlamento Europeu e do Conselho, de 22.5.2001, sobre a harmonização de certos aspectos do direito de autor e dos direitos conexos na sociedade da informação, JO L 167/10, 22.6.2001. Sobre este assunto, cf. Maria Eduarda Gonçalves, «O direito de autor na era digital na Europa», *Sub Judice* N.º 35, 2006, pp. 43-55.

[40] Cf., por exemplo, J. W. Snapper, «On the Web, Plagiarism Matters More Than Copyright Piracy», *Ethics and Information Technology*, 1, 1999, p. 127. Novas práticas de autoria colectiva e de partilha de informação e conhecimento como a Wikipédia, as licenças de *creative commons* ou o *open source software*, apontam nesse sentido.

A Directiva tem, no entanto, sido criticada por permitir uma larga margem de autonomia aos EM para a sua transposição em especial em matéria de excepções ao direito de autor. Admitindo embora que o seu objectivo foi reforçar a protecção dos criadores no ambiente digital, a flexibilidade do regime é susceptível de pôr em causa a pretendida harmonização. Com efeito, só uma das excepções previstas na Directiva é obrigatória para os Estados-Membros. Trata-se da que se refere ao direito de reprodução de cópias provisórias puramente técnicas efectuadas com o único objectivo de permitir a utilização de uma obra ou de outro material e que não tenham em si mesmas significado económico. Além disso, a Directiva contempla de excepções facultativas aplicáveis às cópias privadas, à reprodução por bibliotecas ou estabelecimentos de ensino, por deficientes físicos, para fins de reportagens de actualidade, crítica, caricatura, entre outras (art. 5.°). No que se refere às cópias privadas, a Directiva sujeita a aplicação da excepção à atribuição ao autor de uma compensação equitativa.

3.3. A regulação da Internet em Portugal

O Estado português participou, desde meados de 80 e, sobretudo, ao longo dos anos 90, no esforço normativo realizado pela UE para regular a sociedade e o mercado da informação. Como resultado, foram transpostas para a ordem jurídica interna as directivas europeias no domínio da propriedade intelectual e da protecção de dados pessoais informatizados. Esse envolvimento tem prosseguido na era da Internet.

No plano interno, a discussão das implicações da sociedade da Informação foi estimulada, a partir de 1995, pelo trabalho preparatório do Livro Verde sobre a Sociedade da Informação, conduzido pela Equipa de Missão para a Sociedade da Informação, criada para o efeito sob os auspícios do Ministério da Ciência e da Tecnologia. Como consequência dessa discussão, que envolveu largos sectores da sociedade portuguesa, foi adoptado um conjunto de medidas legislativas e de programas de acção do Estado. Estes tiveram em vista, seja a criação de condições para o desenvolvimento e a expansão do comércio electrónico, seja a melhoria do funcionamento da Administração por meio da introdução das novas tecnologias da informação e da comunicação. Entre as medidas que prosseguiram o primeiro objectivo, citem-se:

- a Resolução do Conselho de Ministros n.° 115/98, de 1 de Setembro, sobre a iniciativa nacional sobre o *comércio electrónico*, destinada a enquadrar a definição do quadro legislativo e regulamentar favorável ao comércio electrónico;
- o DL n.° 290-D/99, de 2 de Agosto, que regulou a validade, eficácia e valor probatório dos *documentos electrónicos* e a *assinatura digital*; aí se estipulou que aqueles documentos satisfarão o requisito legal de forma escrita quando o seu conteúdo seja susceptível de representação como declaração escrita, e que, tendo-lhe sido aposta uma assinatura digital certificada por uma enti-

dade credenciada e satisfazendo os requisitos estabelecidos neste diploma, o documento adquire a força probatória de documento particular assinado, nos termos do Código Civil;

- o DL n.º 375/99, de 18 de Setembro, sobre a *factura electrónica*, regulamentado pelo Decreto Regulamentar n.º 16/2000, de 2 de Outubro, que estabeleceram a equiparação entre a factura emitida em suporte de papel e a factura electrónica (tendo aquele diploma legislativo sido, entretanto, revogado pelo DL n.º 256/2003, de 21 de Outubro); e, finalmente,
- o DL n.º 7/2004, de 7 de Janeiro, que transpôs para a ordem jurídica portuguesa a Directiva europeia sobre os serviços da sociedade da informação, em especial, o *comércio electrónico*.

No seu art. 3.º, este diploma consagra o princípio da liberdade de exercício da actividade de prestador de serviços da sociedade da informação, o qual não depende de autorização prévia da Administração. A actividade fica, porém, sujeita a algumas condições, de que se destacam as contempladas nos arts. 7.º e 8.º (Providências restritivas), o dever de disponibilização permanente de informações (art. 10.º). As providências restritivas, a serem tomadas pelos tribunais ou outras entidades competentes, podem intervir sempre que um serviço proveniente de outro EM da UE lese ou ameace lesar gravemente valores como a dignidade humana ou a ordem pública, a saúde pública, a segurança pública ou os consumidores, incluindo os investidores. O dever de disponibilizar informações em linha aplica-se ao nome de denominação social, endereço geográfico e electrónico, inscrições em registos públicos e número de identificação fiscal.

A lei desenvolve longamente o regime da responsabilidade dos prestadores de serviços em rede (Capítulo III). Em conformidade com o estipulado na directiva europeia, consagra-se a ausência de um dever geral de vigilância dos prestadores intermediários de serviços (art. 12.º). Este princípio não isenta esses intermediários de um conjunto de deveres de informação das entidades competentes, em particular, sobre actividades ilícitas de que tenham conhecimento (art. 13.º). A lei distingue entre os serviços dos prestadores intermediários, os de simples transporte, os de armazenagem temporária e os de armazenagem principal, estabelecendo deveres comuns e deveres específicos a cada uma destas categorias de actividade.

Sublinhe-se instituição, por força desta lei, de uma entidade de supervisão central com atribuições em todos os domínios regulados por este diploma, salvo nas matérias em que lei especial atribua competência sectorial a outra entidades. Esta entidade é a Autoridade Nacional de Comunicações (ANACOM) (art. 35.º).

As iniciativas lançadas para colocar as novas tecnologias ao serviço da Administração Pública foram, em particular, as Resoluções do Conselho de Ministros n.º 110/2000, de 22 de Agosto, que aprovou o Plano de Acção da Iniciativa Internet (entretanto revogada pela Resolução do Conselho de Ministros n.º 107/2003, de 26 de Junho); n.º 135/2002, de 20 de Novembro, que definiu o enquadramento institucional da actividade do Governo em matéria de sociedade da informação, articulado com a programação da intervenção operacional do terceiro QCA e n.º 111/2003, de 12 de Agosto, que aprovou o Plano Nacional de Compras Electrónicas.

Este conjunto de medidas parece ter tido, até agora, um impacto significativo na generalização do uso das novas tecnologias em Portugal ao serviço quer das actividades das empresas privadas, quer das actividades da Administração e do seu relacionamento com os cidadãos.

ÍNDICE REMISSIVO

ÍNDICE